理 想 与 信 仰

民事诉讼法规范研究论丛

Specification
Civil Procedure Law
Review

| 总主编 张卫平 |

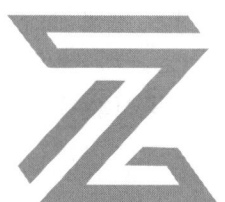

Civil Procedure Law Seminar

张卫平 主编

民事诉讼法研讨【一】

紫荆民事诉讼青年沙龙实录

厦门大学出版社 国家一级出版社
XIAMEN UNIVERSITY PRESS 全国百佳图书出版单位

图书在版编目(CIP)数据

民事诉讼法研讨一/张卫平主编. —厦门:厦门大学出版社,2016.12
(民事诉讼法规范研究论丛)
ISBN 978-7-5615-6403-5

Ⅰ.①民… Ⅱ.①张… Ⅲ.①民事诉讼法-研究-中国 Ⅳ.①D925.104

中国版本图书馆 CIP 数据核字(2016)第 319941 号

出版人	蒋东明
责任编辑	甘世恒 邓 臻
封面设计	李夏凌
责任印制	许克华

出版发行 厦门大学出版社
社　　址 厦门市软件园二期望海路 39 号
邮政编码 361008
总 编 办 0592-2182177　0592-2181406(传真)
营销中心 0592-2184458　0592-2181365
网　　址 http://www.xmupress.com
邮　　箱 xmup@xmupress.com
印　　刷 厦门集大印刷厂

开本	720mm×1000mm　1/16
印张	44
插页	2
字数	636 千字
版次	2016 年 12 月第 1 版
印次	2016 年 12 月第 1 次印刷
定价	128.00 元

本书如有印装质量问题请直接寄承印厂调换

厦门大学出版社
微信二维码

厦门大学出版社
微博二维码

强化基础 提升层次
——"民事诉讼法规范研究论丛"总序

张卫平 *

据最高人民法院工作报告提供的数据，2013年，全国地方各级人民法院受理案件1421.7万件；2014年，全国地方各级人民法院受理案件1565.1万件；2015年，全国地方各级人民法院受理案件1951.1万件。由此可以看出案件不仅数量大，而且增幅也大。

毫无疑问，我国已经成为一个诉讼大国。但一个诉讼大国并不意味着我们在诉讼制度建设和理论研究方面就一定是一个大国。只能说，我国作为一个诉讼大国对诉讼制度的建构和完善提出了更多、更高的要求，为诉讼理论的研究提供了更加丰富的实践条件。就民事诉讼制度的建构、完善和民事诉讼理论研究而言，我们还远不能满足一个诉讼大国的需求。与制度建构相比较，也许在民事诉讼理论的研究方面差距还要更大一些。因为民事诉讼理论的研究，其投入的人力、物力、精力更大，研究成果自然竞争淘汰的周期更长。

在现实中，制约我国民事诉讼理论研究层次和规模发展的有多种因素——理论与实践的隔离；研究方法的单一和失范；研究资源投入不够；理论研究人才培养不力，人才资源匮乏；课题导向偏离；科研管理体制紊乱；科研激励机制缺失与背反等等。除此之

---

* 张卫平，中国民事诉讼法学研究会会长，清华大学法学院教授、博士生导师。

外,还有一个重要的制约原因是民事诉讼基础理论研究不够。

民事诉讼理论研究长期以来存在重制度应用与解释,轻基础理论研究的现象。这也是我国部门法学理论研究普遍存在的问题。民事诉讼的研究一直存在跟风研究的情形。跟政策、跟课题导向、跟制度建构解释,带有很强的实用主义的色彩。我们需要理论研究与现实保持紧密联系,与实践密切相结合。但不能不顾及基础理论研究,弱化基础理论研究。基础理论之所以为基础理论,就在于与具体的制度和技术应用保持了一定的距离。基础理论研究往往就是"仰望星空",也只有"仰望星空",我们的理论研究才能站得更高,看得更远。没有扎实的基础理论研究,我们的制度建构和规范解释就没有正确的基础,没有正当性和说服力,难以避免制度之间的矛盾性和非整合性。我们的民事诉讼法和司法解释中存在的某些问题也说明了这一点。例如在执行制度中,关于执行救济制度的体系设计就因为缺失基础理论的研究,使得制度建构存在不整合的状态。第三人撤销之诉制度也很典型地说明了这一点。

在民事诉讼制度建构的早期,建构简单制度的场合,我们大概还可以凭感觉,摸着石头过河。但一旦面临复杂、现代的诉讼形态,需要建构与此相适应的诉讼制度,制度建构进入"深水区"时,我们就不能再摸着石头过河了。必须以基础理论为指引,如同即使处于夜间或低能见度的状态,我们也可以在盲降系统的指引之下实现盲降。这个"盲降系统"就是我们成熟的基础理论系统。甚至我们可以在没有出现特殊诉讼纠纷形态之前,就可以根据理论假设完成制度预设和建模,而非消极等待实践的来临。随着我国社会的飞速发展,社会治理和管理已经进入"深水区",我们的理论研究也应当提升到更高的层次。要提高研究的层次就需要加大对基础理论的研究。一个诉讼大国无疑应当是一个诉讼制度大国和诉讼理论的大国。

诉讼基础理论的研究注重的是规范分析研究。这里的规范分析，并不仅仅是从现有的实证规范出发，需要以实证规范为前提，进行规范的原理性研究。规范研究讲究探求法律规范自身的规律性，坚持民事实体法规范与民事诉讼规范的协调和统一，坚持民事诉讼程序的正当性原理，坚守法律规范的确定性、统一性、自洽性，坚守民事诉讼程序的应有的理念和价值。探究原理就是要探究民事诉讼中具有普世性的东西。虽然，我国的法治还处于初级阶段，在实然层面还无法按照民事诉讼的原理运行，民事诉讼的运作还受到传统纠纷解决理念以及非规范化、非专业化的影响，还受制于法律之外多种因素的干扰。但是，作为民事诉讼现代化的进程是不可阻挡的。因此，就需要我们通过强化规范分析，以获取民事诉讼原理性知识，并以此为基础，建构起一个与现代社会治理相适应的民事诉讼纠纷解决体系。

这套称之为规范研究的丛书，就是鼓励学人们积极投入到规范分析研究之中，探究民事诉讼规范的真谛，以此推动基础理论研究向纵深发展。这套书中有的是对国外民事诉讼理论译介，有的是国内学者关于基础理论的研究。我认为当下，译介国外知名学者、大师的基础理论研究成果是非常必要的。因为，我们必须吸收人类文明的共同智慧，尤其是在法治建设方面，在诉讼制度理论方面。任何拒斥和排斥都是不明智的做法。人为地设置意识的壁垒更是不可取的作为。在当下缺失基础理论研究，尤其是缺乏对国外基础理论译介和研究的激励机制的情形下，我们应当为这些仰望星空的学人们的作为而摇旗呐喊！

为此丛书作序，也是一种发自我内心的喝彩和掌声！

2016 年 7 月 18 日
于清华倦勤斋书屋

紫荆花开
——《民事诉讼法研讨一》序

张卫平

2014年紫荆花开之时,几位年轻学人提议设立一个主要由青年学者参与的学术沙龙,以推动青年学者之间直接的学术交流。沙龙围绕一个单一的主题,主报告人应当在会前一段时间,将报告预先提交给事先确定的评议人。评议人应当提前写好书面评议并反馈给主报告人。因为当初的想法是在组织上依托清华大学法学院民事程序法研究中心,而清华的校花是美丽的紫荆花,故"紫荆沙龙"的名称也就缘于此。现在沙龙已经有了中国民事诉讼法学研究会的支持,成为了中国民事诉讼法学研究会麾下的一个重要学术品牌。

当初,我即认为这是一个很好的倡议。原本民事诉讼法学界的研讨会就不多,即使有,也因为参会人数的限制,使大多数青年学者难以参与。更主要的原因在于,现在的研讨会多数是"赶场"式的,参会只是图个热闹,是学界朋友之间的一次休闲聚会。会上发言也都是即兴随意的,虽然也是平常思考的东西,但顾及不了严谨,也没有论证,也难以进行细致、深入的交流或交锋。最典型的就是每年的民诉法年会暨学术研讨会。参会人数众多、研讨主题分散、发言时间短暂,俨然就是一个"派对"或"鸡尾酒会",有明显的"学术娱乐化"印记,成为不少人异地旅游的"契机",从而难以真正、有效地深化学术理论研究。当然,每年的年会暨学术研讨会又是必不可少的，人们之间需要进行学术之外的交流。这种年终"派对"形式带来的问题也就难以避免。因此，需要有其他形式的研讨会予以弥补或替代，例如，由各专业委员会主办的小型专题研讨会。紫荆沙龙面向青年学者的小型专题研讨会更是研讨多样化、多元化的一种方式，应当鼓励和支持。

由此，我想起台湾地区著名民事诉讼法学者邱联恭先生20世纪80年代末刚从日本学成归来时，极力推行的在形式与内容上更为严谨的专题学术研讨会——每次会议一般仅为一两个主题，所有的报告人、评议人的发言必须全部实录并予以发表，以促使发言人更注意自己的观点、论证、表述的准确性和严谨性。研讨会提倡批评和交锋。现在翻看由台湾大学法律系结集出版的几十卷研讨会文集，可以发现但凡台湾民事诉讼理论的重大问题，也都在这些研讨会上进行过深入、激烈的讨论。对比之下，我们大陆在学术研讨方面的确还存有不小的差距。每每与邱先生见面谈及此事，先生的脸上总是放着光彩，满满的都是成就感。

一方面，因为有评议，评议人虽然会顾及报告人的感受，有意在评议中加上一点点"麻醉药"，但评议的基本取向还是批评、揭短。学者往往又最在意这一点。所以谁来当第一个"炮灰"，敢为被攻击的"目标"，的确是需要勇气的。第一届紫荆沙龙的主报告人最终敲定为国际关系学院的副教授许可博士。题目是他擅长的专题——"要件事实论"。虽然许可先生在这一方面写过文章，出过书，但这些观点并没接受过较大范围的直接评议，也就是直接放在"火"上"熏烤"，说得严重一点可能是一番"严刑拷打"。许可先生也的确有气量，接受了这一挑战，成为第一个"吃螃蟹"的人。在报告之后，能大气地对待众人的评议，哪怕众人语气有些重，且能尽量接受他人的批评观点，为沙龙树立了好的报告范式。之后，我也多次提到，经过紫荆沙龙"严刑拷打"的学者也必将变得更为成熟，其理论将更为扎实和可靠，同时学术影响力也会大增。就此可以说紫荆沙龙是一个很好的学术平台。

紫荆沙龙在选题上有一个明确的取向，就是限于民事诉讼规范分析的命题。这种取向的把握，我认为是正确的、有益的。当然，这里所言的规范研究方法并非完全传统意义上的法律实证规范研究方法，也包括所谓新自然法学的价值关怀和追求。这种广义上的规范研究着重于对民事诉讼法原理的分析和研究，并以这些原理指导和解释民事诉讼制度的建构和适用。学术研究中，除了规范研究之外，现在比较流行的还有法律实证调查研究。但紫荆沙龙这样的研讨会不太适合法律实证调查研究的研讨。实证研究虽然也是一种研究，但因为实证调查数据无法核实、验证，或者说核实、验证的成本太高，所以难以进行评议。如果要研讨，则通常只能限于调查的选题和调查的方法，除了选题之外，实证调查方法涉及的是社会学的问题，对于熟悉规范研究的学者们而言难以施展拳脚。在规范研究中，学者们可以利用实证调查数据说明问题，但不需要亲自进行自己并不擅长的社会调查。如果轻率从事也是对社会调查专业和职业的不尊重。

另外，在民事诉讼法治初建阶段，制度建构和实施的过程中，我们更需要通过规范研究获取对民事诉讼法的原理认知，为我国的民事诉讼制度建构和适用提供解释理论。而法律实证研究的"现实取向"和"解构取向"不利于法治的形式化建构，不利于程序法的遵守和坚持，对于民事诉讼制度建构和实施形成一种紧张关系，有着明显的"民粹性"，而且很容易为规范变形提供正当性。在德国，20世纪30年代，为了突破形式法治的羁绊，粉饰权力者的意志，一些纳粹法学家，例如施密特等人就坚决反对规范研究法学的形式化、去政治化。比照施密特理论语境的"非常状态"，我们往往也非常强调语境的现实性和特殊性，比较突出的是"中国特色"。这种对特色及现实的过分强调也就阻碍了对民事诉讼原理普适性的认可，也就必然影响对民事诉讼原理的探究。这也就是我所言的"民粹化"。民事诉讼法治的现代化和民事诉讼法治的进步就很难推进。因此，沙龙在研讨命题上对规范研究命题的强调是有现实意义的。

紫荆沙龙的另一个突出特点是研讨命题的基础性。要件事实论、既判力、诉讼标的、证明责任、辩论原则都涉及民事诉讼法的基本理论问题。正是由于探讨命题的基础性，所以其研讨才能非常广泛、活跃和深入。通过深入的研讨，厘清了许多似是而非的问题。只有面对基础性的理论问题，才能通过探明这些基础性的问题，提升我国民事诉讼理论研究的水平，提升民事诉讼理论层次。沙龙在这方面具有更为突出的优势。

我作为沙龙特邀嘉宾，有幸参加了迄今为止的每一届沙龙。尽管"倚老卖老"地"超然"于激烈的学术交锋之外，乃"坐山观虎斗"，偶尔也添上几把火，但每一次参会都很有体会和感触，能够感受到青年学者的学术激情、活跃的思维。虽然沙龙研讨的命题涉及的大都是基础性理论，自己也有过学习和研究，但通过沙龙，依然能够学习到不少新的观点和方法，对自己已有的认识和理论有所启发。同时，年轻人的研究激情也深深地感染了我，为自己的学术注入了热情和活力，推动自己在学术的道路上继续前行。因此，看到紫荆沙龙的研讨实录能够结集出版自然十分欣喜。文集出版不仅能够使更多的民诉学人了解紫荆沙龙，从紫荆沙龙的研讨活动中有所收获，也能够进一步推动沙龙的发展。相信紫荆沙龙这朵学术紫荆花将开放得愈加灿烂！

2016 年 7 月 17 日
于清华倦勤斋书屋

目 录

第一届紫荆民事诉讼青年沙龙（国际关系学院）
- 001 报告人介绍：许可
- 002 许可　从诉讼法视角论共同危险行为之构成要件与免责事由
- 015 曹云吉　第一届紫荆民事诉讼青年沙龙实录

第二届紫荆民事诉讼青年沙龙（天津师范大学）
- 053 报告人介绍：吴泽勇、蒲一苇
- 054 蒲一苇　第三人撤销之诉适用范围的实体法分析
- 072 曹云吉　第二届紫荆民事诉讼青年沙龙实录
- 122 附：书面评议

第三届紫荆民事诉讼青年沙龙（北京师范大学）
- 145 报告人介绍：郭翔、林剑锋
- 146 郭　翔　美国判决效力理论及其制度化借鉴
　　　　　　——基于争点效力理论的分析
- 194 林剑锋　既判力作用范围相对性：法理依据与制度现状
- 218 曹云吉　第三届紫荆民事诉讼青年沙龙实录
- 254 附：书面评议

第四届紫荆民事诉讼青年沙龙（厦门大学、厦门大学出版社）
- 288 报告人介绍：胡学军、霍海红
- 289 胡学军　证明责任分配理论重述
- 303 霍海红　提高民事诉讼证明标准的理论反思
　　　　　　——以《民诉解释》第109条为中心

336　曹云吉　第四届紫荆民事诉讼青年沙龙实录
411　附：书面评议

第五届紫荆民事诉讼青年沙龙（西南政法大学）

472　报告人介绍：段文波、韩波
474　段文波　当事人主义：对象、方法与程序
499　韩　波　民事诉讼中的辩论主义与合作原则
516　曹建军　第五届紫荆民事诉讼青年沙龙实录
574　附：争点整理
577　附：书面评议

民事诉讼法与民法的对话（烟台大学）

643　报告人介绍：房绍坤、任重
644　任　重　民事诉讼视角下的我国物权法第28条
652　曹云吉　专题研讨会纪要
674　附：书面评议

691　附：紫荆民事诉讼青年沙龙筹办办法（试行）

第一届紫荆民事诉讼青年沙龙

(国际关系学院)

报告人:许可

许可,国际关系学院副教授,硕士研究生导师,中国民事诉讼法学研究会理事,常务副秘书长。2007年毕业于清华大学法学院,获法学博士学位,研究方向为民事诉讼法学、民事审判方法(要件事实理论)。在《清华法学》《当代法学》等期刊上发表学术论文近20篇,学术专著《民事审判方法——要件事实引论》获得北京市第十一届哲学社会科学优秀成果二等奖,学术译著《重点讲义民事诉讼法》(合著)在学界有广泛的影响力。参与《民事诉讼法新制度讲义》《新民事诉讼法条文精释》《最高人民法院民事诉讼法司法解释要点解读》等著作的编写工作。

从诉讼法视角论共同危险行为之构成要件与免责事由

许 可*

内容摘要：本文以《侵权责任法》第十条条文为中心，从民事诉讼法学原理出发，结合民法解释学相关方法，就诉讼实践所要解决之共同危险行为之构成要件与免责事由进行了梳理。笔者认为，应根据共同危险行为所涉不同归责原则识别共同危险行为的主观构成要件，加害人不明不应作为客观构成要件，从法律上的事实推定制度的原理出发，应当采用因果关系排除说作为行为人的免责事由。

关键词：立法目的；攻击防御方法；归责原则；法律上的事实推定

一、问题的提出

共同危险行为在民法理论上也称为准共同侵权行为，属于一种广义的共同侵权行为。从我国的立法实践来看，《民法通则》和《民法通则意见》均未对共同危险行为作出规定，《民事诉讼证据规则》则从证明责任负担的角度首次对共同危险行为作出了规定。最高人民法院《关于审理人身损害赔偿案件适用法律若干问题的解释》第四条则首度从实体法的角度对共同危险行为的构成要件和免责事由进行了初步总结。在比较法的视角上，大陆法系各国多将共同危险行为视为狭义的共同侵权行为的特殊形态，并采用同一条文予以处理。比如德国民法典第八百三十条第一款规定，数人因共同实施侵权行为构成损害的，各人对损害均负责任。不能查明数关系人

---

* 国际关系学院副教授。本文系教育部人文社科规划项目"要件事实理论在侵权案件中的适用研究"（项目号11YJC820146）与北京市社科规划项目"侵权责任法实施研究——以要件审判为视角"（项目号11FXC025）的中期研究成果。

中谁的行为造成损害的，亦同。我国的《侵权责任法》则创造性地采用了逐条立法的模式，采用五个独立的条文（第八条至第十二条）分别对四种形态的共同侵权行为进行了明确规定，其中的第十条规定，二人以上实施危及他人人身、财产安全的行为，其中一人或者数人的行为造成他人损害，能够确定具体侵权人的，由侵权人承担责任；不能确定具体侵权人的，行为人承担连带责任。本条确立了我国法上的共同危险行为制度。

从《侵权责任法》的制定过程以及颁布实施以来的情况来看，学界关于共同危险行为制度的争论对象主要集中在共同危险行为是否需要主观构成要件以及行为人免责制度的设计上，上述研究对于诉讼实践的重要意义不言而喻，但从更有效地服务于审判实践的角度，笔者认为当前的研究尚存在如下不足：既有的研究忽视了相关问题在诉讼法层面所具有的含义，也鲜有立足于诉讼法学原理展开的论述。这不可避免地削弱了各自的结论对于诉讼实践的指导价值，同时也导致相关问题依然如同雾里看花一般，难以得到切实的解决办法。

二、共同危险行为的构成要件

本文所采共同危险行为的构成要件这一惯性称谓，从诉讼法学的角度来看，实质上是指受害人作为原告在诉讼中提出的诉讼请求——行为人承担连带损害赔偿责任的发生要件，也即原告请求权的发生要件，并非受诉人民法院在案件审理终结时判断是否做出原告胜诉判决的全部要件。后者还包括原告请求权的妨碍要件，即被告的免责事由。原告对于发生要件所对应的案件事实负担主张证明责任，被告对于妨碍要件所对应的案件事实负担主张证明责任。这一分类的意义在于指导受诉人民法院正确划分当事人的主张证明责任以及科学合理地行使诉讼指挥权。比如，如果我们将"数人实施了危及他人人身、财产安全的行为"作为责任的成立要件，那么原告就应当对该要件存在所对应的案件事实负担主张证明责任，而不是由被告对该要件不存在的案件事实负担主张证明责任。而且，对于一个具体的诉讼而言,原告欲获得胜诉判决,应当在诉讼中首先对那些与责任成立要件——对应的案件事实加以主张和证明。在原告的证明获得法官确信的心证后,被告欲获得胜诉判决,则应当对那些与妨碍要件——对应的案件事实加以主张和证明。如果被告证明成功,则应获得胜诉判决。①

(一)共同危险行为的主观构成要件

关于共同危险行为之成立是否需要主观构成要件这一问题,在法典的制定过程中一直存在着肯定说和否定说的对立。肯定说阵营中的主流意见是共同过失说,该说认为行为人之间主观上具有共同过失,具体体现为对于危险的形成(而非损害结果的形成)具有共同的疏于注意义务的过失,该过失一般为推定过失,即只要行为人实施的危险行为造成了损害后果,即可推定行为人在主观上存在共同过失。②否定说认为,共同危险行为制度的初衷是防止因无法指认具体侵权人而使受害人的请求权落空,重要的是每个行为人都实施了危及他人人身、财产安全的行为。而且,共同危险行为不仅在一般过错责任中适用,在过错推定责任、无过错责任中也有适用的余地。③笔者认为共同危险行为之成立不应以行为人之共同过失为要件,基本理由如下:

---

① 按照法律要件分类说的观点,针对实体法中不同性质的权利,该说将所有的构成要件区分为请求权的发生要件、妨碍要件、消灭要件和阻止要件。除发生要件外,均应由被告负担主张证明责任。关于法律要件分类说以及证明责任的相关学说,主要可参见李浩:《证明责任与不适用规范说——罗森贝克的学说及其意义》,载《现代法学》2003年第4期;陈刚:《证明责任法与实定法秩序的维护》,载《现代法学》2001年第4期。另可参见拙著《民事审判方法》,法律出版社2009年版,第66~67页。

② 持共同过失说立场的学者主要有杨立新教授和张新宝教授。参见杨立新著:《侵权责任法》,法律出版社2010年版,第104~105页;张新宝著:《侵权责任法立法研究》,中国人民大学出版社2009年版,第247页。

③ 持否定说立场的主要是立法机关和司法机关,王利明教授曾经持肯定说,但后来转为否定说。参见王胜明、全国人大法工委民法室:《〈中华人民共和国侵权责任法〉条文解释与立法背景》,人民法院出版社2010年版,第54页;奚晓明、最高人民法院侵权责任法研究小组编著:《〈中华人民共和国侵权责任法〉条文理解与适用》,人民法院出版社2010年版,第84~85页;王利明著:《侵权行为法研究》(上卷),中国人民大学出版社2004年版,第745页;王利明著:《侵权责任法研究(上)》,中国人民大学出版社2011年版,第521~523页。

首先，从体系解释的角度，通说认为法典第八条规定的是狭义的共同侵权行为，即有意思联络的共同侵权行为，其条文中存在"共同"之要件，在解释上包括共同故意、共同过失以及故意与过失之混合状态；第十一条和第十二条规定的是无意思联络数人侵权的聚合与竞合情形，条文中均有"分别实施侵权行为"之要件，在解释上均强调"分别"之意味在于否定数行为人之间存在意思联络。因此，就涉及共同侵权行为的立法而言，法典中的"共同"均指数行为人的主观状态，而第十条条文中并无"共同"字样，故而很难认为立法者有将"共同过失"作为共同危险行为构成要件之立法用意。其次，从目的解释的角度，既然立法者认为共同危险行为制度在无过错责任中也有适用余地，因此舍弃"共同过失"这一主观要件对于该制度与无过错责任的无缝衔接具有重要意义。虽然肯定说主张采用过失推定之方式对行为人之"共同过失"加以认定，但如果行为人能够举证证明自身并无过失，则法院并不能认定构成共同危险行为而要求行为人承担连带责任。

在否定共同过失说的同时，是否就意味着共同危险行为不需要主观构成要件呢？自《侵权责任法》颁行之后，民法学界对这一问题的研究进一步深化，部分学者在批评共同过失说的同时，从共同危险行为制度的立法目的出发，将共同危险行为的主观构成要件类型化，即根据共同危险行为适用的不同侵权类型，个别化地讨论是否需要主观构成要件。比如程啸博士认为：

"共同危险行为是解决因果关系不明而设立的制度，而在一般侵权行为（即适用过错责任的侵权行为）和特殊侵权行为中（适用过错推定责任、危险责任或公平责任的侵权行为）中都有可能出现因果关系不明的情形，所以共同危险行为既适用于一般侵权，也可适用于特殊侵权是否需要过错应依据归责原则的不同而有差异。如果是一般侵权行为中，则受害人应当证明每个共同危险行为人存在过错，如果共同危险行为适用于那些采取过错推定责任的侵权行为中，则受害人无须证明共同危险行为人的过错。如果共同危险行为适用于采取无过错责任（危险责任）的侵权行为，则受害人更无须证明行为人的过错。"①

笔者对此表示赞同,并补充如下理由:

首先,从域外立法来看,共同危险行为制度在立法之初就属于广义共同侵权行为(包含主观共同侵权行为和客观行为关联共同侵权行为)的特殊类型,其立法目的在于当加害人不明之时向受害人提供损害填补之可能性。这一点通过主要立法例均采用本文＋但书的条文结构即可一目了然。这也就说明,对于共同危险行为而言,与广义的共同侵权行为相比,除因果关系这一要件的主张证明责任的分配出现变化外,关于行为人之个别的主观样态(即过错)在一般的侵权行为中仍应成为构成要件。

其次,如果一律认为共同危险行为之成立不需要主观构成要件,则极可能在一般侵权行为案件中造成一般条款向特殊条款逃逸的现象。作为广义共同侵权行为的特殊条款,共同危险行为与广义共同侵权行为在责任承担上均体现为行为人承担连带责任,而从受害人证明负担的角度,对于一般侵权行为,如果是主观共同侵权行为,受害人需要证明行为人之间存在共同过错(即意思联络),如果是客观行为关联共同侵权行为,受害人需要证明行为人各自存在过错,如果是共同危险行为,受害人又不需要证明行为人各自存在过错,则会诱使受害人在本应构成前两类行为的案件中通过主张行为人构成共同危险行为而逃避相关的证明责任。如此一来,实务中涉及的真正的共同侵权案件,就可能出现受诉法院大量援引法典第十条,而弃用第八条、第十一条和第十二条的现象。当然,对于当事人而言,如何选择诉讼标的以及诉讼事由完全是当事人的权利,但如果由于构成要件设计的不周全而出现上述一般条款向特殊条款逃逸的现象,立法的科学性就值得探讨了。

此外,是否应将"不存在意思联络"也作为共同危险行为的主观构成要件呢?笔者认为,如果我们采取前述立场,即关于共同危险行为是否

---

① 程啸:《论共同危险行为的构成要件》,载《法律科学》2010年第2期。此外,李锡鹤教授也从行为人免责的角度做出了类似的分析,参见李锡鹤:《论共同危险行为》,载《华东政法大学学报》2011年第2期。

需要主观构成要件之问题，应根据案件所应适用的责任类型而有所不同的话，即过错责任和过错推定责任案件中行为人须具有各自的过错（故意或过失），无过错责任案件中则不需要行为人之主观要件，则"不存在意思联络"这一所谓要件并无必要。详言之，所谓"意思联络"，按照目前学界通说，即共同过错，包括共同故意和共同过失。那么，在任何一个具体的过错责任或者过错推定责任案件中，如果行为人各自过错成立的话，则不可能再同时成立共同过错——行为人的主观样态不可能既对危险行为可能导致损害存在个别的故意或者过失，又同时彼此联络或客观上对行为可能导致之损害存在共同认知。换言之，个别的过错与共同的过错两者不可并存，相互排斥。因此，在过错责任和过错推定责任案件中，"不存在意思联络"与"行为人存在个别过错"乃为同义反复。而在无过错责任的案件中，由于行为人之主观样态不构成责任要件，因此讨论行为人之间是否存在"意思联络"是没有意义的。

（二）共同危险行为的客观构成要件

关于共同危险行为的客观构成要件，一般认为包括如下几项：

要件一：数人实施了危及他人人身、财产安全的行为；

要件二：一人或者数人的行为已经造成他人损害；

要件三：加害人不明（不能确定具体侵权人）。

首先应予指出的是，从受害人负担的主张证明责任的角度，只有"数人实施了危及他人人身、财产安全的行为"和"一人或者数人的行为已经造成他人损害"为共同危险行为之客观构成要件，应由受害人于诉讼中加以主张和证明，而"加害人不明"则不属于该行为之客观构成要件，受害人无须对该要件负担主张证明责任。理由如下：所谓"加害人不明"，即不能确定具体的侵权人，从因果关系证明的角度观察，实际上是对证明结果的描述，而非对证明对象的描述。从当事人攻击防御的角度，任何构成要件均须成为当事人主张和证明的对象，因此，将"加害人不明"作为构成要件显然是不合适的。

其次，就要件二"一人或者数人的行为已经造成他人损害"而言，从证明的角度，实际上包含两部分内容。其一，受害人的损害已经产生；其二，该损害只能是行为人中的"一人或者数人"造成的。第二部分实际上属于对"可能的因果关系"的证明，即受害人虽然不需要证明真正的加害人（选择性因果关系），但仍需要证明导致损害形成的原因范围，即损害不可能是由行为人之外的原因造成。理论上似可将行为人视为一个不可分割的整体，该行为整体与损害结果之间具有的因果关系类似于相当的因果关系。从受害人于诉讼中实际加以主张的角度，其只需要主张并证明"损害结果由行为人之危险行为造成"即可，并没有必要明确行为主体究竟为一人或者数人。因为后者实际上属于对选择性因果关系的主张。

综上所述，在应适用过错责任和过错推定责任的共同危险行为侵权责任案件中，"行为人存在个别过错"、"数人实施了危及他人人身、财产安全的行为"以及"一人或者数人的行为已经造成他人损害"构成共同危险行为成立的要件，应由受害人（原告）在诉讼中就相应的案件事实加以主张并证明之；在应适用无过错责任的共同危险行为侵权责任案件中（主要包括：产品责任、高度危险责任、环境污染责任、动物损害责任、用人单位的替代责任、无民事行为能力人或限制民事行为能力人的监护人责任等），"数人实施了危及他人人身、财产安全的行为"以及"一人或者数人的行为已经造成他人损害"构成共同危险行为成立的要件，也应由受害人（原告）在诉讼中就相应的案件事实加以主张和证明。在证明成功的前提下，即法院就上述事实之存在形成确信的心证时，如果行为人（被告）未提出免责事由，或者虽然提出了免责事由但法院未形成确信之心证，则行为人之共同危险行为成立，应承担连带损害赔偿责任。

三、共同危险行为的免责事由

如何规定共同危险行为的免责事由，在侵权责任法的制定过程中一直存在着"因果关系排除说"和"因果关系证明说"的争论。

"因果关系排除说"认为,行为人只需证明自己的行为与损害结果之间不存在因果关系即应免责。该说的主要理由在于,共同危险行为与损害结果之间的"选择性因果关系"本质上是一种法定的因果关系推定,既然是推定,当然允许行为人通过证明予以推翻,从而达到免责的目的。另外,"既无因果关系,自非侵权人"也符合侵权构成要件的原理。①"因果关系证明说"则认为,行为人只能通过证明真正的加害人才能免除自己的责任。该说的主要理由在于,共同危险行为制度设立的宗旨就是为了保护受害人,倘若行为人仅需要排除自身行为的因果关系,则有可能出现全体免责的情形,对受害人不利。此外,行为人对于危险行为的实施具有过错,而且因其距离危险行为更近,也有利于收集证据。②在侵权责任法颁行之前,最高人民法院的两个司法解释均采用了因果关系排除说的立场,③而法典在这一问题上究竟采取了何种立场,目前尚未形成通说。

笔者的观点是,因果关系证明说的主要立论依据并不充分。理由如下:

首先,将法官自由心证领域可能出现的问题作为设计构成要件的考量因素是不科学的。因果关系证明说的主要担心在于,如果采用因果关系排除说,审判实务中可能出现行为人证明成功而全体免责的情形,从而导致受害人无从获得救济。此种担心表面合情合理,实则毫无必要。所谓行为

---

① 参见奚晓明、最高人民法院侵权责任法研究小组:《〈中华人民共和国侵权责任法〉条文理解与适用》,人民法院出版社2010年版,第86页;张新宝:《侵权责任法立法研究》,中国人民大学出版社2009年版,第248页;以及前引程啸文与李锡鹤文。

② 王利明教授对该说的主要理由归纳得较为完整。参见王利明:《侵权责任法研究(上)》,中国人民大学出版社2011年版,第525~526页。另可参见王胜明、全国人大法工委民法室:《〈中华人民共和国侵权责任法〉条文解释与立法背景》,人民法院出版社2010年版,第54~55页。

③ 2002年的《最高人民法院关于民事诉讼证据的若干规定》是最早采用因果关系排除说的立法例,该司法解释第四条第一款第七项明确规定:"因共同危险行为致人损害的侵权诉讼,由实施危险行为的人就其行为与损害结果之间不存在因果关系承担举证责任。"2004年的《最高人民法院关于审理人身损害赔偿案件适用法律若干问题的解释》也承袭了这一规定,该司法解释第四条规定:"共同危险行为人能够证明损害后果不是由其行为造成的,不承担赔偿责任。"

人证明成功,实际上是指法官认为各行为人关于自身危险行为与损害结果之间不存在因果关系的证明均满足了证明标准的要求,由此在事实认定的结论上只能作出有利于行为人的认定,即各行为人之危险行为与损害结果之间不存在因果关系这一事实为真。根据现行民事诉讼制度,法官在进行事实认定的时候须遵循自由心证的原则,即由法官凭借"良心"和"理性"对证据的证据能力以及证明力自由作出判断,并依据心证形成的内心确信对案件事实作出认定。[①]如果法官的"良心"和"理性"未出现问题,那么只能认为事实认定的结论是正确的,由此说明受害人在被告的选择上出现了偏差,遗漏了真正的加害人。在这种情况下,受害人理应就自身的失误"埋单",而不应转嫁他人。如果法官的"良心"或者"理性"出现了问题,对待证事实的认定出现错误,诉讼法已经设计了相应的救济途径,即通过上诉或者再审制度加以解决,而没有必要委诸实体法的制度设计。再者,无论是因果关系证明说还是因果关系排除说,都无法预防法官心证出现错误。而如果采用因果关系证明说,受害人的损害固然可以获得补偿,但却极有可能导致对行为人的"不公"。比如,在加害人只有一个的情况下,由于行为人无法证明真正的加害人,由此导致非加害人也要负担连带赔偿责任,这对于非加害人是否过于苛刻? 更为可怕的情形是,如果采用因果关系证明说,还有可能诱使行为人之间通谋指认某一行为人为加害人,从而达到转嫁赔偿责任的不法目的。

其次,将行为人承担因果关系证明责任的理由归结于行为人实施共同危险行为之过错并不十分妥当,有过于苛刻之嫌。笔者认为,行为人之过错应主要用于说明在无法查清加害人的情况下,全体行为人须就损害承担连带赔偿责任之理由,即归责的事由。如果在此基础上,再责令行为人负担因果关系的证明责任则过于苛刻。在普通的侵权责任案件中,侵权人尚不需要就因果关系之不存在负担证明责任,何以在共同危险行为侵权案件中,就需要由行为人证明真正的加害人呢? 难道危险行为较之一般的侵权行为更具有法律上的可责难性吗?

---

① 参见江伟:《民事诉讼法》,高等教育出版社 2007 年版,第 148 页。

一如上述，因果关系证明说的主要立论依据并不十分充分，在因果关系证明责任分配的问题上，恐怕还是采用因果关系排除说为宜。笔者另补充相关理由如下：

首先，从法典第十条的条文规定来看，不能认为立法者采取了因果关系证明说的立场。所谓"不能确定具体侵权人的，行为人承担连带责任"，是从法官裁判的角度进行的说明性规定，因为"确定"一语，实指法官对于当事人证明活动的最终心证状态。它所要解决的是，当案件经过开庭审理，而法官就何人为真正的侵权人这一事实无法形成确信的心证，此时应当如何裁判的问题。而在"何人为真正的侵权人"这一证明主题方面，是需要行为人仅排除自身与损害结果之间的因果关系即可，还是需要证明真正的侵权人，本条立法并未明确。如果立法者将本条中的"确定"一词改为"证明"，则毫无疑问是采用了因果关系证明说的立场。

其次，作为共同侵权行为的特殊形态，共同危险行为制度的特殊之处，主要是由于受害人就因果关系成立的要件事实存在极大的证明困难，如果坚持共同侵权行为制度在这一问题上的一般规定，即受害人只有在证明行为人之行为与损害结果之间存在因果关系的情况下，行为人方承担侵权责任，则受害人很难得到法律的救济。除此之外，应当认为该制度与共同侵权行为制度不存在其他任何差异。也就是说，从行为人的角度来看，与普通的共同侵权行为制度相比，共同危险行为制度在要件构成上不可能加重行为人的证明负担。由是观之，如果认为行为人只有在证明了"谁是真正的加害人"这一事实的前提下才可以免除侵权责任，本质上则改变了因果关系这一构成要件的性质以及相应攻击防御方法的性质。这种本质上的变化超出了共同侵权行为制度的范畴，而且一如前述，似乎并不存在充分的理由。

最后，共同危险行为制度在因果关系证明方面做出的特殊设计，是采用了法律上的事实推定这一立法技术，以达到减轻受害人证明负担的目的。这一点，无论是因果关系排除说还是因果关系证明说的论者均不持疑义。而从技术分析的角度，法律上的事实推定制度与因果关系排除说能够实现更好的融合。

  所谓法律上的事实推定，属于减轻某一方当事人证明负担的立法技术，是指法律规定当 A 事实存在时推定 B 事实的存在。此时，A 事实被称为推定的前提事实，B 事实被称为推定事实，其实体法性质，乃是能够导致某一特定法律效果发生的要件事实。如果某一方当事人对于 B 事实需要负担证明责任，则在存在法律上的事实推定的情况下，只需证明作为前提事实的 A 事实，如果获得法官确信的心证，则法官应推定 B 事实存在。法律上的事实推定在共同危险行为制度中的应用，其困难之处在于法典第十条并未明确规定何种事实为推定事实，因此需要进行一番理论上的分析。思路有二。其一，将"全体行为人之危险行为与损害结果之间均存在因果关系"作为推定事实；其二，将"部分的或者个别的行为人之危险行为与损害结果之间存在因果关系"作为推定事实。笔者认为，在危险行为制度中，受害人的损害结果只能由部分的或者个别的行为人之危险行为所导致。理由在于，如果法律推定全体行为人之危险行为与损害结果之间均存在因果关系，则共同危险行为应转化为客观的共同侵权行为，在责任承担上应适用侵权责任法第十一条或第十二条之规定，而非第十条之规定。此外，在大多数实际的案例中，损害结果只是由个别的或者部分的危险行为所导致，如果将"全体行为人之危险行为与损害结果之间均存在因果关系"作为推定事实，则与实际的案件情形无法吻合，在解释上存在较大的困难。因此，关于因果关系的推定事实应当是，而且只能是"部分的或者个别行为人之危险行为与损害结果之间存在因果关系"。如果上述结论正确的话，则在法的逻辑上，因果关系证明说很难与此处的法律上的事实推定实现有机的融合。理由较为明显。因果关系证明说要求行为人证明"何人为真正的侵权人"，而该证明主题与上述推定事实——"部分的或者个别行为人之危险行为与损害结果之间存在因果关系"实际上是同一个证明主题。这就明显违背了以下诉讼法理：其一，推定事实无须证明。法律上的事实推定制度本身即不要求当事人就推定事实之存在加以证明，而只要求就前提事实之存在加以证明。因此，如果某一事实成为当事人需要实际加以证明的事实，则不应再成为推定事实。其二，按照因果关系证明说的要求，对于真正的加害人而言，他要么证明自己是加害人，要么制造伪证证明他人为加害人。对于前者而言，法律只会要求当事人证明对其有利之事实，而不可能要求证明对其不利之事实，"证明自己是加害人"明显属于自证其罪，与诉讼法理相悖。对于后者而言，伪证的现象在诉讼实践中并不少见，固然应予处罚，但因果关系证明说却有诱使行为人作伪证之嫌，在制度设计上难谓妥当。综上所述，如果论者均认为共同危险行为制度中关于因果关系的问题采用了法律上的事实推定加以解决的话，则该推定制度与因果关系证明说存在着上述矛盾关系，理论上很难自圆其说。

在明确了推定事实之后，则应考虑应以何种事实作为前提事实的问题。笔者认为，其前提事实应当是"全体行为人之危险行为与损害结果之间存在可能的因果关系"。当受害人关于前提事实的证明获得法官确信的心证，法官应启动该推定规定，即推定部分的或者个别的行为人之危险行为与损害结果之间存在因果关系。在其他构成要件成立的情况下，全体行为人应承担连带责任。

最后需要解决的问题是行为人在该事实推定制度中的反证对象以及证明标准。一般认为，在事实推定制度中，受到推定规范不利影响的当事人可以就推定事实不存在提出反证予以推翻。因此，当"全体行为人之危险行为与损害结果之间存在可能的因果关系"这一前提事实获得法官确信心证的情况下，行为人可以就"部分的或者个别行为人之危险行为与损害结果之间存在因果关系"这一推定事实提出反证予以推翻。那么，什么样的事实构成行为人的反证对象呢？由反证的定义可知，只能是与推定事实相反的事实才能成为反证的对象。因此，"部分的或者个别行为人之危险行为与损害结果之间不存在因果关系"是行为人的反证对象事实。一般情况下，行为人会选择"自身之行为与损害结果之间不存在因果关系"作为反证的对象事实。此时存在的另一个问题是，如何确定反证的证明标准？也就是说，反证的证明效果是仅需要动摇法官对推定事实存在的心证，还是需要形成法官对于反证事实确信的心证呢？笔者的观点是，就法律上的事实推定制度本身而言，该制度只是减轻了一方当事人的证明负担，但并不意味着同时加重了对方当事人的证明负担，是否需要加重对方当事人的证明负担，需要求诸具体的实体法制度的立法目的。就危险行为制度而言，其立法目的在于消除受害人关于因果关系证明之困难，强化对受害人的保护。因此，在因果关系证明的问题上，需要适当提高行为人关于反证事实的证明标准。也就是说，只有在行为人关于"自身的危险行为与损害结果之间不存在因果关系"的证明达到使法官形成确信的心证状态时，该行为人的证明活动才能被认为是成功的。①

---

① 民法学界关于该问题的讨论多冠之以"免责事由"，这一通常的称谓实际上与法律上的事实推定制度之间存在一定矛盾。从民诉法学的角度来看，所谓共同危险行为的免责事由，在构成要件的性质上属于受害人求偿权之妨碍要件，在攻击防御方法上属于抗辩，应由行为人加以主张和证明，从证据分类的角度，相关证据应属于本证。而从法律上的事实推定制度来看，"行为人之自身行为与损害结果之间不存在因果关系"并非推定事实，而是对前提事实的否认，也就是与前提事实相反的事实，在攻击防御方法上不属于抗辩，而属于积极否认，相关证据属于反证，而非本证，自然也不构成受害人求偿权之妨碍要件。因此，"不存在因果关系"在严格的意义上不应作为行为人的免责事由来看待。但由于在该问题的讨论上已经形成了"免责事由"这一较为固定的名称，而且在该事实的证明标准问题上，笔者从共同危险行为制度的立法目的出发，主张采用与本证相同的证明标准，这与将该事实的证明责任倒置于行为人负担并无太大的差异。有鉴于此，本文就该问题的讨论依然遵从民法学界的习惯称谓，未予严格区分。

第一届紫荆民事诉讼青年沙龙实录

曹云吉*

时　　间：2014 年 6 月 22 日
地　　点：北京国际关系学院学术交流中心第一会议室

主 持 人：蒲一苇　宁波大学法学院教授
报 告 人：许　可　国际关系学院副教授
特邀嘉宾：张卫平　清华大学法学院教授
参 会 人：段厚省　复旦大学法学院教授
　　　　　郭小冬　天津师范大学法学院教授
　　　　　王学棉　华北电力大学法学院教授
　　　　　吴泽勇　河南大学法学院教授
　　　　　郭　翔　北京师范大学法学院副教授
　　　　　林剑锋　中央财经大学法学院副教授
　　　　　冯　珂　北京化工大学讲师
　　　　　李　铎　北京大学出版社编辑
　　　　　李文革　湖北民族学院讲师
　　　　　刘哲玮　北京大学法学院讲师
　　　　　马　丁　南京师范大学法学院讲师
　　　　　曹志勋　德国雷根斯堡大学法学院博士候选人
　　　　　曹云吉　清华大学法学院博士研究生
　　　　　黄忠顺　中国人民大学法学院博士研究生
　　　　　韩　波　中国政法大学副教授
　　　　　董　疆　国家开放大学讲师
　　　　　任　重　清华大学法学院博士后

---

* 曹云吉，清华大学法学院博士研究生。

民事诉讼法研讨一

蒲一苇：各位，我们现在开始吧。我先按照名单顺序介绍一下与会的成员。由于大家相互之间都比较熟悉，就不做隆重介绍了。我说一下名字，大家相互示意一下，相互认识一下。另外，待会儿我们还要隆重地介绍莅临会议的张卫平教授。

张卫平：不用了，不用了。

蒲一苇：现在会议正式开始。我们这次研讨会"预谋"已久，早前就和张老师商量这件事，张老师也一直想做一个这样的诉讼法专业的研讨会，做一些深入的研讨。虽然"预谋"已久，但实施起来有很大的难度。现在我们欣喜地看到，这一计划终于启动了，今天我们济济一堂，坐在这里做一个高端的研讨，从与会人员来看是非常高端的，基本上都是博士以上的专业诉讼法学者，除了年龄不是很高端，其他都是很高端的。另外一个高端就是本次研讨会有幸邀请到张卫平教授，张老师的亲自与会无疑使我们的会议更添光彩，提升到一个更高的高度。在这次会议上，我刚刚在介绍时，没有做过严格排序，大家坐的时候也没有严格的位次，我觉得这个就体现了我们研讨会的会风和精神，我们不讲究身份和地位，大家都是以一个学者的身份发表意见，畅所欲言。希望这次会议开一个好头，以后都要按照这个风气，充分发挥学术的自由精神，对事不对人，可以各抒己见，针锋相对，并且不因为不同意见或者批评造成其他的一些想法。我们纯粹就是为了学术研讨，如果我们把这个精神保持下来，这个会坚持下去，一定会形成一个有独特风格的有较高水准的民诉法研讨会，并且充分发挥它的魅力，吸引更多的研究者加入进来。下面我们欢迎张老师致辞（不用专门介绍了吧，介绍就有点多余了）。（鼓掌）

张卫平：在此，我想表达这样几个意思。第一，要感谢各位不辞辛苦来参加这个会议，尤其是京外的各位学者。第二，我们的会议想朝着探讨精细化的方向发展，尤其是将重点放在规范分析和研究上，要从基本的民诉理论出发。如果我们再采用以往粗放式研究、大会式群言杂语的这种方式，不利于我们提升理论研究水平，尤其是在研究方法和一些细节问题的探讨和把握方面不够。尽管我们现在的形势，尤其是对我国的法治来说，现在看得还不是很清楚，但是我相信总有一天我们会走上法治的正轨。如果到了那个时候，我们需要规范的理论来指导的时候，可能我们找不到我们所需要的理论，没有理论的承继人，找不到能够了解民事诉讼基本理论的人，因而我们的精细、深入的学术研究依然是很有必要的。不因为现在我们司法的粗放，而认可这种现实，那是司法制度的问题，司法制度也总有一天会现代化。我们各位要做的是非常高端的理论研究，涉及制度的原理。在这个方面，我认为民事诉讼法学与实体法学的研究相比有一定的差距。当然实体法不需要去顾忌实践，而我们必须考虑实践，这之间有一定的差别，所以他们在理论研究的单纯化方面走得更高、更远一些，因而，在这方面我们要向实体法学的研究学习。同时，也需要紧跟国外民事诉讼理论发展研究的动态，不能掉队，否则我们会非常对不起下一代人。上次在《中国法学》杂志成立 30 周年时，我特别强调了一下，我们的研究对于理论的追根溯源，梳理学术的发展和历史渊源、整理概念、弄清其内涵，虽然是纯学术、形而上的，但是非常必要的。我们现在的研究过于实用化、庸俗化，缺乏理论支撑。这是我针对那次会上个别老师所说的要研究现实，不要太抽象、太学术而发表的一些看法。我认为不用担心理论的非实用性，《中国法学》一定要发表那些纯学术的，哪怕是纠缠于某些概念，也要进行研究，如果弄不清楚基本的概念，尤其是最初的概念弄不清楚，很可能误导我们以后的研究。第三，我们这个会很不容易，希望坚持下去，一苇的话总体很不错，但有一点我觉得值得商榷，是否会议的规模越大越好，我认为还是要走精英化。我们在座的就是民事诉讼法学界精英当中的部分精英，我们一定要把有研究实力、有很好的学术训练，又有志向从事理论研究的人聚在一块，做一些高端深入的研究。每一次会议规模不一定太大，太大也不太容易组织，不容易对问题进行细致和深入的研讨，一大可能又成了年会赶集式的，回复到了传统会议上。当然我们研讨会参加的学者不一定每次都是这些人，有一些轮换，尽量吸收对此问题有思考研究的学者参加。通过这样的研讨会把大家聚集起来，推动学术研究的发展和深入。第四，这是一个纯学术性的研讨，就像一苇教授所说，我们只针对理论，

民事诉讼法研讨一

只针对观点,不针对人。我们需要"纠缠"某一些观点,要追根溯源,把它们弄清楚,如果在会上弄不清楚,在会下再进行研讨,但是一定要深入、细致,一定要有一种开放和学术民主的氛围。我参加沙龙主要是因为民事诉讼法学的发展重任是在你们肩上。当然,我们现在也还需要继续学习。把现在作为学术研究的新起点,需要我们大家共同努力。好,我就说这么几点意思,最后预祝我们这次研讨会取得圆满成功。谢谢各位。(鼓掌)

蒲一苇:非常感谢张老师的致辞。张老师短短的几句话,我们感到了对我们在座的青年学者的殷切希望,并且也流露出张老师在学术上的高瞻远瞩和强烈的责任感。张老师还如此的虚怀若谷,我们都很惭愧,我们要赶上张老师这样的阶段,距离还很遥远。我们接下来要学习的任务还很重。张老师说许可做出了很大的牺牲,我还要补充一下,许可还有一个牺牲是敢于第一次来做研讨会的主题发言,把自己竖立成第一个靶子,还是需要很大勇气的。因为我们当时在讨论谁上第一个的时候,大家也是反复斟酌,还是比较需要勇气。许可身先士卒,首先抛出他的第一篇论文。我们现在进入研讨会流程。在做主题报告之前,我先交代一下会议规则,刚才我们讨论了一下,考虑到会议时间的紧凑,所以我们对与会发言有一点小要求,就是大家的发言和提问要紧扣主题,因为按照张老师说的,我们要做精细化研究,就是不要将它泛开。另外,每个发言的人第一轮每人时间不超过十分钟,控制在十分钟以内。既然张老师临时授命让我做主持,给我很大的自由裁量权,我再把这个权力拓展一下,如果发言过程中,大家兴致高昂,如果讲的话题有所偏离,或者超越时间的话,那么不好意思,我要稍微打断一下,就是稍微阻止一下,请大家谅解,包括报告人许可我们给他的时间不超过二十分钟,他很谦虚地说十五分钟就够了,反正我们不让他超过二十分钟。论文大家手里都有,并且提前发给大家看过,内容都比较熟悉,恐怕也做了比较充分的功课,所以许可来迎接这一次挑战吧。下面我们欢迎许可来做这次研讨会的主题报告,他报告的题目是《从诉讼法视角论共同危险行为的构成要件与免责事由》。大家欢迎。(鼓掌)

许可:谢谢主持,谢谢张老师,谢谢各位同仁。

按照沙龙的规则，还是要有录音，这个录音会后还不能修改，但是我认为是第一次，还是与张老师商量一下，大家不太习惯，尤其是提到学术以外的东西，我认为还是可以修改，或者允许不登载在研究会的会刊上。在正式开始之前我还是想说几句题外话，第一，感谢张老师把这个艰巨的光荣的任务让我来承担，刚才早到时，李铎老师已经跟我讲了，说："许老师，这文章写了几年了？写两年了吧。"我说你咋知道的，他说你上面写的"侵权责任法实施两年以来"，你算一算，我说真是很不好意思，确实是两年前写的，这个东西放的时间也比较长。另外也想这次拿出来请各位同仁批评指正。当时张老师把这个任务交给我，我就承担了，所以也没有问题。第二，感谢各位来到国际关系学院，尤其是几位远道而来的老师，分别从上海、开封，还有从宁波，天津反正不是太远，马上就一体化了，当然也要欢迎，还有从湖北来的。远道而来的各位，有的是我的师兄师姐，bn 有师弟，我表示衷心的感谢和欢迎。第三，张老师把这个任务交给我，实际上也是有个希望，这个希望也就是张老师在沙龙刚开始讲到的沙龙宗旨，这里面也寄予了张老师对民事诉讼法学界年轻学者的厚望，一种要求，也要求我们的一种责任与担当，这一点与我们今天第二阶段要讨论的民事诉讼法研究的贫困化有密切关系，我想张老师的这篇文章也给我们沙龙和民事诉讼法学界今后的研究提出了一个重要方向。张老师在文章中提出了两点，一个是方法问题，一个是实体法与程序法隔阂的问题。这两个问题也是我们今后需要完善和补充的内容。我这篇文章主要是从要件事实理论的角度来讲，也涉及一点研究方法问题，另外也结合了实体法与程序法，也有打破实体法与程序法隔阂的想法。所以由我来做要件事实在侵权责任法中的适用，我想可能张老师也有考虑，当然我有勇气承担这个任务，最后完成的质量如何，不好讲，所以请各位同仁批评指正。

下面我就简短地报告一下文章的内容，因为在一个月之前任重老师已经将文章发给诸位，而且按照沙龙规则，最好是在一周之前将相关的意见、问题、建议反馈给我。我在一周之前大概就接到一点点，所以蒲老师说允许大家提问，大家都做了充分准备，我觉得也没问题，但如果是突袭性提问，我可以保持沉默。另外张老师提到很重要的一点就是我们还是要把问题搞清楚，无论是在会上还是会下。我想终究是要搞清楚，然后形成文字，集中登载在会刊上。

我的文章主要是围绕《侵权责任法》第十条，也就是共同危险行为的构成要件及免责事由。当时写这个文章的动因主要还是我在清华大学法学院师从张卫平老师做的研究的一个继续。因为当时在张老师指导下完成的博士论文主题是要件事实的一个理论探讨，那么大致在那篇文章里面，已经就要件事实理论在民事实体法中的应用做了若干尝试，当时有合同法总则部分、知识产权部分，但没有侵权责任法，因此也是博士研究的后续。之所以选择《侵权责任法》第十条，主要是因为关于危险行为的构成要件及免责事由本来都是民事实体法学者关注的重点，在论争过程中，也形成了不同的结论和观点。但是到目前为止，据我的观察，还未形成主流说。而从要件事实理论来看，我们主要关注的是实体法的条文结构问题。那么第十条在条文结构上有它的特点，这个特点与我们一般的实体法的表述以及从比较法的角度，与德日以及我国台湾地区的表述都有所不同。所以选择第十条，第一点是看一下从要件事实的角度，从民事诉讼法学的角度，能不能够为实体法学者关注的重点问题给予一定诉讼法学科的知识支撑。第二点，对于我们现在民事实体法的立法现状，立法技术相对粗糙，从诉讼法角度能够提供哪些建议。大致从这两个角度来分析这个问题。这是文章写作的背景。在我的研究当中，第一个问题已经得到基本解决，从我研究的结论来讲，实际上是对实体法学者关于相关问题的争论给出了一个诉讼法角度的答案。当然这个答案实体法学者是否认同，现在还不知道。第二个问题还有待研究，即从诉讼法角度，民事实体法的立法技术还需要从哪些方面完善提高。这个部分问题没有回答。这篇文章重点探讨了两个问题，即共同危险行为的构成要件与共同危险行为人的免责事由。这两个问题的研究分别从诉讼法学要件事实的视角，使用了诉讼法学事实推定的制度原理，主要从这两个诉讼法学方法论的角度对上述问题展开讨论和分析，研究的过程可能各位会有一些疑问。也希望在后边的研讨中提出来。

首先这样的研究方法可不可行，因为我们的这种研究面临的一个比较大的风险就是涉及很多实体法知识。民事实体法的知识，先不说作为诉讼法学者，作为我们这代人，掌握的情形如何，就像张老师在开幕词以及《贫困化》这篇文章中提到的，民事实体法学实际上无论是在研究广度和深度都取得了很好的成绩，我们很难企及，所以用这样的方式研究，存在的最大风险就是能不能紧紧跟上民事实体法研究的最新成果。另外的一个风险可能就来自于要件事实理论本身。在博士论文写作阶段，包括在毕业之后工作学习中也还在继续思考这一问题。我记得在博士论文答辩时，当时就有老师提出来，要件事实理论无论是在思维方式还是方法论主要脱胎于日本，日本的本土化特征比较明显的法律思维方式能不能够直接适用于中国的诉讼实践？实际上这也是张老师文章中提到的比较法研究视角所必须关注的问题。当然我们在讨论是否要移植某一个外国法制度时，不仅仅要关注这个制度本身，还要关注这个制度植根的法律体系及社会体系，因此用这种方法论存在的风险就是要件事实理论作为发生于日本实务界的这种思维方式能不能适用于中国民事实践，需要回答这样的问题。当然这个问题在我的博士论文以及大家见到的我的那本专著中也有部分回答，到目前为止，我觉得它还是一个具有普世性的工具。当然在运用这个工具解决某些具体问题上，得出的结论可能会与日本、我国台湾地区有些不同，但是它的基本工具性，它所应当具有的内涵，我觉得有意义。这也是我继续运用这个理论进行研究的一个出发点，当然大家可以批评讨论。文章的具体内容我就不再详细报告了。

在这里可能还要提一个问题，就是我们对于自己的诉讼法领域的一些基本制度，到目前为止可能还未形成统一见解。比如法律上的事实推定问题。这个制度可能还未形成一致意见。这里我用了这个分析工具，是否可以，我用的这个法律事实推定的基本内容是否准确，能否如此应用，可能也需要大家讨论和分析。实际上文章结论并不重要。虽然文章的结论对于当事人的攻击防御，对于法官的诉讼指挥以及审理判断具有重要意义，但是从沙龙的宗旨来看，这个结论并不重要，可能重要的是我们用这样一种视角、这种研究方法去尝试做这样的事情，尤其更为重要的是在尝试过程中，能够把涉及的民事诉讼基本理论和概念理清。因为要借鉴多学科，不管是实体法还是程序法，还是要跳出法学范畴，广泛地运用政治学、经济学、社会学以及其他学科的知识和方法来支持法学研究的话，最基础的恐怕还是要把民诉法学最基本的东西搞清楚。实际上也有一些同仁提出了一些问题，有的问题是基于这篇文章，有的是基于这篇文章升华出去的问题，有的还涉及重大的理论问题，比如德日两国关于辩论主义适用范围存在的差异问题，这些实际上都是非常重大的理论问题，可以借我这篇文章形成讨论，最好在会上会下能够形成一致性的东西。

我就说这么多，谢谢大家。（鼓掌）

（以上是许可副教授的报告内容）

蒲一苇：感谢许可做的主题报告，以及他对民事诉讼法学研究方法所做的尝试。下面我们进入讨论和提问的环节，请大家自由发言。

郭翔：我是郭翔。许可的文章我看了，因为时间比较仓促，有两个感觉：第一个就是关于主观要件部分。我觉得思路很好，这个不评价了。但对于客观要件部分有一个疑惑，在文章的"三、共同危险行为的免责事由"上面这一段，如果取消了"实际行为人无法确定"这个要件后，许可老师说的一般条款向特殊条款逃逸的现象是不是也会发生？因为论文这一段中提到了"在应适用无过错责任的共同危险行为侵权责任案件中"有两个共同危险行为成立的构成要件，一个叫"数人实施了危及他人人身财产安全的行为"，这是第一个要件。第二个要件是"一人或者数人的行为已经造成他人损害"。我可以举个例子，如果有人造假药，就是美国的那个案件，我也知道哪个公司造的假药，但我考虑到他偿还能力有限，我不告他这一个人，而是用许可老师提出的这两个构成要件，提共同危险的诉讼，这是不是也是一般条款向特殊条款的逃逸呢？这是第一个疑惑。

第二个疑惑就是许可老师给我的一个启发，他提到了一个关于要件取消的问题，他提到了"加害人不明"不属于该行为之客观构成要件的理由，文中解释为"加害人不明，即不能确定具体的侵权人，从因果关系证明的角度观察，实际上是对证明结果的描述，而非对证明对象的描述。从当事人攻击防御的角度，任何构成要件均须成为当事人主张和证明的对象，因此，将加害人不明作为构成要件显然是不合适的"。我不知道是否可以理解为因为"加害人不明"是难以作为证明对象的，因此不能作为构成要件。如果是这样，就与高桥宏志在《重点讲义民事诉讼法》"辩论主义"这一章里面所提到的一个观点冲突。在高桥看来，法条对于要件事实的规定，有两个类型：一个是确定能够被证明的，另一个是抽象的表述，比如说过失，后者只能作为证明的指引，而不能作为证明对象。按照高桥的观点，法条中的规定，如果属于抽象的表述，本来就是无法直接证明的。这样一来，许可老师以对证明结果的描述难以证明作为不将"加害人不明"作为构成要件的理由，是否合适，我就有疑惑了。

许可：这个不需要主观构成要件指的是过错责任原则，在应当适用过错责任或者过错推定这样的制度中，还是需要主观构成要件，在严格责任或者无过错责任的案件中，过错不作为要件存在，所以它不需要作为要件。

郭翔：你这里取消的是"实际行为人无法确定"这个要件以后的后果，不是主观要件，主观要件没有问题，你的分析很有道理。就是关于客观这一方面，关键是取消了"实际行为人无法确定"这一要件，那么就会导致从一般条款向特殊条款逃逸这种现象。比如刚才所说的，我知道是谁卖给我的药，我也知道药是谁制造的，但是这个企业偿付能力很差，我根本不告他，我就主张共同危险，完全符合这个要件规定。

许可：那可以啊，如果事实存在并不是一个厂家制造了这种导致损害危险的药物，那当然可以，因为两个要件构成不一样，那么需要主张证明的案件具体事实以及要件事实也是不一样的。按你说的，你刚才说的是一个普通侵权案件，但是因为侵权责任人偿还能力有限，在这样一个事实情境下，如果还符合其他条件，比如说是共同危险行为，一人或数人行为导致危险状态，即除了一个厂家生产这样的药物，还有其他厂家，如果存在这种情形，可以利用共同危险行为主张证明，要求损害赔偿。这是一点，另外，如果说其他两个厂家，乙和丙最后知道受害人遭到损害的药物来源于甲厂家，而不是乙丙厂家，那么可以通过证明生产的药物与受害人所遭受的损害之间不存在因果关系而免责。

郭翔：这个是免责，还是证明不是共同危险。

许可：证明免责。

郭翔：这个时候可不构成共同危险。

许可：从要件事实的角度来讲，这里面可能涉及诉讼标的问题。诉讼标的本身来讲，所谓的共同危险只是在解决因果关系无法证明时的一个特别的制度。在诉讼标的层面上，可能并不存在特殊一类叫作共同危险之类的请求权，它只是要求对方承担连带责任或者独立责任这样的一个请求权。对于行为人来讲，他不需要证明你的共同危险不成立，他只需要通过反证来动摇法官对于原告主张证明的要件事实的心证状态，在无法动摇时，他只需要主张和证明妨碍要件，也就是民法学者经常用到的免责事由。这是我的理解。

郭翔：那能不能这样理解，按照你的观点，共同危险是不能首先主张的，一定要先主张共同故意、共同过失，或者主张无过错案件侵权人为多数，但是到最后环节，我无法证明是一个人干的还是数人干的时候，法官这个时候依职权适用共同危险的条款。

许可：这种理解在实践中可能大量存在。因为它涉及最后一个证明的问题，所以很可能会出现狭义的共同侵权，即原告起诉的是狭义的共同侵权，要求若干人共同承担连带责任，最后有可能根据证明的实际情况，只有一个人是实际的加害人，其他人不是。也有可能在满足了共同危险的成立要件的基础上，因因果关系证明不清楚，而适用第十条，让三个人都承担连带责任，这种情况可能会出现的。但是在共同危险里面，行为人的过错主要是体现在他们的行为使受害人陷入了一个危险境地，而对于损害结果不存在故意或者过失，如果存在则应转化为其他的侵权形态。

蒲一苇：郭翔的问题和研讨暂时告一段落。如果后面涉及相同疑问，我们再进一步展开。下面有请下一位。

吴泽勇：之所以抢在前面，是因为我对许老师的文章没有研究，这是第一次读这样的论文，害怕后边的其他老师把批评意见提完了，自己就没话说了。我先从论文研究方法说起。许可兄刚才说到他想尝试兼跨程序法学与实体法学的这么一种解释学的研究方法，他也提出想问一下这么一种研究方法是否可行，以及如何操作。我的意见是这种方法不仅可行，而且应该鼓励。实务中也好，立法中也好，都要兼跨实体法与程序法这两个领域，因此我觉得许老师的论文是一个很好的尝试。作为尝试，总是免不了有一些问题，尤其是在论证的细节方面。这是我总的看法。下面我就论文论证细节提出一些问题。因为我是昨天晚上才读到这篇论文，没来得及与许老师交流，可能有些问题比较牵强仓促，请求原谅。第一个问题是反驳共同过失说的理由。第二页第一个理由从体系解释的角度这段话中，他把法条的语词适用作为重要分析依据，因为第八条运用了"共同"这一术语，而第十条没有用，这样是不是第十条未将共同过失作为要件。我的想法是共同危险行为与共同过失行为一般理解为广义的共同加害行为，如果说从这个理论出发，是不是可以把第十条作为第八条的延伸，也同样可以成立的，即如果把"共同"这一术语用在第十条这一点作为解释的出发点是否有点牵强。之所以这样说是牵涉到我们解释学的研究方法问题，法解释学一定要从语词出发，但是我们知道中国法的语词适用可能是相对随意的，可能立法者在使用一个语词写一个法条时，并没有考虑得那么全面，因此我们在解释时，除了语义，还要用到理论。一面是语词的使用，一面是理论的使用，中间应如何取舍，这可能会影响到解释的结论。这是第一点。

第二点是论文中引用的案例，为了说明在无过错责任中也是可以运用的，我觉得在论文的这部分引用这个案例，可能不太合适。因为我觉得这个案例并不是共同加害行为，而是一个个别侵权行为。这里作者要讨论的"共同过失行为"这么一个主观要件是否可以作为共同危险行为的要件，在这儿引用这么一个案例，就有可能文不对题。我后来仔细把论文读了一遍，觉得作者论证的逻辑可能有点问题。因为许老师先讨论了共同过失是不是一个主观要件，然后又在程啸老师的论文的基础上说共同危险行为同时适用于过错责任与无过错责任。在过错责任中，自然就有个别的过错作为主观要件，在无过错责任中，则谈不上了。从逻辑的角度，如果先谈是不是要这么一个主观要件，然后再谈共同过失，从逻辑上可能比较好理解。因为是否要把共同过失作为主观要件，中间可能要讨论的是行为之间的意思联络，而这一点许老师并没有充分讨论。这个可能是因为论文结构安排的问题，导致读者理解上有一些困难。

第三个问题，许老师论文中将无意思联络是否作为共同危险行为的主观要件这一点，似乎持否定见解。理由是共同过失也好，无意思联络也好，本身与个别过错是排斥的，如果认为行为人有个别过错的话，那么不可能同时认为他们存在共同过失。我本人由于民法知识欠缺，对这一点不太理解，论文中间也没有更多的解释。我后来查了一下程啸老师的论文，他的思路是把无意思联络作为共同危险行为的消极要件，即每个人的每个行为都可能有个别过错，如果个别过错都成立的话，就成立了共同危险行为，但是如果行为人有意思联络的话，就超出了共同危险行为，而成为共同加害行为。因此他把无意思联络作为消极要件。他是为了区分共同危险行为和共同加害行为的。所以程啸的依据是德国法上的通说，他的思路我是可以理解的，但是本文否定把无意思联络作为共同危险行为的消极要件，我觉得不是很好理解。

第四个问题，就程啸的论文来说，把无意思联络作为区分共同加害行为和共同危险行为的要件，这是德国法上的通说。这一通说是否可以从中国法的解释中得出，这也是需要讨论的。因为许老师的论文是解释学的论文，如果说中国法的法条表述以及逻辑体系安排，不能够得出这么一种"无意思联络"与个别过错相互排斥的结论的话，那么这个论点就需要进一步的论证。

第五个问题是关于免责事由的两个学说。许老师的观点我完全同意。因果关系排除说是符合民诉法原理的，因为把因果关系作为一种推定，如果要排除它，只需要反证就可以，完全不需要证明加害人是谁。如果要让受害人证明加害人是谁才能排除因果关系的话，那么就等于不存在共同危险责任了。因为一旦证明加害人是谁，就不存在共同危险责任了。这是很荒谬的。这一点我支持许老师的论点。

第六个问题，许老师论文在讨论推定事实的前提事实时，对共同危险行为的立法目的进行了讨论。他对适用过错责任原则和无过错责任原则两种情况的立法目的进行了区分。我觉得这个区分可能必要性不大。许老师说在适用过错责任与过错推定原则的案件中，该责任的基础可以归结为行为人的过错。在后一种情况，即无过错责任的情况中，它的责任基础可以归结为保护弱者地位的受害人之利益。我觉得两种情况都可以用保护弱者地位的受害人之利益这个立法目的来解释。在过错责任的情况下，过错也不是承担责任的必要充分条件，因为在适用过错责任的一般案件中还需要因果关系，但是在共同危险责任中并不需要因果关系。所以我觉得这个区分不一定特别必要。

第七个问题，即反证的证明标准问题。许老师的结论我赞成，他认为对于因果关系推定的反证的证明标准应当达到一般的证明标准，即内心确信，而不仅是一种反驳，但是我的思路跟他的思路不太一样。他是从共同危险行为的立法目的这方面来分析的。但是我觉得不必援引这么一个立法目的来论证，因为反证一般情况下是一个独立的证明活动，其是一个单独的证明责任分配。立法上已经推定了因果关系一般情况下存在。你要证明其不存在，就要承担完全的证明义务，即反证事实完全存在。从这个角度讲，对反证事实的证明，本来就是一个新的证明活动，而并不是对另一个证明活动的反驳。因为一般情况下对另一方证明活动的反驳只需要动摇法官内心确信即可，但是它是一个新的证明活动，自然要达到内心确信的标准。

这是我对论文细节问题的看法，没有和许老师交流。可能有些地方会谈得不准确。最后还有一句就是关于研究方法问题。我觉得许老师的论文提供了一个很好的范本。这篇文论也是一个法解释学的规范分析论文。究竟在中国语境下，民事诉讼法解释学应该如何做，我们应该对它有何种期待，这是需要大家仔细讨论的。从我的预期来讲，我可能会期待更多地从实务出发，特别是在讨论每一种理论选择时，要关注这种选择对实务有什么影响。这一点许老师可能有考虑，但是在论文中没有体现。另外在做中国法解释学研究时，要特别谨慎地使用外国法的理论，因为比如说德国的理论通说，是对德国法的解释结果，它不一定是放诸四海皆准的，因此我们在中国法的解释学论文中引用它的话，要将它与中国实务相比较对照，去看它们之间是否是相互排斥的。

好，可能有点超时了。

蒲一苇：感谢吴泽勇教授提出的几个问题，看来他对这篇论文做了很深入详细的解读，许可说他回应两句。

许可：谢谢吴教授。刚才提到的好几个问题，前面的几个问题我虚心接受。有两个从诉讼法角度需要大家关注的问题，所以我做一个简单的回应，请大家再继续批评讨论。一个是刚才涉及的不存在意思联络这样一个消极要件，在我的观念当中，"不存在意思联络"不应当作为一个要件出现，这是和实体法学的一个很大区别。之所以会存在这样的区别，主要还是从诉讼实践证明的角度以及证明责任负担的角度出发，因为从要件事实角度来讲，同一个要件事实只能由固定的一方当事人负担主张和证明责任，这也是要件事实的基本特性，即在法律效果上是相互排斥的，但是在生活逻辑上可以同时存在。反过来讲，如果两个事实在生活逻辑上不能同时并存，也就不可能成为两个独立的要件。所以从这一点出发，从要件事实理论的这一基本要求出发，来分析民法学者关于构成要件的结论时，实际上不仅仅体现在共同危险行为的构成要件上，也体现在其他很多类似问题上。我们会发现实体法学者关于构成要件的讨论结论，有很多脱离诉讼实践，如果从要件事实理论来讲，可能会存在若干问题，一个比较严重的现象就是把一个同样的事实分别从肯定和否定的角度规定为积极要件和消极要件，这从要件事实的角度来讲，是不合适的，比如共同危险行为，只要行为人存在个别过错，不管是个别故意和过失，这里的故意和过失指的是行为人对自己行为导致受害人陷于危险境地存在故意或过失，而且是个别的。既然是个别的，一定不会存在意思联络。从这个角度来讲，这两个要件所针对的案件具体事实，在诉讼实践中指向是一样的，只不过是从肯定和否定不同的角度来阐述而已。所以有这样的区别,即从诉讼角度理解实体法学者关于构成要件分析结论的问题。

另外一个就是泽勇教授提到的一个非常重要的问题。法律上的事实推定制度,它的法律效果到底是什么。是把证明责任进行了转换倒置,还是并没有发生倒置,而仅仅减轻一方当事人负担,而并没有加重对方当事人的证明负担。学界主要观点是法律事实推定导致证明责任发生转换,但是我的基本结论是并不当然发生证明责任转换,它只是减轻了原来负证明责任之当事者的证明负担,但并没有与此同时加重对方当事人的证明负担,是否需要加重对方当事人证明负担,即证明责任是否需要转换,实际是一个司法政策问题。法律事实推定并不当然带来这样的法律效果,我认为它的法律效果是单一的,既减轻负担证明责任人的证明负担,是否同时加重对方当事人负担,需要叠加司法政策这一条件。在共同危险行为制度中,如果司法政策在于着重加重共同危险行为人的证明负担的话,那么加重的方式即是对反证的证明标准的提高,提高到了与本证同样的标准。谢谢。

张卫平:我建议让许可简单地说一下,因为有的法院是按照要件事实论来处理案件,他们在试行。试行的情况如何呢?

许可:据上海市长宁区法院的情况来看,试行要件事实理论给他们解决了很多积案。

张卫平:看来这个理论还是有很大用处的。

段厚省:我在上海与长宁法院打过交道,但是对他们是否按照要件方法展开诉讼程序却没有直观的感受。我经常在上海市法官培训中心上课。记得有一次,我上午讲完,下午就是邹碧华讲他的要件审判方法。我上午讲的是侵权责任与违约责任的竞合问题,其间也涉及证明这一块,我看法官们对要件审判方法的反应,不以为然的占一部分。因此这种审判方法作为一个公式具有引导性,也很有价值,但是实践中遇到个案时,首先遇到的问题便是要件如何确定。由于老法官们对法教义学的原理掌握得不太好,因此确定很困难。其次就是生活事实是一个整体,如果要从法律的角度对其进行评价,有可能出现一个生活事实形成两个构成要件的内容,然后人为地要求当事人反复证明。就是基础事实已经证明，但是是否有过错本来是法官评价的问题，可是也要当事人证明，证明其有过错。但是我也看到上海高院的相关部门为了配合这样一个做法，发了一个指导性的文件，好像把整个民法里面的请求权都涵盖了，最重要的就是侵权与契约两部分，婚姻法也弄了，我就要了一份看了一下，里面错漏还是很多的。

张卫平：他们是否参照了司法研修所的要件事实那套办法？

许可：没有那么高的水平。

段厚省：我举个简单例子。婚姻法上起诉离婚是一个形成权，他们说成是离婚的请求权。在诉讼上讲有离婚请求是对的，但是实体法上的离婚请求权是有问题的。另外撤销、变更合同都是形成权，确认物权叫作确认请求权，概念有点乱。

张卫平：按照您的说法，他们主要是理论基础功底有问题。

段厚省：我看这是最关键的。

张卫平：如果把这个问题解决了，那还是好用的。

段厚省：接下来我就评论一下许老师的这篇文章。我从方法论的角度来谈一下。根据我的记忆，程序法学者对实务的关注已经比较早了，大概在2002到2004年之间，或者再晚一点，我与陈刚教授在一起谈到他的证明责任理论研究这本书。他说他有一个心愿，如果能把民法领域所有的证明责任分配问题用规范研究整理一遍，那该多好啊。法官们拿过去就能用。他当时就举了一个合同法的例子，他想写一个证据合同法学，合同法里面的证明责任分配问题，现在好像还没有出，后来我也和他提到过，他说这个东西工程量巨大。因此我认为程序法学者中关心实体问题的，并不是从现在才开始，只是大家心有余力不足。实体法学者里也有关心程序法的，比如说王利明教授在一二十年前授课时就有案例教学，其间也涉及程序问题，他还出过司法改革的书，梁慧星教授讲课的讲义出版的一个小册子，叫《裁判的方法》，其间也涉及证明责任分配问题，也涉及证明标准。有两次和我在一起谈论民事诉讼法修改时，还提到公益诉讼问题，他说诉讼法学界应在这个问题上多做推动。可见他们也看到程序与实体割裂开来，对各自的研究都有障碍。

今天看到许老师的文章和报告，他的书我也看了，尤其是这篇文章给我一个感觉，即是我们程序法学者在关注实体问题研究时陷入了一个困境，即如果按照学术分工来说，由实体法学者对要件进行阐述，我们在他们的基础上对证明责任问题、证明标准问题，包括具体程序如管辖等展开研究。现在的问题是一旦我们涉及程序中的要件事实时，发现他们的学说都不一致，他们实体法领域中对于同一个问题的认识不一致，使得我们程序法的进一步研究就有了很大的困惑。我看了许可文章的第二部分共同危险行为的构成要件，严格来说作为程序法视角来观察时，就不再讨论这个问题了。构成要件实体法有通说，法教义学很发达，我把这一块的原理拿过来，在这个基础上，仅关注证明问题就可以了。哪些应作为证明对象，哪些不应该作为证明对象。成为证明对象后，证明责任如何分配，分配好证明责任后，每一个证明对象的证明标准如何。怎么去把握，在把握过程中，最后进行评价时，法官应运用何种模式进行评价，我们可能在这个基础上进行探讨会更好，现在问题是花了很大篇幅在探讨实体法领域没有解决的问题。当然我对共同危险行为也有个人看法，这个我就不再展开。

我接着多讲两句。有一次在复旦大学法学院一个年度的小型学术沙龙中，也就是复旦年年搞的校庆学术研讨会，我提到过程序法的构成要件问题。我当时受到台湾地区学者杨建华的启发。他说我们所谓的追求客观真实，还是陷入了自由心证。这个客观真实还是法官来判断。他其中提到了自由心证的构成要件问题。比如自由心证要件包括四点，即综合全辩论意旨，不能断章取义。所有证据必须经当事人双方充分辩论，法官推理判断必须符合论理法则、逻辑法则，最后心证之事由包括过程应公开于裁判文书。这个给我很大启发，符合构成要件，自由心证结果就可作为裁判基础，不符合要件，可成为上诉理由。我提出这个时，一个刑法学者有一些不同看法。他认为正常情况之下，从实体法角度来看，经常说要件，程序法的要件如何理解？他一时之间觉得不能理解，说程序法不需要要件。我说程序法也需要要件呀。因为程序法也有法律效果呀。比如说诉讼中止需要哪些要件，出现哪些情况才能诉讼中止。诉讼终结需要哪些要件，起诉立案达到何种条件才必须立案。为什么这样说，我们现在轻程序，就是因为程序没有严密的构成要件，如果有严密的构成要件，我一看法官的某一行为违背了这个要件，就违背了这个程序，法官作出的程序决定就是无效的或者违法的，或者可以上诉的、可撤销的。这是我自己的想法。当然也受到了许老师那本书的启发。能不能在程序领域专门作一个民事诉讼的要件研究。

张卫平：你的研究可能面临一个问题，因为有任意规范、强制规范。如果你不区分是强制规范下的诉讼行为还是任意规范下的诉讼行为，这个要件就会有不同的问题。因为民事诉讼与实体法有很大的不同。我们要研究外国民事诉讼理论中的责问权，有了责问权，就有了责问权丧失或者放弃，使得不符合要件的行为依然有效，这一点作为实体法学者特别难以理解。但是诉讼法有它的特点。所以我认为你的研究把这一块弄清楚，再来研究这些行为的要件，那就非常有意义了，如果这一点有点模糊的话，恐怕就会面临一些问题。

段厚省：这个研究我想首先对规范进行区分，但是我一直没想通的问题就是张老师刚才提到的责问权的问题，因为我也思考到为什么有些行为不符合要件仍然有效。比如符合再审条件的案子，当事人没有申请，法院没发现，此时就不能说程序行为无效。我就是没想到责问权的问题。在这里谢谢张老师。

张卫平：德国、日本最典型的例子是反诉，即反诉一个要件是反诉与本诉要有关联，但是没有关联也提起了，法院也受理了，我只要不责问，则反诉就是有效的。这就很有意义。而且责问权很多地方都会用。但是用的时候会有一个前提，这就涉及任意规范、强制规范，还有新堂提出的评价规范和行为规范。这一套是一个整体，很有意义。但是我想顺便问一下，你们 5 月 27 日青年学者聚到一块，青年学者之间能讨论起来吗？因为大家都是不同的学科的。

段厚省：当时也有过担忧，我曾经在会上提出过，就像我们这样，其中一个人报告,其他人从不同领域去探讨,这样每一次讨论都会有一些成果,但是他们搞得不行,就是每人给十五分钟发言。如果人多了,参会者坐满了,那么半天每人就有十五分钟。今年还可以,因为就来了五个人,大家展开讨论,反倒讨论得很好。

王学棉:我是王学棉。非常高兴参加这个会议。首先我对研究方法谈一下看法。许可的文章是程序法和实体法结合得很好的文章,但是我觉得这个方法可以更丰富,因为这里面没有案例。也就是说你在研究时,脱离了我们的司法实践,就有可能导致空对空。因为现在的判例很好找,最高人民法院已经有一个网站,用来公布裁判文书,即人民法院裁判文书网,你可以找很多案例,然后在案例基础上,再把实体法与程序法相结合,可能在研究方法上比现在应该更成功。所以我认为以后民诉法的研究应当注重程序与实体结合,程序与实务结合,现在的实务不一定是你必须去做律师,不做也可以,直接从法院裁判文书网上下载,你就可以把案例找来,然后作类型化分析,最后再提炼。第三种方法就是到法院挂职。看看法院内部如何管理,法官如何审案子,如何讨论的。北京也有。所以这也是条路子。以后民诉要想发展,可以多条腿走路,不一定抓着程序法与实体法结合这一条路。所以我觉得可以再找一些实际的判例来充实文章。下面我们涉及一个更为精细化的问题,论文谈到法律上的事实推定的问题,这个问题我还是做过一些研究的,我现在对你的事实推定理论有一些不同的看法,但是没有提前把我的意见给你,希望见谅。我觉得以后应该制定规则,应该提前将意见发给报告人。

张卫平:以后这一点肯定要补充,即不同意见一定要提前发给主报告人。

王学棉:如果现场无法答复我,也没关系。事实推定必然会涉及两个事实:基础事实或前提事实(p)和推定事实(q)。许可文章认为"基础事实是全体行为人的危险行为与损害结果间有因果关系",通过这个基础事实推出的推定事实是"部分的或者个别行为人之危险行为与损害结果有因果关系"。按照我的理解,我们在做推定时,首先是进行选择,基础事实(p)

往往会与两个或多个事实（q 或者 r、s）有联系，然后在后面的多个事实（q 或者 r、s）中选择一个作为推定事实，其他的就不选了，之所以不选，是因为它们是偶然事件，前一个事实是一个概率很高的事件。但是在这里我没有看出来你是如何选择的，你为什么认为可以全体行为人的行为与损害结果有因果关系，推出部分的或者个别行为人之危险行为与损害结果有因果关系，你不选的那个推定事实（r 或 s）是什么，我不太清楚。

许可：这是你看错了，那是推定事实，不是前提事实。

王学棉：论文定义前提事实是"全体行为人的危险行为与损害结果存在可能因果关系"，然后推出"部分的或者个别行为人之危险行为与损害结果之间有因果关系"，不就是这样推出来的吗？我们为什么设定推定，就是因为前提事实比较好证明，推定事实难以证明，但是现在按照你的结论，第一个事实就很难证明，你如何证明全体行为人的危险行为与损害结果之间存在因果关系。这是非常难证明的。但是相对而言，证明个别行为人给我造成损害似乎更好证明。因为我只证明一人行为即可，所以按照你的结论，我认为证明难度更大，因为证明全体人更难证明，这是生活常识。

更为严重的问题是既然推定事实是"部分的或者个别行为人之危险行为与损害结果之间有因果关系"，但法律后果（其他构成要件成立）却是"全体行为人承担连带责任"。该后果显然不是建立在推定事实之上。设立事实推定的目的就是因为法律后果要建立在推定事实的基础上，但推定事实又难以证明，为此允许当事人证明较为容易的前提事实，然后推导出推定事实。许可的文章显然意识到了这一冲突，为解释这一冲突，将其归结为"着重保护弱者地位的受害人之利益"这一立法目的。但这一解释并没有很大的说服力。保护弱者的立法目的确实需要通过具体的立法技术，如推定、举证责任倒置等来实现，但这些立法技术不能与其他法理冲突。许可文章中所界定的事实推定显然与其他法理相悖，此时，用立法目的来解说不能从根本上解决问题。

第二个问题是推定出来的事实是可以反驳的，既然可以反驳，那么所有受到不利影响的人都可以反驳，但是你现在的推定事实是部分人的行为与损害结果有关系，那就意味着只能部分人来反驳，但是事实上，所有的被告都可以进行反驳，反驳我的行为与你的损害是没有因果关系的。因此您设置的推定与我们的诉讼实践是不吻合的。诉讼实践中肯定是所有的人都可以反驳。反驳能否成功则另当别论。这也是我认为文章不能自圆其说的地方。

第三点我顺便说一下郭翔说的那个问题。就是关于从一般条款向特殊条款逃逸的现象，我觉得这个问题不会存在。因为当事人如何主张事实，选择哪个法律权利作依据是当事人的事情，每一个当事人都有对法律的理解，他有他的诉讼策略。不可否认，原告选择不同的法律权利，因其构成要件不同，原告的证明难度会有差异。不可忘记的是，法官的判决根据是证明结果而不是原告的选择。如果根本不存在共同危险行为，原告却要选择按共同危险行为起诉，案件的证明结果必然是无法满足共同危险的构成要件，其请求最终并不能得到支持。考虑到客观事实与证据所证明的事实之间的差异，可能会出现极个别本不是共同危险行为，原告按共同危险行为起诉并最终得到支持的情形。但这也不足以诱惑原告动辄主张共同危险行为。毕竟原告依据何种法律制度提起诉讼，那是他的权利。因此不会存在当事人动不动就主张共同危险这一条款。我觉得不存在从某个条款向另一个条款逃逸的问题。

第四点就涉及"加害人不明"这个兜底要件，你现在认为这个不是共同危险行为的构成要件，我的观点不太一样。我觉得应该是一个要件，因为作为原告来说，他现在只能证明所有的被告都有危险行为的可能，自己受有损害，但是又不能说清楚是哪一个人的行为所致，即无法完全证实因果关系。此时法官就开始转移举证责任，改由被告，即由加害人来证明自己的行为与原告之间不存在因果关系。当加害人证明了自己的行为与原告损害结果之间确实不存在因果时，就可以免责。当被告们不能证明自己的行为与原告的损害之间没有因果时，就意味着案件事实陷入真伪不明，即加害人不明。加害人不明这一结论的得出实际上是原告与被告共同证明的结果。在因果关系陷入真伪不明后，根据证明责任的分配，由被告需承担连带责任。加害人不明既然是当事人证明的结果，就说明它是一个证明对象。虽然证明对象包括很多类，如实体法要件事实、程序法事实、证据、外国法律等，加害人不明显然只能属于实体法要件事实，而不能是其他种类。更为重要的是，如果不具备这个构成要件的话，法官让所有被告承担连带责任就缺乏基础，缺乏正当性。

马丁：各位老师好！我是南京师范大学法学院的马丁。这篇文章我读得比较仓促，体会并不深，也提不出什么像样的看法，请各位老师多包涵。首先，刚才吴泽勇老师发言的时候，我有个问题没来得及向吴老师请教。我想问问，刚才您提到"无意思联络"属于共同危险行为的消极要件？

吴泽勇：这是清华大学程啸老师的观点。

马丁：我觉得这个表述是不是有点问题。"无意思联络"的构成共同危险行为，有意思联络的构成共同侵权行为。

吴泽勇：他的意思应该是这样的。

马丁：如果是这样的，那么从语义逻辑上讲，"无意思联络"应该是积极要件，而"有意思联络"才是消极要件吧。

其次，承接王学棉老师刚才提出的观点，我想问问最终由谁来决定行为性质到底是共同危险行为还是共同侵权行为？是当事人还是法官？确定行为的性质是一个大问题，它将直接影响到最后的责任认定和承担。当然这一点我也没有想得很清楚。

最后，许老师论文提到"一般条款向特殊条款逃避"的表述。这个内容根据您的文章来看应该指的是不适用上位条款，而用下位条款。但是从法学方法角度而言，如果有一般条款也有特殊条款的话，肯定是用特殊条款的，因为特殊条款是对一般条款的具体化。从法学理论上讲，适用特殊条款是适宜的，不存在"逃避"的问题。在德国法上有所谓"向一般条款逃避"的说法，指明显有能够适用的具体规范不用，而诉诸相应的法律原则的情形。不知您使用"一般条款向特殊条款逃避"的表述和这种"向一般条款逃避"的表述是否有某种联系或比对意味？我在想，"一般条款向特殊条款逃避"这个表述本身是否会产生歧义。因为一般条款在大陆法系尤其是在德国法中，一般指的是原则，而不是上位的法律规则。我觉得是否有调整表述的必要。

任重：我叫任重。首先向许可老师道歉。由于欠缺经验以及时间上的原因，事先并没有向各位老师说明应该提前一周向许可老师提出意见和问题。所以今天还是有"突然袭击"的感觉，因此非常抱歉，也非常感谢许可老师的理解和支持。

我想提三个小问题。

第一点，我觉得许老师的论文和报告本身就是实体法与程序法结合的一次非常有益的尝试。刚才各位老师都强调程序法与实体法要紧密结合，但似乎并未对结合的具体举措达成一致。我认为首先需要回答的问题是民事实体法与程序法是不是一回事。由于程序法与实体法在概念体系以及思维方式上都存在较大差异，因此结合之路首先需要重视和强调二者之间的差异性，例如不能将民事法律行为的理论和制度直接套用在民事诉讼法律行为上，在此基础上寻找二者之间的结合点。许老师的文章给我的启发就是我以前只将目光集中于形式意义上的民事诉讼法及其司法解释以及相关裁判，实际上民事实体法上的很多条文都具有程序法含义，或者我们可以说它本身就是一个程序法规范或裁判规范。与此相关，进一步的问题是判断第十条到底构成一个实体法上的请求权基础还是一个裁判规范。比如说是否有一种侵权行为就叫共同危险侵权行为，还是说我们在裁判时，无法确定相当因果关系时，在这种情况下，根据侵权责任法第十条由法官依职权直接适用法律上的事实推定即可。实际上前面的讨论我们都已经把第十条看成是与其他请求权基础同质的规范，如果它本身是一个程序性规范，似乎就可以不用讨论是否会存在从一般条款向特殊条款逃避的情况，所以我觉得许老师的文章已经意识到了这个问题，所以他说在主观要件上就不用再区分是过错责任还是无过错责任，而是根据侵权法的一般规定，在诉讼中进行综合考量，他的逻辑前提就是第十条本身并不构成一个独立的请求权基础。

第二点，关于法律上的事实推定，许可老师在论文和报告中都已经做了较为充分的说明。此外我也读了许老师《民事审判方法：要件事实引论》一书的相关部分，也有非常充分的说理，包括张卫平老师的教科书上都有。所以我建议对法律上的事实推定再次进行讨论，比如它的识别标准。我们在之前讨论时也有疑问，第十条本身是不是法律上事实推定。相关规范需要满足什么样的条件才能够被识别为法律上事实推定。另外法律上事实推定的基本结构中，一般认为被推定事实既不需要当事人主张也不需要当事人证明，在此基础上，我们可以说通过法律上事实推定是变换了证明主题，从而达到较低证明标准的效果。在共同危险行为里面，将相当因果关系降低到了选择因果关系，进而判定侵权责任成立。作为免责事由，其也和法律上事实推定有非常密切的联系。在一个具体诉讼程序中，特别是一方当事人并未被律师代理的情况下，法官在必要时需要释明其可能要适用法律上事实推定以及法律上事实推定引发的证明主题转换以及可能的证明责任倒置，从而使双方当事人都对诉讼发展有充分预期。如果对方当事人在法官释明后不能进行反证，动摇法官对于推定基础事实的确信，这时被告就只能对构成要件要素的反面进行本证，因此就此意义来说，其是本证而并非反证。当然，侵权责任法意义上的免责事由和抗辩事由在民事诉讼抗辩中的如何具体定位，直接影响到构成要件要素反面是否可能被归入免责事由的内涵和外延，但这个问题与今天的主题偏离较远，因此不再做详细的分析和讨论。

  第三点问题，我之前和许可老师沟通过，即要件事实论的定位问题。要件事实来源于德语的 Tatbestandsmerkmale，其为法官三段论的大前提。但是在日本法以及许可老师的论述里，还是有一种倾向，即将要件事实拉入到了第二个层次，即小前提，作为一个证明对象来讨论，这是一个比较纯粹的翻译和理论问题，可能与许可老师的论文以及今天的沙龙关系不大。我只想讨论一下 Tatbestandsmerkmale 的翻译问题。德文词 Tatbestandsmerkmale 在相关文献中有两种翻译方法，一种为构成要件要素；另一种为要件事实。虽然德文词 Tatbestand 有"事实"的语义，但 Tatbestandsmerkmale 意指法律规范的具体组成部分，虽然部分法律规范是在归纳和总结众多具体生活事实类型基础上抽象而成的,但其依旧构成了法官三段论的大前提,属于法律问题而非事实问题。不仅如此,一些法律规范的具体构成并非基于事实的归纳,例如过错、因果关系。为了避免因为误解将Tatbestandsmerkmale归入小前提的风险,并使相关翻译更能够体现词源的内涵和外延,更适宜将Tatbestandsmerkmale翻译为构成要件要素,而非要件事实。通过将Tatbestandsmerkmale翻译为法律构成要件要素,也能够使这一概念与日本法意义上的要件事实相区分,不至于在德日比较时产生不必要的混淆和误解,也为日本法的要件事实是否与德国法构成要件要素相对应的讨论留下了比较清晰的概念基础和进退余地。

以上是我的三个问题,非常感谢。

郭小冬:我是郭小冬。我就文章中的这个推定问题说一说。第一,这是不是一个推定?对这个问题我其实是比较疑惑的。第二,如果依照作者的观点,这是一个推定,那么基础事实是什么,推定事实是什么?文章好像没有怎么说清楚。刚才作者说,把全部因果关系作为前提事实,部分的因果关系不成立作为推定事实,好像有点问题。我自己提出来一个想法。从法条来看,只要实施了行为,就应该承担责任,然后经过反证排除。那么,是不是可以把行为和损害结果两个结合起来作为前提事实,因果关系作为一个推定事实?大家可以批判。

还有一个问题就是在论文中,作者讲到"推定会不会加重对方的证明责任负担要取决于司法政策",这个观点怎么理解?是不是可以理解为推定本身不加重,但是在共同危险的情形中会加重?这是基于一种什么样的司法政策?况且司法政策是会经常调整的。司法政策对于共同危险的态度如果发生了变化怎么办?您的解释只有一句话,即"立法目的在于消除受害人关于因果关系证明的困难,强化对受害人的保护,因此需要适当提高"。这是您论述的一个很重要的内容,但是论据很少,我觉得结论有点牵强。这是我的主要看法。

李铎:大家好,我叫李铎,来自北京大学出版社,是一名法律编辑,同时也是一名业余的民诉法爱好者。为什么说是业余,因为我硕士期间本身学的是法律史，同时我也没有继续读博士，但是对民诉法非常喜欢，也因此结交了很多民诉专业的朋友。从编辑业务角度，关于许老师的文章，包括民诉法的规范研究，我有一点自己的思考，如果有不对的地方，请各位多多包涵。

首先，就文章形式上，我认为存在以下瑕疵：

第一点，文章第二部分，在主观构成要件部分，先谈了两种学说的对立，然后作者对"共同过失说"做了批判性分析；接着作者又引出程啸老师的观点，又对程老师的观点做了分析并做了补强，后面又对是否将"不存在意思联络"也作为主观构成要件进行设问并作答。虽然前后论述有一个时间上的先后逻辑关系，但我个人觉得还是稍显凌乱，如果再分两到三个小节从结构上看会更清晰一些。

第二点，本着自己虽然写不出来，但总希望别人写得更好、追求完美的目的，如果文章能够结合一些审判实践中的案例进行阐释就更完美了，这样在解释力上可能会更强一些。这一点，刚才王学棉老师也提到了。

第三点，就是在问题提出部分，许老师指出的目前的诸多不足，似乎与下文探讨的内容关系不大，譬如作者声称立足于诉讼法学原理展开，但实际上，文章的前半部分主要是民法的内容，后面关于免责事由的探讨也不是基于诉讼原理出发，推定属于民事诉讼证明中的一个技术而已。

其次，文章的内容上，以下几点有值得商榷之处：

第一点，文章有关于"共同危险行为制度的特殊之处，主要是由于受害人就因果关系成立的要件事实存在极大的证明困难"的表述，不够准确。因为按照共同危险行为的本意，此处受害人应该是就部分或者个别行为人的危险行为与损害结果之间的因果关系证明存在困难，而不是对行为整体与损害结果之间的因果关系存在证明上的困难，所以表述还需要准确一下。

第二点，文章中，作者称"在明确了推定事实之后，则应考虑应以何种事实作为前提事实的问题"，从逻辑关系角度讲，我觉得许老师这句表述有误，违反了三段论中"由前提到推论"的基本逻辑。

第三点，作者谈到"事实推定制度中的反证对象及证明标准"问题。实际上，这里的反证对象事实"部分的或者个别行为人之危险行为与损害结果之间不存在因果关系"与行为人的免责理由内容上是重合的。我们都知道，免责理由对于行为人进行举证证明而言，在证明责任上属于本证，在证明标准上按照许可老师《民事审判方法》一书中所要求要达到80%以上；而反证对象事实，对于行为人而言，举证证明的标准比较低，只需要动摇审判人员的内心确信即可。虽然作者在此声称"基于立法目的，强化对受害人的保护，需要提高行为人对反证事实的证明标准"，达到使法官内心确信的程度，似乎与免责理由的证明标准拉平到一个水准，解决了存在于内在的证明程度上的矛盾问题。但实际上，"强调对受害人的保护"这一侵权法中的理念，是否需要贯穿于具体的诉讼证明环节，或者具体来说在适用无过错责任案件中，与过错责任案件相比，强调保护处于弱者地位的受害人的利益是否合适，我个人觉得值得探讨。

最后，关于会议的主题之一，民诉法规范研究方法，结合我本人日常的编辑工作，我想提以下几点不成熟的想法：

第一，这篇文章应该称得上是运用了法解释学或者法教义学的规范研究方法，这一研究方法将自身的研究领域严格限定在现行有效的实证法秩序之上，其基本功能在于对实证法的各种材料进行体系化和解释。为了实现这一基本功能，法教义学或者规范法学必然预设法的三重属性，即作为规范研究基础的法本身，其同时要具有真值性（陈述为真主张）、正确性（内容正确主张）和现实性（社会接受主张）。其中，所谓的真值性就是"法一定主张自己因符合某种识别标准而具有拘束力"，它必须建立在一定的社会形式标准之上，而且这种形式一定是客观、可被相互识别的；法教义学对真值性的追求，能够最大程度上为法律人的交流提供一个可预期的概念与制度的平台，大幅度节省法律人交流的成本。在我看来，今天我们这个活动，通过对"要件事实"这个关键概念的讨论，就是形成共识、共享共识的一次有益尝试。

第二，任何一个概念，尤其是一些核心概念，历史地看，都有自己的一套理论体系，其含义有一个流变的过程。因此，我认为我们在使用一些核心概念时，从规范层面讲，要对概念的确切含义做一限定。譬如，且不说诸如"国家""人民"这种宪法层面的概念，单就民诉中的攻击和防御，大家的书中或者文章中都会运用这两个概念，但实际上，具体指代的内容是什么，每个人的理解并不相同。

第三，在我的编辑业务中，经常碰到一种现象，对于一本专著或者一本专著中的某一部分，基于对同一问题的研究，作者前后所持的基本观点是自相矛盾的，同样涉及诉讼标的问题，为了研究的需要，前面作者采传统诉讼标的理论，后面作者就采用了新诉讼标的理论中的"二分支"说，缺乏基本理论的前后统一贯彻。

我的发言完毕，谢谢大家！

张卫平：像李铎这样的"业余"民诉法研究者，我还是第一次见到，也是第一次听到这种说法。

蒲一苇：下面下一位。

韩波：我是韩波，来自中国政法大学。许可的论文下了很多功夫，溢美之词就不说了。刚才所有的溢美之词我都赞同。为了促进许可进一步的思考，谈一些有疑问的地方。刚才郭小冬教授提到的一点就是诉讼法视角比较大，我也认同，实际上就是从证明责任的角度来谈的，这篇论文是找到这样一个实体法与诉讼法结合的切入点。我想谈一谈研究视角和论证结构。不论是从诉讼法视角讲，还是从证明责任的角度讲，如果视角不同，论证结构就应该有所变化，比如说到共同危险行为的构成要件，这是民法上的写法，民法思维的体现。从诉讼法的角度讲，如果让我写，我可能写的是基础规范及其构成要件，免责事由可能写成对立规范及其构成要件。这样看起来给人一种诉讼法思维发挥作用的感觉。当然要从是否构成基础规范角度来看，刚才任重提出了一个观点，共同危险行为这一规范到底属于基础规范还是裁判规范，我认为还是一种基础规范，它是请求权的基础。上次张老师让我们看一下民法思维方面的论著，我就看了一下王泽鉴先生的《请求权基础》，看得不是特别深入。他一开始写得比较清楚。有这样的意思："进行诉讼，首先要搞清楚谁告谁的问题"，当然这里面就包含是告一个人还是几个人的问题，或者说是让一个人还是几个人承担责任的问题。这就必然涉及了作为责任承担方式的共同危险行为。它在侵权行为法中作为一个责任承担方式，与共同侵权、无意思联络的连带责任，和无意思联络的个别责任放在一起的，所以说它是一个基础规范，但是它又不是一个完全的基础规范，因为它比较抽象，没有一个法律关系作为支撑。在我国的案由中，没有一个案由叫作共同危险侵权，案由中涉及的前边的是人格权纠纷，后边的侵权纠纷也没有涉及共同危险侵权，而是直接按照后边的责任承担方式来安排案由。因此我们既要解决责任承担主体的单数与复数的问题，又要解决一个具体法律关系中，需要承担责任的人的问题。所以这个基础规范如果涉及多人，而且像援用共同危险行为这样的责任承担方式的话，那么势必就会形成一个基础的法律关系，比如未成年人侵权的监护人责任的条款，同时再加上第十条共同危险侵权条款。这个基础规范是当事人主张责任范围内的事项，同时也是行使处分权内的事项。我认为不能够由法官来定的。在诉讼实践中也不是这样安排的。我们经常看到的案例，原告提高度危险作业侵权之诉败诉，然后转而提共同危险行为侵权，法院不但受理，而且当他援用共同危险行为的法条作出裁判时，原告就会胜诉。这是由当事人选择的基础规范。

但是在涉及相关部分时，有些结论我觉得还是需要明确一下。刚才前面几位老师也都探讨了一下，我们要看一下第十条这个结构："二人以上实施危及他人人身、财产安全的行为，其中一人或者数人的行为造成他人损害，能够确定具体侵权人的，由侵权人承担责任；不能确定具体侵权人的，行为人承担连带责任。"这里面有一个分号，分号前后是什么关系，是并列，还是条件关系。我想是条件关系。它是想说明，如果几个人侵权，但是能够确定是谁，那就不是共同危险行为。真正的共同危险行为是不能确定侵权人。因此基于我的理解，我对于一些结论还是不太认同。比如主观要件的结论，这里面就存在一个问题，共同危险责任是没有过错责任与过错推定责任之说的，它只有无过错责任。这是我的理解，不一定对，这么多年在教学中我们都是这么理解的。因为如果有个别过错，只能是确定侵权,那就不是共同危险,因此只能是无过错责任。因此有没有过错,是不需要探讨的。即共同危险行为的基础规范是不需要主观方面的要件。

这是我的理解。紧接着是客观构成要件,要件写得很明确,里面提到"加害人不明",既然提到这一点,也就排除了能确定侵权人的情形。因此从逻辑上讲还是需要考虑一下。

蒲一苇:请注意时间。

韩波:马上结束了,对立规范里面,主要涉及免责事由。许可用了民法学说上的争议来探讨这个问题。其实《民事证据规定》中关于共同危险行为侵权的免责事由规定得已经很清楚了,实践中也在按照这个规则走,没有大问题。被怀疑有共同危险行为的人要证明自己和损害结果没有因果关系,这是证明责任分配问题,这里面没有推定。对此,如果从立法论角度讲,从完善民法的角度讲是有意义的,但是从实践角度讲,我觉得运用推定原理得出的这个结论可能与实践存在紧张关系。

刘哲玮:我是刘哲玮,来自北京大学。有机会能和民诉的青年学者用这么集中的时间讨论一篇文章,感到非常高兴。前面很多前辈说到了很多内容,有的是论文结构,有的是研究方法。关于研究方法,觉得张老师在今年《清华法学》的那篇文章已经把很多问题涵盖到了,我完全拥护赞成。因此这里仅对许老师的文章提一个技术性的问题,也希望我们的会能够在宏大的研究方法等问题之外,就微观的问题形成一些共识性的东西。

我想问的是许老师关于因果关系的判断的问题。其实文章中谈到了两个因果关系。一个是构成要件方面,即要件二"一人或者数人的行为已经造成他人损害",在解释时,说道其是属于可能因果关系的证明,这里面其实已经有关于因果关系的分析了。然后文章讲免责事由时,讲到因果关系的各种学说以及推定等,也有一个因果关系。因此文章中有两个因果关系。我的问题是构成要件中的因果关系与免责事由的因果关系之间的关系是什么?我觉得这可能是一个核心问题。从文章中间谈到的免责事由中,"推定的前提事实"恰恰是构成要件中的前提事实,这样的话,对于同一个事实,既是构成要件的前提事实,又是免责事由中的前提事实,这好像不符合我们对于要件的一般认知。我对共同侵权行为比较外行，不知道理解的对不对。但是从实践的角度来讲，这是一个比较重要的问题。就是如何来处理因果关系的问题。

我就提这个问题。谢谢！

林剑锋：我是林剑锋，来自中央财经大学。客观地讲，本人从实体法角度对于共同危险行为侵权的构成要件问题没有实质性的研究。受会议中张老师论文的启发，我想基于许可老师提交的会议基调论文，稍微跳出我们刚才讨论的范围来谈一点自己关于要件事实方法论的感想。

我对许可老师在所研究的要件事实论这个问题一直很关注。大陆法系采用"法律要件—法律效果"法规构成逻辑，决定了要件事实论为大陆法系解释法学的基本思维与范式。在国外，尽管对于要件事实思维也存有争议，甚至有"在司法审判中机械化、僵硬化"之批判，但仍然不能否定其这种思维贯穿于立法、司法及法律解释始终的基础地位。要件事实方法论对于实现"立法控制司法""禁止法官造法"之精神乃至孟德斯鸠"自动贩卖机式"审判的理想具有根本的意义。尤其放眼于司法欠缺规范的我国现状而言，这种方法更显现出独特的现实意义。就要件事实所发挥的规范化具体内涵而言，其基本体现在立法的规范化与司法的规范化。

第一，就其对实体法规范的立法规范化来讲，要件事实论有独特价值。在大陆法系，实体法之要件设定、规范形成更关注于实体法的社会规范性视角，而忽略了其作为裁判规范的作用。例如，当我们聚焦于民事诉讼有关证明责任问题领域，就会发现，由于很多条文表述的不规范，或者是忽略从证明责任分配角度思考法规的设定，导致我们对证明责任分配的解读产生混乱。如果基于要件事实角度，使立法者在设定法条或进行表述时，主动地顾及到证明责任分配或其他司法裁判等问题，明确相应法律要件的属性（是根据规范、妨碍规范抑或是消灭规范），将会减少司法过程中适用实体法规范的混乱，进而有助于实现司法的规范化。

第二，要件事实思维更重要的价值体现于其对于司法规范性的影响，而这种规范性主要通过要件事实思维所承载的司法技术化得以实现。"诉讼标的—实体法请求权（效果）—（实体法）要件—要件事实—间接事实（证据）"这一要件事实思维构成了成文法国家司法审判最基本的范式。这个思维不仅成为双方当事人构建"案件"的基础，同时也构成法官审判纠纷实体内容的主线。而这一基本范式所蕴含的并以概念、原则与制度等要素构建起来的司法技术，就将社会纠纷与作为司法审判对象的"纠纷"（诉讼标的）区分开来，并进一步使得在纠纷主体（当事人适格）、纠纷解决的事实认定规则、纠纷解决依据（法律适用）等一系列问题上区别开社会纠纷的解决与法律纠纷的解决，这也是作为纠纷解决方式之一的审判专业化与技术化基础所在。如果原告、被告与法院能够规范化、技术化地按照上述思维分别来构建"案件"和攻击体系、构建防御体系、把握审理裁判对象。不仅使得一些诉讼法上事实而非的争议获得澄清，比如对于被告的某个主张，是抗辩还是否认？对于双方某个争议事实归结到哪个要件事实进而科学地确定证明责任之分配？乃至对于诉讼标的如何把握、对于确定判决既判力范围如何确定等问题，在要件事实理论和思维获得强调和推广后，都将技术化地规范起来。而此种司法规范化路径的另一个价值在于诉讼效率的提高上，比如起诉状的格式、裁判文书的格式。比如在日本，诉讼请求并不是泛泛地表述。应该依据要件事实的思维来确定诉讼请求是什么。事实和理由的描述也不是泛泛的对生活事实的描述。必须将相应的要件事实、主要事实、甚至准要件事实、重要事实等等予以表述，这样对争点的归纳，包括后续程序的进行，其效率的提升，是毋庸赘言的。

就以上两个意义而言，如果许可老师强调侧重于诉讼法的视角来探讨本文侵权责任的构成要件，那么我想从裁判规范视角出发，恐怕是区别于实体法学者真正诉讼法视角之所在。正是这个原因，反思到这篇文章，我觉得文章第一部分关于主观构成要件和客观构成要件，许可老师很努力从诉讼法角度想为实体法争议提供更具有支撑性的论证，但我觉得论文的论述还是相对单薄，即诉讼法视角的独特性不够凸显。其原因可能在于这两种要件的讨论可能还停留在相关实体法规的社会规范意义之层面上，而对其作为裁判规范方面很少有足够的论据来完善和补充，换言之，还是更多地从实体法秩序来论证哪种观点更具有价值。民法中共同危险行为理论我不太懂。但是我觉得恰恰相反，共同危险责任即《侵权行为法》的第十条本身是纯粹的裁判规范，请求权基础的性质是很淡薄的。以此为根据，从诉讼法角度，尤其是从事实认定角度来提我们的一些观点的话，研究的价值就凸现出来。最后还是需要强调，许可老师的文章在当下的民事诉讼法学界，无论就其研究方法及路径的创新性而言，还是规范性与细致化而言，都令人耳目一新。

张卫平：我们今天与会的学术先进，有很多都有德国背景，都有"洋枪洋炮"，泽勇、任重、志勋、马丁，都是喝过洋墨水的人。

蒲一苇："洋枪洋炮"中出来的，应该让我们感受一下域外法的风采啊。

曹志勋：我是曹志勋，北大的博士。作为年轻后辈，能够参加讨论会我很高兴，从各位老师的发言中我也学到很多东西。许可老师对要件事实论的介绍，是我了解这个理论最初的启蒙读物。

对于研究方法论方面，我没有资格发言，也完全同意老师们的观点，即现在至少在从立法论向解释论转型。刚才各位发表的许多观点我也很赞同，比如第十条规范本身不是独立的请求权基础，而是一种限定。至于其是一个独立的裁判规范，还是对因果关系这个要件的限缩性法条，可以再讨论。另外许可老师认为法律推定本身不转移证明责任，我基于对德国法的认识，在学说上有不同的看法。不过由于许老师没有展开，所以也就不专门讨论了。后边许老师提出了"个别过错排斥无意思联络"的问题，我深表赞同，因为既然能够成立个别过错，那么从逻辑上不太可能构成意思联络。

下面我从一些小问题提出一些粗浅的看法。

首先是论文讨论的"加害人不明"能否作为客观构成要件的问题。我觉得这里是否可以考虑民法上构成要件与民诉法研究中的要件事实论在功能和定位上的区分问题。换言之，即在民法构成要件理论中，一定要列上"加害人不明"以及前面的"无意思联络"的问题，主要考虑的是与其他侵权类型的区分。但是从要件事实论的角度来看，主要考虑的则是主张责任、证明责任这些问题。我们可能需要完成语境转换，在这些地方能否考虑将"加害人不明"要件转换为许可老师提到的"选择因果关系的问题"，选择因果关系可能构成共同危险行为的客观构成要件。与此相关的问题，比如关于"过错"这一抽象法律概念，到底能不能构成要件事实或构成要件要素，也值得讨论。许可老师论文和高桥宏志教授的书也都提到，德国通说认为过错本身不是要件事实，而是具体行为类型才是要件事实。

其次是法律推定的具体构成问题。我自己开始认为该条是纯粹的证明责任分配规范，类似于过错推定。但是后来我又觉得应该遵循许可老师的想法，将它理解成一个法律上的事实推定。主要理由是，从规范层面上看，独立的证明责任规范与事实推定的区别在于事实推定有一个基础事实的证明责任问题。而且独立的证明责任规范的力度强于事实推定，直接将证明责任转换了，而事实推定则增加了一个中间过程，即基础事实的证明问题。

再次是许可老师提出了免责事由与事实推定的冲突问题。我觉得这里应该回到许可老师关于前提事实与推定事实的定义上。如刚才刘哲玮老师提到的两个因果关系的问题，许可老师在文中分别提到了可能的因果关系和选择因果关系。我觉得这里的前提事实是否应当是全体行为人的危险行为和损害结果之间的选择因果关系。就我自己的理解，可能的因果关系界定的是可能的危险，即这些人从事了一些行为，但是无法证明是谁干的，而把在现场出现的其他人排除除外。而选择的因果关系解决的问题是，这里的一群人都干了这件危险的事情，究竟是谁干的，因果关系还不清楚。我觉得要改成选择因果关系，因为在狭义共同侵权行为中，也会涉及可能的因果关系问题。比如参考王泽鉴老师对不同共同侵权类型的分析可见，如果用可能的因果关系，那么可能无法区分共同危险行为与狭义的共同侵权，这是我的粗浅的看法。这样也许就可以推出因果排除说应当作为免责事由的理解。

最后，许可老师似乎讨论的是自由心证的问题，实际上则是实体法的立法论的问题。这一部分不是诉讼法角度的论证，可能有区分的必要。

我能想到的就是这些。谢谢各位老师。

蒲一苇：下面一位。

黄忠顺：我是人民大学的博士生黄忠顺。我今天主要是来学习的。作为晚辈不敢抢先发言，刚才各位师长经过详细讨论已经逐步达成某些共识。鉴于时间关系，我想仅对加害人不明是否应该作为适用第十条后半句的要件事实问题发表一点不成熟的看法。第十条其实包括两部分内容，分号之前的"二人以上实施危及他人人身、财产安全的行为，其中一人或者数人的行为造成他人损害，能够确定具体侵权人的，由具体侵权人承担责任"属于对个别侵权和共同侵权责任规则的规定，是对第三条和第八条的重申，并不是第十条规定的核心内容，而只是为分号之后的"不能确定具体侵权人的，行为人承担连带责任"奠定语境基础。换言之，即便没有十条的规定，在"二人以上实施危及他人人身、财产安全的行为，其中一人或者数人的行为造成他人损害"的情形下，被害人只有证明具体侵权人才可以获得救济，否则因被告不明确而不符合《民事诉讼法》第一百一十九条有关"起诉条件"的规定，也就是说，在"二人以上实施危及他人人身、财产安全的行为，其中一人或者数人的行为造成他人损害"的情形下，不能确定具体侵权人的受害人不能获得救济。因而，第十条分号之前部分属于无害条款，而分号后部分改变了常规的侵权责任承担形态，才是本条的核心。当代《侵权责任法》强调受害人中心主义并彰显行为规范功能，立法者之所以打破常规赋予受害人以连带责任请求权，就是为了避免被害人权益被损却因法律技术原因而无法通过诉讼方式填补其损失的情形发生，而且也是为了遏制不特定第三人因侥幸心理而从事所谓的"共同危险行为"，契合《侵权责任法》的价值追求。但如果将"加害人不明（不能确定具体侵权人）"作为构成要件而要求被害人提供证据证明，则将在相当程度上妨碍立法宗旨的实现，而且要求加害人证明"加害人不明"并不比要求其证明"具体侵权人"容易。在这种意义上，我倾向将第十条后半部分理解为裁判规则。尽管法院应当引导受害人尽可能确定具体侵权人，但考虑到证明不了具体侵权人对受害人存在更大的利益驱动（连带责任更有利于保障受害人权益的实现），而试图避免承担侵权责任的共同危险行为实施人对证明具体侵权人或者证明自己不是具体侵权人存在明显的利益驱动（免于承担侵权责任或者免于对其他侵权人的侵权责任提供连带保证责任），不宜将加害人不明作为民事诉讼法上的要件事实加以理解。因而，共同危险行为实施人承担连带侵权责任并不是立法者主观上追求的结果，而是客观上迫不得已"两害取其轻"的价值衡量结果，它具有公平责任色彩在里面，如果当事人（主要是共同危险行为实施人）能够证明具体侵权人，或者法院能够在审判过程中通过必要调查确定具体侵权人的话，就不能使用共同危险行为。我就补充这么一点。谢谢。

蒲一苇：关于今天的议题我也有几点个人的观点，不吐不快。我想作为主持人，也是不能被剥夺发表意见的权利的（笑）。我因为长期以来一直同时主讲民法和民事诉讼法课程，所以对民法理论有一些了解，谈不上深刻。

关于许可老师的论文大家刚才陈述了很多意见，很多意见也是很中肯的。比如说研究方法上，大家都持肯定态度，这次我们也同时准备和学习了张老师的《对民事诉讼法学贫困化的思索》这篇论文，大家看了都很有启发，尤其是我们研究方法的缺陷和需要加强的地方。许可的这篇论文正好形成这样的一种呼吁，我们可以启动多重研究方法，特别是从诉讼法与实体法结合的角度，这种尝试是非常好的。但是作为一种尝试，难免存在不足，大家也提出来了，我觉得许可老师也能感觉得到。第一个问题是论文在很多地方过于倾向于或者说束缚于实体法的理论和观点，这个从文章的内容上看是比较明显的，尤其是在构成要件这个部分，基本上是实体法的内容，诉讼法的视角不突出。后面一个部分感觉要好一些，体现了诉讼法的视角和理论。

第二个问题就是关于共同危险的构成，许可老师是按照程啸博士论文的观点，根据归责原则的不同，区分为不同的构成要件，主要是体现在主观要件上，客观要件没有太大区别。这种思路也是一个研究方法，但也有值得斟酌的地方。按照这个观点，我们抛开无过错责任不讲，就以过错责任或者过错推定来看，如果是以各自过错作为判断前提的话，必须要考虑的问题是：如果是各自的过错，为什么承担的是连带责任。这个是必须要考虑的一个问题,即共同危险的"共同性"用什么来体现。应该说承担连带责任的其中一个重要基础是它发生在共同危险之中,即有一个共同性作为基础。各自过错的话,共同性如何体现?我觉得这是个很大的问题。

第三个问题就是免责事由。我认为首先要考虑的问题是,某一个行为人证明自己行为不是造成损害的原因,这一事实到底是免责事由还是要件事实。如果按照实体法学者的见解,将其界定为免责事由的话,那么根据证明责任分配的理论和规则,本来就应该由行为人(被告)承担证明责任,因为它是对立规范,因此也就谈不上反证、推定等。关键是实体法学者认为它是免责事由,从诉讼法视角来看是否正确,是否符合诉讼法学上要件的分类。这个是需要斟酌的,由行为人来对此承担证明责任的理由,究竟是因为在实体法上其属于免责事由呢,还是因为在诉讼法上进行了举证责任的转换(或者说倒置)呢?如果按照实体法学者的见解,将其界定为免责事由的话,其实根本就不涉及证明责任的倒置问题。所以首先应该明确"因果关系"由行为人来证明的基础是什么。

第四个问题是,在这个事实的证明上,是否存在法律推定,我觉得值得斟酌。许可老师认为这是一个反证,而且比一般的反证证明标准高,其实不用说得这么复杂。如果认定它是免责事由的话,由行为人来证明就应当属于本证,不是反证,因为本证是由负有证明责任的人来承担的。它的证明标准就是本证的标准,不是反证的标准。所以我觉得这一事实的定性更为重要,究竟其属于那一种要件事实,需要进一步明确。

最后一个问题和方法论有关系,文章在前面列举了德国、日本、台湾地区一些关于共同危险的规定,其实我觉得应该有个比较法视角的研究,就是看一下他们对要件事实是如何进行证明的,证明责任是如何分配的。有这样的比较很重要,因为他们的规范和我们的差别很大,对于你的要件的确定也很有帮助,比如德国和台湾地区,关于共同危险的规定都是放在共同侵权之后的,首先规定共同侵权,然后才说侵权人不明时亦同,也是负担连带责任。按照它的规范,实际上共同危险是属于共同侵权中的特殊形态,是以共同为前提的。这与我们的规范差别在哪里?是很需要明确的问题。因为就"有没有意思联络",或者"构不构成共同侵权"来看,这个区别就非常大了,所以是需要进行比较的。另外,假如你采纳了程啸老师的观点,根据不同的归责原则来确定不同构成要件的话,有一个很重要的问题是,需要对无过错责任的情形进行类型化、精细化的研究。因为无过错责任的情形是明确的,并不是每一种情形都会发生共同危险的,需要进行类型化研究才能说明其要件的合理性。

以上是我个人的一些粗浅看法,供许可老师参考。

蒲一苇:大家还有什么意见要补充。

蒲一苇:如果没有什么意见,那我简单归纳一下。今天参加这个会议,我想相信对于大家来讲都受益匪浅。这次研讨会,大家的关注点主要集中于民诉法的研究方法上,而且对许可老师的这种研究方法都持赞成态度,并且提出了很多完善建议。

另外,大家针对共同危险行为的构成,从诉讼法的视角提出了很多见仁见智的观点。共同危险行为并不是我们每一个与会者都关注或者熟悉的问题,但是经过今天研讨,不仅涉及方法论的问题,而且使我们进一步明确了从诉讼法或者从证明责任的角度,可以看到某一个实体规范里面存在的问题。这对我们来说是非常具有启示意义的。并且不管是方法论,还是对文章具体问题的意见,相信对许可老师都是非常宝贵的,对他进一步完善这篇论文肯定是大有助益的。不仅如此,今天大家对诉讼法学研究方法的尝试和所达成的共识,对我们将来进一步的研究,或者看待一些诉讼问题的视角都会有一些启示,应该说给我们开启了一个新的角度和窗口。如果沿着这个路径,相信在将来,我们一定能够改善张老师所忧虑的诉讼法学研究的贫困化问题。我想这不仅是张老师的愿景,也是我们在座青年学者的共同愿景。

今天我们的研讨会就到此为止,未解决的问题会下可继续探讨,谢谢大家的参与。

第二届紫荆民事诉讼青年沙龙

（天津师范大学）

报告人：吴泽勇、蒲一苇

吴泽勇，河南大学法学院教授、博士生导师。先后在河南大学获得经济学学士（1997）、法学硕士学位（2000），在中国人民大学获得博士学位（2003）。曾在中国政法大学从事博士后研究（2004-2006），在德国弗赖堡大学、康斯坦茨大学、马克斯-普兰克私法与国际私法研究所访问研究（2007-2010）。1998年以来，在《法学研究》《中国法学》《中外法学》《法学家》《法律科学》《现代法学》等杂志发表论文50余篇，出版专著、译著各1部。学术兴趣主要在民事诉讼法学、证据法学、中国司法制度诸领域，倡导并践行一种"既有广阔理论视野，又能直面中国实践"的研究风格。

蒲一苇，法学博士，教授，硕士生导师，中国社科院法学所兼职博士生导师，中国法学会民事诉讼法研究会理事，浙江省法学会诉讼法研究会常务理事。1992年毕业于西南政法大学法律系，同年考取西南政法大学民事诉讼法专业研究生，1995年获法学硕士学位。2002年考入清华大学法学院攻读博士学位，2005年获民商法学博士学位。2007年9月—2008年9月在加拿大多伦多大学法学院作访问学者。主持和参加多项国家、省部级、校级课题的研究，在《现代法学》《法学评论》等刊物上发表论文30余篇。专著《民事诉讼第三人制度研究》获得浙江省高校科研成果一等奖、浙江省哲学社会科学科研成果三等奖。

（说明：吴泽勇教授的主题报告论文《第三人撤销之诉的原告适格》已经发表在《法学研究》2014年第3期）

第三人撤销之诉适用范围的实体法分析

蒲一苇 *

自2012年民事诉讼法修订后，第三人撤销之诉无疑最受关注的热点问题之一。从现行立法和2015年1月发布的《最高人民法院关于适用〈中华人民共和国民事诉讼法〉的解释》（以下简称《民诉法解释》）的规定来看，均将第三人撤销之诉与第三人参加诉讼制度进行了"无缝对接"，将第三人撤销之诉的起诉主体限定在《民事诉讼法》第56条规定的两种第三人的范围内，撤销之诉的"第三人"与诉讼第三人成为等质的概念，学者对此多有批评，并对第三人撤销之诉的要件和适用范围展开了热烈的争论。[①] 从目前学者关于第三人撤销之诉适用范围的界定来看，多根据诉讼主体的类型来加以分析，比如有独立请求权第三人、无独立请求权第三人、必要共同诉讼人等。

笔者认为，确定某一主体是否属于第三人撤销之诉的救济范围，关键在于判断其与原诉讼的裁判结果是否存在法律上的利害关系，而这一判断不能脱离实体法律关系，往往需要结合案外第三人主张的实体权益与原诉讼裁判的实体法律关系之间的关系来进行具体分析，以确定生效裁判的内容是否使第三人的民事权益遭受不利影响。鉴于此，笔者尝试转换视角，以第三人撤销之诉的原告适格要件为基础，结合实体法的规定，沿着实体

---

* 蒲一苇：博士，宁波大学法学院教授。作者对香港王宽诚教育基金会的资助谨致谢忱。

① 具体详见陈刚：《第三人撤销判决诉讼的适用范围——兼论虚假诉讼的责任追究途径》，载《人民法院报》2012年10月31日；刘君博：《第三人撤销之诉原告适格问题研究——现行规范真的无法适用吗？》，载《中外法学》2014年第1期；吴泽勇：《第三人撤销之诉的原告适格》，载《法学研究》2014年第3期，等等。

法律关系的脉络来分析第三人撤销之诉的适用。需要说明的是，由于我国目前的立法和司法解释都允许有独立请求权的第三人提起第三人撤销之诉，并且成为实践中第三人撤销之诉的典型案型，物权人由此被纳入了第三人撤销之诉的适用范围。①因此，笔者的分析主要是以债权债务关系为对象，选取其中几种比较有代表性、可能适用第三人撤销之诉的情形，所分析的各种实例之间并不存在统一的分类标准，也不能穷尽适用第三人撤销之诉的债权债务关系形态。

一、一般债权人

一般债权人，即普通债权人，是指其债权没有获得法律特别保护的债权人。尽管在立法过程中，当事人恶意串通转移资产、逃避债务，增大债权人受偿风险，被列为恶意诉讼的典型表现，并作为第三人撤销之诉的立法理由和适用情形之一。②但是实务中却没有将一般债权人纳入第三人撤销之诉的救济范围。关于一般债权人能否提起第三人撤销之诉的问题，最高人民法院的权威意见明确持否定态度："对于普通债权，原则上不适用第三人撤销之诉。"③学界亦有学者持相同观点。④从司法实践的案例来看，通常

---

① 笔者对此持不同观点。笔者认为，有独立请求权第三人基于判决效力相对性原则的保护，通常无需适用第三人撤销之诉的予以救济。而由于物权具有排他性、优先性、追及力等效力，利益受生效裁判损害的物权人完全可以另行诉讼主张其权利，并无提起第三人撤销之诉的必要，也即物权人通常不能适用第三人撤销之诉。这也是笔者仅选取债权债务关系为分析对象的原因。

② 参见全国人大常委会法制工作委员会民法室：《民事诉讼法立法背景与观点全集》，法律出版社 2012 年版，第 337 页。

③ 奚晓明：《〈中华人民共和国民事诉讼法〉修改条文适用解答》，人民法院出版社 2012 年版，第 60 页。在 2015 年关于《民诉解释》的解读中，最高院再次强调了这一立场，并进一步明确对于立法上规定给予特别保护的债权，才可以适用第三人撤销之诉，具体包括享有优先权的债权和享有法定撤销权的债权。参见沈德咏：《最高人民法院民事诉讼法司法解释理解与适用（下）》，人民法院出版社 2015 年版，第 780 页。

④ 参见王﹝...﹞研究》，载《清华法学》2013 年第 4 期。

也不接受一般债权人提起第三人撤销之诉。

【范例一】刘 X 强提起第三人撤销之诉，理由是：刘 X 强是 A 公司、B 公司、C 公司和曹甲、曹乙的债权人，在 D 公司诉 A 公司、B 公司、C 公司和曹甲、曹乙、邓丁的追偿权纠纷中，双方达成调解协议，确认 A 公司应偿还 D 公司借款人民币 726 万余元，B 公司、C 公司和曹甲、曹乙、邓丁对此承担连带清偿责任，并确认将 A 公司、B 公司、曹甲、曹乙的一系列财产（包括土地使用权、房产、车辆等）抵押给 D 公司，法院据此制作了调解书。由于该调解书确认 D 公司可就上述抵押财产优先受偿，导致刘 X 强的债权不能受偿，侵害了刘 X 强的合法权益。法院裁定不予受理，理由主要是：其一，刘 X 强虽是 A 公司、B 公司、C 公司和曹甲、曹乙的债权人，但其对原诉讼的诉讼标的，以及 A 公司、B 公司、曹甲、曹乙提供抵押的财产，没有独立的请求权，该案的处理结果与刘 X 强也没有法律上的直接利害关系。因此，刘 X 强不是该案诉讼法意义上的第三人，不符合第三人撤销之诉的起诉条件。其二，关于刘 X 强提出原诉讼调解书确认 D 公司拥有优先受偿权，导致其债权未得到清偿问题，不构成提起第三人撤销之诉的事由。因为债权人都可以依法提起诉讼以求得法律的保护，不同债权人对同一债务人提出诉讼主张，会因为不同法律关系、不同的法律事实而导致不同的法律后果，从而得到不同的诉讼回报；只要每个债权人的诉讼回报都依照法律事实、经过法定程序取得，即使其诉讼回报的取得导致同一债务人财产减少进而导致其他债权人诉讼回报的减少甚至落空，亦属于其他债权人提起诉讼时应当预知的诉讼风险。其他债权人债务得不到清偿，应归责于债务人偿债不能，而不能归责于通过法定程序合法求偿的债权人受偿太多，更不能因此就当然成为其他债权人诉讼案件的第三人。[①]

该案件中，法院比较详细地阐述了不予受理的理由。根据该裁定书以及类似案件的处理情况，实务中认为一般债权人不能提起第三人撤销之诉的理由主要有以下三个。

---

① 参见广东省江门市中级人民法院（2014）江中法立民初字第 1 号民事裁定书。本文所引裁判文书均源自人民法院裁判文书网。

（1）一般债权人不属于诉讼第三人的范畴，即其不能作为有独立请求权的第三人或者无独立请求权第三人参加原诉讼，因而并非适格原告。①

（2）原诉讼的裁判不存在错误。一般债权人提起第三人撤销之诉所主张的撤销事由，多是债务人在与他人的债权诉讼中，将其财产抵偿或者抵押给他人，导致自己的债权不能实现。而法院认为原诉讼中的债权人获得的抵押或者抵偿是依照法律事实、经过法定程序取得的，原生效裁判的内容虽然对原告有所不利，但在认定事实和适用法律上并无错误。

（3）一般债权不属于侵权责任法保护的民事权益范围。依据《侵权责任法》第2条的规定，民事权益的范围包括生命权、健康权、姓名权、名誉权、荣誉权、肖像权、隐私权、婚姻自主权、监护权、所有权、用益物权、担保物权、著作权、专利权、商标专用权、发现权、股权、继承权等人身、财产权益，而普通债权不包含在内。由于原告享有的是普通债权，虽然原诉讼的判决结果同原告可能存在法律上的利害关系，但不能据此认定损害其《民事诉讼法》56条规定的民事权益。②

笔者认为，上述三个理由均存在可商榷之处。首先，将第三人撤销之诉的原告限定为诉讼第三人，范围失之过窄，由于这两个制度的立足点和规范视角不同，因而其适用的主体范围并不完全对应，学者对此多有批评。对第三人撤销之诉的原告范围，解释上宜适当进行放宽，不必严格拘泥于诉讼第三人的标准，而着重于判断该案外第三人与裁判结果是否存在利害关系。

其次，第三人撤销之诉的实质要件，应重在审查原生效裁判的内容是否损害了第三人的民事权益，而不在于原生效裁判是否错误。一方面，尽管根据现行规定，第三人的撤销请求获得支持须满足两个要求，一是原生效裁判的内容存在错误，二是该生效裁判损害了第三人的利益。但是，与以纠错为目的的再审制度不同，第三人撤销之诉的主要目的在于解决原诉

---

① 例如：湖北省武汉市中级人民法院（2014）鄂武汉中民商终字第01036号民事裁定书，北京市第三中级人民法院（2014）三中民终字第06837号民事裁定书，法院均以此作为驳回起诉的理由。

② 参见宁夏回族自治区高级人民法院（2014）宁民撤终字第1号民事裁定书。

讼裁判结果与第三人权益相冲突的问题。①原生效裁判是否应当全部或者部分予以撤销,关键不在于其内容是否错误,而在于是否损害了第三人的民事权益。另一方面,债务人固然有处分其财产的自由,但依照民法原理,债务人的财产系为担保全体债权人债权的责任财产,倘若债务人在其资力不足以清偿所有债权的情况下,将其全部财产或者主要财产抵押给其中一债权人,导致其责任财产发生不适当的减少,必然危害其他债权人的债权,因而此种财产处分行为系属不当,如果于诉讼外实施,即属于债权人依照《合同法》第 74 条可以行使撤销权的情形,为何于诉讼中实施,就得以正当化,不允许债权人请求撤销呢?将此种财产处分的后果视为其他债权人应承担的诉讼风险,难具说服力。

最后,实务中援引侵权责任法的规定,用侵权责任法保护的"民事权益"来界定《民事诉讼法》第 56 条中的"民事权益"的范围,②并由此认为普通债权不属于"民事权益"的范围,这种理解混淆了不同法律领域调整和保护的权益范围,笔者不敢苟同。按照传统民法理论,侵权责任法以绝对权为保护对象,债权通常不属于侵权责任法保护的范畴。③这是因为依据债的相对性原理,债权为相对权,债务人以外的第三人对债权人不负义务,自无侵害债权的可能。④且我国现行法律并未承认"债权之不可侵性"理论,因而侵权责任法未将债权列入其中。认为债权不属于民事权益的范畴显然是很荒谬的,债权只是不属于侵权责任法保护的权益范围而已。《民事诉讼法》第 56 条所指的"民事权益"当然应涵盖所有民事实体法上的权

---

① 参见吴泽勇:《第三人撤销之诉的原告适格》,载《法学研究》2014 年第 3 期。

② 对《民事诉讼法》第 56 条第 3 款规定的第三人的"民事权益",最高法院的权威解释也是根据《侵权责任法》第 2 条来界定的。参见沈德咏:《最高人民法院民事诉讼法司法解释理解与适用(下)》,人民法院出版社 2015 年版,第 780 页。

③ 随着民法理论的发展,债的相对性不断被突破,产生了不法侵害债权理论,在第三人以侵害债权为目的而妨碍债务人履行债务时,允许债权人对第三人追究损害赔偿责任,即所谓"债权之不可侵性"。参见张广兴:《债法总论》,法律出版社 1997 年版,第 164 页。不过,根据我国《合同法》第 121 条的规定,我国并未承认不法侵害债权理论,仍然恪守债的相对性原则。

④ 参见张广兴:《债法总论》,法律出版社 1997 年版,第 163~164 页。

益，而不以侵权责任法为限。

基于债权的相对性、平等性特征，债权的效力相对较弱，不具有物权的优先性、支配性以及追及力，因而债权人在法律上的地位往往也不如物权人优越，其利益比较容易受到损害。我国司法实务中，债务人通过虚假诉讼等方式抽逃资金、转移财产，逃避债务的现象十分普遍，受债权相对性原理所限，债权人往往不能作为第三人参加诉讼，其事前的程序保障已经不力，因此，提供事后的救济渠道就十分重要。故此，应当将一般债权人纳入第三人撤销之诉的保护范围。当然，由于债权效力的相对性，债权人与原诉讼之间往往不具有直接的利害关系，其与原生效裁判的"法律上利害关系"应该有所限定，否则会使得第三人撤销之诉的适用范围过于广泛，有违该制度的初衷。对此，台湾地区学理上是以判决的"反射效力"为依据来进行解释和限定的，值得借鉴。所谓判决的反射效，是指"第三人虽非确定判决之及，但因与当事人间存在一定之特殊关系，致使当事人因受既判力拘束，而反射的对该第三人发生利或不利之影响之效力。"① 由于债权人除了实体法所承认的代位权和撤销权外，并无介入债务人私经济活动的权限，其所享有的仅仅是自债务人的责任财产中受偿的法律地位，故此，债务人与他人间关于其特定财产归属的诉讼结果，其不利益之效力会反射及于债权人。由于债务人所受的不利益判决的效力原则上会及于债权人，因此债权人可通过撤销之诉加以排除。②

笔者认为，就一般债权人而言，对其与原生效裁判是否具有利害关系的判断，应以债务人对责任财产进行处分的结果是否危害其债权为标准。具体而言，在以下两种情形下，应当准许一般债权人提起第三人撤销之诉：

其一，债务人与他人串通进行诉讼诈害，危害债权人债权的。比如，债务人与他人串通进行虚假债权诉讼，并通过调解或者自认而获得不利诉讼结果，其裁判内容危害债权人债权的。债权人如果未能获得诈害防止参

---

① 吕太郎：《民事诉讼之基本理论》（一），中国政法大学出版社2003年版，第362页。

② 参见黄昌国：《民事诉讼理论之新开展》，北京大学出版社2008年版，第313~315页。

加的事前程序保障，可通过提起第三人撤销之诉来获得救济。不过，于此情形，债权人对于诉讼诈害的证明会非常困难。

其二，债务人在与他人间的诉讼中，对其财产的处分危害债权人债权的。此种情形的具体表现，可以参考《合同法》第74条关于撤销权行使事由的规定。比如，债务人于债权诉讼中，将其主要财产或全部财产抵押或者抵偿给其他的债权人，前述案例即属于此种情形；债务人在确认诉讼中，通过自认使其财产归属于他人的；债务人在财产转让合同纠纷诉讼中，将其财产无偿或者以明显不合理的低价转让给他人等等。上述情形如果发生在诉讼外，受危害的债权人可以通过行使撤销权获得保护。如果发生在诉讼中，不允许债权人透过第三人撤销之诉予以排除的话，无疑会于诉讼法上形成法律漏洞，并使得诉讼成为债务人逃避债务的避风港，不仅危害债权人的利益，而且损害了程序的正当性和权威性。

二、债权人代位权中的债务人和其他债权人

债权人的代位权，是指当债务人怠于行使其债权而有损于债权人的债权时，债权人为了保全自己的债权，以自己的名义代位行使债务人债权的权利。我国《合同法》第73条对债权人的代位权进行了规定。[①]债权人因行使代位权而对次债务人提起的诉讼，即为债权人代位诉讼。在债权人代位诉讼中，牵涉到行使代位权的债权人、债务人、次债务人以及其他债权人等多方主体的利益，因而诉讼关系较为错综复杂，关于债务人和其他债权人应否参加诉讼、在诉讼中的地位以及判决效力的主观范围等问题，与债权人代位诉讼性质的定位密切相关。试举一例加以分析。

【范例二】甲对乙有50万元到期债权，乙除了对丙有50万元金钱债权

---

① 《合同法》第73条规定："因债务人怠于行使其债权，对债权人造成损害的，债权人可以向人民法院请求以自己的名义代位行使债务人的债权，但该债权专属于债务人自身的除外。代位权的行使范围以债权人的债权为限。债权人行使代位权的费用，由债务人负担。"

外，没有其他的财产可以清偿甲的债权，而乙在丙的债务到期后却并不积极主张其债权，甲遂对次债务人丙提起债权人代位诉讼。而乙对另一债权人丁还有20万元的债务未清偿。于此情形，该债权人代位诉讼的判决效力是否及于债务人乙和债权人丁？债务人乙和债权人丁是否有适用第三人撤销之诉的可能？

按照大陆法系的诉讼理论，债权人代位诉讼性质上属于法定的诉讼担当，[1]虽然学理上存有争议，但通说认为其判决效力应扩张及于债务人及其他债权人。[2]这是因为按照大陆法系的民法理论，代位权制度源自于债务人的财产为全体债权人之共同担保物的观念，其目的在于保全债务人的一般责任财产，以保障全体债权人的利益，故而采纳所谓"入库规则"，债权人行使代位权时不得请求次债务人直接向自己履行债务，该利益应加入债务人总财产之内，作为全体债权人的共同担保财产，原则上由全体债权人平等受偿，不得专供行使代位权的债权人清偿自己的债权或抵销自己的债务。[3]在"入库规则"之下，债权人提起代位诉讼是为了债务人及包含自己在内的全体债权人的利益，所受判决的效力应扩张及于债务人及其他债权人，即所谓"对于为他人而为原告或者被告者之确定判决，对于该他人亦有效力。"[4]在台湾地区，基于近年来所兴起的程序权保障论，学者进一步提出，为扩大诉讼制度解决纠纷的功能，达成纠纷解决一次性要求，并维护次债务人法律地位的安定，应当在赋予程序参与机会的情况下，使得债权人代位诉讼的判决效力扩张及于债务人和其他债权人。倘若债务人和其他债权人因未受诉讼告知或者法院职权通知而未参与代位诉讼，则可以适用第三人撤销之诉获得事后程序保障。[5]

---

[1] 参见[日]高桥宏志：《民事诉讼法——制度与理论的深层分析》，林剑锋译，法律出版社2003年版，第219~220页；

[2] 参见[日]高桥宏志：《民事诉讼法——制度与理论的深层分析》，林剑锋译，法律出版社2003年版，第217~218；陈荣宗、林庆苗：《民事诉讼法》，台北三民书局1996年版，第171页。

[3] 史尚宽：《债法总论》，中国政法大学出版社2000年版，第471页。

[4] 许士宦：《新民事诉讼法》，北京大学出版社2013年版，第332页。

[5] 参见许士宦：《新民事诉讼法》，北京大学出版社2013年版，第358~367页。

与此不同，最高人民法院《合同法解释（一）》第 20 条则采"直接受偿规则"，规定"债权人向次债务人提起的代位权诉讼经人民法院审理后认为代位权成立的，由次债务人向债权人履行清偿义务，债权人与债务人、债务人与次债务人之间相应的债权债务关系即予消灭。"即债权人行使代位权的后果是，债权人可要求次债务人在对债务人所负债务的限度内直接向自己清偿。按照这一规定，代位权的目的已不再是保全债务人的责任财产，而是具有了实现债权的功能，债权人提起代位诉讼已不再是为债务人和全体债权人的利益，而是为实现自己债权，这就从根本上改变了债权人代位诉讼的性质和诉讼结构，已经很难再用诉讼担当原理来加以解释。[①] 故此，有必要根据我国现行规定的制度形态来进行分析。

（一）债务人

在台湾地区，债权人提起代位诉讼只能请求次债务人向债务人履行清偿义务，不能直接清偿自己的债权，故而债权人代位诉讼的诉讼标的是债务人与次债务人之间的债权关系，债权人与债务人的债权关系仅是代位权成立的基础，并非构成诉讼标的的事项。由于代位诉讼中债务人与债权人的利益具有一致性，虽然理论上债务人有提起第三人撤销之诉可能，但实际上发生的几率可以说是非常之小。其原因有两个：其一，由于债权人胜诉后的实体法效果归属于债务人，因而债务人提起第三人撤销之诉，只可能发生在其未参加诉讼，且债权人败诉而致使判决结果不利于债务人的情形；其二，由于其现行"民事诉讼法"于诉讼告知外增设了职权通知制度，加强了事前的程序保障，加上第三人撤销之诉的设置，为避免将来债务人提起撤销判决诉讼，会促使代位诉讼的当事人进行诉讼告知和法院进行职权

[①] 所谓诉讼担当，是指第三人在特定情形下以自己名义进行有关他人实体权利或义务的诉讼，其诉讼结果的实体法效力归于实体权利人或义务人。参见陈荣宗、林庆苗：《民事诉讼法》，台北三民书局 1996 年版，第 168 页。

通知，①使得债务人难以满足"因不可归责于己的事由未参加诉讼"的条件。

而根据最高人民法院《合同法解释（一）》第20条所规定的"直接受偿规则"，法院在债权人代位诉讼的一个诉讼程序中必须合并审理两个实体法律关系，即债权人与债务人、债务人与次债务人之间的债权关系，所作裁判对这两个法律关系均具有拘束力，因而其裁判效力当然及于债务人。由于债权人与债务人的债权关系已成为裁判对象，他们必然在债权人代位诉讼中处于利害对立关系，无论债权人胜诉还是败诉，其裁判结果均不利于债务人。以前述事例来看，如果债权人甲获得胜诉，则次债务人丙将直接向甲进行清偿；如果债权人甲败诉，则债务人乙将来亦不能再对丙提起诉讼主张其债权。故此，乙与作为原、被告的甲和丙其实均存在利益对立关系，完全可能在代位诉讼中提出既不同于甲又不同于丙的独立主张，即主张甲的代位权不成立，而他与丙之间的债权债务关系合法存在。在这种情况下，不让债务人作为独立当事人参加诉讼是不可思议的。②而在债务人未参加诉讼时也让其受判决效力拘束，更是不符合基本的诉讼法理和程序

---

① 在台湾地区，立法之所以增设第三人撤销之诉制度，主要就是为处理法定诉讼担当的被担当人程序保障问题。因为其理论上关于法定诉讼担当的判决效力是否及于被担当人存在争议，通说认为担当人所获得的确定判决，无论胜负，该判决效力均扩张及于被担当人。但有观点持反对态度，认为在担当人与被担当人之间利害关系未必一致，若既判力及于被担当人，则未参加诉讼的将因担当人败诉而蒙不测之损害。还有观点认为，使担当人遂行诉讼结果不论胜败，其判决效力均及于或者不及于被担当人是不合适的。原因是：如果既判力当然扩张，在担当人败诉时，将剥夺被担当人的防御权，违背程序保障的要求；反之，如果既判力不扩张，则即便担当人获得胜诉，对同一纠纷仍然存在再度诉讼的余地，徒增法院及当事人的负担，尤其对获得胜诉的对方当事人不公平（如次债务人）。因此，应设法在未起诉的被担当人有参与诉讼机会的情形下，使起诉的担当人所受判决效力及于被担当人，以一举统一解决纷争，兼顾公平，并减轻法院负担。根据这一观点，2003年修正的"民事诉讼法"增设职权通知制度和第三人撤销之诉制度，以分别提供事前和事后的程序保障。参见许士宦：《新民事诉讼法》，北京大学出版社2013年版，第332~333页。

② 关于债务人在债权人代位诉讼中的诉讼地位问题，我国实务与学界争论颇多，但学者多采传统理论的立场，主张将债务人列为无独立请求权第三人，从最高人民法院的《合同法解释（一）》第16条来看，也采相同见解。但在"直接受偿规则"之下，让债务人以独立当事人的身份参加诉讼，并与债权人进行充分的对抗，无论是从裁判的正义性还是从程序保障的角度来看，显然都更具意义。

保障。根据《合同法解释（一）》第16条的规定，[①]在债权人代位诉讼中，法院只是"可以"追加债务人为第三人，并非"应当"或者"必须"，显然并未要求债务人必须参加诉讼。鉴于此，通过第三人撤销之诉赋予债务人以事后救济的机会，就极有必要。如果法院未通知债务人参加诉讼，致债务人未参加诉讼具有不可归责性的，债务人应有权提起第三人撤销之诉。

（二）其他债权人

在大陆法系，代位权制度的目的是为全体债权人保全债务人的责任财产，因而债权人代位诉讼具有代表诉讼的性质，该债权人居于债务人及全体债权人的代表地位，所受判决的效力应扩张及于其他未起诉的债权人。[②]因而台湾地区学者认为，在代位诉讼中，为保障其他债权人的程序主体权、听审请求权，应赋予其参与诉讼的机会。尤其是在诉讼结果可能不利于债权人的情况下，法院应当对未起诉的其他债权人进行职权通知，使其有参与诉讼并进行攻防、辩论的机会。对于未获参与机会的其他债权人，则允许其提起第三人撤销之诉，以保护其基于代位权所有的程序参与权。[③]

而我国有关债权人代位诉讼的司法解释中，并未要求法院通知其他债权人参加诉讼，根据《合同法解释（一）》第16条第2款的规定，"两个或者两个以上债权人以同一次债务人为被告提起代位权诉讼的，人民法院可以合并审理。"显然是将其他债权人作为普通共同诉讼人而非必要共同诉讼人，因而法院也不会追加其作为共同诉讼人参加诉讼。实务中其他债权人往往无从得知债权人代位诉讼的情况，从而也难以获得参加诉讼的机会。然而，在直接受偿规则下，提起代位诉讼的债权人并非为全体债权人的利益而进行诉讼，一旦其获得胜诉，其后果必将影响其他债权人的利益，甚至可能导致其他债权人的债权难以实现。以前述事例来看，倘若丁不知道甲对丙提起的代位诉讼，一旦债权人甲获得胜诉，其50万元债权将从丙处

---

① 《合同法解释（一）》第16条第1款规定："债权人以次债务人为被告向人民法院提起代位权诉讼，未将债务人列为第三人的，人民法院可以追加债务人为第三人。"从该规定来看，显然是将债务人作为无独立请求权第三人的。

② 参见许士宦：《新民事诉讼法》，北京大学出版社2013年版，第362页。

③ 参见许士宦：《新民事诉讼法》，北京大学出版社2013年版，第360~367页。

全部获得清偿，而丁的债权就将无法实现，对丁显然极为不公平。而且，在我国司法实践中，通常不允许一般债权人提起第三人撤销之诉，丁于此情形下可利用的救济渠道，只有在执行程序中申请参与分配。而如果案件没有进入执行程序，或者丁来不及于执行程序中获得执行根据，[①]则其债权也无法通过参与分配获得救济。

由此可见，我国现行制度对其他债权人的保护极为不周到，缺乏基本的程序保障，既未提供事前参与诉讼的程序保障，也未给予其撤销判决效力的事后救济程序。尤其是在债权人代位诉讼实行直接受偿规则的情形下，其他债权人几乎曝露于正当程序救济之外，极不公允。故此，笔者认为，对于债权人代位诉讼，一方面，法院应尽可能地对其他债权人进行职权通知，以赋予其参与诉讼的机会；另一方面，对于未参加诉讼的其他债权人，如其具有不可归责于己的事由，应当允许其提起第三人撤销之诉，以获得事后救济的机会。

三、连带债务人

关于连带债务人能否提起第三人撤销之诉，与必要共同诉讼人能否提起第三人撤销之诉的问题密切相关。因为在我国传统诉讼理论和实务中，以连带之债为标的的诉讼被一直作为必要共同诉讼处理，性质上一种不可分之诉，连带债务人须一并作为必要共同被告参加诉讼，如果连带债务人有遗漏时，法院可依职权追加其共同诉讼人。关于未参加诉讼的必要共同诉讼人是否具有提起第三人撤销之诉的资格，我国学界和实务界的观点不一，存在分歧。立法机关的解释将"原审遗漏了必要的共同诉讼人，损害了其利益"作为适用第三人撤销之诉的情形之一，[②]学界也有观点认为应将

[①] 《民诉法解释》第508条第1款规定："被执行人为公民或者其他组织，在执行程序开始后，被执行人的其他已经取得执行依据的债权人发现被执行人的财产不能清偿所有债权的，可以向人民法院申请参与分配。"

[②] 参见全国人大常委会法制工作委员会民法室：《民事诉讼法立法背景与观点全集》，法律出版社2012年版，第65页。

必要共同诉讼人列入第三人撤销之诉的主体范围。①但司法实践中的一贯态度，并未将必要共同诉讼人视为"案外人"，而是作为被遗漏的当事人，②认为其不能提起第三人撤销之诉，而应该通过申请再审的方式进行救济。基于此，未参加诉讼的连带债务人显然也不能适用第三人撤销之诉。

但是，将连带债务的诉讼作为必要共同诉讼，并不符合实体法上关于连带之债性质的界定。在民法理论中，通说认为连带之债性质上是复数之债，即形式上为一个债而实质上为数个债的关系，③可以分别进行主张。而且对连带债务，各债务人就全部债务对债权人负有担保义务，故而债权人有权向债务人中一人、数人或者全体，同时或者先后请求履行债务的全部或者一部。④换言之，向连带债务人中的哪些债务人请求履行、请求其履行多少债务，完全听任债权人的自由意思。具体而言，债权人就连带债务进行主张时，可能提起的诉讼有以下三种：（1）对一个债务人起诉主张全部或者部分债权；（2）对其中几个债务人起诉主张全部或者部分债权；（3）对全体债务人主张全部或者部分债权。由此可见，连带债务的主体虽为多数，但其诉讼标的在连带债务人间并非必须合一确定，也无须以全体连带债务人为共同被告。故此，在大陆法系的诉讼理论中，虽然曾一度将以连带债务为诉讼标的的共同诉讼视为必要共同诉讼，但其后在对"合一确定"的范围进行限定的基础上，认为债权人对各连带债务人均可个别独立提起通常诉讼，因而并非固有必要共同诉讼。如果债权人以多数或者全体连带债务人为被告提起诉讼，非属诉讼标的共同的诉讼，一般是被作为普通共同

---

① 参见刘君博：《第三人撤销之诉原告适格问题研究——现行规范真的无法适用吗？》，载《中外法学》2014年第1期。

② 比如，最高人民法院2008年的《审判监督程序解释》第42条第1款规定："因案外人申请人民法院裁定再审的，人民法院经审理认为案外人应为必要的共同诉讼当事人，在按第一审程序再审时，应追加其为当事人，作出新的判决；在按第二审程序再审时，经调解不能达成协议的，应撤销原判，发回重审，重审时应追加案外人为当事人。"

③ 张广兴：《债法总论》，法律出版社1997年版，第144页；胡长清：《中国民法债编总论》，台北商务印书馆2000年版，第444、467页。

④ 胡长清：《中国民法债编总论》，台北商务印书馆2000年版，第449页。

诉讼来处理。①由于被诉的连带债务人在清偿了全部债务后，有权向其他债务人进行追偿，因而未被债权人起诉的债务人基于判决内容可能对其产生不利后果，可以作为债务人的辅助人（即从参加人）参加诉讼。②

由于连带债务人的债务往往是基于同一基础事实而成立的，连带债务人之间具有比较密切的牵连关系，在债权人对连带债务人提起共同诉讼时，我国有不少学者借鉴大陆法系对必要共同诉讼的类型划分，主张应作为类似必要共同诉讼处理，③即债权人可以不进行共同诉讼而分别对债务人提起诉讼，但一旦提起共同诉讼的话，则应当适用固有必要共同诉讼的规则。并由此认为法院不能追加共同诉讼人，只能由参加诉讼的共同被告或未被起诉的连带债务人申请参加诉讼。④这种观点不仅在学界颇有影响，而且已

---

① 鉴于连带债务人之间的特殊牵连关系，大陆法系诉讼理论上对于这种共同诉讼的处理颇有争议。在日本，有学者将其归为"准必要共同诉讼"，并指出在法律未将其归入"只有合一才能加以确定"的情形这一点上，这类诉讼区别于必要共同诉讼；但在其请求基础是同一的、判决在理论上应当合一确定这一点上，这类诉讼又异于作为单独诉讼合并的普通共同诉讼。因此，这是一种介于普通共同诉讼和必要共同诉讼之间的诉讼类型，法律应当对其进行特别规定，对于各共同诉讼人共同的部分准用有关必要共同诉讼的规定（具体参见［日］中村英郎：《新民事诉讼法讲义》，陈刚、林剑锋、郭美松译，法律出版社2001年版，第81页）。在我国台湾地区，由于其"民法"规定在判决非基于债务人之个人关系时，连带债务人中之一人所受的确定判决对他债务人亦生效力。有学者由此认为，既然在连带债务人未同为被告时，判决效力在一定情形下尚应及于诉讼外的连带债务人，那么在连带债务人为共同被告时，应有适用有关必要共同诉讼规定的余地。例如，连带债务人中之一人提出非基于个人关系的抗辩时，其利益应及于其他债务人（参见杨建华：《问题研析民事诉讼法》（一），台北三民书局1987年版，第59~60页）。

② 参见［日］中村英郎：《新民事诉讼法讲义》，陈刚、林剑锋、郭美松译，法律出版社2001年版，第80~81页；杨建华：《问题研析民事诉讼法》（一），台北三民书局1987年版，第59页。

③ 所谓类似必要共同诉讼，与固有必要共同诉讼相对，是指以部分共同诉讼人为当事人进行诉讼并不会造成诉的不适法，但当该诉讼作为共同诉讼系属于法院时，对诉讼标的的裁判必须在共同诉讼人合一时才能作出的情形。参见黄宗乐监修：《六法全书—民事诉讼法》，台北保成文化事业出版公司1998年版，第78页；［日］中村英郎：《新民事诉讼法讲义》，陈刚、林剑锋、郭美松译，法律出版社2001年版，第77页。

④ 参见肖建华：《论共同诉讼分类理论及其实践意义》，陈光中、江伟：《诉讼法论丛》（第6卷），法律出版社2001年版，第396－401页；江伟：《民事诉讼法学》，复旦大学出版社2002年版，第186页。

经逐渐被司法实务所认可。尽管目前立法上并无规定，但实务中已经接受了固有必要共同诉讼和类似必要共同诉讼的类型划分。《民诉法解释》第422条第1款虽然规定被遗漏的必要共同人可以根据《民事诉讼法》第200条第8项的规定申请再审，不能提起第三人撤销之诉，但却限缩了必须共同诉讼进行诉讼的当事人的范围，明确将连带责任人排除在外。根据最高法院的解释意见，《民事诉讼法》第132条所规定的必须共同进行的当事人应当是指固有的必要共同诉讼人；而实践中经常作为必要共同诉讼对待的连带责任人，属于类似必要共同诉讼人，并非固有的必要共同诉讼人。[1]

尽管对连带债务的共同诉讼在性质上是属于普通共同诉讼还是类似必要共同诉讼，我国学者和实务界的观点与大陆法系的通说并不一致，[2] 由此导致对未被起诉的连带债务人应该以什么身份参加诉讼的看法也不相同。按照大陆法系的通说，在债权人对部分连带债务人提起共同诉讼时，未被起诉的连带债务人参加诉讼时处于辅助参加的诉讼地位；而按照我国学者的建议，则应该作为共同诉讼人参加诉讼。但是，在连带债务人不必一并进行诉讼这一点，显然并无分歧。虽然连带债务人并不是作为诉讼第三人参加诉讼，目前的司法解释也并未明确连带债务人是否属于可以第三人撤销之诉的主体范围，但既然认为连带债务人不属于必须共同进行诉讼的当事人，可以不必一并起诉或应诉，自然就不存在必须追加的问题，也就不是被"遗漏"的当事人，从而也不能适用《民事诉讼法》第200条第8项的规定申请再审。因此，在其因不可归责于的事由未参加诉讼时，应该具

---

[1] 参见沈德咏：《最高人民法院民事诉讼法司法解释理解与适用》，人民法院出版社2015年版，第231、783页。

[2] 在大陆法系，尽管理论上多有学者主张对于连带债务发生的共同诉讼应适用必要共同诉讼的规定进行合一确定，但学界通说并未将这种共同诉讼归于类似必要共同诉讼之中，仍然认为这种共同诉讼并非必要共同诉讼。关于是否适用必要共同诉讼规定的争议对未被起诉的连带债务人的诉讼地位没有产生实质影响，仍然应以辅助人的身份参加诉讼。具体参见［日］中村英郎：《新民事诉讼法讲义》，陈刚、林剑锋、郭美松译，法律出版社2001年版，第80—81页；吕太郎等：《连带债务之判决效力及相关问题——民事诉讼法研究会第八十次研讨会记录》，载《法学丛刊》（台北）第189期，第138页。

有提起第三人撤销之诉的资格。

四、受诉讼诈害的债权受让人

【范例三】甲对其债务人乙提起返还100万元的债权诉讼，在诉讼中，甲将该债权让与给丙，丙不知该诉讼正在进行的事实。其后，甲与乙串通，甲故意作出不利的自认，致使乙获得胜诉判决。[①]于此情形，丙能否提起第三人撤销之诉？

债权让与，即债权转让，是指不改变债权的内容而将它移转于他人的合同。债权让与一旦达成，债权即发生移转，原债权人（让与人）脱离债权人的地位，而新债权人（继受人）承继其地位。[②]由于实体权利发生了移转，必然会导致诉讼主体资格出现变化。如果债权让与发生于诉讼中，是否发生当事人变更，依大陆法系的立法例，有两种处理方式：一种为诉讼承继主义，一种为当事人恒定主义。[③]台湾地区和德国采当事人恒定主义，认为在这种情形下形式上不发生当事人变更，让与人仍然是适格当事人，特定继受人经对方当事人同意可代让与人承担诉讼，或者作为共同诉讼人参加让与人一方。继受人即使没有参加诉讼，该案判决也对其发生既判力。具体到前述事例，继受人丙由于受既判力所及，不能对乙起诉请求给付100万元，学说上对特定继受人丙于此情形应当采取何种方式予以救济存在争论。由于依当事人恒定主义，原则上否定了特定继受人的再审原告适格，台湾地区学者多认为可适用第三人撤销之诉予以救济。因为丙既然受既判力拘束，即为"有法律上利害关系之第三人"；而由于甲的诈害行为，丙不知诉讼的有关事宜，也未获法院职权通知，属于"非因可归责于己之事由

---

① 该事例参见黄昌国：《民事诉讼理论之新开展》，北京大学出版社2008年版，第305页。

② 参见韩世远：《合同法总论》，法律出版社2004年版，第554页。

③ 虽然这两种主张在当事人是否变更的问题上态度不同，但均承认判决的既判力及于继受人。参见江伟：《民事诉讼法学》，复旦大学出版社2002年版，第183页。

未参加诉讼",以"提出足以影响判决结果之攻击防御方法"。①

与之不同,我国采诉讼继受主义,此种情形即发生法定的当事人变更,应由实体权利义务继受人代替让与人成为适格当事人,继续原来的诉讼程序,判决的既判力及于继受人和让与人。因而,在该案例中,本应该变更当事人,由丙作为原告进行诉讼,甲已经不再是适格当事人,应当退出诉讼。那么,对甲与乙串通进行诈害诉讼所获得的判决,丙可采取何种救济方式呢?是以当事人身份申请再审还是作为案外第三人提起撤销之诉呢?如果按照笔者的观点,不将第三人撤销之诉的原告限定为两种诉讼第三人的话,那么丙就符合第三人撤销之诉的适用条件,通过该制度进行救济并无不可。不过,按照诉讼继受主义的原理,丙既然是该案的适格原告,尽管他没有参加诉讼,也应该可以作为当事人申请再审,这样的话,丙就可以通过申请再审获得救济,而没有适用第三人撤销之诉的必要。在再审事由上,由于我国并未将诉讼诈害列为再审事由,因而丙只能适用《民事诉讼法》第 200 条第 8 项规定的事由,即"……应当参加诉讼的当事人,因不能归责于本人或者其诉讼代理人的事由,未参加诉讼的。"

当事人申请再审与第三人撤销之诉在起诉要件、审理范围、审理程序等方面均有所不同,一般而言,当事人申请再审的救济更为有力,因而在第三人撤销之诉与审判监督程序的关系上,《民诉法解释》的基本立场是采"审判监督程序优先适用的原则"。②不过,具体到前述事例,哪一种救济方式对丙更为有利,其是否应当或者能够适用当事人申请再审,还有待于将来的司法解释或者实务中的具体案例来予以明确。

从实体法的角度对第三人撤销之诉的适用范围进行分析,无疑能在一定程度上厘清其制度内涵,使第三人撤销之诉的适用更加明晰化和规范化。不过,由于"法律上的利害关系"的多样性和复杂性,第三人与原诉讼之间的利益关联难以进行界定和把握,因而确定第三人撤销之诉的具体适用范

---

① 参见黄昌国:《民事诉讼理论之新开展》,北京大学出版社 2008 年版,第 306—307 页。

② 参见沈德咏:《最高人民法院民事诉讼法司法解释理解与适用(下)》,人民法院出版社 2015 年版,第 776 页。

围是非常困难的,需要通过实务案例的积累逐渐予以明确。诚如创设台湾地区第三人撤销制度之重要推手邱联恭教授所指出:第三人撤销诉讼之适用范围与得提起该诉至"利害关系人"之判断基准应如何具体化,在解释论上系一困难之问题,不得不留待判例法之累积加以形成。[1]

---

[1] 参见黄昌国:《民事诉讼理论之新开展》,北京大学出版社2008年版,第305页。

第二届紫荆民事诉讼青年沙龙实录

曹云吉*

主　　题：第三人撤销之诉
时　　间：2014年12月6日（全天）
地　　点：天津师范大学法学院会议室

报 告 人：吴泽勇　河南大学法学院教授
　　　　　蒲一苇　宁波大学法学院教授
特邀嘉宾：张卫平　清华大学法学院 教授
参 会 人：段厚省　上海复旦大学法学院教授
　　　　　王学棉　华北电力大学教授
　　　　　陈杭平　对外经贸大学法学院副教授
　　　　　郭　翔　北京师范大学法学院副教授
　　　　　林剑锋　中央财经大学法学院副教授
　　　　　许　可　国际关系学院副教授
　　　　　冯　珂　北京化工大学讲师
　　　　　李　铎　北京大学出版社编辑
　　　　　刘哲玮　北京大学法学院讲师
　　　　　刘君博　中央财经大学法学院讲师
　　　　　马　丁　南京师范大学法学院讲师
　　　　　赵　蕾　华南农业大学讲师
　　　　　袁中华　中南民族大学法学院讲师
　　　　　曹云吉　清华大学法学院博士研究生

---

* 曹云吉，清华大学法学院博士研究生。

黄忠顺　中国人民大学法学院博士研究生
周洪江　清华大学法学院博士研究生
任　重　清华大学法学院博士后

郭小冬：首先对各位老师不辞辛苦来到天津表示热烈欢迎。我觉得在座的各位真的要感谢张老师最初的提议，让我们可以以纯粹的学术目的再一次欢聚在一起。张老师一直主张法院去行政化，学术去行政化。第一个去行政化在十八届四中全会报告中有所体现，第二个去行政化则是从我们做起。今天我们的院长本来是要来欢迎大家，但被我婉拒。但是师大法学院的热情我还是要表达和转达一下的。本来这个会议除了大家自费负担的住宿交通费用之外，剩下的费用由我来负担，未向院里申请一分钱，但是我们院长知道后，他就主动打电话给我，会议餐费全部由院里负担，并且给每位正式代表提供了一份纪念品，我挺感动。由此我也想起了张老师说过的一句话，即"夫唯不争，天下莫能与之争"。我觉得离开清华之后，对我们外地的学生来讲，遗憾的就是没有更多的机会经常听张老师的教诲，所以我们特别珍惜每一次和老师相见的机会，总想听他的教诲。因此先让张老师给我们讲话。

张卫平老师：说得像临终遗言，见一面少一面。（笑声）我的发言五分钟，主要三个意思。第一，我们从第一届紫荆沙龙开始，应该说论坛的初步特征已经显现出来，即高、大、上，高端、大气、上档次。大气并不是说我们人多，而是我们走的精英化路线。我们最有特色的是两位学者提出"标的文章"，提出以后，其他人作为合议庭法官来审理议论这个标的文章，做出评议。但是他们也不完全是法官，报告人也会做出相应的回应。我们可以称之为讨论当中的攻击防御。这是我们很重要的特色。而且我们也会把报告、发言等以文字的方式刊登出来。这种方式不仅在民事诉讼法学界，而且在学界之外，也初步有了品牌效应。李浩老师在2014年年会的报告中提到了我们紫荆沙龙，在中青年学者当中也有了相当的影响，厦门大学出版社也申请承办。因此紫荆沙龙有了一定的学术效应。第二，我们对于学术探讨一定是学术无禁区，发言无顾忌。但是我们也希望，紫荆沙龙在持续进行的情况下，不断总结经验，形成一个比较好的学术讨论规范，我想就是几个严肃，几个轻松。即文字很严肃，发言可以比较轻松；会上可以很严肃，会下可以很轻松；发言面对面讲话时，还要尽可能保持一种优雅的风范，谦谦君子，不需要上火，即使你的观点很有道理，但是面对作出牺牲和贡献的报告人，我们在评议的时候最好不要一针就见血。事后见血，我们观点上有交锋是可以的。最后我代表与会代表向天师大郭小冬以及学生表示感谢，并预祝第二届紫荆沙龙圆满成功。

郭小冬：现在开始进行专业学术问题的探讨。民诉法修改后，新设立的第三人撤销之诉成为主要的理论探讨问题之一。但据我了解，实践当中这类案件比较少。我也邀请了两位法官，一位是德州中院的法官，一位是东莞第二法院的法官，他们也是我们的研究生。我在之前和他们了解了一下各自法院关于第三人撤销之诉的受案量，受案量很少。问题就来了，那就是我们理论界探讨的热烈话题，为什么在实践中运用得比较少。当然我们可以归结为具体的司法解释还没有出来，他们不知如何操作。但是问了很多法官，他们给出的原因是这个制度没什么用，他们认为再审之诉可以解决这个问题。我之前也持这种观点。现实中我们很多人不了解这个制度，我们做理论研究的人有必要把一些基础问题探讨的比较清楚，这样才有利于让司法实践中的法官包括年轻的同事去了解这个制度，更有利于指导司法实践，适用法律。在我们的论坛中，吴泽勇教授与蒲一苇教授对于第三人制度有比较深入的研究。所以我们今天请两位教授做主题发言。我们首先请吴泽勇教授作报告。报告的时间为二十分钟。

吴泽勇：很荣幸作为紫荆论坛的报告人，首先谢谢郭小冬老师为论坛做出的贡献，其次感谢任重老师和其他同学对论坛的筹备，最后当然还要感谢张卫平老师百忙之中抽出时间来支持论坛。我的发言比较简单，因为已经有论文了。论文已经发表，我一度担心对我论文的讨论是否还有必要。收到书面评议意见后，看到都花那么多时间看我的论文，还写出完整的书面意见，我觉得很过意不去，诚惶诚恐。接下来首先我介绍一下论文写作经过，其次谈一下论文立场，再次谈一下论文思路，最后谈一下我的研究在方法论上的意义。

首先，在 2012 年年会之前，我就准备写第三人撤销之诉的论文。修法之后，这是很多学者关注的问题，我也觉得很值得研究。在 2012 年年会上，我发现学者对这个问题分歧很大，可能主要的学者认为这个制度没有办法用，甚至通过解释论，最好就不要用它了。2013 年，我准备我们河南大学举办的青年论坛，决定写这篇论文提交讨论。后来到 2013 年后，我读了一百多份判决书，主要是案外人申请再审的，通过这些判决书有了一些新的思路。在 2013 年底寒假时，写出了初稿。为什么一篇文章花了两年时间，当然一个原因是自己比较慢，另外就是这个问题确实比较难。难处主要表现在我在写论文时，很长时间都没有找到一个合适的立场。2012 年，我的思路很清楚，我觉得既然立法规定了这一制度，而学界持否定态度的却很多，这可能不是一种积极地对司法实践中的需要进行回应的态度。因此我在 2013 年年会之前的立场基本属于"肯定适用说"。但是在 2013 年年会上，当王亚新老师特意发言倡导"肯定适用说"，我们却发现很多学者都在讨论如何适用这一立法，明确否定的人已经非常有限。这是整个趋势的变化。在新的趋势下，我必须重新琢磨论文如何写。如果单纯地首先基论证制度有用，要适用它，已经没有多大意义了。这对我提出了新的挑战。

我的出发点是要回应实务界适用该制度的需要，因此在方法论上，以解释论为研究方法是毫无疑问的。但是在 2013 年之后，我慢慢发现，解释论对于第三人撤销之诉来说是一个非常艰难的任务。理论上大家分歧特别大，实务中并没有成型的做法，而立法本身也有缺陷。作为解释者，要把几个都很模糊的点整合起来，写成一篇文章，难度很大。这也是为什么写了两年的原因。

对第三人撤销之诉稍有关注的学者都知道，在 2013 年底之前，一般我国学者有两种立场，一种是坚持大陆法系经典理论，特别是判决效力相对性原则，对该制度持批评和反对态度，主要以陈刚教授和董少谋教授为代表。另一类学者认为，既然法律已经出台，短期内又不可能修改，还不如从一种"如何让制度适用起来"的角度去讨论和解释它。这种立场以王亚新教授和刘君博博士为代表。张卫平老师写了我国最早的两篇第三人撤销之诉方面的长文。张老师的观点应该是相对超脱,或者中立的。他一方面指出了我国第三人撤销之诉理论与经典理论的冲突,另一方面也并未否定其适用。我费周折的是我到底要选择何种立场。第一基于我的法解释学立场,我不太能接受"否定适用说",因为我一向认为,对于解释论者来说,你首先要尊重立法,其次是要尽量尊重司法实务,最后才是照顾学说。对于解释论研究来说,这三者还是有一个顺位的。立法肯定是第一位的。不可能说有立法了,而把它抛开。有学者说把这个制度解释成让它没法用,这个我也不同意。这是和立法、司法作对,而不是回应立法和司法的需要。第二,第三人撤销之诉在很多国家并不存在,如果我们仅仅依据大陆法系的一个经典理论就否定其适用,我觉得也不是解释学的立场。外国理论不能直接拿来解释中国的一个制度。如果从一开始我们就坚持既判力的相对性原则,关于第三人撤销之诉就无法讨论了,因为我国立法的一个出发点就是我国的司法实务中关于矛盾判决的处理方式,这种处理方式说白了就是我国法院大体上并不坚持既判力相对性原则。可见,立法者设计这个制度时,不坚持既判力相对性原则可以说是一个基本的背景。

其次,"肯定适用说"中,我所读到的论文也不太令我满意。因为"肯定适用说"的论者基本上主张的是对虚假诉讼进行分类,然后对侵害第三人利益的类型进行处理。这种思路在我看来过于简单化。在思考方式上,这些论者可能把应该适用和如何适用简单等同起来了,而在这两者之间,并没有提出一个自圆其说的论证。"肯定适用说"没有回答一些基本问题。比如,如果司法实务不承认既判力相对性原则,那我们在判决效力主观范围方面究竟遵循何种规则——或者习俗?我很难想象在一个国家的司法制度中,对这一基本问题却没有任何规律可循。即便我们没有坚持大陆法系既判力相对性原则,但肯定有一定的原则和规律。"肯定适用说"并没有对此作出回应。另外,我们应该沿着何种思路来解释和分析第三人撤销之诉的原告适格,因为在我看来,是一个关键问题。这是立法矛盾的典型体现,因为法律规定"前款规定的第三人……",而按学者的一般理解,前款的"有独三"和"无独三"很难成为第三人撤销之诉的保护对象。这样一个矛盾究竟应该如何处理?在解释论上,如何做到既符合法律文义,又能够实现法律预期目的的程度,"肯定适用说"并没有给出一个很好的回答。

我认为,法解释学本身要强调理论的自洽性,一篇解释学论文除了回应制度适用的需要以外,同时也要处理制度目的与立法体系以及法条文义间的联系,应该能够提出一个基本上自圆其说的论辩。我的论文就是要做这样一件事。一方面回应司法实务的需要,就第三人撤销之诉提出一个相对可以接受的适用方案;另一方面,整合相关立法、司法、理论资源,在理论上做到基本上自圆其说。我觉得只有在这种情况下,研究才能具有一定的拓展性,可以把这个问题的讨论延伸到相关的问题处理上去。因此,我也希望通过这个问题的处理,来探讨在中国背景下法解释论的研究方法和技巧。

再次,我说一下我的基本思路。我的目的是整合立法、司法、学说,对于目标法条提出一个相对可以适用的方案。对于第三人撤销之诉而言,这个工作可以说很难,因为立法本身欠考虑,司法实务中对案外人利益的救济的处理相对比较模糊,学说上我们也没有对既判力制度进行深入研究,没有形成中国的判决效力理论。在这种情形下对第五十六条的进行解释学的操作,在某种意义上是不可能完成的任务。但是我们又不可能等待立法修改,等待司法实务统一,等待学说深入之后再做这项工作。学者不应该这么消极、被动,而应该通过自己的努力,主动参与到制度和理论的演进中去。换一个角度,恰恰因为立法、司法、学说本身都不成熟,学者的工作才显得尤为重要。总要有人要去整合这三者,推动一种作为"最大公约数"的共识的形成。

基于这种考虑,我的论文第一部分是我思考的出发点。在我写论文时,虽然没有很多第三人撤销之诉的判例,但是案外人救济制度在我国民事诉讼中由来已久,尽管相关规范只有《审监解释》中的一条。但由于该解释的多年适用,已经为我们了解司法实践关于案外人救济的基本立场、做法和习俗提供了相对可靠而且比较可靠的信息。通过对判决书的考察，可以发现我国法院是如何看待冲突判决的，虚假诉讼是如何处理的，案外一般债权人是通过何种途径进行救济的。考虑到法院自身文化以及运作方式的延续性和相对稳定性，法院的这些判决中体现出来的立场和观点对我们理解第三人撤销之诉具有重要意义。通过对判决书的梳理，我得到了一些基本的结论：

第一，大陆法系经典的既判力理论不适宜作为我们解释第三人撤销之诉的出发点。

第二，对于虚假诉讼的规制，案外人救济制度，尤其是程序性的救济制度可能并不是有效的途径。被确认为虚假诉讼的案件基本上都有检察机关和公安机关参与。当事人直接以虚假诉讼为由请求撤销判决的，几乎没有成功过。这背后的原因，我的论文也有提及。我的观点是，以双方勾结、串通损害第三人利益为特征的虚假诉讼，很大程度上已经超越了像案外人申请再审这类常规程序法制度的功能限度。换句话说，通过程序法上的正常途径很难应对这种非正常现象。

第三，对于生效裁判文书侵害一般债权人利益的，一般债权人很难得到救济。

论文的第二部分是一个相对理论化的讨论，目的是形成民诉法第五十六条的解释框架，这一部分主要回答以下几个问题：

第一，第三人撤销之诉存在的必要性；第二，第三人撤销之诉的立法目的；第三，第三人撤销之诉与相关制度的关系问题。

第一个问题目的是为了回应"否定适用说"。第二问题是解释学上的处理，主要受到陈荣宗的启发，他提到了该制度的两个立法目的，一个是程序保障，另一种是实体救济——即之所以有这么一个制度，是为了保障案外人的实体利益。因为中国立法并没有清楚地说明采用的是哪一种目的论，就给了解释者一个解释的余地。我的选择是第二种立法目的，即救济案外人实体利益。原因即在于，如果选择第一种立法目的，那么该制度可能仍然没法用，因为第三人制度本身有缺陷，如果把第三人撤销制度与第三人参加诉讼制度过于紧密地联系起来，就会导致第三人参加诉讼制度的问题延伸到第三人撤销之诉中，这可能并不是我们想看到的。最后一个是与相关制度的关系。我的思路是废除案外人申请再审，明确划分第三人撤销之诉与一般的另行起诉。坦白地说，这一部分是我论文最弱的一个环节，因为我以"是否需要撤销原生效裁判"作为区分标准，而这个标准可以说只是临时的处理，何时需要撤销我也没有弄得太清楚。这可能需要对法院对矛盾判决的处理方式作一个更加系统的处理后才能回答。这是我写论文时清醒认识到的。这让我觉得，系统研究我国矛盾判决理论可能是我们继续研究第三人撤销之诉的另一个切入点。

论文第三部分即对第五十六条的解释，主要是以前两部分的经验和框架为出发点，做一些技术性的解释工作，我的论文也有归纳。我不再重复。

最后，我说一下我的论文的可能的意义和局限。在开始我讲过为什么要选择这种立场。我的文章是一篇法解释学的论文，关于法解释学研究的规则和程序的思考贯穿了整个研究过程。在中国做法解释学非常困难，因为没有成形的模式和套路可以模仿，而且面临着一系列特殊的困境。至少在大陆法系的德国，立法、司法与实务界是高度融合的，可能参与立法的人有很多就是学者、法官。法官中又很多人就是学者，学者也常常参与立法、司法。这几个群体之间的交流沟通是没有问题的。在这个背景下做法解释学相对轻松，因为几个群体之间的话语体系是一样的，而在中国，我们完全不具备这样的条件。立法者在立法时可能并不考虑学者的观点；司法实务中，一般法官也很少关注学者论著；而学者，坦白说整体上也不具备回应司法实践的能力。在这种情况下，我们在做法解释研究时，我觉得很重要的一点是我们三个群体都要相互让步，只有这样妥协才能达成。立法本身不完善，司法比较混乱，而理论回应实务的能力又很差，那么在学术上形成解释论的通说可能非常难。只有彼此各退一步，相互理解、体谅对方，解释论才有可能发展起来。特别对于学者而言，我们可能要暂时放弃一些长期以来不言自明的前见，包括经典理论，只有这样，才能够尝试理解立法和司法，理论界与实务界的良性互动才能形成，三者之间的鸿沟才能逐步缩小。这也是我为什么从判决书考察展开研究的一个原因。如果不读判决书，我对司法实务一无所知。

另外，在方法论上，我觉得法解释学有其基本规则，比如遵守现行法文义，尊重立法的目的与体系安排。但是在具体方法上还是有弹性的，我们不应该把法解释学作为机械的操作来看待，尤其是在立法、司法实务和学说都不成熟的前提下，学者可以在文义允许的范围内，选择比较可欲的解决方案，所谓的"可欲"，指的是理论上比较周全，实践上相对合理，跟立法文本又能接得上。当然周全到何种程度，可能每个人的感受并不一样。这也就决定了，在中国背景下，法解释学很难得到唯一确定的"定论"。这个是没有办法的，同时我觉得也是可以接受，甚至应当提倡的。只要大家都朝着相互妥协、谋求共识的方向努力，那么三者之间的鸿沟总会越来越小。总有一天，我们的共识会越来越多，我们也会距离中国民事诉讼法解释学的繁荣越来越近。

以上是我的简短发言，由于比较紧张，表达不是很清楚，请各位见谅。

郭小冬：我们感谢吴教授精彩的发言，时间也掌握得刚刚好。听到这个主题报告，我有一个很深的感触，他确实是代表了德意志学派的研究风格，一个是非常的客观，对我们国家现存的观点和争论进行了认真的分析和评价；再一个就是非常务实，从解释论的角度来探讨这个问题，让我感触比较深，吴教授也提出了他的基本观点，也对诉讼法学研究的基本方法进行了讨论，关于基本方法的讨论，我们留待稍后自由讨论时再谈。现在我们有请蒲一苇教授来做主题报告。

蒲一苇：首先感谢大家，尤其要感谢给我这么一个作主题报告的机会。得到这个机会，我的心情不是受宠若惊，而是感到诚惶诚恐。同时要感谢与会人员的详细评议，提出了很多问题和很多中肯的批评建议，大家都非常认真地审阅了我的文章，令我深受感动，待会我们再展开讨论和交锋，我可是穿着防弹衣来的（笑）。还要感谢师妹郭小冬承办和主持这次研讨会，作了很多准备工作，非常不容易。再次感谢张老师给我这个机会让我做主报告。另外要对任重表示歉意，因为任重负责组稿，我的稿子一拖再拖,任重一遍一遍地催,我都不敢看他的短信,想把他拉入黑名单了。还有就是向大家道歉,吴老师的文章早就发给大家,而我的文章拖了很久,以至于大家没有太多时间审阅。当然我因此也暗中窃喜,因为大家炮弹估计都发向吴教授去了。(笑声)由于完成的比较仓促,我的文章整体还比较粗疏,因为来不及进一步删改,文章也比较长。与吴教授的文章相比,我的文章还不太成熟,因此只能以量取胜,以字数取胜(笑),因为长,可能破绽也比较多,希望大家多多批评。吴教授的文章已经在《法学研究》发表,而我因为临时受命,时间比较短,仓促写就,感觉压力山大。但这次是两个人作报告,改变了第一次论坛由许可单独作报告的形式,那样比较痛苦,现在分散了攻击点,因此我们每个人的压力就相对较小了,这样我也感觉相对比较安全(笑)。

我写作的基本考虑是不要写成一个商榷性的论文,即主报告人之间不要相互"炮轰",但是又不能没有立场和观点的差异,因此我尝试从不同的视角来观察和看待这个问题。这样我们在观点、立场上可能会有相同点,但是由于视角不同,分析方法不同,也会有不同的研究路径和结论,进而通过讨论达到异彩纷呈的效果,也使得这次论坛更具有全面性和立体性。

我博士论文研究的是诉讼第三人制度,相对而言对这方面比较了解。我也曾经和张老师说过很想写一篇关于第三人撤销制度的文章。因为从制度设计来看存在比较多的问题,学界的争论也很大,但是很多问题似乎没有讲清楚。由于新民事诉讼法施行以后,在很长一段时间内很少观察到实务的适用情况,因此就没有动笔。直到后来,司法实践中出现了不少判例,我觉得这个时候研讨是比较有基础的。在2013年的年会讨论第三人撤销之诉时,基本是纸上谈兵,没有判例,大家都是在理论和制度上进行探讨。现在经过一年多的实践,已经有一些实务的判例和问题呈现出来了,因此讨论的时机相对比较成熟了。

在论文写作时,首先是研读判例,通过判例观察实务运用情况,法学实务中出现了与我的理解不一样的地方,甚至反差。因此我的研究路径是对立法定位、制度设计、司法实务运作情况进行对照和剖析,看这三者之间是否是一脉相承的。通过这种视角进行观察，分析出他们之间存在的差异，在这个基础上对这一制度的理论基础进行梳理，然后从法解释学的角度，来对其适格要件和适用范围进行解读和界定。我的基本目的是在这个基础上，希望可以构建出一个可以操作的规范模式，这是我的一个基本考虑。这可能与吴老师论文的切入路径不太一样，因为他是从以往的案外人申请再审制度的角度来切入的。

  从论文观点来看，我的论文有两个基本立场：第一，第三人撤销之诉制度有其存在的必要性和意义，即持肯定适用说。因为案外人再审是不能满足案外人救济的需要的。但是，第三人撤销之诉目前在制度设计上有问题。第二，第三人撤销之诉制度的适用要建立在民事诉讼的基本原理和基本制度之上，我不赞同为个别制度而撕裂或者抛弃基本的诉讼法理。我始终坚持诉讼实践要建立在诉讼理论的支撑之上，否则的话，司法实务与民事诉讼基本原理的鸿沟可能越来越大。当然不仅仅是第三人撤销之诉，其他制度也是这样。只有将每一个制度的设计和运行都拉回到相应的理论层面上，这个鸿沟才会越来越小。在这一点上，我和吴老师的观点可能不一样。我想在座各位应该对此都有感触，即在我国民事诉讼领域，理论与实践往往自说自话，很难交融。我们到实务中和法院交流，会发现其实不少法官的理论水平是很不错的，说到一些诉讼理论，他们也很清楚，并不是不懂，但是一到具体程序或者案件审理中，理论往往就用不上了。为什么会出现这样的现象呢？理论为何没有发挥其支撑作用呢？我们的学生都有感慨，学了这么久这么多理论，实践中却用不上，陷入了一种"自娱自乐"的窘境。

  论文大家都看过，具体内容就不详细介绍了，我概要说一下。文章分成四节，大致上形成两个部分。第一个部分是对立法目的、制度设计、司法运作的考察。从第三人撤销之诉的立法目的来看，是为恶意诉讼所损害的案外人提供救济渠道，但是在具体的制度设计上却偏离了这个目的，导致了功能被抑制。所以很多学者认为这一制度是没有用的。从实务运作来看，具体到每一个法院来讲，案件数量很少，但是汇总起来，案件是不少的，到 2014 年 10 月底，在法院裁判文书网上可以检索到 200 多个判例，当然这个数据也是不全的，还有很多法院的裁判文书没有全部上网，实际的判例应该要多得多，因此实务中这个制度并不是用不上的。由此可以看出理论与实务出现了差异。通过一系列判例的考察，发现第三人撤销之诉在实务运作时脱离了制度设计，出现向立法目的回归和靠拢的态势，进而造成在适用条件上产生了不同的标准。在实务中适用最多的是两种案件，一种是因恶意诉讼提起的，一种是有独立请求权的第三人提起的。在这两种诉讼中，前者胜诉很少，而后者胜诉的几率高很多。但这两种案件中，第三人撤销之诉的适用都存在不同程度的制度偏离和异化现象，尤其"有独三"的适用情形。对此我在案例分析中都有所呈现。

第二部分包含两个方面的内容，一是对第三人撤销之诉运行的理论和制度基础进行了梳理，二是对第三人撤销之诉的适格要件进行重新解读，并从实体法的角度对适用范围进行了分析。这些分析主要包括以下几个观点和结论。

第一，认为第三人撤销之诉必须建立在判决效力相对性的基础之上，要坚持判决效力相对性原则，这是对案外第三人最有力的保护。在判决效力相对性原则足以保护时，案外人就不必开启第三人撤销之诉，只有在判决效力相对性不足以保护案外人时，才需要开启第三人撤销之诉。这样也可以大大减少第三人撤销之诉开启的机率。

第二，关于第三人撤销之诉的性质，我与张老师观点相同，它应该是一个形成之诉，属于诉讼法上的形成之诉，其诉讼标的是诉讼法上的形成权。作为一个对抗生效裁判的制度，第三人撤销之诉是一个特殊诉讼程序，而不是通常的诉讼程序。因此不应该与通常诉讼程序并列，无论是从适用结果的评价上，还是从开启的程序上都应该有所限制，在适用顺序上应该有位阶的差异，不应该与另诉并行，因为另诉是通常诉讼程序。因此，应仿照台湾地区，要以不能通过其他诉讼程序加以救济作为适用的条件，能够通过通常诉讼程序加以救济的，不必开启第三人撤销之诉。

第三，权利主张型的有独立请求权第三人，也即我国目前的有独立请求权的第三人，不应适用第三人撤销之诉，而应通过另行起诉来保护其权益。因为基于既判力的相对性，有独立请求权第三人并不受原诉生效裁判效力的拘束。而且适用第三人撤销之诉，会破坏原本的有独立请求权第三人的制度机理。

第四，开启第三人撤销之诉的"第三人"是指案外第三人，不应该等同于诉讼第三人，不能用诉讼第三人的构造来限定第三人撤销之诉原告的适格要件。

第五，"诈害防止参加"应该予以承认，至于诈害防止型的有独立请求权第三人是否适用第三人撤销之诉，可以进一步进行研究。一方面，从制度渊源的法国来看，诈害防止参加与第三人撤销判决诉讼是相伴而生的；另一方面，承认"诈害防止参加"，进而相对有限的可以在一定程度上实现遏制恶意诉讼的立法目的。

我的发言到此结束，感谢大家。

郭小冬：感谢蒲教授的精彩发言。蒲教授对诉讼法学的研究方法也提出了自己的观点，也是很务实的。对于第三人撤销之诉制度本身也提出了更详细的制度设计。具体的观点评析和碰撞在茶歇之后的第二阶段进行。

郭小冬：现在有请第一位评议人段厚省教授进行评议。

段厚省：我主要针对吴泽勇教授的文章进行评议。我首先认为吴教授的文章案例丰富，说理充分，论证深入缜密，我个人未必写得出来，研究做得很扎实，评议无非是鸡蛋里挑骨头。也可能是立场不同造成的，并不是方法论上的区别。

第一，我认为这篇文章已经超出法解释学。其结合法条、案例、司法解释，并且提出了一些法教义学原理的观点，比如其把主体进行了界定，已经是法教义学的研究。我上次到北京参加论坛，有一个附带收获，就是李铎给了我一篇文章，专门谈法教义学的，文章谈到法教义学的功能是稳定性、沟通性、整合性。因为现代法律具有实证性，首先要保证法律实施，要具有稳定性。同时要整合相关的规范，如道德规范、政治原则、法律政策等。这样我们就要考虑，我们进行法教义学研究时，是否满足了上述特征。先看稳定性,所谓稳定性是保证法律内部的逻辑一致,通过这种保证来保障国民的行为期待,而不是打破内部逻辑一致。包括既有理论体系在内的既有法学知识,即吴教授所说的前见,前见指的是存在的理论共识,其作用在于稳定性,稳定行为期待,稳定法官适用法律的行为,统一法官适用法律的行为。如果完全抛弃前见,则适用法律就会有问题。基于这种考虑,我对泽勇教授的文章进行评议。旧民事诉讼法第二百零四条即新民事诉讼法第二百二十四条执行异议和最高法院审监解释案外人申请再审的解释,新民诉法的撤销之诉的关系这一方面,我的观点结论是文章在缺乏充分依据的情况下,贸然断定2008年审监解释是对2007年民诉法第二百零四条的解释,则需要再慎重一些。因为2008年解释第五条第二款中明确排除了适用第二百零四条的情形,即符合民诉法规定的按照民诉法来做,2008解释是对民诉法规定之外的情形的一种补充。

第二,民诉法五十六条第三款有两个要点,第一个是"前两款规定的第三人",我们在做法教义学研究时,因为法律的实证性,不能打破法律的文义规定。只能在上述第三人范围内进行界定,不能扩张到其他案外人。另外,文章中提到了立法者的立法目的,我们是否应当在立法者的立法目的之外再次强加一个目的呢?我认为在对这一条进行解释时,应该把握以下两点:第一,应该局限于前两款的第三人;第二,必须符合立法者表达的制度目的。在这个范围内,我们寻找更为具体的空间,来设定规则,作出解释。为法官提供一个方向可能会更好。

第三,我认为要不要拘泥于大陆法系的理论原理。理论原理作为一种前见,具有稳定性功能,贸然将其打破,不仅打破的是理论,还打碎了这个理论稳定法官裁判活动,稳定国民行为期待的功能。理论本身出现混乱,国民无法根据这个理论来预测自己的行为后果,法官也无法预测自己的行为。因为你在这一具体问题上适用了新的理论,但是在这个问题之外的其他问题上,还要适用前见中的理论,这就出现了同一理论在不同问题上的理论混乱,这种混乱会传递到司法实践中,接下来会传递到社会生活中。因而我不赞成。

第四，文章说要从实践中发现理论，从出发点上我是赞同的，因为我认为理论原本就来源于实践。如德国法上的请求权、缔约上的过失等都是学者从实践中发现的。但是这里面的问题是我们国家当下的司法实践，包括泽勇教授所引用的判例，以及我在上海看到的判例，他们的理解是混乱的。目前在这个短暂的时间中，要从实践中寻找出一个具有规则性的原理出来，恐怕还很困难，在这一点上我赞成蒲教授说的，等一段时间也许更好。即在法律出来之后，司法者对它的认识有一定的混乱，这种混乱不一定是坏事，这说明立法者所用的语义和民间生活的语义，以及司法裁判的语义并不完全吻合。司法者的混乱认识反而可以间接地为规范的适用形成一个边界。

第五，从立法以及泽勇教授的文章来看，还是重实体轻程序。这样就降低了程序法的价值。而且操作中也存在问题，比如以实体问题作为标准，那么立案时很难对实体进行审查，等开庭审理完了，才知道是否侵害其利益。主体问题本身是程序问题，应该在立案时审查，我认为以实体作为标准，也会在司法实务中引起混乱。

第六，综上所述，我认为司法的核心价值有二，一个是横向层面上，连接了抽象规范与具体生活事实，并通过裁判沟通了规范语言与生活语言的意义脉络，通过司法裁判不断推动国民法治观念的形成与积累，进而起到社会整合作用。在纵向层面上，它把过去所形成的规范适用于当下的事实，并且对未来发生效力，起到了历史整合作用，当然最为重要的还是稳定作用。作为法教义学研究，应该强化规范的稳定性，而不是打破，在此基础上，要尊重规范，要尊重既有的理论，在进行突破时，要进行建设性突破，而不是将其打碎，单兵推进。

我的发言完了。谢谢。

郭小冬：我觉得段教授的发言很好地体现了张老师所提出的严肃与轻松的关系的问题。吴教授有何回应。

吴泽勇：感谢厚省教授的评议。这个评议我必须回应。有很多问题需要澄清，如果现在不澄清，后边我就没法说话了。（笑声）

第一，法解释学与法教义学的区分。我的论文里没有特意区分，我理解的两者没有那么大的区别。如果按照段教授与袁老师的书面评议中的区分的话，我宁愿认为我的论文是法教义学的，而不是法解释学的。因为我尝试要整合相关的理论与实务，进而提出相对具有稳定性、体系性、延展性的方案。

第二，段教授比较严厉的一个批评是一些前见或者共识如果被撤开，是否会导致实务适用的混乱呢？这是我特别想强调的一点，我理解的法教义学永远是对本国法的解释，本国的立法与司法需要是第一位的。所谓的理论共识有很多层面，比如既判力相对性理论，在德国、日本、法国、台湾地区是不一样的。如果坚持最严格的既判力相对性原则，那么就没有第三人撤销之诉了，在德国确实没有，但是如何解释在法国和台湾地区却有这么一个制度呢？因此既判力相对性本身就是有弹性的原理。我们对它的坚持绝对不可以机械化，仅仅看德国法上的相对性，那么第三人撤销之诉就没有存在的必要性。其实在台湾地区引入第三人撤销之诉之后，也有非常激烈的论战，邱联恭和陈荣宗两者的立场是完全相对的，后者极力反对。我从来不否认经典大陆法系理论的重要性，我们在做研究时，必须借用他们的理论资源，但是我们也要清楚，所谓的法解释学或者法教义学必须是本国的，德国法的理论体系只能百分百的适用于德国，对于其他国家则不存在百分百的适用性。在一个有第三人撤销之诉的国家的立法中，在解释第三人撤销之诉时，对于德国理论的适用就要有所选择，因为它本身没有这么一个制度，他所有的理论都是在没有第三人撤销之诉的基础上形成的。永远是先有立法，后有法教义学体系，如果不加选择将德国法理论拿过来，在解释中国法中间必定会遇到问题。这是我的一个基本考虑。

第三，我们对法教义学的选择有层次性。和王亚新老师比较起来，我还是比较保守的，我用了很多理论，希望能够形成一个大家能够达成共识的理论体系，比方说我坚持债权的不可侵犯性，要从实体法出发，实体法规定了哪些人可以提起这类诉讼，就让他提起；如果实体法没有赋予其债权一定的特殊性，则不允许其提出第三人撤销之诉。这个理论也是遵守了债权与物权的划分的一般原理。因此我要表达的是，大陆法系法教义学理论的理论共识有很多层面，有的是最基本层面的，大家都要遵守；有的是中级层面的，需要有一定的理论修养才能理解。有的是高级层面的，可能仅限于理解德国法时才能适用。我所选择的肯定不是最高层面的共识，我倡导的是最低的共识，我希望我的立场是可以被法官接受的。可以说我的观点是从中国的立法和司法实务出发，而不是从大陆法系经典理论出发。

第四，大陆法系经典理论我从来不排斥它，但是我反对法律修改后，幻想通过学者的研究将这套理论推行下去，这可能是不可行的。这种推动往往需要漫长的过程。因此尽管我同意段教授关于法教义学功能的阐述，但是我们在做中国法解释时，还是要从中国的实务出发，对理论要有所选择，用最为严格的既判力相对性原则来解释第三人撤销之诉，目前可能不合适。

第五，其他的问题，比如我在选择目的论时是否会产生重实体轻程序的问题，我觉得这是两回事。这是具体解释论的操作。目的论上我选择了实体法上案外人利益的救济，并不必然导致重实体轻程序的结果。立案时的证据审查最多是一个形式审查。这一问题可以通过立案审查和实体审查的不同标准来化解。

这就是我的回应，谢谢大家。

郭小冬：段教授强烈要求进行再回应。

段厚省：我回应以下几点。

第一，有一次邱联恭教授到复旦大学做讲座，专门讲既判力主观范围的扩张，其认为主观范围的扩张是客观上存在的，不是想让它相对就相对了，我想这个大家应都没有异议吧。比如我持有你的东西，你们之间判决返还东西时，当然对我有影响。因此要给这个受影响的人表达意见的机会。这是从英美法系来的。我读硕士时，研究派生诉讼，有一个经典判例中有一句话，即每一个受既判力约束的人都有在法庭上充分表达意见的机会，这是正当程序的要求。因此我们有一个撤销之诉，但是他提到既判力主观范围的扩张是受到严格限制的，因此撤销之诉仅限于程序这一范围内，因为没有给你充分表达意见的机会。

第二，我们实务当中并不是泽勇教授说的，对经典理论不太热衷。对于既判力来说，我个人了解，法官对这个理论还是非常尊重的，很多案件中都用这三个字。所以并不是不热衷。

第三，我认为在传统理论当中，"有独三"大家没争议，关键是"无独三"，在过去有争议，现在还有。如果"无独三"确定了，那么就很简单了。结合立法目的，再进一步限缩，中间是否可能存在当事人串通损害第三人利益的情况，如果有初步的证据证明，则有可能。那么可以起诉，否则就不可以。我们不要来突破它，用案外人来取代"无独三"这一概念。当然，这与实务部门的观念可能不一致。其认为利益受损的案外人就是无独立请求权第三人。关键是无独立请求权第三人如何界定。总结到最后还是"无独三"的问题。

王学棉：我就段教授谈到的既判力是否被法院适用的问题谈一下自己的看法。因为我在法院挂职，我的感觉，法院不仅遵守既判力相对性，而且扩大适用。为什么法院会遵守呢？因为既判力的效果是一事不再理。法院的案件量居高不下，如果案件属于一事不再理，我立即驳回，案件就解决了。为什么会扩大适用呢？因为我们对诉讼标的的认定标准有争议。我在实务中处理的一个案子，原告起诉八次，八次都被法院以一事不再理驳回。最后启动再审，进入审委会。按照我们的旧实体法理论，八次的实体法律关系不一样，即使诉讼请求一样。也应该认为是八个不同的诉讼标的，不能驳回起诉。但法院最后都按照诉讼法学说，即基于诉讼请求相同予以驳回。如果按旧实体法学说，则是八个诉讼标的，如果是以诉讼请求或诉之声明为标准，则是一个。实践中，法院喜欢看那个学说有利于驳回起诉就选择那个学说，因而扩大适用了既判力。前面是我辅助段教授而作的发言，现在我说一下我的基本观点，两篇文章一起评议。

第一对于泽勇教授的文章，我有一个疑惑，即对于第三人撤销之诉原告适格的标准到底是什么，我没有搞清楚。我发现您在文中好多处的论述都不一致。比如文章内容提要中对于有独立请求权第三人，适格标准界定为"对当事人争议的诉讼标的主张实体权利的人",对"无独三"采相对宽松的标准,不适用最高院针对通知第三人的限制性规定,具体论述在您《法学研究》上论文的163页。您关于"无独三"的标准界定为"只要案件的处理结果影响到了案外人利益",其即为"无独三"。这里有一个问题,即处理结果影响到第三人和"有独三"有什么实质性的区别。我之所以要主张实体权利,肯定是判决影响到了我的利益,你的处理结果对我"有独三"也造成了影响。因此此处分成两个标准有无实际意义?第二个问题,在159页又谈到"审查当事人是否具有适格原告资格",主要审查"有证据证明发生法律效力的判决、裁定、调解书的部分或者全部内容错误损害其民事权益",我认为这个表述也在论述适格的标准。并且到了161页,"第三人撤销之诉的原告适格规定了五个条件",此处又提出了一个原告适格的标准。再加上第一个问题中提到的适格标准,因此在我看来,您至少提出了三个适格标准,问题就是到底哪一个标准是您的本意。第三个问题,您谈到了"第三人撤销之诉的原告是否适格,要看发生法律效力的判决、裁定、调解书的部分或者全部内容错误,是否损害其民事权益",那么这个标准或者条件到底是有独三适格的标准,还是原告胜诉的标准。即我们在有独三提起的诉讼中,我们在什么时候决定原告可以胜诉。

张卫平: 这个问题问的就是上述条件是诉讼要件还是本案判决要件。

王学棉: 上述即是我对泽勇教授请教的地方。第一对于蒲教授的论文,我和段教授有一个共同之处,即第三人撤销之诉的诉讼目的到底有几个,您明确是有两个的,我认为只有一个,遏制恶意诉讼、虚假诉讼根本就不是第三人撤销之诉的目的。因为虚假诉讼只是手段,这个手段的后果便是第三人利益受损,对于第三人而言,我只要利益得到维护就可以了,第三人撤销之诉很难直接遏制恶意诉讼。因此第三人只需要将上述判决撤销,自己的利益得到维护即可。并且,我即使撤销了生效裁判,是否能够遏制恶意诉讼呢?比如我和段教授串通通过诉讼诈骗张老师,结果张老师发现了,撤销判决后,没诈骗着。然后我和段老师说下一次我们换一人,针对郭小冬再来一次。因为只是撤销,对于我而言,没有什么利益损失。但是对于罚款就不同了，如果我们串通诈骗张老师，然后法院发现后，要罚款100万，结果什么也没弄到，还倒贴了100万，这种情况是直接遏制恶意诉讼。而第三人撤销之诉中，他只是对自己的利益进行维护，因此我觉得遏制恶意诉讼等并不是第三人撤销之诉的目的。

第二，刚才已经谈了一半了，即既判力的问题。还有一个问题就是我们如果遵守既判力相对性，难道就不损害第三人利益吗？因为判决效力很多，除了既判力，还有执行力等，因而对第三人利益影响最大的可能是执行力与形成力。哪怕是我们遵守既判力相对性，但是由于物权法第二十八条说得很清楚，只要法院作出的法律文书生效，即可导致物权变动的效果。如张老师与郭小冬争我的房子，我未参加诉讼，结果判给了郭小冬，此时对我的实体权利造成了损害，因此我觉得给我利益造成损害的是执行力，而不是既判力。因此哪怕法院遵守既判力相对性，但是我的利益依然受到了损害。我们遵守既判力相对性，就不会有第三人撤销之诉了吗？因此我觉得既判力相对性与第三人撤销之诉之间似乎没有必然的联系。所以即使法院遵守既判力相对性，第三人的利益依然会被损害，以后依然需要对其救济。至于是通过第三人撤销还是案外人申请再审救济，则是另外的问题。

第三，对蒲教授案例的分析，我提出了不同的意见。离婚诉讼中能否提出第三人撤销之诉。离婚之诉是身份诉讼，蒲教授认为实务中法院的判决有问题，即离婚结束后，允许第三人提起第三人撤销之诉。但是我认为法院的分析没有问题。这就涉及一个离婚之诉中有几个诉讼标的的问题了。解除婚姻关系是一个诉讼标的，分割财产、孩子抚养是否也是独立的诉讼标的呢？如果将上述作为一个标的，那么很有可能对于别人的身份诉讼，你很难作为第三人。但是如果看成多个标的，如财产也是独立标的，其可以对财产部分提起撤销之诉的。因为财产的分割会影响到案外人的利益。

第四，还有一个问题是关于无权处分的。这里需要探讨的是对物权法第二十八条的理解。法院判决乙需将名画交付给丙，名画的所有权是否发生转移？如果发生了转移，甲应该可以提起第三人撤销之诉。否则不能。由于物权法第二十八条没有明确适用于哪类判决，本判决属于给付判决，应当能引起物权变动。甲可以提起第三人撤销之诉。否则的话，就会导致矛盾判决。一是法院基于甲的所有权要求乙返还名画，一是丙基于给付判决要求乙给付名画，乙将无所适从。我的问题就这么多，谢谢。

郭小冬：蒲教授可以回应一下，五分钟。

蒲一苇：谢谢学棉的评议。第一个问题是关于立法目的。首先，我文章所说的立法目的不是我本人的见解，而是立法部门所说明的立法目的。其次，你解读立法目的时忽略了前半截，因为立法解释是说对"被恶意诉讼侵害"的案外人进行救济，前边还有定语。最后，能否遏制恶意诉讼，罚款当然是手段，但是不让恶意诉讼达到目的，本身就是遏制的手段。

第二是关于无权处分的部分案例，我对无权处分法条的理解跟学棉也有所不同。至于《物权法》第二十八条的适用，在确认所有权时，该条可以适用。但是此处针对的是合同履行，即要求对方履行合同，交付标的物。这个时候是不能直接发生物权转移后果的。

吴泽勇：王老师的评议是很精细的。我回应几个问题。首先，第三人撤销之诉原告适格标准的不统一问题。我在不同地方，基于不同语境在表达方式上不一样。比如讨论目的时，我在程序保障与案外第三人提供实体法救济时，两者我选择后者；另外在讨论"有独三"时，主要是看"有独三"与另行起诉的区别，因此提出了一个标准。在讨论"无独三"时，主要是针对最高院对于两类"无独三"的标准，我做了一个取舍。所以每一个结论都与当时讨论的问题有关。可能是在表达上没有注意它们的统一，所以导致了王老师的困惑。其次，关于"有证据证明生效裁判是否损害其利益"，我觉得立法上并没有说清楚，即究竟是诉讼要件还是实体问题，我觉得在解释论上可以做一个操作，这个并不是很难的问题。即立案时仅形式上审查，至于是否成立，则在本案审理时审查，即通过审查方式的区别来解决。最后，关于判决效力问题。王老师说不一定是既判力影响第三人，我完全同意。我论文中也提到了。我觉得以后如果有人想花时间做第三人撤销之诉的话，一个突破点则是研究中国司法实践中的判决效力。这个现在没有人能说清楚，每个人的判断标准都不一样。究竟法院是如何来处理矛盾判决的，还需要深入的研究。

郭小冬：谢谢两位的精彩回应。下面有请许可老师评议。

许可：谢谢主持人。第一，论坛将第三人撤销之诉作为主题，非常有意义。在座的很多老师都有专门的文章。到现在无论是否达成一致，至少分歧点现在已经充分地暴露了。我希望通过这次论坛能够把分歧点梳理一下。第二能够就某些分歧点，通过大家的讨论能够基本形成一致。这不仅是对大家的交代，也是为我国民诉法研究做一个基础。基于这个目的展开我的发言。

今天论坛的形式属于类似必要共同诉讼，两人可共同起诉，也可分别起诉。两人之间的地位还是流动的，相互之间可以展开攻击防御。包括在座的评议老师，相互之间有一致的，有不一致的。因此大家的地位都是流动的。我对泽勇教授的文章已经很早提出了书面评议，因此我对于其文章不再评议。蒲教授的大作不仅是以数量取胜，而且其研究宽度和深度方面都有很高的造诣，研究方法我深表赞同，结论也深表赞同。我在2013年1月份有一篇文章，当时的基本出发点也是解释论，因此今天的会至少有一个共识，即大家都是解释论，都朝着肯定适用说的方向发展。因此在这个基础上，来探讨研究方法等问题。关于研究方法，在第一次论坛上已经有了一个共识。因此以后的研究应该沿着这个方向前进，否则就失去了一个学术共同体的最基本的立基之所在。这一点应该没有异议。

在具体制度上，包括对司法实践中的案例解读，都有很多歧义。我想有很多问题是客观原因造成的，比如司法实践当中本身很混乱，没有办法总结出具有规律性的东西。另外，由于解释者本人所采立场、解释过程中所使用的理论、概念、解释技巧的不同，也造成了在结论上的差异。这种差异的弥补可能是比较困难的。只能是大家通过讨论来看哪种解释技巧方法更符合理论和实践的要求。我在提交评议时，相对比较简单，我想蒲一苇教授也都看到了。这里面总共十四点。我只提几点，希望蒲老师进行回应。

第一个问题是关于制度目的。从立法者的角度来讲，制度目的可能有两个。但是从我们的角度来讲，是否需要再对立法目的进行一些必要的扩充？如何进行扩充？我个人认为还是要有一个扩充。理由比较简单，任何一个制度在设计时，在该制度能够达到成本效益最大化的角度来讲，在理论能够自洽的前提下，以及与其他制度能够协调的情形下，还是要适度扩张。我建议把纠错和一次性解决纠纷也作为第三人撤销之诉的立法目的。第二个问题即是类型问题。一般认为属于诉讼法上形成之诉。但是我认为应该是混合型诉讼。根据第三人提起的诉讼请求，或者是一个单纯的形成诉讼，或者包含了确认诉讼，甚至给付诉讼。这个要根据当事人的具体诉讼请求来判断。第三个问题也不光提给蒲教授。台湾地区法上规定的"与原诉讼处理结果有利害关系"这样的表述和我们的第三人制度之间的关系到底是什么。单纯从文义解释来讲，上述既包括权利主张型第三人，还包括诈害型第三人，也包括我们的"无独三"。所以就它的表述来讲，我们单纯的将权利主张型第三人放到第三人撤销之诉的原告适格之外是否合适。第四个问题请大家一起考虑。在第三人撤销之诉当中，并没有明确区分哪些是诉讼要件，哪些是本案判决要件。这对以后的司法实务会有很大的影响。比如说立案受理后发现没有正当事由，是裁定驳回起诉，还是判决驳回诉讼请求，再比如超过期间的，如何处理？再比如判决有错误，但是并没有侵害第三人利益，如何处理？

谢谢各位。

张卫平：许可明显是带有第一次被批判的情绪，显然是"军国复仇主义"。（笑声）

郭小冬：感谢许可老师的评议，下面有请第四位评议人冯珂博士。

冯珂：对于两位老师的文章，我非常有启发和收获。中间有些问题在前边已经讨论过了。我自己想说三个方面的小问题。

第一，是关于吴老师文章既判力相对性的。论文中否认既判力相对性的论证主要基于实践性的立场。在这一点上王老师也说了，实践当中是适用既判力的。吴老师的看法是法院是为了避免矛盾判决才不适用既判力。因而为了基于这种纠错的理念，不仅要纠正判决内容的错误，而且还要将判决效力扩张及于案外人，因此不承认既判力相对性。但问题是这种情形下,司法实践中法院到底是不愿适用既判力相对性,还是既判力相对性本身是不能被适用的。在这一点上我同意蒲老师的观点,我们不能因为个别制度问题否定民事诉讼的基本原理问题。

第二个问题是蒲老师的文章。蒲老师是基于既判力相对性的原理提出了将"有独三"排除于第三人撤销之诉原告适格的范围之外。蒲老师文章中也界定了第三人撤销之诉的制度目的,为了适应这种制度需求,通过对一般债权人的扩张解释来达到这一点。但是如果结合前面一点,如果已经把"有独三"排除掉了,对于一般债权人的扩张解释只能通过对"无独三"进行解释。但是这是一种事后救济的方式,文中也提到"为了和这种事后救济相协调",对于虚假诉讼的事前救济是通过"有独三"的解释来完成的。这样就形成了一个矛盾,即对于虚假诉讼或恶意诉讼的案外人,在事前救济时,则是以"有独三"来完成,而事后救济则成了"无独三",在诉讼地位或者身份上出现了矛盾。

第三个问题是关于原告适格问题。我个人有点困惑,当事人适格概念与德国理论的理解可能是不一样的。德国既有理论下,与当事人适格相关的是诉讼实施权的问题。诉讼实施权是诉讼要件,而当事人适格是实体判决要件。两位老师适用的这一概念与在德国理论下的概念可能不一样。我不是说一定要将德国理论作为我们的话语体系,而是在这种理论的考察之下,文中所讨论的并不是德国理论上的当事人适格。这里所说的应该是第三人撤销之诉的特殊诉讼要件。对于案外人做一个扩张的理解,均将其作为形式当事人进入诉讼当中,进而依据第三人撤销之诉的某些诉讼要件,将不具备撤销之诉合法性的主体排除出去。此处涉及了对于第三人撤销之诉的实体要件如何设定的问题。我的想法是在既有的和第三人制度相连接的框架下,可能对于诉讼要件事项界定为"有独立请求权",或者"与本案有利害关系",而对于"第三人是否受原裁判的损害",则作为实体审查要件。这样的设计可能并不成熟,拿出来和大家讨论一下。

谢谢各位。

郭小冬:下面由蒲老师集中回应一下。

蒲一苇：谢谢两位的评议。许可与冯珂都做了详细的评议，在此表示感谢，并且稍作回应。第一，关于立法目的，许可的立场与王老师不一样，我的看法是，作为制度目的来看，目的应该具有唯一性。如果存在多个目的，相互之间发生冲突则很难处理。因此应该第三人撤销之诉的立法目的应该是唯一的，即是案外人救济制度，而遏制恶意诉讼只是其附带效应。另外我不赞成把纠错作为目的之一。一旦要纠错，就会涉及生效裁判是否错误的问题。我认为在当事人之间争议裁判是否错误是有必要的，而在与第三人的关系上，我觉得裁判是否有错误倒是其次，主要是该裁判是否影响到了案外人利益。

其二，关于台湾地区法律的表述。我写第三人制度时，就提到了第三人参加诉讼的前提就是与本案具有利害关系，只是利害关系的表现各不相同。并不是说有利害关系就是"有独三"或"无独三"，这只是一个笼统的表述，主要看对利害关系的解读是从什么层次来看。我觉得第三人撤销之诉中的案外人的条件，就不应该限定在"无独三"的解读上。我们只需要限定其与原诉讼具有法律上利害关系即可。这个也涉及冯珂提到的问题，即关于诈害防止型第三人的问题，事前是作为"有独三"，事后又是"无独三"，是否存在矛盾。我认为"有独三"不能提起第三人撤销之诉，针对的是权利主张型的"有独三"，因为目前我国的"有独三"不包括诈害防止型第三人。另外我并不认为提起第三人撤销之诉的不是"有独三"就是"无独三"，我是抛弃这种立场的，不在这个基础上考虑这个问题，我考虑的是案外人是否受到生效裁判的损害，至于其是否是"有独三"或者"无独三"并不需要考虑。我认为不能将第三人撤销之诉中的"第三人"等同于诉讼第三人制度中的第三人，这两者不能等同。有一些可以作为共同诉讼人参加诉讼的案外人，也可以提起第三人撤销之诉。另外关于当事人适格的问题。传统的当事人适格的基础恐怕不能应对所有的诉讼形态，比如确认之诉。对于诉讼法上的形成之诉我认为也是这样的，其依据并不是实体权利，它是诉讼法上的撤销权，因此它不能以传统的当事人适格理论进行界定。

吴泽勇：我将不遵守既判力相对性作为理论的前提。司法实务是没法遵守，还是不愿遵守，我确实没有进行详细的区分。经过上午的讨论，我觉得论文还是有一些问题，即是以司法实务的某一个静止的面相作为标准，而中国的司法实践是不断流动的，不断演变的，可能几年之后，中国司法实践中对于判决效力的处理可能就与前几年不一样了。而这就需要我们不断的跟踪和观察司法实务。而我的论文可能是关注了中国司法实务流动过程中的一个阶段。这可能是我文章的一个很大问题。在中国做法解释学研究很难有一个唯一的答案。

段厚省：小吴，我插一句，那就是从判例中很难反映出裁判形成的真实过程，这是我们国家判例研究的困难所在。

吴泽勇：判决书确实是有局限的，但是就我目前的能力而言，它确实是一个方法。可能这个方法并不是最好的。再一个关于冯珂老师提到的原告适格问题与诉讼实施权的区别，我们都未作区分，在德国法上，原告适格与诉讼实施权是严格区分的，原告适格是事实上的资格，而诉讼实施权更宽泛，我们没有作一个区分。冯珂老师的提醒是很有意义的。另外蒲老师提到一点我特别同意，即第三人撤销之诉的目的不在于纠错。

许可：我认为纠错本身是立法目的，但可能不是主要的立法目的。我觉得立法目的是有很多层面的，纠错本身可能不是主要的目的，或者说是各目的之间有顺位安排。但是如果说纠错不是立法目的，那么再审制度如何解释。而且很多学者将两者衔接起来。另外第三人提起第三人撤销之诉，首先是因为自己利益受到损害，其能否胜诉，有很多要件，其中一个要件是"原裁判是否有错误"。当事人认为的错误与法院认为的错误可能不一致。但是如果把纠错排除于立法目的之外，那么是不是只要当事人因正当事由没有参加诉讼，而自己利益受到损害，这个要件成立，是否可以撤销呢？显然不是这样的。

刘君博：许可老师，我插一个问题，假如纠错是立法目的的话，调解书的错误如何证明呢？

许可：合法自愿原则。调解的程序是否违反上述原则。当然是否违反上述原则可能体现不出来，所以该要件是需要当事人进行主张证明，还是法院职权探知,这是另外的问题。

郭小冬:时间比较紧张,讨论也比较热烈,我们下午再继续讨论。

郭小冬:各位下午好,现在有请李铎编辑发表评议意见。

李铎:大家好,非常荣幸能够又一次参加紫荆沙龙,说评议不敢当。第一次参加紫荆沙龙时,我就说过我是民诉法的业余爱好者,说了很多外行话,希望各位多多包涵。我对两位老师的文章进行了认真的学习,尤其是蒲老师的文章,看了几遍,出于编辑的习惯,我还做了一些校对,文章的信息量特别大,因此收获良多。

我写了四点学习体会,由于时间关系,我想就前面两个问题谈一下个人看法。

第一个问题是关于第三人撤销之诉与案外人申请再审的关系。两位老师的文章中的观点基本是相同的。"当第三人撤销之诉制度建立之后,法律为案外第三人提供了相对更为有效的救济途径,因此案外人申请再审被吸收,无存在必要。"但是我个人认为应当保留两种救济途径。因为这两种途径对于案外人而言各有利弊,应该并行不悖,通过赋予案外人选择权,保留所谓"双轨制"。理由是第一,二者的价值取向不同。不管是从立法目的还是从《民诉法》第五十六条第三款的条文即可看出,与案外第三人程序保障相比,第三人撤销之诉制度更侧重对受生效错误裁判不利影响的案外第三人的实体权益救济,因此,其追求的是实质公正;而后者在司法实践中,很多时候被案外人作为一种诉讼的策略加以使用,即案外第三人申请再审后,不管受理后其诉讼请求能否得到法院的最终支持,法院首先要做的就是中止对生效判决的执行。因此,与前者的众多实施要件相比,后者的效率优势对于案外第三人的保护更加有利。第二,审级利益上,两者有所差别。按照《民事诉讼法》第五十六条第三款的规定,案外第三人提起第三人撤销之诉应该向原作出判决、裁定和调解书的法院提起,假如原判决是基层法院作出的,那么案外第三人的起诉法院也是该基层法院,且原则上实行两审终审,即它的终审法院是中级人民法院;而对于案外人申请再审而言,对于由基层法院作出的生效判决,如果不属于当事人一方人数众多或者当事人双方为公民的案件，原则上，应该向上一级法院申请再审，即向中级人民法院申请再审。按照《民事诉讼法》第二百零四条的规定，此时中级人民法院不得将案件下放，只能自己进行实体审理，而对于依照审判监督程序提审的案件，《民事诉讼法》第二百零七条要求应当按照第二审程序审理，其所做的判决将是终审判决。这就意味着，案外第三人只经历一次审理，即可实现其改判的目的。第三，关于第三人撤销之诉的立法设计，有一个共识性的看法是它错误地与第三人制度结合在一起且放在总则中，实际上完全可以将第三人撤销之诉作为一种特殊的再审救济途径归入广义的再审之中。我的理解是，由于案外第三人申请再审的适用局限于执行程序，对于没有进入执行环节而原判决、裁定错误而侵害其利益的，案外第三人并没有更有效的救济渠道，此时第三人撤销之诉的功能才得以凸显。也就是说，在执行环节，案外第三人基于原程序直接申请再审，更加有效率，譬如人民法院可以直接裁定执行回转；毕竟，对于执行而言，追求的第一位价值应该是效率价值。综上，尽管比起第三人撤销之诉只撤销对第三人不利的部分，案外人申请再审需要对原裁判进行全面审查，后者对既判力的冲击力更大，但基于上述理由，该弊端并不能构成以第三人撤销之诉取代案外人申请再审的理由。

第二个问题是，在蒲老师的文章中，其主张第三人撤销之诉的诉讼标的是"原诉讼生效裁判是否应予撤销"，第三人只能提出撤销生效裁判文书的请求，并不能同时提出实体权益主张。对此，我有些疑问。第一，基于一个很朴素的想法，如果我作为案外第三人的代理律师的话，我在写起诉状时，涉及诉讼请求时，我会不会只写请求撤销原裁判而不涉及实体权利救济？我想是不会的，在我看来，撤销只是一个手段，解决实体问题才是最终目的。第二，如果说第三人撤销之诉的诉讼标的是"仅撤销原诉讼生效裁判"，那我们的再审之诉，它的诉讼标的又是什么？吴泽勇老师在文中也提到，"第三人撤销之诉启动后，法院面对的问题与再审之诉相当类似，都是对生效裁判当中可能错误的地方进行审查，并在确认错误时予以撤销"。因此，我认为，对于第三人撤销之诉的诉讼标的，应该采用诉讼标的新说，即诉的声明说。第三，《民事诉讼法》第五十六条第三款规定，"人民法院经审理，诉讼请求成立的，应当改变或者撤销原判决、裁定和调解书"，既然该规定允许改变原裁判，那么我们能否合理地推断出，第三人撤销之诉原则上允许一并解决实体问题。因此，我同意陈杭平老师在《大陆新民事诉讼法增设的第三人撤销之诉制度》一文中的观点，即"原则上允许第三人提起撤销之诉的同时，一并申请或在法定期间（举证期限届满前）内追加申请解决与原诉讼当事人之间的实体纠纷，是否准许，得由法院裁量决定。如果合并审理将使案件的调查和审理程序过于复杂，从而达不到前述效果的，人民法院应告知第三人另行起诉。此外，如果合并审理与民诉法及相关司法解释关于法院管辖的规定相冲突的，也不得合并审理"。

最后，我特别赞同张卫平老师文章中提到的"一旦建立既判力制度，第三人撤销之诉可能会大大受到限制，甚至是多余的"这样的观点。另外，我想补充一点，最近《刑法修正案（九）》草案已经公布，在该草案第三十三条明确规定在刑法第三百零七条后增加一条，即为谋求不正当利益，以捏造的事实提起民事诉讼的，严重妨碍民事司法秩序的，处三年以下有期徒刑、拘役或者管制，并处或者单处罚金，有前两款规定的行为，侵占他人财产，或者逃避合法债务的，依据本法第二百六十条从重处罚。因此，如果虚假诉讼一旦入刑，就像酒驾一样，我可以乐观地估计，该行为将大量减少。基于此，我觉得我们可能还真不能对第三人撤销之诉抱以太高的期待。

谢谢各位。

蒲一苇：首先感谢李铎。评议写得很细致，而且还进行了校对。特别感谢。关于所提出的问题，我有几个方面看法和李铎交流一下。我和吴老师都认为确立第三人撤销之诉后，案外人申请再审就没有必要了。这个是从多方面考虑的。当初立法时实际上就做了一个制度选择，因为案外人申请再审之所以产生，是在2007年修改民诉法时，在执行异议的规定后面留下了一个尾巴，为了解决这个问题，最高法院司法解释进一步进行了明确。该制度的产生本身就具有应对性。另外这两个制度应对的是同一种情况，如果用两种制度来救济同一问题，则属于功能重叠。另外之所以规定第三人撤销之诉，是因为案外人申请再审的局限性太多，不足以救济案外人利益。我们与德国不一样，德国对于案外人是通过再审进行救济的。我们第三人撤销之诉采取的是不同的救济途径，这种区别仅仅是在不同国家采用了不同的救济途径而已。我们不能把不同国家应对同一问题的制度都建立起来。至于您所说的不同，两个制度存在一定存在差异是肯定的。很多问题的解决需要通过细化第三人撤销之诉制度的规定来解决，应该说第三人撤销之诉的覆盖面要比案外人申请再审要宽泛。

另外，关于第三人撤销之诉的性质问题。上午也有人提到，可能大家看法不一样。我个人认为第三人撤销之诉是形成之诉。从实务中的判例来看，目前还没有让当事人在诉讼请求中提出两种请求，即撤销与确认实体权利。法院的裁判结果是撤销还是不撤销，针对的是原告关于撤销的诉讼请求，并没有在最终的裁判上确认其权利，其对权利的确认仅仅是在判决理由当中，由此可见并没有把它作为混合诉讼来对待，这也是与我们对其诉的性质的认定是一致的。但是实践中让判决具有了实体确认效果，其实是通过判决效力的扩张来实现的，即让判决理由也发生既判力，这样就带来了很多问题。事实上，在案外人申请再审的有关规定中，最高院的态度也是很明确的，不允许案外人同时提出实体请求，只允许其请求撤销原裁判，因此很难通过这种途径同时对实体权利进行确定。我个人的看法是这样。

吴泽勇：我补充一句，我的看法是从具体案件来看，如果很难利用第三人撤销之诉进行救济的话，我也认可可以利用案外人申请再审来救济。我的态度在这方面是比较开放的。我之所以主张取代案外人申请再审，主要是因为就目前法律实践而言，第三人撤销之诉相对于案外人申请再审而言，比较容易被提起。这是通过检索裁判文书得到的一个印象。其实案外人申请再审很难提起。从2008年至2013年五年内，能找到的文书只有几十个而已。而第三人撤销之诉的判例到目前为止已经有四百多个裁判文书。从其中可以反映出，案外人申请再审并不足以保护案外人利益。而第三人撤销之诉制度的保护力度更大。另外，在个别情形下可能案外人申请再审可能比第三人撤销之诉要好，但这个问题是否可以通过对第三人撤销之诉的解释来解决呢？这是我的看法。

郭小冬：下面有请刘君博博士。

刘君博：我的很多观点在前面和已经提过了，我简单说几点。

首先我的博士论文写的就是第三人撤销之诉的研究。但是对于这个制度我最初接触的文献，可能还是王老师、张老师、包括许可师兄的文章的逻辑框架下来做的。后来看到吴老师的文章时，在研究方法上很受触动。关于吴老师将第三人撤销之诉定位为一种另行起诉，在逻辑上如何解释。因为吴老师是在否定既判力立场上来论述的，何必定位于另行起诉呢？这个逻辑是什么关系。另外关于立法目的的阐述，主要集中于遏制恶意诉讼或者虚假诉讼是否可以作为立法目的。上午很多评议人引述文献时，以人大法工委民法室的书籍作为依据。但是该机构仅是立法的协助机构，并不是全国人大常委会。而全国人大常委会有实实在在的说是为了遏制恶意诉讼才设置了这种制度，所以在解读时，无论是吴老师采的客观目的论的立场，还是像袁老师的评议中提到的主观目的论的立场，去解读立法者的目的时，我们应从什么角度去切入更好。这是一个需要继续思考的问题。我也没有一个很明确的答案。

另外蒲老师的论文中的基本立场与我是非常相似的，唯一的问题是蒲老师提出要将适格原告范围严格限定在判决效力扩张的情形下，但是最后部分类型化中，似乎与前述并没有严格的对应，因此需要蒲老师回应一下。我个人感觉吴老师的观点可能与司法实务贴得更近，走得更远。而我的观点可能与蒲老师甚至张老师的观点相似。吴老师刚才提到裁判文书网上有四百多个判决，但是这些判决中大多数都是"有独三"提起的情形，而对于"无独三"或者诈害第三人提起的情形很少。吴老师提出的"以前后判决是否存在冲突"的方法来判断原告适格的话，我觉得司法实务部门的同志应该非常认可。我在立场和方法上对于吴老师的观点有点质疑。我对台湾地区的资料收集的可能稍微多一点。姜世明老师唯一一篇写台湾地区第三人撤销之诉时，写到只有一个案例是突破了既判力相对性的案例，那个案例实际上是一个"有独三"的案例。在家事案件中，可能会因为起诉期间等问题而没有胜诉。从实务的角度讲，吴老师的观点可能得到更多的支撑。另外一个问题便是我们对实务的观察尚未走出片段性的困境。这也是张老师一直坚持的观点。我们如何让大家认可您所说的实务现状。而这也是我们研究的一个很大的困境。

谢谢各位。

吴泽勇：刘老师是我国第一篇第三人撤销之诉的博士论文的作者，研究得很细。为什么要把第三人撤销之诉看成是另行起诉，因为它规定在总则中。因此从体系上讲可能更自洽。另外如果否定既判力的立场的话，是否有必要将其作为另行起诉呢？这个问题我确实没有深入思考。感谢您的提醒。另外，关于遏制虚假诉讼是否作为立法目的。我并不赞成将遏制虚假诉讼作为立法目的。因为虚假诉讼并不是一个在理论上可以准确界定的法律术语，在具体诉讼程序中如何认定也很模糊。因此其在法教义学上不能进行清楚界定。我觉得，我们关于立法目的的界定，最好采用教义学上能够清晰界定的概念。

蒲一苇：我赞成吴老师的观点，立法目的最好是唯一性的，至于制度的作用则另当别论。但是我认为第三人撤销之诉也起到了一定遏制虚假诉讼的效果。特别是从制度源头来讲，本身有一个对抗诉讼诈害的目的存在的。台湾地区本来承袭德国法系，而第三人撤销之使诉却是源自法国的制度，和它的基础不一样，为什么会出现这种情形呢？主要是因为在诈害诉讼防止的制度实际上是从日本过来的，而日本的诉讼诈害防止参加是源自法国的，有一个一脉相承的关系。

另外虚假诉讼的定义不太清楚，包括恶意诉讼、虚假诉讼是什么关系，学者间的看法也不一样，张老师的观点与我的看法也不太一样。我个人倾向于恶意诉讼是一个大的概念，虚假诉讼是一个子概念。如果把遏制虚假诉讼作为立法目的，则不太周延。从诉讼诈害来讲，关于诉讼诈害应该如何证明，在日本有很多学说，居于主流的是诈害意思说。关于刘老师提出的文章中对适格原告范围的限定，我分析的六种情况可能与前面存在不对应，这个我还不太肯定，因为写作时间比较仓促。但是我认为我列举的几种情形，基本上是在判决效力扩张情形下涉及的。当然判决效力的扩张不仅仅涉及既判力主观范围扩张的问题，还可能涉及反射效等，比如对一般债权人产生了反射效的问题。这也是效力扩张的一种表现。

郭小冬：下面有请袁中华博士。

袁中华：大家下午好。对于第三人撤销之诉我也没有进行详细的研究，因此我也是来学习的。我的评议是站在方法论的角度来谈的。解释学上的研究进路侧重的是解释方法，而法教义学则更侧重的是知识体系。而诉讼法学的研究可能更侧重的是法教义学，即知识体系，即立法论。而解释论是在近几年的研究中逐步推进的。解释论按照规范目的可分成客观与主观目的论。泽勇老师的文章是客观目的论的文章。我顺便回应一下段老师。立法者没有说的目的，解释者是否可以来确定。如果从客观解释论的角度来讲，应该是没有问题的。从主流的解释方法来看，是客观目的论，并不需要严格遵守立法者的展示的目的。关键是在中国，谁是立法者是没法确定的。而且随着时代的发展，立法目的也在逐渐地改变。

关于立场的选择主要是一个偏好的问题。我更偏向于蒲老师的立场。原因在于解释学与教义学是不能割裂的。解释学通过解释通常为教义学形成某些确定性知识，而教义学确定性的知识又能够成为解释的前提，在某种情况下，可以减少重复的解释，这就是教义学的减负功能。两者本身应当是和谐统一的。后来泽勇老师也认为这两者可以并存。两者的分歧可能在于既判力相对性问题上。我个人认为中国立法、司法、学说的分裂比较严重，而学者不应该一味地向实践妥协，基于这种认识，我更倾向于蒲老师的立场。对于泽勇老师的文章，我理解您的客观目的论的立场，但是存在问题的是论文159页关于规范目的的确定，用很短一段话就把这个问题解决了，我觉得有点草率。按照魏德士的理解，对于规范目的需要通过文义、体系、历史的方法寻找规范目的，而不是任意的。对于蒲老师的论文立场我表示赞同，对于篇章结构，我认为可以分为两部分。因为如果在一篇论文有多个立场，则会有所分裂。比如前面第一第二部分批评部分过多，如果是站在解释学的立场，则不应当如此严厉得批评。

这是我的评议。谢谢。

蒲一苇：中华老师的评论，我认为很高大上。实事求是地讲，我真的还没有从这些方面来考虑我的论文。对于他的一些批评我也是赞同的。

吴泽勇：中华老师对研究方法的区分与厚省老师的观点基本一致。我没有去区分。这种区分是否有必要？通常讲到法解释学、法教义学，我们都是指对现行法进行可适用的解释，并提出相应的操作方案。而中华提出的区别也是德国的，不是中国的，同时他的看法最终可以被归纳为多大程度上尊重中国现行法，还是尊重大陆法系经典理论。如果是这样的话，每个人做这方面的研究，都是在做经典理论与现行法的结合，只是大家找到的点不一样而已。在今天的会场，大家觉得我更迁就司法实务，但是前天我读了王亚新老师最新的论文，王老师也是在理论与实践中寻找结合点，但是他比我走得更远。

郭小冬：下面有请黄忠顺博士。

黄忠顺：我也是来学习的。书面意见中，我的想法已经很详尽了。重复的东西我就不重复了。我想利用有限的时间表达自己的一点想法。从体系解释上来讲，《民事诉讼法》第五十六条第三款规定的是"前两款规定的第三人"，而这两篇报告均试图将规定的"第三人"与第一、二款规定的"第三人"脱离开来。这种解释方案妥当性恐怕尚且存在商榷的空间。我个人比较倾向于对它们做一体化解释。我的出发点可能与吴老师有很多相同之处。一体化解释的路径有两种：要么将受诉讼诈害人解释为"有独三"，要么将其解释为"无独三"。有的学者认为应当将其解释为"无独三"，但是如果从司法解释来看，我倾向于将其理解为有独立请求权第三人。但是，将受诉讼诈害人解释为"有独三"意味着我们必须寻求到他据以提起参加之诉的实体请求权基础。那么，我们能否从实定法中找到请求权基础呢？我个人的观察是在判决效力绝对化的背景下，《民法通则》第五十八条第一款第四项以及《合同法》第五十二条第二项、第七十四条等规定可以充当受诉讼诈害人提起参加之诉的请求权基础。然而，在判决效力绝对化的语境下，前述规定的撤销权所谋求撤销的仅仅是私法上的效力，能否将其充当推翻确定判决效力的依据，我个人是存疑的。因此，我个人的理解是，第五十六条第 3 款可以理解为立法者赋予受诉讼诈害人以程序上的形成权，而这种形成权所谋求推翻的是确定判决本身的效力。民法上的撤销权指向私法效力之撤销，而诉讼法上的形成权旨在解除确定裁决对受诉讼诈害人造成的不利益影响。实际上，尽管我们通常认为诉讼法上的形成权不以实体权利为根基，但任何民事诉讼说到底都在于保护民事权益，倘若不存在任何需要加以保护的法益，启动任何形式的诉讼程序都不具备正当性基础。因而，我认为，第三人撤销之诉的适用应当以存在实体与程序上的双重形成权为必要，只不过，诉讼法上的形成权已由第五十六条第 3 款规定，需要在个案中进行检索的是实体法上的请求权基础。限于时间，其他的我就不讲了。谢谢！

郭小冬：下面有请曹云吉博士。

曹云吉：在发表个人看法之前，首先感谢两位老师，因为从文章中确实学习到了很多东西。参加论坛的诸位均是老师，即便现在读博士的人，也都是曾经做过老师的，只有我一人，可能是纯粹的学生身份，因此不敢称之为评议，仅发表一下自己对于第三人撤销之诉制度的一点看法和看完文章之后的一点感想，请批评指正。

紫荆论坛的宗旨是要使民事诉讼基础理论向精细化的方向发展，而这种精细化并不是要对文章内容本身刨根问底，或者说并不主要是这样。其主要目的在于以文章内容为载体或者出发点，纵向深入，横向铺开，使得整个问题的探讨呈现"三维立体式的画面"。因此个人认为，对于报告人文章的评议应该用的是"放大镜"，甚至"望远镜"，而不是"显微镜"，即将文章本身所蕴含的理论问题提炼出来，进而予以提升，上升到基础理论的空间，进而纵向深入，完成精细化。而不是以"显微镜"的姿态来对文章本身的细节问题评头论足。那么基于这种视角和思路，个人提出以下看法。

第三人撤销之诉这一制度本身蕴含着许多在民事诉讼法中对立的概念，而正是这些对立的概念之间的紧张关系使得"放大镜"本身向"望远镜"

转化，扩大了研究和分析的视野。而这些对立的概念是"公益与私益""法官与当事人""实体与程序"等等。而第三人撤销之诉本身就处在上述范畴的紧张关系之中。

1. 公益抑或私益——第三人撤销之诉是否仅仅在于救济权利

之所以认为第三人撤销之诉本身存在着公益与私益的博弈，主要体现于以下问题，即另诉与第三人之诉的关系问题。

报告人的两篇文章均涉及了这个问题，尽管观点上存在一定的差异。我们不禁要问的是，既然存在另诉的救济渠道，为何还要利用第三人撤销之诉呢？另诉本身即可以解决当事人私益救济的问题。既然如此，那么可以想见，第三人撤销之诉制度本身可能就不仅仅是在救济权利，似乎还有某种其他的目的。因为单纯为了救济私权利的话，该制度的存在似乎是多余的。当然，这种论断并不是以既判力理论为出发点，仅仅是从制度设计本身而言的。

那么我们这里边要分析的是第三人撤销之诉制度本身，除了蕴含着救济权利的目的之外，是否还有其他的目的呢？当然从两篇报告当中均可以看出，立法当时的主要目的在于遏制虚假诉讼、恶意诉讼等不良诉讼现象。同时也应当注意之所以该条进入民事诉讼法并不是学界的建议，而是实务界尤其是法院系统提出的。那么从这个角度来讲，虚假诉讼、恶意诉讼虽然有损于第三人的权利，但是真正感受到"伤痛"的似乎是法院系统。因为在没有"第三人撤销之诉"制度的时代，我们同样存在虚假诉讼、恶意诉讼的现象，但并不是没有方法解决。也就是说通过另诉，本身就使得利益受损的第三人的权利获得救济，而且我们也相信在没有第三人撤销之诉的时代，另诉的现象可能不在少数，因而实务中可能经常出现"矛盾判决"。但是另诉的制度设计无法实现的目的便在于"无法解决两份矛盾判决同时存在，进而同时申请执行的问题"。换句话说，矛盾判决或者虚假诉讼最终造成的恶果或者风险实际上是由法院系统来承担。因此就必须要通过某种程序来使得上述两个判决中的一个被撤销或者失效。但无论怎么说，这个目的本身与私权救济无关。因此我们可以看出，第三人撤销制度本身在制度设计上主要是为了解决法院系统的"难题"。而承载这一难题的现象便是"虚假诉讼、恶意诉讼"。因此，与其说第三人撤销之诉是在救济第三人的实体权利，不如说是在解决法院遇到的"矛盾判决所带来的难题"。而这个本身应当是法院系统内部的"矛盾判决清理问题"便以"诉"的形式向当事人转嫁。

而上述的分析便是在因"矛盾判决"所引起的成本或风险在"法院与当事人"之间，利用"第三人撤销之诉"进行了再次的分配。

从这个角度讲，实际上另诉判决在前，而撤销在后。第三人撤销之诉并不是另诉的前置程序，而正好相反，另诉获得的判决成为第三人撤销之诉的依据。

总体而言，我认为第三人撤销之诉实际上是把法院应应承担的内部职责"外部化"，使当事人承担了本不应该其承担的责任。因而第三人撤销之诉本身就不仅仅在于"权利救济"，更重要的可能是"清理判决所确定的实体秩序"这一公益性目的。

2. 法官与当事人——第三人撤销之诉是否是一个特别程序

在我国之所以会存在"第三人撤销之诉适用否定论"，从很大程度上讲，是因为"扩大再审的提起主体即可以解决上述问题"，而无需第三人撤销之诉。因此如果说第三人撤销之诉与再审之诉的区别仅仅在于提起诉讼主体不同的话，那么重新创造一种制度似乎确实没有必要。那么再审与第三人撤销之诉是否除了在提起主体上不同，就没有其他不同了呢？

我认为应当从两种制度存在的目的上来看待这个问题。

民事诉讼案件审理一般要经过一审、二审、再审等程序。而这些程序从整体上来讲是为了"救济权利"，但是随着审级的不断攀升，"事实认定权随着审级的提高而不断削弱，法律适用权随着审级的升高而不断增强"，那么可以想见，上述审理过程在实现私权救济的同时，也在监督法官的"法律适用"。尤其是在我国，二审以及再审均具有一种审判监督的职能。因此一审主要是法官在审理两当事人之间的实体争议，但是二审、再审除了审理实体争议之外，还多了一层，即"审理当事人与法官之间的争议"，即法官是否存在事实认定不清或者法律适用错误等问题。也就是说，提起上诉或者再审的很多事由实际上针对的并非是当事人的诉讼行为而是法官的审判行为。

而第三人撤销之诉实际上并不存在再审这种制度设计目的。第三人之所以要撤销原判决并不是因为法官审判行为违法，而是因为原诉当事人的诉讼行为本身"不真实"。也就是说，第三人撤销之诉并不含有"监督法官审判行为"的意义。仅仅是第三人与原诉当事人对于原判决所确定的"实体状态"存在争议。总体而言，再审的启动事由之所以严格化是出于对"生效判决的尊重"，同时也是对法官审判行为的一种尊重。因为经过了两审之后，对于法官审判过程中的违法行为本身已经进行了监督。因此再次启动审理程序就需要要件的严格化。

从这个角度讲，第三人撤销之诉本身与再审的性质并不相同。第三人撤销之诉并不是一个特别程序。

3. 实体与程序——第三人撤销之诉撤什么

从台湾地区的立法论来看，第三人撤销之诉撤的是扩张及于第三人的既判力。进而使第三人能够有再诉的机会以保障自己的权利。但是我们的第三人撤销之诉撤销的似乎并不是这个，正如吴老师文章所言。通过文章，我认为第三人撤销之诉撤销的应该是一种"判决确定的权利状态，而非判决效力本身"。那么问题就进一步延伸出来了，即判决是否具有确定权利状态的功能呢？或者说即便存在这种功能，这种判决确定的权利状态是否具有"对世性"呢？如果不具有"对世性"，又何须撤销呢？从反面推论的话，实际上，第三人撤销之诉制度使得我们承认我们的司法判决确定的权利状态具有了一定的"绝对性"。也就是说，即便我们承认了"既判力的相对性原理"，但是如果认为判决本身确定的权利状态具有"绝对性"的话，那么也存在适用第三人撤销之诉的必要。那么第三人撤销之诉本身也就与判决效力无关。而法国之所以承认第三人撤销之诉，是否是与其"既判力理论的实体法说"相关呢？

从两篇报告文章中可以看出，第三人撤销之诉撤销的是"错误的判决",问题是"错误"如何界定。从程序的角度上讲,虚假诉讼或者恶意诉讼均符合"辩论主义""处分权主义"。而之所以错误,还是因为"实体性错误"。那么从这个角度讲,第三人撤销之诉根本就不是撤销判决的效力,而是在撤销因"错误"判决所形成的对第三人的不利益状态。

以上不成熟的看法,请批评指正。

吴泽勇:云吉有一句话特别有启示意义,即"引进第三人撤销之诉与其说是救济第三人的实体权利,不如说是解决法院在遇到矛盾判决时的难题,而这本身是法院系统内部的矛盾判决清理问题,进而是以诉的方式向当事人转嫁"。这个思路很好,立法本身是否是这个意思,我们先不讨论,但至少有一点,那就是如何将第三人撤销之诉的讨论,引向好的方面,比如我们将第三人撤销之诉的讨论逐步集中到"矛盾判决"的问题上,最后将这一问题慢慢澄清。

蒲一苇:如果我们把第三人撤销之诉仅仅作为避免矛盾判决的手段的话,那么实际上即是法院把避免矛盾判决的成本强加给了当事人,这一观点我也赞同。但是我觉得你比吴老师走得更远。

马丁:非常抱歉,这次没有提交书面评议,但是大家讨论得比较激烈,所以不禁也想说几句。这对两位报告人构成了突袭,请多谅解。我简单地说以下几点看法。吴老师强调他提交的文章在方法论层面的意义,认为自己选择了和现有理论和实践不同的路径。一方面,您批判了有的学者遵从德国等大陆法系国家的理论,认为我国实践中不是这样做的。但是您并没有进一步探讨德国理论为什么不适用于我国。另一方面,您也批评了我们国家实践中的做法,认为不合理。有一天理论界和实务界会发现您把两边都批判了。当然您可以说是为了达成两边的协调,不完全拘泥于实务,也不拘泥于教条。但是我觉得您对于第三条道路的的说理好像不太充分。即您的第三条道路的核心点是什么呢?我们期待您在未来的文章中对这种研究方法做进一步的探索和说明。另外,蒲老师和泽勇老师的文章基本上都认为,虚假诉讼通过第三人撤销之诉制度很难解决。二位也认为《民事诉讼法》第五十六条第三款与第一款和第二款在适用范围上可能也不太一样。

我不明白的是，第三人撤销之诉的讨论到底是为了什么呢？我的感觉是，当初由于立法的疏漏，生下了一个有问题的孩子，此后大家都得想办法把他养起来，甚至要给他找份工作，亦即有发挥作用之处。但是我觉得这份"工作"很难找。我的想法是，立法上当初做出这种规定可能是为了规制虚假诉讼；但是，制定了这样一个制度后，可能很难实现这样的目的。那么我们现在还在进一步解释它与第三人制度的关系等，进而就它发展出了一个很庞大的理论体系。但是我想问的是，这样一个错误的立法的目的是不是在于回应实践中的问题？或者说，因为有了这么一个制度，为了让它发挥作用，来进行学理上的探讨？

刘哲玮：我插一句，我和马丁的观点是一致的。我认为这个错误的立法为什么不能将其架空呢？是否可以用教义学或者解释学的方式将其架空呢？

蒲一苇：我个人觉得这个孩子可能不是错误出生的。我们是觉得他有缺陷，如何将其纠正过来。虽然它生存的空间小，但是不代表没有必要。

吴泽勇：我觉得学者的任务不仅仅是普及学术上的完美理论，同时也需要回应实践需要。第三人撤销之诉出台之后，实践中在等着用，但是不知如何用。因此需要学者回应这种社会需要。但我也是学者的一个立场，而不是法官的立场，我是作为一个学者的身份在回应法官的需要。我觉得学者还是不要太自负，理论的完美建构和宣扬只是我们的任务之一。

陈杭平：我的基本立场和泽勇老师、蒲老师还是基本一致的。对于第三人撤销之诉已经有了，而且从实务来讲，确实很多法官在等待如何用。一方面有供给，一方面有需求，我们在这个过程中确实应发挥作为研究者的作用，将立法原理、比较法资源和实务材料放在一起进行研究。当然段老师已经走了，我不太同意他的方法论的解读，比如民诉法研究需要注重安定性等等，因为在中国很多东西都是从无到有的建构过程。如何建构呢？

我感觉从方法论上来谈一下。第一，面向实务，回应实务的需要。第二，要有一种情景化的思考，即设身处地的为法官考虑一下。现在案外人或者第三人已经对生效裁判文书已经提出异议，我们应该如何处理，因此还是有必要解决一下这个难题。第三，我们在讨论原告适格问题时，还要

民事诉讼法研讨一

从程序化的视角来切入,比如"有独三"、"无独三"等,可能在某一个阶段他们的身份可能是不清楚的,只有在最后才可能清楚。而我们的讨论可能是站在事后的角度来讨论。因而我们似乎没有放在一个时间之流中。这是我的看法。

刘哲玮:刚才杭平老师的发言,我不是特别赞同。从立场上来看,我对第三人撤销之诉的看法是通过严格限定其适用范围。这恰恰是符合中国民诉学者多年来的民诉理论建设而形成的框架,而如果非要对其进行具有可操作性的解释,恰恰可能会使得前辈学者多年的努力付之东流。我举一个例子。第一,如果建立第三人撤销之诉,那么既判力则很难解释。像刚才王学棉老师所说的,既判力已逐渐被法官所接受,也许再过几年,既判力制度已经建立起来了。但是有了第三人撤销之诉,既判力制度则可能有很大的冲击。因此我觉得应该通过解释将其严格限制起来。第二,杭平老师说要有设身处地的同理心。我的问题是同理心是谁的同理心,杭平老师认为应该为法官思考,而我认为第三人撤销之诉恰恰是为当事人思考的制度。法官的态度是最好这个案子不要进来,如果没有第三人撤销之诉,这个案子根本就不能进来,因此从供给的角度来讲,并不是法官需要这个制度。因此我觉得如果站在法官的角度,那么恰恰需要通过法解释学来自洽地对其进行解释。第三,两位老师都提到了全国人大法工委的立法解释,而我觉得这个不是立法解释,这仅仅是法工委民法室自己的解释意见,他和我们的解释的层次是一样的。它只是一个立法材料。第四,关于蒲老师的论文,您说到"普通债权人如果在诉讼外,可以通过撤销权,如果发生在诉讼中,不允许债权人通过第三人撤销之诉予以排除的,就会在诉讼法上形成法律漏洞"。但是您的前提是坚持既判力的相对性的,如果是这样的前提的话,那么为什么会形成法律上的漏洞呢?

蒲一苇:既判力的相对性对"有独三"的保护是很有效的,但对普通债权人来说,实际上没有办法另行起诉。台湾地区用反射效来说明判决对债权人的损害,既判力此时并没有扩张。因此此时没有办法用既判力相对性来保护他。

刘哲玮：对于一个虚假判决我为什么不能用撤销权诉讼来解决呢？

蒲一苇：撤销权诉讼针对的是诉讼外的实体处分。

刘哲玮：吴老师不坚持既判力相对性，所以他需要用第三人撤销之诉，而蒲老师您坚持既判力相对性，为什么还需要第三人撤销之诉呢？当然这个问题还需要深入探讨。

熊俊伟：我是东莞市第二法院执行法官，我叫熊俊伟。我处理的一个案件，当事人提起分配异议之诉，后来被驳回，他又想通过撤销之诉来主张，但是被六个月的审限给阻止了。我不想放开第三人撤销之诉，因为工作量太大。我们的想法是有了这样的一个制度，我们应该如何操作呢？既判力我们是遵守的。一个判决在没有被撤销之前，我是遵守的。另外，我觉得第三人撤销之诉的设置范围不应太宽泛，因为案件量太大了。我上边这样的案件是否可以通过第三人撤销之诉，我无法明确地回答当事人。因此我特别希望理论界能给我一个实际的操作方式。

郭翔：我非常赞同马丁和刘哲玮的观点。大陆法系是坚持既判力相对性的，英美法系也是坚持的。要突破相对性是很难的，因为如果突破了，就很难解释诉讼的意义。另外我觉得我们不能对一个错误的法律进行辩护，最后发现自己很滑稽。法律规定了，我们就必须论证其适用方式吗？因为我们会发现很多制度很快就消失了，我们现在的论证可能毫无意义。另外像非讼程序，如果能提第三人撤销之诉，这样一来非讼程序就没有意义了。这是非常大的冲击。同时也是对法院行使审判职权的巨大冲击。这是我的基本的考虑。另外，对于实务界的回应，我的态度比较消极，就是关于第三人撤销之诉的案件，我们应当否定。这是我的基本立场。

林剑锋：今天的研讨非常高大上，有点头脑风暴的感觉。由衷地感谢两位老师。虽然两篇文章立场有分歧。基于各自立场，从写作规范来讲都是非常高质量的论文。关于该制度本身，刚才引发了很多问题。我关于研究方法谈一点感受。两位老师都是基于解释学的立场来解释这一制度。我觉得做规范意义上的解释论应当有两点前提，第一，实务、理论，学者与司法裁判者之间应该形成一个知识体系上的共同体，但是我们现在并不具备。第二，立法本身应当是科学的。但我们的立法阶段尚未达到这种程度。而这也是我们之所以争论较大的原因之一。另外，从法理上讲，比如关于该问题中的既判力问题，即是否认可既判力相对性的问题。两位老师在立场上有分歧。我个人觉得既判力已经不再是一个理论知识，在现代民事诉讼运作体系中，我觉得这是个最基本的基础。如果没有这个基础，很多问题无法解决。比如诉讼标的问题等。因此我们实务如果没有接受，是因为我们以前没有这个理论。但不能因此否认这个理论作为一个现代民事诉讼中的理论意义。

另外，既判力的绝对化问题还体现在客观范围的绝对化。比如再审过大，包括第三人撤销之诉被扩大化使用，因此界定裁判确定与否是一个重要问题，裁判对于案外人的法律关系的影响程度的问题。比如理由部分不产生既判力的话，那么就不可能对案外人产生很大的影响。因此既判力问题对于第三人撤销之诉的适用应该是一个比较基础的理论问题。另外还有一个比较宏观的思考，此处借用张老师的所谓的诉讼发展阶段论，如台湾地区为什么确定该种制度，其主要受到英美法中纠纷一次性解决的影响。从大陆情况来看，案多人少，法官任务重。但是从实际的统计数据来看，案件解决周期或者效率是很快的。为什么要确定既判力的相对性呢，重要原因在于牺牲程序解决纠纷的范围或者效率，但的确对法院来讲提供了判决的确定性问题，也对当事人形成合理期待具有重要作用。因此我们再谈第三人撤销之诉制度时，更多地强调第三人利益，但未考虑到当事人的利益。从实际情况来看，为了保护案外人利益，导致案外人过多的滥用相关的救济程序，使得当事人的利益本身未受到充足的保护。而这也是我们需要关注的问题。

因此我的结论是该制度应该作为一个特殊制度，而不能一般化。

郭小冬：下面有请张卫平老师为我们做本次沙龙的闭幕式发言，有请张老师。

张卫平：各位大家好！

经过一天的研讨，第二届紫荆论坛马上就要降下帷幕了。在此期间，两位报告人可以说经历了一次理论风雨的洗礼。两位报告人回应了各位评议人的各种质疑，无论是报告人还是评议人都很好地展现了认真对待学问的风范。相信大家都有所收获。同时，论坛在程序上的进一步改进，为论坛水准的进一步提升提供了程序保障。至此，完全可以说本次论坛是一次成功、圆满的论坛。这一成功显然应当归功于论坛的组织者、报告者和参与者。我们再次感谢组织者、报告者和参与者。

在论坛即将结束之际，我还想利用最后发言的机会简要地谈谈我对研讨主题的一些认识，希望大家指正。

本期紫荆论坛的报告主题是"第三人撤销之诉"，这一主题是当下民诉法学界最为热议的话题。本次研讨的内容主要关涉两个方面：其一，从法律修改、调整的角度认识第三人撤销之诉制度的必要性，以及如果认可该制度，则涉及这一制度的应有结构和该制度在民事诉讼法中的位置；其二，从如何适用的角度认识，在承认其可适用性的前提下讨论如何适用更有利于实现立法的目的，能够更好地实现第三人权益保障的体系化，更好地整合制度资源。

这两个问题看似存在前提或条件关系，即如果第三人撤销之诉制度就没有存在的必要，则似乎第二个问题也就没有讨论的必要。但实际上这两个问题存在一定的交互性或交融性。即如何适用也是规范性的，研讨的结果也是服务于制度的调适和法官的具体适用，在我国法官独立地位十分微弱，法官的动能性作用小的现实情形下，这种理论的探讨更主要地服务于司法部门的调整，虽然对于法官理解适用这一制度是指导意义的。这种调整既可以是规范性的，例如通过司法解释和案例指导，也可以是政策性的。即使认为第三人撤销之诉没有必要性，也不仅是为立法调整做准备，也可以为司法调整提供理论依据，对该制度的适用加以限制。

关于第三人撤销之诉这一制度，学界的一个共识是，从制度的设置来看，这一制度无疑存在着结构性缺陷。这种缺陷无法通过语义解释，或者按照德国学者拉伦兹所说的"文义射程"予以消弭。第三人撤销之诉从"出生"之时起便充满着无尽的争议便可以说明这一点。在我的印象中，大概还没有哪一个制度像第三人撤销之诉制度在出台后就这样富有争议，且如此热闹或者说激烈。导致这种结果与我们的立法过失有密切的关系。第三人撤销之诉这一制度是在未经认真深入研讨的情形下匆匆出台的。这一制度设置的失误，印证了立法制度改革的必要性。未经民主程序，便不能吸取民众的智慧。诚然，立法体制与社会、政治生态的现实是联系在一起的。不仅立法，大多数重要决策也都很难避免类似情形的发生，这也印证了政治体制改革的必要性。

虽然我们可以理解，在当时，修改的具体操作者自信地认为第三人撤销之诉是应对虚假诉讼的一剂良药。人们对于第三人撤销之诉制度看得过于简单，没有顾及诉讼原理、与既有在件、救济程序、与再审制度、执行异议之诉的关系、第三人另诉的关系问题。因此，我们现在的一切议论都是为了如何弥补该制度的缺陷。

当然，关于第三人撤销之诉制度设置的不足，也不应当仅仅归责于立法具体操作者的失误或过失，应当承认，学界事前没有更多地关注和研究法国、台湾地区第三人撤销之诉制度的目的、制度结构、理论和制度运行中的实践，为立法提供更多的参考。这说明我们的研究在广度方面还有所欠缺，用经济学的表达方式即存在理论供给不足的问题。我们的研究还陷于本土实用主义之中。一旦没有立法契机和社会实用的需要，又受制于扭曲的科研考核评价机制的制约，我们的研究便失去了标的和方向，这也从另一方面说明，非实用性的制度、原理研究的重要性，今后需要我们的研究要更多地仰望星空，甚至应当鼓励在研究方面脱离实际。

有的人认为，第三人撤销之诉制度就是一个没有合法性的"超生子女"，不应该予以承认，持这种的观点的可冠之以"否定适用说"。反之，也有的认为，从现实出发，具有现实合理性，应当承认该制度合法性，尽管法律规定有欠缺，但可以通过理论解释改变其法律规定的条件，使其能够为实践的需要服务，不必为国外的理论所束缚，此类认识可谓"肯定适用说"。还有一种观点大体上可归属于折中的观点，主张虽然该制度在理论上正当性不足，但既然已经生下来了就应当承认其合法性，但应当限制适用，不能放任生长，因为毕竟正当性有限，会影响到诉讼原则、制度间的统合、协调。

否定适用说立足于既判力制度，以扩大再审救济主体范围为前提，认为没有必要建立第三人撤销之诉制度，这样一种论说主要适用于立法或修法阶段，为立法或修法提供制度选择依据。问题在于第三人撤销之诉制度已经为明确规定在法律之中，面对第三人撤销之诉制度的适用问题，这种论说的现实作用就有相当局限了，当然，对再次修改是有意义的。因为人们一定会现实地提起第三人撤销之诉，不会理睬否定说的观点，尤其是在法律有明确规定的情形下，相反，既判力制度又没有法律的明确规定，法官在适用中的能动性也难以发挥。

按照否定论，可以作为的是制度"冷冻法"，即将该制度冷冻起来不予以适用。"冻结法"通常可以采取司法政策的方式——司法政策的功能之一就是对规范进行调整，包括现行法律和政策——例如通过上级法院或最高法院以各种政策性文件的方式予以冻结，使得该制度不能实施。虽然说这种做法有明显违法实定法之嫌，但在中国，政策高于法律的现实情形下是实际存在的，尤其是这种限制符合政治形势需要或基本司法政策时，也因为实质正当性，而忽视形式上的违法性。这方面最典型的例子是民事诉讼法中的代表人诉讼。虽然法律上规定了代表人诉讼，但基于当时的司法政策，强调社会稳定压倒一切，同时误解了代表人诉讼制度的运用与社会稳定的一致性，导致代表人诉讼不能适用。但对于第三人撤销之诉制度而言，要加以冻结非常困难，因为没有政策上的冻结理由，只有当一项法律制度被认为不符合基本的政策要求时，才会因为在政策实际优于法律的情形下，基于政策冻结一项具体的法律制度。第三人撤销之诉制度不仅没有政策上限制理由，反而是应对形势所需要的，是政策上鼓励的，如果不是政策上应对的需要，法律上也不会如此匆忙地出台，该制度的适用有足够的正当性。即使法院认可该制度不适用的理论上的正当性也不会予以冻结。如何适用是必须面对问题。

肯定说立足于对现实的研判，认为由于我国现实实际上没有既判力制度或完善的既判力制度，没有既判力相对性原则，因此就有必要适用第三人撤销之诉制度来应对虚假诉讼、恶意诉讼。虽然法律上规定的条件存在问题，妨碍了这一制度的适用，但可以通过解释修改这些条件使得第三人撤销之诉制度适用没有障碍。这种观点的基本前提有两个：其一对制度的现实研判。其二，对法律规定的调整。对于第一点而言，方法论上是通过实证与实定法的双重分析。实定法的分析比较容易，从法律条文的规定即可得出结论。从法条的规定来看，可以间接推出既判力的存在，但还不能说我国法律中存在完整的既判力制度，比如既判力相对性原则。正是由于没有这一原则，他人之间的判决才可能对第三人造成约束，才有必要通过撤销他人的判决以为第三人的合法权益。通过实证调查持肯定说的人得出了实践当中既不存在既判力，也不存在既判力相对性原则。通过实证和法条的双重分析结论，第三人撤销之诉制度的适用得到了肯定。

如何研判现实中的"客观法"是一个有争议的问题。另一些学者或专家对现实的研判是一种与肯定论的结论完全相反的观点，认为在司法实践中，法官们的心中并非没有既判力意识，也有既判力相对性原则的意识。如果认同这种认识便可以说在实践的民事诉讼法中也就实际存在既判力规范，法官在自由裁量中会适用这一规范。我将这种规范称为"客观法"（不同于凯尔逊在《纯粹法理学》中所说的"客观法"概念）或"现实法"，这种规范相对于法律文本，法律文本可以称为"主观法"，即实定法。根据笔者的观察，我认为我国现实中司法的非统一性是一种客观存在的现实，尤其是法律和司法解释没有明文规定以及缺乏大陆法系判例约束、指引的情况下。因此，要得出法官心中的统一认知规范是非常困难的，也就是说不存在法官心中统一的规范，即统一的客观法。对具体问题的认知是分散的，非统一的。但是这种认知既可以通过知识理论的传授加以改变的，也可以通过司法解释（司法解释文件或指导性案例）以最快的方式加以统一，尤其是后一种类似或接近客观规范的方式最容易加以改变这种现实中对某些认识的非统一性。

如果这种路径具有现实性，则问题就转化为我们应当将什么样的认识转变为司法解释。我认为，应当将既判力制度的基本原理、原则尽快地转化为司法解释，成为实际中的规范。有的人可能认为既判力的基本原理、原则是一种概念的东西，是基于其他国家法治情境产生的，不具有普适性。从概念出发，还是从现实出发，是人们经常发出的质疑，著名法学家冯·耶林就指出，不是生活为概念而存在，而是概念为了生活而存在。美国著名学者朱利叶斯·斯通也同样基于法社会学的视角曾说过，"通过逻辑推出的精确性原则如果与社会现实矛盾，现实总是具有决定性的"。但我们又必须注意区分是什么样的概念？是什么样的现实？是否是纯粹脱离实践或现实的概念，包括由概念组成的理论等。应当分析这些概念和理论是怎么形成的，是否源于生活现实，源于实践。那些源于生活现实和实践的概念则是我们必须尊重和遵行的。我们应当承认一种概念、理论、制度产生的确具有环境特殊性，是某一具体环境和现实的产物，但作为一种规范人行为的原理、原则是差异环境的抽象，因而具有超越特定具体环境、现实的普遍性。尤其是一些在不同国家已经通用或通用的制度，其原理和原则的普适性是毋庸置疑的。特别是那些具有或能够充分反映自然的、基本的正义特性的原则。在判决效力制度中，既判力相对性原则就是这样的原则，不仅已经为绝大多数国家所认可，而且其程序正义的原理是理所当然的。他人的裁判结果源于他人之间提出的事实和论辩主张，其裁判结果当然只能约束当事人双方，除非实体法上有特殊规定使得既判力具有扩张性的除外。各国之间关于既判力制度的具体规定可能所有差异，德国与日本就可能有所不同，德国、日本等与法国的差异就大于德日之间的差异；美国与英国也可能有所不同，大陆法系与英美法系可能差异有更大，但是关于既判力制度的基本规定例如，关于既判力相对性在原则上是没有差异的。司法实践中法官对实定法的理解与适用情形是必须要了解的，这种了解有助于对第三人撤销之诉运行可行性的认识。对于制度的调整具有参考价值。但这不应当影响原则的规范作用。

因此，对于中国的民事诉讼而言，既判力相对性原则也是必须遵行的，否则就是对程序正义、程序保障的否定，表达的是事物的本然之理或事物的本质（Natur der Sache）（参见薄振锋：《斯通：法的综合解读》，黑龙江大学出版社2009年版，第100页）。事物的本然之理是法秩序建立的基础（同上书），我们没有理由拒绝这一原则。即使实定法没有规定，我们也应该尽快使之成为有约束力的规范。关键是我们应当意识到既判力相对性原则以及既判力制度的重要性。制度建构可以多种方式，司法解释以及指导性案例都可以建立起来这样的规范。除此之外，按照传统，也还有很多政策调整方式（审判会议纪要等）可以实现规范化和统一性。

最后，涉及如何看待实定法与第三人撤销之诉制度的调整问题。从法教义学的角度，理论解释和法律适用都应当服从实定法，从立法意图、原则、依照形式逻辑的推理、法律体系化的要求。尤其对于还处于法治初级阶段的我国而言，更应该遵从实定法，给予实定法正义足够的信赖。对待第三人撤销之诉制度也同样不能脱离法律文本。现在的问题是从民事诉讼法关于第三人撤销之诉制度的直接规范来看，第三人撤销之诉的法条规定存在着非自洽性的问题。这种非自洽性的判断根据是民事诉讼法原理性规定。正如分析法学家凯尔森所言，每一个法律规范都是从另外一个法律规范取得法律的效力。具体制度必须服从原则性、原理性规范，而不是相反。以第三人撤销之诉的原告资格或原告适格而言，民事诉讼法第五十六条第三款明确规定，必须是有独立请求权第三人和无独立请求权第三人，而且还必须是非因自己的原因没有参加他人之间的诉讼。如果从既有的第三人制度来看，由于第三人制度的限定，第三人撤销之诉的原告难以在实践中适格。根据民事诉讼法关于有独立请求权第三人的规定，有独立请求权第三人一定是实际行使独立请求权的第三人。没有行使就不是第三人。对于无独立请求权第三人的情形，只有被告型第三人和受判决效力扩张的第三人才有可能。而被告型第三人可以通过再审途径予以救济。按照现有的制度而言，实际上可以适格的原告只有受判决效力扩张的第三人。

当然，对于第三人撤销之诉的原告适格问题，我们可以从现实和立法者的意图来分析，看看是否能够获得正当性。现实的情形是第三人撤销之诉的起诉人几乎都是受他人裁决结果影响的利害关系人（基于各种原因案外第三人愿意利用这一制度维护自己的利益,不管是正当的,还是非正当的),与民事诉讼法第五十六条规定的第三人没有关系。如果单纯将他人判决结果与第三人的利害关系的影响作为第三人撤销之诉的原告适格标准,则必将冲击判决的终局性效力,他人之间已判决的法律关系处于不稳定状态,有违安定性原则。这显然也不可能是立法者的意图。应当注意的是,立法者的本意以及立法者的意图、法律的目的也不是由具体立法的工作人员的话语所决定的。参与立法的工作人员或学者也没有解释法律目的、意图的垄断权。必须从法律的精神、原则、体系、原理、文义、逻辑等方面予以认识,法律的目的、意图应当一种客观的存在,即"法律意志本身"。考虑到第三人撤销之诉制度与其他救济制度、原则的协调的问题,第三人撤销之诉制度应当是限制的,而非一种通常的救济手段。而作为一种特殊的救济手段和程序完善应当设置于相应的实体法规范之中,因为判决效力的扩张与相应的实体法规定相关,例如公司法和身份关系法。欺诈诉讼的情形,可以通过再审途径加以解决。这一途径的设置甚至不需要通过立法修改,仅司法解释就可以实现。

第二届紫荆论坛即将闭幕,也意味着下一届紫荆论坛的帷幕将要开启,关于民事诉讼基本理论问题的研究还将继续,预定下届的讨论议题为既判力理论及制度,该专题实际与本届的研讨主题具有内在联系,是相关的延续和伸展,是民诉理论这朵法学紫荆花的再次绽放。

谢谢。

附：书面评议

一、对吴泽勇教授"第三人撤销之诉的原告适格"一文的评论意见

段厚省 *

泽勇教授的文章案例丰富，说理充分，论证深入缜密，观点独到，也有很强的启发性。文章优点自不待说，相信参会诸公已有公认。为通过论辩追求真理，我就鸡蛋里面挑骨头，仅就个别珠玉之瑕（也许玉本无瑕，观者有陋），提出一些个人看法，请泽勇教授和参会诸公批判指正。

1. 2007民诉法第二百零四条，现民诉法第二百二十七条是关于执行异议和异议之诉的规定，该条款明确规定，执行异议申请经裁定后，若案外人不服，且认为原判决、裁定有错误的，依照审判监督程序办理。据此规定，在进入执行程序且执行异议申请经裁定后，不服该裁定且认为原判决裁定错误的案外人，可成为适格再审申请人，而不能成为执行异议之诉的适格原告。也即案外人依据2007民诉法第二百零四条申请再审的前提有四，一是原判决裁定进入执行程序；二是案外人对执行标的存在异议；三是案外人提出书面异议且已被法院裁定驳回；四是案外人认为原判决裁定有错误。最高院2008解释第五条第二款明确规定，在执行过程中，案外人对执行标的提出书面异议的，按照2007民诉法第二百零四条的规定处理。换言之，适用2008解释第五条第一款规定的前提，一是案外人对执行标的物主张权利，二是原判决裁定未进入执行程序，或者虽然进入执行程序，但是案外人未提出书面异议。此条内容是就不具备2007民诉法第二百零四条之适用前提的情形所做的规定，与2007民诉法第二百零四条规定并不相同，亦不相悖，且其在第二款明确排除了与2007民诉法第二百零四条可能

---

* 段厚省，复旦大学法学院教授，博士生导师。

发生的混淆关系。因此，在没有充分依据的情况下，贸然断定 2008 解释第五条是对 2007 民诉法第二百零四条规定的解释，似有不当。

2. 就 2012 民诉法第五十六条第三款而言，既然承认立法者在具有立法背景说明性质的著述中已经明确阐述了立法意图，为什么又不尊重立法者明示的第五十六条第三款的立法目的，而要强行赋予其另外的立法目的？无论是从法解释学的立场出发，还是从法哲学乃至法社会学的立场出发，在法律规范产生时所依据的社会背景、立法所依据的政策因素和社会价值理念均未发生变迁的情况下，无视立法者明示的规范目的，强行赋予规范另外的所谓目的，都是对立法权的僭越，是对法律规范的刻意曲解。此种刻意曲解并不符合法解释学的基本原理，亦不符合法教义学研究的一般要求。

3. 文章在批判他人观点和路径所遭遇的困境时，认为其原因在于拘泥于大陆法系的理论原理所致。但大陆法系理论原理的价值在于其内在的逻辑一致性，进而引领乃至保证司法实践中法律思维的统一性，最终保证法律实施上的统一性，防止发生法律实施上的混乱性，从而保障着卢曼所说的法律系统运作上的封闭和认知上的开放，这又正是司法能够保持统一和独立的方法论上基础。就此而言，拘泥于大陆法系理论原理的进路，无可指责。相反，若是试图在个别问题上完全摆脱大陆法系已成体系的理论原理，而去另创所谓的理论（用文章作者的话说，是从实践中发现理论），则可能导致文章所提出的做法与大陆法系既有的理论体系不一致，导致既有的理论原理在此一问题上不适用，而在其他问题上却仍然适用，引起理论方法上的混乱，又进一步引起司法实践在不同问题上，对待理论原理的态度不一，其结果就是司法在总体效果上的混乱与无序，从而减损法教义学保证法律内部逻辑一致和稳定国民行为期待的功能。

4. 文章在结论部分提出要走第三条道路，"从实践中发现理论"，此一思路令人敬重。问题是在我国的司法实践中，法官们之间有没有形成一以贯之的"理论"，哪怕是大致类似的"法律思维"？从文章所列举的案例来看，似乎看不出我国在案外人申请再审方面，亦或是在第三人提起撤销之诉方面，有什么成熟的"理论"，所体现出的反倒是我国各地、各级法院在司法上的混乱状态。以至于让人感觉到作者所提出的观点，并非是从实践中所发现的理论，而是为了结束司法实践中的混乱状态而另行提出的理论。

5. 文章所提出的观点实际上站在实体利益优先的立场，这与我国一贯重实体轻程序的立法观和司法观倒是一脉相承，就此而言，文章所采立场确实似乎是从我国的司法实践中"发现"的。这与台湾地区相关立法强调保障案外利益相关人程序参与权的立场完全相反。此种实体优先的立场，对于司法实务中业已存在的重实体轻程序的观念，起到的是推波助澜的作用，与程序工具主义的观念遥相呼应，有可能导致程序法和程序权利观念在我国司法实践中的地位愈益降低，从而可能为司法实践中始终无法杜绝的程序虚无主义再打开一扇大门。

根据德国学者哈贝马斯的观点，法律规范必然存有内在张力，就是规范的事实性与有效性之间的张力。程序法规范作为法律规范，当然也存有内在张力。泽勇教授文章所涉问题，就是因立法不够科学而导致的有关第三人撤销之诉的程序法规范，其合理可接受性（有效性）与实证性（事实性）之间的张力。此种内在张力的消解，除了加强立法的科学性与民主性外，尚须法解释学、法教义学乃至法哲学的介入。然而解决问题的视野不可过窄，而应将问题置于整个民事程序法理的框架性解决，否则牵一发而动全身，为解决个别问题而引起的理论体系的不协调，必将会传导至司法实践中，导致司法实践部门以实用主义的态度对待理论方法，其后果不仅是理论体系的碎片化，也可能是法律思维的变动不居和法律实施的不统一。此应为法学研究者所戒。

是为评论。

2014.11.24 于上海寓所

二、判断第三人撤销之诉原告适格的标准

王学棉*

就吴泽勇教授的论文《第三人撤销之诉的原告适格》一文，现提出以下几个问题请教。

1. 论文中判断第三人撤销之诉原告适格的标准到底是什么

论文在内容提要中总结道：对于有独立请求权的第三人，可将原告适格的标准界定为"对当事人争议的诉讼标的主张实体权利的人"；对于无独立请求权的第三人，则采相对宽松的一般标准，不适用最高人民法院针对通知参加诉讼第三人的限制性规定。根据文中的论述，判断标准就是"原则上案件的处理结果影响到第三人的利益的，都可以作为无独立请求权第三人"提起第三人撤销之诉。（P.163）

论文在另一处论述到，建议将第三人撤销之诉的立法目的界定为为受生效裁判不利影响的第三人提供实体救济。按照这种界定，在审查当事人是否具有第三人撤销之诉的原告资格时，主要审查该当事人是否"有证据证明发生法律效力的判决、裁定、调解书的部分或者全部内容错误，损害其民事权益"。至于该当事人是否属于"前两款规定的第三人"，不妨采取相对宽容和有弹性的审查标准。（P.159）

一比较可以发现，以上两处关于判断第三人撤销之诉原告适格标准的论述并不相同。给人的感觉似乎有两种判断第三人撤销之诉原告适格的标准，到底哪个标准是作者的本意呢？

2. 民诉法第五十六条规定的到底是什么

论文论述到，就第三人撤销之诉的原告适格，第五十六条规定了这样几个要件：（1）"对当事人双方的诉讼标的，第三人认为有独立请求权的"。（2）"对当事人双方的诉讼标的，第三人虽然没有独立请求权，但案件处理

---

* 王学棉，华北电力大学教授。

结果同他有法律上的利害关系的"。(3)"因不能归责于本人的事由未参加诉讼"。(4)"有证据证明发生法律效力的判决、裁定、调解书的部分或者全部内容错误，损害其民事权益的"。(5)"知道或者应当知道其民事权益受到损害之日起六个月内，向作出该判决、裁定、调解书的人民法院提起诉讼"。其中，(1)和(2)是选择性要件，(3)、(4)、(5)是必备要件。当事人要成功提起第三人撤销之诉，必须证明自己符合(1)、(3)、(4)、(5)或者(2)、(3)、(4)、(5)两个组合之一。(P.161)

该段前半部分认为第五十六条规定的五个条件是判断原告适格的条件，最后一句又认为这是判断第三人是否成功提起撤销之诉的条件。成功提起第三人撤销之诉的条件与原告适格的条件是一回事吗？第五十六条到底规定的是什么条件呢？此外，如果第五十六条规定的也是第三人撤销之诉原告适格的条件，与第一个问题结合起来，将会出现三种判断第三人撤销之诉原告适格的标准，问题也将变得更为复杂。

3. "有证据证明发生法律效力的判决、裁定、调解书的部分或者全部内容错误，损害其民事权益的"是不是判断第三人撤销之诉原告适格的标准？

论文多处认为"有证据证明发生法律效力的判决、裁定、调解书的部分或者全部内容错误，损害其民事权益的"是判断第三人撤销之诉原告适格的标准。如 P.163 认为，按照以上标准，有独立请求权第三人加上无独立请求权第三人，基本上可以涵盖所有生效裁判损害第三人民事权益的情形。遵循这样的解释方案，也就化解了要件(1)、要件(2)与要件(4)之间的紧张关系，并将第三人撤销之诉原告适格的审查重心从要件(1)、要件(2)转移到了要件(4)。

有疑问的是，如果"有证据证明发生法律效力的判决、裁定、调解书的部分或者全部内容错误，损害其民事权益的"是判断原告适格的标准，那么，判断原告应否胜诉的标准应当是什么？传统的实体法律关系当事人就是适格当事人的判断标准在第三人撤销之诉中能否适用？

三、第二次紫荆沙龙主题报告文章评议

冯 珂[*]

吴泽勇教授与蒲一苇教授提交本次论坛的两篇文章,均可谓第三人撤销之诉研讨中的上乘大作。两位老师的文章,确如醍醐灌顶一般给予笔者很大的启发和帮助。作为刚进入学术圈的晚辈新人,笔者在评议两位老师的文章时,确感诚惶诚恐。谨此提出一些不成熟的意见,向两位作者和诸位老师求教。

1. 论证中的个别问题

两篇文章在内容和观点上有很多共通之处,例如都采用了针对司法实践状况而从理论上作出回应的教义学研究方法,都对第三人撤销之诉的扩张适用以取代现行法上的案外人申请再审持赞同态度,在案外人救济与原生效裁判的利害关系方面也都认为应着眼于"权益损害"而非"原裁判错误"。

但两位老师也有一些观点碰撞之处。两篇文章虽然都是围绕第三人撤销之诉的原告适格问题而展开讨论,但由于两文在讨论路径上不同,也因此在个别地方存在冲突与差异,如判决效力相对性原则是否认同、有独立请求权第三人是否处于适格原告的范围内等。

具体而言,吴老师是通过由远及近的方式来界定第三人撤销之诉的适格主体。该文首先基于对现行法上案外人申请再审制度的实践状况的分析,指出该制度在适用条件上的局限以及在面对虚假诉讼问题时的力不从心。而在救济案外人权益的立场上,该文采取客观目的论,将第三人撤销之诉的立法目的从"规制虚假诉讼、恶意诉讼"拓展至"为受生效裁判不利影响的第三人提供救济"(第159页),进而提出了应以第三人撤销之诉取代案外人申请再审,从而形成当事人申请再审、案外人提起第三人撤销之诉、案外人另行起诉三者并存的救济体系(第160页),并且该文还在这种制度

---

[*] 冯珂,北京化工大学讲师。

定位下具体讨论了第三人撤销之诉的适格原告范围。

吴老师在文章中提出的这种"并立论"主张，其大破大立的思路令人瞩目，而且这种主张也回答了再审、第三人撤销以及另诉几种救济方式的相互关系问题。但在现有的立法框架下，吴老师将第三人撤销之诉取代案外人申请再审制度作为案外人救济的一般方式，其理论前提就在于否认判决效力相对性原则；然而该文在论证之所以应否认判决效力相对性这一点上，似乎略有欠缺。

吴老师文中提到，"从长期的诉讼实践和理论看，我国不承认裁判的相对性效力，生效裁判的效力可及于当事人之外的第三人"（第156页）。即便是仅从实践性立场上来看，吴老师的文章中也认可，"我国法院对矛盾判决的容忍度非常之低……对于实践中出现先后两个冲突的生效裁判的现象是严格禁止的，并且一旦出现，也往往通过启动再审程序，将其中的一个判决撤销，或者对两案合并作出新的再审裁判"（第156页）。在此就要考虑，禁止矛盾判决与否定裁判相对性效力，这样两种实践倾向的相互关系如何看待。于此是否就可认为，司法实践中不承认裁判效力相对性，正是基于这种"超强纠错"司法理念，因而不仅需要对裁判内容有错必究，也需要将裁判效力扩张至当事人之外的第三人来实现错误的彻底纠正。如果确实这样，那么在这种实践立场上还应追问的是，作为民事诉讼制度基础之一的既判力效力相对性原则，究竟在实践中是"不能被承认、不应当被承认"，还是在实践惯例上"不希望被承认"？

2. 论文之外的问题

两篇文章一个气势宏大一个细腻温婉，不论从形式还是从内容上都给人带来愉悦的感观享受。但笔者在阅读过程中，却始终为一个问题困扰，即"原告适格"这样一个概念表述。如前文所述，吴文将"原告适格"作为文章的主题来讨论，而蒲文也是从"原告适格"问题出发也最终回归到这一问题的界定。但"原告适格"或者由此拓展的"当事人适格"概念，是否被恰当地理解和运用，正是笔者深感困顿之处。

从我们的话语环境和用语习惯上，不难理解两位作者是在原告主体资格这种意义上使用"原告适格"术语。但不得不说,"当事人适格"本身就是我们从比较法（主要是日本法）上习得和继受的概念；而在这点上，德国法上的当事人适格（Sachlegitimation）、诉讼实施权（Prozessführungsbefugnis），就与日本法上的当事人适格概念，既有重合之处也有差别之处。如果按德国法的理解，那么无论是作为诉讼要件的诉讼实施权，还是作为实体事项看待的当事人适格，都与两篇文章涉及的内容不完全一致。当然，由此进一步展开，还可能涉及第三人撤销之诉的审查方式、裁判方式等具体程序设计问题，限于两篇文章主题也就不再展开详述。

不过在此更值得思考的是，正如任重博士所指出的，第三人撤销之诉繁荣讨论背后是基本问题上的分析甚至研究的忽视，这种现象集中反映在第三人撤销之诉讨论中。因而第三人撤销之诉的问题现象只是冰山一角，要真正解决第三人撤销之诉的诸多问题，还需要回归到基础问题的讨论。而通过具体制度问题，澄清基本概念上分歧、形成统一的识，这也是我们紫荆论坛诸多学术先进和青年同仁一起努力的方向。

以上不成熟的看法和意见，还请两位作者及诸位老师多多批评指正。

2014年12月1日

四、第三人撤销之诉研究之方法论反思

袁中华[*]

吴泽勇教授与蒲一苇教授的两篇论文，就第三人撤销之诉的原告适格等问题进行了探讨，无疑都是该领域优秀作品。两篇论文存在不少的共通性，但也有一些观点的差异，例如如何对待判决效力相对性等问题。而这种差异，究其根源应当是来源于他们的方法论立场。

---

[*] 袁中华，中南民族大学法学院讲师。

1. 法教义学与法解释学之分野

法解释学与法教义学，这是一对经常容易被混淆的概念。但二者实际上还是可以进行清晰的区分。

法解释学，顾名思义，是对于现行的法规范的用词予以解释，从而得以具体适用于案件的学问。而就如何解释，则有萨维尼古典解释方法（文义、体系、历史）与耶林所倡导并被利益法学、价值法学所传承发展的目的论解释方法。而法教义学阐述的是对现行法具有重要意义的证明和解决模式。因此，它包括一切可以在法律中找到的理论规则、基本规则和原则，也包括法学与法律实践为法律增加的理论规则、基本规则和原则（魏德士）。

这两种法学方法尽管有所差别，但并非势不两立，毋宁说，其实二者的联系远大于二者的对立。司法实践中几乎任何一个法律问题，都涉及如何适用法规范，由此必然需要法解释学的参与来提供解决方案。而法教义学常常可以为许多问题提供现成的答案，从而避免重复而累赘的论证。因此，法教义学具有的一个重要功能，就是减负。而同时，法解释学的解决方案，如果被普遍认可或被司法实践接受，从而就能形成新的教义，发展法教义学。

2. 第三人撤销之诉研究中的方法论立场

吴泽勇教授的《第三人撤销之诉的原告适格》（以下简称为吴文）非常彻底地贯彻了法解释学方法。而就现代法解释学，一般认为规范目的解释的目标，但就该规范目的如何，则存在着客观目的论（如拉伦茨）和主观目的论（如魏德士）之分野，前者采"立法者的意志"而后者采"规范自身的目的"。

吴文明确地采用了客观目的论，正如他所言：尽管立法者希望通过第三人撤销之诉规制虚假诉讼、恶意诉讼，但从制度自身的机理出发，将该制度的目的界定为"为受生效裁判不利影响的第三人提供实体救济"更妥当。从这一规范目的出发，他确定了无独立请求权第三人和有独立请求权第三人各自的范围，并将立法者试图实现的克服虚假诉讼的功能予以提出，转而将其通过实体法途径予以救济。

与吴文的立场有所类似的还有刘君博博士的《第三人撤销之诉原告适格问题研究》，该文则从立法者意志出发进行了法解释学的探讨，由此在原告适格问题上采取了更宽泛的立场。因此该文明显采取的是主观目的论立场。

而与上述立场完全对立的则是张卫平教授为代表的"否定适用说"。该说从既判力的相对性原则出发，认为第三人撤销之诉在现行制度框架下既无适用的必要性与可能性，更无法达到遏制恶意诉讼和虚假诉讼的立法目的。而从诉讼法上既定的原理出发进行的探讨，一般认为是立法论。但实际上，既判力的相对性原则正是民诉法教义的一部分，因此这种观点正是法教义学立场的体现。

蒲一苇教授的《功能消解与异化：第三人撤销之诉制度的立法与实践》采取了一种法教义学与法解释学相融合的立场。她在对第三人撤销之诉的制度定位于制度设计，以及相关的司法实践进行批评之后，又运用法教义学的相关原理（如既判力相对性）并结合具体解释方法进行了解释。

由此，上述四种具有代表性的观点，依据其对规范的服从态度可以进行一个序列式的排列：对第五十六条第三款的法规范予以坚定的拥护并为之正当化的（刘君博博士），对该规范通过客观目的论予以重新解读从而部分限制其适用（吴泽勇教授），对该规范进行批评并严格限制其适用（蒲一苇教授），对该规范从教义学原理展开批评而否定其适用（张卫平教授）。而同时，这四种观点实际上对于教义的遵守则完全是一种反向排列。

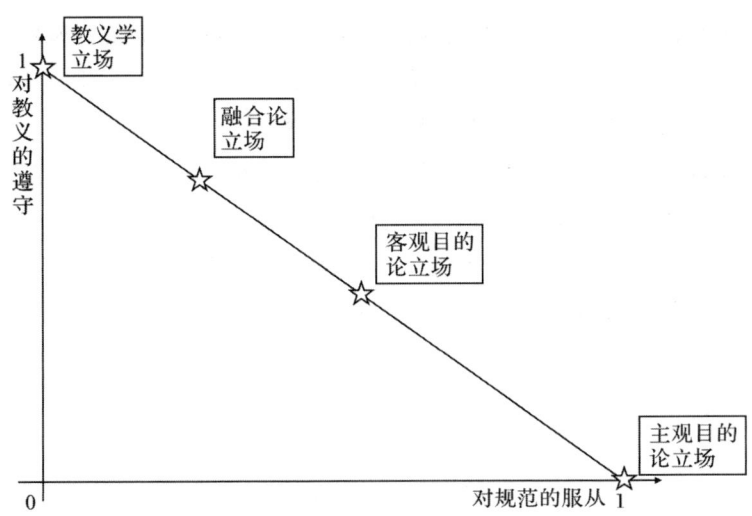

3. 如何抉择？

就法解释学与法教义学的立场选择而言，没有对错之分，如何抉择仅仅取决于选择者的偏好。实际上，每一种立场，都有其与生俱来的优点与缺陷。（1）主观目的论的解释论立场对于规范的服从态度，固然有利于规范在司法实践中的应用，但由于缺乏法教义学上的原理、原则的引领而容易丧失对于规范的批判力，法教义自身的张力与法规范技术上的缺陷相结合，对于解释者也有如噩梦。（2）而客观目的论由于采用了更加主观的态度，由此可以部分的避免规范自身的立法缺陷，从而能得到更为恰当的解释结果。但其仅仅能缓和签署主观目的论的缺陷而无法根除。而客观目的之不确定性，解释者常不得不陷入无休止的论辩而无法解脱。（3）对于教义学立场，固然可以对法规范进行犀利的批评，但有缺陷的法规范之下依然需要裁判，由此这种批评难以对司法实践的紧迫性问题进行迅速回应。（4）融合论的立场"看起来很美"，但继承了教义学和解释学的各种优点的同时，也必然继承二者的各种缺陷。而且，这种"两手都要抓"的融合论常常会陷入方法论上的模糊、摇摆而难以恰当地自圆其说。

就笔者的偏好而言，既希望能对民事诉讼法学中公理性的原则、原理予以坚持，又希望能通过对规范的解释以解决具体的实践问题，那么融合论的立场几乎是唯一的选择。但就蒲一苇教授的论文而言，前述融合论的立场的缺陷在文中似乎也有所体现。而且前两个部分的立法论和后两个部分的解释论，期间的篇章幅度安排以及前后衔接似乎并不理想。而且考察论文的整体内容，那么论文的标题也应当作适度修改。当然，鉴于对该文的阅读是在非常短的时间内完成，因此上述评价也有可能仅仅是误判。而对文中许多具体问题的探讨则留待详细阅读学习之后再行补充。

五、评议意见

刘君博[*]

因为收到两篇论文的时间较晚,未能及时将评议意见提交给任重师兄,耽误了报告人和其他评议人的时间,深感抱歉!

吴老师的大作很早就拜读过,在撰写博士论文的过程中也曾多次引用,受益良多。吴老师文章的切入点与既有对第三人撤销之诉的研究不同,即以案外人申请再审程序的司法实践作为讨论第三人撤销之诉原告适格的"知识背景",并立足于"为受生效裁判不利影响的第三人提供实体救济"的立法目的,提出对第三人撤销之诉适格原告的判断标准。对于文章的架构、研究方法和启示我十分钦佩,提出两个小疑问求教于报告人和各位评议人:第一,吴老师在文章并未充分论证"既然规定在了总则当中,第三人撤销之诉本来就是另行起诉的一种"的立场,而此立场实际上与否定适用判决效力相对性理论框架之间在逻辑上似乎存在一定的矛盾:既然否认判决效力相对性,又何必执念于将第三人撤销之诉定位为另行起诉?第二,遏制虚假诉讼或者恶意诉讼是否能够解释为立法者的主观目的,还是我们将其想象为立法目的,我觉得是可以讨论的。法工委的立法理由中更强调的是"保护受到侵害的第三人利益","恶意诉讼"只是个现象描述。在司法实践中,法院可能会认定某些证据或事实为假(吴老师文章中案例三),但却很少能够直接认定某一诉讼为假,即使当事人提出其为虚假诉讼。虚假诉讼现象也是可以被当事人的具体诉讼请求所覆盖的。

蒲师姐的博士论文就专注于第三人参加诉讼制度的研究,蒲师姐大作的问题意识和研究思路和我本人的观点十分相近,特别是对于如何充实"有独三"作为适格原告的正当性基础方面。对于第三人撤销之诉与另行起诉之间的关系,蒲师姐的文章与吴老师的立场可谓截然相反,提出严格地

---

[*] 刘君博,中央财经大学法学院讲师。

将适格原告范围限制在判决效力扩张的情形下（P$_{22}$），但文章最后一部分讨论六种第三人撤销之诉的类型时，似乎又未完全遵循与前文相同的立场和原则。受惠于较晚提交评议，有幸先行看到几位评议人的观点。袁中华师兄的评议涉及我本人文章的一些观点和立场，在此一并回应。如果就第三人撤销之诉适用范围进行排序的话，我的立场可能更应当介于蒲师姐和张老师之间。细读吴老师的大作不难发现，就"无独三"能够成为适格原告的范围（除诈害一般债权人外），我们的立场基本一致；而基于实体救济的立场，吴老师提出的"有独三"成为适格原告的判断标准则远宽于蒲师姐和我。再者，就判决效力相对性问题，我在《中外法学》一文中并未做过多展开，但在博士论文中已经充分说明，即与张老师、蒲师姐的观点相同，还是应当坚持以判决效力相对性原则作为制度基础。

鄙陋之见，还请各位学友批评！

六、评议意见

李 铎[*]

1. 关于第三人撤销之诉与案外人申请再审的关系

二文都认为："当第三人撤销之诉制度建立后，法律为案外第三人提供了更为有效的事后救济途径，案外人申请再审的救济功能已被吸收而无存在必要。"我的观点恰恰相反，我认为两种救济途径，对于案外第三人而言，各有利弊，应该并行不悖，通过赋予案外第三人以选择权，实行所谓的"双轨制"运行。我的理由是：

第一，二者的价值取向不同。不管是从立法目的还是从《民诉法》第五十六条第三款的条文即可看出，与案外第三人程序保障相比，第三人撤销之诉制度更侧重对受生效错误裁判不利影响的案外第三人的实体权益救济，因此，其追求的是实质公正；而后者在司法实践中，很多时候被案外

---

[*] 李铎，北京大学出版社编辑。

第三人作为一种诉讼的策略加以使用，即案外第三人申请再审后，不管受理后其诉讼请求能否得到法院的最终支持，法院首先要做的就是中止对生效判决的执行。因此，与前者的众多诉讼要件相比，后者的效率优势对于案外第三人的保护更加有利。

第二，审级利益上的差别。按照第五十六条第三款的规定，案外第三人提起第三人撤销之诉应该向原作出判决、裁定和调解书的法院提起，假如原判决是基层法院作出的，那么案外第三人的起诉法院也是该基层法院，且原则上实行两审终审，即它的终审法院是中级人民法院；而对于案外人申请再审而言，对于由基层法院作出的生效判决，如果不属于当事人一方人数众多或者当事人双方为公民的案件，原则上，应该向上一级法院申请再审，即向中级人民法院申请再审。按照《民诉法》第二百零四条的规定，此时中级人民法院不得将案件下放，只能自己进行实体审理，而对于依照审判监督程序提审的案件，《民诉法》第二百零七条要求应当按照第二审程序审理，其所做的判决将是终审判决。这就意味着，案外第三人只经历一次审理，即可实现其改判的目的。

第三，关于第三人撤销之诉的立法设计，有一个共识性的看法是它错误地与第三人制度结合在一起且放在民诉总则中，实际上完全可以将第三人撤销之诉作为一种特殊的再审救济途径归入广义的再审之中。我的理解是，由于案外第三人申请再审的适用局限于执行程序，对于没有进入执行环节而原判决、裁定错误而侵害其利益的，案外第三人并没有更有效的救济渠道，此时第三人撤销之诉的功能才得以凸显。也就是说，在执行环节，案外第三人基于原程序直接申请再审，更加有效率，譬如人民法院可以直接裁定执行回转；毕竟，对于执行而言，追求的第一位价值应该是效率价值。

综上，尽管比起第三人撤销之诉只撤销对第三人不利的部分，案外人申请再审需要对原裁判进行全面审查，后者对既判力的冲击力更大；但基于上述理由，该弊端并不能构成以第三人撤销之诉取代案外人申请再审的理由。

2.在蒲老师的文章中，其主张第三人撤销之诉的诉讼标的是"原诉讼生效裁判是否应予撤销",第三人只能提出撤销生效裁判文书的请求,并不能同时提出实体权益主张。对此,我有些疑问。

第一,基于一个很朴素的想法,如果我作为案外第三人的代理律师的话,我在写起诉状时,涉及诉讼请求时,我会不会只写请求撤销原裁判而不涉及实体权利救济;我想是不会的,在我看来,撤销只是一个手段,解决实体问题才是最终目的。

第二,如果说第三人撤销之诉的诉讼标的是"仅撤销原诉讼生效裁判",那我们的再审之诉,它的诉讼标的又是什么?吴泽勇老师在文中也提到,"第三人撤销之诉启动后,法院面对的问题与再审之诉相当类似,都是对生效裁判当中可能错误的地方进行审查,并在确认错误时予以撤销"。因此,我认为,对于第三人撤销之诉的诉讼标的,应该采用诉讼标的新说,即诉的声明说。

第三,《民诉法》第五十六条第三款规定,"人民法院经审理,诉讼请求成立的,应当改变或者撤销原判决、裁定和调解书",既然该规定允许改变原裁判,那么我们能否合理地推断出,第三人撤销之诉原则上允许一并解决实体问题。

因此,我同意杭平老师在《大陆新民事诉讼法增设的第三人撤销之诉制度》一文中的观点,即"原则上允许第三人提起撤销之诉的同时,一并申请或在法定期间(举证期限届满前)内追加申请解决与原诉讼当事人之间的实体纠纷,是否准许,得由法院裁量决定。如果合并审理将使案件的调查和审理程序过于复杂,从而达不到前述效果的,人民法院应告知第三人另行起诉。此外,如果合并审理与民诉法及相关司法解释关于法院管辖的规定相冲突的,也不得合并审理"。

3. 关于诈害诉讼一般债权人

对于诈害诉讼一般债权人的保护问题,二文都主张赋予其提起第三人撤销之诉的主体资格,只是在吴老师的文章中,是通过诉诸于实体法的规定,赋予特定的主体以资格;而在蒲老师的文章中,是通过立法,赋予两种情形下的主体以第三人撤销之诉的主体资格。

譬如，甲、乙系夫妻，关系不和，准备离婚；甲为了获得更多的财产，与丙虚构一份借款合同，并由丙向法院提起对甲的诉讼，甲做了自认，败诉后甲自动履行了判决。这是一起典型的诈害诉讼案例。

我的问题是：

第一，该案中乙能否提起侵权之诉？即认为甲、丙二人通过虚构合同的手段，侵犯了乙对于家庭财产的部分所有权？关于这个问题，二文老师在文中都指出，根据《侵权责任法》第二条，侵权责任法不保护债权，理由是该条中没有规定。但我认为，第二条即"包括生命权、健康权、姓名权、名誉权、荣誉权、肖像权、隐私权、婚姻自主权、监护权、所有权、用益物权、担保物权、著作权、专利权、商标专用权、发现权、股权、继承权等人身、财产权益"中，有一个"等"字，能否理解为债权被"等"掉了呢？换句话说，以合同形式侵害当事人合法权益，完全可以作为侵权的一种方式。

第二，如果更进一步的讲，乙能否依据《合同法》第五十二条的规定，提起确认甲和丙之间的合同无效之诉？关于第二个问题，我自己也是有些困惑。因为甲、丙之间既然存在虚构的合同，该借款合同就必然虚构合同事实，即基于什么原因签订了该项借款合同；乙作为利害关系第三人，依据《合同法》第五十二条第二款，是否可以直接提起确认原合同无效的诉讼？

实践中，对于债权人而言，我个人觉得最有效也是最经济的办法，譬如对于本案而言，乙完全可以以甲、丙双方虚构事实为由，向作出生效判决的法院提起申诉，由人民法院主动发起再审。

4.关于矛盾判决问题

在蒲老师的文章中，多次提到"立法之所以允许有独立请求权第三人参加诉讼，并将参加之诉和本诉合并在一个诉讼程序中予以审理和裁判，目的是为了彻底解决纠纷，防止因分别审理而做出矛盾判决"。我认为，这一分析有误，理由是：

譬如，甲拥有一副名画，因外出，交给已保管；乙因资金周转需要，出质给丙，约定乙有展览盈利权；随后二人因资金返还出现纠纷，乙将丙起诉到法院。经过法院审理，作出了乙拥有该画所有权的生效判决。甲回来后，因索画无果，向法院提起了返还原物的给付之诉，最终甲如愿以偿地拿到了画的所有权。

问题是，对于此案，前后两份判决是矛盾的吗？我的观点是不矛盾，因为前后两份判决的作出，是在不同的当事人之间，依据不同的事实、主张作出的。怎么会是矛盾判决呢？因此，我认为对于合并诉讼而言，其目的主要是为了一次性解决纠纷、提高诉讼效率的需要。

最后，我特别赞同张老师提出的，"一旦建立了既判力制度，第三人撤销之诉就可能会大大受到限制，甚至是多余的"观点。对此，我还想补充一点儿，最近《刑法修正案（九）（草案）》已经公布，在该草案的第三十三条，明确规定：在刑法第三百零七条后增加一条，即"为谋取不正当利益，以捏造的事实提起民事诉讼，严重妨害司法秩序的，处三年以下有期徒刑、拘役或者管制，并处或者单处罚金"。"有前款规定行为，侵占他人财产或者逃避合法债务的，依照本法第二百六十六条规定从重处罚"。因此，如果虚假诉讼一旦入刑，就像酒驾一样，我可以乐观地估计，该行为将大量减少，基于此，我觉得我们可能还真不能对第三人撤销之诉抱以太高的期待。

七、书面意见

黄忠顺[*]

拜读吴老师大作《第三人撤销之诉的原告适格》之后，受益匪浅。无论是研究方法还是论证内容均有很多值得肯定和学习的地方。作为晚辈，除了学习，也就只是请教，而谈不上评议。谨就阅读过程中想到的若干问题提出来，向吴老师和诸位老师求教。

---

[*] 黄忠顺，中国人民大学法学院博士研究生。

1. 关于第三人撤销之诉的制度目的

关于第三人撤销之诉的制度目的,学界存在实体救济与程序保障两种观点,并以事后程序保障为主导。吴老师将第三人撤销之诉的制度目的界定为"为生效裁判不利益影响的第三人提供实体救济",并主张废弃"发生法律效力的判决、裁定、调解书的部分或者全部内容错误"的拘束(即"第三人只要证明原生效裁判事实上损害了其民事权益,就应当认为要件(4)已经成立",论文 162 页)。对此,我赞同吴老师将第三人撤销之诉的制度目的界定为实体救济,但对是否需要保留"错误"条件存在不同见解,具体理由如下:

(1)裁判效力绝对化与后置性程序保障的内在矛盾

在裁判效力绝对化的背景下,受确定裁判效力所及的第三人并不以其享有事先参与诉讼程序为条件,而未受前置性程序保障的第三人受确定裁判效力拘束的正当性基础,只能从我国法院能够依职权防止确定裁判不对第三人造成不正当利益影响,但司法实践中大量不正当损害第三人合法权益的案件揭示着我国法院的"超职权主义"难以发挥其应有的防范功能,而且这也与当下强调的辩论主义构成紧张关系。因而,未经前置性程序保障的第三人受确定裁判效力扩张并不以其受前置性程序保障为必要,既然没有前置性程序保障的一般性机会,也就不存在通过后置性程序保障加以补充的必要。基于此,我现在倾向于认为第三人撤销之诉旨在提供实体救济。此外,受任重师兄的启发(2014 年 11 月 15 日交流),在原确定裁判双方当事人对确定裁判不存在争议的情形下,即使原裁判可能存在不正当损害第三人合法权益的情形,在处分权原则的作用下,即使该裁判系双方诉讼诈欺的结果,第三人仍不能从程序法谋求撤销该确定裁判。

(2)实体救济是否以确定裁判"错误"为必要

吴老师主张淡化"错误"要件,但如果确定裁判本身不存在错误,仅因为其对第三人造成实体上的不利益影响,是否就存在赋予其(指受不利益影响的第三人)以诉讼实施权的必要?如果吴老师的意思是在第三人提起撤销之诉的阶段,主张第三人不需求提供确切证据证明原确定裁判"部分或者全部内容错误",那我没有异议,但如果是在是否应当支持第三人撤销请求方面主张不以确定裁判错误为条件,则我似乎不能完全理解。如果原确定裁判是正确的,仅因其对第三人造成不利益影响,即可支持撤销请求,那么,至少应当强调第三人遭受的不利益影响的"不正当性"。例如,承租人甲以出租人乙为被告请求法院确定其优先购买权并获胜诉确定判决,以同等条件购买该房屋的丙因前确定判决受有不利益影响,按照吴老师的观点,是否丙就可以提起第三人撤销之诉(假设其他条件均具备)?诚然,从第五十六条第三款的表述上来看,"有证据证明发生法律效力的判决、裁定、调解书的部分或者全部内容错误"是第三人提起撤销诉讼的条件,而在起诉环节要求提供的证据应当仅属于表面证据,因而,若在起诉环节淡化"错误"要件则未尝不可。

2. 关于"第三人"概念相对化的解释路径

吴老师主张对第五十六条第三款中的"前两款规定的第三人"从宽解释(论文159页),并从实体法路径为受诈害诉讼侵害的一般债权人寻求提起第三人撤销之诉的诉讼实施权根基,但似乎并无意改变诉讼参加中的第三人外延,从而,使第三人撤销之诉与第三人诉讼参加中的"第三人"呈现出相对化的趋势。比如说,吴老师在谋求受诈害诉讼侵权的一般债权人得提起第三人撤销之诉时,并不以此作为其得据以参加诉讼的实体权利基础,第三人撤销之诉中的"第三人"外延明显大于第三人诉讼参加中的"第三人"(论文165页)。在法解释上,"前两款规定的第三人"能否作出与"前两款规定的第三人"不同的解释?尽管吴老师承认"解释者能做的只是在文义允许的范围内,在存在多种解释可能性的情况下,选择有利于实现立法目的的那一种解释"(论文162页),但论文中多处通过价值选择将法律条文明文规定的条件予以架空的做法是否妥当?当然,吴老师在考察案外申请再审之诉的基础上,揭示第三人很难证明诉讼诈害,这在某种程度上可以成为作者不将第三人撤销之诉的解释结果反射性拓展第三人诉讼参加制度的理由。但我个人认为,在判决效力绝对化的背景下,我国拓展第三人诉讼参加路径的意义重大,受诈害诉讼侵害的一般债权人参加到诉讼中，能够阻止虚假诉讼裁判的生成，相对于坐等对自身造成不利影响的确定裁判生成后，再事后通过独立的诉讼程序将其予以（部分）撤销或者另行谋求实体法层面的救济而言，显然前者成本更小，也有助于尽可能减少虚假诉讼裁判的生成（诚然，是否存在真正意义上的"虚假诉讼"存在讨论空间）。尽管第三人证明双方恶意串通难度很大，但第三人参加诉讼并不意味着其独自承担该证明责任，基于虚假诉讼违背社会公共利益，第三人仅需要表明双方当事人可能存在虚假诉讼的合理怀疑，法院职权调查乃至公安检察机关介入调查都可以缓解第三人举证困难。更重要的是，第三人参加诉讼以及公权力机关的介入调查可能阻吓绝大多数人继续进行虚假诉讼。鉴于此，我还是坚持将第三人撤销之诉中的"第三人"扩张解释的效果反射性适用于"第三人诉讼参加"中的"第三人"，以此倒逼第三人诉讼参加制度的完善。

3. 第三人撤销之诉是否必然是"部分撤销"？得撤销的"部分"仅指"部分内容"，还是可以包括仅撤销"部分效力"？得撤销的"部分内容"能否包括确定裁判中的描述性内容？还是仅能撤销处分性内容？

吴老师将第三人撤销之诉理解为"一个新诉加上一个局部的再审"，指出这种新诉的目的在于撤销他人之间生效裁判当中对自己不利的部分（论文160页）。事实上，第三人撤销之诉应当存在撤销原生效裁决的可能。从文义解释来说，第五十六条第三款规定的"发生法律效力的判决、裁定、调解书的部分或者全部内容错误"揭示着确定裁判可能全部错误，即在全部错误的情形下仍有适用第三人撤销之诉的空间，那么第三人撤销之诉的效果就未必局限于"局部再审"，如吴老师通过解释论上的努力为受诈害诉讼侵害的一般债权人提起第三人撤销之诉扫除理论障碍，而法院经审理认定确属虚假诉讼的，宜将整个确定裁判予以撤销。

值得谈论的是，第三人撤销之诉撤销的是内容还是效力？如果认为第三人撤销之诉撤销的是确定裁判的全部或者部分内容，那么，将产生对世效力，与提起第三人撤销之诉处于相同或者相反地位的第三人不存在另行提起第三人撤销之诉的必要，但如果理解为第三人撤销之诉撤销的是确定裁判对提起第三人撤销之诉者的拘束力，则与其处于相同或者相反地位的第三人存在另行起诉的必要。从维护既有确定裁判效力和节约司法资源的角度来分析，撤销效力说应当更优，但这会造成确定裁判效力相对化情形的发生，而与我国固有的确定裁判效力绝对化造成紧张关系，因而，似乎撤销内容说为通说。在撤销内容说的背景下，与提起第三人撤销之诉利益诉求相同或者相反的其他主体能否针对该第三人撤销之诉胜诉或败诉判决再行提起第三人撤销之诉？是否会造成循环的第三人撤销之诉而影响确定判决效力？对此，笔者认为，不妨采取撤销效力说，引导司法机关接触并逐渐接受确定裁判效力相对性原则，对确定裁判效力相对性原则的妥当性，学者应当不存在实质性争议，只是迫于当前司法实践接受不了该原则而作出另类解释探索。在采取撤销效力说的情形下，第三人撤销之诉仅对该第三人产生解除非正当不利益影响的效果，而与该第三人处于相同或者相反地位的第三人不存在直接关系，至于针对虚假诉讼的第三人撤销之诉，为实现纠纷一次性解决的功能，法院得依职权从根本上将该确定裁判撤销，在制度上可以考虑衔接法院依职权启动的再审程序。

诚然，前述属于少数派主张，绝大多数学者仍然坚持撤销判决与其他判决一样具有绝对效力。在通说的情形下，第三人得请求撤销的内容是否局限于判决主文（处分性内容）抑或还可以拓及判决理由（描述性内容）？据笔者观察，尽管判决理由在我国仅具有预决效力，但在确定裁判效力绝对化的背景下，判决理由描述的事实往往被法院无条件的接受（也为其他公权力机关喝普通民众所普遍接受），而且判决理由本身亦有可能单独对第三人造成民事权益损害（如离婚确定判决理由部分对"小三"进行人身攻击，另行起诉固然能够请求侵权责任法赋予的救济措施，但确定判决的否定性描述则无法自动消除），借助"上诉利益"领域既有的研究成果，似乎肯定针对判决理由提起第三人撤销之诉是妥当的。更为重要的是，在文义解释上，第五十六条第三款并没有将错误损害第三人民事权益的内容局限于判决主文，上述解释属于在法律允许的范围之内。

八、评议意见

任 重*

读过吴泽勇老师发表在《法学研究》2014年第3期上的《第三人撤销之诉的原告适格》一文后,我非常受启发,无论在理论构建上还是在写作技术上都使我获益匪浅,以下谈一谈自己的学习体会。

在文章的内容提要部分,作者就已经限定了本文讨论的理论背景和前提,即认为我国法院并不接受判决效力相对性原则。这一前提对于理解作者的论述及其结论是相当重要的。我在读这篇文章时,也时时在提醒自己这样一个论述的前提,通过这一前提,许多对于文章的质疑都能够随之化解。通过将前提限定为"我国法院并不接受判决相对性原则",可以最大程度上保障内在逻辑的周延,并且也正是能够在第三人撤销之诉肯定说和否定说之外找到平衡点的理论基础。但是在某种程度上看,这种有意的操作方法也存在两方面隐患:一来,由于这一背景前提在作者看来是比较一般性的,因此较多论述是描述性的,似乎并非从实质上论证为何没有,例如内容摘要部分、第一章"可能的启示"的第一小部分认为"我国法院对于判决效力问题的处理方式",第二章"制度存在的必要性"中认为"经上文的考察可知,我国司法实务并不采纳判决效力相对性原则","多数法官没有真正理解并接受判决效力相对性原则,相关配套制度也难言健全的背景下,强行采纳这种方案,指挥带来更多混乱",无法用大陆法系的经典理论来解释,"如若这一前提被质疑和否定,则有可能会导致文章论证框架的塌陷;二来,或许本文对于既判力与第三人撤销之诉的关联以及未来的走向也就相应出现失语,当然这个问题已经被作者所点出,并且做出了说明,并非文章逻辑上的缺陷。

蒲一苇老师的论文是关于第三人撤销之诉理论问题的大集合,通过读

---

* 任重,清华大学法学院博士后。

蒲老师的论文也让我对第三人撤销之诉的前世今生有了更全面和细致的了解，以下同样谈几点自己的学习心得。蒲老师的论文其实在大多数方面存在与吴老师的共识，也正是在共识基础上进一步推进了对第三人撤销诉讼的理解。

1.通过非常充实的文献梳理了第三人撤销之诉的立法背景、制度定位、司法实践以及问题的消解，其视野不仅限于中国大陆，而且放眼于法国、台湾地区、澳门等法例，台湾地区与大陆相关司法实践的比较，在细节处进行了精妙的雕琢，令我非常惊叹和敬佩，甚至可以说这是到目前为止并且可以预计在未来一段时间最全面和最详尽的论文。

2.蒲老师的博士论文就是第三人，并且这也是其始终关注的问题。因为第三人撤销之诉规定在关于第三人的两项规定之后，这使蒲老师对第三人研究具有了天然的优势，同样，蒲老师通过第三人制度的问题视角阐述第三人撤销之诉目前存在的困境也让人感到是非常自然和充分的表达。

尽管与吴老师的论文有诸多共识，但是还是存在以下一些分歧值得注意：①对于原告适格的理解或许有所不同，例如是否仅限于第三人的限定；②对于辅助性第三人界定似乎也有不同，依旧认为应当在结果上有利害关系，并进一步认为法律关系需要有牵连；③提出"三撤"不用于无独立请求权第三人并提出了实质理由；④并且在论证中承认既判力相对性。

综合考察两篇论文，目前第三人撤销之诉的研究已经借此达到了新高度和新境界。但两位作者也都不约而同地指出，对于"三撤"的讨论或许还会持续相当长的时间。原因何在，我自己揣测，"三撤"讨论的繁荣背后是基本问题上的分析甚至研究的忽视，只不过集中反映在"三撤"讨论中而已，然而"三撤"只是冰山一角，要解决"三撤"还需要回归到基础问题，因此也建议在自由讨论时关注如下问题：①当事人适格的内涵和定位；②我国对于诉讼标的以及既判力相对性的态度；③矛盾判决的划分标准何在；④重新反思第三人制度；⑤虚假诉讼的类型化研究和分析。

第三届紫荆民事诉讼青年沙龙

（北京师范大学）

报告人：郭翔、林剑锋

郭翔，男，汉族，籍贯重庆合川，1977年3月出生，中国民事诉讼法学会理事。北京师范大学法学院副教授。曾在《法学家》《清华法学》、《法学》《当代法学》《北京师范大学学报》等期刊报纸发表文章30余篇，专著2本、译著1本，主持司法部课题1项。

林剑锋，男，浙江宁波人，1977年1月生，中央财经大学法学院副教授，中国民事诉讼法学研究会理事，清华大学法学博士（师从张卫平教授），教育部公派赴日博士后（东京大学大学院法学政治学研究科）。主要的科研成果：出版独立专著1部，独立译著4部；在《中外法学》《现代法学》等刊物发表论文20多篇；作为主持人承担1项国家社科基金、1项司法部、2项中国法学会等课题立项。

美国判决效力理论及其制度化借鉴
——基于争点效力理论的分析

郭翔[*]

内容摘要：我国民事诉讼理论界和与实务界对于判决效力理论尚未形成认识一致的理论体系。既判力在作用的主体上是否具有相对性，在作用的客体上是否应当严格限于诉讼标的，即前诉对争议事实的裁判，在后诉中是否也应当具有类似于既判力一样遮断当事人重复争议的效力，是目前我国司法实务上必须要尽快妥善解决的问题。虽然美国民事诉讼与大陆法系民事诉讼的通常做法差别很大，但是在判决效力理论上却具有共同性：基于程序保障的考虑，强调判决效力主观范围的相对性原则，前诉争议事实只有被充分诉讼过并裁判过，在后诉中才具有遮断当事人重复诉讼的效力。相应的原理与制度设计，对于我国目前的司法实践以及理论更新具有借鉴意义。

关键词：美国民事诉讼；判决效力；争点效力；既判力

引 言

生效判决的效力，按照大陆法系的理论，可以分为原有效力、附随效力和事实效力。其中，处理核心地位的是既判力。但是对于我国来讲，虽然理论界和实务界大多知道既判力概念，但对于既判力理论并没有形成共识。[①]一方面对于受判决效力约束的主体，是否一定是原诉讼当事人，未进行过充分讨论。传统上，人们认为受判决效力约束的主体，只能是案件的

---

[*] 北京师范大学副教授。本文获中央高校基本科研业务费专项资金资助(supported by the Fundamental Research Funds for the Central Universities)。

[①] 张卫平：《既判力相对性原则：根据、例外与制度化》，载《法学研究》2015年第1期。

当事人。但现实生活中，却存在不是案件当事人，事实上受前判决效力约束的情况。既判力主观范围是否应当具有相对性上的不同认识和理解，导致人们对于第三人撤销之诉的必要性有完全不同的认识。

另一方面，对于既判力作用的客体，是否一定要局限于判决主文或者说诉讼标的，也有不同的理解。传统上，人们认为既判力作用的客体是诉讼标的以及抵销抗辩。对其他争议事实的裁判并不具有既判力，最多只有预决效力。但是最近司法实务与这样的传统认识并不完全一致：《最高人民法院关于审理环境民事公益诉讼案件适用法律若干问题的解释》第30条以公益诉讼裁判事实效力的规定，已经突破了传统意义上的预决效力，具有了类似于裁判遮断效力的实际效果。如何认识这一现象以及在程序上如何妥善处理，也是我国学者应当积极应对的问题。

由于我国的民事诉讼理论和实践，深受大陆法系理论的影响。因此对于我国问题的分析，一般的思路或者做法是将其抽象为大陆法系既有理论中的一个问题或者类似的问题，然后放入大陆法系既有的理论框架中进行分析，有时还会以大陆法系国家的司法实践进行佐证。通过分析我国与大陆法系国家的制度环境的相同、类似或者差别，得出我国是否需要完全接受或者修正后接受这种理论的结论，并以此作校正或者丰富我国既有制度的理论依据。对于这种研究问题的方式，笔者并不打算去评价其优劣，而是尝试从另外的角度去分析既判力理论在我国所遇到的现实问题。鉴于对诉讼请求之外的争议事实裁判的法定效力，在美国已经通过争点效力理论进行了规制。本文将通过对美国判决效力理论和实践的分析，为我国解决这些问题提供一种新的思路和制度参考。

一、美国判决效力理论概述

美国争点效力理论与大陆法系既判力传统理论不同。虽然也有类似于大陆法系既判力的内容，但其作用的范围已经超过了诉讼请求，对于争点的裁判也会有法律效力。如果仅仅就此理解，并不能认识争点效力理论的全部。争点效力理论在适用中，遇到的最大的问题是争点的识别，即前后两诉的争点是同一个争点，还是不同的争点。因此必须要对争点的识别或者说争点效力发生作用的机制进行说明。此外，在传统上，争点效力只发生在原诉讼双方当事人之间，即严守判决效力的相对性原则。但最近的情况表明，已经有所突破。这对于我国，尤其是基于第三人撤销之诉而讨论既判力主观范围相对性问题，具有一定的参考价值。

（一）判决效力的概念

在美国民事诉讼中，判决效力（judgment effect）通常指的是判决的排除效力（preclusive effect）。按照《第二次判决重述》的解释，"判决的排除效力"是指"对前诉中已经实际诉讼过或者本来有机会诉讼但却没有实际诉讼的请求或者争点，限制当事人重新诉讼的机会"。相应地"排除效力（preclusive effect）"，也就是指"限制当事人重新诉讼的机会"。[①] 或者说，只要当事人在前诉中有机会诉讼特定的请求或者争点，无论是否实际诉讼过，以后当事人都不得再次诉讼。

事实上在法律文书和学术著作中，能够表达"禁止当事人再次争议"这一意思的用语并不限于"排除效力（preclusive effect）"，像"禁反言效力（estoppel）"、"终局效力（conclusive effect）"、"不得质疑（cannot be questioned）"、"禁止（bar）"或者"阻止（obstacle）"等都能表达相同的意思，其中"终局效力"与"排除效力"是最常使用的词。[②] 在本文中，为表达的需要，可能会交替使用这些概念。

还需要说明的是判决效力对应的拉丁文"res judicata"是一个多义词。它不仅仅被用来表示法院判决的效力，在澳大利亚，赛马俱乐部取消一位赛马所有人比赛资格的决定也有"res judicata"。[③] 在美国法上，即使用来表示判决效力，它仍然有广义和狭义两个完全不同的意思：（1）既决事项。

[①] The American Law Institute at Washington, D.C., *Restatement of The Law Second*, Judgments 2d, Volume 1, (St.Paul, Minn: American Law Institute Publishers, 1982), p.1.

[②] George Spencer Bower and Mr Justice KR Handley, Res Judicata, 3rd ed., p.10.

[③] George Spencer Bower and Mr Justice KR Handley, Res Judicata, 3rd ed, p.9.

这是广义的理解，它起源于罗马法，其字面涵义是指已经被裁判过的事情或者东西。由于法院裁判过的事情或者东西既有请求，又有争点。因此既判事项实际上成了请求和争点的总称。以后既决事项又被引申为判决效力，在内容上就包括了请求效力和争点效力两个部分。（2）诉讼请求。这是狭义的理解，相应地也用来指代请求效力。[①] 如果是从这个意义上使用"res judicata"，通常还会用"collateral estoppel"来表示争点效力。事实上，在大陆法系国家，人们通常用"res judicata"来表示既判力，即法院对诉讼请求判决的事实确定力，就是从这个意义上使用这一概念的。在这种意义上，两大法系对"res judicata"有了共通理解。

然而"res judicata"作为多义词的现象毕竟是客观存在的，即使是在现在的美国，人们仍然是不加区分地使用这一概念，即使是美国联邦最高法院，有时也会不加区分地使用这一概念。[②] 这无疑给我们理解美国判决效力制度造成了困难。

为消除"res judicata"的多义性给人们理解和运用判决效力制度带来的困难，作为一种努力，美国法学会在制定《第二次判决重述》时，放弃了"res judicata"这一容易引起歧义的表述，而直接将判决效力分为请求效力和争点效力两类，用"claim preclusion"表示请求效力，用"issue preclusion"表示争点效力，而将"res judicata"仅仅用来表示判决效力，作为请求效力和争点效力的上位概念。这无疑有助于人们准确理解判决效力制度，目前美国联邦最高法院已经逐渐采用这种表达方式。本文为表述方便，也采用这种表达方式。

（二）不同的起源

作为美国民事诉讼判决效力两部分组成之一的请求效力，其对应的英语单词是"claim preclusion"或者"claim preclusive effect"，也可以直接翻译为请求排除效力（为表述的方便，本文将"请求排除效力"简称为"请求效力"）。而请求效力是指前诉已经裁判过的请求（claim），通常当事人

---

① Bryan A. Garner, editor in chief. Black's law dictionary, p.1312.
② Lawlor v. National Screen Serv. Corp., 349 U.S. 322, 326 & n6.

不得再次诉讼，法院不得重复裁判。争点效力对应的英语单词是"issue preclusion"或者"issue preclusive effect"，也可以直接翻译为争点排除效力（为表述的方便，本文将"争点排除效力"简称为"争点效力"），是指如果特定的争点已经在当事人之间诉讼过并且被前诉判决所裁判，只要该争点裁判对判决来讲具有必要性，当事人以后对该争点就不能再次争议。争点效力主要表现为前诉已经裁判过的争点，当事人不得再次诉讼，法院不得重复裁判。

尽管请求效力和争点效力构成了美国判决效力的两个组成部分，但两者的起源完全不同。众所周知，在今天的美国，包括判决效力理论在内的许多理论都深受英国法律制度的影响，而英国判决效力理论就包括两个组成部分：请求效力理论和争点效力理论，但在对应概念的表述上又与美国目前的情况有差异。在英国法上，"判决效力"通常表达为"res judicata"、"res judicata estoppel"或者"Estoppel By Record"，它包括了请求效力和争点效力。但是英国法在表达"请求效力"时却使用了"cause of action estoppel"，而在表达"争点效力"时则使用了"issue estoppel"，[①]这是因为在英国，诉因仍然是识别请求的主要标准（即一个诉因等于一个请求），而在美国，《第二次判决重述》已经放弃了按照诉因来识别请求的通常做法，转为按照交易理论来识别请求（即一个交易或者事件等于一个请求）。

通常认为，请求效力与争点效力的起源并不相同：请求效力源于古罗马法，而争点效力则源于古日尔曼法。[②]由于古罗马法判决效力与大陆法系既判力理论的关系，我国学者已经进行了一定的研究和分析，而英国和美国的请求效力理论与大陆法系的既判力理论比较近似，本文不再对请求效力受古罗马法判决效力影响的具体情况进行重复的说明。考虑到我国学者对于争点效力的起源不太熟悉，而这种起源对于理解争点效力的内涵及发生作用的机会有帮助，因此有必要简要说明。

---

① George Spencer Bower and Mr Justice KR Handley, Res Judicata, 3rd ed, p.3.

② Jonathan M. Wight, "The Issue-preclusive Effect of a Verdict of Not Guilty by Reason of Insanity on a Subsequent Prosecution for a Related Offense," *Dayton Law Review*, Vol 18 (SPRING, 1993), p.767.

为禁止当事人重新诉讼之前已经裁判过的事项，最初由英国衡平法院提出了争点效力理论。争点效力，被认为来源于古日耳曼法的记录在案禁反言原则（the Germanic common-law doctrine of estoppel by record）。[1] 最初，记录在案的禁反言是一种完全产生于当事人答辩状（allegation）的禁反言。具体来讲，陪审团裁决过的所有争议事项都会产生禁反言。当事人在诉答文书中以明示或者默示方式承认过的事项也会产生禁反言，陪审团可以根据这些事项作出不利于承认该事项当事人的陪审团裁决。最后，通过判决使这些禁反言获得法律效力。[2] 尽管争点效力，被认为来源于古日尔曼法，但是作为一种判决效力理论，争点效力理论在英国法上的提出，无疑会受到之前已经存在的判决效力理论影响。其中禁反言（estoppel）一词，据大法官科克（Lord Coke）的考证，是由法文的"estoupe"与英文"stopped"结合而来。[3]

　　争点效力理论被英国衡平法院采纳以后，衡平法院又发展了该理论，用来防止当事人不公平地利用自己的行为以此损害对方利益。再后来，英国普通法院的法官也采用了该理论，用来扩大自己的权力范围并提供过去只能由衡平法院提供的救济。[4]

　　虽然美国法院很早就已经在案件审理中使用争点效力理论，[5] 但是到目前为止，包括争点效力理论在内的整个判决效力理论仍然还只是法官造法的产物。[6] 虽然在美国历史上，曾经出现过法典化运动，但无论是1848年纽约州颁布的《费尔德法典》，还是以后联邦最高法院在1938年颁布的

---

[1] Robert W. Millar, "The Premises of the Judgment as Res Judicata in Continental and Anglo-American Law," p.238.

[2] Robert W. Millar, "The Premises of the Judgment as Res Judicata in Continental and Anglo-American Law," p.238~240.

[3] Bryan A. Garner, *editor in chief. Black's law dictionary*, p.570.

[4] Warren Freedman, *Res judicata and collateral estoppel: tools for plaintiffs and defendants*, p.2.

[5] 1877年美国联邦最高法院所作的一份判决表明，当时的联邦最高法院已经使用争点效力理论来解决案件。94 U.S. 351 (1877).

[6] The American Law Institute at Washington, D.C., *Restatement of The Law Second*, Judgments 2d, Volume 1, pp.5~6.

民事诉讼法研讨一

《联邦民事诉讼规则》，都没有规定判决效力的内容。事实上除了至今依然保留大陆法系传统的路易斯安那州通过法典规定了判决效力外，联邦和各州都未能实现判决效力的法典化。造成这种情况的原因，通常认为是判决效力理论太过复杂，很难通过成文法或者法院规定加以明确规定。[①]但是对判决效力理论的整理和研究工作却一直在进行中。其中最为重要并且对整个美国司法实践影响最大的，就是由美国法律学会（The American Law Institute at Washington, D.C.）汇编和出版的《判决法重述（Restatement of the Law of Judgments）》（包括1942年的《第一次判决法重述》和1982年的《第二次判决法重述》）。《判决法重述》以及相关的判例，成为本文分析和研究美国判决效力理论的文本基础。

（三）主要内容概述

上文已经提到，在美国民事诉讼中，判决效力通常指的是判决的排除效力，即前诉判决具有遮断当事人在后诉中重复诉讼相同事项的效力，在内容上可以进一步分为请求效力和争点效力两类。其中的请求效力理论，与大陆法系的既判力理论比较类似，导致有的人在理解美国判决效力时，错误地用大陆法系的理论进行了替代式认识。事实上，虽然美国请求效力理论与大陆法系的既判力理论都作用于当事人的诉讼请求，但两者在产生遮断效力的原理上以及在诉讼标的（诉讼请求）的识别上，都不同。考虑到本文后面部分的重点是讨论美国判决效力理论中比较独特的争点效力理论对我国民事诉讼理论和制度完善的借鉴意义，而争点效力理论又是以请求效力理论为前提的，因此此处需要简要介绍一下美国请求效力理论。

请求效力是指前诉已经裁判过的请求（claim），通常当事人不得再次诉讼，法院不得重复裁判。根据适用的情形不同，请求效力可以分为吸收（merger）效力和禁止（bar）效力两类。（1）吸收效力。吸收效力是指如果法院判决原告胜诉，该判决能够吸收原告的诉讼请求和被告的抗辩。具体来讲，如果在前诉中法院判决原告胜诉，原告的请求（包括已经诉讼过的请求和本来有机会诉讼但实际上没有诉讼过的请求）就被判决所吸收，以

---

① Robert C. Casad and Kevin M. Clermont, *Res Judicata*, p.6.

后他不能为了获得一个对他更有利的判决而再次诉讼前诉已经判决过的请求。但是，在实行联邦制的美国，在某些情况下，一州的判决在另一州有可能无法作为执行根据，需要当事人在另一州起诉，然后由另一州法院作出本州判决，以新判决作为执行根据。在这种情况下，前诉判决就是当事人另行起诉的根据。此时，对方当事人不能为了阻止法院根据原判决作出新判决而提出前诉中有机会提出的抗辩（包括实际提出过的抗辩和有机会提出但实际上没有提出的抗辩）。见《第二次判决重述》第18条。①（2）禁止效力。如果法院判决原告败诉，原告的请求（包括已经诉讼过的请求和本来有机会诉讼但实际上没有诉讼的请求）就被判决所禁止，以后他不能为了获得胜诉判决而再次诉讼前诉中已经诉讼过或者有机会诉讼的请求。见《第二次判决重述》第19条。②

除此以外，笔者认为，要全面理解请求效力还应注意以下三点：

（1）请求效力相当于大陆法系的既判力。它使前诉判决对争点的裁判具有遮断当事人以后再次争议该争点的效力。这与大陆法系的判决实质上的确定力（即既判力）相同。事实上，美国法上的请求效力与大陆法系的既判力都源于罗马法上的既决案件效力（res judicata）。③

（2）请求效力必须要与一定的主体结合起来理解，原则上只对当事人及其利害关系人有约束力。由于请求总与特定的权利义务主体相联系，不同的权利义务主体即使提出了内容相同的请求，这些请求也不是同一请求，而是完全不同的多个请求。因此在后诉中，即使前诉当事人与前诉案外人之间的请求与前诉的请求内容相同，他们仍然可以诉讼。

（3）请求效力理论与请求范围的界定密不可分。由于前诉判决对当事人诉讼请求所作的裁判，具有消灭当事人整个诉讼请求的作用，即使当事人

---

① The American Law Institute at Washington, D.C., *Restatement of The Law Second*, Judgments 2d, Volume 1, p.152.

② The American Law Institute at Washington, D.C., *Restatement of The Law Second*, Judgments 2d, Volume 1, p.161.

③ Robert C. Casad and Kevin M. Clermont, *Res Judicata*, (Durham, US: Carolina Academic Press, 2001), p.6.

在前诉中只主张了部分请求，只要他在前诉中有机会主张其余部分，即便该当事人在前诉中没有实际提出，以后他也不能就没有实际诉讼过的其余部分请求另行起诉。前诉判决具有消灭整个诉讼请求的作用，使得当事人不得任意分割诉讼请求，这就有效地减少了对方当事人和法院的诉讼负担。

然而对于如何判断诉讼请求的范围，或者说如何界定诉讼请求，在美国法上却是一个比较复杂的事情。事实上，这个问题比较类似于大陆法系诉讼标的的识别。在美国，其方法和学说有多种，并处于不断的发展中。过去，人们是从诉因的角度来界定请求效力规则的适用对象：如果前一诉因与后一诉因相同，前诉判决就会禁止后一诉讼的重复提起，否则，就不禁止后一诉讼的提起。而诉因的识别标准，又可以分为诉讼程式（Form of Action）、基本权利（Primary Right）、救济权利（Remedial Right）、相同证据（Same Evidence）等多种方式。直到《第一次判决重述》时，人们还是在用诉因界定请求效力规则的适用范围。随着界定标准的不断发展，《第二次判决重述》最终放弃了从诉因的角度界定规则的适用范围，而采用交易理论比较灵活地界定请求的范围。采用交易理论，实际上是美国判决效力理论对现代程序理论发展的一种直接回应。现代程序理论允许并鼓励在同一诉讼广泛地合并当事人和诉讼请求，从而在保障司法公正和方便诉讼的前提下用一个诉讼中解决所有的纠纷，使诉讼效率实现最大化。这就需要更为灵活地定义请求的范围，避免因为严格固守诉讼程式、救济权利、主要权利而使一个完整的诉讼支离破碎。①

二、具有争点效力的争点

我国民事诉讼理论界和实务界，对于美国民事诉讼判决效力理论最感兴趣的部分，是其中的争点效力理论。按照传统大陆法系判决效力理论，前诉裁判中只有判决主文部分对诉讼标的裁判具有遮断当事人在后诉中重

---

① 有关美国对诉讼请求识别的各种学说及演进，详见郭翔：《民事争点效力理论研究》，北京师范大学出版社2010年版，第43~65页。

复诉讼相同事项的效力，除了判决主文对于抵销对方债权的主张是否存在的判断具有既判力以外，前诉裁判对诉讼标的之外的判断，并不产生遮断效力。①这就会导致相同的争议问题在前后两诉中被重复诉讼，甚至出现矛盾裁判。法院面对"案少人多"的现实情况，通过实行"已为人民法院发生法律效力的裁判所确认的事实""当事人无须举证证明"②这样的规则避免重复诉讼及矛盾裁判。理论界也试图从学理上总结出新的方式解决争议问题反复诉讼的问题。在这样的背景下，日本的争点效力理论引起了我国学者的关注。

事实上，日本民事诉讼理论中作为新说的争点效力理论，深受美国判决效力理论中的争点效力理论的影响。弄清楚美国争点效力理论的理论与原理，对于我国处理类似问题具有启示与借鉴意义。由于美国民事诉讼无论是在理念、内容，还是运用方式上，与大陆法系及我国民事诉讼都有很大的区别，本文以下部分在分析美国争点效力理论时，将从争点效力制度的具体内容入手，说明美国争点效力运行的理念，以及在这种理念下争点效力规则在具体的诉讼中是如何发生遮断效力的，从而对美国争点效力理论的制度构成、运行方式与基本理念进行综合性展示。

有一个内容必须要说明，虽然美国法院很早就已经在案件审理中使用争点效力理论，③但是到目前为止，包括争点效力理论在内的整个判决效力理论仍然还只是法官造法的产物。④虽然在美国历史上，曾经出现过法典化运动，但无论是 1848 年纽约州颁布的《费尔德法典》，还是以后联邦最高法院在 1938 年颁布的《联邦民事诉讼规则》，都没有规定判决效力的内容。事实上除了至今依然保留大陆法系传统的路易斯安那州通过法典规定

---

① 张卫平：《民事诉讼法》，法律出版社 2013 年版，第 402~408 页。
② 2001 年《最高人民法院关于民事诉讼证据的若干规定》第 9 条，2015 年《最高人民法院关于适用〈中华人民共和国民事诉讼法〉的解释》第 93 条。
③ 1877 年美国联邦最高法院所作的一份判决表明，当时的联邦最高法院已经使用争点效力理论来解决案件。94 U.S. 351 (1877).
④ The American Law Institute at Washington, D.C., *Restatement of The Law Second, Judgments 2d*, Volume 1, p.5~6.

了判决效力外，联邦和各州都未能实现判决效力的法典化。这就会导致联邦和各州的法院，在适用争点效力规则时具有不确定性和复杂多变性。为了推动法律适用的统一，由一些法官、法学教授和著名律师组成的美国法律学会发布了《判决法重述》，尤其是由哈佛大学法学院的本杰明·卡普兰（Benjamin Kaplan）教授、戴维·L.夏皮罗（David L. Shapiro）教授作为报告人，由耶鲁大学法学院的杰弗里·C.哈泽德（Geoffrey C. Hazard, Jr.）教授作为共同完成人发布的《第二次判决法重述》全面地介绍了美国争点效力理论的主要内容，并对联邦及各州法院的司法实践产生了重要影响。《第二次判决法重述》是本文分析美国争点效力理论的主要参考资料。但是《第二次判决法重述》并不是立法，不同的州之间以及各州和联邦之间法律的不统一，也完全可能导致不同法院对相同的问题有不同理解，《第二次判决法重述》在统一各地司法实践时并不能完全消除不同法院之间的不同做法。对于这些不同的处理以及原因，本文也会涉及。此外，本文的目的并不是要原封不动地展示美国争点效力理论的原貌，而是从制度化借鉴的角度为我国民事诉讼理论和实践的完善提供域外的参考，因此某些在美国民事诉讼中十分重要，但对于我国来讲相去甚远的内容，如对物诉讼和准对物诉讼中争点裁判的效力问题，以及因美国双重法院制度所导致的联邦法院争点裁判对以后州法院诉讼的影响问题，本文并不打算涉及。

争点效力，也就是争点排除效力"issue preclusive effect"，强调的是前诉中已经在当事人之间充分诉讼过并且被前诉判决裁判过的争点，将产生遮断当事人在后诉中再次争议的效力。由于这是美国民事诉讼中减少矛盾裁判和避免重复诉讼的基本规则，因此也常常被称为争点效力规则或者争点排除效力规则。简单地理解争点效力规则时，需要同时注意两个方面：这项规则如何遮断后诉重复争议，以及什么样的争点裁判才能产生这种遮断效果。

（一）争点效力适用的两种情形

根据适用的情形不同，争点效力可以分为直接禁反言效力（direct estoppel）和间接禁反言效力（collateral estoppel）两类。

（1）直接禁反言效力。禁反言（estoppel）通常是指禁止当事人对同一或者不同争点再次争讼。① 如果第二次诉讼的请求与第一次诉讼的请求相同,此时的禁反言就是直接禁反言效力。在美国法上,即使在前诉中已经诉讼过的请求,在有些情况下当事人仍然可以重新诉讼。见《第二次判决重述》第 26 条②和第 20 条③针对诉讼请求所规定的不适用吸收原则和禁止原则的若干情形。但是对于前诉中已经裁判过的争点,由于有争点效力,相同当事人之间就不能再次诉讼。这种直接适用于原来的请求中的禁反言效力被称为直接禁反言效力。

例如,甲因为被汽车撞伤向侵权行为发生地的丙州法院起诉乙,要求乙赔偿其人身损失。由于乙并不是丙州的居民,而法院要获得管辖权必须是乙在丙州实施了侵权行为,因此甲就主张当时丁是为了乙的利益才在丙州驾驶汽车的。但是经过审理后法院认为,丁在该州驾驶并不是为了乙的利益,因此法院基于缺乏管辖权驳回了甲的诉讼。随后,甲基于同一人身伤害赔偿请求向乙所在的戊州法院起诉。前诉中丙州法院裁定丁驾驶汽车不是为了乙的利益,就有争点效力。由于甲在两次诉讼中的请求相同,这时的争点效力就是直接禁反言效力。

(2)间接禁反言效力。如果第二次诉讼的请求与第一次诉讼的请求不同,并且后诉中当事人之间的争点在前诉中已经裁判过,由于该争点裁判有争点效力,当事人就不能再次诉讼。这种适用于不同请求中的禁反言效力就被称为间接禁反言效力。④

例如,在甲和乙发生交通事故后,甲向法院起诉乙,其理由是乙因为超速驾驶有过失,要求乙赔偿他的人身损失。审理该案的陪审团裁决乙没有过失,随后法院判决甲败诉。由于该法院所在地区没有强制反诉规则,

---

① 薛波:《元照英美法词典》,法律出版社 2003 年版,第 495 页。

② The American Law Institute at Washington, D.C., *Restatement of The Law Second, Judgments 2d, Volume 1,* p.170.

③ The American Law Institute at Washington, D.C., *Restatement of The Law Second, Judgments 2d, Volume 1,* p.233~234.

④ The American Law Institute at Washington, D.C., *Restatement of The Law Second, Judgments 2d, Volume 1,* p.250.

后来乙也基于同一交通事故起诉甲，要求甲赔偿其人身损失。这时甲就不能以乙有过失作为其抗辩理由。因为前诉中陪审团已经裁决乙没有过失，而这种裁决是有争点效力的。由于后诉中，原告乙的请求与前诉中原告甲的请求不同，因此这种情况下的争点效力就是间接禁反言。

在美国判决制度中，除争点裁判有争点效力会禁止当事人重新诉讼以外，判决对请求的裁判也有请求效力，会禁止当事人重新诉讼。因此当事人只有在极少数情况下才能重新诉讼同一请求，相应地，直接禁反言效力适用的情形要远远少于间接禁反言效力适用的情形。由于争点效力在绝大多数情况下都是作为间接禁反言使用的，人们习惯上也就将争点效力称为了间接禁反言效力。见《第二次判决重述》第 27 条意见（b）。①

（二）产生争点效力的基本条件

争点效力的构成要件，可以描述为：如果某个（事实或者法律）争点被实际诉讼过，并且被裁判过，只要该争点裁判是作出有效且最终的判决的基础，那么该争点裁判在当事人之间的后诉中就具有争点排除效力。②

按照上述描述，特定争点要产生遮断效力，必须同时满足以下三个构成要件：前后两诉争点同一（same issue）、该争点被实际诉讼过并且裁判过（actually litigated and determined）、该争点裁判是判决的基础（essential to the judgment）。

1. 前后两诉争点同一。人们在理解这个要件时，首先就会提出什么样的争点，或者说，产生争点效力的争点，到底是属于事实还是法律争点？进一步讲，事实和法律争点怎样划分？其次，对于事实争点来讲，如何判断前后两诉中的争点同一。除了直接禁反言发生于同一案件的两次诉讼之外，绝大多数情况，人们提到争点效力指的都是发生于不同案件的间接禁反言。由于前后案件情况不同，案件中事实方面的争议不可能完全一模一样，前后两诉争点同一，应当如何理解、如何把握，恐怕是人们更为关心

---

① The American Law Institute at Washington, D.C., *Restatement of The Law Second, Judgments 2d, Volume 1*, p.251~252.

② The American Law Institute at Washington, D.C., *Restatement of The Law Second, Judgments 2d, Volume 1*, p.250.

的问题。最后，对于法律争点来讲，如果法律在前诉裁判之后发生了变化，前诉的争点裁定还会有遮断效力？类似的，还有没有影响法律争点裁判效力的其他情形存在？

（1）争点的范围与类型

争点效力中的争点"issue"，作为一个特定的法律术语，指的是当事人在诉讼中存在争议的问题。如同大陆法系的传统概念"诉讼标的"一样，在美国民事诉讼中，它有自己的含义。按照《布莱克法律词典》（第7版）的解释"在联邦民事诉讼中，争点是一个单一、确定和重要的东西，它源于当事人之间的争议和主张；它是一方肯定而另一方否定的东西，当起诉状中所主张的事实被答辩状所否定时，当事人之间就有了争点。"[①] 在理解争点时，需要注意两点：其一，作为一个法律术语，"争点"并不是"争议焦点"的简称，而是以请求权为基础的一项"争议"或者"有争议的问题或者事项"，有的"争点"可能包括多个"争议焦点"。[②] 其二，争点效力中的争点，并不包括当事人对请求（claim）发生的争议。争点和请求是美国判决效力制度中的两个最基本的概念，法院对争点的裁判，是法院对请求进行裁判的基础，法院对争点的裁判有争点效力，对请求的裁判有请求效力，而争点效力和请求效力则共同组成了美国的判决效力制度。其三，争点效力中的争点，还可以进一步分为事实争点和法律争点两类。这种划分最直接的意义就是，某些法律争点即使符合争点效力的构成要件，也可能因为某种原因不会产生争点效力。但是如何划分事实争点和法律争点，却是一个看似容易，但实际上十分复杂的问题。

事实争点是指当事人之间存在争议的案件事实问题。例如在侵权诉讼中，原告认为被告曾经侵入过他的土地，而被告则加以否认。被告是否侵入过原告的土地就是当事人之间存在争议的案件事实问题，是事实争点。事实争点还可以进一步分为主要事实争点（ultimate fact issue）和证据事实

---

① Bryan A. Garner, editor in chief. *Black's law dictionary*. (St. Paul, Minn. : West Group, 1999), p.835.

② ［美］斯蒂文·N.苏本等：《民事诉讼法——原理、实务与运作环境》，第244页译者注。

争点（evidentiary fact issue）两类。① 主要事实是作为法律适用基础的事实。法院要根据特定的法律对原告的请求作出裁判，必须先对主要事实作出确认，而证据事实就是法院判断主要事实是否存在的依据之一。如果当事人对主要事实存在争议，该争议就是主要事实争点。如果当事人对证据事实是否存在也有争议，该争议就是证据事实争点。

法律争点是指当事人之间存在争议的法律问题。在诉讼中，当事人之间对法律问题发生争议的情况有两种：①当事人之间因适用法律发生的争议。这种争议主要是指当事人之间对于特定的法律规则或者法律标准的内涵及适用范围有争议。例如在诉讼中当事人双方就主权豁免原则是否能够适用于州的市政当局发生了争议，这种争议就是对主权豁免原则适用范围发生的争议。在性质上，这类法律争点实际上是与案件诉讼请求没有直接关系的法律争点。在有些情况下，法院对这类争点的裁判可能不会产生争点效力。②当事人之间对特定行为或者事件的法律性质发生的争议。例如在合同违约诉讼中，原告认为被告未履行合同确定的义务，已经构成违约，应当承担由此产生的违约责任，而被告则抗辩说他与原告之间不存在原告所主张的合同关系。原告随即提出，他们是通过书信订立的合同。被告也进一步抗辩说他们之间往来的书信并不能订立合同。双方当事人对他们之间的书信往来是否是合同法上的要约承诺方式发生了争议，这就属于当事人之间对特定行为或者事件的法律性质发生的争议。这类法律争点常常需要结合具体案件来加以裁判。

尽管事实争点和法律争点存在一定的区别，但在某些具体的案件中要清楚地将某种争点归入事实争点或者法律争点，有时却很困难。这是因为有些争点在性质上既可以是事实争点，又可以是法律争点，人们通常将这类争点称为事实和法律相混合的争点。例如在有陪审团的诉讼中，作为法律事项的判决（a judgment as a matter of law）所裁判的争点，就是这样的争点。按照《联邦民事诉讼规则》之规则50（a）（1），"对于某个争点，如

---

① The American Law Institute at Washington, D.C., *Restatement of The Law Second, Judgments 2d, Volume 1*, p.253.

果一方当事人已经获得了充分的听审,并且没有足够数量具有合法性的证据理由能够支持富有理性的陪审团作出对该当事人有利的事实认定时"[1],法院就有可能登录一个作为法律事项的判决。也就是说,只要一方当事人对某个主要争点不能满足其举证责任要求,对方当事人就可以在法院将该案件提交给陪审团之前向法院提出动议,请求法院作出作为法律事项的判决,根据该动议法院就有可能作出作为法律事项的判决。对于作为法律事项的判决,需要注意以下三点:①在1991年以前,《联邦民事诉讼规则》之规则50(a)使用的是"指令裁决(directed verdict)"而没有使用"作为法律事项的判决"这一术语。指令裁决是个非常容易引人误解的概念,因为仅仅是从字面理解,会认为它指的是法院应当指令陪审团作出裁决。但指令裁决并不是这个意思。事实上当事人向法院提出指令裁决就是在放弃自己的陪审团权利,因为当事人的这种动议必须在法院将该案件提交给陪审团以前提出,而法院一旦作出了指令裁决,该案件就结束了,也就不会被提交给陪审团,更不可能由陪审团作出裁决。为了纠正这种表达上的错误,同时为了与《联邦民事诉讼规则》之规则56相一致,1991年修改《联邦民事诉讼》时将"指令裁决"变为了"作为法律事项的判决"。见《联邦民事诉讼》之规则50的咨询委员会注释。[2] ②虽然从诉讼经济的角度出发,只要申请人的动议已经"具体说明所请求的判决以及申请人有权请求该判决所依据的法律和事实",法院就可以同意作出该判决,但在实践中,法院常常会出于自己利益的考虑,将该动议的解决推迟到陪审团作出裁决之后。这是因为如果陪审团对事实的认定正确,法院就不需要再干预,而在上诉时,陪审团的裁决比法院判决更难推翻。如果陪审团对事实认定错误,法院可以重新命令开庭审理或者登录作为法律事项的判决(即无视陪审团裁

---

[1] Stephen C. Yeazell, ed. *Federal rules of civil procedure : with selected statutes and cases*, 2002, p.120.

[2] Stephen C. Yeazell, ed. *Federal rules of civil procedure : with selected statutes and cases*, 2002, p.122.

决的判决)。①③作出作为法律事项判决的动议，原告和被告都能提出。也就是说，如果原告提出了他的主张但没有满足其举证责任要求，被告就可以提出该动议，相反如果被告提出了他的主张但没有满足其举证责任要求，原告也可以提出该动议。

如果法院根据申请人的申请，在将案件提交给陪审团之前就作了作为法律事项的判决，该判决所确认的争点，从法律技术的角度讲既是一个法律争点，又是一个事实争点。这是因为按照法官和陪审团职能的划分，法官应当审理法律问题，而陪审团应当审理事实问题。由于作为法律事项的判决是法院所作的，在性质上它应当是在解决法律问题，但实际上它解决的却是事实问题。

即使是在没有陪审团的民事诉讼中，有时也难以判断某些争议是属于事实争点，还是法律争点。例如在侵权案件中，原被告之间就被告是否因为过失给原告造成了人身伤害发生了争议，这也是一个既涉及事实问题，又涉及法律问题的争议。在这个案件中，过去实际上发生了什么事是事实争议。对被告过去实施的行为是否适用某一法律标准发生的争议，对说服责任的分配及其内容发生的争议，对适当注意义务的法律标准发生的争议，就属于法律争议。这类争点的性质难以判断的原因在于人们对什么样的争点是一个争点，在认识上并不统一。对争点效力理论来讲，人们并不关心争议问题是一个争点还是多个争点，而是比较关心前后两个争点是否是同一争点，因为真正对争点效力有影响的是前后两诉的争点是否是一个争点，而不是前诉的争议是一个争点还是几个争点。

（2）同一争点的判断方式

判断前后两诉的争点是否相同，实际上就是对比前后两诉中当事人存在争议的事实或者法律问题是否同一。通常来讲，通过对比以后人们能够判断前后两诉的争点是不是同一争点。例如前诉法院所确认的事实是甲被乙打伤，后诉当事人双方争议的事实是合同是否有效，由于前诉所裁判的

---

① 联邦司法中心:《复杂诉讼指南》(第三版)，郭翔等译，中国政法大学出版社2005年版，第138页。

争点是打伤甲的人是谁,而后诉所裁判的争点是合同的效力,显然前后两诉的争点不同。但是如果前诉法院所确认的事实是甲只被乙一个人打伤,在后诉中当事人对丁有没有打过甲发生争议,前后两诉所涉及的争点就是同一争点——是不是乙一个人打伤了甲。

为方便人们判断争点的同一性,《第二次判决重述》提出了如下几点具有参考意义的建议:

其一,如果前后两诉的主张和证据重合程度很高,就可以认为是同一争点。例如因为 A 的同一行为,导致 B 和 C 的人身都受到伤害。在 B 对 A 提起的诉讼中,法院确认 A 对此有过失。以后 C 也对 A 提起诉讼,前后两诉中 A 的过失问题,就属于同一争点。不过如果法院认为,只有前后两诉当事人完全相同时,才能适用争点效力规则,这时该争点在后诉中并没有争点效力。

又如在 C 向 B 转让了甲地以后,A 为撤销 C 的转让行为,起诉 B。A 的理由是 C 在转让该地时无民事行为能力。经过审理后陪审团裁决 C 在转让该地时确实没有民事行为能力,随后法院判决 A 胜诉。以后,A 又起诉 B,请求法院撤销 C 向 B 转让乙地的行为,其理由是乙地是 C 转让完甲地后两天以内就转让的。尽管这是两个不同的请求,但由于前后两诉的主张和证据重合程度很高,通常就认为,前后两诉所涉及的 C 的行为能力问题是同一争点,因此前诉判决对 C 转让甲地时无行为能力的认定在后诉中就有争点效力。见《第二次判决重述》第 27 条注释(c)[①]

其二,法院对主要事实的裁判,对作为主要事实裁判基础的证据事实有争点效力。这是因为法院对证据事实的裁判是法院对主要事实进行裁判的基础,法院对主要事实作了裁判,其隐含之意是法院对证据事实也已经作了裁判。例如在交通事故中受到了人身损害的 A 为获得赔偿起诉 B。A 的理由是 B 有过失,因为 B 超速驾驶。经过审理以后,陪审团裁决 B 没有过失,随后法院判决 B 胜诉 A 败诉。由于 B 没有过失的争点是判决 B 胜

[①] The American Law Institute at Washington, D.C., *Restatement of The Law Second, Judgments 2d, Volume 1*, p.254.

诉的基础性裁判，因此对 B 没有过失的陪审团裁决就有争点效力。由于认定 B 没有过失必须先认定 B 没有超速驾驶，虽然法院没有直接对 B 没有超速驾驶的事实作裁判，但法院对 B 没有过失的争点所作的裁判就包括了对 B 没有超速驾驶事实的裁判。如果该法院所在的州没有强制反诉的成文法和法院规则，那么以后 B 可以因为该交通事故给他造成的人身损害起诉 A，而在后诉中，作为被告的 A 就不能以 B 超速驾驶为由提出抗辩。[①] 这一问题的实质是法院是在何种抽象层次上裁判争点的。

由于人们对争点抽象层次的判断不同，前诉所裁判的争点范围就不同，在后诉中受争点效力约束的内容也会不同。因此人们在判断前诉判决所确认的争点层次，需要同时考虑两个完全不同的要求：其一，保证当事人有一个恰当的出庭日。这是正当程序的基本要求，它使当事人有机会接受法院对争议内容的公正审判。如果不考虑这一因素，常常会认为前诉是在很高的抽象层次上裁判争点，从而导致争点效力作用的客观范围过宽，即使是当事人在前诉中没有实际诉讼过的内容，也会因此失去在后诉中实际诉讼的机会，从而剥夺当事人的"出庭日"。其二，避免浪费性的重复诉讼。这是司法效率的基本要求。如果不考虑这一因素，常常会认为前诉是在很具体的层次上裁判争点，从而导致争点效力作用的客观范围过窄，使当事人不得不对已经诉讼过的内容再次诉讼。对前诉争点抽象层次的判断，实际上是这两种要求综合作用的结果。

（3）法律争点的特殊问题

前文已经提到，能够产生争点效力的争点，可以进一步分为事实争点和法律争点。这种区分的意义在于某些法律争点，根本不可能产生争点排除效力。不具有争点效力的法律争点，主要有这样几类：

①在前诉中无复审机会的法律争点

无复审机会仅仅是指当事人在客观上就没有复审机会，如法律不允许对特定类型的判决进行审查。这主要是法律为了保证特定类型的纠纷快速

---

① The American Law Institute at Washington, D.C., *Restatement of The Law Second, Judgments 2d, Volume 1*, p.253.

解决，如果对这种判决提起上诉，会与设置这种程序的目的相背离。如果当事人本来有上诉等复审机会，但他没有申请复审（例如涉案金额过小），或者当事人申请复审以后法院拒绝进行复审，这时没有被复审的争点裁判仍然是有争点效力的。[1] 因为这些争点本来是有复审机会的，而不是客观上没有复审机会的争点。特定争点产生争点效力的基本要求之一就是当事人已经获得了一个充分且公正的诉讼机会。当事人的这种听审机会也包括了获得复审的机会。因此复审机会是当事人的一种程序利益。如果特定的法律争点在客观上就不可能被复审，让这样的法律争点产生争点效力，显然就违背了正当程序的要求。

②与诉讼请求无关的法律争点

与诉讼请求完全没有关系的法律争点，也被称为纯粹的法律争点（pure law issue）。纯粹的法律争点与纯粹的事实争点以及事实和法律相混合的争点是有区别的，通常认为对于特定的法律规则或者法律标准的内涵及适用范围发生的争议，是纯粹的法律争点。[2]

与诉讼请求无关的纯粹的法律争点不具有争点效力的原因，是特定的法律争点实际上是当事人对法律规则或者法律标准的内涵及适用范围发生的争议。然而特定的法律规则或者法律标准的内涵及适用范围，会随着时间的发展发生变化。当前诉结束以后特定的法律规则或者法律标准已经发生变化时，让当事人仍然受变化以前的法律规则或者法律标准限制，实际上是在剥夺当事人的正当权利。因为一旦当事人要受以前法律争点裁判的约束，他就无法在后诉中像其他当事人一样适用新的法律规则或者法律标准解决争议。

③法律适用情况发生了变化的法律争点

由于后诉中法律适用情况已经发生了不同于前诉的变化，如果继续适用争点效力规则，可能会导致法律的不公正实施。

---

[1] The American Law Institute at Washington, D.C., *Restatement of The Law Second, Judgments 2d, Volume 1*, p.274.

[2] Robert C. Casad and Kevin M. Clermont, *Res Judicata*, p.131.

2. 该争点被实际诉讼过并且裁判过

争点被当事人实际诉讼过并且被法院（或者陪审团）裁判过，是前诉判决中的争点具有争点效力的第二个要件。这一要求是争点效力与请求效力的根本性区别。对于请求效力来讲，即使在前诉中没有被当事人实际诉讼过的请求，只要在前诉中当事人有机会诉讼它，该请求就会受前诉请求效力的约束，以后不得另行起诉。然而对于争点效力来讲，只要该争点在前诉中没有被当事人实际诉讼过，无论当事人在前诉中是否有机会诉讼它，在后诉中当事人都可以诉讼该争点。

争点被实际诉讼过并且裁判过这一要件，实际上包括了两方面的要求：在前一诉讼中该争点被当事人实际诉讼过，同时还被法院（或者陪审团）实际裁判过。

（1）争点被实际诉讼过。这一要求的实质是该争点必须在诉讼中被当事人双方实际争议过，而争议最普通的表现形式就是当事人双方通过书面或者口头的方式，对同一问题各自表达了自己的不同意见。例如侵权案件中一方在起诉状中提出对方有过失，而对方在答辩状中加以否认。

通常认为，争点没有被当事人实际诉讼过的情形有这样一些：被告缺席（default）、当事人供认（confession）、当事人自认（admission）、当事人同意（consent）、双方协议（stipulation）、当事人未能继续诉讼（failure to prosecute）或者自愿撤诉（voluntary）。① 对于上述争点来讲，如果没有诉讼过的争点也有争点效力，其结果或者会阻止当事人和解，或者会减少通过协议解决该争点的可能性，因为当事人为了不在将来的诉讼中受到争点效力的约束，不得不对上述争点进行更为彻底和更为激烈的诉讼。见《第二次判决重述》第 27 注释（e）②

（2）争点在前诉中受到了裁判。这实质上是指当事人通过诉答文书或者其他文书向法院提出了裁判请求，而法院根据该裁判请求对争点作了相

---

① Robert C. Casad and Kevin M. Clermont, *Res Judicata*, p.124.

② The American Law Institute at Washington, D.C., *Restatement of The Law Second, Judgments 2d, Volume 1*, p.256.

应裁判。法院裁判争点的依据,既可以是当事人没有提出诉讼请求或者证据,也可以是当事人已经承担了相应的举证责任。

3. 该争点裁判是判决的基础

该争点裁判是判决的基础,是指该争点裁判对判决来讲是必需的,没有该争点裁判,法院就无法作出最终的判决。如果特定的争点裁判对判决来讲是可有可无的,甚至在有的时候可能还会导致与判决相反的结果,那么该争点就不是判决所必需的争点,该争点裁判也就没有争点效力。

特定的争点,对判决来讲是不是必需的,在判断时常常需要与民事实体法相结合。例如 A 起诉 B,要求 B 赔偿他的财产损失。按照法律规定,只要 A 有共同过失,B 就不应当赔偿。于是 B 在诉讼中以 A 有共同过失作为抗辩理由。法院经过审理以后,认定 A 和 B 都有过失,判决 B 不用赔偿。在这个案件中,法院对 A 有过失的裁判就有争点效力,对 B 有过失的裁判就没有争点效力。因为按照法律规定,只要 A 有过失,B 就不会承担责任,至于 B 有没有过失,并不重要。对于 B 不用赔偿的判决来讲,对 A 有过失的裁判是其必不可少的基础,如果没有该裁判,就无法作出 B 不用赔偿的判决。而对 B 有过失的裁判,对判决来讲却无关紧要,因为即使作出 B 有过失的裁判,也不能作出 B 不用赔偿的判决。

目前争议比较大的问题是如果特定的争点裁判只是"中间结论(mediate datum)"或者"证据事实(evidentiary fact)"而不是"主要事实(ultimate)"或者法律争点,能否产生争点效力?对此,人们有争议。有人认为即使该裁判对判决来讲是必要的,也不能产生争点效力。甚至已经有人提出,如果"主要事实"在诉讼中实质上的作用只是作为"证据事实"或者"中间结论",在后诉中也不应当具有争点效力。这些学者的基本理由是,因为前后两诉的争点功能不同,它们已经不再具有类似性。也有学者是从前诉当事人无法预见的角度否定"证据事实"或者"中间结论"的争点效力的。[①] 但《第二次判决重述》却认为,即使特定的争点裁判是"证据事实"或者"中间结论",只要对判决来讲是必需的,就有争点效力。其理

---

① Robert C. Casad and Kevin M. Clermont, *Res Judicata*, pp.139~140.

由是，一方面要完全划清主要事实与证据事实之间的界限，是不太可能的。另一方面，即使某一事实只是"证据事实"或者"中间结论"，只要当事人认为它是关键性问题，就会尽力向法院说明，而对方则会加以否定。在这种情况下，就有必要使法院对该争点的裁判具有最终性，而不管该裁判与最终判决的作出之间是否还需要其他事实或者证据相联系。除非对该"证据事实"或者"中间结论"的裁判，对最终判决来讲不是必需的。见《第二次判决重述》第27条注释（J）。①目前多数法院已经采用了《第二次判决重述》的观点。

三、没有争点效力的争点

产生争点效力的三个构成要件，并不是彼此独立的，而是从不同角度在具体化"当事人应当获得一次充分且公正的诉讼机会"这一理念。按照这一理念，一旦当事人在前诉中已经获得了充分且公正的诉讼机会，如果让当事人再次围绕该争点进行诉讼，当事人也不可能展开比前次更彻底的诉讼。这一理念更深的文化基础则是美国人对自己诉讼程序的足够自信，因为这一理念的言外之意是：只要程序是公正的，结果也就是公正的，只要向当事人提供了一次充分诉讼的机会，再重复提供诉讼机会在程序上就是诉讼浪费，在结果上也不会更公正。这种观念对于"重实体、轻程序"，为实现实体公正，不厌其烦地重复利用相同诉讼程序来解决同一问题的国家来讲，或许很难理解和接受。

"当事人应当获得一次充分且公正的诉讼机会"这一理念的法律基础是美国宪法上的正当法律程序（due process of law）条款。按照《美国宪法第五修正案》和《美国宪法第十四修正案》的规定，通常认为正当法律程序包括了程序性正当程序（procedural due process）和实体性正当程序（substantive due process）两项具体要求。其中，对争点效力最有影响的是

---

① The American Law Institute at Washington, D.C., *Restatement of The Law Second, Judgments 2d, Volume 1*, pp.260~261.

程序性正当程序。程序性正当程序要求在任何剥夺自由或者财产的行为发生之前，必须给人以正式通知，告知其一切程序活动，并向其提供获得公正审判的机会。①

"当事人应当获得一次充分且公正的诉讼机会"，实际上包括三方面的具体要求：其一，当事人应当获得充分的诉讼机会。其二，当事人应当获得公正的诉讼机会。其三，对于特定争点的充分且公正的诉讼机会，当事人只能获得一次。也就是说，一方面如果当事人以前所获得的诉讼机会，是不充分或者不公正的，即便前诉对争点作出过裁判，并且该裁判在形式上已经具备了产生争点效力的三个构成要件，该争点裁判也不会具备争点效力。这就会导致事实上会存在不产生争点效力的例外情况。另一方面，在程序上还必须确保当事人实质上只能获得一次这样的机会，这就涉及争点效力作用的主体或者受争点效力约束的主体范围问题。本文先将前一个问题，展开详细的说明。受争点效力作用的主体范围是一个十分复杂的问题，本文将在下一部分单独说明。

当事人未获得充分且公正的诉讼机会，主要有两种情况：一种情况与前诉程序有关，即前诉程序向当事人提供的诉讼机会，与法律规定以及通常的做法不符，导致当事人的未能够获得充分且公正的诉讼机会。另一种情况则与后诉程序有关，即在后诉中，当事人能够实质上获得比前诉程序更优越的诉讼机会。

（一）前诉裁判存在无效情形

前诉裁判产生争点效力的前提是前诉裁判已经生效。一旦前诉程序有错误，前诉裁判就出现了无效的情况，因此当事人可以通过否定前诉裁判有效性的方式，否定前诉裁判的争点效力。

当事人有两种否定判决有效性的方式：其一，提出重新审理（new trial）或者上诉（appeal）的动议。重新审理是指原审法院在陪审团裁决或者判决作出以后，根据当事人的动议或者自己主动决定，对陪审团裁决或

---

① ［美］彼得·G.伦斯特洛姆：《美国法律辞典》，贺卫方译，中国政法大学出版社1998年版，第30页。

者判决中已经裁判过的部分或者全部争议重新进行审理。① 上诉是当事人请求上级法院对下级法院所作的判决进行审查的行为。

其二，请求法院对判决予以救济（relief from judgment）。对于否定判决有效性来讲，提出重新审理或者上诉的动议，是通过法院重新作出判决的方式来否定前诉判决有效性的。相对前一种方式来讲，请求法院对判决予以救济则是最直接的方式，因为它的直接目的就是使原来的判决失效，使纠纷恢复到没有解决过的状态，以便当事人有机会重新争议该纠纷。请求法院对判决予以救济的具体程序有三种：动议、独立诉讼和抗辩。当事人请求法院对判决予以救济的理由有两类：其一，法院无权作出判决。例如法院没有充分通知当事人诉讼已经开始，或者法院没有相应的管辖权。其二，有导致判决失效的衡平法事由。例如虽然法院有权作出判决，但是被告因为受到欺诈没有出庭诉讼，该判决对他不公平。②

（二）后诉中诉讼机会更优越

在美国民事诉讼中，这样的情况主要包括以下一些：

1. 后诉能够提供比前诉更充分的程序保障

争点裁判有争点效力是基于这样一个基本的假定：对争点作出裁判的法院能够像其他有管辖权的法院一样为当事人提供正当程序保障并且能够正确作出裁判。③ 对于特定争点来讲，一旦后诉法院能够提供更为充分的程序保障并且有可能使裁判更为正确，争点裁判有争点效力的基本假定就不成立了。在这种情况下显然没有必要承认争点裁判的争点效力，而应当允许当事人再次诉讼该争点。

后诉能够提供比前诉更充分的程序保障比较典型的情形是前诉法院是小额请求法院（small-claims courts）或者治安官法院（justice of the peace courts）等有限管辖权（limited jurisdiction）法院，后诉法院是普通管辖权

---

① 事实上，如果当事人提起上诉，在上诉法院撤销原判以后，也可能会要求原审法院对案件重新审理。

② 有关这部分内容的介绍详见拙著：《民事争点效力理论研究》，北京师范大学出版社2010年版，第192~206页。

③ Robert C. Casad and Kevin M. Clermont, *Res Judicata*, p.134.

（general jurisdiction）法院。

在有限管辖权法院，法官通常是由没有经过专门法律训练的人担任，所适用的诉讼程序通常是针对当事人亲自诉讼设计的，而不是针对律师代理诉讼设计的。在这类法院，通常也不适用一般管辖权法院所适用的证据规则。就争议本身来讲，在这类法院诉讼的案件通常争议的金额较小，当事人可能缺乏对这类案件提起上诉的动力，甚至于对于听审程序本身也不会投入过多的精力。有限管辖权法院的程序设计和涉案纠纷本身的特点，导致这类程序中所裁判的争点有可能无法获得与一般管辖权法院所提供的程序保障相同的程序保障。

2. 前诉法院裁判过的争点属于后诉法院专属管辖

这种情况主要是指州法院裁判过的争点是联邦法院专属管辖的对象。在这种情况下，前诉中的州法院裁判过的争点在以后的联邦法院中是否有争点效力，需要根据法律规定特定事项归联邦法院专属管辖的目的来具体判断。基本的方式，是看法律规定专属管辖时，是否就意味着专属管辖法院有不受约束的权力对该争点作出裁判，同时专属管辖法院在处理该争点时不用考虑前诉法院对该争点已经作过的认定。如果的确意味着专属管辖法院有不受约束的权力对该争点作出裁判，同时专属管辖法院在处理该争点时不用考虑前诉法院对该争点已经作过的认定，那么当事人在后诉的专属管辖法院将获得比前诉法院更充分的诉讼机会，前诉中州法院裁判过的争点，在后诉的联邦法院就没有争点效力。

3. 前后两诉的证明责任发生了变化

如果在前诉中当事人对特定争点所承担的说服责任（burden of persuasion）比后诉要重得多，或者在后诉中他不用承担对特定争点的说服责任而改由对方当事人承担，或者在后诉中对方当事人对特定争点所承担的说服责任比前诉要重得多，前诉的争点裁判在后诉中就没有争点效力。这是因为在前诉中对特定争点败诉的当事人，可能因为后诉说服责任的变化获得比前诉更为有利的诉讼结果。而法律规定前后两诉当事人承担不同的说服责任，本身就是综合考虑了实体法的公平理念和程序法的证明难易度等影响因素。如果坚持前诉争点裁判在后诉中有争点效力，将直接否定影响说服责任分配的实体法和程序法因素。

4. 当事人在前诉中没有公平诉讼机会的其他情形

还有一些情形，尽管可以作为否定争点效力的理由，但在实践中极少使用。原因在于这些否定争点效力的情形，可能会破坏争点效力规则的统一适用。这类情形主要包括：①

（1）当事人与对方当事人本身存在信任关系（fiduciary relation），因此隐藏了会对案件审理结果产生实质性影响的信息。

（2）前次诉讼时一方当事人存在无法进行有效诉讼的智力或者身体缺陷，前次诉讼结束之后，该缺陷已经消失。

（3）陪审团的裁决已经表明对该争点的裁决是当事人相互妥协的结果。

（4）与后诉所争议的金额相比，前诉所争议的金额太小。这种否定争点效力的情况，主要适用于税收案件。这种情况是指在前诉中由于当事人之间所争议的利益太小，对特定的争点当事人认为不值得花很多的精力和资金去诉讼或者抗辩，即使该争点符合争点效力的构成要件，但对当事人来讲，在前诉中显然无法预见在以后的诉讼中会涉及该争点。

四、争点效力作用的主体

按照"当事人应当获得一次充分且公正的诉讼机会"的要求，受争点效力作用的主体范围应当是获得过充分且公正的诉讼机会的人，即前诉案件的当事人。

然而实际情况要复杂得多：一方面，并不是所有的前诉当事人，都会受争点排除效力的遮断。在有的案件中，虽然当事人参加了诉讼，但因为某种特殊的原因（例如他没有行为能力），他无法充分地诉讼，让这样的当事人受争点裁判约束，显然对他是不公平的。这就是被法院视为案外人

---

① The American Law Institute at Washington, D.C., *Restatement of The Law Second, Judgments 2d, Volume 1*, pp.283–284.

(stranger),并不受争点效力约束的当事人。从程序保障的角度,必须要限制争点排除效力作用的当事人范围。

另一方面,按照同样的原理,有些案外人,虽然自己没有亲自参加诉讼,但基于他们与当事人之间的特殊法律关系,当事人在诉讼中实质上已经代这些案外人行使了诉讼权利。从诉讼结果和程序保障角度来看,他们相当于已经获得了诉讼机会,这就是受争点效力约束的利害关系人(privies)。基于避免矛盾裁判和诉讼浪费考虑,有必要扩张争点效力的遮断主体。

(一)不被争点效力遮断的当事人

大体上,有四类当事人,不受前诉争点裁判的约束,可以对前诉裁判过的争点重新诉讼。

1. 当事人无法律能力

如果当事人无法律能力,当事人本人或者对方当事人可以在审理程序开始前对此提出异议。一旦异议成立,可能会变更或者追加当事人,也可能会导致诉讼被法院驳回。如果在审理程序开始前没能成功地提出这种异议,受争点裁判约束的当事人及其利害关系人可以在后诉中提出当事人无法律能力的事实,以此免受争点效力约束。

当事人无法律能力(incapacity of a party)的情形有两种,即自然人无行为能力(例如未成年人和精神病人)和组织无法律主体资格(例如公司已经解散)。

通常来讲,如果当事人无法律能力,其诉讼由代理人代为实施,所作的判决对无法律能力的当事人是有约束力的。但如果该诉讼是由无法律能力的当事人亲自实施,所作的判决并不会对他当然无效。如果无法律能力人的利益已经获得了相应保护,那么对他所作的判决就是有效的。例如A已经被法院宣告是无民事行为能力人,并且法院已经给他指定了监护人。以后A起诉B,法院判决A胜诉。无论在该诉讼中A的监护人是否出庭代A诉讼,法院判决A胜诉的判决对A和B都有约束力。因为A的利益已经获得了法院的充分保护。即使在这种情况下,A的监护人有义务代A诉讼但事实上并没有出庭,A胜诉的判决仍然有判决效力。

2. 当事人以其他身份出庭

一个人可能不止一个法律身份（capacity）。自然人如此，公司也如此。例如当一个自然人代公司诉讼时，该自然人在诉讼中就有两个完全不同的法律身份：一个是作为他自己的法律身份，另一个是公司的法律身份。

如果一个人在前诉中以一个身份出庭，在后诉中又以另一个身份出庭，在后诉中，前诉的争点效力对他并没有约束力。因为两个法律身份在法律上就是两个完全不同的人。由于一个人以别的法律身份参加诉讼，其他的人可能并不知道，因此他需要在诉讼中特别说明。例如当约翰作为理查德的遗产执行人出庭诉讼时，他必须向法院说明"约翰是理查德的遗产执行人"。这样，约翰在作为理查德的遗产执行人的诉讼中所获得的争点裁判，在以后约翰以自己的法律人格提起或者参加的诉讼中，就不会产生争点效力。

3. 对方当事人明知的名义当事人

因为权利转让（assignment）、继承或者受让人获得了代位求偿权，出让人能够将请求权转让给受让人，此时有关法律可能会规定，如果要通过诉讼方式行使请求权，只能由原来的请求权人作为原告，而不能由受让人作为原告。在这种情况下，如果受让人（即实际的请求权人）以出让人（即原来的请求权人）的名义起诉义务人，所作的判决对出让人、受让人和对方当事人都有约束力。

但如果对方当事人知道出让人只是名义上的当事人，那么判决对出让人就不会产生约束力。换句话说，判决对出让人产生约束力的条件是对方当事人有合理的理由相信出让人是实际当事人而不是名义当事人。

4. 同一方当事人

争点裁判对当事人产生争点效力的基本前提，是当事人已经获得对该争点进行充分且公正诉讼的机会。这就意味着只有当事人已经围绕该争点提出了自己的全部主张或者抗辩并进行了充分的举证以后，当事人才能受该争点裁判的约束。如果该争点是由处于对立状态中的一方当事人提出的，当事人双方通常有机会围绕该争点充分陈述和举证。即使该争点是在共同诉讼人与第三人的诉讼中提出的，由于共同当事人之间有时也可以提出交叉请求，因此处于对争中的共同诉讼人仍然有机会围绕该争点充分陈述和举证。

然而在某些特殊情况下，当特定的争点被当事人提出之后，同一方当事人为了共同的利益，可能无法对该争点进行充分陈述和举证。在这种情况下，即使法院对该争点作了裁判，由于当事人并没有获得一个充分且公正的诉讼机会。该争点裁判在他们之间的后诉中就不会对他们产生争点效力。

（二）应被争点效力遮断的案外人

受判决效力约束应被争点效力遮断的案外人，可以分为两类：一类是基于某种程序性关系，在诉讼程序上通过当事人已经进行过充分且公正诉讼的案外人，另一类则是基于实体法律关系，实质上已经获得了充分且公正的诉讼机会的案外人。以下分别进行说明：

1.基于某种程序性关系应被争点效力遮断的案外人

这类案外人由于实质上已经参加过对特点争点的诉讼，因此不得再次重复诉讼。因为程序性关系，而被争点效力遮断的案外人，有三类：

（1）控制当事人的人。他们是能够通过当事人实际控制诉讼的人

案外人是否通过当事人控制了诉讼，是判断案外人是否是利害关系人的标准。利害关系人控制诉讼通常的方式是他实质上决定了是否提出事实主张、法律理由和证据，或者能够最终决定是否上诉。利害关系人控制诉讼，有时是由他自己亲自实施的，有时是由他的律师来行使的，还有的时候可能是由他与别人一起行使的。但是通常认为，仅仅是向当事人提供资金、提出建议或者提供律师支持当事人，并不构成控制。作为法院之友（amicus curiae）出庭，也不构成控制，因为法院之友只是对案件中的疑难法律问题陈述意见，并善意提醒法院注意某些法律问题的临时法律顾问，他们并不能实际控制当事人的诉讼活动。

利害关系人控制诉讼的原因，可能是因为他对诉讼有某种直接的财产或者经济利益，即诉讼的结果会影响他与诉讼当事人之间的权利和义务。但需要注意的是某人对诉讼结果是否有某种财产或者经济利益并不是判断他是否在控制诉讼的必要构成要件。也就是说，对诉讼结果是否有某种财产或者经济利益，只是证明他可能在控制诉讼的间接证据（circumstantial evidence）之一。即便没有这类证据，也能根据其他事实认定他在控制诉讼。

最后需要注意的是，控制诉讼的人像当事人一样受判决效力约束，只适用于争点效力，而不适用于请求效力。因为控制诉讼的人毕竟不是该案的当事人，他也不可能像当事人一样对请求进行主张和抗辩，因此他也就不可能对请求获得了一个充分且公正的诉讼机会。①

（2）同意受其他当事人间裁判约束的人

当事人同意受他人诉讼裁判约束的原因，是出于诉讼经济和方便纠纷解决的考虑。当事人同意受其他当事人间裁判约束的情形有如下两种：①有多个原告，每个原告都能向被告提出单独的请求，而这些请求之间具有很大的类似性。其中一个或者多个原告可以与被告约定，受被告与其中一个原告争点裁判的约束。②当事人双方之间的诉讼需要以其中一方与第三人的诉讼为基础，当事人双方可以约定某中一方与第三人的诉讼中所裁判的争点，在他们之间的诉讼中有争点效力。

（3）被当事人在诉讼中实际代表的人

这样的情况共有五种：①基于特定关系代为诉讼。财产或者利益受托人作为当事人所获得的判决，对被代表的受益人有约束力。这种情况主要发生在受托人和受益人之间，夫妻等财产共有人之间，以及非社团法人管理人和非社团法人之间。

②基于被代表人授权代为诉讼。由被代表人出资和授权进行诉讼的人所获得的判决，对所代表的人有约束力。例如，将财产所有权或者动产权利转让给名义所有人，然后由名义所有人与别人进行诉讼，如果对方当事人不知受让人实际上没有真正的所有权，所作的判决对出让人有约束力。

③法定的代为诉讼。遗嘱执行人（executors）、遗产管理人（administrators）、诉讼监护人（guardians ad litem）②、无行为能力人的财产管理人（conservators for an incompetent）或者其他类似的信托管理人，为受益人的利益进行的诉

---

① The American Law Institute at Washington, D.C., Restatement of The Law Second, Judgments 2d, Volume 1, pp.382~386.

② 由法院指定的一种特殊监护人，代表未成年人、被监护人或者胎儿利益进行诉讼，其监护人身份仅限于诉讼进行期间。

讼所获得的判决，对受益人有约束力。

④官员或者机构代为诉讼。依法设立并有权代表他人诉讼的官员或者机构所获得的判决，对被代表的人有约束力。这种情况只适用于官员或者机构和个人两者都有权诉讼的情形。如果对特定的公共利益只能由官员或者机构诉讼，个人无权诉讼，即使个人提起诉讼也只能被视为是官员或者机构授权下实施的诉讼，那么就不属于这种情况，因为官员或者机构所获得的判决对个人并不会产生判决效力。

⑤集团诉讼中的代为诉讼。经法院批准作为诉讼集团代表的诉讼集团成员所获得的集团诉讼判决，对所代表的诉讼集团有判决效力。但这种情况有一个例外：如果需要向被代表的人或者被代表人的利益保护人通知被代表人被代表的事实，但实际上被代表的诉讼集团成员并没有得到相应的通知，那么被代表的诉讼集团成员将不受前诉判决的约束。①

2.基于某种实体性关系应被争点效力遮断的案外人

这类案外人受争点效力遮断的原因，是他们与当事人之间有某种特殊的实体法律关系。这类情况主要有以下三种：

（1）转让人和受让人之间，会产生判决效力

通常来讲，转让人与第三人就特定动产或者不动产进行诉讼所作的判决，对诉讼发生后受让该财产的人有判决效力。受让该财产的人，就属于基于某种实体性关系应被判决效力（包括请求效力和争点效力两者）遮断的案外人。在理解时，有两个问题需要特别说明：

其一，在时间方面，判决作出后受让该财产的人以及诉讼中判决作出前受让该财产的人，都会像转让人一样受前诉判决的约束。但如果财产转让是诉讼中判决作出前进行的，只要有以下两种情形中的任意一种，受让人就不会受前诉判决的约束：①在程序上需要通知诉讼中该财产的受让人，以该财产为对象的诉讼正在进行，而事实上受让人并没有收到这种通知同时也没有通过别的方式知道该诉讼正在进行；②在以该财产为对象的诉讼

---

① The American Law Institute at Washington, D.C., *Restatement of The Law Second, Judgments 2d, Volume 1*, p.398.

中对方当事人知道该财产已经转让给了受让人，同时也知道该受让人不知道该诉讼正在进行。①

其二，在财产类型方面，动产、不动产和权利动产都可以成为转让对象。但流通票据的正当持票人，不会受前诉判决效力的约束。这是为了保障交易安全。

（2）保管人和寄托人之间，因为实体法的规定，可能会有请求效力，但不会有争点效力

如果第三人损坏了保管物，保管人和寄托人的利益都会受到侵害。虽然保管人和寄托人可以分别提起诉讼，但他们也可以在自己的诉讼中要求第三人一并赔偿保管人和寄托人受到的损失。这时，保管人和寄托人中起诉的人会被看做是未起诉人的代表人，所作的判决对未起诉的人有请求效力。

但是如果保管人或者寄托人分别提起诉讼时，起诉的人只是提出了自己的请求，而没有提出未起诉人的请求，所作的判决对未起诉的人就没有请求效力。

此外，由于寄托人可以要求保管人赔偿，因此也可以说保管人和寄托人之间有利益冲突。为保障他们有一个充分且公正的机会诉讼他们之间存在利益冲突的争点，基于利益冲突，通常认为其中一方与第三人的诉讼中所裁判过的争点，在另一方与第三人的诉讼中就没有争点效力。②

（3）补偿人和受补偿人之间，很可能会有争点效力

如果责任人对受害人承担责任以后，可以从第三人处获得相应补偿，那么责任人就是受补偿人（indemnitee），第三人就是补偿人（indemnitor）。补偿责任在合同关系和侵权关系中大量存在，例如担保人和债务人之间、保险人和侵权人之间。除法定的补偿责任以外，补偿人和受补偿人还可以通过合同约定补偿责任。

在补偿人和受补偿人之间，可能会涉及两个诉讼：前诉是受害人诉受

---

① The American Law Institute at Washington, D.C., *Restatement of The Law Second, Judgments 2d, Volume 2*, p.10.

② The American Law Institute at Washington, D.C., *Restatement of The Law Second, Judgments 2d, Volume 2*, pp.57~59.

补偿人要求受补偿人对其损失进行赔偿。后诉是受补偿人诉补偿人要求补偿人承担相应的补偿责任。由于补偿人和受补偿人之间存在特定的实体法律关系，因此前诉争点裁判在后诉中是否会产生相应的争点效力，分三种不同情况：

①前诉对受补偿人是否应当对受害人进行赔偿及责任范围的裁判，在补偿人得到了合理通知并有机会进行抗辩的情况下，在后诉中对补偿人有争点效力。

②如果前诉裁判过的争点在补偿人和受补偿人间无利益冲突，在补偿人有单独约定的抗辩责任时，对补偿人有争点效力；在补偿人无单独约定的抗辩责任时，只有受补偿人尽了恰当的勤勉和审慎进行抗辩，才对补偿人有争点效力。

单独约定的抗辩责任（independent duty of defend），是指补偿人根据合同，主要是责任保险合同的约定，应当辅助受补偿人对受害人提出的责任请求予以抗辩的责任。例如受害人要求保险公司予以赔偿，如果保险公司与侵权人之间有单独约定的抗辩责任存在，侵权人就应当辅助保险公司对受害人进行抗辩。在功能上，单独约定的抗辩责任是为了减少受补偿人被受害人诉讼的风险。

③如果前诉裁判过的争点在补偿人和受补偿人间有利益冲突，对补偿人没有争点效力。

（4）对公司、合伙组织或者非法人团体所作的判决，在一定条件下对其成员有争点效力。

①通常以公司作为当事人的诉讼中所作判决对公司成员（包括公司官员、董事、股东或者非股份公司成员）没有争点效力，以公司成员为当事人的诉讼中所作的判决对公司也没有争点效力。

但是如果公司被少数的公司成员实际控制着，使得公司在实质上归一个或者少数几个股东所有，在以公司为当事人的诉讼中裁判过的争点，对控制公司的股东有争点效力，或者在以控制公司的股东为当事人的诉讼中裁判过的争点，对该公司有争点效力。这是因为在这两种情况下，当公司实质上已经归一个或者少数几个股东所有时，公司不过是这些股东的另一个人格（alter ego），对公司自己的人格就应当予以否定。

②如果一名合伙人在执行合伙事务中对受害人造成了损害，受害人只起诉了该名合伙人，受害人胜诉的判决所裁判过的争点（例如损害大小），对该受害人有争点效力，但却不能对当事人之外的合伙人产生争点效力，除非当事人之外的合伙人控制或者参与了控制该诉讼的抗辩，或者被通知有机会对该诉讼进行抗辩。不过，受害人胜诉的判决可以导致合伙财产被执行。受害人败诉的判决将对受害人产生请求效力，受害人不能基于该事实再次提出请求。

在合伙人基于合伙关系或者合伙财产而提起的诉讼中，无论合伙人是胜诉还是败诉，以后都不得基于相同请求再次起诉。在该诉讼中裁判过的争点，在涉及该合伙关系的后诉中，对该诉讼当事人、控制或者参与控制该诉讼的人有争点效力。

③如果法律规定非法人团体与其成员是不同的诉讼主体，则适用有关公司与其成员间的争点效力规则。

如果法律规定非法人团体与其成员是同一诉讼主体，由于两者是同一人格，则不会产生当事人和利害关系人的问题。[1]

五、非职权适用的争点效力

对于美国民事诉讼中的判决效力理论来讲，还有一个必须要详细说明的内容，是前诉判决是否具有遮断效力，在美国民事诉讼中只有非常罕见的情况下，法官才会依职权查明。[2] 通常的做法是当事人必须在后诉中主

---

[1] The American Law Institute at Washington, D.C., *Restatement of The Law Second, Judgments 2d, Volume 2*, p.118.

[2] See, e.g., Arizona v. California, 120 S.Ct. 2304, 2318 (2000); Plaut v. Spendthrift Farm, Inc., 514 U.S. 211, 231~232 (1995); Disimone v. Browner, 121 F.3d 1262 (9th Cir. 1997); Robert C. Casad and Kevin M. Clermont (2001), *Res Judicata*, p.237.

张,并且只有在当事人已经举证证明前诉具有判决效力后,前诉裁判才对后诉同一请求或者争点产生遮断效力。但这就带来了另一个问题:既然争点效力能够作用于已经获得过充分且公正的诉讼机会的当事人,并且只要后诉中当事人提出了争点效力主张并且完成了举证,前诉裁判的争点效力就有可能产生遮断效果,那么在后诉中提出这种主张的人,是否一定要局限于前诉中的当事人呢?这就是争点效力理论发展到当代以后,在美国民事诉讼中讨论最为激烈并且实践做法最为丰富的部分——对争点效力相对性的突破与反思。

(一)美国法官不依职权适用的原因

基于历史的传统,与大陆法系法官不同,在美国民事诉讼中,法官并不主动查明当事人之间的请求或者争点是否已经被其他法院进行过最终且有效的裁判。笔者认为,法官并不依职权审查与适用判决效力规则,主要有两点原因:

1.法院主动适用争点效力规则,难以消除当事人的质疑。

同一争点裁判的遮断效力,对于双方当事人的影响不同:对于受遮断方当事人来讲,是一种不利益,对于主张有遮断效力的当事人来讲,则能减举证负担。

法院主动发现并适用争点效力去遮断当事人在后诉中重复诉讼相同事项,如果法院未主张适用争点效力规则,则当事人可能会质疑法院,并要求法院调查前诉情况。如果法院已经适用了争点效力规则,则当事人也会提出前后两诉的争点是否是同一个争点这样的问题。

2.审查前诉裁判是否具有争点效力,是一项十分繁重的工作,法官很难独立完成。

大陆法系国家,包括我国在内,很难理解审查前诉裁判是否具有争点效力是一项繁重的工作。因为在大陆法系国家,法院只需要查前诉裁判文书就能确定既判力作用的客观范围。"请求——诉讼标的——判决主文——既判力的客观范围"这样的公式,也有助于消除当事人对法官在既判力客

民事诉讼法研讨一

观范围判断方面的质疑。① 但是在美国民事诉讼中，如果后诉当事人提出前诉争点裁判有遮断效力，必须向后诉法院证明本文所提到的产生争点效力的法定条件。如果受争点效力不利影响的当事人在后诉中否定的前诉争点裁判有遮断效力，或者必须证明前诉裁判有法定错误，或者需要证明自己没有在前诉中获得充分诉讼的机会，并以此证明存在不产生争点效力的例外情况。为了让法官相信，双方当事人还必须提供各自的证明材料。以"该争点被实际诉讼过并且裁判过"这个要件的证明为例说明。

如果要证明争点被裁判过，必须要利用前诉的裁判文书。能够产生争点效力的裁判文书是指书记官合法登录后有法律效力的裁判文书，但具体形式并不限于判决书（judgment）。大致可以分为两类，判决和命令。前者如判决书（judgment），后者如禁止令（injunctions）、履行特定行为命令（specific performance decrees）、扶养命令（support orders）、监护决定（custody determination）等。

然而要证明该争点被实际诉讼过，还需要利用各种正式记录。这些正式记录包括诉答文书、判决书和其他法院记录。虽然诉答文书能够在一定程度上反映前诉中诉讼过的争点，但仅仅依靠诉答文书是不够的，还需要结合其他证据综合判断。因为按照《联邦民事诉讼规则》之规则15（b），即使特定的争点没有在诉答文书中提出，只要该争点经当事人明示或者默示同意已经被实际审理过，就视为当事人在诉答文书中提出过该争点。这样，有时已经被实际诉讼过的争点也可能没有反映在诉答文书中。

判决书和其他正式记录是证明特定争点是否已经在前诉中被争议过并且被裁判过的主要依据，从实际情况来看，陪审团裁决、法院裁定等其他正式记录比判决书更为有用，因为有陪审团的案件，陪审团认定事实，法院适用法律。例如，法院的判决是根据陪审团的特别裁决②或者附有质询书的概括裁决作出的，那么法院对陪审团的指示（jury instructions）将表明哪

---

① 王亚新：《对抗与判定：日本民事诉讼法的基本结构》，清华大学出版社2002年版，第369~370页。

② 特别裁决（special verdict）指陪审团就指定的案件事实作出裁决，但并不决定整个案件是哪一方当事人胜诉，而是将这个问题留给法院判断。

些争点是已经诉讼过，而陪审团的裁决则会表明哪些争点已经被裁判。

（二）争点效力的主张时间与证明

1. 当事人主张的时间

前诉判决作出以后是当事人提出争点效力的开始时间。因为前诉判决具有最终性是前诉争点裁判具有争点效力的前提条件，而前诉判决具有最终性的时间是前判决作出以后。

后诉案件审理完毕以前是当事人提出争点效力的截止时间。大多数法院要求当事人在诉答文书中提出特定争点有争点效力。例如原告通过审前动议主张特定争点有争点效力，被告通过答辩状主张特定争点有争点效力。这样要求的目的是让对方当事人有机会加以否定。但如果当事人没有在诉答文书中提出特定争点有争点效力，大多数法院允许在诉讼过程中主张特定争点有争点效力。只有当事人在诉答文书中没有主张争点效力而在诉讼中加以主张，对方当事人客观上已经没有否认机会时，法院才不允许在诉讼中提出。不过有少数法院认为，由于特定的争点有争点效力与特定的争点已经被证明，在最终效果上一样，从公平的角度，就需要给当事人足够的时间使其有机会否定特定争点有争点效力。因此认为，如果当事人没有在诉答文书中提出特定争点有争点效力，以后就不得在诉讼中提出该争点有争点效力。[①]

2. 证明责任的分配

通常来讲，主张特定争点有争点效力的当事人，应当证明该争点符合相应的构成要件，例如前后两诉争点同一、实际诉讼过并且裁判过、对前诉判决来讲是必需的以及前后两诉当事人相同等。

否定特定争点有争点效力的当事人，通常有两种否定方式，第一种就是提出该争点虽然符合相应的构成要件，但属于不能产生争点效力的情形，即争点效力规则适用的例外。第二种就是提出裁判该争点的判决是无效的。

如果当事人提出该争点属于争点效力规则适用的例外情形，应当证明该争点属于以下情形之一：①特定的法律争点（包括三种情况：无复审机

---

① Robert C. Casad and Kevin M. Clermont, *Res Judicata*, p.240.

会的法律争点，与诉讼请求无关的法律争点，法律适用情况发生了变化的法律争点）；②后诉所适用的程序比前诉更充分；③前诉法院裁判过的争点属于后诉法院专属管辖；④前后两诉的证明责任发生了变化；⑤受争点效力不利影响的当事人在前诉中没有公平诉讼的机会；⑤在前诉中显然无法预见后诉会提出该争点。

如果当事人以裁判该争点的判决无效为由，否定特定争点的争点效力，这属于以抗辩方式否定判决有效性，对此当事人应当证明存在以下情形之一：法院没有管辖权、通知不充分、有欺诈行为或者其他衡平法上否定判决有效性的事由。

（三）能够主张争点效力的主体范围

前文已经提到，争点效力需要由当事人在后诉中主张。但什么样的后诉当事人才能主张争点效力，则是一个在美国民事诉讼中充满争议的前沿性问题。这个问题也可以转化为，后诉当事人主张争点效力的条件，是否仅限于后诉中的原告与被告正好是前诉中的原告与被告或者是前诉中的被告与原告，即前后两诉当事人范围必须完全相同？

对于大陆法系国家的学者包括我国的学者来讲，很可能会认为这不是一个问题。因为从既判力角度很难理解争点效力上的这个问题。众所周知在大陆法系民事诉讼理论看来，既判力的遮断效力是法官依职权调查并适用的，不存在依当事人主张才适用的问题，也就不存在什么样的后诉当事人才能主张判决效力的问题。

但是争点效力在后诉中由谁来主张，在美国法上就是一个诉讼实践必须要妥善解决的问题。这个问题的本质在于受争点效力不利影响的当事人，是否可以与因同一争点效力获利的当事人相分离。传统上，美国的司法实践一直遵行一项原则，即只有后诉中的当事人双方与前诉中的当事人双方完全一致时，后诉中的当事人才能提出特定的争点在前诉中已经裁判过有争点效力，对方当事人不得再次争议。这就是美国争点效力规则中的争点效力相对性原则（mutuality doctrine）。这项原则的原理是既然诉讼是在当事人双方之间发生的，那么争点效力也就只在参加过诉讼的双方当事人之间发生作用，不对第三人发生作用。①

1. 严守相对性原则的缺陷

在争点效力的适用主体上，过去人们一直坚持严守相对性原则，而按照相对性原则，只要后诉中任何一方当事人不是前诉当事人，就不能根据前诉判决主张适用争点效力规则。但这种严格的相对性原则在雇主替代责任（vicarious liability）等一系列替代责任案件中却遇到了难以解决的问题。

雇主替代责任，是指雇员在履行职务行为时给第三人造成了损害，由雇主对其雇员的损害承担赔偿责任，然而再由雇员对雇主承担补偿或者分摊责任。在雇主替代责任案件中，存在两种不同性质的责任：其一，雇主对受害人的责任。这是一种严格责任，不以雇主的过失为构成要件，但是如果雇主能够证明雇员的侵权行为不是职务范围内实施的，雇主就不用承担替代责任。其二，雇员对雇主的补偿或者分摊责任。②如果对这两种责任权利人都以诉讼方式请求，一个诉讼是由受害人诉雇主要求雇主承担替代责任，另一个诉讼是由雇主诉雇员要求雇员承担补偿或者分摊责任。

在实际诉讼中，有时受害人可能并不会先起诉雇主要求其承担替代责任，而是先起诉雇员。如果法院经过审理认为雇员实施了侵权行为，应当承担责任，从而判决受害人胜诉，由于受害人的诉讼请求已经得到满足，他不能基于同一请求再次起诉雇主要求雇主承担替代责任。

但如果法院经过审理后认为雇员没有侵权，不用承担责任，并因此判决受害人败诉。受害人随后还可以起诉雇主，要求雇主承担替代责任。在后诉中，由于雇主责任是严格责任，他只有证明了雇员没有侵权才不用承担责任。然而即使前诉已经判决雇员没有侵权，按照相对性原则的要求，在后诉中雇主和受害人并不会受到前诉对雇员没有侵权这一争点裁判的约束，雇主和受害人仍然必须对雇员是否侵权这一前诉实际已经诉讼过的争点重新诉讼。

---

① The American Law Institute at Washington, D.C., *Restatement of The Law Second, Judgments 2d, Volume 1*, p.8.

② ［美］文森特·R. 约翰逊：《美国侵权法》，赵秀文等译，中国人民大学出版社2004年版，第192~194、239~240页。

这样一来在实际诉讼中，这就会出现以下两难局面：

（1）如果雇主在后诉中败诉了，随后他可以起诉雇员要求补偿或者分摊损失。由于前后两诉的法院或者陪审团对证据的理解和对案情的认识不同，对同一争点完全有可能作出不一致的裁判，一旦法院认为雇员确实应当对雇主进行赔偿，这实际上是在否认前诉判决的结论。因为前诉判决已经确定雇员对受害人没有侵权，不用承担责任，显然也就不存在雇员对雇主的损失进行补偿或者分摊的问题。

（2）如果因为雇主在后诉中败诉了，随后他可能会起诉雇员要求补偿或者分摊损失，为了避免前后判决的矛盾，而判决雇主败诉，不能从雇员处获得补偿或者分摊。这显然对雇主非常不公平。因为按照这种判决方式，雇主从雇员处获得补偿或者分摊的权利还没有经过诉讼，就已经事先被剥夺了。

要避免出现上述两难局面，许多学者和法院都认为最好的办法只能是承认以前受害人败诉的判决中对雇员没有侵权这一争点的裁判，在以后受害人诉雇主的诉讼中有争点效力。这样即使受害人再次起诉雇主要求其承担替代责任，法院也可以直接根据前诉判决对雇员没有侵权的裁定直接判决受害人败诉。

然而由于前后两诉的当事人并不完全相同，在后诉中承认了前诉判决的争点效力，实际上就突破了争点效力规则适用主体上的相对性原则。①

2. 相对性原则的突破

突破相对性原则，即承认争点效力规则适用时的非相对性原则（non-mutuality doctrine），是指当后诉的当事人双方与作出争点裁判的前诉当事人双方不完全一致时，并不意味着前诉的争点裁判就一定没有争点效力。只要受争点效力作用的当事人已经在前诉中就该争点获得了一个充分且公正的诉讼机会，并且在别的情况下（即后诉当事人双方与前诉当事人双方完全相同时）该争点裁判已经有争点效力，他就应当受该前诉争点效力的约束，不得再次争议该争点。

---

① Robert C. Casad and Kevin M. Clermont, *Res Judicata*, pp.171~172.

突破相对性原则与相对性原则的最大区别在于，相对性原则认为在后诉中主张前诉争点裁判有争点效力的条件是后诉当事人与前诉当事人完全相同，而突破相对性原则则更为强调诉讼机会，只要当事人对特定争点已经获得过充分且公正的诉讼机会，即使在后诉中的对方当事人与前诉不同，该当事人也不能再次争议该争点。因此按照相对性原则适用争点效力规则时，当事人双方都会受争点效力的约束，而不按照相对性原则适用争点效力规则时，只有前诉当事人会受争点效力约束，前诉案外人并不会受前诉争点效力约束，但他却可以提出前诉当事人会受争点效力约束。突破相对性原则在实质上拓展了争点效力发生作用的场合。

对方当事人主张前诉争点裁判对前诉当事人有争点效力的目的，或者是为了用特定争点的争点效力作为自己抗辩的理由，或者用特定争点的争点效力作为自己请求的依据。在前一种情况下，人们通常认为是作为抗辩手段主张争点效力，在后一种情况下，人们通常认为是作为进攻手段主张争点效力。突破相对性原则正是从这两个方面展开的。

（1）前诉案外人作为抗辩手段对前诉原告主张争点效力。这种情况是指后诉中的被告（即前诉案外人）主张前诉争点裁判对后诉原告（同时也是前诉原告）有争点效力的目的是为了作为抗辩理由，否定后诉原告的诉讼请求。在这种情况下，前后两诉的原告相同，被告不同。最典型的案件就是伯恩哈德诉美国全国信托与储蓄协会案（Bernhard v. Bank of America National Trust & Savings Association）[1]。

（2）前诉案外人作为进攻手段对前诉被告主张争点效力。这种情况是指后诉中的原告（即前诉案外人）主张前诉争点裁判对后诉被告（同时也是前诉被告）有争点效力的目的是为了作为请求理由，支持自己对被告提出的诉讼请求。在这种情况下，前后两诉的被告相同，原告不同。在帕克雷恩·霍谢瑞有限公司诉肖尔（Parklane Hosiery Co., Inc. v. Shore）[2]案中，美国联邦最高法院认可了进攻性使用争点效力。

---

[1] 19 Cal. 2d 807, 122 P.2d 892 (Cal. 1942).

[2] 439 U.S. 322(1977).

突破相对性原则的两种做法中，人们对于（2）的批评较多。因为在随后出现的大规模侵权案件和集团诉讼案件中，法院意识到放弃相对性原则允许前诉案外人在后诉中为支持自己的请求而主张对被告适用前诉争点裁判的争点效力，会对被告造成极不公平的诉讼局面。对被告来讲，他必须小心谨慎地进行每个诉讼。即使在某个诉讼中他对特定争点胜诉了，也仅仅是在该诉讼中他胜诉了。因为以后的原告不是该诉讼的当事人，因此不会受该诉讼争点效力的约束，在以后的诉讼中仍然还会与他再次诉讼该争点。如果他不小心败诉了，后诉的原告则可以主张对他适用该诉讼的争点效力。事实上，对被告的不公平还不止于此。由于每次诉讼都是原告精心准备以后提起的，因此被告通常无法选择诉讼时机（occasion）、诉讼法院（forum）和对方当事人。由于在每次诉讼中被告都面临巨大的风险，因此他更容易接受和解协议，甚至是对他不公平的和解协议。①

因此目前许多法院相继对突破相对性原则使用争点效力作了一定的限制，其具体做法大致分为如下两类：（1）有的法院只允许前诉案外人作为抗辩手段对前诉原告主张争点效力，而不允许他作为进攻手段对前诉被告主张争点效力。这是一种较为严格的适用限制。（2）有的法院既允许前诉案外人作为抗辩手段对前诉原告主张争点效力，又允许他作为进攻手段对前诉被告主张争点效力，只不过在他作为进攻手段对前诉被告主张争点效力时，会受到一定的限制：只有被告有机会选择诉讼时机、法院和对方当事人时，才能作为支持自己请求的根据对该被告主张争点效力。相对于前一种限制来讲，这是一种相对宽松的适用限制。②

六、对我国的借鉴

由于美国民事诉讼制度在具体程序的设置及运行方面，与大陆法系及我国的民事诉讼制度存在很大的差异，因此一直以来，美国民事诉讼制度

---

① Robert C. Casad and Kevin M. Clermont, *Res Judicata*, p.177.

② Robert C. Casad and Kevin M. Clermont, *Res Judicata*, p.178.

对于我国的借鉴意义，主要是理念层面的，例如正当程序以及程序正义等对我国民事诉讼理论和实践的建构及完善发挥了很大的作用。虽然我们过去也研究和讨论过美国民事诉讼中的某项具体制度对于我国的意义，如对交叉询问制度是否需要或者能够引入我国的讨论，但相比大陆法系国家民事诉讼理论对我国的影响，美国民事诉讼在具体制度上对于我国民事诉讼制度的借鉴意义要小得多。

从目前的情况来看，美国判决效力制度对于我国民事诉讼制度的影响，可能会是一个例外，将成为少数能够实际影响我国民事诉讼活动建构的制度。这与我国目前既判力理论面临的现状以及司法实践的一些做法有关。

虽然人们普遍认为纠纷需要被解决，并且认可这样的观念：通过法院民事诉讼的方式解决争议问题，必须从法律意义上获得一个最终的解决结果，这个结果表现为法院的生效民事判决。但是对于我国民事判决"定争止纷"的法定效力，其具体内容应当由哪些要素组成，人们却没有形成共识。虽然在概念上，大多数情况下人们都将这种"定争止纷"的效力表述为既判力，但是对于既判力的具体内容，却没有形成一致的并且能够影响司法实践的学说或者制度。例如，对于我国司法实务应不应当承认争点裁判的法定遮断效力，就没有形成统一认识。按照传统上大陆法系的既判力理论，人们并不认可争点效力。虽然在德日等国有学说倡导争点效力，并且也有少数实践，但并没有形成全国性的统一做法。如果按照大陆法系的理论，我国也不应当承认争点效力理论。至少在大陆法系国家没有普遍认可争点效力理论并形成有力的理论之前，我国应当如此。

但实际上，在我国的司法实务中，法院在处理案件时，已经普遍承认了争点效力。典型的情形是环境公益诉讼中认定的事实，在随后的私益诉讼中免证。《最高人民法院关于审理环境民事公益诉讼案件适用法律若干问题的解释》第30条："已为环境民事公益诉讼生效裁判认定的事实，因同一污染环境、破坏生态行为依据民事诉讼法第一百一十九条规定提起诉讼的原告、被告均无需举证证明，但原告对该事实有异议并有相反证据足以推翻的除外。对于环境民事公益诉讼生效裁判就被告是否存在法律规定的不承担责任或者减轻责任的情形、行为与损害之间是否存在因果关系、被告承担责任的大小等所作的认定,因同一污染环境、破坏生态行为依据民事诉讼法第一百一十九条规定提起诉讼的原告主张适用的,人民法院应予支持,但被告有相反证据足以推翻的除外。被告主张直接适用对其有利的认定的,人民法院不予支持,被告仍应举证证明。"该条规定的免证,有些是证据意义上,因此可以推翻。有些则是争点效力意义上,是不允许重复争议的。例如前诉公益诉讼裁判对于存在排污行为的认定,在以后的私益诉讼中原告可以直接主张适用,并且司法解释未规定被告有推翻的权利。

对于美国判决效力对我国的借鉴意义,在过去很长时间内,人们是持怀疑态度的。由于美国判决效力制度运行的条件与我国差异太大,包括笔者在内,很多人都认为其中的争点效力理论,对于中国这种民事诉讼理论和实践都不完备的国家来讲,恐怕只有观赏意义,没有借鉴意义。但目前的司法实践告诉我国,在既判力理论没有形成共识,而争点效力已经在实践中被默认的前提下,学术界不可避免地需要结合争点效力理论母国的实践来观察、分析与预测争点效力的中国化过程,修正与避免争点效力与我国既有的理论之间的矛盾。结合前文对美国判决效力包括争点效力理论的分析,以及我国目前的实际情况,笔者认为,以下几个方面需要在借鉴时注意:

1. 我国民事诉讼需要有一个理论来解释与解决裁判终局性问题,但这个理论不应当只是一个概念,而应当是一个完整的理论体系。对于美国民事诉讼判决效力直接起决定作用的理念是"当事人应当获得一次充分且公正的诉讼机会",而这一个理论又是正当程序理念的具体化。但就是这个理念决定了美国民事诉讼的结构和运行:从送达程序开始所有的程序设计都围绕向所有的当事人提供充分且公正的诉讼机会展开,但判决效力的排除效力则让已经获得过充分且公正的诉讼机会的当事人,无法重复获得这种机会。从诉讼的对象上看,被充分且公正的诉讼过的诉讼请求和要件争议,将分别产生请求排除效力和争点排除效力,无法重复争议。从诉讼的主体上看,已经获得过充分且公正的诉讼机会的当事人,不得再次诉讼同样的内容。由于在判断特定争议是否被诉讼过时,必须考虑是被谁诉讼过,因此在判断判决效力的遮断效果时,什么当事人应当被遮断与什么事情应当被遮断是捆绑在一起的。

2. 判决效力扩张不仅有可能损害案外人的诉讼机会或者实体利益，而且有可能对当事人造成损害，因此需要对此保持足够的警惕。为了扩大纠纷解决的效果以及防止矛盾裁判，在美国民事诉讼中判决效力以两种不同的方式向外扩张：一种是让实际通过前诉当事人已经获得了充分且公正的诉讼机会的案外人，如同前诉当事人一样受前诉判决效力的约束。这种做法与大陆法系国家十分类似。另一种方式则是，将能够享受前诉争点效力遮断效果的主体范围扩张到案外第三人，即允许案外人主张前诉争点裁判的遮断效力，以此阻止前诉当事人提出相反的观点。但这样扩张争点效力的方式，在美国按照正当程序保障的理念，也广泛受到批评。因为在大规模侵权案件等多个原告针对一个被告的情况中，原告可以变换诉讼策略，尝试不同的方式，就实际上的同一问题与被告展开诉讼。只有其中一个原告胜诉了，所有的原告都可以利用争点效力获胜。只要被告败诉一次，该被告在其他原告提起的诉讼中也会败诉。对于原告和被告来讲，攻击和防御的手段严重失衡。突破争点效力相对性，会对当事人造成损害的这样一种结果，是在突破争点效力相对性原则当时，人们根本就没有想到的。因此，美国的不少法院已经限制或者放弃这种扩大争点效力作用主体范围的做法。[①] 这种情况在我国也以类似情形存在。承认判决效力扩张以后，配置第三人撤销之诉来救济受不利影响的第三人，如果第三人滥用撤销之诉，对于原判决当事人来讲，同样是判决效力扩张以后对原当事人造成的不利影响。

3. 在判决效力作用的主体上，必须严守一个基本的规则：只有获得过充分且公正诉讼机会的当事人，才受他诉讼过的判决的约束。否则会损害案外人受到公平听审的机会，甚至损害其实体利益。美国判决效力理论中争点效力的非相对性原则（non-mutuality doctrine），容易使我国学者产生一种错觉：美国判决效力可以作用于案外人。实际情况并不是这样。传统上的判决效力只作用于当事人之间，只有后诉中的当事人双方与前诉中的当事人双方完全一致时，即后诉中的原告与被告正好是前诉中的原告与被

---

① 有关美国法院限制扩张的具体措施，详见郭翔：《民事争点效力理论研究》，北京师范大学出版社2010年版，第183~190页。

告或者是前诉中的被告与原告时,前诉裁判的争点效力才发生作用。这种情况被称为判决效力对于当事人的相对性原则。非相对性原则的确定,是在突破相对性原则的局限性,是为了解决前后两诉的原告相同而被告不同,或者前后两诉的被告相同而原告不同,同一个争点在前后两诉中实际上会被重复诉讼因此会产生矛盾裁判的问题。即便按照非相对性原则,受前诉判决效力中争点效力作用的,也仅仅只是前诉当事人,只是按照非相对性原则,前诉的案外人也可以像前诉当事人一样主张而已。对于前诉案外人来讲,是不会受到前诉裁判争点效力约束的。目前,我国第三人撤销之诉所引起了对于前诉判决效力作用主体的讨论,立法与司法解释所确立的规则是前诉判决既作用于当事人,也作用于案外人。但案外人认为前诉判决有错时,可以提第三人撤销之诉。这种不通过判决效力相对性来保障案外人利益,而通过第三人撤销之间来救济,已经引起一系列的理论与实践问题。值得庆幸的是这种现象已经引起人们的警觉。

4. 要结合程序保障机制来分析和认定前诉争点裁判的效力。从目前我国的司法实践来看,对于前诉争点裁判的效果,在后诉中法院大致分为三类情况处理:事实上证明力、预决效力和遮断效力。传统的学说认为,判决对争议事实的认证,在后诉中只有事实上的证明力,并没有法律上的约束力。① 但是从 2001 年通过的《最高人民法院关于民事诉讼证据的若干规定》第 9 条开始到 2014 年通过的《最高人民法院关于适用〈中华人民共和国民事诉讼法〉的解释》第 93 条均规定"已为人民法院发生法律效力的裁判所确认的事实"即认为前诉争点裁判有预决效力,即在后诉中免证。不过在 2014 年通过的《最高人民法院关于审理环境民事公益诉讼案件适用法律若干问题的解释》第 30 条中,除了规定前诉争点裁判有预决效力以外,还有将其规定为争点效力的意思。"已为环境民事公益诉讼生效裁判认定的事实,因同一污染环境、破坏生态行为依据民事诉讼法第 119 条规定提起诉讼的原告、被告均无需举证证明,但原告对该事实有异议并有相反证据足以推翻的除外。"这一条款的意思可以分解为两个方面:其一,公益诉讼

---

① [日]新堂幸司:《新民事诉讼法》,法律出版社 2008 年版,第 484 页。

裁判认定的这些事实，对于原告来讲，是免证的事实，并且原告可以推翻。其二，公益诉讼裁判认定的这些事实，对于被告来讲，无论被告是否有异议，只要原告没有异议，就免证并且不允许被告否认，当然也是不能推翻的，被告必须受其约束。这种既不用举证也不允许推翻的规定，已经不同于一般意义上的预决效力或者免证效力，前诉判决使这些事实的认定，具有了"法定真理的力量"①，产生了类似于判决既判力的效果，②即争点效力。

事实上证明力和预决效力都是证据法意义上的效果，只是预决效力比事实上证明力在可靠性上更强一些。遮断效力是判决效力意义上的效果，它与证据法意义上的效果有本质的区别：如果前诉争点裁判只有证据法意义上的效果，如免证效力，事实上对于该争点所涉及的案件是否曲直本身，当事人还可以再次争议。将这种预决效力扩张于公益诉讼的案外人（即私益诉讼的受害人），不会损害前诉当事人（被告）和案外人（即私益诉讼的受害人）的程序利益，因为当事人与前诉案外人之间在私益诉讼中仍然有围绕该事实进行诉讼的机会。但是将公益诉讼对事实的裁判效果，规定为不可以否认或者推翻的效果以后，并且这种效果扩张到前诉没有参加过的案外人，那么对于该案外人或者前诉当事人来讲，如何充分保障他们获得公正的听审机会，就是一个必须要妥善解决的问题。《最高人民法院关于审理环境民事公益诉讼案件适用法律若干问题的解释》第30条采取的对策是由私益诉讼的原告在后诉中选择是否主张前诉有利于自己的争点效力。这一规定在改变判决效力由法官依职权适用的同时，将争点效力适用的选择权给了前诉的案外人。这种有关判决效力的新举措，是否能够在实践中良好运行，是否会对传统的判决效力理论造成冲击，是否也会遇到美国争点效力理论由案外人主张适用时产生的诉讼机会不公平情形，是今天笔者无法回答的问题。可能这些问题的解决，需要以判决效力理论的不断丰富为背景，更依赖于今后相关司法判例的积累。

---

① ［法］让·文森、塞尔日·金沙尔：《法国民事诉讼法要义》，罗结珍译，中国法制出版社2001年版，第220页。

② 既判力是观念上的真实而非绝对的客观现实，有关既判力具有终局性的解释，详见王亚新：《对抗与判定：日本民事诉讼法的基本结构》，清华大学出版社2002年版，第342~350页。

既判力作用范围相对性：法理依据与制度现状

林剑锋 *

一、既判力作用范围相对性的含义

既判力是判决一经确定就不允许当事人再行争执的确定力，正是这种判决效力的存在，才使纠纷或事项"既决"的法律意义获得载体，进而使司法活动具有形成和维系社会秩序、使社会生活圆满运行的作用。就这个意义而言，如同诉讼中的证明责任分配问题，"司法裁判必须具有既判力"应当是一种具有超越地域、时代或体制界差的普遍存在。当然，由于国家诉讼体制的差异，对于既判力这种判决确定效果的尊重及强调程度有所不同。

基于程序安定以及判决所确认社会关系的稳定性考虑，判决既判力是一种绝对意义上的确定力，原则上一经确定就不允许被推翻，哪怕判决本身是错误的。在既判力获得明文制度化的国家中，这种判决既判力被推翻的唯一法定途径就是通过再审或准再审，就这个意义而言，再审被认为是既判力的例外或反对。既判力与再审制度之间的功能与定位关系，处于一种相互对立、此消彼长的态势。若是强调并严格恪守既判力，那么就会形成限制再审制度作用、控制再审程序启动的诉讼政策，反之，则会在对待再审的制度定位上抱一种宽松的态度，进而使再审制度成为一种无形的普通上诉审。在存在既判力制度化特别是既判力意识较为强烈的国度里，既判力所承载的判决终局性在观念上具有绝对化的倾向，既判力被视为一种权威性、不易推翻的判决拘束力。与之相对应，对于再审制度的构建抱一种非常严格、紧缩的政策倾向，这表现在有关当事人提起再审理由（再审

---

* 中央财经大学法学院副教授，法学博士。

事由）的规定趋于严格，提起再审的途径设置也较为单一。相反，在没有既判力制度或者是既判力意识淡漠的诉讼法体制下，判决的终局性、权威性与确定性往往大打折扣，确定判决屡屡被推翻的现象显得更为普遍，这具体表现在对再审以及具有相类似功能的制度（例如第三人撤销之诉）设计方面，再审事由的设定显得更为宽泛、对于当事人提起再审的途径也更为多元。"再审可以说是从相反的方向划定了既判力作用的边界，而且这条边界随着再审适用范围在制度规定及其解释上的调整而推移，既判力实际作用的范围也随之可大可小、可宽可窄。"[1]这就意味着，在一个强调判决既判力的国度里，对于再审制度的适用是予以限制的，这种限制包括对再审主体资格的限制，对于再审事由的限制。

就我国民事诉讼学界而言，作为概念意义上的既判力，经历了一个从无到有，从否定到逐步接受的历程。既判力，从一开始作为一个纯粹比较法意义上的概念，最早出现在研究性的论文中，之后也逐步成为教科书介绍的内容，随着司法改革的推进，乃至在司法实践的相关诉讼书中也频繁出现。[2]上述历程表明，既判力理论在我国的融入，既判力的制度化，不仅体现了我国民事诉讼体制向符合市场经济规律方向的本质要求，同时也是民事诉讼理论体系自我完整化的内在要求。就这个意义而言，作为反映人类精神智慧结晶在民事诉讼法制的体现，从理论体系上到实定制度层面认可既判力，也是我国民事诉讼体制转型彻底与否的重要标志。

尽管如此，由于现行法先天的制度缺失以及理论本土化研究不充分，无论是立法者，还是司法实践者，甚至是学界对于既判力理论的深层次认识及制度化过程中微妙之处的把握仍有欠缺，尤其是在深层次观念层面没有真正确立起既判力理念及相关的支撑性诉讼法观念，因此在相关制度的创设、既判力制度化运用等方面难免出现制度定位不准、制度的实践运用迷茫、制度间相互掣肘甚至对立等问题，尤其是在强调司法改革以及民事

---

[1] 王亚新：《对抗与判定——日本民事诉讼的基本结构》，清华大学出版社2002年版，第355页。

[2] 有关我国法院判决书认可与使用既判力的实践状况，参照张卫平：《既判力相对性原则：根据、例外与制度化》，载《法学研究》2015年第1期。

诉讼制度走向规范化的当下，伴随着一些新制度的创设，这种紧张与对立关系则被进一步放大。

从民事既判力的研究视角来看，我国传统体制中最主要的问题表现在以下两个方面。第一，在既判力的理念或观念层面，在对确定判决效力维护方面，由于实定法依据的缺失，加之传统观念的束缚，无论是立法者还是司法者尚未建立起应有的既判力（效力）绝对化观念，主要体现在以牺牲判决的稳定性来贯彻"有错必纠"的立法与司法政策，再审事由的宽泛化以及再审程序的常态化就属其中典型的例子。第二，在既判力的应用也即技术操作层面，尤其是对既判力乃至整个判决效力作用范围的理解与把握上，与不允许存在矛盾判决观念相对应，存在着生效判决效力绝对化之倾向，即只要是被生效裁判所确定的，不管是事实问题还是法律问题都具有绝对性法律效力，而且，这种效力无论是对于谁、对于什么事项，都具有绝对化的作用与意义。按照既判力理论的规范术语来表述，在主观范围、客观范围还是时间范围三个维度，生效裁判的认定都具有绝对化的效力。这种对于包括既判力在内的判决效力观念上的绝对化把握，一方面固然与我国没有既判力制度及相关技术理论支撑存有关系，另一方面恐怕也跟我国脱胎于计划经济体制并以高度职权运作的民事诉讼体制脱不了干系。

综上，基于法的安定性理念及程序保障理论，本应予以绝对化把握的既判力观念，在我国的立法与司法实践中却予以相对化的对待，相反，同样基于程序保障法理，本应予以相对性的把握既判力作用范围，在我国现行法制度及实践者的意识中却予以绝对化的理解。在既判力观念层面的相对化与既判力效力作用范围绝对化之悖反，构成了我国对于既判力理论理解与把握的主要特征。

二、既判力作用范围相对化的法理依据

对于民事纠纷的最终解决而言，确定判决的既判力具有绝对化的意义，但就既判力的作用范围而言，这种遮断或拘束效果只具有相对性的意

义。既判力的这种相对性意义主要体现在既判力作用范围的三个维度，即主体范围、客体范围与时间范围。主体范围的相对性，是指确定既判力的绝对化效力原则上只是针对该判决的当事人产生，而不及于当事人以外的第三人；客体范围的相对性，是指判决所确定或"解决"的争议事项只限于以诉讼请求（或诉讼标的）为载体并以判决主文为表现形式的纠纷范围，而不涉及判决书中的其他判定的事项；时间范围的相对性，是指确定判决所指向的权利义务关系仅限于口头辩论终结时间点上的争议状态，因此确定判决对于这种状态下的权利义务关系有约束力，但对于该时间点之后发生变化的权利义务关系没有约束力。由于既判力的相对性包含着上述三个维度的内涵，从制度适用的视角来看，前诉确定判决产生的既判力，对应于后诉中诉的三个层面产生拘束作用，换言之，缺了任何一个维度的后诉，均不构成具有强制力且绝对化的前诉既判力拘束。

因此，基于既判力在作用范围方面的三维限制，使既判力这种具有绝对化意义的法律拘束力，在司法适用上获得了宽缓化的实际效果。因此，既判力在效力方面的绝对化与作用范围的相对化看似处于一种矛盾的关系，但这种绝对化与相对化之间却存在着统一性的内在逻辑。而作为这种内在逻辑的连接点或者这两者正当化根据的共同点，则是发端于程序正义（Due Process）理念的程序保障。

既判力的核心意义在于禁止当事人对既判事项再争议以及禁止法院对既判事项的再判断。就禁止当事人对既判事项再争议而言，作为其逻辑前提，必须赋予当事人充分争议的机会保障，只有获得争议的机会保障后，既判力才获得法律意义上的正当性。在宪法层面，这种程序保障内化为审判请求权内涵的核心要素。但在实际操作层面，在强调外在程式化的大陆法系民事诉讼审判程序中，这种空洞化和宽泛化的程序保障要求，通过"当事人"、"诉讼标的"等一系列对实践具有指向意义的概念获得具体化。在民事诉讼中，当事人区别于其他诉讼参与人的核心因素在于，是否获得了应有的充分程序保障；同理，诉讼标的区别于诉讼中其他事项的核心因素在于，是否在程序保障层面获得双方当事人以及法院足够的关注与重视，进而全力以赴地展开攻击防御及审判。反过来，正是因为非当事人的主体以及诉讼标的以外的事项，未获得这样的程序保障，因此无法对其产生强制性的拘束力。

为使上述的原理在既判力理论的制度化及实践操作提供更为明确的标准，于是就形成了"既判力限于当事人之范围，而不对第三人产生拘束力"、"既判力客观范围限于判决主文，而不扩张至判决理由中判断"、"既判力只针对辩论终结时，而不及于其后的新事由"等具备很强操作意义的制度化命题。

程序保障不仅是既判力在主观、客观及时间范围三维仅产生相对性效力的解释论依据，同样可以用于解释实定法所设定的相对性原则的例外情形。以既判力客观范围的例外为例，抵消之抗辩被赋予既判力为大陆法系各国一般立法例。既然作为一种抗辩，抵消抗辩在判决书中属于判决理由争议的事项，但由于抵消与否，抵消多少额度将对诉讼请求的认定产生直接的关联，因此在诉讼程序中，双方当事人会充分展开攻击防御，既然当事人双方已经获得了争议的机会保障，一旦法院做出判定，也将产生拘束双方当事人的既判力，尽管只是判决理由中的判断事项。这种思路也同样构成了新堂教授在日本所倡导的争点效理论的核心逻辑，即非判决主文的争议事项，如果在前诉过程中获得了实质程序保障，就应当产生遮断在后诉再争议之效果。同理，在既判力主观范围的例外领域，无论是口头辩论终结后的承继人、标的物的持有人，还是诉讼担当的被担当人（本人），既判力向其扩张的基础在于，相关主体已经无需再获得程序保障，他们的程序保障已经被当事人一方所替代获得。

此外，确立既判力作用范围相对性原则，也存在着法院在司法程序技术操作层面的考量。以客观范围为例，将客观范围限于判决主文判断的范围，并在原则上否定判决理由判断对于当事人的拘束力，该项原则能促使诉讼程序更灵活且更有效率地进行。正如日本学者新堂教授所言，诉讼上的请求，是一个对应本案判决主文中作出判断的最小基本单位——或者是以这个单位来识别、区分的具体事项——予以指示的概念。①诉讼标的作为一种程序法律技术性概念，不仅作为以一种技术化的方式将日常生活中的社会纠纷引入司法程序，并以此为单位构建起包含高度技术性的法律纠纷，而且也作为一种司法工具设定了当事人争议与法院审理的基本单位与终极标靶。无论对于法院还是对于双方当事人而言，"既判力客观范围＝判决主文判断范围＝诉讼标的"在诉讼过程中都具有明确的指向意义。因此在诉讼程序的推进过程中，法官抑或当事人都形成这么一种共识，即只有针对诉讼标的的判断才是纠纷解决的终极目标，进而将其与推导出诉讼标的的判断之其他层次判断截然地加以区分，作为后者仅仅是得出前者的手段，因此在与其他诉讼标的的关系中这种手段性判断（判决理由中判断）不具有任何意义。将既判力的客观范围限于判决主文，从实际效果层面来看，对于当事人而言，可以使其在诉后不予争执方面仅仅关注于诉讼标的的结论即可，而无需考虑作为本案争点的法律关系或事实关系在其他诉讼中适用的可能性，从而达到无需对于案件细枝末节问题过度纠缠的效果；对于法院的审理而言，正是鉴于当事人的这种诉讼态度，而在争点的审理顺序方面获得了一种自由，那就是可以不受实体法的逻辑顺序而按照"可以尽快获得判决结论"的逻辑组织审理活动。

三、现行法中既判力相对性制度化端绪之梳理

不可否认，当下我国民事诉讼法制正处于一个转轨与不断完善的过程，通过民事诉讼法与最高人民法院司法解释的不断修改与完善，民事诉讼法在整体上也不断朝着反映民事争议解决的基本规律方向发展与改进。尽管判决既判力的相关原理及其所反映的理念未获得现行民事诉讼法正面认可，但基于民事诉讼内在机理的体系性，在不断修改我国现行民事诉讼法制中，包括既判力在内的大陆法系一些基础法理与理念也"无意识地"潜移默化

---

① ［日］新堂幸司:《新民事诉讼法》，林剑锋译，法律出版社2008年版，第216页。

到现行制度当中，某些制度设计也并非完全不存在诸如"判决效力相对性把握"、"允许存在一定范围内的矛盾裁判"等理念的制度端绪。

（一）生效裁判所确认事实之免证规定——自由心证范围与既判力的界限

司法审判的一般构造包括事实认定与法律适用两部分。前者属于裁判者主观性的认知活动，即裁判者依据经验法则对辩论中展示出来的证据、间接事实等信息分析与推断进而得出要件事实能否成立的推断过程。在现代法治国家下，由于贯彻自由心证主义，在裁判者从证据与相关信息到要件事实这一认定过程中，原则上不对裁判者附以规则性的束缚，以此保障裁判者在事实认定结果符合常识与理性。而作为既判力客观范围的覆盖对象之"事项"，仅限于生活纠纷在权利义务关系层面的"争讼"，故而属于争议法律关系的确认，对应于裁判结构而言，属于法律适用部分。与事实认定贯彻自由心证主义不同，法律适用领域则对裁判者予以严格的规范性约束。由此在民事审判的过程中形成了心证"自由"与法律"不自由"的分野，在作为裁判结果载体的判决书中也相对应地存在着对于后诉法官"不拘束"与"拘束"的界限。

从 2001 年《最高人民法院关于民事诉讼证据的若干规定》起，到最新修改的《民诉法解释》均规定了免证的事实，其中都将"已为人民法院发生法律效力的裁判所确认的事实"作为免证的对象，与此同时在法条但书中同时规定"……，当事人有相反证据足以推翻的除外。"依据该法条，一方面确认前诉判决的事实认定结果对于后诉原则上具有免证的拘束力，另一方面仍然允许通过反证予以推翻。作为法条制定者的意图，确认前诉认定结果对于后诉原则上具有免证效力的原因在于，人民法院的裁判文书具有公文书证的性质，[①]因此作为一种证据具有高度证明力，不过基于但书的规定，这种证明力又非判决绝对化的判决效力，而可以通过反证予以推翻。本法条背后蕴含的逻辑实际上已经在一定程度上否定了"判决书内容作用

---

① 沈德咏：《最高人民法院民事诉讼法司法解释理解与适用（上）》，人民法院出版社 2015 年 3 月版，第 321 页。

范围绝对化"的思维，明确了确定判决中的事实认定部分并不对后诉产生具有法律意义的绝对化拘束力。判决的这种效力为事实上的影响力（预决效力），而非具有强制法律拘束力的既判力。判决预决效的载体与对象为事实认定部分，基于自由心证主义，后诉法官可以做出与前诉不同的事实认定，换言之，这一制度设计实际上认可了在事实认定领域，允许存在着前后矛盾的判决，在拘束后诉效力方面，发生法律效力判决书所有内容并非都具有绝对化的拘束效力。

有关免证事实规定本身就反映了对判决效力作用范围一种认识上的变化，即对于事实认定问题，确定判决对于后诉的拘束性影响已经从绝对化逐步在走向相对化。尽管这个制度设计本身并非是既判力相对性原则实定化的例证，而仅仅是后诉对于前诉判决书中判断内容去绝对化理解的一种制度端绪，即判决书中有关事实认定的判断，对于后诉只具有证据法意义上的预决效力。后诉法官对前诉的事实认定结果是否采用、采用到什么程度，属于后诉法官自由心证的范畴，需根据后诉的举证状况而定。就这个意义而言，前后诉的判决可以在同一事实认定方面做出不一致，甚至是完全矛盾的判决。这可以被视为对传统有关判决遮断效果绝对化的第一层次思想解放。

尽管如此，在现行法与我国传统民事诉讼观念中并未明文认可自由心证主义，因此没有在判决效力方面一般化地生成"事实认定"与"法律适用"及与之相对应的"自由"与"不自由"的界限划分及依据的意识，这无疑也是判决遮断效作用范围绝对化观念产生的另一重要原因。因此在观念上确立法官在事实认定中的自由心证主义，在制度上进一步明确法官"自由"心证的对象与界限，不仅有助于消解判决遮断效作用范围绝对化观念的影响，而且在司法技术操作层面，能提供既判力作用范围的拘束力事项的范围。

（二）案外人执行异议之诉的诉讼标的与既判力之关系

1991年民事诉讼法通过第二百零八条规定，设置了案外人对执行标的提出异议的权利，同时规定，如果发现判决、裁定有错误，按照审判监督程序处理。在当时，并未形成既判力与执行力相区分的明确意识，我国也不存在执行文授予制度，此规定容易引起实践适用中的模糊与争议。即执行异议的对象究竟是什么？对案外人的执行不当究竟是执行依据错误导致，还是执行依据没错但不应该对特定执行标的执行。2007年民事诉讼法修订后，通过第二百零四条规定，在原来的基础上新设了执行异议之诉制度，且直到2012年修法，本条规定并未作任何实质性的变化，除了条文编排从原来的第二百零四条改为第二百二十七条。与大陆法系通行的执行异议之诉（第三人异议之诉）不同，我国的执行异议之诉的启动主体除了当事人以外的案外人之外，还包括当事人（申请执行人）。就案外人执行异议之诉制度设定后，较为争议的一个问题在于，在执行异议之诉与再审之诉并行后，执行异议之诉与再审之诉是一种什么样的关系？执行异议之诉与确权另行起诉是什么样的关系？而解决上述这些问题的关键点在于，如何合理设定执行异议之诉的诉讼标的。

按照大陆法系的立法例，执行异议之诉是指第三人就执行标的物有足以排除强制执行之权利，请求法院为不许对该物实施执行之判决之诉讼。[①] 因此，执行异议之诉的适用范围明确受到限制，即诉讼标的并不直接涉及审判程序中已经确定的争议法律关系，原生效判决的错误与否也不属于执行异议之诉规制的对象，即执行异议之诉无关作为执行根据的既判力，相关的只是该判决是否对案外人争议的特定标的物是否具有执行力。而我国的再审之诉指向的是确定判决的既判力，如果仅将执行异议之诉的诉讼标的限定在执行力而非既判力，无论在理论上还是在实践操作中予以明确的指示。但直到2015年司法解释颁布之前，有关执行异议之诉的诉讼标的一直处于争议的状态。在笔者参加的相关条文起草会议中，有学者也坚持，执行异议之诉应一并解决执行标的物确权的争议。

本次司法解释通过第三百零五条、第三百一十二条规定，对我国执行异议之诉的诉讼标的做了一个较为明确的回应。按照相关规定，案外人提起执

---

① 杨与龄：《强制执行法论》（最新修正版），中国政法大学出版社2002年版，第200页。

行异议之诉的诉讼标的原则上为"案外人就执行标的是否享有足以排除强制执行的民事权益",且诉讼请求与原判决、裁定无关,但在该诉讼程序中,案外人可同时提出确认其权利的诉讼请求,人民法院可以在判决中一并做出裁判。由此可见,司法解释将案外人执行异议之诉原则上回归到与大陆法系国家一样的制度定位,即执行异议之诉仅围绕着排除执行力问题来展开。只是考虑到程序的效率性,作为例外,案外人在明确提出排除对执行标的的执行的诉讼请求时,还可以就其对执行标的所享有的权利提起确认之诉,但不能在执行异议之诉中单独就执行标的提起确权之诉。若在执行异议之诉中不提确权之诉,则可以按照普通程序另诉。换言之,确权之诉只是一种附有条件的附加之诉(并形成诉的合并),而不构成执行异议之诉自身的诉讼标的。这种设计一方面固守了执行异议之诉的制度应有定位,另一方面基于我国执行异议之诉的高成本性,兼顾了执行异议之诉的诉讼效率。

从判决效力的视角来看,有关执行异议之诉诉讼标的的明确定位,尤其是将其与再审之诉、确权之诉予以明确区分,反映了在判决效领域中,从制度层面将执行力与既判力予以区分的意识。就此意义而言,该制度的生成与变迁,可以视为我国判决效去绝对化的另一个端绪。

(三)《民诉法解释》关于禁止重复起诉的制度设计

2015年2月公布的《民诉法解释》在我国首次明文规定了重复起诉的要件。按照其第二百四十七条第一款规定,构成重复起诉案件应同时满足以下三个条件:(1)后诉与前诉的当事人相同;(2)后诉与前诉的诉讼标的相同;(3)后诉与前诉的诉讼请求相同,或者后诉的诉讼请求实质上否定前诉裁判结果。尽管该条文是基于民事诉讼"一事不再理"原则而针对禁止重复起诉设定的制度,而且"一事不再理"仅仅只是既判力消极作用的一个方面,但该条文背后所蕴含的理念却对我国关于判决效力的传统观念极具挑战意义与创新价值。其创新的核心要素在于,在判断是否构成一事不再理这一问题领域中,司法解释在逻辑上认可了既判力相对性原则以及一定范围允许矛盾判决存在之观念。

按照该条规定,构成重复起诉的案件必须是同时满足三个要件,条

民事诉讼法研讨一

件（1）是关于当事人同一性的限定，条件（2）与条件（3）则是关于客体（审理对象或诉讼标的）方面的限定，构成重复诉讼，两方面缺一不可。作为对该条文的一般制度解释，①至少有以下几种情况不构成重复诉讼。其一，如果前诉是 A 针对 B 提起的某房产的所有权确认之诉，那么不能禁止 C 针对 B 提出的就同一房产的所有权确认之诉，因为尽管前后诉争议的客体相同（即关于同一房产的所有权确认），但由于当事人不同，因此不构成重复起诉。其二，前诉与后诉的当事人相同，但诉讼标的不一样，也不构成重复起诉。其三，前后诉的当事人相同，诉讼标的也相同，但如果前后诉的诉讼标的之间存在着逻辑上的矛盾，那么也构成禁止重复诉讼的适用对象。例如，前诉是 A 针对 B 提起偿还债务的给付之诉，而后诉是 B 针对 A 提起的同笔债务不存在之诉，或者前诉是 A 针对 B 提起基于房屋所有权的返还房产之诉（其中包含着 A 和 B 之间的所有权确认），而后诉是 B 针对 A 提起房屋所有权确认之诉等。

在禁止重复起诉制度的逻辑背后，是间接对"既判力相对性"与"矛盾判决相对化存在"之原理或观念的认可。即是否构成重复起诉与是否违反前诉既判力的实质标准应该且必须一致，因此，不认可既判力相对性，就无法有效实施现行司法解释中的禁止重复起诉制度。如法条所规定，前诉与后诉只要在三个条件中任何一个条件不满足，就属于不同的诉，进而不构成重复诉讼。如果否认既判力在主观范围上的相对性原则，那么在上述（1）情形中，就不能允许 C 针对 A 提起同一房产的所有权确认之诉，否则将造成有关该房产所有权认定的混乱，也会产生同一房产权属矛盾判决的问题。

同理，在涉及上述（2）与（3）的典型例中，前诉是 A 针对 B、C 提起的有关专利权权属确认之诉，而且，前诉法院在判决理由中对 B 与 C 之间

---

① 作为一般性论述，可参照［日］中野贞一郎、松浦馨、铃木正裕：《新民事诉讼法讲义》，有斐阁 2008 年版，第 162~165 页。由于《民诉法解释》的该条文也是对大陆法系相关制度的借鉴，最高人民法院对于相关情形的介绍也大致类似，详细论述可参照沈德咏：《最高人民法院民事诉讼法司法解释理解与适用（上）》，人民法院出版社 2015 年版，第 635 页。

的专利权转让协议作出无效之认定，如果后诉是那么后诉是 C 针对 B 提起的确认同一专利权转染协议效力之诉或者基于该协议的给付之诉。由于诉讼请求相同与否只是限于诉讼标的层面，很显然属于不同的诉讼标的（条件2），也不属于后诉否定条件（3）所规定的推翻前诉的裁判结果（裁判结果是指判决主文），因此后诉与前诉不构成重复起诉，后诉法院也可以做出独立的判断。相反，若否认既判力在客观范围上相对性原则，得出的结论应该是，为了避免所谓的矛盾判决，不仅后诉法院只能遵从前诉的判断结果，而且在案件受理之时（或者受理之后，对方当事人提出前诉之判决），法院将直接驳回起诉。但这种结果将直接违反了司法解释关于禁止重复起诉要件的规定。

当然，如前所述，大陆法系近年来为了扩张前诉判决在解决纠纷中的范围，进而提升诉讼的效率，以程序保障、诚实信用原则为依据提出了争点效、基于诚实信用原则（禁反言）的判决理由中判断拘束力理论、中间确认之诉等理论，也会得出与此不同的结论。例如，基于大陆法系新出现的争点效理论，如果在前诉中 B 与 C 就转让协议是否有效进行了有意识的主张与举证（完整的攻击防御，符合争点效的核心要件），那么前诉中有关转让协议无效之判断也将产生争点效，因此在后诉中不允许 C 主张合同有效，后诉法院也应当遵从前诉的判决来驳回诉讼请求（由于日本的禁止重复起诉，只是限于前诉处于诉讼系属之时判断后诉是否构成重复起诉，而非指前诉判决确定后是否允许提起后诉的问题，因此在此情形下不存在受不受理后诉的问题，而司法解释二百四十七条的重复起诉的适用范围还包括前诉判决生效后的判断）。基于诚实信用原则（禁反言）的判决理由中判断拘束力理论，尽管在论证的依据上不是程序保障，而是双方当事人的诚信原则，但也会得出类似的效果。中间确认之诉为德国法的做法，即不仅在实质上要求双方当事人就此事项展开充分的攻击防御，在形式上还要求基于当事人的意志将原本非诉讼请求的事项提升为诉讼请求，进而使原本处于判决理由中的事项升格为判决主文的对象，以此将既判事项构成判决主文判断的对象。

基于上述司法解释中有关禁止重复诉讼要件的相关分析，尽管"防止出现矛盾判决"是该制度的重要宗旨之一，[①]但该法条背后所蕴含的禁止矛盾判决之存在本身应当不同于我们通常所理解的"禁止矛盾判决"，两者的主要区别是，禁止重复起诉及既判力制度背后的矛盾判决是相对的。该相对性的具体含义是指，只有在同当事人并同诉的前提下法院禁止做出矛盾判决，若不属于同一当事人之间且诉讼标的相同或矛盾（即不同诉），哪怕法院对于前诉判决中已决的事项（事实问题、判决理由中有关法律关系的判断、甚至是有关诉讼标的的法律判断）作为后诉的一部分或全部被提起，后诉法院不仅应当受理，而且也可以不受前诉的拘束来做出独立的判断。而允许矛盾判决相对化的存在，是认可既判力相对性原则的必然结果，否则必须满足三个条件才构成重复起诉的条文将失去实际的意义。就这个意义而言，本条法律规定也间接地认可既判力在主观范围与客观范围方面的相对性。

（四）关于《民诉法解释》第二百八十条规定

民事诉讼法第一百二十四条第五项规定，对判决、裁定、调解书已经发生法律效力的案件，当事人又起诉的，告知原告申请再审，但人民法院准许撤诉的裁定除外。据此规定，现行法原则上否定了既判力在时间范围层面的相对性，即对于双方当事人的争议，一旦做出确定判决，即不允许再诉，这也是传统观点对于一事不再理原则运用的典型场景。此次司法解释通过第二百八十条规定，通过借鉴大陆法系既判力时间范围的相关理论，在我国民事诉讼中首次确立了"基准时"概念，建立起法院对于当事人争议法律关系或状态的确认只限于口头辩论终结之时而不及于之后的观念上。因此，如果当事人基于基准时之后的新事由，且这种新事由将导致已被确定判决所确认的法律关系发生变化的，基于此当然可以再次提起诉讼。此种情形下后诉并非对前诉的重复，而是基于新的事实关系提出的新诉，因

[①] 除了"防止矛盾判决"之外，禁止重复起诉制度的另一个重要依据在于防止浪费司法资源。当两者相比，前者意义更为重大。参照［日］中野贞一郎、松浦馨、铃木正裕：《新民事诉讼法讲义》，有斐阁2008年版，第162页。

此不属于严格意义上的"再诉",更不违反一事不再理原则。

从该法条的条文内容及最高院对其的释义来看,该条文基本上照搬了大陆法系国家的相关立法例,就这个意义而言,本条规定之存在,并非仅仅为既判力相对性的制度端绪,而可以说是正面确立既判力在时间范围层面相对性的直接依据。

(五)小结

通过对以上司法解释相关制度的梳理可见,现行法尽管没有明确认可与直接规定既判力制度,但在作为司法改革举措重要载体同时也是司法实践操作重要依据的司法解释层面,却能找寻与梳理出有关直接或间接认可既判力相对性的制度端绪,而且,可以看到,基于以上几项制度的设定,可以说我国司法解释中有关既判力相对性的认可是系统且全面的。具体来说,在三个层次、三个方面确认或蕴含着判决效去绝对化与既判力相对性的理念,这三个层次分别是指,在宏观的判决效力范围内,(1)作为自由心证范畴的判决证明效与作为法律适用范畴的既判力相对而存在,前诉判决有关事实认定的结果对于后诉只有事实上的影响力,而判决效中的既判力对于后诉法院与当事人则具有强制性的拘束力;(2)作为给付判决可实现载体的执行力与确定权利义务关系争议的既判力是相对性而存在。既判力相对性的三个方面则是指,前诉判决中具有既判力的判断,在主观范围、客观范围以及时间范围三个方面原则上仅仅在同一当事人之间就同一诉讼标的且未产生新事由的前提下,才具有拘束力,若缺少任一方面因素,都不受前诉既判力的束缚,法院在后诉中作出的与前诉不一致的判断,也不构成所谓的矛盾判决。

四、既判力作用范围相对性原则制度化的障碍及消解

尽管以司法解释为中心的现行民事诉讼法制度存在着间接反映既判力理念的端绪,甚至也存在明文认可既判力相对性的制度。但由于现行民事诉讼法中不存在既判力实定化的制度依据,而且,我国脱胎于计划经济体

制的传统民事诉讼法制度，缺少对当事人主体权利的尊重，程序保障意识也相对薄弱，无论是理论框架，还是现行法的制度框架，给予既判力制度化预留的空间并不充足，而基于传统体制形成的思维与实务惯行做法，恰恰与既判力理论所承载的相关观念相悖，这又形成了既判力在我国制度化的现实障碍。

（一）第三人撤销之诉设置一般化问题

现阶段，我国民事诉讼法制度处于一个改革突进期，无论是现行法还是司法解释，其修改的幅度与创新呈现出波澜壮阔的局面，加之以修法为主要形式的民事诉讼法修改缺乏宏观上的规划性，相关的立法工作基于种种因素具有很大程度的封闭性。由此导致的结果是，民事诉讼法制在完善与改进过程中，难免出现不同制度或制度背后法理之间的不协调，甚至摩擦与对立。这种不协调可能发生在民事诉讼法各个制度之间，也可能发生民诉法与司法解释之间。在既判力制度化方面也体现出这种倾向。即作为立法机构的全国人大修改现行法之际创设的第三人撤销之诉，与最高法院在司法解释修改中"确认"的新制度，其在是否遵循既判力理论尤其是认可既判力相对性原则上面产生了立场的不一致乃至冲突，尽管这种冲突是无意识形成的结果。

为了解决所谓的虚假诉讼、恶意诉讼、冒名诉讼等侵害案外第三人合法权益等问题，2012年民事诉讼法修订之际推出了多项应对性制度。第三人撤销之诉就是在此背景下制定的一项创新性与争议同时并存的制度。在2012年修改民诉法颁行后，学界与实务界对此展开了较为热烈的讨论，基本上形成以下几个立场的分歧。一些学者立足于立法论的视角，基于既判力相对性原则，对第三人撤销之诉持否定或限制适用的态度。[1] 而另一些学者基于"让新法用起来"的立场，对传统理论采取"选择性援引"甚至干

---

[1] 持否定适用立场的观点可见陈刚：《第三人撤销判决诉讼的适用范围——兼论虚假诉讼的责任追究途径》，载《人民法院报》2012年10月31日；董露、董少谋：《第三人撤销之诉探究》，载《西安财经学院学报》2012年第6期。持消极或限制适用的观点可见张卫平：《中国第三人撤销之诉的制度构成与适用》，载《中外法学》2013年第1期。

脆视而不见的态度,①还有一些学者则以否定既判力相对性为前提,从解释论的视角主张适用第三人撤销之诉。②随着新制度的逐步适用,不少文献也从实践运作的角度对相关案例展开了讨论与分析。③但不可否认,学界有关第三人撤销之诉的讨论尚未没有形成大致的共识,这种讨论仍将在今后一段时间内持续。从立法论的角度而言,有关该制度一个核心的争议内容在于,是否应当绕开甚至否定既判力的相对性原则进而一般化地设定第三人撤销他人之间既已确定裁判之权利。

在传统民事诉讼体制正处于转轨的当下,民事诉讼法制修改在今后一段时期内仍然将持续进行,制度的创新与解释仍然存有很大的空间,而现行法关于相关制度的创新本身因未经民事诉讼基本法理的检讨,而使某些制度的设定具有相当的唐突性与随意性。以这种判断为前提,笔者认为,完全放弃立法论层面的研究与讨论并非是一种妥当的做法。相反,若以一项本身未经基本法理与实践检验的制度为前提,抛开立法论立场而完全基于解释论视角展开说明,那么这种解释论难免隐藏着正当性质疑与解释论结果不确定的风险。具体到第三人撤销之诉制度而言,固然在我国的传统观念影响的根深蒂固,以及长期以来存在的司法实践操作的非规范性,部分司法实务者的思维中可能持有既判力作用范围绝对化、不允许矛盾判决存在之意识。但如前所述,我国相关的司法解释(尤其是新近的制度)以及(最高法院)的判例中,却存在着直接或间接认可既判力相对性的制度端绪,存在着判决效力去绝对化的观念。因此,对于我国制度与实践的现状很难用"否定既判力相对性原则"来概括,尤其是在应然意义层面,更

---

① 相关观点可见王亚新:《第三人撤销诉讼的解释适用》,载《人民法院报》2012年9月26日;吴兆祥、沈莉:《民事诉讼法修改后的第三人撤销之诉与诉讼代理制度》,载《人民司法》2012年第23期;高民智:《关于适用案外人撤销之诉制度的理解与适用》,载《人民法院报》2012年12月11日;许可:《论第三人撤销诉讼制度》,载《当代法学》2013年第1期。

② 相关观点可见吴泽勇:《第三人撤销之诉的原告适格》,载《法学研究》2014年第3期。

③ 相关文献可见王亚新:《第三人撤销之诉原告适格的再考察》,载《法学研究》2014年第6期。

不能简单地忽视甚至否定既判力相对性原则。就当下而言，以既判力相对性原则为前提展开立法论意义的评判及适用范围限缩性的解释仍有建设意义且为必要。

按照既判力的相对性原则，既判力原则上只对本案的当事人产生拘束力，除非是受判决既判力扩张的非当事人第三人或者固有必要共同诉讼中遗漏的当事人，否则包括两种第三人在内的案外人可以通过另诉来获得有关争议解决的司法程序保障。尽管如此，基于同样存在既判力制度的法国与台湾地区存在着第三人撤销之诉之制度，在立法当初就回避了基于既判力理论视角对该制度展开的深入检讨。但需要注意的是，无论是法国还是台湾地区，类似制度的确立有着其独特的制度背景与立法动机。法国法是基于其特有的既判力制度而为保障第三人权益所设，台湾地区是因实施新的诉讼告知制度而为了协调判决效力扩张与第三人程序权保障之关系而设。① 有关确立第三人撤销之诉制度的立法理由，正如全国人大法工委在其权威性理由说明书中所示，主要归结为以下两点：(1) 解决民事诉讼司法实践中当事人通过恶意诉讼、虚假诉讼等手段，侵害他人合法权益的问题；(2) 解决司法实践中两个判决相互矛盾的问题。② 这也构成了该制度在制定当时所预设的积极作用。

由于虚假诉讼与恶意诉讼之存在，并不单纯是一个可依靠民诉法某项具体制度能解决的社会问题，从民诉法的原理来讲，否定矛盾判决存在是更为核心的立法理由。正是由于立法者在观念中无法相对化地容忍两个相互矛盾判决之存在，因此在思维定式中，作为认可一个判决的前提，另一

---

① 陈刚：《第三人撤销判决诉讼的适用范围——兼论虚假诉讼的责任追究途径》，载《人民法院报》2012年10月31日。有关比较法意义上制度的背景性差异的详细论述，可参照张卫平：《第三人撤销判决制度的分析与评估》，载《比较法研究》2012年第5期。

② 全国人大法工委特意提到，在比较了再审、提起新诉等救济手段后认为，"如果另行起诉后作出的裁判与原诉裁判不同的，如何处理这两个不同的生效裁判，具有法律效力的原诉裁判不被撤销或者变更的，前诉生效裁判是否具有强制执行力？基于以上考虑，本法采纳了第三人撤销之诉的模式"。参照王胜明：《中华人民共和国民事诉讼法释义》，法律出版社2012年版，第121页。

个判决在意识中必定被认为是错误的，于是需要予以撤销。但如前所述，按照禁止重复起诉或既判力相对效原则，一定程度的矛盾判决存在应予允许，这是基于程序保障的当事人接受审判权的必然要求，前后诉关于争议事项存在不同判断，并不必然意味着其中某一个判决是错误的。

关于现行的第三人撤销之诉是否能够一定程度上消解虚假诉讼或恶意诉讼的问题，通过学者对相关的案例解释表明，实践中起到了一定程度的积极作用。① 但也正如王亚新教授在对有独立请求第三人实际案例分析所指出的那样，"作为司法实务的一般倾向，'一房二卖'等情形下的不同买受人在另一方与出卖人的前诉中相互都属有独立请求权的第三人，只是法院需要判断哪一个合同更值得保护，或者哪一场诉讼可能更"虚假"（虽然绝大部分裁判文书都不会直接提到这一点）或者显得更为'不自然'"。"第三人撤销之诉已经开始发挥的作用之一，就在于为法院最后进行这种选择提供一个平台"。② 但虚假诉讼抑或恶意诉讼并非为我国实定法认可、并具有严格内涵的概念，以此作为依据来决定制度的适用，难免带来司法的随意性。由此可见，尽管不具有普遍意义，但作为实务中的一种现象，法官在是否认可原告适格以及是否予以撤销的判断上，已经出现某种程度去规范化、标准隐形化的倾向。这对于强调司法统一化、规范化的司法改革而言，无疑具有阻碍或逆向的消极影响。

在无独立请求权第三人的情形下，第三人撤销之诉引发的另一问题是，扩张与强化对无独立请求权制度的适用。由于我国无独立请求权第三人范围界定的模糊性，在1992年民诉法实施当初，出于一次性解决纠纷之考虑，以牺牲第三人的程序保障为前提，存在着扩大化适用的问题，即将一些本不属于第三人的企业或自然人追加进诉讼，随着对第三人程序保障意识的自觉，最高人民法院通过一些司法解释对的第三人适用范围予以了规范与限制。但从2015年民诉法司法解释的相关精神来看，最高法院又开始

---

① 例见王亚新:《第三人撤销之诉原告适格的再考察》，载《法学研究》2014年第6期。

② 王亚新:《第三人撤销之诉原告适格的再考察》，载《法学研究》2014年第6期。

出现强化与扩张适用对无独立请求权第三人追加的司法政策态度。通过司法解释第八十一条第二款、①第三百二十七条②规定，明确第三人参加诉讼，既可以在一审中参加，也可以在第二审参加，甚至对于有独立请求权第三人，不惜以发回重审为程序代价，强化对第三人的追加。毫无疑问，这种包括对有独立请求权第三人在内的追加强化之司法政策转变，从另外一个层面反映了最高法院对第三人撤销之诉制度实施效果的顾虑与担忧，即如果在前诉中不尽可能地追加进第三人，那么前诉判决通过撤销之诉被撤销的风险就加大，进而影响生效确定判决的安定性。从无独立请求权第三人在我国适用的演进过程来看，这种司法政策带来的问题主要有两个方面。（1）以牺牲无独立请求权第三人的程序保障利益为代价；（2）增加法官在司法实践中追加第三人方面的压力。

当然，作为第三人撤销之诉造成最大的弊端还是在于，可能使处于制度化构建过程中既判力理论在观念上被排斥，进而构成一种妨碍既判力实定化的因素。来自原有体制与观念的障碍因素已经使既判力理论在我国民诉法中落地生根步履维艰，现在又增加了一种来自新设制度的障碍因素，更何况这种制度又在形式上具备比较法上的"正当"外衣，这又进一步增强了这种妨碍因素的消极效果。

综上，相较于该制度预设的"解决虚假诉讼、恶意诉讼、冒名诉讼等侵害案外第三人合法权益等"制度预期收益，第三人撤销之诉制度带来的弊端可能更为严重。有鉴于此，克服或消解既判力制度化的第一步应当对第三人撤销之诉之适用予以限定性的解释。这种限定性解释路径的核心要素在于，将第三人撤销之诉纳入既判力相对性原则的例外寻求法理依据，并在制度设计上，统一纳入再审程序的制度框架，并将诸如"诈害"以第三人为主体的"再审事由"法定化、明确化。正如张卫平教授所指出的那

---

① 第八十一条第二款：第一审程序中未参加诉讼的第三人，申请参加第二审程序的，人民法院可以准许。

② 第三百二十七条：必须参加诉讼的当事人或者有独立请求权的第三人，在第一审程序中未参加诉讼，第二审人民法院可以根据当事人自愿的原则予以调解；调解不成的，发回重审。

样,从完善判决效力制度的角度而言,既判力制度是必要的,因此,最终建立既判力制度是必然的。一旦建立了既判力制度,第三人撤销之诉就可能会大大受到限制,甚至是多余的。[①]

(二)诉讼标的的实操性把握与既判力客观范围

在既判力客观范围的把握上,大陆法系国家严格恪守"诉讼请求=判决主文判断=既判力客观范围"的公式。在实践操作层面,准确把握既判力相对化的作用范围,需司法者掌握相关的一整套民事诉讼概念与技术,而在这其中,诉讼标的即是其中一个颇具理论深度但在实践中极为重要的民诉法理论。从上世纪90年代开始,受外国法的影响,国内的民诉法学界曾掀起过一场有关诉讼标的的理论的研究热潮。而这场理论研究热潮中,由于深受德日学界问题意识的影响,主要是围绕着诉讼标的的识别标准而展开,即过多地集中于介绍旧实体法说与诉讼法说之间的区别、局限及意义,而相对缺乏对诉讼标的理论具体运用性的操作指导,因此研究与争论的结果显得过于理论性与抽象性。这在一定程度上导致了诉讼标的的研究成果及影响仅仅限于学界,而对司法实务界影响较小,甚至因为诉讼标的的理论因过于玄虚化,反而使实务界产生某种程度的"抗拒"与"逆反"。加之我国民诉法学界及实务界对于相关术语使用欠缺规范性与统一性,不少法官或律师,很难说清楚诉讼标的与诉讼请求是否是一个概念,如果不同,它们之间到底是何种关系。在司法实践者的思维与话语中,更愿意简单地用"实体法律关系"来替代诉讼标的的概念,并以此来区分是否属于"既判"事项。

但简单的合同法律关系与侵权法律关系之区别,并不能在司法操作技术层面,在作为"本案判决主文中作出判断的最小基本单位"意义准确地应用诉讼标的理论。尤其是在强调当事人意思的民事诉讼中,诉讼标的的构建须以当事人的主张为准,例如,在合同之债纠纷中,基于实体法请求权的构成,确认违约、基于违约继续履行合同、基于违约解除合同、基于违约的损害赔偿在"本案判决主文中作出判断的最小基本单位"这个意义

---

① 张卫平:《中国第三人撤销之诉的制度构成与适用》,载《中外法学》2013年第1期。

上，无论是旧实体法说之立场，还是诉讼法说之立场，均可以构成独立的诉讼标的（当然也可以根据请求权之间的逻辑关系，可以将上述请求予以组合，例如，一次性地提出基于违约要求解除合同并违约损害赔偿请求）。而除了确认违约之外，其他单独提起的诉讼标的，相对应的确定判决均不能对其他诉讼标的（诉讼请求）产生遮断效果。相关概念欠缺统一性与规范性，是我国司法操作粗放化的一个重要表现，但对于诉讼标的这种极具实践性意义的概念认识模糊不清，以及应用操作模糊化，构成了妨碍既判力制度实践应用的重要障碍。对于这种现实障碍的消除，无疑是一个长期化与循序渐进的过程，在这个过程中，以下两个方面有助于一定程度消除这种障碍。

1. 加强民事实体法与程序法的贯通，基于实操性的视角强化诉讼标的方面的教学。强化民事实体法与民事程序法之间的联系，实体法学者应更多地通过诉讼法的视角传授实体法的知识内容，而民事程序法学者应紧扣实体法的制度研究并讲授程序法的知识体系，尤其是在对当事人、诉讼标的、证明责任这种对司法实践具有直接指导意义的概念与制度而言，应当意识到我国属于成文法国家的现实，而无需过多地纠缠于超越法系与法律文化限制的理论之争。通过这种联动，尽可能使学生能够熟知民法请求权体系，并在一定程度掌握请求权基础的识别。通过民事实体法与程序法的共同教育，法学科班生应该形成并掌握如下这种民事案件实体构成逻辑的司法操作技术，即"实体法请求权—诉讼请求—实体法要件—主要事实—证据或间接事实"的逻辑体系。尤其是在我国当下，司法职业资格取得后，未经体系化且实务操作化的司法研修，直接进入法院或律师事务所的工作岗位，这种培训与教育显得尤为重要。

2. 诉讼文书进一步强调格式化与规范化。受上述1.影响，在强调形式逻辑的成文法审判方式下，诉讼文书欠缺精细的格式与规范。以起诉状为例，按照民事诉讼法的相关规定以及司法实务的习惯，在"诉讼请求"部分，诉讼请求仅仅是当事人一种原始或半技术化的诉求或要求，而并不是严格按照实体法请求权（甚至是具体法条）的技术化、规范化的诉求。在

"事实与理由"部分，这种非技术化构建的倾向更为凸显，由于现行法没有强调结合诉讼请求来罗列相关的要件事实、主要间接事实等要求，因此相关事实的论述来多按照生活的逻辑来展开。这种制度与现状的存在，妨碍了诉讼早期对案件争点的整理，进而妨碍诉讼效率的提高。诉讼文书的格式化与规范化，不仅有助于将生活纠纷向法律争议予以格式化的构建与转换，因此在一定程度上也有助于司法实务界清晰地把握本案件的诉讼标的。

（三）过度强调效率的司法政策导向及消解

一直以来，"案多人少"被视为我国法院面临的现实难题，因此，如何提高审判效率就成为司法改革乃至民事诉讼法修改的重要目标。毫无疑问，当"诉讼爆炸"、"诉讼迟延"成为各国司法改革普遍性前提时，立法及司法机构将提高诉讼效率作为我国司改目标就具有比较法上的形式正当性。但当我们冷静反思近些年司法改革的举措或者民事诉讼制度修改的效果之际，尤其通过具体数据与法治发达国家做比较时，"案多人少"可能本身是一个过于主观化的伪命题，而单纯速度意义上认为现行法院审判效率低下，更可能是一个不甚严谨的判断。就普通程序的受案量与结案率来看，我国法院的审判效率要远远高于其他法治发达国家，但这种所谓的"高效率"并非是民事审判制度设置科学或者审判人员素质高而导致，恰恰相反是因为我国诉讼制度设计粗糙，民事诉讼因欠缺应有的规范化所致。从深层次原因来看，我国的民事审判普通程序以缺乏应有的程序保障为前提或以牺牲当事人的主体性程序利益为代价，尤其是在缺失完整化"庭前准备"前提下的口头辩论（庭审）环节"匆忙了结"现象构成了现行审判制度"缺乏程序保障"的典型场景。

尽管如此，基于传统职权主义模式审判惯性、司法行政化运作形成的主观上诉讼效率的高预期，以及诉讼制度自身设计不科学[①]导致的客观上程

---

① 例如，我国现行民事诉讼法仍未一般化地规定程序意义上的审前准备程序，正式口头辩论前的审前争点及证据整理未被作为一个法定、毕竟的程序，开庭审理往往沦为"争点及证据整理程序"，进而导致开庭的低效率。而在这种现状下，又进一步模糊了观念中"审前准备程序"与"开庭审理"定位的区别，反过来加剧了开庭审理"非正式化"与"非规范化"之倾向。

序运作的低效率化，容易使我国民事诉讼的运作被贴上"低效率"之标签，加上民事诉讼法修法之际过于强调对"热点问题的回应"，①由此导致的修法目的将过度倾向于提高诉讼效率，而进一步压缩诉讼程序、压榨当事人的程序保障利益，往往成为一种简便化的选择。具体到既判力领域，既判力作用范围的绝对化观念，不仅与传统的纠纷绝对化解决观念不谋而合，而且也和这种强调提升司法效率的司法导向产生契合性。

诚然，在具备司法程序应有的程序保障程度之前提下，适当扩张判决遮断效的范围，进而提高纠纷解决的效果无疑是一种正确的司法导向。大陆法系学界近年来作为新学说出现的"争点效"、"中间确认之诉"等理论，正是基于这种司法导向试图通过认可判决理由中判断的遮断效来扩张确定判决的覆盖范围。但是，当一国的诉讼程序的运作本身以程序保障不充分为前提，因以牺牲程序保障而过度追求程序效率的司法政策导向无疑是错误的。换言之，任何脱离程序保障的诉讼效率促进对策都将面临着程序正义的质疑，任何不以程序保障为前提的扩大既判力作用范围之制度构建都缺乏正当性根据。日本新堂幸司教授所倡导争点效理论及该理论本土化的理论构建中，以不对当事人造成突袭裁判为主要内容的程序保障，恰恰成为该理论核心的基础。即便如此，也因为该理论欠缺制度化根据且存在着法官裁量的空间，而并未被日本实务界普遍接受。

结　语

在司法改革"激进式"推进、民事诉讼法制的"日新月异"式地创新的当下，遵循传统及关注司法实践固然重要，但对于我国民事诉讼法制度发展的定位，必须持开放的、面向未来式的定位。在宏观的诉讼法体制层面，从职权主义向当事人主义程序构造的转变已经成为一种趋势，更多的

---

① 修法固然需要回应社会关切的问题，但有些问题有其独特的社会属性，简单地通过规范意义上的制度修改未必能解决问题，反而使某项制度承载着不该承受之重，进而使其偏离应有的定位与功能。

反映民事诉讼一般规律的制度，昨天可能还只是比较法意义上的存在，明天就可能就变为我国的实定法规则。

既判力在我国民事诉讼法中的实定化，在制度化及与其他制度的细微协调方面，通过比较法的借鉴应可以获得大致的解决，因此关键的难点是来自于传统观念的束缚，在这其中，不允许矛盾判决存在的观念与既判力作用范围相对化理念之间的冲突成为核心内容。而且，受此影响在司法实践中建立起来的惯例与思维同样难以短时间消除。不过，我国民事诉讼法体制的改革某种意义上也是一个司法从非规范化到规范化的转变过程，由于原本就缺乏应有规范化的基础，因此基于规范化为目标的制度改革通过"自上而下"的方式可以获得推行。本次被称为史上最长的民诉法司法解释，尽管其中的某些制度还有争议或有"不接地气"之质疑，但相关的制度创设已经充分展示了最高司法机构的改革决心及其可行性，我们也有理由期待，包括既判力理论在内的反映民事诉讼应有规律的相关法理与制度，将会完美地着陆于我国的民事诉讼法。

第三届紫荆民事诉讼青年沙龙实录

曹云吉*

会议主题： 民事判决既判力理论与制度化研究
时　　间： 2015 年 6 月 7 日
地　　点： 北京师范大学后主楼 1822 高铭暄学术报告厅

报 告 人： 郭　翔　北京师范大学法学院副教授
　　　　　　林剑锋　中央财经大学法学院副教授
特邀嘉宾： 张卫平　清华大学法学院教授
　　　　　　李　浩　南京师范大学法学院教授
　　　　　　刘荣军　北京师范大学法学院教授
　　　　　　熊跃敏　北京师范大学法学院教授
　　　　　　徐胜萍　北京师范大学法学院教授
　　　　　　马爱萍　山西大学法学院教授
　　　　　　冯　珏　《法学研究》杂志社副编审
　　　　　　杨会新　国家检察官学院副教授
参会人员： 陈杭平　对外经贸大学法学院副教授
　　　　　　冯　珂　北京化工大学讲师
　　　　　　黄忠顺　清华大学法学院博士后研究人员
　　　　　　李　铎　北京大学出版社 编辑
　　　　　　刘　璐　北京师范大学法学院副教授
　　　　　　刘君博　中央财经大学法学院讲师
　　　　　　刘明生　台湾地区政治大学专任助理教授

---

* 曹云吉，清华大学法学院博士研究生。

刘哲玮　北京大学法学院讲师
马　丁　南京师范大学法学院副教授
任　重　清华大学法学院助理教授
史明洲　日本一桥大学法学博士研究生
田海鑫　北京师范大学法学院博士研究生
王学棉　华北电力大学法学院教授
吴泽勇　河南大学法学院教授
许　可　国际关系学院副教授
袁中华　中南财经政法大学副教授
张嘉军　郑州大学法学院教授
张一博　北京师范大学法学院博士研究生

刘荣军教授：下面由常务副会长李浩教授致辞。

李浩教授：尊敬的张卫平教授、刘荣军教授、熊跃敏教授，尊敬的各位年轻学者、朋友，大家上午好。首先感谢各位牺牲周日的时间来参加此次沙龙。紫荆民事诉讼法学沙龙是中国民事诉讼法学研究会主办的青年学者论坛，旨在组织青年民事诉讼法学者围绕民事诉讼立法和民事诉讼适用中的重大理论和实务问题进行研究。通过这一活动，一方面推动民事诉讼的理论研究，另外一方面培养和造就民事诉讼法学研究的新人。沙龙自2014年6月以来已经成功的举办过两届，这两届沙龙的实录以及报告内容已经刊登在我会会刊《民事程序法研究》上，产生了良好的学术效果。今天的沙龙是第三届，主题是"民事判决既判力理论与制度化研究"。在民事诉讼理论架构中，民事诉讼既判力无疑是极其重要的一项制度，把它称作为民事程序制度中最核心的问题也不为过。关于民事判决的既判力问题尤其在2012年民诉法增设第三人撤销之诉之后，我国学者发表了很多有分量有理论深度的文章，如张卫平教授的《既判力相对性原则：根据、理论和制度化》。但相对于这项制度本身的重要性和复杂性而言，应该说对该项制度的研究还留下了很大的空间。今天的主报告人是林剑锋和郭翔。他们是我国民事诉讼法学界的优秀青年学者。林剑锋的报告是《既判力作用范围相对性：法理依据与制度现状》，郭翔的主题报告是《美国判决效力理论及其制度化借鉴》，这两份报告对判决效力的制度化问题提出了一些新的观点。评议人也是民事诉讼法学界对这一问题有研究的优秀青年学者，实力相当雄厚。相信接下来的报告和评议、讨论，一定会精彩纷呈。参加今天沙龙的还有《中国法学》《法学研究》这两份顶级法学刊物的民事诉讼法编辑，他们的到来表明这两个刊物对本次沙龙的重视，对参加此次论坛的青年学者也是很大的鼓励和鞭策。我代表中国民事诉讼法学研究会向他们表示衷心的感谢。

本次沙龙是由北京师范大学法学院承办，法学院的民事诉讼法学科的各位老师和同学为办好此次沙龙做出了很大的贡献。我代表中国民事诉讼法学研究会表示深深的谢意。

最后祝本次沙龙获得圆满成功，祝紫荆沙龙越办越好。谢谢。

刘荣军教授：感谢李浩教授。下面进入第一单元。由熊跃敏教授来主持第一单元。

熊跃敏教授：尊敬的各位参会同仁、同学们，大家上午好。我受中国民事诉讼法学研究会的委托，担任此次沙龙第一单元的主持工作。第一单元将由两位报告人作主报告，同时还有三位评议人进行评议。首先有请北京师范大学法学院的郭翔副教授作报告。

郭翔：我现在就论文中我所关注的一个实质问题来与大家进行讨论，即我们如何看待美国的争点效力理论和对我国司法实践的影响。首先要解释的第一个问题便是我们为什么要研究、关注争点效力理论。我的博士论文写的便是美国争点效力理论。对于这个理论在中国的实践我一直有所关注。包括最近还与美国学者以邮件方式进行交流。最近我之所以关注这一问题主要有两方面原因，一是民事证据规定中"以为法院裁判确认的事实免证，但可以推翻"，美国学者认为这就是争点效。而我们却是作为证据予以理解。一个主要原因是美国的判决效力不是职权适用的，而是当事人主张的。而且前诉判决在后诉中基本上作为证据采纳。并不是当然的遮断，即便法官不适用也不存在太大问题。另一个原因是最近颁布的环境公益诉讼司法解释第三十条的规定:"第三十条已为环境民事公益诉讼生效裁判认定的事实,因同一污染环境、破坏生态行为依据民事诉讼法第一百一十九条规定提起诉讼的原告、被告均无需举证证明,但原告对该事实有异议并有相反证据足以推翻的除外。对于环境民事公益诉讼生效裁判就被告是否存在法律规定的不承担责任或者减轻责任的情形、行为与损害之间是否存在因果关系、被告承担责任的大小等所作的认定,因同一污染环境、破坏生态行为依据民事诉讼法第一百一十九条规定提起诉讼的原告主张适用的,人民法院应予支持,但被告有相反证据足以推翻的除外。被告主张直接适用对其有利的认定的,人民法院不予支持,被告仍应举证证明。"当原告适用时,未说明被告可以推翻,而受其约束。这可能意味着该判决已经不再仅仅是证据了,甚至超越了证据。这可能是争点效在我国的一个实践。可能大家不会有太大的感觉,即证据规定与这一条有什么差别。因此我觉得有必要回顾一下美国判决效力理论中的争点效问题。

我们在理解美国争点效力理论时主要存在的困难,第一便是我们可能会陷入如何判断争点的误区。大陆法系解决判决效力有一个工具性概念,即诉讼标的理论,其将要被遮断的内容"打包",使我们清晰地认识到其存在。即林剑锋老师在其论文中提到的"诉讼请求——诉讼标的——既判力客观范围"这样一个判断公式。在理解美国判决效力时最主要的是理解何为争点。它为什么难以处理呢?因为会产生遮断效的争点不仅包括事实上的争点,还包括法律上的争点。而事实上的争点既包括相当于构成要件内容,也包括判断构成要件是否存在这类证据问题的争议。而法律争点更难处理。纯粹对法条理解的争点基本上不产生争点效,以后还可以争议。只有对特定行为进行评价,如过失的有无,这样的判断才会涉及争点效的问题,更麻烦的是事实争点和法律争点很难区分,因为很多情况下是事实与法律混同的。大陆法系创造了诉讼标的概念,使既判力客观范围能够相对固定化。美国对于争点的判断非常灵活,那么美国人是如何解决这一问题的呢?实际上其根本上不是从如何识别争点入手的,因为在后诉中争点效力相当于证据使用，因此其大量的精力放在比较上，后诉中争议的问题与前诉中的问题是否是同一个问题，其不需要孤立地判断这是一个争点还是两个争点。它只需要比较后面争议的问题在前面的诉讼中是否进行过充分的对抗。这样就会产生一个问题，即法条所规定的构成要件是要争议的问题，还是其仅是争议问题的指引，比如关于过失的法条规定。美国的争点也存在这样的问题，比如前诉对于过失进行了认定，在后面的诉讼中，关于过失的具体情形是否被遮断。这时就有一些考虑因素来控制，包括充分对抗的范围多大，如果我们要细分每一个具体的被对抗的情形，是否会产生重复诉讼。王学棉教授与任重博士提出了一个问题，即正当程序与争点效的关系。关于这一点，我认为争点效的产生并不是基于正当程序，正当程序只是一种前提或保障，争点效主要解决的问题是避免矛盾裁判。在美国的法院也有很多案例，为了查明前一裁判的结果有无争点效力，投入的精力比重新审理这个案件付出的精力大得多，但是他们还是考虑争点效力，其目的是为了避免矛盾裁判。

争点效的遮断为什么会产生呢？主要原因在于其已经获得了正当程序保障，但是获得正当程序是产生争点效力的前提。因为产生争点效力的前提有几个。被实际诉讼过仅是其中一个。当然我介绍过实际诉讼过的各种表现。

另外争点效主要考虑的是避免矛盾裁判，那么必须要考虑前边的争点是否被裁判过。从事实争点的角度，包括构成要件的争点裁判，也包括证据争点的裁判，比较难以处理的是证据争点的裁判是否具有争点效。确定这一问题的标准是该争点裁判是否是作出最终裁判所必需的。

以前我们在理解争点效力时，比较关注的是何种争点容易受到约束。我总结一下。一方面后诉的争点是否受约束，关键看其与前诉争点是否同一。而判断依据便是在前诉中是否被充分诉讼过。此时可能有政策上的考虑，即我们是否怕重复诉讼。如果不怕，则可以使得前诉被遮断的争点范围缩小，如果怕，则被遮断的范围就会很大。另一方面，我们要不要给与当事人正当程序保障，如果不考虑，我们可以考虑扩大遮断范围，如果考虑，则相应缩小。两个因素调整的结果使得美国法院对特定争点的遮断会出现非常有意思的情况，即有的年份某个争点可能被遮断，但在有的年份就不被遮断。另外，以前我们没考虑过的是争点效作用的主体，其原则上只能限于当事人之间，根本不可能波及到案外人。关键问题是争点效的适用方式。我国的既判力是职权适用的，在大陆法系也是如此。但是美国争点效需要当事人主张。但是如此的话，在我国环境公益诉讼中可能会有一个很麻烦的问题，案外人可能会主张前诉判决的相关内容。

争点效并不是为了提高诉讼效率，而是为了防止矛盾判决，仅仅是客观上能够提高诉讼效率。

我们的司法解释在制定时是否意识到该种规定即是争点效的规定。如果没人认识到，那么就会产生下列问题，即认定事实与程序保障的关系。认定的事实是何种事实，我们利用既有框架来判断的话，那么可能是要件事实，但是在争点效中，间接事实与辅助事实都可以产生争点效。这些在立法中是看不出来的。另外一个问题是是否进行了充分的攻击防御。张卫平教授提出公益组织可能提出的诉讼请求可能很简单，但是受害人提出的诉讼请求可能会很复杂。因此前诉中可能会妥协。第三个问题是第一次尝试将该种相当于判决效的效力由当事人来主张，法院会不会产生释明义务。

上述是我的一些不成熟的看法。我再次总结一下。我们为什么要研究争点效。主要还是要解决我国的问题。现在司法解释已经出现了相应的规定，我觉得法院可能会普遍适用。因为我们没有注意到争点效应当有主观范围，或者相对性的问题。我的论文提出了争点效在美国遇到的相关问题。而这些问题我觉得在我国很可能会出现。因此我的这次报告主要还是针对我国的相关问题，以美国为借鉴，希望在今后的司法实践当中，能够避免争点效理论在美国遇到的相关问题。

以上就是我的报告，请大家予以指正。

熊跃敏：感谢郭翔副教授的报告，下面有请华北电力大学王学棉教授评议。

王学棉：大家好，我认为郭翔老师文章的选题和切入点非常好，因为

民事诉讼法研讨一

美国争点排除效力是郭翔老师的博士论文。最高人民法院的司法解释重新点燃了探讨这个问题的热情。因此他的切入点非常好。我看完之后，最感兴趣的便是案外人进攻性使用争点效。司法解释中的第一句话，可能也是以后适用中问题最大的一句话，需要学理上进行解释。按照郭翔老师的介绍，进攻性使用争点效指的是前诉已经判决的事项，在随后的诉讼中，未参加前诉的当事人即案外人主张前诉中已经认定的事实。该事实到底指的是什么，需要学界解读。进而前后两诉，原告不同，但被告相同，而原告出于利己的目的，进而引用前诉中认定的事实，因此属于典型的进攻性使用争点效。问题是案外人进攻性使用争点效在其发源地美国就有争议。对于这样一个有争议的问题，我国最高法院司法解释首先将其引入，但引入的后果如何，郭翔老师认为有待观察。但是理论的目的在于在实践尚未适用之前，来预测一下适用的效果与适用中可能遇到的问题，进而予以预防。我个人认为，我们可能需要比较充分地了解一下，美国联邦最高法院在对于进攻性使用争点效做出支持性判决时，是否考虑过这可能会对被告不公平，是否采取措施来预防该种不公平的发生。如果我们全面阅读这个案例的话，会发现其预防了该种现象的发生。

郭翔论文的第四部分和第五部分是什么关系。第四部分讲的是哪些人应受争点效的约束，这与正当程序有关，在前诉中参加过诉讼，那么后诉就会受前诉争点效的约束，第五部分则属于是谁有权主张争点效。而这与正当程序没有关系了，不受美国宪法约束。正是因为这一点，所以美国联邦最高法院给予后诉法院一个非常大的自由裁量权，即后诉法院是否适用可自行决定。即使当事人主张了，后诉法院也可以裁量决定是否适用。这是对被告最大的保护。理清楚这个逻辑关系后，再来看美国最高联邦法院在相关案件中，是否预见到允许案外人进攻性使用争点效会给被告带来不公平呢？实际上已经预见到了。它认为最大的不公平是为后诉原告搭便车提供了方便。因此就会导致法院诉讼量猛增，因为很难将两个诉讼合并审理。这可能是一个最大的不利后果。另外一个不利后果可能是如果前诉是一个小额诉讼的话，被告可能未充分进行诉讼，作出的判决可能对被告不公，后诉中，原告主张了小额诉讼中的认定的事实。第三个不利后果则是前诉中做出了许多事实认定，有的对被告有利，有的不利，后诉原告仅主张对自己有利的。此时也会对被告不公。还有一个不利后果则是前诉程序可能比较简单，后诉程序比较完整，在此种情况下，后诉原告主张前诉中所认定的对被告不利的事实。美国联邦最高法院已经预见到这些不公平，那么他是如何预防的呢？实际上郭翔举的案例是一个典型的公益诉讼。后诉是一个私益诉讼。两个诉讼很明显无法合并，因此就不存在后诉原告搭便车。既然是公益诉讼，被告应当预见到一旦败诉，随后会有私益诉讼提起，此时被告在公益诉讼中不采取措施积极抗辩，那么就是自己放弃权利。而且该种情形下，不太可能会出现公益诉讼程序较为简单，私益诉讼反而比公益诉讼程序更复杂。因为被告已经参加了诉讼，基于前述，因此案外人进攻性使用争点效，无需不考虑是否对被告不利。

那么再来看我国的司法解释，我们会发现很多地方是一样的。首先前边是环境公益诉讼，后边一定是私益诉讼了。因此后边的私益诉讼是无法与前诉公益诉讼合并，因此不存在后诉原告搭便车的问题。

既然前诉是公益诉讼，由中级人民法院审理，海事法院也可以审理，我们可以看出起诉程序肯定适用普通程序，后边的私益诉讼有可能适用简易程序，前后两个程序就不存在后诉给予被告的程序保障不够。同时在环境公益诉讼中认定的事实，后诉原告到底可以主张哪些被认定的事实。因为环境公益诉讼为侵权诉讼的话，不外乎三个要件，排污、损害结果、因果关系。而因果关系不在争点效的范围之内，因此就剩下排污行为与损害结果，我个人认为损害结果也应该排除在争点效之外。即最后私益诉讼的原告能够进攻性使用争点效的事实只有排污行为。如果公益诉讼已经认定了前诉中具有排污行为，那么在私益诉讼中，原告可直接主张前诉已经认定了排污行为，但是对于损害结果后诉原告仍应证明。该事实不能借助公益诉讼中的损害结果，因为私益诉讼中每个人的损害结果都是不一样的。

如果我们还能进一步考虑到如前诉公益诉讼判决事实认定有问题，后诉法院如果可以直接排除的话，对被告的保护就更全面了。遗憾的是，从我国环境公益诉讼司法解释来看，似乎没有赋予后诉法院这一权力。因此我觉得如果能够赋予后诉法院这一权力的话，那么对被告保护的问题应当是没有问题的。可以肯定争点效的制度。

这就是我的观点和评议。谢谢大家。

熊跃敏：报告人是否要做回应。

郭翔：学棉教授的观点和我的观点不太一样。第一个问题是学棉教授的观点是否是前诉认定的事实基本上我们推定为要件事实，基本上不考虑间接事实与辅助事实的问题。因此事实认定中的事实基本上限于要件事实的范围。

第二个问题我觉得损害结果不等于损害数额。要证明的是损害结果而不是损害数额。损害数额可能不一样，但损害结果可能是一样的。因为我们都用了抽象的法律术语，我们所谈的并非是具体事实，而是抽象成了一个法律术语，即"排污行为"。我们基本上是遮断了抽象术语所代表的所有的事实。

王学棉：私益诉讼中，最终目的是赔偿，赔偿必然要涉及损害数额的问题，损害数额只不过是损害的数字化表现，在本质上没有区别。我之所以坚持不能让后诉原告直接主张前诉的损害结果，因为前诉中可能没有主张数额，但在私益诉讼中，就会有具体损害数额的问题。因此损害数额只是将损害结果具体化而已，因此我不主张后诉原告可以直接套用前诉的损害结果的原因。

熊跃敏：感谢王学棉教授的精彩点评。下面我们邀请远道而来的台湾地区政治大学法学院的刘明生助理教授做评议发言。

刘明生：谢谢熊老师。我在台湾地区拜读了郭翔老师的文章。我发现大陆年轻老师的功力非常深厚。在台湾地区专门介绍美国争点效的文献是很少的，因此我对郭老师很敬佩。尤其是他带我们梳理了美国争点效最新的发展。我觉得讨论争点效应该注意一下问题，为什么承认争点效，争点效在美国的要件是什么等。尤其是从客观范围和主观范围方面。现在我有一个很大的疑问是我们为什么要承认争点效。一般学说认为是基于诚信原则中的禁反言原则。就像郭老师刚才提到的避免裁判发生矛盾。争点效理论的前提要件的核心就是一定要有充分的程序保障，无论是从美国判决实务的发展，日本新堂幸司教授提出争点效理论，还是在台湾地区实务上承认争点效理论，都是以此为核心价值。因此我觉得这是一个非常重要的前提。还有一个问题是在思考民事诉讼中的确定判决效力时，有一点很重要，即效力明确化。在美国实务中，关于争点效的要件是否达成了共识，还是说不同法院会有不同的要件。如在台湾地区，"最高法院"的实务中就发生了这样的困境，有法官认为有三个要件，有的认为四个等等。请问争点效理论到底有无一致性。因此争点效本身缺乏一定的明确性。德国的民事诉讼法明确规定判决效力为既判力和参加效。立法者作了很基本的决定，他没有承认争点效。从德国民事诉讼法第三百二十二条我们可以知道，既判力仅仅及于原告所表明的诉讼标的。关于攻击防御方法的判断，判决理由中的判断，除了抵消之外，在德国认为不发生既判力和争点效。所以德国通说见解认为不会发生争点效。从台湾地区"民事诉讼法"第四百条的规定来看与德国一样。日本民事诉讼法第一百一十四条也是与德国一样的，都是宣示既判力仅及于原告所表明的诉讼标的，反面解释判决理由中的判断除抵消外，不会发生既判力，也没有判决效力的拘束。因此我觉得要在大陆要建构争点效理论，首先要克服的问题如果立法者在民事诉讼法中已经确定了既判力的范围，那么另外承认争点效会不会有矛盾。当然在大陆目前民事诉讼法还没有明文规定既判力客观范围，但尽管如此，也不能透过解释去扩大承认争点效。我们应该先建立既判力的客观与主观范围。再来进一步思考争点效是否要承认。如果要承认，其范围如何，其要件如何。一定要形成共识，如果形成不了共识，那么会对当事人和第三人造成不公平。英美民事诉讼实务中，为什么会发展出争点效理论呢？是因为他们是判例法，他们承认判决先例拘束原则。他们是通过判例法来形成判决效力的。这与我们大陆法系不一样，我们有实定法。假如将来大陆民事诉讼法中明确规定既判力客观范围时，争点效理论在论理上如何通过诚信原则再去破坏立法者的决定，则是需要慎重研究的。

另外一个问题是关于争点效主观范围不能无限制扩大。我们台湾地区有学者认为，"无独三"中的辅助参加人也会受到既判力和争点效的拘束。辅助参加人参加诉讼是基于从属性，程序保障比较薄弱，为什么要扩张既判力和争点效。依据台湾地区"民事诉讼法"第六十七条，法院通知一般的辅助参加人之后，如果其不来参加诉讼，也会发生既判力与争点效。这一点我不赞成。因为台湾地区"民事诉讼法"既判力发生的根据规定是"民事诉讼法"第四百条与第四百零一条，尤其是第四百零一条。在一般辅助参加人的情形中，比如保证人或者有补偿责任的情况，根本没有任何诉讼担当，也没有诉讼标的之法律关系继受。依照台湾地区"民事诉讼法"第四百零一条根本就不发生既判力扩张的效果。而台湾地区的部分学者认为会发生，我认为这是倒果为因的推论。他的推论就是法院通知这些第三人，那么既判力以及争点效都会及于该第三人。我个人见解是根据法律规定如果既判力会扩张及于该第三人，对他会造成不利，法院才会通知他。因此如果既判力根本不及于他的话，为什么要赋予他第三人撤销诉讼或者再审诉讼的救济呢？在美国、日本，比较多数的见解认为，争点效应当由当事人主张，法院才能适用。这一点我很赞成。争点效的发展无论是在美国还是在我国台湾地区，要件都在慢慢增加，因此从总体趋势上来看，慢慢要限缩它的适用。但是我们台湾地区有些学者认为法院可依职权积极适用。甚至还有消极作用的表现，禁止重复起诉的效果。比如在前诉中，如果没有通过中间确认诉讼成为诉讼标的时，为什么当事人不能再起诉呢？据我所知，争点效主要的作用在于禁止矛盾认定，即法院不能做矛盾认定，当事人不能做矛盾主张，并没有说禁止当事人起诉。而这种理解实际上更加扩大了争点效的适用。

以上是我的简短评析。谢谢。

郭翔：谢谢刘教授。

我的论文主要是研究美国的情况。您介绍的台湾地区的情况，使我深受启发。恐怕在台湾地区真的有人已经将争点效作为既判力适用了。但其实是两回事。在大陆也有这个问题。争点效与既判力的差别在实务中可能也没有分得太清楚，以致出现了很多问题。

熊跃敏：刘老师来参加我们此次沙龙很不容易，刚才介绍了很多德国、台湾地区的既判力理论，在座的诸位是否有一些相关的问题来请教刘老师解答一下。

林剑锋：我有一点疑惑。向刘老师请教一下。

在台湾地区，关于争点效，其客观范围是判决理由中的法律问题的判断还是波及到事实层面。刚才郭翔老师介绍包括证据与事实。我们知道既判力限于权利义务关系的确认，事实不能作为既判力客观范围的对象。台湾地区的争点效是否包括证据以及事实方面的判断。

刘明生：在台湾地区争点效中有包括事实与证据的判断，也有包括法律关系的判断。这个范围比较广。当然这也有一些问题。争点到底如何界定，事实争点和法律争点到底如何区分，在实务上也是有一定困难的。比如法律上的争点，如前提法律关系的判断，我们已经有中间确认诉讼，如果承认争点效，那么两者的关系又是什么呢？因此这个问题也是比较复杂和困难的。

熊跃敏：谢谢林剑锋与刘明生老师。下面进入20分钟的茶歇环节。

熊跃敏：接下来进入第二阶段的研讨。下面有请中央财经大学法学院的林剑锋老师作报告，题目是"既判力作用范围相对性：法理依据与制度现状"，大家欢迎。

林剑锋：首先感谢民诉法研究会给我这么一个宝贵的机会，也感谢承办方如此高规格细致周到的会务安排和接待。感谢张老师、李老师、刘老师、熊老师等各位前辈莅临指导。感谢各位民事诉讼法青年同仁学者，尤其是从外地赶来的学者，专门来参加此次会议。

关于这篇论文，我先做一个前提性介绍。我的博士论文是研究民事判决既判力的客观范围，但客观上讲，当时在研究时缺乏实定法或者制度化的依据。更多是停留在比较法的角度，来谈论相关问题。用张老师的话讲，可能处于一个磁悬浮、不接地气的状态。空间不大。

这次会议确定的主题是既判力制度化的问题。当时我也在犹豫，这个问题非常宏观，我也在找相应的切入点。2015年一月份，张老师在《法学研究》发表了关于既判力相对性的一篇论文。我想围绕着制度化这么一个中心环节，其中有两个切入点。一个是2012年民诉法规定了第三人撤销之诉制度。这个制度的提出，对于学界产生了一个很大的影响，即原本我们对既判力问题处于休眠状态，现在又被激活了。在探讨这个问题时，无论是立法论还是解释论，既判力相对性原则的问题是不能回避的。第二则是从2012年开始，尤其是到2015年2月份，最高人民法院出台了史上最长的民诉法司法解释，重新给我们对于现有的司法实务的状况重新进行判断和评估。我的一个基本的判断和评估是我们的民事诉讼法以及司法改革也迎来了一个比较激进的突变期。在这个突变期中，我们也会重新思考我们传统民事诉讼法所确立的一些实务背景，是否需要再做一个考察或判断。我这篇论文在很大程度上结合2015年2月份最高人民法院司法解释相关的一些制度创新，来对既判力相对性原则在我国制度化的现状做了这么一个梳理。在此基础上，对相关的将来相对性原则的制度化的趋势以及障碍和如何克服做了这么一个研究。这是我确定该选题的现实基础。基于这一考虑，我对我的论文做一个框架性介绍。

一共分四个部分。第一个部分关于既判力在我们国家现行民事诉讼法中呈现何种状况。第二部分是关于为什么要确立既判力的相对性原则。为什么要在一定程度上允许矛盾判决存在，其法理依据为何。第三部分是关于从现行法制，对于判决效的去绝对化有没有相应的制度。从我个人的观点来看，我觉得我们现在是有这样的制度的。最后一部分是我对现在构成对既判力以及相对性原则制度化的障碍做了一些分析，并提出了相应的思考。当然这些思考并不一定是对策性的。这是我关于这篇论文整体框架的介绍。

下面我简单地介绍一下相关内容和做一些相关的补充性解释。

第一个是关于既判力效力的绝对化和作用范围相对化的问题。我们国家在谈既判力时，主要涉及的问题便是再审，再审事由的范围、再审程序启动的难易等。在此提出的既判力的问题便是我们对于既判力效力的理解或者把握是没有达到绝对化的标准的。为什么既判力作为法律上的拘束力，无论对于法院还是当事人有绝对性的效力呢？其根本法理在于诉讼程序的安定以及确定判决所确认的社会关系的稳定性。在这样一个思维下，如果有一定程度的错误是允许存在的。如果要推翻这种确定生效的既判力，则应通过再审，以及通过再审程序扩大化解释所产生的准再审。但是基于我们对于事实探究绝对化的理念，以及原来高度职权主义运作的诉讼程序结构，我们对既判力效力的把握是相对化的。与之相反，由于我们国家在传统的民事诉讼理论框架中以及现行法律中没有既判力的问题，因此我们在规范意义上缺乏既判力方面的操作性规则。主要的体现便是前诉生效判决的既判力对于后诉的拘束作用的三维，即主体范围、客观范围、时间范围，我们是没有考虑的。按照大陆法系的基本理论，作用范围本身是相对性的，只有针对特定的人之间的特定的纠纷在特定的时间点上才产生具有绝对化效力倾向的既判力。任何一个条件不符合，都不应当受到前诉既判力的约束。这就是我所讲的既判力效力绝对化与既判力作用范围相对化的主要含义。这两方面表面上看有一定矛盾，但实际上有内在逻辑与关系，即既判力本身是非常严格的法律拘束力。一旦具有既判力就剥夺了当事人再次争议的机会。正是因为既判力效力的严格化，所以通过既判力作用范围的相对化，使得这种绝对化效力在实际的适用中，产生了宽松化的效果，以此形成了既判力效力绝对化的法理基础的程序安定与所谓程序保障原则的协调。就现行法以及传统而言，我们主要的特征是将两者背反了。在应当予以绝对化对待的部分，却给予了相对化的对待，比如再审事由的设定，包括第三人撤销之诉一般化的设置。本来既判力的相对化原则却给予了绝对化处理，主要表现在我们不允许矛盾判决的存在，或者说对矛盾判决的禁止性是以绝对化的方式理解的。这是论文的第一部分。

第二部分是为什么既判力作用范围要相对化。作为其法律依据而言，有几种解释。一种是程序保障。还有竹下守夫教授从诚信原则来予以解释。我个人认为主要法理依据还是在于程序保障。因为既判力的核心意义体现在一旦争议被法院判断过，就不能再予以争议。法院也不能在此判断。如果要使这一命题正当化，必然的逻辑前提是必须要在前诉的诉讼程序中赋予当事人充分的程序保障。只有充分的程序保障后，既判力才获得法律意义上的正当性。程序保障在大陆法系和英美法系民事诉讼法学中以及其他学科，其内容是不一样的。我的基本认识是大陆法系对于程序保障的设定是通过制度一般化来设定和实现的，而不是法官基于个案方式以自有裁量方式实现程序保障。从宪法的接受审判权的角度出发，其核心在于程序保障。具体在民事诉讼法中，程序保障也不是法官自我判断，自由裁量的适用，而是借助于一整套规范化、对实践具有明确指向性的技术来完成。在主观范围上就体现为当事人。从日本民诉法来看的话，对当事人的判断标准或者是其是否受既判力所及，原则上看是否获得了程序保障。如果没有，当然不具有拘束力。在客观范围方面，主要是基于诉讼标的或诉讼请求的概念来实现。诉讼请求在大陆法系内容、以及依据何种标准来确定是比较明确的。因此就在主观范围以及客观范围上形成了一些公式，包括既判力限于当事人之间，而不对第三人产生拘束。在客观范围方面，既判力限于诉讼标的的判断。限于判决主文的判断，而不扩张及于判决理由的判断。在时间层面上，既判力只是针对判决终结之时的权利义务状态，而不涉及之后产生的新事由。程序保障原则不仅可以作为解释关于既判力作用范围三维的依据，同样对于大陆法系各国一般立法例所确定的主观范围的例外，或者是客观范围的例外，甚至时间范围的例外，同样是根据程序保障原则来加以确定。这是关于既判力作用范围相对性的法理依据之程序保障原则的论述。

另外，在大陆法系将既判力作用范围限定在诉讼标的还有一个重要作用就是提高诉讼审理的效率，保证诉讼审理的灵活性的问题。同样，也可以用程序保障原则来解释新堂幸司教授为什么要强调争点效，以及争点效要件化的基础是什么。他提出了五个要件。实际上主要还是围绕着是否在前诉中收到程序保障，即是否让当事人可预期地进行了充分的攻击防御。其法理依据同样在于程序保障原则。这是第二部分。

第三部分主要是对于我们现行民事诉讼法制下尤其是司法解释下，对于判决效力去绝对化的制度根据，或者直接制度的梳理或检索。我的梳理也不是特别全面。从司法解释来看，我分了三个层次，一个是判决效力预决效与其他效力相对化存在的问题。这是2001年证据规定与2015年司法解释所确定的免证事实当中关于为生效裁判文书所确定的事实对于后诉的免证拘束力。在里面需要强调的是这个判决对后诉的影响力本身不属于既判力范围。因为既判力属于适用法律范畴中的强制性的拘束力。而前诉认定事实的效力对于后诉的效力属于在事实上具有公文书性质高度证明力的一个影响力，整体来讲属于法官心证的范畴。即即便没有关于但书的规定，后诉法院是否需要遵从前诉法院关于某个事实的判断，要不要采纳，还是可以根据后诉实际的举证状况，来做出不同的认定，甚至做出完全相反的认定。我展开说一下。刚才郭翔老师的报告，也对刘明生老师提出了一个问题，即如果争点效扩展到证据或者事实认定的话，那么它与自由心证如何协调？因为如果争点效被赋予既判力的效力，完全排斥后诉法官根据证据去认定的空间和余地的话，自由心证是否被突破了。

第二个层次是执行异议之诉的诉讼标的问题。这个制度的存在主要体现了我们认识上的转变，即执行力也是可以相对于既判力独立存在的。执行异议之诉实际上解决的是阻不阻却对于特定标的物执行的问题，与前诉有既判力的判断正确与否是脱离开来的。从1991年民诉法开始设定了执行异议，到2007年确立了执行异议之诉。到了2012年继承了这种立法，但是在2015年司法解释出台之前，我们实际上一直有争议，即执行异议之诉到底是解决什么问题的。实务中通常提出来比如某个物权的争议问题，即除了解决阻却执行之外，要不要解决作为理由的确权问题。最终2015年司法解释通过第三百零五条、第三百一十二条做了一个比较明确的答复，即执行异议之诉的诉讼标的仅仅限于判决执行依据是否对某一个特定的标的物有执行力阻却或排除问题。而确权诉讼本身不构成执行异议之诉的审判对象，当然我们出于诉讼效率的考虑，如果当事人提出来了，可以一并解决，这是一个诉的合并。如果单纯的在执行异议之诉中提出确权诉讼是不行的。

第三个层次是既判力相对性在制度设计上也能够找到直接或间接的制度线索。特别提到2015年民诉法司法解释关于重复起诉案件判断标准的设定，以及第二百八十条关于既判力时间范围的规定。我们对于重复起诉的问题的设定，不是解读我们现行司法解释中认可了既判力相对性原则，但从实际角度来讲，如果认可了重复诉讼原则，而且严格设定了三个条件，因此必须认可既判力的三维作用的相对性原则，否则逻辑会产生矛盾。当然需要解释的是重复起诉与既判力的作用范围或者与一事不再理本身并不完全相同。重复起诉制度是解决后诉要不要受理的问题，既判力的作用范围要解决的是是否要遵循前诉判断的问题，但是它们的实质判断标准应当是一致的。尽管我们关于重复起诉禁止的条件设定本身有不严谨的地方，但既然确立了这么一种思路，实际上已经间接认可了既判力相对性原则在司法解释中是允许存在的。整体来讲对这一部分做一小结的话，我们可以说在民事诉讼中，我们实际上没有明确认可既判力以及相对原则。但是从司法解释来看，我们不仅有直接或者间接的制度规定，而且我们对于既判力对于后诉作用范围的逻辑是体系性的，也是全面的。包括刚才讲的三个层次，三个方面。

这是我对于现行法梳理的一点看法。当然也有争议。

第四部分是关于我们国家在现行法认可在实务中接受相对性原则的障碍和一些克服的一些思考。我的论述可能还不是特别全面。主要有以下四个方面。

一个是观念障碍因素。这个因素包括我们对事实探知的这种客观真相追求的绝对化，也包括由此引申出来的对于矛盾判决禁止存在的绝对化等。但是观念是不能轻易消除的，只能通过时间来慢慢消除。

第二个因素是第三人撤销之诉的一般化问题。之所以重点提及该制度，主要在于这个问题成为对于既判力表达立场的试金石。如果不表明，则论文的研究可能存在问题。对于第三人撤销之诉一般化的问题，我的基本观点，第一立法论的讨论还是有相当大的空间，因为本身这个立法有一定的唐突性，没有充分经过法理上的检讨。而且制定之后，理论争议与实务争议很多。已经有学者对该制度规定后的实务状况做了一些梳理,包括王亚新教授、吴泽勇教授。现在对于要不要允许案外人提起第三人撤销之诉本身的标准是模糊的,不同的法院有不同的做法。相对来讲,先判断有无受到通谋的诈害,然后再确定是否允许提起第三人撤销之诉,受理后是否是驳回还是支持其请求。另外从最高法院最近的司法解释来看,我们明显看到其对第三人撤销之诉的不安或者忧虑。这种不安体现在尽可能强调要追加诉讼,包括对"有独三"以及"无独三",甚至二审中都可以追加,为什么这么规定呢?其实就是对于第三人撤销之诉的忧虑,因为如果不追加,将来很可能会被推翻。这就很麻烦了。问题在于有独立请求权第三人的诉是否提起是有选择权的。无独立请求权第三人实际上从1991年民诉法确立之后经历了实务中的一个变化,原来我们可以职权追加,但是后来发现有问题,管辖权滥用、程序保障缺失等。因此慢慢趋向于不用,不倾向于追加。但此次民诉法解释中特别提到该种司法政策要变化,尽可能要追加。但正当性何在呢?这往往造成程序的不经济。比如在二审中要追加,除非调解,不然就要发回重审。这无论从当事人程序保障来讲,还是从诉讼效率来讲,都是因为第三人撤销之诉的一般化设置所产生的问题。整体而言,无论第三人撤销之诉存不存在,立法论要探讨,如果作解释论,我个人认为应当对其适用范围进行限制,对于提起之事由应如再审那样明确规定。然后在审理事由方面,我建议将其限定在所谓的基于通谋的诈害这一层面。当然终局的目标是将其纳入再审甚至取消。

第三个因素是司法政策的不当导向对既判力相对性的影响。我们知道既判力相对性满足程序保障的同时,从解决纠纷效率来来讲是比较低的。这是我们理解大陆法系为什么出现争点效这种理论等要扩张判决效力客观范围,有条件地赋予判决理由中的判断一定的拘束力。实际上与所谓的一次性解决纠纷的理念,提高诉讼程序一次性解决纠纷的效率的观念是密不可分的。如果否定既判力相对性,使既判力作用范围绝对化,或者不允许存在矛盾判决的观念的绝对化,形式上有助于提高司法效率。但实际上我们面临的一个重要的实务问题是"案多人少"。我的基本判断,我们现在单纯从结案率来讲我们的诉讼程序效率很高,这个"高"不是说我们的诉讼程序有多么完善,或者设计有多么科学。这个"高"更大的原因来自于程序的不规范。这种不规范主要体现在对于当事人程序保障的不充分。比如以庭审为例,实际上普通程序的庭审的不规范性,以结案率为导向的快速性,很难想象这是一种严格的司法程序。因此在既判力相对化原则今后制度化过程中,这种过于强调过于快速的司法政策可能是一个比较重大的障碍。

第四个就是我们对于当事人,尤其对于诉讼标的,无论在制度层面还是在实际操作层面,还存在着很大的障碍。这个障碍是如何把握诉讼标的,诉讼标的与诉讼请求是何种关系。这恐怕在实务中甚至在理论上没有分得太清楚。原先对于诉讼标的的争议与研究更多地集中在旧实体法说、新实体法说等,忽略了如何在实践中把握诉讼请求或诉讼标的的问题。我个人的观点认为,从我们的现状来讲,旧实体法说可能是比较简便,比较明了,也更能为实务所接受的一种立场。在这种立场下,如果要确立既判力相对性原则,那么必须要有一个前提,即实务中的法官能够非常明确地对诉讼标的进行识别。我的不太成熟的看法是,要件事实的审判逻辑或审判方法对我们来讲是比较实用的,尽管要件事实论理论上是有争议的,但我觉得从规范性司法的角度来看,是比较实用的。从诉讼请求来分析它的实体法规范,它的实体法请求权是什么,它的要件、效果是什么,它对应的要件事实是什么,对于要件事实相对的间接事实以及证据的关系是什么。将这一套逻辑如何通过法学教育教授于学生,灌输给实务中的法官,我觉得对诉讼标的的明确把握是非常有益的。进而对于落实既判力相对性原则是非常有帮助的。

这是我简单梳理的我们国家在现在状态下存在哪些障碍因素,并如何克服的思考。

最后总结一下。我们现在处在司法改革的激进时期,对于民事诉讼理论的研究来讲,我觉得是一个比较好的契机。民事诉讼法的创新应该是方向的转变。无论是实务还是理论研究,应该是从非规范化向规范化制度化运作的转变。在这样一个前提下,我们不要排斥一些能够反映民事诉讼理论的一些本质性的规律或者相关制度。实务的情况我们需要关注。但问题是我们的法院尤其是最高法院，从此次司法解释体现出来的知识背景来看，他们对国外的相关理论是接受的，而且接受得非常好。因此解释出台后，可能会对很多问题都产生争议，但至少我们看到了一个契机。昨天可能还是比较法上的知识或概念，今天就实实在在地成为现行司法解释中的概念或制度。因此在既判力制度化的问题上，基本的姿态应该是开放性的，立法论远远没有结束，解释论也不能不考虑这一现状来展开。

这是我的汇报，谢谢大家。

熊跃敏：感谢林剑锋老师的报告，接下来有请东吴大学法学院的刘明生老师评议，大家欢迎。

刘明生：谢谢熊老师。我在台湾地区拜读了林老师的论文，我觉得它提示了一个无论是在大陆还是在台湾地区的一个很重要的问题，即既判力的相对性原则是否应当在民事诉讼法中建立起来。在台湾地区，已经有明文规定。在台湾地区"民事诉讼法"的第四百零一条，明文规定确定判决的既判力仅及于诉讼的两造当事人。但设有两个例外，一个是在诉讼系属中诉讼标的之法律关系发生移转的情况或者诉讼系争物有移转的情况，既判力会例外扩张及于第三人。该第三人称为继受人。另外还有一种情况，就是规定在台湾地区"民诉法"第四百零一条第二项有法定诉讼担当或者意定诉讼担当的情形，既判力会例外扩张及于被担当人。我个人非常惊异。大陆是参考台湾地区的第三人撤销诉讼，因此立法通过了。台湾地区有为数甚多的学者都觉得这个制度非常有问题。因为在台湾地区第三人撤销之诉的运作，在立法论上是否有正当性，在实务运作上也产生了很大的争议。大陆将这么一个有很大争议性的问题引入进来。但我觉得这里有很大的问题。第一个问题是大陆并没有台湾地区"民事诉讼法"第四百零一条既判力主观范围例外扩张的规定。到底哪些第三人会受既判力扩张所及，都还没有明确化，而规定第三人可以事后救济。这是很有问题的。还有一个问题是林老师提到大陆的第三人撤销诉讼第五十六条第三项最主要的目的是防止虚假诉讼，与台湾地区第三人撤销之诉立法目的之程序保障不同，这点我是赞同的。但是我查阅了大陆民事诉讼法第五十六条的规定，其实它不仅防止虚假诉讼，它的要件中"因不可归责于第三人未参加诉讼的情形"，因此它还包含着台湾地区程序保障的目的。所以在解释论上就会产生很大的问题。第一个就是关于事后程序保障的问题，到底是哪些人可以提起第三人撤销诉讼。在台湾地区比较没有争议的是受既判力例外所及的继受人，以及法定诉讼担当的被担当人，并没有包括任意诉讼的被担当人。因为他是基于自己的意思授予诉讼实施权。因此在前面已经赋予他程序保障了。现在有一个疑问是除了继受人与法定诉讼担当的被担当人以外，还有没有第三种人可以提起第三人撤销之诉。尤其是在大陆"无独三"的情况，有一种辅助参加人。我不知道辅助参加人在大陆理论中是否承认，台湾地区是有一系列明文规定的。承认辅助参加人的地位的，在第五十八条有规定。现在有个问题是台湾地区有些学者主张法院通知辅助参加人，不来参加诉讼就对其产生既判力。我认为这个前提是不存在的，因为依照台湾地区"民事诉讼法"第四百零一条第一项和第二项，在一般辅助参加的情况，根本没有任何诉讼担当与继受，既判力为什么及于他呢？因此台湾地区"民事诉讼法"第四百零一条是非常重要的。我觉得大陆是非常需要这种明确性规定。这种辅助第三人不是第三种例外。我一直强调既判力主观范围要明确化，不能透过法续造，认为立法者有漏洞，进而创造第三个例外。不能这样做，这是法安定性的要求。在这种前提之下，我们台湾地区学者认为既判力不及于第三人。但是有个例外，就是参加效排除的情况，可以作为既判力排除的事由，让他这种法律上的利害关系第三人例外地提起第三人撤销之诉。我想将来在大陆也会发生这样的情形。但是这样的一个学说是有疑问的。既判力根本不扩张及于他，为什么要用参加效排除事由排除既判力呢？第二个问题是参加效与既判力为两个完全不同的确定判决效力，怎么能用另外一个确定判决效力的排除事由作为排除既判力的事由呢？这是没有正当性的。而且德国通说认为，如果承认有既判力的话，不能再主张任何参加效排除事由。这是与德国通说见解不一致的。因此这种人根本不用赋予他第三人救济诉讼。他只要在后边的求偿诉讼中主张参加效排除的事由，就算他主张参加效排除的事由，前面两造当事人的确定判决既判力也不会被排除，他只是在后边的求偿诉讼时，主张参加效排除事由而已。这样就可以了。我们台湾地区第三人撤销诉讼的规定比大陆第五十六条多一个要件，即"如果可以以其他法定程序救济的话，则不在此限"。因此立法者想限缩第三人撤销诉讼的适用。我刚才所讲的参加效排除事由，在我们台湾地区高等法院就有承认该种情况不能提起第三人撤销诉讼。

最后一个问题是虚假诉讼的情形如何解决。台湾地区"最高法院"已经做出了很多判决认为有诈害第三人的情况，不能依照第三人撤销诉讼来救济的。因为它有其他法定程序救济。当然它也不能提起再审诉讼予以救济。他可以提起以故意侵权行为的诉讼来救济。这种做法类似于德国。因此我们台湾地区"最高法院"的做法是对第三人撤销诉讼适用在限缩，而不是扩大。当然可以思考未来是否可以承认第三人诈害再审，毕竟故意侵权诉讼是一个给付判决，并没有办法产生形成力，如何去破除一个确定判决的既判力。在德国，有学者主张这种故意侵权行为的损害赔偿诉讼是实体法理论的既判力理论的产物，在德国目前既判力已转向了诉讼法说，因此在论理上可能有些问题。因此我们只需要将再审程序的主体适格扩大，再审事由完整化，进而承认第三人诈害再审就可以了。因此德国没有第三人撤销诉讼也可以解决上述问题。

我的评议到此结束。

林剑锋：谢谢刘老师。补充一点感触。客观的状况是法条起草过程本身有一定封闭性，因此制度设计有一定的唐突性和随意性。另外，刚才刘老师提到我们大陆没有既判力关于当事人的规定。但是我想说的是其实是有的。比如说强调无独立请求权第三人时，在讲到是否赋予他当事人权利时，关键是看一审判决是否判决其承担义务。这个规定暗含的逻辑是诉讼限于当事人。因为他获得了当事人的程序保障。因此是有规定的。但是这种逻辑是潜在的，而不是明确的。在民事诉讼法理论体系中，既判力并不是你认不认可的问题，它是运作制度中不可或缺的。

民事诉讼法研讨一

熊跃敏：其他老师是否有问题向刘老师提问。如果没有，那么我们上午环节就结束了。下午由冯珂博士主持。

冯珂：下面我们开始下午的论坛，首先有请吴泽勇教授评议。

吴泽勇：我结合两位报告人的报告以及评议人的评议谈一下我的看法。首先我想提一点，即立法的背景。中国民诉法 2012 年的修改，是否是以既判力相对性理念为基础呢？我想绝大多数同仁应该有同感，是没有这个基础理念的。在 2012 年的立法中，立法者出于很多实务的考虑，比如规制诉讼欺诈、虚假诉讼等考虑，规定了许多新的制度，如第三人撤销之诉。其背后的理念可能并不包含既判力相对性原则。今天几位老师都主张在中国未来法的建构以及解释中，强调既判力相对性原则。我觉得从立法论的角度，这是没有问题的。我们 2012 年的立法可能就缺乏了这种基本理念，导致立法上出现了唐突甚至随意性的立法。可能对很长一段时间司法的适用产生了一些影响。这是我讲的第一点，即立法的背景以及我们目前的研究可能具有的意义。

其次我想从司法论的层面来谈一下。从司法论的层面来看，法官在适用法律时，他的法律解释一般会以立法者的思路为基础的。比如第三人撤销之诉，中国的法官目前让他以既判力相对性原则作为解释第三人撤销之诉的标准，可能很多法官目前很难接受。这样就会导致学术界可能会越来越形成共识，强调既判力相对性。而实务界却朝着另外的方向发展，长此以往，会不会导致理论与实务的脱节，这种情况也是需要注意的。

最后一点我想说一下，面对这种情况，我们学者应该做什么呢？我觉得中间可能会有一个方向，除了要加强既判力相对性的研究，还要从理念上形成共识，进而宣传它。我觉得另一种研究思路也是可行的，或者说也是可以作为补充的，即矛盾判决的问题。我觉得是否可以对实务中矛盾判决的情形做一个梳理。因为中国法院尽管要避免矛盾判决，但是每个法官的处理方式是不同的。在这些判决中，哪些矛盾判决是既判力冲突，哪些是争点效的冲突，哪些是其他效力的冲突。我们如果对判决书进行充分的处理，做一个类型化处理，进而用理论来分析这种类型化，有可能在既判力相对性理论与中国司法实务中建立一个桥梁。这个桥梁既可以使法官进一步认识到相关理论的具体意义，也可以使中国的立法向一个好的方向发展。

这是我的评议，谢谢各位。

冯珂：谢谢吴老师。下面有请任重老师评议。

任重：非常感谢北京师范大学的邀请，由于我对两篇精彩的报告已经提交了书面评议，因此我尽可能节省发言时间。首先对郭翔老师的文章进行评议，也希望郭老师批评指正。我与刘明生老师有同样的感受，郭老师的文章有相当多的创新之处，报告探讨了美国争点效的几乎所有方面。这项工作在比较法上有很大的难度，它要求全面了解和持续关注美国相关理论与实践，例如郭老师对争点效主体范围扩张的美国最新判例的持续更新。郭老师在比较法研究上的认真和执着是我学习的榜样。

郭翔老师博士论文的题目也是争点效，当时国内关于这方面的研究可以说是空白。在充分认识争点效以后，郭翔老师看到了争点效可能在我国引发的消极后果，因此对其研究作了"冷冻"处理。在最近环境公益诉讼司法解释出台后，郭翔老师也认为应当从限制适用的角度出发，来对争点效做出梳理和研究。对自己的研究课题结合我国的具体情况作出客观判断和冷静处理是我国目前民事诉讼法学研究亟待重视的问题，协同主义的讨论可以看作一个反面例证。

我现在谈一下自己的疑惑。郭老师的出发点是中国的案件事实预决效力，那么我想提出的问题是中国案件事实预决效力与美国争点效之间是否有可比性？我认为案件事实预决效力与争点效之间的实质差异至少有两方面，一方面，案件事实预决效力并没有强调相同当事人之间。虽然刘哲玮老师通过对司法裁判的梳理，发现有部分法院有限定在相同当事人之间的裁判习惯，但却并非相关规则的明确和应有之义。另一方面，预决效力依然被认为是证明的主题，只不过具有免证效果。从林老师的主题报告中也可以看到，大陆法系采取的做法是生效裁判不发生事实效力。这本身也是模式选择，对此我们遇到了德国模式、日本模式、美国模式的博弈。到底哪一种模式更适合我国民事诉讼？我们现在的民诉法发展基本上是按照日本模式。林剑锋老师在自己的论文中提到,新堂幸司教授提出的争点效理论虽然影响很大,但是欠缺明确的要件构成,因此司法实践中目前还未被广泛采用。日本的态度对我们是否具有借鉴意义。我们一直沿袭日本的做法,为什么争点效在日本难以被接受,但在中国却可以,我国民事诉讼相对于日本的特质在哪里?这是我的几点疑问,感谢大家。

冯珂:谢谢任重老师。下面有请袁中华老师。

袁中华:我文章针对性更多的是郭老师。我觉得两篇论文的分歧是挺大的,一派是从英美法入手,一派是从大陆法入手,两者的结论的差异也是很大的。对于争点效而言,相较于大陆法系的既判力理论,其走得更远。我们国家的事实预决效力可能就处在大陆法系的既判力与美国争点效之间。我们怎样确定既判力的边界呢?对于这样一个问题,不仅要依靠理论来回答,还要考虑到制度协调问题。我个人觉得有这么几个问题应该探讨一下,一个是诉讼标的的问题,另外一个是程序保障问题,再一个是法律文化方面。通过这三个方面来看待这个问题可能会比较全面。具体来说,诉讼标的在我国的通说指的是当事人争议的法律关系,实际上这是一个很不确定的概念。因此这就导致了司法实务中的适用的混乱。最高法院的一些裁决对于诉讼标的的判断都接近了德国理论了。因此诉讼标的本身在我国可能是范围很大的。因此我们的判决效力的范围也很大。从程序保障而言,我们又处于一个比较低的程度。从法律文化而言,从民众角度出发,对于司法裁判的期待是非常高。对于立法者而言,他对于裁判的期待也是非常高的。

因此考虑既判力要从上述维度来考虑。我的态度是争点效不能接受,既判力相对性应该在坚持的基础上,在我们国家应该做一些限定。这是我的评议,谢谢。

冯珂:谢谢袁老师。下面有请黄忠顺博士评议。

黄忠顺:我是过来学习的。限于时间,书面评议意见已经事先提交各位,这里仅结合"三撤"发表自己对既判力相对性原则的一点思考。第三人撤销之诉在理论上通常被认为是当事人行使程序形成权而提起的诉讼。我国立法者增设第三人撤销之诉的目的在于应付诈害诉讼。既判力相对性原则，从立法论上来讲，应该说是在座各位的共识。只不过，大家对司法实践是否遵循该原则存在认识上的分歧。如果坚决维护确定判决效力的相对性，那么也就没有必要赋予第三人撤销他人确定判决的权利了。至于第三人因他人通谋在客观上遭受的实体损害，则完全可以根据《民法通则》《合同法》规定的撤销权诉讼谋求救济，并存在提起损害赔偿之诉的可能。但是，在民事实体法已经赋予第三人以实体形成权的情形下，民诉法再额外创设程序形成权，使得第三人撤销之诉与撤销权诉讼之间的关系处理较为棘手。尽管在某种意义上讲，实体形成权是作为创设程序形成权的基础，但实体形成权旨在撤销他人之间的民事法律关系，程序形成权旨在撤销确定裁判的法律效力，两者的诉讼标的都不相同。在这种情况下，能否认为第三人因有常规救济途径（撤销权诉讼）而禁止其提起第三人撤销之诉呢？要是这样的话，第三人撤销之诉应对诈害诉讼的功能就无法发挥了，也注定不能实现立法预期目标。如果认为撤销权诉讼之后还必须提起第三人撤销之诉，才能全面救济第三人，则会造成第三人的诉累和浪费司法资源。而且，容易导致法院在撤销权诉讼与第三人撤销之诉之间"踢皮球"，实践中已经出现这方面的案例。我初步的想法是，对于恶意串通损害他人合法权益的民事法律行为尚未经过生效裁判确定的，第三人提起撤销权诉讼就足以提供救济了。但对于已被确定裁判确定的，则第三人撤销之诉与撤销权诉讼实行强制预备合并，以彻底提供救济。但是，这种解释方案也存在问题，就是第三人是否存在撤销既判力的必要？对于以转移财产为目的的绝大多数虚假诉讼案件而言，第三人只要解除确定裁判的执行力并追回（潜在）被执行人（责任）财产就足以保障其权益，为何要挑战既判力？我一直在思考，第三人撤销之诉是否可以如执行异议之诉那样，仅仅是撤销执行力呢？

请各位老师多多指正。

冯珂：谢谢黄忠顺博士。下面由两位报告人进行回应。

郭翔：主要回应一下预决效力与争点效的区别。预决效力一般指的是生效裁判对于某个问题的认定，包括对诉讼标的的认定、对于争议问题的认定在以后诉讼中免证，这个表述很多人可能没搞清楚。美国人也没有弄清楚这个条文是什么意思,他们认为中国法的关于预决效力的表述就是争点效。实际上是不一样的。我认为主要在于在后诉中争议的问题不一样,如果是预决效力,争议的还是是非曲直本身,只是在后诉中一旦提到预决问题的话,前诉判决可以作为证据使用,但是始终争议的是实体法律关系本身。而作为争点效适用时,基本上不争议原来的案件是非本身。争议的是前诉认定的结果,后诉是否可以直接依据该结果来裁判。可能从最后的结论上是一样的。但是是否按照前诉裁判认定后诉时的推导过程不一样。按照预决效力,则是将其作为证据使用,而作为争点效力的话,它则是直接适用。所以按照争点效适用则有一个风险,即会导致后诉认定的事实和前诉认定的事实在概念表述上可能相同,但讲的可能不是一个事情。因为你会严格地按照公式推导,比如侵权行为已经发生,则后诉会认为侵权行为已经发生。而作为免证事由的话,案件还需要还原。

另外一个需要解释的是,我国法院基本上将预决效力作为争点效来用,基本上不考虑使用的差别。这个细微的差异通过简短的几句话未必能够表达准确。举一个具体例子,化工厂破坏了环境,前诉判决认定化工厂有破坏环境的行为。后一个案件的情形是破坏了环境,但并没有弄死农民的庄稼。如果按照争点效,化工厂有不法行为存在即破坏环境的行为,但对于弄死农民的庄稼这个事情,前诉并不涉及,也就没有争点效力。但是按照预决效力,很可能会扩大作用范围,将不法行为与弄死庄稼的行为当作是一回事。我现在有一个遗憾,我也不知道遇到这样的情形到底多少法官作为争点效,多少法官作为预决效力适用。但是我但心的是如果不给法官讲清楚,他们会将预决效力当作争点效。因为争点效可以减轻工作量。进而导致遮断范围进一步扩大。这是我的一个回应。

冯珂:书面评议结束,下面进入自由评议阶段。

陈杭平:我对郭老师的报告提两个问题。我去年在哥伦比亚大学法学院学习一年,对美国民事诉讼程序稍微有点了解。我的问题比较具体。大陆法系判决类型比较简单,在中国只有终局判决,在德国、日本可能还加上中间判决。但是在美国,判决类型非常多,有可以基于诉状的判决,如果被告不应诉答辩，则有不应诉判决。在审前程序中还有一些相关判决，还有论文中提到的作为法律事项的判决。如此丰富的判决类型都是判决，到底哪些判决具有争点效呢？这是一个问题。第二个问题，我注意到争点效的主观范围在部分情况下可以超过既判力的主观范围，为什么会出现这种情况，这种情形的依据何在？

谢谢各位。

郭翔：关于第一个问题。争点效的产生与文书类型应该没有关系，是与构成要件相关。我在论文中提到过，作为法律事项的裁判有可能产生争点效。因为产生争点效的文书不仅限于判决，这是我的理解。

关于第二个问题。原因在于产生遮断效果的原理不一样。既判力的遮断效依据的是交易理论，而争点效不是依据这种理论。我举一个例子，实际诉讼过，与有机会诉讼但没有实际诉讼的情况均产生既判力。而争点效不是这样，必须实际诉讼过才会产生。有的情况会正好相反。

关于主观范围不一致是因为争议请求限于双方当事人之间，但是我这里要澄清一个问题是前边所说的受争点效不利影响的人与主张争点效的人可能会分离。那会出现主张诉讼请求的人是当事人，但案外人由于和原被告之间没有共同的法律关系。因此案外人不能提出相同的诉讼请求，但案外人可以提出争点效。

刘哲玮：我的第一个问题和陈杭平老师的问题相关。美国并不是所有的裁判都会有像大陆法系那样完整的文书。如果文书本身内容不够充分，那么如何来判断争点效。具体到我们国家的小额程序、简易程序，由于文书可以简化，那么是否也会产生争点效呢？

另外一个问题是您文章中提到的"在我国的司法实务中，普遍承认了争点效力"。那么，您是从哪个角度来理解"普遍性"的呢？如果认为最高院环境公益诉讼司法解释中确认了争点效，那么它恰恰是具有特殊性的，因为案件范围仅局限在公益诉讼中，其他的案件是否还有这样的情形，请做一下澄清。

另外一个是关于争点效与预决效力的区别。一个重要区别是争点效不能再起争议。"不能再起争议"是什么意思呢？如果当事人在诉讼中提出了关于争点效的争议，法院是直接引用判决，还是压根不让当事人提？换言之，在立案时，如果被告拿出这样一个判决，法院是要裁定驳回起诉，还是要进行实体审理？如果是后者，那么本质上也只是一种预决效力，只不过具有高度证明力，无法推翻。以上是我的问题，向郭老师请教。谢谢！

林剑锋： 我所了解的新堂幸司教授在日本提倡的争点效，限定在法律关系的范围内，只不过在判决理由部分，原则上不及于事实部分。从郭翔上午介绍的论文来看，争点效是包括事实部分的，如果是这样的话，如何与自由心证协调呢？

刘君博： 我有一个小问题，请教一下郭翔老师。王学棉老师也提到了，郭老师文章的落脚点是环境公益诉讼司法解释第三十条第一款、第二款如何解释的问题上。我不知道各位老师是否注意到实际上这一条的立足点是证明责任的分配问题，才会导致第一款与第二款的区分。该条第一款的适用前提条件是在环境污染侵权诉讼中，侵权行为与损害结果是由受害人承担证明责任的。第二款是因果关系要求加害人承担证明责任。可能从最高院的立场来看，它还是将证明责任分配作为基础。如果讨论预决效力的问题也应该沿着这个思路。我似乎没有解释出争点效适用的空间。郭翔老师试图利用争点效来解释该条，那么从理论上如何来处理其与证明责任分配、自由心证的关系呢？

郭翔： 第一个问题是法律文书中如何识别哪一部分产生争点，哪部分不适用？这在大陆法系根本解决不了，因为是职权适用的。但在英美法系不是法院职权适用。是由当事人主张适用。它主要目的在于避免矛盾判决，而不是诉讼效率。英美法系不需要将争点效的适用限定于某些法律文书。

第二个问题的"普遍承认"指的是预决效力基本上被法院作为判决效力适用。

第三个问题"不能再次争议"，如果作为证据使用，则有自由心证的适用，但是如果作为判决效力适用，则没有自由心证的适用。

第四个问题关于第三十条第一、二款的区分。我开始的感觉也是从证据角度解释的。但是从该条规定来看，即便是作为证据，也是一种不能推翻的证据。那么它还是证据吗？因此是否超越了证据，到了争点效的程度呢？

李铎：非常荣幸有这样一个学习的机会。郭老师文章信息量很大，我读了好几遍，有诸多疑惑。我谈一下自己不成熟的思考。一个问题是民诉法司法解释第九十三条的问题，能不能再解释一下。另一问题是我也感觉环境公益诉讼司法解释第三十条是一个证明责任的分配问题。如果要引进争点效，是否首先要解决一下证明责任分配规则的统一问题。如果我们能够将证明责任分配规则予以统一，可能会更好地好适用争点效。另外还有所谓的终局裁判，一审中有小额程序、简易程序，这些程序的法律文书以及程序是简化的，简化的主要部分就是事实与理由部分，那么简化后如何适用争点效呢？这也是我的一点儿疑惑。谢谢！

郭翔：司法解释第九十三条免证事实条款的回应。这个条款中涉及两个问题，一个是既判力，当年是没有涉及既判力的。如果承认既判力后，这一条肯定要改造。除了产生既判力的诉讼标的，剩下的部分如何处理呢？则会产生争点效的问题。如果将既判力剔除，那么前诉认定的事实在后诉真的免证吗？什么事当然免证，什么事只是对法官有影响，这就需要分析和讨论了。因此前诉裁判的结果的裁判效力是应该分层次的。因此只有将层次分清楚，将各种判决效力规制的对象分清楚，讨论争点效才有意义。

林剑锋：我觉得民诉法第九十三条的免证不属于既判力的范畴，第九十三条不是既判力存在依据或者逻辑前提。按照我的理解，第九十三条是自由心证主义下法定证据的一个体现。

李浩：大陆法系既判力是法定，争点效不是法定效力。但在我们国家没有既判力的规定。最高院的司法解释证明效是有规定的。这样证明效就成了法定的了。因此如何解释和协调这些判决效力，则是一个很大的问题。

张卫平：这涉及证明效的约束力到底是什么样的约束力，毕竟它可以推翻。

刘明生：我觉得可以从两方面来看争点效与预决效力来看，从要件来看，预决效力是比较强的，它没有设置相应的要件，就可以产生效力。从另外一方面看，预决效力透过反证可以推翻，从这一方面看，它的效力又比争点效弱了。这个比较复杂。

冯珂：下面针对林剑锋老师的论文进行评议。

任重：我对林老师的文章有很多共鸣。在林老师的文章中，我认为有几个比较重要的观点值得注意。一点是既判力制度有超越地域、时代的特性，与职权主义或者当事人主义无关。既判力本身具有绝对性，也具有相对性。绝对性指的是判决效力本身，但是从内部来看，从三个维度其应当具有相对性。在这个方面，林老师将中国既判力制度化过程中存在的问题总结为两个矛盾，一个矛盾是应该绝对化理解的既判力理念存在相对化的理解，如再审制度的不断扩大与一般适用，再如第三人撤销之诉。另外一个矛盾是本来应从三个限度来限定既判力，在中国却没有相对性。另外一点即是结合中国实定法进行的分析。林老师论文在这方面非常全面。

我的问题是中国的实定法真的不能推出我国具有既判力制度吗？在德国，辩论原则从立法之初从未规定在民事诉讼法中，但是被认为是最重要的民事诉讼原则，并在相关裁判和立法中有相关体现。因此并非只有在法典和司法解释中写明"民事诉讼既判力相对性原则"，才代表我们承认了既判力相对性原则。特别是民诉法解释第二百四十七条关于矛盾判决的规定，不仅包括主体方面的限定、诉讼标的方面的限定，还有诉讼请求方面的限定，我们是否可以作为我们已经确立了既判力相对性原则的一个依据。或者根据民事诉讼法第一百二十四条第五项，是否可以作为承认既判力相对性原则的依据呢？

另外一个是我们在探讨既判力相对性或者一事不再理时，很容易用到的一个概念是矛盾判决。正如吴泽勇教授提到的那样，对于这样一个飘忽不定的概念，我们很多人都在用，进而导致在使用这一概念时，没有统一的标准。如果将矛盾判决限于诉讼请求层面，问题不大。矛盾判决是否针对事实层面呢？我们已经规定了案件事实预决效力，包括在民诉法解释第三人撤销之诉的规定中，判决错误限于裁判主文等规定。因此从一定程度上，我们已经发现案件事实预决效力一般性适用的问题。并且像最高院在其出版的相关的释义书籍中提到的那样，地方各级人民法院不应该僵化理解适用预决效力。不应该认为前诉判决已经认定了的事实就禁止当事人在后诉中在以此为基础提出诉讼请求。因此即便在事实层面，我们现在也允许存在不同的事实认定。因此矛盾判决的标准在哪里呢？

这是我的评议内容。谢谢各位。

冯珂：谢谢任重老师的评议。现在进入自由评议阶段。

马丁：我有两个小问题和林老师请教。关于"无独三"，由于法律规定其可能承担责任，因此有必要给予其充分的程序保障。但我想问的是您对"无独三"承担责任是如何看待的。另外一个问题是新司法解释的第二百四十七条对于重复诉讼的认定标准的问题。其中提到的前后诉的诉讼标的与诉讼请求是什么关系呢？这两者在此条中并列代表了什么？

林剑锋：首先感谢各位评议人。有些评议是非常细的，对我个人非常有启发。

对于吴泽勇老师的问题，文章本身发端于上一期关于第三人撤销之诉的内容。既判力的讨论是与第三人撤销之诉制度是紧密相关的。既然有这样的一个制度，那么既判力相对性原则就不能回避。吴老师认为我们应当更关注实务的相关状况，然后依现行法律为前提，在解释论上做一些研究。我十分赞同。即便是限制也要做解释论。我觉得我们民事诉讼法体制发展很快，我们的实务本身操作不规范，因此各地差异很大。既有认可既判力相对性的，也有不认可的。从最高法院的司法解释来看，他们的理论水平是非常高的。他们是愿意朝着规范性走的，这也是我为什么更多地从应然意义或者立法论的角度来探讨这个问题的原因。

第二个问题是吴老师提到的矛盾判决如何实在化的问题，这与任重老师第二个问题有关联性。第一矛盾判决不允许存在的观念确实存在。从应然的角度讲，矛盾判决应当是相对化。我的论文中提到如何界定矛盾判决，借用了重复起诉的判断标准，主体或者客体任何一个不同的话，构成不同的诉，因此法院对于相关判断允许存在矛盾判断。

另外关于事实认定的问题，无论从自由心证的角度讲，还是从既判力的应有的理论来讲，是允许法院就同一事实作出不同认定的。这两个应该是允许矛盾判决相对化存在的比较直接的和现实的标准。这是关于矛盾判决的问题。

第三个问题是我非常赞同任重老师的观点，我们相关制度必须要认可既判力，无论是否制度化。因为不认可既判力，司法运作会存在问题。任重老师提到是否需要明确规定既判力相对性的相关问题，我认为应当要明确化。因为无论是学界还是司法实务界都没有一致的意见。因此还是需要明确化。

关于马丁老师的问题，"无独三"是否应承担责任呢？我们民事诉讼法尽管没有明确既判力相对性原则，但并不意味着我们制度背后找不到相关逻辑。"无独三"制度实际上已经有了上述的逻辑。我的关于"无独三"的观点是应当限制适用该制度。

关于诉讼标的与诉讼请求是什么关系？我也有同样的疑惑。从日本法中没有诉讼标的这一概念的，其称为诉讼物、诉讼上的请求、诉讼的对象。我们的语境下，诉讼请求是什么？我认为应相当于大陆法系的请求趣旨。我们起诉状中原告的诉讼请求，与诉讼标的没有关系。诉讼请求在我们语境下是原告向对方当事人提出的诉求。这是我的理解。

袁老师的观点我比较赞同。我不赞同在现在的司法状况下接受争点效。程序保障是判决效遮断后诉的基础。程序保障的表述内容是不一样的，大陆法系的程序保障是制度化的，其不允许法官个人就个案本身行使程序保障权。而英美法系强调的是个案的程序保障，法官有很大的自由裁量权。争点效难免遇到要件不好判断的问题。因此如果给予法官较大的自由裁量权，那么可能很难实现民事诉讼的规范化。因此不赞同采用争点效。

关于既判力边界不确定的问题。我认为应当确定，主观范围就应当限于当事人，客观范围就应当限于诉讼标的。

张嘉军：非常感谢北师大的邀请。由于我这几年一直做实证研究，对于既判力与争点效研究不多，今天受益良多。我刚碰到一个案例，甲给乙20万，要求乙给甲的儿子安排工作，乙给甲出具20万的借条。其实乙也无法给甲的小孩安排工作，因此就找到丙，并将钱给了丙。结果丙是骗子，甲、乙向公安机关报案，但丙失踪了。现在甲以债务纠纷向法院起诉，基层法院认为甲明知乙是为了其儿子找工作，自己也没有占有这部分钱，因此不是债务纠纷，以不诚信为由，驳回了甲的诉讼请求，甲上诉至郑州中院，维持原判。判决生效后，甲再次以不当得利为由再次起诉乙，基层法院判决甲胜诉，上诉至郑州中院，郑州中院又维持原判。第一个问题是第一次的判决是否对第二次的判决有既判力。第二个问题是第一次判决与第二次判决截然相反，被告乙应如何救济。

就两个问题请教各位老师。谢谢。

林剑锋：我认为第一次诉讼是以借款为由，如果按照旧诉讼标的理论来讲，前后诉讼标的不一样，因此是两个诉，不影响后诉的提起。如果基于新诉讼标的理论，那么可能后诉受前诉既判力所及，就影响后诉的提起。而在新诉讼标的理论下，创设了争点效理论，对于不同的诉讼的理由产生争点效。我个人的观点是我们国家还是采用旧实体法说为宜。因此前后诉应不是同一诉讼标的。

关于您讲的矛盾判决，如果前后诉均涉及相同的事实认定的话，那么涉及的不是既判力的问题，而是免证的问题。

李浩：我也提一个与既判力相对性相关的案例。我是针对有独立请求权第三人的理解来编的一个案例。A 诉 B 要求其将占有的一幅名画交于自己，并主张该画为自己所有，法院判决支持 A 的诉讼请求，B 履行了判决，将画给予了 A。但是 C 认为自己是该幅名画的所有人。此时 C 是否需要提起第三人撤销之诉保护自己的权利。或者 C 是否是立法所预设的可以提起第三人撤销之诉的第三人。因为从既判力相对性来说，似乎没有必要让 C 提起第三人撤销之诉。

林剑锋：我个人认为从 2012 年民诉法修改之前，有独立请求权第三人是有选择权的，其可以参加，也可以提起新诉。但是在有第三人撤销之诉之后，如何呢？我个人认为不适用第三人撤销之诉。因为如果这样也可以使用第三人撤销之诉，那么法院会有很强的释明义务，或者说是调查义务。

民事诉讼法研讨一

吴泽勇：我就李老师的例子谈一下自己的看法。如果承认既判力相对性，毫无疑问无需提出第三人撤销之诉。但是这个案例恰恰是立法者希望通过第三人撤销之诉解决的问题。

刘明生：台湾地区是采旧诉讼标的理论的，但是原告并非是需要择一立案，他可以通过客观诉之合并的形式立案的。当然，如果按照旧诉讼标的理论中的各诉讼标的分别起诉，在大陆如果会发生遮断效的话，那我是反对的，因为它已经超越了新诉讼标的理论的二分支说。

刘哲玮：涉及物权法第三十四条关于所有权返还的请求权，其要件一般认为原告是所有权人，被告是无权占有人。但是这两点并非是事实，而是一种权利状态，其实需要更多的事实予以证明的。我们的法院在审理时如果有中间判决还行，如果没有的话，那么后诉再次针对所有权起诉，可能会产生矛盾判决。我认为这种情形不应该用第三人撤销之诉来予以解决，而应将判决事实的充实化，真正将要件事实的范围搞清楚。法院应当在前诉中明确基于何种事实认定有所有权。如果后诉发生了新的事实，则可以突破前诉既判力，重新起诉。因此，完全不需要第三人撤销之诉。

任重：这个问题我赞成张卫平老师与李浩老师的见解，根据中国司法实践，恐怕我们还是采旧说。根据《证据规定》第三十五条，当法律关系在当事人与法官之间不一致时，如何处理是有规定。从这条也能看出在我国采旧说。请求权竞合可能存在两种层次，一个是实体法层次，即我的案件能满足两个或两个以上的实体法规定，前提条件是两个以上的法律规定都能满足，但是刚才张嘉军老师提出的案例，只能择一，不能同时满足。现在我想说一下李浩老师的那个案例。我想向李浩老师来请教一个问题。我对民事诉讼法第五十六条第三款进行了初步分析，我发现客观上其要求原裁判错误，另外，还要求该错误损害了案外人利益，现在的民诉法解释更清楚，该错误是一个裁判主文错误，事实认定错误不在此限。就李浩老师举的例子，前一个是给付判决，后一个是确认判决，这两者从最高院的司法解释来看，不是矛盾判决，不适用第三人撤销之诉。现在有点问题的是确认之诉，即前诉是 A 要求确认 B 占有的物是自己的，C 认为归自己所有，A 不能进行确认，因此前诉为确认之诉的裁判主文的效力何在，这在司法实务中是比较有争议的。但是物权法第二十八条明确排除了确认之诉与给付之诉会产生物权变动，因此李浩老师提到的例子据此并不能适用第三人撤销之诉。

李浩：你觉得前边的判决实际上没有错误，对吧。这是一种解释。但是应当如何来理解"判决有错误"呢？

任重：我个人认为确认之诉并没有对世效，因为从案件事实的获取渠道或手段来看，法院是不可能全面调查案件事实进行判断的，因此这样的条件下是无法具备使得确认判决获得对世效的条件和基础。且民法学者也认为物权法第二十八条仅认可了形成判决具有物权变动效力，具有对世效，而给付诉讼与确认判决并不具有对世效。

冯珂：现在我们有请史明洲做评议。

史明洲：从日本法的实务运作来看，我个人觉得新诉讼标的理论在经过诉讼标的理论的论争来看，已经消亡了。现在开始已经有学者开始认同旧诉讼标的理论，如伊藤真教授。其实采旧诉讼标的理论，然后根据诚信原则来作为遮断效的基础，就达到了与新诉讼标的理论同样的效果。

冯珂：主持人也想发表一下看法。我觉得我们的司法实务可能还是运用的旧说，但是我们的这个旧说可能还与大陆法系不太一样，我们的旧说还是以法律关系为标准。我们的法院操作还是在实体法路径上的一种诉讼标的的判断，与严格意义上的旧说还是有差别的。因此既判力相对性原则与我国的诉讼标的的识别还是有很大关系的。

现在有请刘荣军教授继续主持。

刘荣军：有请张卫平教授致闭幕词。

张卫平：我们今天关于既判力两个子话题的讨论是很充分的。充分地反映了各报告人对这些问题的深度思考。我相信对在座的各位青年学者的研究思考还是很有启发的。我和李浩老师也共同意识到，从教材上看似很统一的东西，在直接对话中会发现还是有很多东西并没有达成共识。通过这种近距离的交流，至少我们能够明确分歧在哪，问题在哪。因此从这一点来看，我们第三届紫荆沙龙还是非常成功的。我们也代表民诉法研究会感谢各位。更要感谢今天沙龙的东道主北师大法学院。我希望在以后的活动中扩展相关问题的探讨，尤其是新民诉法司法解释颁布后，还有很多需要大家来进行研究。感谢大家。

刘荣军： 民事诉讼法学理论是阳光的，在青年学者当中我相信会更灿烂。因此我希望青年学者能够不断地热情参加到民事诉讼的讨论中来。今天会议到此结束。

附：书面评议

一、案外人进攻性使用争点效

华北电力大学　王学棉

《最高人民法院关于审理环境民事公益诉讼案件适用法律若干问题的解释》（以下简称环境民事公益诉讼解释）第三十条规定："已为环境民事公益诉讼生效裁判认定的事实，因同一污染环境、破坏生态行为依据民事诉讼法第一百一十九条规定提起诉讼的原告、被告均无需举证证明，但原告对该事实有异议并有相反证据足以推翻的除外。对于环境民事公益诉讼生效裁判就被告是否存在法律规定的不承担责任或者减轻责任的情形、行为与损害之间是否存在因果关系、被告承担责任的大小等所作的认定，因同一污染环境、破坏生态行为依据民事诉讼法第一百一十九条规定提起诉讼的原告主张适用的，人民法院应予支持，但被告有相反证据足以推翻的除外。被告主张直接适用对其有利的认定的，人民法院不予支持，被告仍应举证证明。"按照美国的争点效理论，该司法解释中第一句话规定了案外人对争点效的进攻性使用（郭翔的论文称为前诉案外人作为进攻手段对前诉被告主张争点效力）。

为什么这么说呢？正如郭翔论文所述，案外人对争点效的进攻性使用，是指后诉中的原告（即前诉案外人）主张前诉争点裁判对后诉被告（同时也是前诉被告）有争点效，其目的是将前诉中已经裁判过的对被告不利的争点作为自己的请求理由，以支持自己对被告提出的诉讼请求。

就前后两诉的诉讼主体而言，从司法解释的文义可以看出，前后两诉属于被告相同，原告不同。就前后两诉的诉讼性质而言，在作为公益诉讼的前诉结束后，又提起了后诉，该后诉无疑是一个私益诉讼。理由有三：一是民诉法司法解释第二百八十八条规定，①公益诉讼的提起不影响私益诉讼的提起，也就是说公益诉讼的裁判生效后，仍可以提起私益诉讼。二是民诉法司法解释第二百九十一条规定禁止反复提起公益诉讼，除非法律、司法解释另有规定的除外。②另有规定实际上是指环境民事公益诉讼解释第二十八条之规定。③其针对的主要是前诉没有做实体处理的情形。三是民事诉讼法第一百一十九条规定的就是私益诉讼提起诉讼的条件，根据该条提起的诉讼自然应当是私益诉讼。对于公益诉讼，第三人撤销之诉、执行异议之诉等，民诉法司法解释都另行规定了起诉条件。

既然后诉是一个私益诉讼，后诉的原告显然不是前诉公益诉讼的原告，对于前诉而言他是一个案外人。对于已为前诉环境民事公益诉讼生效裁判认定的事实，如果对后诉的原告有利，原告只需主张，无需举证证明，被告对此即使有意见也不能反驳，即直接约束被告。此系典型的案外人进攻性使用争点效。如果对后诉的被告有利，被告主张适用时，原告可以利用相反证据推翻该事实，此时该事实仍属于证明对象，与争点效就没有任何

---

① 第二百八十八条 人民法院受理公益诉讼案件，不影响同一侵权行为的受害人根据民事诉讼法第一百一十九条规定提起诉讼。

② 第二百九十一条 公益诉讼案件的裁判发生法律效力后，其他依法具有原告资格的机关和有关组织就同一侵权行为另行提起公益诉讼的，人民法院裁定不予受理，但法律、司法解释另有规定的除外。

③ 环境民事公益诉讼案件的裁判生效后，有权提起诉讼的其他机关和社会组织就同一污染环境、破坏生态行为另行起诉，有下列情形之一的，人民法院应予受理：（一）前案原告的起诉被裁定驳回的；（二）前案原告申请撤诉被裁定准许的，但本解释第二十六条规定的情形除外。环境民事公益诉讼案件的裁判生效后，有证据证明存在前案审理时未发现的损害，有权提起诉讼的机关和社会组织另行起诉的，人民法院应予受理。

关系。况且根据美国争点效理论，由于后诉原告不是前诉的当事人，按照正当程序理论，其不受争点效的约束，后诉被告也不能对其主张争点效。

但是案外人对争点效的进攻性使用在其发源地之美国尚存争议，那么，该司法解释对案外人进攻性使用争点效的规定是否妥当呢？如妥当，为什么妥当？如不妥当，哪儿不妥当，应当如何改进？对于这些问题，郭翔的论文似乎没有给出答案，而是采取了一种留待来日再说的策略。

在正式讨论环境民事公益诉讼解释对案外人进攻性使用争点效之规定是否妥当之前，有必要对郭翔论文第四部分和第五部分之间的关系做个简要分析。我认为论文对这两部分之间的关系阐述得不是很清楚，不利于读者准确理解案外人进攻性使用争点效。论文第四部讲的是受争点效约束的主体范围，即主观范围，在诉讼中表现为对谁可以主张争点效。其理论基础是"当事人应当获得一次充分且公正的诉讼机会"程序正义。也就是说，只要当事人在前诉中享有充分且公正的诉讼机会，就可以对其主张前诉中的争点效。第五部分讲的是争点效的相对性及其突破。相对性指的是谁可以主张争点效。由于相对性并不源于正当程序和美国宪法，因此，法院没有必须适用的义务。传统理论认为，只有前诉的当事人才能主张前诉中的争点效。相对性的突破则是指案外人也可以主张前诉中的争点效。按照正当程序与相对性之间的前述关系，论文第28页的论述就不够准确，"突破相对性原则，即承认争点效力规则适用时的非相对性原则（non-mutuality doctrine），是指当后诉的当事人双方与作出争点裁判的前诉当事人双方不完全一致时，并不意味着前诉的争点裁判就一定没有争点效力。只要受争点效力作用的当事人已经在前诉中就该争点获得了一个充分且公正的诉讼机会，并且在别的情况下（即后诉当事人双方与前诉当事人双方完全相同时）该争点裁判已经有争点效力，他就应当受该前诉争点效力的约束，不得再次争议该争点。"实际上，当讨论案外人对争点效的防御性使用或进攻性使用时，关注的是其能否主张争点效，而不是被告在前诉中是否享有一个充分且公正的诉讼机会。

关于案外人进攻性使用争点效的经典案例就是美国联邦最高法院判决

的帕克雷恩·霍谢瑞有限公司诉肖尔（Parklane Hosiery Co., Inc. v. Shore）[①]一案。由于郭翔的论文没有全面介绍这个案件，导致读者无法全面了解美国联邦最高法院在肯定案外人进攻性使用争点效时是如何考虑的，进而也导致无法评判环境民事公益诉讼解释第三十条规定的案外人进攻性使用争点效是否妥当。实际上，美国联邦最高法院在判决该案时已经预见到了该制度可能带来的负面效果，在采取了预防措施后才首肯该制度的。

在该案中，美国联邦最高法院首先对允许案外人抗辩性使用争点效带来的高效益与允许案外人进攻性使用争点效带来的低效益进行了比较。允许案外人防御性使用争点效有利于激励前诉的原告合并所有可能的被告。若前诉原告不这么做，一旦败诉的话，后诉中的被告就可以主张前诉中对自己有利的争点效。因此允许案外人抗辩性使用争点效能够提高前诉的合并，进而提高诉讼效益。允许案外人进攻性使用争点效带来的效果正好相反，不但不能激励潜在的原告加入前诉，反而会鼓励他们充当案外人。因为置身于前诉之外，不但没有任何风险，还能从中获益。如前诉的原告败诉，案外人在后诉中并不受前诉争点效的约束，因为它不是前诉的当事人。如果前诉原告胜诉，案外人在后诉中可以主张前诉中的争点。这样一来，案外人受搭便车心理的驱使，其结果不是降低而是增加了法院的诉讼量。因此，联邦最高法院从一开始就意识到了虽不应禁止案外人进攻性使用争点效，但也只能应用于那些不会给本应加入前诉的案外人带来额外利益的案件。

除上述缺陷之外，联邦最高法院在该案中还注意到了允许案外人进攻性使用争点效可能给被告带来的不公平，并列举了三种情形。一是前诉是小额诉讼，尤其是当被告认为不会有后诉时，被告可能不会尽力进行诉讼。如果被告败诉，后诉原告却提起巨额赔偿诉讼并主张争点效的。二是针对争议事实有多个裁判，有的对被告有利，有的不利。后诉原告只主张对被告不利的争点效，而不主张对被告有利的争点效的。三是被告在前诉中没有获得充分且公正的诉讼机会的。

---

① 439 U.S. 322（1979）.

最后，美国联邦最高法院认为只有在满足了下列条件的案件中才允许案外人进攻性使用争点效。第一是不会引发搭便车诉讼。因为在帕克雷恩案中，前诉是由证券交易委员会提起的公益诉讼，后诉是私益诉讼，后者无法并入前者。第二，导致对被告不公的前述的三种情形不会发生。在帕克雷恩案中，鉴于证券交易委员会提起的前诉之重要性，如果原告胜诉，被告完全可以预见到随后会有大量私益诉讼提起。因此，被告一定会全身心地投入前诉。同时对该案中的事实也没有出现多个不一致的判决。限制有一个不利于被告的判决。此外，也不存在被告在后诉中可以享有的程序在前诉中不能享有。美国联邦最高法院最终认定：没有任何理由可以禁止案外人在该案中进攻性使用争点效。

除此之外，对后诉被告还有一个保护措施，那就是由于相对性不源于正当程序与美国宪法，法院没有必须适用的义务。因此，即使后诉原告进攻性主张争点效，后诉法院也可以根据实际情况决定是否适用。

对美国联邦最高法院关于允许案外人进攻性使用争点效可能给被告造成的不公平所作的分析，美国学者并无异议，只是认为其遗漏了对被告不公的情形，并遗留了不少悬而未决的问题。前者如对被告陪审权利的剥夺。前诉认定被告发出的委托投票说明书具有误导性的依据是行政机关按照当事人不享有陪审权利的行政程序作出的裁决。在后诉中，对该争点被告本来享有宪法第七修正案规定的陪审权利，但由于原告主张进攻性争点效，该争点不能再行争执，被告的陪审权利相应地也就被剥夺。后者如何谓无法加入前诉，联邦最高法院没有解释。假设前诉是一个私益诉讼，在巴尔的摩起诉。案外人在印第安纳波利斯，可以加入前诉但不方便，算不算无法加入前诉呢？

需要特别指出的是，帕克雷恩案虽然已经判决了快40年，但并不能认为其是主流观点。大部分州并没有采纳帕克雷恩案的立场。甚至有些州无从判断他们对允许案外人进攻性使用争点效的态度，因为这些州在这几十年从未触及该问题。

就环境民事公益诉讼解释的第三十条而言，由于我国不实行陪审团制度，自然就不存在所谓的损害被告陪审权利的问题。案外人进攻性使用争点效发生在前诉是公益诉讼，后诉是私益诉讼的情形下，由于两种诉讼的起诉条件完全不同，后诉绝对无法加入前诉，因而也不存在如何界定后诉无法加入前诉的问题。完全满足了美国联邦最高法院在帕克雷恩案中设定的第一个条件：不会导致后诉原告搭便车。因为后诉原告无法加入前诉，故无便车可搭。

接下来就需要判分析允许原告在私益诉讼中进攻性使用争点效是否会对被告造成不公。应当说不会。环境民事公益诉讼解释虽然颁布在先，但紧随其后的民诉法司法解释第二百八十八条明确规定公益诉讼的提起不妨碍私益诉讼的提起。也就是说，环境民事公益诉讼中的被告应当能预见到随后可能提起的私益诉讼，必须前诉中竭尽全力，提出所有的证据来证明案件事实。就程序保障而言，民诉法司法解释第二百八十五条第一款规定，公益诉讼案件由侵权行为地或者被告住所地中级人民法院管辖。第二款规定因污染海洋环境提起的公益诉讼，由污染发生地、损害结果地或者采取预防污染措施地海事法院管辖。中级人民法院作为一审法院时，肯定是适用普通程序进行审理。民诉法司法解释第二百七十三条虽然规定海事法院也可以适用小额诉讼程序审理海事、海商小额诉讼案件，但环境公益民事诉讼显然不属于小额案件，不能适用一审终审的小额诉讼程序。海事诉讼特别程序法第九十八条规定，海事法院审理事实清楚、权利义务关系明确、争议不大的简单的海事案件，可以适用《中华人民共和国民事诉讼法》简易程序的规定。但海洋环境侵权案件显然不是事实清楚、权利义务关系明确、争议不大的简单的海事案件。由此可见，不管是中级人民法院还是海事法院审理，公益诉讼都只能适用普通程序审理。随后提起的私益诉讼倒是有可能适用简易程序审理。因此，不会出现被告在后诉之私益诉讼中享有的程序保障不及前诉之公益诉讼的情形。

当就被告的排污行为存在多个不一致的判决时，后诉原告能否进攻性地行使争点效呢？环境民事公益诉讼解释虽然没有明确加以规定，但考虑该司法解释以及民事诉讼法司法解释明确规定对于已经做出实体判决的环境民事公益诉讼不可重复提起,且原告进攻性使用争点效只能发生在前诉是公益诉讼,后诉是私益诉讼的情形,因此在私益诉讼提起之前,就被告的排污行为不会出现多个不一致的判决。

环境民事公益诉讼司法解释第三十条规定:已为环境民事公益诉讼生效裁判认定的事实,因同一污染环境、破坏生态行为依据民事诉讼法第一百一十九条规定提起诉讼的原告、被告均无需举证证明,但原告对该事实有异议并有相反证据足以推翻的除外。对该解释中的"事实"应作何理解呢?环境侵权属于无过错归责,其要件事实有三:排污行为、损害结果和因果关系。诉讼中,排污行为、损害结果由原告承担证明责任,因果关系由被告承担证明责任。如果在公益诉讼中,法院认定这三个事实均成立。在随后提起的私益诉讼中,后诉原告对这三个事实都能够主张争点效吗?我认为不能,他只能主张被告有排污行为这个事实的争点效,对损害结果与因果关系均不能主张。原因在于排污后,污染的损害面都很大,战线会拉得很长,如河流污染能绵延数百公里甚至上千公里。由于河流、大气等环境具有自我净化能力,损害结果的严重程度会随着时间及与排污点的距离等因素的变化而发生变化。在公益诉讼中,原告只要证明被告的排污行为造成了损害即可,损害的发生位置并不重要。鉴于离排污点越近,损害后果越结果,证明起来也相对容易,原告通常会着力证明排污点附件的损害结果。私益诉讼则不同,损害发生的位置、与排污点的距离对损害结果和因果关系的影响非常重要。因此,公益诉讼中已认定的损害结果及排污行为与损害结果之间存在因果关系并不等同于私益诉讼中的也有损害结果、排污行为与损害结果之间也存在因果关系。环境民事公益诉讼司法解释第三十条第二句话明确规定,对于环境民事公益诉讼生效裁判就被告是否存在法律规定的不承担责任或者减轻责任的情形、行为与损害之间是否存在因果关系、被告承担责任的大小等所作的认定,因同一污染环境、破坏生态行为依据民事诉讼法第一百一十九条规定提起诉讼的原告主张适用的,人民法院应予支持,但被告有相反证据足以推翻的除外。实际上就已经将排污行为与损害结果之间有无因果关系排除在争点效之外。遗憾的是,环境民事公益诉讼司法解释第三十条并没有损害结果排除在争点效之外。

环境民事公益诉讼司法解释第三十条虽然将进攻性主张争点效的选择权赋予了案外人（即后诉原告），但从法条的规定来看，只要案外人一选择，法院就不能做任何的干涉，只能被动适用，可能会有一些不妥。比如，在环境公益诉讼的裁判生效后，后诉原告提起了私益诉讼，并进攻性主张前诉的争点效。后诉法院在审理中发现前诉法院对争点事实的认定存在明显错误。根据现行规定，后诉法院也只能将错就错，继续适用，而没有否定的权力。这种规定一方面会让裁判法官内心纠结，另一方面也会导致公平正义受损。

综上所述，鉴于环境民事公益诉讼司法解释将案外人进攻性使用争点效限制在前诉是环境侵权的公益诉讼、后诉是环境侵权的私益诉讼的情形下，再加上民事诉讼法司法解释不允许重复提起环境侵权公益诉讼、环境民事公益诉讼结束后可以提起环境侵权私益诉讼等规定的配合，能够有效地抑制后诉原告搭便车，保护后诉被告免遭不公，规定基本可取。若环境民事公益诉讼司法解释如能明确规定案外人能够进攻性使用争点效的对象仅限排污行为，并赋予法院在特定情况下使用与否的自由裁量权的话，就更加妥当了。

二、对郭翔论文的请教

王学棉

一、《最高人民法院关于审理环境民事公益诉讼案件适用法律若干问题的解释》第30条："已为环境民事公益诉讼生效裁判认定的事实，因同一污染环境、破坏生态行为依据民事诉讼法第一百一十九条规定提起诉讼的原告、被告均无需举证证明，但原告对该事实有异议并有相反证据足以推翻的除外。按照美国的理论，该规定就属于原告进攻性使用争点效。既然美国对于原告进攻性使用争点效存在争议，我国的司法解释规定进行性争点效到底是妥当还是不妥当呢？如果不妥当，该如何改进呢？论文没有涉及，导致论文"借鉴"之效果不明显。

二、美国学理界认为对于进攻性使用争点效应受到一定限制：只有被告有机会选择诉讼时机、法院和对方当事人时，才能作为支持自己请求的根据对该被告主张争点效力。我们知道，被告可以通过对管辖提异议选择来法院，但对诉讼时机、对方当事人（即原告）是没有选择机会的。不知美国的诉讼实践是如何适用该条件的，不知能否介绍一些实例来加深对该条件的理解。

三、美国的争点效既然建立在"当事人应当获得一次充分且公正的诉讼机会"的正当程序基础上，文章的第四部分也花费了大量笔墨介绍争点效作用的主体。根据这些理论，前诉的被告在前诉中参加了诉讼，自然应当受到争点效的约束。当后诉的原告（非前诉的当事人）主张被告应当受前诉不利于他的争点约束时，即进攻性使用争点效时，美国学界对此种使用批评甚多。此时，正当程序相为什么不能作为支撑理由，正当程序与争点效的相对性之间是一种什么关系？

以下问题仅供参考，可以不用回应：

一、第7页最后一段的内容与第4页最后一段的内容似乎存在重复。

二、第17页，论文认为"在有限管辖权法院，法官通常是由没有经过专门法律训练的人担任，所适用的诉讼程序通常是针对当事人亲自诉讼设计的，而不是针对律师代理诉讼设计的。"美国联邦法院就属于有限管辖权的法院，因为它只管辖当事人异籍且诉讼标的额超过75000美元的案件与联邦法律问题案件。相对于联邦法院而言，上述观点似乎不能成立。

三、第13页，其二，法院对主要事实的裁判，对作为主要事实裁判基础的证据事实有争点效力。这似乎不是判断争点同一的方法？

四、第22页，在"基于某种实体性关系应被争点效力遮断的案外人"标题之下，讲述的应受争点效约束的情形。（2）保管人和寄托人之间，因为实体法的规定，可能会有请求效力，但不会有争点效力，似与标题不符。

五、论文第 30 页认为,"在我国的司法实务中,法院在处理案件时,已经普遍承认了争点效力。"不知依据是什么?难道仅仅根据最高人民法院的司法解释规定了争点效就能得出这个结论吗?

三、对郭翔教授《美国判决效力理论及其制度化借鉴》一文的评议

清华大学法学院助理教授　任重

郭翔教授长期关注美国民事诉讼中的判决效力理论,郭老师关于争点效力理论的博士论文和专著在国内具有开创新,为了解以美国法为基础的判决效力理论开启了一扇窗。由于对美国民事诉讼体系和理论极为陌生,我也是透过郭翔教授的论文才对美国法上的判决效力特别是整点效体系有了初步的了解。因此下面的文字并非评议,而是学习心得和不成熟的提问。

在已有研究的基础上,郭翔教授在文章的引言之后和第六部分之前的相当内容里着重全面介绍和引荐美国判决效力理论。通过在第一部分"美国判决效力理论概述"中将 res judicata 作为 claim preclusion 和 issue preclusion 的上位概念,从而为下文集中展开的整点效理论进行了判决效力体系中的精准定位。之后又进一步对请求效力和争点效力进行了历史和比较法上的梳理。在对请求效力做了简短但精彩的论述后,文章开始了以争点效为核心的介绍和论述,具体包含了第二部分"具有争点效力的争点",第三部分"没有争点效力的争点",第四部分"争点效力作用的主体",第五部分涉及争点效力在后诉发生作用的具体操作流程,"非职权适用的争点效力"。

虽然从第一部分开始,就有若干内容涉及我国和日本民事诉讼,例如在第一部分认为"虽然美国请求效力理论与大陆法系的既判力理论都作用于当事人的诉讼请求,但两者在产生遮断效力的原理上以及在诉讼标的识别上都不同";在第二部分认为"案多人少"和"矛盾判决"促使我国关注

日本的整点效力理论，但在总体上来看，第一部分到第五部分更多集中于争点效理论的国别介绍。由于离我国民诉或者与我国有历史渊源的德日民诉较为遥远，我自己较少产生共鸣，但这些重要内容无疑构成了中美比较甚至是中、日、德、美比较的基础前提。

由于对美国法缺少了解，我个人最感兴趣的是郭翔教授论文的引言和第六部分。在论文的摘要和引言部分，郭翔教授一针见血地指出对美国判决效力的研究服务于我国案件事实预决效力的规制，不仅如此，《最高人民法院关于审理环境民事公益诉讼案件适用法律若干问题的解释》第30条已经通过司法解释的方式确立了真正意义的争点效。对此，德国和日本民事诉讼并没有相应规定和体系支持，因此美国法上的判决效力理论将成为新的思路和制度参考。从而明确了之后论述的中国问题意识和视角。在争点效问题之外，郭翔教授还在更高的层面提出了两个发人深省的问题：一是我国民诉问题讨论的一般思路或者做法是将其抽象为大陆法系既有理论中的一个问题或者类似的问题，然后放入大陆法系既有的理论框架进行分析，有时还会以大陆法系国家的司法实践进行佐证。之后通过分析我国与大陆法系国家的制度环境相同、类似或者差别，得出我国是否需要完全接受或者修正后接受这种理论的结论，并以此作为校正或者丰富我国既有制度的理论依据，这是否构成我国民事诉讼合理和科学的研究进路？与之相联系的隐藏问题是，在判决效力制度上美国和德日法之间的优劣比较问题，即在德日与美国存在不同解决方案的情况下，应当选择哪一种模式呢？

虽然德日并没有关于案件事实的规定，但这也同样是一种模式选择，即通过既判力的客观范围将不得再次争议的范围限定在"诉讼标的—裁判主文—裁判标的"，案件事实在后诉中并不产生类似效果。因此，在引入争点效之前，我们尚需进行实质价值判断，即我们是否乐于看到案件事实发生不得再次争议的效力。这个问题的回答也构成作者第六部分的重要前提。

文章的第六部分着重争点效在我国的借鉴，并且也指出美国对我国的借鉴意义主要在理念层面，但是在判决效力理论方面会是一个例外，并且已经获得了《最高人民法院关于审理环境民事公益诉讼案件适用法律若干问题的解释》第 30 条的规范确认。但与此同时，郭翔教授也提纲挈领的提出了借鉴的前提和注意事项，尝试避免因为争点效的确定可能带来的对当事人诉讼权利的侵害以及法官恣意裁判问题，从而对美国制度的中国借鉴进行了全面和通盘的思考。对引言与第六部分的若干观点的疑惑如下：

1. 从比较法和立法论的角度观察，判决效力的美国模式相较德日模式的优势和特质有哪些，我们应当如何选择呢？因为不赋予案件事实不得争议的效果也是一种选择，特别是考虑到我国目前普遍存在的程序保障不足问题。引入争点效是否会是迎合我们潜意识里"案多人少"和"避免矛盾判决"的考虑？联系林剑锋教授的论文，规范意义上的"案多人少"和"矛盾判决标准"尚无定论，因此真正能够支持我国确立争点效的实质理由有哪些呢？从论文的逻辑上看，大致的思路似乎是"德日没有争点效"－"美国有争点效"－"我国规定了案件事实的效力"－"我们应当引介美国模式"。

2. 从实定法视角出发，《民诉法解释》第 93 条规定人民法院发生法律效力的裁判所确认事实的免征效力，在第 2 款规定了可以通过相反证据推翻。这是否能够与美国争点效结合起来？真正意义的争点效的相应规范可能是《环境民事公益诉讼解释》第 30 条。由于该条规定自 2015 年初才实施，并且文义表达似乎不唯一指向一种解决方案。例如第 1 款，"已为环境民事公益诉讼生效裁判认定的事实，因同一污染环境、破坏生态行为依据民事诉讼法第一百一十九条规定提起诉讼的原告、被告均无需举证证明，但原告对该事实有异议并有相反证据足以推翻的除外。"虽然从文义理解出发似乎可以得出被告不能对环境污染和破坏生态行为的事实提出异议并通过相反证据推翻，但结合《民诉法解释》第 93 条和第 296 条将第三人撤销之诉的实体条件限定在判决裁定主文和调解书中处理当事人民事权利义务的结果，从而可以据此重新界定矛盾判决和生效裁判的效力：不同的事实认定原则上为我国实定法所允许，并不应当因为事实认定错误拒绝后诉或者要求当事人撤销前诉。《环境民事公益诉讼解释》第 30 条有别于案件事实预决效力一般规定的特别处理方式的实质依据何在？因此，《环境民事公益诉讼解释》第 30 条的具体理解似乎还需要最高人民法院的进一步明确和司法实践中法院的具体表态。

虽然对争点效存在比较法和实定法上的迷惑，但是争点效对我国案件事实预决效力的制约却可能发挥最积极的作用。在尚未通过立法去除案件事实预决效力的前提下，争点效可以通过类比来制约预决效力的主体界限、时间界限和客体界限，通过以"当事人在前诉中已经获得了充分且公正的诉讼机会"来实质制约案件事实预决效力的滥用，对此依旧充满期待。

四、评林剑锋教授论文《既判力相对性原则在我国制度化的现状和障碍》

清华大学法学院助理教授　任重

林剑锋教授长期关注和研究既判力理论，但是在诸多相关成果中，本文具有特别的价值和意义。诚如论文的题目所指出的，林剑锋教授着眼于既判力相对性原则在我国的制度化问题，即从实定法出发，回答我国是否业已存在既判力的相对性原则，其原则的体貌如何，以及现在我国既判力相对性原则制度化和操作性的因素有哪些。虽然既判力制度在我国已不是新话题，但其制度化和基于中国实定法的规范分析却具有开创性。

通过第三人撤销之诉三个阶段的讨论，我们已经愈发体会到诉讼基本问题认识上的局限性对我国民事诉讼发展的掣肘。如若本文能够在第三人撤销之诉讨论之前刊出，并且获得较为广泛的认识，那么第三人撤销之诉的相关讨论可能早已偃旗息鼓。在第三人撤销之诉讨论中的诸多支点都存在人云亦云或者想当然的问题，例如何为矛盾判决，其标准何在；又如我国是否存在既判力制度，其具体要求如何；再如何谓纠纷的一次性解决，其规范性的表达何在。为了避免新的类似第三人撤销之诉的意气之争的出现，既判力为代表的诉讼基本问题已经是无法逾越的重大课题。正如林剑锋教授在文章的第一部分指出的，"既判力等问题是一种具有超越地域、时代或体制界差的普遍存在"。

在此基础上，林剑锋教授在文章的第一部分一针见血的指出我国既判力制度存在的问题是"本应绝对化的相对化和本应相对化的绝对化",对于一事不再理意义上的既判力理念与再审制度产生此消彼长关系,并且伴随再审在我国的扩大和一般性适用,其存在相对化的尴尬困境。而作为既判力三维度界限(Grenzen der Rechtskraft)本应做相对化处理,其背后的实质理由是正当程序的要求,即任何人的任何请求在未经正当程序保障前提下并不应当受到绝对化的约束。然而在主体、时间和客观界限上,其相对化在司法实践中存在绝对化处理的问题和现象。这也或许是为何有论者认为我国并不存在既判力制度的原因。林剑锋教授率先对我国既判力的现状进行了高度抽象的总结,发人深省。

在文章第一部分内容里,有两处的思维较为跳跃。一是开篇认为既判力超越诉讼体制,并且既判力的作用范围其实在理论上并不唯一,可能随着再审的适用范围产生此消彼长关系,但此后的论述实质以德日为代表大陆法系的既判力模型在检验中国司法实践,即从一个大的既判力概念一步限缩为一个较小的既判力概念,因此就自然省去了对我国司法实践中做法的建模工作。在不存在实质性价值判断的前提下,我国究竟目前采取了何种做法,可以被归入到哪种类型的既判力制度模式。二是既然既判力超越诉讼体制,那么其做法可能并不会因为体制的转型而获得正当性,因此第一部分"理论体系上到实定层面认可既判力,是我国民事诉讼体制转型彻底与否的重要标志"的论断可能无法从之前的论述中被自然得出。

文章的第二部分继续从理论上展开对德日模式既判力制度的描述,并且非常简洁的划定了此种既判力模式的核心要素和界碑。在三个维度既判力界限的论述后,林剑锋教授指出区别主体界限、时间界限和客观界限的内核是"是否获得了应有的充分程序保障",并且以此沟通了德国、日本和我国台湾地区具体做法的共同出发点。不仅如此,林剑锋教授还深入到了既判力相对性原则的司法技术操作层面,并指出"对于法院审理而言,三个维度的相对性是鉴于当事人的诉讼态度,而在整点的审理顺序方面获得了一种自由,那就是可以不受实体法的逻辑顺序而按照'可以尽快获得判决结论'的逻辑组织审理活动"。总体而言,林剑锋教授此处所言与诉讼标的学说密切相关。在诉讼标的的识别上考虑的因素越多，诉讼标的的范围就越小。而诉讼标的的大小实质上取决于立法者和法院愿意在一个诉讼程序中处理多少生活中的争议。一般而言，诉讼标的越大越能够和我们生活意义上对纠纷的感知保持一致，并做到纠纷的一次性解决，但其问题是诉讼效率低下以及成本高昂。因为诉讼标的被认为是最小的纠纷解决单位，因此诉讼标的的划定范围越大，则越无法析出真正的争议点，从而可能要求所有当事人以及无争议部分要陪绑真正的争议点走完所有可能的诉讼程序。不仅如此，由于较小的诉讼标的的牵涉的案件生活事实范围也更有限，因此法官在审理时需要付出的时间和精力也能够相应减少。

　　第三和第四部分是全文的重点和亮点。第三部分尝试从既有规范的只言片语中尝试发现我国实定法意义的既判力制度，并对其进行素描。第四部分虽然名为"我国既判力制度化的障碍及克服"，也可以从反面将其理解为既判力制度界定的延续。第三部分首先预决效力出发，勾勒出"事实认定的自由心证与法律适用的不自由"与"事实认定无约束和裁判主文有约束"之间的相互关系。通过案件事实预决效力的否定推出了我国判决书所有内容并非都具有绝对化的拘束效力，并进一步提出矛盾判决标准问题，即我们在观念上认为的矛盾判决其实从实定法标准看来并非矛盾，或者说是法律允许的"矛盾"。在此基础上，林教授精辟的指出能够接受前后裁判认定事实的不一致是"对传统有关判决遮断效果绝对化的第一层次思想解放"。在此之后，林教授风别从案外人执行异议之诉以及《民诉法解释》第247条关于禁止重复起诉的制度设计以及基准时的相关规定尝试得出我国已经存在承认既判力相对性的制度化基础。

　　第四部分从反面论述既判力相对性制度化可能遇到的挑战，并且也对第三人撤销之诉讨论中体现的问题进行了深刻的总结。从否定既判力的视角观察，第三人撤销之诉无疑也与再审制度一样，同既判力观念存在此消彼长关系，因此第三人撤销之诉适用肯定说和司法实践中的滥用现状无疑对既判力制度化造成了重大的冲击。但是从另一方面来看，既判力制度也无疑标示出第三人撤销之诉可能具有的适用范围，因此第三人撤销之诉不仅仅具有消极影响，其对既判力制度化也具有积极价值。此外林教授指出诉讼标的认识的模糊和操作性的欠缺同样是掣肘既判力制度化的重要因素。就"诉讼标的－裁判主文－裁判标的－既判力"的逻辑关系来看，诉讼标的其实与既判力的三维度界限直接相关，诉讼标的的模糊认识也会导致既判力界限的漂移。因此既判力制度化和诉讼标的的制度化只可能被同步推进。在具体内容上，林教授还指出了"实体法律关系"标准的不足，并指出在制度化建设中应当以既有的法律规范为依据，避免过多纠缠理论之争，并且强调诉讼文书的格式化与规范化。

总体而言，既判力制度化并不困难，或许可以说其已经得到了我国实定法的认可。其实既判力是否能够有效运行，决定性因素在于我们能够在立法、司法和理论研究三个层面做到思想解放，能否破除"真相论"和"效率论"的禁锢，能够真正时诉讼按照其客观规律来发展。林教授在第四部分的最后内容也着眼于此。

对上述部分依旧有疑问的是以下几个小问题：

1. 关于自由心证部分，作者认为我国民诉观念未明文认可自由心证主义，是否如此呢？我国《民诉法解释》第105条规定，"人民法院应当按照法定程序，全面、客观地审核证据，依照法律规定，运用逻辑推理和日常生活经验法则，对证据有无证明力和证明力大小进行判断，并公开判断的理由和结果。"这是否可以被看作是与德国民诉法典第286条意义上的自由心证规定。不仅如此，从自由心证与法定证据的对立出发，我国也并未确立法定证据原则，是否可以此反推我国立法和司法中其实确立了自由心证。

2. 脚注6认为审判部门依照普通程序对待执行异议之诉是比较法错误认识的结果。然而德国民诉法第767条第1款明确规定由诉讼法院处理执行异议之诉，因此至少我国的做法与德国模式保持了一致。

3. 第四部分，作者认为诉讼标的的理论讨论集中于介绍学说，缺乏对诉讼标的的具体操作性的指导。然而从理论与实践关系出发，或许并非是我们过于集中理论，而是对理论吃的还不透，所以无法回答实践中具体问题。

4. 第四部分的建议中，作者认为诉讼文书进一步格式化与规范化，但这同样是以诉讼标的实体法说为背景展开的，而诉讼标的的实体和诉讼说背后的重要因素是民众对司法的接近。在我国并无律师强制的背景下，进一步强化的格式化和规范化是否有助于民众运用民事诉讼呢？这也是一大疑问。

5. 在第四部分作者指出诉讼效率对既判力制度化的挑战。然而考虑到我国再审的一般性适用，恐怕难以用诉讼效率去解读，相反客观真实或许居于更高的位阶。因此或许是实事求是与人类认识有限性以及对不确定的包容之间的观念冲突在阻碍既判力制度化的实现。

总体而言，林剑锋教授在多年既判力研究的基础上，以我国的实定法为基础，对我国民事诉讼中既判力制度化提供了可行的方案，这不仅具有研究上的开创性，而且对我国民事诉讼的发展和完善有不可或缺的重要作用。关于既判力的若干表述已经不局限于制度本身，而是升华到诉讼体制的转型和诉讼观念的变革，按照文章逻辑顺序整理要点如下：

1. 既判力制度具有超越地域、时代和体制的特性，并不因为我国诉讼体制的特性就可以不确立既判力制度。

2. 在先进的诉讼制度中，再审是既判力的唯一例外，对再审等否定既判力的制度应当提起特别的关注和重视。

3. 既判力、参加效和争点效以及预决效力的共同正当性基础都应当是正当程序的保障。

4. 民事程序法学者应当紧扣实体法的制度研究并讲授诉讼法的知识体系，尤其应当意识到我国属于成文法国家的现实，无需过多纠缠超越法系与法律文化限制的理论之争。

5. 任何脱离程序保障的诉讼效率促进都面临程序争议的质疑，任何不以程序保障为前提的扩大既判力作用范围的制度构建都缺乏正当性依据。

6. 日本新堂教授所倡导整点效理论及该理论本土化的理论建构中，以不对当事人造成突袭裁判为主要内容的程序保障，恰恰成为该理论核心的基础。即便如此，也因为该理论欠缺制度化根据且存在法官裁量的空间，而未被日本实务界普遍接受。

五、关于判决既判力相对性原则的几点思考

黄忠顺

林剑锋老师的《既判力相对性原则在我国制度化的现状与障碍》和郭翔老师的大作《美国判决效力理论及其制度化借鉴》两篇大作分别在借鉴大陆法系既判力相对性原则和英美法系争点效力理论的基础上证成确立或者强化既判力相对性原则的重要性，并据此探讨如何在我国促使既判力相对性原则制度化。两篇文章可谓殊途同归，说明既判力理论与既判力相对性原则并非学者的编撰，而是有着深厚的社会根基和现实的制度需求。

林老师的文章除了对传统大陆法系既判力理论进行精准理解和总结，侧重对我国现状的分析，结合民诉法司法解释，对我国制度和实践中是否存在既判力及其相对性规定或者现象展开理性反思，有力却又含蓄地反驳了"我国司法实践中的判决效力绝对化"的观点，并在此基础上对既判力相对性原则制度化展开的研究也就显得水到渠成。

郭老师的文章侧重于全面系统地介绍美国争点效力理论。国内关于判决效力理论的比较法研究主要侧重于传统大陆法系，郭老师通过全面梳理美国争点效力理论得出"只有获得过充分且公正诉讼机会的当事人，才受他诉讼过的判决的约束"的基本结论，与传统大陆法系所谓的"正当程序保障下的自我归责原则"具有实质共通性，彰显既判力相对性原则的普世性。

通过拜读林老师、郭老师上述两篇大作以及张卫平教授的新著《既判力相对性原则：根据、例外与制度化》，我对判决既判力相对性原则以及第三人撤销之诉有了一些新的想法，提交会议，恳求各位老师赐教。

1. 在理论应然层面，确立和强化既判力相对性原则应当说已经是学界的基本共识。学者存在争议的是，我国现行立法和司法实践是否遵循既判力理论以及既判力相对性原则。林老师的大作很好地回应了该问题，揭示现行法所存在的可能反映既判力相对性原则的制度。尽管如此，鉴于既判

力效力绝对化通常能够给法院和/或法官带来现实利益（如扩大一事不再理原则的适用范围可以减少法院案件受理量、直接援引前诉判决的事实认定结果可以规避自由心证方面可能存在的职业风险、绝对禁止事实认定或法律适用方面可能存在矛盾的多份裁判文书的存在可以彰显司法权威和避免诱导当事人缠诉等），在司法实践中一步到位推行既判力相对性原则恐怕会遭受法官的集体心理抵制。因而，我仍然坚持我国判决效力在实务中存在绝对化趋势。

2. 判决效力绝对化是现实，而既判力相对性是理想。理想应当指导于现实，但又不能不顾及现实。反观我过去关于第三人撤销之诉的思考，现在恐怕有必要作出调整。过去，我立足于判决效力绝对化的现实并据此在解释论上尽可能地激活和/或适用第三人撤销之诉，主要考虑是既然判决效力在事实层面被绝对化，如欲保护受确定判决非正当不利益影响的第三人，只能允许其从根本上推翻确定判决（对第三人造成非正当不利益影响部分）。现在看来，这种见解过分迁就司法实践，应当对第三人撤销之诉的适用进行合理的限制。这种限制主要体现在以下几方面：（1）只有确定判决部分内容造成第三人非正当不利益影响的，第三人仅可以请求撤销该部分内容。（2）只有部分确定判决效力造成第三人非正当不利益影响的，第三人仅可以请求解除该部分效力。在绝大多数虚假诉讼案件中，只要解除确定给付判决的执行力，就足以保护债权人的合法权益，此时，无须考虑是否解除既判力问题（执行异议之诉优先于第三人撤销之诉）。（3）只有没有其他现有的救济途径，才允许对挑战确定判决部分/全部内容的部分/全部效力。因而，在案外人申请再审之诉的作用范围之内，第三人撤销之诉没有必要。

3. 第三人撤销之诉与执行异议之诉的功能替代。我国立法者确立第三人撤销之诉制度的初衷在于应对虚假诉讼，而虚假诉讼主要用于逃避、规避执行。在通常情形下，受虚假诉讼损害的第三人（如转移财产一方当事人的债权人或者即将离婚的配偶等）通常可以通过执行异议和执行异议之诉获得救济。诚如林老师在文章里所指出的，案外人执行异议之诉旨在排除执行力。然而，一方面，损害第三人合法权益的确定判决类型并不局限于给付判决，确认判决以及形成判决尽管不具有执行力，但在客观上同样可以给第三人造成损害，如夫于离婚前夕与他人通过诉讼将本属于夫妻共同所有的财产确认归他人所有。另一方面，即使确定判决载有给付内容，也不意味着必然启动执行程序。具有给付内容的确定判决完全可以而且应当鼓励通过自觉履行的方式予以实现。在执行债权人没有启动执行程序的情形下，第三人通过执行异议和执行异议之诉的方式谋求救济的希望落空。诚然，在理论上，如果第三人对虚假诉讼的一方当事人享有到期债权且已获得执行名义的，也可以自行启动执行程序并请求法院对对方当事人试图转移的财产采取执行措施，迫使对方当事人提出执行异议，并使得自己（申请执行人）获得通过执行异议之诉消除不利益影响的机会。因而，执行异议之诉并不能完全替代实现第三人撤销之诉的功能，第三人撤销之诉的适用范围仍然应当保持一定的开放性。

4. 第三人撤销之诉与案外人申请异议之诉的功能替代。我国新《民事诉讼法》第56条第3款有关"发生法律效力的判决、裁定、调解书的部分或者全部内容错误"的表述将第三人得以挑战的文书类型限定为判决、裁定、调解书。据此，第三人不得针对仲裁裁决书、公证债权文书等其他类型的执行名义提起第三人撤销之诉。至于此处的"调解书"是否局限于法院调解书抑或还包括人民调解委员会等其他解纷机构出具的调解书，新《民事诉讼法》并未予以明确，但基于体系解释的必要性，从后面"作出该判决、裁定、调解书的人民法院"的表述可以推知，此处的调解书宜理解为仅局限于法院调解书。然而，**在第三人据以主张错误的内容方面，立法者并没有予以限定，第三人既可以主张裁判主文错误，也可以主张裁判理由错误，还可以对调解书的合法性进行挑战。**因而，我国的第三人撤销之诉所能实现的功能并非完全能够被案外人申请再审之诉所吸收，第三人可以解除的效力并非局限于既判力，而至少已经涉及预决效、反射效、调解确定效等的解除，并且有望在将来将仲裁裁决书/调解书①、公证债权文书②、以及发生法律效力的行政仲裁裁决/调解书等纳入第三人撤销之诉的调整范围，③从而将第三人撤销之诉的制度功能进一步向执行力、仲裁确定效等的解除拓展。

六、既判力相对性原则在我国制度化的现状与障碍一文之评析

刘明生 *

本篇论文特别强调既判力相对性原则建立之重要性以及其例外须明确化之立场，实为妥适之确定判决效力发展之方向。台湾地区"民事诉讼法"就既判力之客观范围与主观范围均设有明确化之规定。"民诉法"第四〇〇条规定既判力客观范围，除别有规定外，确定之终局判决就经裁判之诉讼标的，有既判力。主张抵销之请求，其成立与否经裁判者，以主张抵销之额为限，有既判力。台湾地区"民诉法"第四〇一条规定既判力之主观范围，其规定确定判决，除当事人外，对于诉讼系属后为当事人之继受人者，及为当事人或其继受人占有请求之标的物者，亦有效力。对于为他人而为

---

① 学界已有不少论著呼吁张赋予案外人申请撤销仲裁裁决的权利。参见鲁潮：《论国际商事仲裁的司法监督》，中国政法大学2005年硕士学位论文，第25页；王金兰：《国际商事仲裁司法监督研究》，载《河北法学》2004年第7期。

② 2008年12月26日，最高人民法院正式发布了《最高人民法院关于当事人对具有强制执行效力的公证债权文书的内容有争议提起诉讼人民法院是否受理问题的批复》（法释〔2008〕17号）规定，"公证债权文书确有错误，人民法院裁定不予执行的，当事人、公证事项的利害关系人可以就争议内容向人民法院提起民事诉讼。"根据反面解释原则，未经法院裁定不予执行的，当事人、公证事项的利害关系人不得就争议内容向法院提起诉讼，亦即公证债权文书具有广泛的禁诉效力，这可能会对第三人造成重大不利益影响，因而，具有赋予该第三人解除该不利益影响的必要性。

③ 需要说明的是，在笔者看来，受确认非诉调解协议有效的裁定与准许实现担保物权的裁定非正当不利益影响的案外人提起第三人撤销之诉已有现行立法授权，因而，此处没有将其列为未来发展的范畴。

* 德国雷根斯堡大学法学博士；东吴大学法律系助理教授。

原告或被告者之确定判决，对于该他人亦有效力。然而，并未如德国民诉法第三二五条第二项设有既判力不扩张及于实体法上可主张善意取得第三人之规定，则具有立法上之疏漏。于此建议大陆亦宜就既判力客观范围与主观范围设有明确化之规定，且宜彰显既判力相对性原则，仅于个别少数例外之情形（继受与诉讼担当之情形）始扩张及于第三人。于论文中提及台湾地区是因实施新的诉讼告知制度而为了协调判决效力扩张与第三人程序权保障之关系而设。有关确立第三人撤销之诉制度的立法理由，正如全国人大法工委在其权威性理由说明书中所示，主要归结为以下两点：（1）解决民事诉讼司法实践中当事人通过恶意诉讼、虚假诉讼等手段，侵害他人合法权益的问题；（2）解决司法实践中两个判决相互矛盾的问题。关于此点，本文认为台湾地区第三人撤销诉讼之立法系在保障未受确定判决效力所及，而其听审权未受保障第三人而设之立法（参台湾地区"民诉法"第五〇七条之一之立法理由），并非为了虚假诉讼而设之立法，此与大陆之立法背景不同。

　　台湾地区部分学者认为法院对于具辅助参加利益之第三人依民诉法第六七条之一通知后，即可对该受通知之人发生既判力。其认为新法系以程序权保障之有无赋予，作为界定判决效所及范围之大小与是否及于特定人之正当化之基础，并将职权通知作为赋予程序权保障及谋求统一解决多数人间纷争之手段。一般而言受诉讼告知或法院职权通知而得以辅助参加地位之人参加诉讼之第三人于前诉讼并未参加诉讼，因已赋予其事前程序保障，故其不得再提起第三人撤销诉讼，既判力扩张及于该第三人，但该诉讼之提起系以第三人"非因可归责于己之事由而未参加诉讼，致不能提出足以影响判决结果之攻击或防御方法者"为要件，为保障受诉讼告知或通知者之程序权，对其之判决效力范围第六十三条第一项但书设有除外事由之退缩规定，故如有参加效排除之情形，第三人仍可提起该诉以谋救济[①]。

---

① 丘联恭：《口述民事诉讼法讲义（三）》，台北自版2009年，第338页；许士宦：《第三人诉讼参与与判决效主观范围（下）——以民事诉讼上第三人之程序保障为中心》，载《月旦法学杂志》第179期2010年4月。

民事诉讼法研讨一

　　如此之立场有对于一般辅助参加人过度扩大既判力范围之危险，且过度扩大可提起第三人撤销诉讼之原告适格范围。本文认为法院依台湾地区"民诉法"第六七条之一通知具辅助参加利益之第三人参加诉讼，而其未参加诉讼，则于其与他造当事人之间无法发生既判力扩张之效果。既判力扩张之根据规定为台湾地区"民诉法"第四〇一条，并非同法第六七条之一之法院通知。因第四〇一条可发生既判力扩张之效果，因而导出法院对该第三人负通知义务。于辅助参加之情形一般而言并无任何继受、法定或任意诉讼担当之情况，无发生既判力扩张之正当化基础，法院对具辅助参加利益之第三人不负通知义务。既判力扩张为例外之情形须设有明确之立法规定，不能作过度扩大性之解释，倘若作过度扩大性解释将架空既判力相对性之原则。台湾地区现行"民诉法"第四〇一条设有继受与诉讼担当两项例外既判力扩张之规定，但并未于该范围外另设有其他既判力扩张之例外规定。台湾地区"民诉法"第六十七条之一与第六十三条均非既判力扩张之规定[①]。由上可知，既判力并不会及于一般辅助参加人，并无提供其第三人撤销诉讼救济之必要。既然既判力不会扩张及于此等之第三人，更无所谓为使其排除既判力而承认其可提起第三人撤销诉讼之必要。且参加效与既判力为两种完全不同之确定判决效力，参加效不仅包含诉讼标的之判断，尚包含攻击与防御方法之事实及法律判断。参加效则会因主要当事人与参加人之攻防行为而影响其产生与否。既判力原则仅及于诉讼标的之判断，不及于攻防方法之判断，其原则上不会受当事人之攻防行为而影响既判力之产生。基此，实难以参加效排除之事由作为既判力排除之事由。且

---

① "民诉法"第六十七条之一规定，诉讼之结果，于第三人有法律上利害关系者，法院得于第一审或第二审言词辩论终结前相当时期，将诉讼事件及进行程度以书面通知该第三人。前项受通知人得于通知送达后五日内，为第二百四十二条第一项之请求。第一项受通知人得依第五十八条规定参加诉讼者，准用前条之规定。同法第六十七条规定，受告知人不为参加或参加逾时者，视为于得行参加时已参加于诉讼，准用第六十三条之规定。同法第六十三条规定，参加人对于其所辅助之当事人，不得主张本诉讼之裁判不当。但参加人因参加时诉讼之程度或因该当事人之行为，不能用攻击或防御方法，或当事人因故意或重大过失不用参加人所知之攻击或防御方法者，不在此限。

一旦承认既判力扩张之效果后,即不得再以参加效排除之事由限制或排除既判力之扩张,既判力扩张之效果可使第三人不得主张参加效之排除。此为德国通说之见解。

此外,台湾地区第三人撤销诉讼将导致不具当事人适格之第三人变成有原告适格之问题。在诉讼标的法律关系继受或诉讼系争物继受而可发生既判力扩张之情形,继受人除非有承当诉讼之情形,不能成为当事人,现因有第三人撤销诉讼变成可成为原告,显然违背当事人恒定原则,侵害他造当事人之利益,对他造当事人造成重大之不利。台湾地区第三人撤销诉讼以原判决之两造为共同被告,但原则上第三人与败诉之一方无利害之对立(除非有共谋诈害之情形)。台湾地区第三人撤销诉讼于原告适格与被告适格均仍存有疑问。德国并未设有第三人撤销诉讼,于侵害参加方面听审请求权之第三人即使其先前未参加诉讼亦得提起再审之诉或听审之异议。且受既判力扩张所及之人,始得因侵害其参加方面听审请求权提起再审之诉或听审之异议,未受既判力扩张所及之第三人,则不得提起。于共谋诈害第三人之情形,德国主要乃依故意侵权行为损害赔偿诉讼解决此问题。台湾地区第三人撤销诉讼不论在原告适格、被告适格与判决效力上第三人仅能请求撤销对其不利之部分均有其疑问之处。未来宜回归以再审诉讼作为确定判决后之听审救济程序,删除台湾地区"民诉法"第五八条第三项仅限于已参加之第三人可提起再审之诉之限制,承认即使未参加诉讼之第三人亦能提起再审之诉救济。受既判力扩张所及之第三人可以法院未通知其参加诉讼,侵害其参加方面听审请求权救济,但其亦可选择以其他再审事由救济,以达诉讼经济之效果。未受既判力扩张所及之第三人不能以法院未通知其参加诉讼提起再审诉讼救济,但可以其他再审事由提起再审之诉并同时声请参加。在有共谋诈害第三人之情形,尚难以台湾地区第三人撤销诉讼救济,因台湾地区第三人撤销诉讼乃适用于受判决效力所及之第三人始能提起,然于虚假诉讼诈害真正债权之情形,原确定判决之既判力并不会及于该真正债权人,故无法依第三人撤销诉讼救济。故意侵权行为损害赔偿诉讼乃给付诉讼,并非形成诉讼,法院作成原告胜诉之判决乃给付判决而非形成判决，无法以给付判决排除确定判决之既判力。未来宜修法承认第三人可以两造当事人为共同被告提起诈害再审诉讼救济，而此可谓系承认诈害型主参加诉讼之规范意旨于确定判决后救济程序之延伸[①]。

七、美国判决效力理论及其制度化借鉴一文之评析

刘明生 *

本篇论文详尽分析美国争点效发生之要件与不会发生争点效之情形，深具研究参考价值。美国争点效发生之要件包含1.前后两诉争点同一。2.该争点被实际诉讼过并且裁判过。3.该争点裁判是判决的基础。亦同时分析于美国不会发生争点效之情形，例如：（一）前诉裁判存在无效情形（二）后诉中诉讼机会更优越（三）前后两诉的证明责任发生了变化。在美国民事诉讼中，对于特定争点来讲，一旦后诉法院能够提供更为充分的程序保障并且有可能使裁判更为正确，争点裁判有争点效力的基本假定就不成立了。在这种情况下显然没有必要承认争点裁判的争点效力，而应当允许当事人再次诉讼该争点。现值得思考者，争点效之要件在美个法院之间是否均已采用共同之前提要件，其如何能与确定判决效力明化原则与法安定性要求相互契合，如何使其在大陆之民事诉讼实务中统一使用。

再者，论文中提及为了扩大纠纷解决的效果以及防止矛盾裁判，在美国民事诉讼中判决效力以两种不同的方式向外扩张：一种是让实际通过前诉当事人已经获得了充分且公正的诉讼机会的案外人，如同前诉当事人一样受前诉判决效力的约束。另一种方式则是，将能够享受前诉争点效力遮断效果的主体范围扩张到案外第三人，即允许案外人主张前诉争点裁判的遮断效力，以此阻止前诉当事人提出相反的观点。但这样扩张争点效力的方式，在美国按照正当程序保障的理念，也广泛受到批评。现较值思考者，

---

① 参刘明生：《第三人撤销诉讼之当事人适格》，载《月旦法学教室》第126期。
* 德国雷根斯堡大学法学博士；东吴大学法律系助理教授。

何种情形始能认为系已赋予当事人或案外第三人充分之程序保障，如法院通知仅具辅助参加利益之第三人（例如在债权人以保证人为被告而提起之诉讼中，法院如通知主债务人，而其未参加诉讼，可否认为系已赋予其所谓之事前程序保障），法院通知此等第三人而其未参加诉讼，可否即认为已赋予其事前程序保障，而对其发生争点效，而对其产生不利益之效果。此等之第三人妥适理解法院不应通知且不得主动通知，此种情形法院之通知欠缺正当化之基础。且即使认为法院可对其通知，依台湾地区"民诉法"第六十七条之一准用第六十七条与第六十三条，仅被辅助当事人与第三人间可发生参加效而已，而非他造当事人与第三人间可发生争点效。争点效主观适用范围之限缩则成为现今非常重要之课题。

所谓争点效，系指法院就诉讼标的以外重要争点判断而生之效力。在前诉讼成为重要之争点，经两造当事人激烈之争论，法院所作成之判断，如容许当事人于后诉任意推翻，实有背于当事人之公平。争点效可谓基于诚信原则而发生之效力，其并非既判力之扩张。主张争点效之学者认为即使采用新诉讼标的理论，仍有承认争点效之实益。不论采用旧诉讼标的理论或新诉讼标的理论皆有争点效适用之必要。争点效主观范围亦可能有扩张之情形，亦即于台湾地区"民诉法"第四〇一条第一项与第二项既判力主观范围扩张之情形，争点效之主观范围亦随之扩张。台湾地区"最高法院"实务上虽承认争点效，采用向来学说上主张之三项要件，亦即须该重要争点，在前诉讼程序已列为足以影响判决结果之主要争点，并经两造各为充分之举证及攻防，使当事人为适当完全之辩论，且法院已为充分实质之审理判断，但部分判决已新增三项之限制要件，"于同一当事人间"、"非显然违背法令"、"当事人未提出新诉讼资料足以推翻原判断"以限缩争点效之适用（参台湾地区"最高法院"九十九年度台上字第一五一七号判决、"最高法院"九十九年度台上字第八九三号判决）。

台湾地区"民诉法"第四〇〇条明文规定，除别有规定外，确定之终局判决就经裁判之诉讼标的，有既判力。主张抵销之请求，其成立与否经裁判者，以主张抵销之额为限，有既判力。德国民诉法第三二二条明文规定，仅就依诉讼或反诉所提起之请求经法院判决判断者，可发生既判力。如被告就反对债权主张抵销，法院于主张抵销之数额内所为之反对债权不存在之裁判，可发生既判力。现须思考者，如立法者已明文规定仅判决主文中之判断有既判力，判决理由中之判断并无拘束力。如又透过司法之判决承认涉及判决理由中判断之主要争点有拘束力，尤其类似既判力积极作用（禁止矛盾之作用），则将违背立法者之基本决定。此时若再另从诚信原则导出争点效，将造成价值判断上之矛盾。此为承认争点效理论论者首先必须克服的难题。再者，从台湾地区实务上发展争点效理论之经验观点，台湾地区实务上将原先争点效学者所提出之三项要件，额外增加三项发生争点效之限制要件，由此可知在台湾地区争点效适用范围之发展上乃呈现限缩适用，而非呈现扩大适用之状况。而台湾地区"最高法院"在设置发生争点效之要件部分判决列为四个、部分判决列了六个、部分判决列了七个，以致于至今就发生争点效之要件仍处于不一致与不安定之状态。然而，如此之现象则在彰显何种情形可发生争点效仍存在不确定之危险。本文认为只要是确定判决之效力，为保障当事人与受判决效力影响之第三人之利益，即应确定化与明确化，实不宜处于不明确与不安定之状态。此则呈现出争点效理论所具有不完足之处。反之，德国民事诉讼法与台湾"民事诉讼法"就既判力与参加效，立法者均设有明确化之规定。

大陆现今并未设有相当于德国民诉法第三二二条与"民诉法"第四〇〇条之规定，未来建议增设关于既判力客观范围与主观范围之规定。基此以明确化确定判决效力之范围，以避免对当事人与第三人造成突袭性之效果。于此本文认为既判力之客观范围与主观范围应由立法者明文规定，倘若立法者已作出基本之立法决定，尚难透过解释论再将判决之效力扩大超越立法者所设定之判决效力范围。然此并非即意谓在未增订上述条文规定之前，可透过解释之方式将确定判决之拘束力扩张及于判决理由中主要争点之判断。于此必须检视争点效之合理性。德国通说之见解并不承认争点效或者认为判决理由中判断原则上并无拘束力。因法院对于攻击与防御方法之判断判决理由中之判断，原则上并不会发生既判力（抵销抗辩除外）

或争点效。倘若承认法院对于攻击与防御方法之判断亦会发生既判力或争点效将过度扩大法院判决之拘束力而造成当事人突袭性与不利之效果。而当事人为避免此种效果之产生将于前诉讼程序膨胀诉讼资料,当事人提起上诉救济与再审之范围亦将因而肥大化,以致对迅速化解决纷争造成阻碍。既判力扩大论与争点效理论所欲达成透过一道程序迅速化统一解决纷争之目的未必能达成①。而且,争点效架空原告透过诉讼标的的决定既判力客观范围之功能,借由争点效使确定判决之效力不当的扩大,何种情形可谓系两造当事人已实质上充分进行攻击与防御,何种情形可谓系法院已充分进行审理,其标准欠缺其明确性。当事人就某项法律关系之存在与否,所进行攻防之质与量有可能相较于该法律关系或权利主张成为诉讼标的之情形还少,因其主观上认知该法律关系或权利主张并未于该诉讼成为诉讼标的,其可合理预见法院关于攻防方法之判断不会发生类似既判力积极之作用—禁止矛盾之作用。就前提法律关系之部分,将大大减损中间确认之诉之功能。

就争点效之主观适用范围而言,台湾地区部分学者认为法院对于具辅助参加利益之第三人依"民诉法"第六七条之一通知后,即可对该受通知之人发生争点效。其认为新法系以程序权保障之有无赋与,作为界定判决效所及范围之大小与是否及于特定人之正当化之基础,并将职权通知作为赋予程序权保障及谋求统一解决多数人间纷争之手段。因此,本诉讼确定判决争点效应及于两造当事人及受职权通知之人相互间,藉此统一解决两造当事人与受通知之人等多数人有关诉讼标的之法律关系存否之纷争,扩大诉讼制度解决纷争之功能,维持诉讼经济及保护程序利益②。

如前所述,法院即使通知具辅助参加利益之第三人,对于该第三人并无发生既判力扩张之情形,亦不应认为可对其发生争点效。台湾地区"民诉法"第六十七条之一与第六十三条并不能作为争点效扩张之依据规定,

---

① MünchKommZPO/Gottwald, § 322 Rn. 84; Stein/Jonas/Leipold, § 322 Rn. 68 ff.
② 丘联恭:《口述民事诉讼法讲义(三)》,台北自版2009年,第338页;许士宦:《第三人诉讼参与与判决效主观范围(下)—以民事诉讼上第三人之程序保障为中心》,载《月旦法学杂志》第179期2010年4月,第178页以下。

其仅为发生参加效之规定。倘若采用争点效之立场，亦应认为限于前诉讼之两造当事人与既判力扩张所及之第三人始会发生争点效。未受既判力扩张所及之第三人不会发生争点效。台湾地区"高等法院"九十六年度重上字第五七四号判决与台湾地区台北地方法院九十六年度重诉字第七一三号判决认为，争点效之适用，须于同一当事人间，于本件自无适用"争点效"理论之余地。再者，依台湾地区"民事诉讼法"第六三条第一项之规定，参加效力只发生于参加人与其所辅助当事人之间，参加人与他造当事人间就参加诉讼并无任何效力（并无既判力、亦无争点效）可言。台湾地区"最高法院"于一〇三年度台上字第二六〇三号判决，则认为在告知诉讼之情形下，参加效力仅发生于受告知人与告知人之间，至于在受告知人与他造或第三人之间，则无拘束力可言，亦即本诉讼之确定判决，对于受告知人并无既判力。由上可知，即便系采用争点效之见解，其主观范围亦应认仅能发生在两造同一当事人及其与受既判力扩张所及之第三人之间，而不能发生在不同一当事人及未受既判力扩张所及之第三人之间。与此不同者，参加效乃发生在被辅助当事人与辅助参加人或受通知人之间，而非发生在两造当事人或他造当事人与辅助参加人或受通知之人之间。

八、评议提纲

河南大学法学院教授　吴泽勇

一、郭翔老师的论文全面梳理了美国法上的判决效力理论，是我看到的最系统、最详实的梳理，受益很多。对相关问题的评论也很中允。因为没有研究过美国法，对郭老师的论文暂时只能是学习，提不出更多问题。

二、林剑锋老师对既判力理论作了比较全面的梳理，并对既判力在我国的制度化情况、以及目前存在的障碍作了分析。给我印象最深的是，论文初步梳理了立法和司法解释上可能理解为确认既判力相对性的一些规则。这将理论与规范结合起来的努力值得赞赏。通过解释发现规范中可能的意蕴，这在我看来就是规范研究。我特别愿意看到这样的研究。

三、郭老师强调，判决效力是一套完整的制度，而不是一个概念或者原则，这一点我也很认同。既判力制度在我国的完整确立必定伴随着一系列制度和技术的引入，而不是简单的一两个观念的更新。而众所周知，在比较法上，整体移植一套制度是罕见的，甚至是不可能的。所以我也赞同郭老师文末表达的态度，有些制度变迁可能只能留给司法实践去探索。

四、林剑锋老师论文第三部分是亮点，但是这一部分的论证看上去只考虑了一面的理由，而没有考虑反对理由。这几个制度是否必须作论文中的解释，还是也可以有别的理解？比如第一个，生效判决的免证效力，究竟怎么解释，其实是有分歧的。重点在于：什么样的情形可以推翻生效判决的免证效力？实务中的做法是否就是剑锋理解的那种，即可以容忍不同判决？论文暂时没有对可能的异议作出回应。

五、基于坚持既判力相对性的立场，剑锋老师对第三人撤销之诉提出了批评。这种批评在应然的角度，在立法论层面上是可以接受的。但是论文没有深入分析，为什么会出现这种局面。（当然，这个问题并非剑锋论文中必须包含的。）而且，有些论述似乎存在自相矛盾之处。比如，论文指出，对于我国制度与实践的现状很难用"否定既判力相对性原则"来概括；但在分析该法立法理由时，又认为否定矛盾判决存在是第三人撤销之诉被引入的一个核心理由。在我看来，这两个表达很大程度上是一回事。正因为基本上没有既判力相对性的观念，才不能容忍矛盾判决存在。

六、关于第三人撤销之诉究竟能否发挥遏制恶意诉讼和诉讼欺诈的作用，我同样认为第三人撤销之诉在这方面做不了太多。这一点，根据现有研究应该差不多就能得出结论。郑金玉的研究告诉我们，依靠第三人撤销之诉来规制恶意诉讼和虚假诉讼，基本上是雷声大、雨点小。下面是他的统计：

	原告诉称	主张相应的事实依据	举证证明	获得认定
案件数（总353）	130	54	18	14
百分比	36.8	15.3	5.1	4.0

七、剑锋老师的论文间接批评了我关于第三人撤销之诉的观点，我也许需要稍微回应一下。在应然层面上以及在立法论层面上，我同样支持既判力相对性原则，并且也希望看到通过立法或者其他方式，逐步确立我国判决既判力的相对性。张卫平老师关于既判力相对性的论文，主张将第三人撤销之诉的适用范围限定在判决效力扩张的情形，这是非常明确、有力的观点。对此我很难表示反对。对于林剑锋老师的努力，我一样乐见其成。我想说的只是，第三人撤销之诉的问题可以在很多层面上提出，基于不同的问题意识，可能会关注不同的信息，给出不同的建议。基于这样的理解，许多研究其实是可以共存的。我的问题意识是，面对这样一个全新的制度，法官会怎么做？在法官可能的做法里面，有哪些做法在目前的法律体系中是可以接受的，哪些是不能接受的？这样的问题设定，在"一定要确立既判力相对性"这样的立场面前显得多余；但是对于这个制度的当前适用而言，或许不失为众多可以选择的思考方案之一吧。

九、既判力的边界问题

袁中华[*]

剑锋老师的《既判力相对性原则在我国制度化的现状与障碍》（以下简称"林文"）认为，对于既判力的作用范围应作如下把握："既判力限于当事人之范围，而不对第三人产生拘束力"、"既判力客观范围限于判决主文，而不扩张至判决理由中判断"、"既判力只针对辩论终结时，而不及于其后的新事由"。而郭翔老师的"美国判决效力理论及其制度化借鉴"（以下简称"郭文"）则认为："在既判力理论没有形成共识，而争点效力已经在实践中被默认的前提下，学术界不可避免地需要结合争点效力理论母国的实践来观察、分析与预测争点效力的中国化过程，修正与避免争点效力与我国既有的理论之间的矛盾。"两者可谓争锋相对，尤其是对于判决理由的效力

---

[*] 袁中华，法学博士，中南民族大学法学院讲师。

问题的阐述。林文从大陆法系既有理论出发，认为对于既判力只能判决主文而不能扩及判决理由。而如果严格秉承既判力相对性的立场，则生效裁判所确认的事实的预决效力也必须予以否认。① 由此就同一事实，即使后诉作出与前诉完全不一样的判断，也不能构成所谓矛盾判决。而郭文则采取美国法的立场，尽量扩大法院判决的效力范围，因而在前诉中已经充分争议的已决事实直接就无法在后诉中再行争议，更遑论讨论该事实的效力。

个人认为，对于既判力的边界的确定，取决于几个因素：(1) 在制度层面最为直接的关联，是诉讼标的（诉讼请求）范围的确定。如果诉讼标的的范围小，也就意味着法院处理的争议的范围小，那么既判力的范围就不可能大，比如采用旧说，那么理论上就无法推出争点效来。而如果采用美国法那样以交易理论作为界定请求的范围，那么就尽可能的在一次诉讼中完整的解决当事人之间围绕某个问题所产生的所有争议，由此在后诉中就无法对此再行争议。(2) 在制度的整体设计以及实践的层面，如果能够在纠纷处理中给予当事人足够的程序保障，即当事人能够对事实和法律问题进行充分的争议，那么自然可以对其约束可以更强。反之，如果程序保障本身不够，对事实问题常常没做充分的调查、辩论就迫于案件数量和审理期限的压力而进行裁判，那么既判力的约束范围就不能太大。如果既判力的约束范围过大，就会使得程序必须设计较多的纠错性机制以防范前诉匆忙裁判所带来的问题，比如对于前诉中事实认定的错误用再审予以纠正。(3) 在法律文化层面，民众对于司法的认识以及心理期待也是不可忽视的因素。如果民众将司法视为正义的生产者，那么依照法律规定而制作的产品就可以满足大家的期待，正所谓合法即正义。如果民众期待司法能够给出结果上正确的判决，这种正确无论是对于事实的判断、还是法律的判断以及对于请求的判断都应该是正确的，经得起推敲。那么这种对于判决的要求就几乎是完美的，由此对于前诉中事实的判断应当为后诉所尊重，甚至将争点也纳入遮断效也不是不可以考虑。

具体而言，其一，就诉讼标的问题，也即法院的审理对象，我国通说

---

① 曹志勋：《反思事实预决效力》，载《现代法学》2015年第1期。

采取的是当事人之间争议的权利义务关系这样一种表达。但这种表达无疑是含混的、不够精确的。民事法律关系可以在以下几个层面被使用：（1）最为宏观的层面，即作为总和的民事法律关系，区别于刑事法律关系、行政法律关系等其他部门法的法律关系；（2）较为宏观的层面，关系到民法各组成部分（或各编），如徐国栋教授就以发生领域将法律关系区分为人格权关系、身份权关系、物权关系、债权关系、继承权、知识产权关系这几类。如果不采取那么严格的分类，则存在单行法进行规范的合同、侵权、婚姻、继承等法律关系也可以归于此层次；（3）较前者更为具体的层面，一般关涉到规范某种更为具体的社会关系的规范群，如买卖合同法律关系，环境侵权法律关系。而一个法律关系中可以容纳多个请求权及形成权。由此在诉讼实务中，这种不够精确的对诉讼标的的理解造成了不少混乱，法官在判断的时候常常是跟着感觉走，以至于本应解决司法实务问题的诉讼标的理论被某些学者称之为"屠龙术"。但如果从纯粹的制度逻辑出发，那么采用上述第二种或者第三种法律关系的认识，那么既判力的范围无疑应该是非常大的，因为某个纠纷中的法律关系，涉及整个纠纷中几乎所有的法律问题。我国法确定的事实预决效力与此也存在制度上的勾连。其二，就制度的程序保障的宏观层面，可以说这种保障的程度还相当之低。而与程序保障密切相关的是对于案件真相的发现。从制度上我们缺乏足够细致的证据规定（尽管新司法解释较以前进步非常明显）、缺乏强制律师代理、且还有审理期限的消极影响，而司法实践中证人普遍不出庭，法官又常常面对案多人少和审结率的压力，由此无论在制度上还是实践中，我们都无法确保当事人得到了充分的程序保障，也无法确保法官是否做到了事实清楚、证据确实充分。从这个角度上讲，我国对于既判力的范围又不宜确定的过大。

其三，就法律文化层面，我国民众普遍存在着"结果正义"或"实质正义"的观念，对待司法或者法官的期待是相当之高，这种态度可以称之为"青天思维"。而与此相适应，长期以来政府对于司法的态度是一种"铁案思维"，即要求事实清楚证据确实充分，所谓错案追究制、错案终身制也源于这种思维。这两种思维模式造成的局面是，一方面是政府和民众对于司法的不切实际的高期待，使之他们愿意接受判决的各种效力而不仅仅限于判决主文的判断。而另一方面是，一旦发现这种判决结果或者理由"有误"，他们又从根本上否认判决的各种效力，连最基本的既判力规则也不遵守。

  总体而言，我国既判力的边界问题处于上述几个因素（但不限于以上几种）的影响之下，对于该问题的各种立场都能或许能从上述中的某些因素中找到合适的根据。个人对于林文的基本立场是赞同的，而且该文也发现了我国诉讼标的理论所采取的法律关系论的弊端，并放弃了之前在《民事判决既判力客观范围研究》中的法律关系论立场。这无疑是值得肯定的。而对于郭文对于美国法上争点效的解释，无疑是雄辩的，但对于争点效的态度，个人认为，一方面不能因为有一个司法解释的某个条文认同它而推断其他条文乃至司法实务都认同争点效，另一方面，在诉讼标的理论混乱、程序保障不足的制度背景下，再顺应这种官方和民众的需求去推行争点效，其结果可能是南辕北辙。

第四届紫荆民事诉讼青年沙龙

（厦门大学、厦门大学出版社）

报告人：胡学军、霍海红

胡学军，男，江西修水人。2009年师从张卫平教授攻读诉讼法学博士学位，2012年获得清华大学法学博士学位。目前任南昌大学法学院教授、法律学系主任，兼任中国民事诉讼法学研究会理事。主要研究领域为诉讼法学、证据法学、司法制度。曾在《法学研究》《中国法学》《法学家》《法律科学》等期刊发表学术论文40余篇，主持国家及省部级课题10余项，获省级社会优秀成果奖一、二等奖多项。博士论文《具体举证责任论》获"第四届全国中青年民事诉讼法学研究成果奖"著作类一等奖。

霍海红，男，河北康保人。吉林大学法学学士（2001），法学硕士（2004），法学博士（2008）。现为吉林大学法学院教授，博士生导师，民事司法研究中心主任，中国民事诉讼法学研究会理事。主要研究方向为民事诉讼法、民事证据法，倡导与实践"程序法与实体法一体化"的研究思路，代表性研究主题：证明责任、诉讼时效。已在《法学研究》《中国法学》《中外法学》等刊物发表论文二十余篇。曾获得第三届（2012）、第四届（2015）全国中青年民事诉讼法学优秀科研成果二等奖、第十五届霍英东青年基金奖（2016）等学术奖励。创办"吉大民诉法学青年工作坊"和"吉大民诉·程序与实体的对话"等系列学术与教学活动。

证明责任分配理论重述

——以《证据规定》与《民诉法解释》相关规范比较为中心

胡学军

2012年修订的《民事诉讼法》对证据制度修改的条文从数量上看并不多。在此之前,《最高人民法院关于民事诉讼证据的若干规定》作为我国民事审判方式改革与证据制度探索的重要成果,一直是司法实践中遵循的证据与证明的主要制度规范。《证明规定》确立的证明责任分配的"原则规定(第2条)——例外列举(第4条)——特殊情形(第7条)"的规范配置格局业已成为我国教科书的标准内容。但民事诉讼法修订之后,尤其是2015年《民诉法解释》的出台,不仅新创了"举证证明责任"这一概念表述,而且对其分配作出了重新规范。那么,《证据规定》确立的证明责任分配规范体系是否仍然可以继续适用,就成为当前必须明确的一个紧迫问题。我在本文中将在对证明责任概念及其分配规则进行宏观比较考察的基础上尝试予以回答。我认为我国证明责任分配理论的纷争不定根本上源于证明责任概念范畴界定的模糊不清,当前有必要在对相关司法解释加以梳理的基础上对证明责任及其分配进行重述,以期推动我国民事证明责任的理论更新。

一、合久必分:具体举证责任与抽象证明责任的概念界定

无论中外,传统诉讼中案件事实认定只承认非真即伪的两分结果状态,现代诉讼法理论在真、伪两分的状态之外界定了一种"真伪不明"的中间状态而使其成为三分。这一中间状态的肯定是对法官超强事实认定能力的怀疑,既反映了现代司法的理性,也推动了司法领域中事实认定与法律适用理论的深化与精细化。而证明责任理论就是解决案件事实真伪不明时如

何裁判的问题。现代世界各国民事诉讼制度均基本肯定证明责任机制的作用，我国自上世纪 80 年代民事审判方式改革以来，关于证明责任及其分配在学界的研究成果汗牛充栋，在司法实务上亦耳熟能详。《证据规定》的制定就是这种成果及其运用的表现之一，在新近的《民诉法解释》中，进一步吸收了审判实践经验与学界研究成果，关于证明责任的规定既沿袭了《证据规定》相关内容，同时也对证明责任分配作了进一步明确的解释。但我国的民事审判方式改革肇始于通过强化当事人提供证据的责任来提升司法的效率，作为此后"显学"的举证责任理论也是侧重于当事人提供证据加以证明这一行为责任方面涵义而发展的。

因此，我国证明责任理论研究与实践运用之间一直存在内在的紧张与隐形的矛盾。理论界长期聚焦于抽象证明责任及其分配的"经院式"研究，而实践中盛行的却是霍海红提出的意在化解事实认定困境的所谓"主观证明责任逻辑"。这认为就是我国很多误解的根源。我是在学习海红文章的基础上尝试提出另一种分立论，海红提出的"分立论"是 1.0 版本的，他是想将"双重涵义说"的证明责任内涵分为两个概念，将具体举证责任与证明责任概念分立开来，而我提出的"具体举证责任论"是 2.0 版的"分立论"。我是意图确立具体举证责任与抽象证明责任概念分立的二元机制，以形成对诉讼证明活动的双层调控，共同解决疑难案件的事实证明与法律适用问题。具体举证责任是促进案件事实查明与认定的机制，以在实际诉讼程序中最大化案件事实查明，证明责任是解决事实真伪不明时的法律适用机制，以在实际证明落空时严格司法裁判中对法律价值选择的贯彻。在具体举证责任与抽象证明责任二元概念结构下，二者相辅相成、相互衔接，共同作用于司法审判公正。但从理论的逻辑解释与实践运用的可操作性来看，两个概念不宜混同。而以往的证明责任"双重涵义说"意图以一笼统的概念包容这二种不同性质的内涵，故在理论与实践中均不可避免造成了一定的混乱。

首先，混淆了具体举证责任所针对的生活事实模糊不清与证明责任所欲解决的法律要件事实真伪不明情形。在实务上，每当出现事实模糊的难办案件，证明责任分配似乎总被当能成理论上的首选方案及实务上的化解捷径。应当明确的是，证明过程中的"事实模糊"与穷尽一切证明手段之后的事实"真伪不明"是有重要区别的。案件争议事实模糊不清可以说在诉讼过程中是一种常态，因为在一个运行良好的纠纷解决机制系统下，事实清楚而分明的纠纷往往在诉前就被其他替代性纠纷解决机制过滤，几乎不太会真正进入法院。而我国诉讼过程中，对于事实模糊的案件，法官总希望通过程序机制促使当事人尽可能举证证明，法官也应当利用直接听审获取的信息尽可能依据自由心证对案件事实作出判断。只有在自由心证用尽的情况下，证明责任机制的适用才具有正当性。但在我国长期的民事审判实践中，作为证明责任理论核心概念的"真伪不明"不是被视为诉讼证明活动最终认识的结果，而被混同于诉讼过程中的事实模糊不清，并意图通过证明责任的分配对当事人所产生的压力机制来逼近事实。此种责任的分配依据也就自然更多地考虑的是个案中的具体程序因素，且以不利裁判后果的归属为促使当事人尽力举证的外在压力。这其实是对证明责任的不当理解与运用。

其次，混同了客观证明责任与具体举证责任各自所发挥的调整当事人举证证明行为的功能。确实，抽象证明责任的前置作用会促使负担此种不利判断风险的当事人在诉讼程序中积极举证证明，以尽可能避免理论上的风险成为最终败诉的现实后果。但绝不能将所有调整规范当事人举证证明行为的功能全部归功于抽象证明责任。在特定情境下，谁应当继续提供证据必须考虑如证据所持、举证能力、举证成本、当事人态度、当事人相对地位、举证期待可能性等等程序上的因素，而这些因素是不可能全部被证明责任非此即彼的分配规则所能涵盖的。具体举证责任的承担需要在长期的审判实践中归纳证据提出及事实证明与认定的规律。此种具体举证责任与抽象证明责任中的主观（抽象）证明责任能够形成事实发现的合力机制，共同致力于案件信息的最大化提出。但具体举证责任机制与抽象证明责任机制仍是不同的。这就如同刑法的威慑力也能促使社会公众为免遭刑罚而谨慎行事，但作为行为规范而调整公众交往行为的主要仍是民法规范而非刑法本身。民法规范才能更具体细致地指导民事主体从事社会活动使其不致越轨以致遭受惩罚。与此同理，客观证明责任主要是法官的裁判规则，其对当事人举证行为的调整功能是附带的，并且在这方面主要是从防范真伪不明出现的角度来消极规制的。惟有具体举证责任机制才能积极引导当事人的举证与证明活动，并尽可能促成案件事实的真实查明。

再次，模糊了具体举证责任承担依据与抽象证明责任分配标准的根本区别。作为诉讼证明过程中的具体举证责任承担需要考虑的是个案中的具体的程序内因素，因此具体举证责任的分配是可以由法官根据具体情形裁量的。但证明责任实质不是事实问题，而是法律适用问题，证明责任的分配应当遵循的是实体法的价值取向选择。混淆这两个方面造成作为混合体的证明责任性格的分裂并会导致分配规则的混乱，使具体举证责任及抽象证明责任均不能真正发挥其应有功能，并在实践中导致不能确立相对统一的分配标准与规则。其实即使在"双重涵义说"下，所谓的证明责任分配问题也只能是关涉客观证明责任，因为作为在诉讼过程中可以交替承担的主观具体举证责任是不存在统一的规范性分配规则的。按照大陆法系国家的理论通说，证明责任分配的标准只能是实质上的价值衡量，客观证明责任的分配是二值的（非此即彼）、抽象的，因此封闭了利用客观证明责任解决个案中情境性因素考虑的可能，而将这一空间留给了具体举证责任。证明责任负担的不利后果也是固定的，即当事人的诉讼请求能否得到法院的支持，也即案件胜诉或败诉的最终结果。而具体举证责任的承担是情境性的，不存在抽象统一的分配标准，因此能够最大限度地容纳个案诉讼中的程序因素考虑，并能根据具体情境因素配置从宽到严的多样化不利后果，因此最能够使案件的事实判断接近真相接近正义。

虽然行为意义上的具体举证责任在诉讼证明过程中表现更为直观明显，但实际上，客观证明责任才是现代诉讼证明责任的本质，也只有这一范畴才是我国民事诉讼法学的知识传统。但不容忽视的是，主观证明责任才是我国司法中的实践理性与现实逻辑。客观证明责任是实际证明陷入困境也即事实判断不能时的法律适用方案，其性质是一种风险，而与当事人在诉讼过程中提供证据的行为责任是很不相同的，这是在我国民事诉讼法学界已基本达成的共识。客观证明责任决定了主观证明责任的存在及意义，但这并非表明在诉讼过程中客观证明责任的适用就比主观证明责任更频繁。如果将客观证明责任定位于只是在实际诉讼最终事实真伪不明时的裁判依据，则证明责任就不可能担当民事诉讼的"脊梁"，而将蜕化成了诉讼的"尾骨"。实际上，在任何国家的司法裁判实践中，作为客观证明责任裁判基础的事实真伪不明状态的最终出现总是低概率的，而具体举证行为责任在当事人之间的转换承担才是诉讼事实证明的常态。通常情况下，由当事人具体举证责任的交替承担而使案件事实的证明达到证明标准完成案件事实查明，事实真伪不明的界定要求法官穷尽一切可能手段，根据自由心证对案件事实进行判断。这就要求对各种证据的审查运用及其证明力的判断进行经验总结，在尽可能利用具体举证责任进行调整的基础上证成裁判三段论的小前提。穷尽一切手段最终仍不能达到证明标准的事实认定落入所谓的真伪不明区域，才能将证明责任裁判作为最后的裁判手段。

　　证明责任与具体举证责任的区别在我国司法解释中从未真正厘清。《证据规定》颁行之后的主流观点认为证明责任分配的一般原则就是该规定的第2条，《民诉法解释》第90条实为对该内容的重申。这种解释正是在证明责任"双重涵义说"即主观证明责任与客观证明责任的统一下的分配规则，但从文义解释来看，该条应说更倾向于是对当事人举证加以证明的这种行为责任的表述。这种责任的要求是"提供证据加以证明"，承担责任的原因是当事人"未能提供证据或者证据不足以证明其事实主张"，而且承担责任的时间点是"在作出判决前"，责任的后果则是"承担不利后果"。在我国理论语境下，尤其是司法实践中，注重的是程序进行中举证证明行为意义上的"举证责任"，而非作为事实真伪不明情形下法律适用问题的客观证明责任，因此与德日等国现代证明责任理论不能完全通约。这在最新司法解释中对"举证证明责任"这一概念的选择中仍可以比较清晰地反映出来。之所以选择"举证证明责任"这一术语，主要目的是想"强调当事人在诉讼中负有提供证据的行为意义上的责任"，[①]引导与规范当事人诉讼证明行为正是主观证明责任的功能。在大陆法系现代证明责任理论中，客观证明责任是指法律要件事实真伪不明时的败诉风险负担，客观证明责任分配决定了主观（抽象）证明责任的承担。而在我国，主观证明责任仍居主导地位，客观证明责任反被置于主观证明责任之附庸，被理解为主观行为责任不履行所附带的后果。此前所谓的"举证责任倒置"、"举证责任转换"及"举证责任分配的司法裁量"其实都是对主观具体举证责任承担规则的错位理解。

二、追本溯源：民事证明责任分配一般原则的深度追问

我国此前一直将主观举证责任的表述（《证据规定》第2条或《民诉法解释》第90条）当成证明责任分配的表述，是对证明责任分配规则的粗浅理解。当然这也部分是因为学界希望通过对某些词语的限制解释以迂回的策略引入规范说的要旨。而本次《民诉法解释》在第90条承袭原有规定之外，在吸收我国学界对于证明责任理论研究成果的基础上，另立一条（第91条）进一步明确肯定罗森贝克的规范说，是首次对证明责任分配一般原则的完整表述。

虽然在同一司法解释中作为前后相连的两个条文，但第90条与第91条内涵却有着本质区别：如前所述，第90条从此前的"谁主张、谁举证"而来，是主观证明责任逻辑的一脉相承；而第91条明显意在宣示客观证明分配的明确规则。虽然从字面上看，仍可以说证明责任的分配是根据基本事实分类，但要注意的是，这种分类与作为大陆法系国家近代早期证明责任理论中的"待证事实分类说"有根本的区别。"待证事实分类说"主张根据诉讼中需要证明的生活事实的性质与特征来加以分类并据此分配证明责

[①] 沈德咏：《最高人民法院民事诉讼法司法解释理解与适用（上）》，人民法院出版社2015年版，第312页。

任。而该条中的"基本事实"（与"次要事实"或"辅助事实"相对）的区分并非根据争点事实在诉讼证明过程中作为裁判根据的重要性而言的，而是根据诉讼所系的实体法规范而言的。这里的基本事实与要件事实同义，而要件事实是经实体法律规范的法律概念。这种分类在实体法中采取的层次化的分级规定，也即普氏笔下的要件事实分级。罗氏的"规范分类"与普氏的"要件分级"其实并非不同的证明责任分配方法，而是对同一方法的不同解释。在我国实体法体系化尚未完成时，按照普氏的修正规范说所主张的对法律规范进行体系解释确实更有利于识别证明责任分配的根据，而在我国以民法典编纂为标志的实体法体系化完成之后，按罗氏规范说来分配证明责任将使法律适用更为统一。

引入证明责任分配的"规范说"理论还将带动民事案件裁判方法的转型。我认为这种转换首先体现为从"依主张分配"到"依法分配"。如果单从《民诉法解释》第91条字面来看，仍是依主张分配证明责任，但与此前规范不同的是，此处"主张"不再是具体的系争事实主张，而是法律规范的要件事实主张。这意味着当事人在诉讼中提出的主张与抗辩均需依照实体法秩序进行，正是证明责任决定了当事人在具体诉讼中的主张责任。因此，虽然从实际过程来看，似乎是先有当事人的诉讼主张，然后根据当事人的主张产生对要件事实的证明责任，但归根结底，是本案诉讼标的涉及的法律规范决定了证明责任的分配。显然，当事人的主张如不被实体法律规范所支持，就根本不成其为证明责任分配的对象。

依"规范说"的证明责任分配将进一步潜移默化带动我国民事诉讼从之前的"事实出发型"向"规范出发型"转换，从而使一系列的制度能更加协调地发展。此前是根据双方事实主张形成争点，在证据不足以作出判断时根据主张方的不同分配举证责任，相应地，此种分配会较为关注举证行为的程序因素，如证据所持、举证能力、待证事实发生的抽象盖然性或具体盖然性等等。此种裁判方法遵循从事实到法律、从具体到抽象的路径；而大陆法系的证明责任理论之所以作为"民事诉讼的脊梁"，是规制当事人的主张责任与证明活动的根本，是诉讼促进的内在动力机制。此种裁判的路径是从法律到事实、从抽象到具体。诉讼证明行为就是使当事人围绕规范对法官进行说服论证的作业，而证据只是当事人在进行辩论与说服时所运用的材料。至于证据材料的提供责任，在原辩论主义下是当事人各自承担，而当代修正辩论主义下更倾向于要求双方协力提供，以致力于尽可能解明案件事实真相。如此一来，抽象证明责任分配与案件事实及特定证据上的具体举证责任承担也就可能被割断了必然联系。

三、分道扬镳："举证责任倒置"的意义嬗变

既然我国明确确立了依罗森贝克的"规范说"分配证明责任，依据体系解释，也就意味着此前《证据规定》确立的证明责任分配的"原则规定—例外列举—特殊情形"的规范配置格局被推翻。因此，《证据规定》第4条关于特殊侵权案件的举证责任分配（一般也被称为"举证责任倒置"）的规定因被刷新而归于无效。特殊侵权案件的证明责任分配不再在司法解释中规定的原因在于证明责任分配在本质上属实体法，尤其是我国2010年施行的《侵权责任法》已对各种侵权案件类型作出了集中规定，因此其证明责任分配也就有了明确规范依据，并且其中多个条文已修正《证据规定》中的不合理分配。实体法既已作出明确规范，诉讼法及其司法解释已无重申此类规范的必要。更重要的是，特殊侵权诉讼中的证明责任分配并非违背证明责任分配原则的例外，而是证明责任分配一般原则在特殊侵权类型中的表现。依据规范说，证明责任的分配具有法定性，原则上并不能由法官来斟酌，因此不存在方法论意义上的倒置或例外情形。法官在证明责任分配问题上只是适用法律，是通过对实体法规范的分析发现法律隐含的证明责任分配规则的过程，而非创造证明责任分配规则。

从历史上来看，在大陆法系国家，举证责任倒置是社会发展导致新的法律关系冲击传统法律秩序的突破口，往往也是新的归责原则与新的权利类型的生长点。在形成新的法律关系类型之前，通过程序上的证明责任分

配的逆转（"倒置"）修正按一般规则形成的证明责任分配，这种类型化的修正对以后的同类案件具有类似判例效力。但在成文法国家，证明责任分配上的这种停留在判例阶段的效力往往比较短暂，最终终将通过立法修改来固定。而一旦实体法作出特别规定，此类案件的证明责任分配就又将是依据实体法规范作为根据，从方法上看，也即重新落入"规范说"的领域。

我国所谓"举证责任倒置"的案件类型，集中在《证据规定》第4条所特别列举的八类侵权诉讼。从这些规定所涉及的各特定要件事实来看，又可分为两大类：一是作为"无过错责任"类型案件专属的"免责事由"；二是作为一般侵权行为构成要件中的某个特定要件。这八类案件的证明责任分配在实际结果上确实与一般侵权案件有区别。因为首先，一般侵权案件中不存在"免责事由"；其次，一般侵权行为四个构成要件全部应由受害人承担，缺一不可。而在这八类案件中，则是由可能的加害人承担上述要件事实的证明责任。因此所谓的"举证责任倒置"就是从证明责任分配的结果来说的，也即特殊侵权诉讼中证明责任分配的结果与一般侵权诉讼的区别。而从分配规则来看，如果承认依"规范说"分配证明责任就是证明责任分配的一般原则的话，这八类侵权诉讼的证明责任分配其实是完全遵循证明责任分配的一般原则的。很明显，第一，"免责事由"的规定从权利效果上看应当属于"权利消灭规范"，只可能由加害人加以主张，也应由其负证明责任，这完全遵循"规范说"的基本规则；第二，作为侵权行为构成要件的某个特定要件不由受害人承担而由可能加害人承担，这从表面上看起来确实好象是"倒置"了，但如果从"规范说"来看，是否"倒置"应取决于实体法规范对此特定要件的规定，即看其到底是作为权利发生规范加以规定还是作为权利妨碍规范加以规定的。而立法选择作正面还是反面表述并非是随机而定的，而是隐含着立法者对要件的分层设置与倾向性价值选择，在证明责任分配问题上恰恰就发掘了这种意义。

当然，我们可以说约定俗成的所谓"举证责任倒置"是证明责任分配领域的一种特殊情形。但应当注意的是，在实体法上有了特殊侵权与一般侵权在构成要件方面的差异化规范之后，举证责任倒置就只是实体法上的

"特殊"而不能归之为程序意义上的"例外"了。即其不是或不再是证明责任分配在方法论或分配标准上的区别，而只是对分配结果的事实性描述。

虽然从证明责任分配的理论上说，"倒置"的提法可能根本上就是一个伪命题，但这一约定俗成的用语在我国司法实践中似乎暂时还难以完全抛弃。原因就在于"倒置"或"转换"这一词语在我国司法实践中还存在另一种意义指涉，即将具体举证责任当成证明责任的错位理解，用于描述诉讼进程中具体举证责任承担的情形。不同于证明责任分配的法定性规则的是，具体举证责任因其情境依赖性并不存在统一的分配法则，因此当然是可变的。在历史早期的事实出发型诉讼中，提出争议事实的一方当事人总是需要首先提出支持其主张的初步证据，即所谓"谁主张、谁举证"，此种意义上的"倒置"相对于这一证明活动的"自然规则"。一般情况下，抽象证明责任的分配使得负证明责任方当事人首先从事实毫无证据的空白状态下（或者法官心证处为绝对中间状态）开始举证证明，但如果在案件事实与可能证据的掌握上存在"信息不对称"的典型情形，即需要由掌握信息优势的一方对该事实的阐明负担更多具体举证责任。德、日等国司法实践中的所谓摸索证明、表见证明情形也都可归为"谁主张、谁举证"的例外情形。"举证责任转换"及作为其转换结果的"举证责任倒置"有时就是从这一角度用作对诉讼证明互动活动的描述。只有从具体举证责任的意义上理解，才可以说《证据规定》第4条与《民诉法解释》的证明责任分配规范并不相冲突而仍可继续适用。当然，如果作为一个对具体举证责任承担的描述性概念，就根本没有必要由规范性文件加以规定。

总之，在"规范说"理论下，应当根本否定客观证明责任分配方法意义上的"倒置"。特定类型案件的证明责任分配与证明责任分配的基本原则并不矛盾，其特殊性只能从法律要件的特别规定角度来理解。即虽然存在着证明责任分配的特殊"规范"，但不存在证明责任分配的特别规则。应当承认不同类型案件存在着不同的分配结果，但并不能承认证明责任分配的特殊或例外方法。这种特定分配结果的原因就在于实体法规范的特别规定，尤其是实质法律推定，典型的就是侵权行为中的过错推定或因果关系推定。

在确立"规范说"作为统一的证明责任分配原则之后，我国司法实践中所谓"举证责任倒置"所描述的其实就只是具体举证责任承担的特定情形。

四、时移势迁：证明责任司法裁量的存废之争

罗氏的规范说作为形式统一学说的典型代表，是绝对排斥法官对证明责任分配的自由裁量的。而我国此前教科书上的主流理论一方面普遍主张采纳规范说作为我国正统分配学说，另一方面又或明或暗对法官裁量分配证明责任的理论予以热情拥抱，这种理论"混搭"也给司法实务操作构造了模糊的空间并造成了一定的混乱。我国《证据规定》第7条即对于法律及司法解释无明文规范情形下如何分配举证责任的问题，赋予了法院自由裁量的权利，也即通常所谓"法官分配举证责任"情形。但对此种特殊情形究竟应作何解释则往往语焉不详。

我认为此前我国理论与实践中"举证责任的司法裁量"指涉的其实也可分为两类迥异情形：一是针对某种当时法无明文规定的案件类型，因规范说在此情况下无从适用，故只能由法官斟酌分配客观证明责任。典型的如"高空抛物"导致的侵权损害责任案件；二是针对特定案件诉讼中当事人的证明困境，由法官决定哪方当事人应继续提供证据或负担败诉的结果。我对后一类"法官分配举证责任"的情形此前也曾作过专门考察。① 发现司法实践中此类情形的案件性质往往并非特殊，甚至也并非针对"过错"或"因果关系"之类特殊要件事实（所谓"举证责任倒置"的案件类型中倒置的要件），而多为一般侵权行为中的通常要件事实（如侵权行为事实或损害后果事实）。只不过由于案件特定情境造成了受害人对此事实的举证与证明发生困难，案件事实认定因此陷入窘境。如前所述，这类情形中法官分配的其实根本不是客观证明责任，而正是具体举证责任。在案件事实陷入证明窘境时不可能期待证明责任作为澄清事实的利器，而不过是提供了如何

---

① 胡学军：《法官分配证明责任——一个法学"迷思概念"的分析》，载《清华法学》2010年第4期。

适用法律的裁判方法。证明责任作为"民事诉讼脊梁"的功能在于其对所有案件都有裁判方法论意义,并且重在其对诉讼的前置作用。在实际诉讼进程中事实认定陷入窘境时,与其说是通过法官分配证明责任来解决困境,毋宁说是法官直接决定事实认定不利结果的承担。根据程序中的多种因素(如特定事物的盖然性、经验法则、当事人态度、证据所持、举证能力,等等)决定这种多样化不利结果的归属,正是具体举证责任的功能。因此,作为化解诉讼进程中证明困境的"法官分配举证责任"其实就是法官裁量决定具体举证责任由哪方当事人承担。此种情形下所谓"证明责任分配的司法裁量"因此是一个伪命题。

  但我认为理论上还是应当承认存在着另一种与规范说并行不悖的证明责任司法裁量的方法。规范说能够作为证明责任分配理论的前提是作为分配根据的实体"规范"的存在。罗氏理论之所以否定法官分配证明责任,是基于当时普遍信奉的实体法"完美无缺"的观念。但"完美无缺"的实体法其实从来都只是一种幻象。依规范说的核心思想,证明责任的一般分配取决于法律规范,因此证明责任的例外也只能是法律规范未及,即法律漏洞的存在,在法律漏洞存在时必须进行法律续造。法律续造也就是法官裁量分配证明责任的情形。法律续造的存在在理论上无需论证,但这种情形在实践中无疑是非常少见的。但也应注意有几种因素可能中和"证明责任的司法裁量"出场的概率。一是作为我国立法总体特征的"粗疏",使法律的一般性条款涵盖范围比较宽泛,因此往往借助于法律解释即可解决规范缺失问题;二是我国法制发展的后发优势,在立法时往往以西方发达国家法律为蓝本,因此不但常常能够一定程度上避免立法的滞后性,相反却使法律具有一定的超前性。这种特定的法制环境决定了在我国法律续造必然是非常特殊与极为少见的情形。身处其中,我们很难预测将会出现哪类新型案件(如果能够预测,则可能已经立法),只有真正面对法无明文规定的疑难案件,才能切实感觉法律漏洞的存在,从而去发现与论证合理的证明责任分配方案。如《侵权责任法》颁行之前,仅有高空抛物致害与共同危险行为致损可以说就是此种法律续造的例子,并最终由新修订的法律规范加以固定。尚需注意的是，并非任何新型案件就一定导致需要证明责任分配的裁量，新型案件如果只是要件事实的重新界定，那么证明责任分配就仍可以类比传统案件的一般规定作要件事实的替换处理，而无需导致分配方向的倒转。只有在新型案件可能需要导致归责原则出现新的变化，实质上也即法律所反映其背后的特定社会价值取向选择的逆转时，才应当导致证明责任分配的倒置。

虽然新司法解释未再对法官分配证明责任作出授权性的规定，但基于法官不得拒绝裁判的原则，对于法律漏洞情形下的证明责任自然仍应由法官裁量分配。但法官裁量此类案件时也是应当"想立法者之所想，做立法者所欲作"。立法在面对某类新型案件的逻辑是假想此类案件在事实真伪不明情形下如何作价值权衡，故法官在面对此类有关新兴权利的新型案件时也应当是抽象地考虑双方当事人各自所代表的利益群体，从而决定哪方所代表的利益更值得法律予以保护。可以说，作为此时考量的标准是抽象的"分配正义"，而不是个案中具体的"矫正正义"。而此前《证据规定》第7条所述的法官分配举证责任依据的"公平、诚实信用与举证能力"往往是从个案具体情形加以考虑，将证明责任在个案中的裁量分配作为解决证明困境的救济。

规范说下证明责任分配的非此即彼根本排斥了法官的司法裁量，但在实体法上出现规整漏洞时法官不得不进行漏洞填补性质的法律续造，并因此也通过司法裁量创设证明责任分配规范。而在具体证明过程中，具体举证责任的承担由于情境依赖从某种意义上来说则正是基于法官裁量权适用的领域。由于具体举证责任负担的多样化效果，与其说是法官决定具体情境下当事人具体举证责任的负担归属，不如说是法官对这种责任的多样化效果的裁量适用。两种意义上的法官裁量权针对的情形根本不同，但均无需对于法官的授权性规定。总之，法官裁量决定具体情境下当事人具体举证责任的承担本就是作为事实裁判权的内容，在常规案件中，以"法官分配举证责任"为名进行证明责任分配司法裁量的作法应当彻底抛弃；而真正需要进行证明责任司法裁量的情形是实体规范出现漏洞的极端新型案件，且需在程序上予以严格规制。

　　总之，随着对证明责任研究与实践的深化，我们应当从具体举证责任与抽象证明责任分立的角度来理解与运用我国证明责任及其分配的司法解释，以形成对诉讼证明的双重调控机制。近期张卫平教授也呼吁对《民诉法解释》的理解与运用宜区分举证责任与证明责任的概念用语。[①] 从具体举证责任承担的角度上看，诉讼证明过程直观地反映着当事人双方举证证明的交互对抗，即从诉讼中争议的具体生活事实出发，一般情形下"谁主张、谁举证"、但在具体证明情境下也可能因"法官分配举证责任"而形成"举证责任转换"与"举证责任倒置"。这些表述很大程度上源于我国过去侧重于主观行为涵义的证明责任理论，更为符合概念分立语境下对具体举证责任运行的描述；而在抽象证明责任分配层面，则应依照"规范说"，从案件拟适用的实体法规范出发，依"要件事实的一般规定"、"法律要件的特别规定"及在法律空白处的"法律续造"形成证明责任分配不同层面的规范根据。证明责任分配的理论更新就是应当将此前证明责任围绕证据的、以争点事实为对象的"依主张分配"转换为围绕法律观点、以要件事实为核心的"依法分配"。

[①] 张卫平：《为新民事诉讼法司法解释点赞》，载《民事程序法研究》第13辑，厦门大学出版社2015年版，第5页。

提高民事诉讼证明标准的理论反思*

——以《民诉解释》第109条为中心

霍海红*

内容提要：《民诉解释》第109条针对欺诈、胁迫、恶意串通、口头遗嘱、赠与等事实，首次例外地将证明标准从"高度盖然性"提高到"排除合理怀疑"，虽出于建立多元化民事证明标准体系、与民事实体法衔接等美好初衷，但实际存在诸多理论和实践困境。从外观看，民刑证明标准的混搭会模糊民事诉讼与刑事诉讼的界限。从理由看，所谓"与民事实体法规则相协调"的证据不充分，且存在对实体规则的误解。从激励看，提高证明标准会产生对不法行为的激励，并有对不诚信行为的选择性防范之嫌。从功能看，提高证明标准显示出我们对证明标准的过高期待，其实法定证据制度、法官职权探知、科学技术运用、事实认定细化指引是更为现实和有效的方案。从操作看，以规则提高标准的方式防范操作中的降低标准会引发规则指引的混乱，无助于从正面和源头解决问题。从比较法看，美国法和德国法都并未提供提高证明标准的论据。从实践看，排除合理怀疑标准在民事诉讼领域缺乏足够共识，并且有扩大化适用冲击高度盖然性标准的危险。

关键词：证明标准；高度盖然性；排除合理怀疑；新民诉法解释

---

* 本文系提交给第四届紫荆民事诉讼青年沙龙（2015年11月16日）的"报告"版本，该论文经修改后已刊发于《中国法学》2016年第2期，感谢各位评议人的评论意见。

* 吉林大学法学院教授，博士生导师。本文受到吉林大学青年学术领袖培育计划（2015FRLX11）和吉林大学优秀青年教师培育计划资助。本文将《最高人民法院关于民事诉讼证据的若干规定》简称为《民事证据规定》，将《最高人民法院关于适用〈中华人民共和国民事诉讼法〉的解释》简称为《民诉解释》。本文使用的判决书均来源于北大法宝案例数据库。本文以沈德咏主编《最高人民法院民事诉讼法司法解释理解与适用》和江必新主编《新民诉法法义精要与实务指引》作为理解《民诉解释》制定者初衷的基本来源，虽然两本解说书的具体论述未必能代表最高法院的立场，但由于我国立法和司法解释都不公布"立法理由书"，将两本法院系统权威解说书作为替代。况且，最高法院的解说书尤其是"理解与适用系列"一直在实践中发挥重要指导作用。

完美的目标远比现实的目标更为复杂。①

——[美]富勒

一、问题的提出

《民事诉讼法》未对证明标准作出规定，《民事证据规定》第73条第1款规定："双方当事人对同一事实分别举出相反的证据，但都没有足够的依据否定对方证据的，人民法院应当结合案件情况，判断一方提供证据的证明力是否明显大于另一方提供证据的证明力，并对证明力较大的证据予以确认。"司法解释制定者认为该条文规定了"高度盖然性"证明标准，②并得到了民诉学界许多学者的确认。③《民诉解释》第108条第1款进一步作出"明文"确认："对负有举证证明责任的当事人提供的证据，人民法院经审查并结合相关事实，确信待证事实的存在具有高度可能性的，应当认定该事实存在。"为响应第108条第3款"法律对于待证事实所应达到的证明标准另有规定的，从其规定"之规定，第109条紧随其后规定："当事人对欺诈、胁迫、恶意串通事实的证明，以及对口头遗嘱或者赠与事实的证明，人民法院确信该待证事实存在的可能性能够排除合理怀疑的，应当认定该事实存在。"

（一）对第109条的"合理怀疑"

最高人民法院编写的权威解说书指出，出于建立多元化民事诉讼证明标准体系、与民事实体法相衔接等目标，将欺诈、胁迫、恶意串通、口头

---

① 参见[美]富勒：《法律的道德性》，郑戈译，商务印书馆2005年版，第50页。

② 参见李国光：《最高人民法院〈关于民事诉讼证据的若干规定〉的理解与适用》，中国法制出版社2002年版，第462页；黄松有：《民事诉讼证据司法解释的理解与适用》，中国法制出版社2002年版，第351页。

③ 参见常怡：《民事诉讼法学》（2005年修订版），中国政法大学出版社2005年版，第218页；田平安、陈彬：《民事诉讼法学》（第二版），法律出版社2010年版，第210页；蔡虹：《民事诉讼法学》（第三版），北京大学出版社2013年版，第256页；董少谋：《民事诉讼法学》（第二版），法律出版社2013年版，第277页；何家弘、刘品新：《证据法学》（第五版），法律出版社2013年版，第336页。

遗嘱、赠与等特殊事实的证明标准从"高度盖然性"提高到"排除合理怀疑"。①然而，细致观察发现，《民诉解释》第109条本身就存在需要排除的"合理怀疑"：民刑证明标准的"混搭"（而且还是英美法与大陆法的混搭）是否会模糊民事诉讼与刑事诉讼的界限？对民事实体规则的证据法理解是否存在误解？提高证明标准是否会加剧受害人的证明困难，打破既有"平衡"状态？提高证明标准是否存在对"成立事实"和"妨碍事实"适用"双重标准"的困境？提高证明标准是否会产生对欺诈、胁迫、恶意串通等不法行为的激励？我们是否过度夸大了证明标准自身的功能而忽视了周边的制度？民事诉讼中区分排除合理怀疑和高度盖然性是否有操作性？美国法和德国法是否真为我们提供了比较法论据？以规则提高标准的方式防范操作中的降低标准是否会引发规则指引的混乱？排除合理怀疑标准的实践是否会引发新的难题？本文试图正视这些"合理怀疑"，论证《民诉解释》第109条存在理论和实践困境，至少在当前中国制度语境下弊大于利，实质意义有限。当然，本文虽以《民诉解释》第109条作为分析和反思对象，但着眼点和结论、立场绝不仅仅指向第109条，而是针对中国法上提高民事诉讼证明标准的一般问题。

（二）核心概念"高度盖然性"的界定

高度盖然性的界定不仅事关对"自说自话"的预防，而且事关对本文逻辑论证的理解，属于需要明确的"头等大事"。随着上世纪90年代后期"民刑标准二元化"和"反思客观真实"的大讨论以及《民事证据规定》第73条的出现，理论界和实务界逐渐形成了以高度盖然性作为一般证明标准的基本共识。但如果我们就此认为，关于高度盖然性已经达成充分的操作性共识，为时尚早。事实上，《民事证据规定》第73条第1款并不能准确代表我们心目中的高度盖然性标准。吴泽勇教授就指出了第73条第1款作为高度盖然性标准的两大"硬伤"，一是未能从法官确信角度进行规范，二

---

① 参见沈德咏：《最高人民法院民事诉讼法司法解释理解与适用（上）》，人民法院出版社2015年版，第360页；江必新：《新民诉法解释法义精要与实务指引（上）》，法律出版社2015年版，第230页。

是采取了双方证据证明力比较的规范方式。①前者导致脱离大陆法系的自由心证传统,后者导致我们很难将其与美国法的"优势证据标准"或"盖然性占优标准"进行区分,②这使得所谓高度盖然性规则"不伦不类",存在内在精神的冲突。某种意义上,第 73 条第 1 款的正当性更多是通过对客观真实标准的"正确"背离而体现,而不是通过对高度盖然性内在逻辑和精神的准确表述而体现。

近年来,部分学者明确将高度盖然性定义为:法官从证据中虽未形成事实必定如此的确信,但内心形成事实极有可能或非常可能如此的判断。③笔者倾向于采取这种定义。理由主要有两点:第一,该定义遵从大陆法系的自由心证传统,正面承认证明标准依赖于法官的主观心证,虽然承认心证有客观性的一面,④只是我国的高度盖然性表述相对具有更强的客观意味;第二,该定义将高度盖然性定位在"高"标准上,尊重了中国法传统。毕竟"真实"在中国司法传统中地位至高无上,并且成为新中国几十年民事司法中最重要的正当性原理之一。⑤虽然我们已经决定放弃不科学的客观真实标准,但新证明标准的设置不能超出国人的心理承受能力;第三,英

---

① 参见吴泽勇:《中国法上的民事诉讼证明标准》,载《清华法学》2013 年第 1 期,第 77~78 页。

② 如有学者认为,《民事证据规定》第 73 条第 1 款确立的是"盖然性占优标准"(参见王福华:《民事诉讼法学》,清华大学出版社 2010 年版,第 222 页),还有学者认为《民事证据规定》第 73 条第 1 款确立的是"介于高度盖然性和最低限度的优势证明标准之间的证明标准"[参见樊崇义:《证据法学》(第五版),法律出版社 2012 年版,第 356 页]。

③ 江伟:《民事诉讼法》(第四版),高等教育出版社 2013 年版,第 225 页;张卫平:《民事诉讼法》(第三版),中国人民大学出版社 2015 年版,第 188 页;李浩:《民事诉讼法学》(第二版),法律出版社 2014 年版,第 235 页。实践中也有法官在判决书中直接使用类似表述,参见上海市第一中级人民法院(2015)沪一中民一(民)终字第 992 号民事判决书;上海市第一中级人民法院(2011)沪一中民一(民)终字第 2052 号民事判决书。

④ 德国学者普维庭教授指出:"法官有限制的主观的"视其为真",是思想、自然和经验的耦合。这种目前占主导地位的观点,它是以主客观混合为标志的。"参见[德]普维庭:《现代证明责任问题》,吴越译,法律出版社 2000 年版,第 99 页。

⑤ 参见王亚新:《社会变革中的民事诉讼》,中国法制出版社 2001 年版,第 63 页。

美法的优势证据标准或盖然性占优的"低"标准,有其对抗制诉讼文化的深刻背景,它"包括了一项关于诉讼参与人的潜在假定:作为一个群体的原告和作为一个群体的被告,一般应得到平等对待",①"在民事案件里,判错任何一边的风险是平等的,我们在任何一种可能的错误中并不偏好哪一种。"②中国诉讼文化一直更强调的是司法体制对发现真相的"承诺"以及法官发现真相的"义务",是对"求真"的执着,而不是对双方公平"竞技"环境的保障。不具备英美法诉讼文化基础,优势证据或盖然性占优的"低"标准作为一般性标准很难被国人接受。

二、民刑证明标准的"混搭"?

《刑事诉讼法》第53条以"结合全案证据,对所认定事实已排除合理怀疑"表述确立了"排除合理怀疑"证明标准。排除合理怀疑和高度盖然性分别作为刑事诉讼和民事诉讼的一般证明标准,既无往来,也谈不上并存。直到《民诉解释》第109条,排除合理怀疑标准进入民事诉讼法,成为高度盖然性标准的"例外"。

(一)证明标准的"混搭"模糊了民事诉讼与刑事诉讼的界限

首先,高度盖然性标准和排除合理怀疑标准主要是民刑诉讼法的"进路"之分,而非简单的"高低"之别。高度盖然性标准着眼于从正面审视既有证据对待证事实的证明效果,确认其达到较高证明程度即可,反映了民事诉讼法既要确保事实发现的证据要求、又要防止有违民事诉讼特点和规律的平衡性追求;排除合理怀疑标准则立足于从反面审查既有证据对待证事实的证明效果及其面临的任何合理挑战或质疑,通过确保怀疑被排除,最大限度防止被告人被错误定罪,甚至不惜冒着错放罪犯的风险,它反映

---

① 参见[美]艾伦、库恩斯、斯威夫特:《证据法:文本、问题和案例》(第三版),张保生、王进喜、赵滢译,高等教育出版社2006年版,第807页。
② 参见[美]德肖维茨:《合理的怀疑》,高忠义、侯荷婷译,法律出版社2010年版,第29页。

了刑事诉讼法保护人权的基本价值追求和对涉及人身权利甚至生命权的极度慎重态度。既然高度盖然性和排除合理怀疑分别反映了民事诉讼法和刑事诉讼法的特点和精神，前者"混搭"便有产生"混淆"后者的风险。

其次，在技术操作层面，高度盖然性仅次于排除合理怀疑，二者是民刑诉讼的"一般"也是"最高"证明标准。但从主观确信角度，我们很难抽象区分二者的高低。以德国法为例，《民事诉讼法》第286条规定："法院应该考虑言词辩论的全部内容以及已有的调查证据的结果，经过自由心证，以判断事实上的主张是否可以认为真实。……"[1]《刑事诉讼法》第261条规定："法院根据其在整个审理中建立起来的、自由的内心确信，判断证据调查结果。"[2] 民诉法学者将《民事诉讼法》第286条确立的标准解读为"完全确信"[3]，刑诉法学者将《刑事诉讼法》第261条确立的标准解读为"无疑义地认为其为真实"[4]。从这些条文或学者表述中，我们很难直观区分二者的高低。民刑证明标准的高低更多是通过相关原则或制度的差异完成的。[5] 在极端意义上，简单而笼统地说高度盖然性标准低于排除合理怀疑标准，实际操作意义有限。

再次，源于英美刑事诉讼法的排除合理怀疑标准直接进入传统上追随大陆法系的民事诉讼领域，产生英美法和大陆法的混搭，会将问题进一步复杂化，并带来更多理论混淆和实践混乱。一方面，英美法和大陆法虽然都会使用排除合理怀疑或高度盖然性之类的具体表述，但这些表述在不同

---

[1] 参见《德意志联邦共和国民事诉讼法》，谢怀栻译，中国法制出版社2001年版，第70页。

[2] 参见《德国刑事诉讼法典》，宋玉琨译注，知识产权出版社2013年版，第206~207页。

[3] 参见［德］尧厄尼希：《民事诉讼法》，周翠译，法律出版社2003年版，第262页。

[4] 参见［德］罗科信：《刑事诉讼法》，吴丽琪译，法律出版社2003年版，第117页。

[5] 比如刑诉法采"调查原则"，而民诉法采"处分原则"；刑诉法不采民诉法常用的"推定的证据"；刑诉法采独特的"疑罪唯轻"（无罪推定）原则；等等。参见［德］罗科信：《刑事诉讼法》，吴丽琪译，法律出版社2003年版，第114~128页。

话语系统中含义不同。比如，德国学者在描述高度盖然性标准时就使用了"排除合理怀疑"的表述："为确认诉讼中的争议事实必须达到高度的盖然性。该盖然程度被描述为'排除了任何合理怀疑的盖然程度'。"①英国丹宁勋爵曾在论述排除合理怀疑时使用"相当高的盖然性"表述："证明标准必须得到妥适的确定。尽管这种标准不必达到绝对的肯定性，但却必须具有相当高的盖然性程度。"②但显然不能据此认为德国法的民事证明标准与英美法的刑事证明标准处于同等标准。另一方面，排除合理怀疑自身的模糊性以及对裁判者带来的困惑也将带入民事诉讼。英国学者麦克埃文就悲观地指出："一直都在尝试为合理怀疑下定义，以方便陪审团裁断，但是这些努力至少与对概念的表述本身一样让人糊涂。"③在我国，排除合理怀疑似乎被认为是相对更有操作性的标准，其实主要是被曾经的"案件事实清楚，证据确实、充分"标准"衬托"的结果，④抛开了这种对比的效果，我们对如何把握合理怀疑同样存在困难。

最后，日本刑事诉讼法对这种"混搭"似乎提供了比较法上的反对意见。日本刑事诉讼法学者将"高度盖然性"与"排除合理怀疑"视为同一判断的表里关系，前者的标准是双重肯定的评价方法，后者的证明标准是

---

① 参见［德］穆泽拉克：《德国民事诉讼法基础教程》，周翠译，中国政法大学出版社 2005 年版，第 268 页。
② 参见［英］丹宁：《法律的界碑》，刘庸安、张弘译，群众出版社 1992 年版，第 131 页。
③ 参见［英］麦克埃文：《现代证据法与对抗式程序》，蔡巍译，法律出版社 2006 年版，第 106 页。
④ 参见陈光中：《证据法学》（第三版），法律出版社 2015 年版，第 364 页。不过，在笔者看来，排除合理怀疑标准不仅仅是操作性强的问题，而是客观上会比客观真实标准本身更接近"客观真实"的理想，因而在实践效果上可能高于客观真实标准，也更有助于防范冤假错案，体现人权保障。因为排除合理怀疑标准会将"怀疑部分"最大限度地放大，不排除不行；客观真实标准则重在审视"已证明部分"是否达到了极高程度，怀疑部分的重要性倒在其次。

排除否定的评价方法。而在民事诉讼中的证明标准是"证据优势"即可。①这表明,在日本刑事诉讼法上,高度盖然性和排除合理怀疑是高度一致的,并不存在区分问题。更耐人寻味的是,将民事诉讼证明标准界定为"证据优势",不同于日本民诉学界"高度盖然性"的基本共识。②这可能有两个解释,一是,刑诉学界就像接受英美法排除合理怀疑的刑事证明标准一样,自然地接受了英美法优势证据的民事证明标准;二是,在刑诉学者看来,如果将民事证明标准界定为高度盖然性就会与刑事证明标准混同而无法区分。而民诉学界理所当然地采取高度盖然性标准,一方面源于对德国法传统的学习和坚持,另一方面民刑标准在日本民事诉讼法上并不存在实质交叉问题,即使民刑都使用了"高度盖然性"标准。但我们的情况却不同,我们在刑事诉讼领域与日本相同均采纳了排除合理怀疑标准,但民事诉讼领域除了采用高度盖然性标准外还引入排除合理怀疑的刑事证明标准,这在某种意义上相当于让日本刑事诉讼法在排除合理怀疑和高度盖然性之间做出并存但高低排序的选择,即通常适用排除合理怀疑标准,但在特殊情形下降低为高度盖然性。

(二)证明标准混搭应对"民刑责任区分不严"的困境

既然理论上民刑证明标准的混搭容易混淆民事诉讼与刑事诉讼的界限,为何《民诉解释》仍坚持混搭模式,可能的解释就是"民事"已被作为"刑事"对待,或者民事"认定"影响刑事"结果"。有学者指出:"在民事审判中,当事人的行为如被认定为欺诈、胁迫或恶意串通,则该当事人可能因该民事诉讼的结果而涉嫌刑事犯罪,比如合同诈骗罪、敲诈勒索罪等,故对这类事实的认定,有必要比一般的民事法律事实的认定更为严格,

---

① 参见[日]田口守一:《刑事诉讼法》,刘迪、张凌、穆津译,法律出版社 2000 年版,第 223 页。还有日本刑诉学者虽没有将日本民事证明标准界定为证据优势,但认为这是日本学习的方向。参见[日]松尾浩也:《日本刑事诉讼法》,张凌译,中国人民大学出版社 2005 年版,第 23 页。

② 参见[日]高桥宏志:《重点讲义民事诉讼法》,张卫平、许可译,法律出版社 2007 年版,第 36 页。

在证明标准上有必要采取与刑事诉讼相类似的标准。"[1] 应当说,这种解释指出的情形在实践中的确可能存在,尤其是法官考虑到如下两种情况时更是如此,一是,案件后果比较重大或严重可能具有引发社会反响时;二是,三大诉讼长期适用统一的客观真实标准,形成了人们"只有一个事实"的惯性思维,民刑责任不同时成立容易引发"如果没罪,为何赔偿"、"既然判令承担民事责任,为何判定无罪"等质疑。[2] 在目前强调社会效果的背景下,这两种情况法官都不敢"怠慢"。在此背景下,《民诉解释》第109条的确有助于防止行为人因民事欺诈、胁迫、恶意串通等行为被轻易认定而直接或间接不当承担刑事责任,产生"民事附带刑事"效果,从而扮演着实践"纠偏者"角色,具有一定的现实合理性。

然而,以提高民事证明标准的方式纠偏,毕竟是一种"将错就错"的"妥协"逻辑,从长远来看,并不能从根本上解决问题,甚至可能掩盖实践中民刑责任"区分不力"的问题。原本应当通过在刑事诉讼中严格区分民刑责任的构成要件和证明标准而防止民事行为人被轻易定罪,却试图一劳永逸地以提高民事证明标准的方式"提前完成任务",其局限也至为明显。一方面,这种方式有纵容和掩盖非正常司法实践的危险,耽误对制度和实践的有效反思和及时改进,尽管对非正常实践的纠偏并不容易(尤其是民众的观念转变不是一朝一夕,司法大环境的变化也不可能一蹴而就),但至少是从正面和根源入手;[3] 另一方面,这种方式会使得原本民事诉讼中能够认定的事实因证明标准提高而无法认定,损害受害人的利益,客观上纵容欺诈、胁迫、恶意串通行为的行为人。因此,严格区分民事责任与刑事责任、防止实践中模糊刑事责任构成要件和降低刑事证明标准才是长远之法,提高民事证明标准只是权宜之计。

---

[1] 江伟、肖建国:《民事诉讼法》(第七版),中国人民大学出版社2015年版,第212~213页。

[2] 参见李玉华等:《诉讼证明标准研究》,中国政法大学出版社2010年版,第239页。

[3] 参见霍海红:《撤诉的诉讼时效后果》,载《法律科学》2014年第5期。

三、证据不足的"适应民事实体法要求"

《民诉解释》第 109 条被认为主要反映了民事实体法的精神甚至具体规则,最高人民法院的解说书明确指出了这一点,"主要是根据实体法的规定,将欺诈、胁迫、恶意串通的事实的证明,提高证明标准,规定需要达到排除合理怀疑的程度","欺诈、胁迫和恶意串通的事实,在实体法立法上使用'足以'、'显失公平'的表述的,均反映立法者对此类待证事实拔高证明标准的意图"。① 虽然民事实体法规定证据问题并不奇怪,甚至就具体问题而言甚至极为重要,但就第 109 条而言,"适应民事实体法的要求"的立法理由缺乏充足的证据支持。

(一)未发现提高证明标准的实体法规则

民事实体法并无欺诈、胁迫、恶意串通等事实提高证明标准的直接规定或者能够表明此种意图的规定。以恶意串通为例,虽有多项立法和司法解释涉及,但却着眼于"效力"而非"证明"。比如,根据《民法通则》第 61 条第 2 款,双方恶意串通,实施民事行为损害国家、集体或者第三人利益,应将双方取得的财产收归国家、集体所有或者返还第三人。根据《合同法》第 52 条,恶意串通,损害国家、集体或者第三人利益的,合同无效。根据《最高人民法院关于适用〈中华人民共和国担保法〉若干问题的解释》第 69 条,债务人与一个债权人恶意串通,将全部或者部分财产抵押丧失而履行其他债务能力的,其他债权人可以请求法院撤销抵押行为。根据《最高人民法院关于审理融资租赁合同纠纷案件若干问题的规定》第 6 条第 2 款,承租人与供货人恶意串通,骗取出租人资金,融资租赁合同无效。根据《最高人民法院关于审理商品房买卖合同案件适用法律若干问题》第 10 条,出卖人与第三人恶意串通,另行订立商品房买卖合同并将房屋交付使用,导致买受人无法取得房屋的,出卖人与第三人订立的合同无效。

---

① 参见沈德咏:《最高人民法院民事诉讼法司法解释理解与适用》,人民法院出版社 2015 年版,第 361~362 页。

如果硬要说上述涉及恶意串通的实体规则与证明标准有关，实务界人士倒是从《最高人民法院关于适用〈中华人民共和国担保法〉若干问题的解释》第 69 条解读出证明标准的"降低"。① 涉及欺诈、胁迫的民法规则也存在类似问题，找不到"提高"的证据。

（二）"降低"证明标准的实体法规则

我国民诉理论界虽然通常承认，高度盖然性一般标准之外应有特殊证明标准，但大多指向"降低"。② 既有立法或司法解释设定的特殊证明标准通常也指向降低。就实际效果而言，降低的表现有两种，一种是原告只需要提供初步证明，如《最高人民法院关于审理食品药品纠纷案件适用法律若干问题的规定》第 5 条第 2 款规定："消费者举证证明因食用食品或者使用药品受到损害，初步证明损害与食用食品或者使用药品存在因果关系，并请求食品、药品的生产者、销售者承担侵权责任的，人民法院应予支持，但食品、药品的生产者、销售者能证明损害不是因产品不符合质量标准造成的除外。"另一种是"一步到位"地采取证明责任倒置方式，证明责任倒置属于降低因果关系证明标准后"继续前进"的极端情形，距离取消因果关系仅"一步之遥"。③ 如《侵权责任法》第 66 条规定："因污染环境发生纠纷，污染者应当就法律规定的不承担责任或者减轻责任的情形及其行为与损害之间不存在因果关系承担举证责任。"全国人大法工委和最高人民法院的解说书，都确认这是因果关系的证明责任倒置，并且受害人无需作初步

---

① 如曹士兵法官就指出，如果债务人将全部财产为债权人之一设定事后抵押，可直接推定债务人与债权人存在"恶意串通"，不再需要证据证明。参见曹士兵：《关于恶意抵押的认定》，载李国光：《民事审判指导与参考》2002 年第 1 卷，法律出版社 2002 年版，第 82 页。

② 参见张卫平：《民事诉讼法》，中国人民大学出版社 2013 年版，第 174 页；吴杰：《民事诉讼证明标准理论研究》，法律出版社 2007 年版，第 135 页。

③ 参见霍海红：《证明责任：一个功能的视角》，载《北大法律评论》第 6 卷第 2 辑，北京大学出版社 2005 年版，第 647 页。

证明。①

（三）被误解的"足以"、"显失公平"表述

最高法院解说书提及的所谓"足以"、"显失公平"等表述，其实并非证据法上"如何证明事实"的问题，而是实体法上"如何理解规则"的问题。以德国法上的暴利行为为例。《德国民法典》第 138 条第 2 款规定："某人利用他人处于急迫情势、无经验、欠缺判断力或意志显著薄弱，以法律行为使他人就某项给付向自己或第三人约定或给予与该项给付明显地不相当的财产利益的，该法律行为尤其无效。"②适用该条款的最大困难在于如何判断"明显不相称或不相当"，立法无法给出明确标准，需要进行适用解释。德国许多民法学者都对此种困难有所论述，"暴利行为以给付与对待给付的明显不相称为前提。此类不相称不能被统一确定。相反，在各个法律行为中应考虑个案中的全部情况（例如风险分担、行为的投机性、一般的市场情况、市场常规）"，③"暴利行为出现在形态迥异的各种法律关系中。相应地，在认定给付与对待给付之间'明显的不相称关系'时所作的考虑，也因此而各不相同"，④"给付和对待给付必然是——以市场通行的情况来衡量——肯定不等值的。不相称必须达到这样一个程度，也即以市场活动的本质无法对之做出解释的程度，更确切地说是（这一程度）使人可以通过反推得出，遭受不利的那一方当事人的自由意志的形成受到了限制。"⑤因此，

---

① 参见全国人大法工委民法室：《中华人民共和国侵权责任法条文说明、立法理由及相关规定》，北京大学出版社 2010 年版，第 277 页；奚晓明：《〈中华人民共和国侵权责任法〉条文理解与适用》，人民法院出版社 2010 年版，第 463 页。不过，民法学者大多认为，因果关系证明责任倒置并未免除受害人的初步证明义务。参见张新宝：《侵权责任法》，中国人民大学出版社 2010 年版，第 287~288 页；杨立新：《侵权责任法》，法律出版社 2010 年版，第 495 页；程啸：《侵权责任法》，法律出版社 2011 年版，第 462 页。

② 参见《德国民法典》，陈卫佐译注，法律出版社 2015 年版，第 49 页。

③ ［德］布洛克斯、瓦尔克：《德国民法总论》，张艳译，中国人民大学出版社 2014 年版，第 150 页。

④ ［德］梅迪库斯：《德国民法总论》，邵建东译，法律出版社 2000 年版，第 538 页。

⑤ ［德］施瓦布：《民法导论》，郑冲译，法律出版社 2006 年版，第 480 页。

如何判断给付与对待给付明显不相称，是法律解释问题。将所谓"足以"、"显失公平"等表述视为证明标准问题，是以证据法的理解取代了实体法的解释。至于当事人如何通过证据证明这种判断，则是另一个问题，虽然这种证明因为规则的模糊性和欠缺"可证明性"而变得困难和不确定。①

（四）失去平衡的"法律关系稳定性"与"当事人证明困难"

《民诉解释》第109条例外地将证明标准提高到排除合理怀疑，固然有助于维护民商事交易安全、促进法律关系的稳定性，②但却忽视了一个重要事实：在高度盖然性标准下，欺诈、胁迫、恶意串通行为的受害人、口头遗嘱的受益人，原本就很难证明欺诈、胁迫、恶意串通、口头遗嘱等事实的存在。③对于证明困难，首先的问题不是证明标准能否提高而是能否降低。欺诈、胁迫或恶意串通行为的受害人的证明困难之所以并没有得到"降低证明标准"的特殊关照，一是因为这种证明困难尚未达到医疗诉讼那样结构性的"信息不对称"或"证据偏在"问题，二是由于欺诈、胁迫或恶意串通行为的认定将会导致法律关系无效或被撤销的严重后果，危及交易安全，降低证明标准甚至可能成为欺诈、胁迫、恶意串通等抗辩理由显著增加的诱因。因此，在高度盖然性标准下，欺诈、胁迫或恶意串通行为的受害人的证明困难与法律关系稳定性和交易安全的特殊需求达成平衡。将证明标准提高到排除合理怀疑之后，相当于将降低天平一边（当事人一方的证明困难）的砝码，而增加另一边（法律关系稳定性和交易安全）的砝码，从而使得既有的平衡被打破，这恐怕并不符合民事实体法的精神。

（五）"成立"证明与"妨碍"证明的"双重标准"

对同样性质的情形适用同样的规则或标准，这是法律体系内在逻辑统

---

① 关于民事实体法规则的"可证明性"问题，参见陈刚：《证明责任法研究》，中国人民大学出版社2000年版，第277页。

② 参见江必新：《新民诉法解释法义精要与实务指引》，法律出版社2015年版，第231页。

③ 司法解释制定者论证证明标准提高的理由恰恰也证明了口头遗嘱证明的困难，如"鉴于口头遗嘱本身就是危急情况下作出的，又没有事后可感知的载体以供确认，因而口头遗嘱更容易受到质疑"。参见江必新：《新民诉法解释法义精要与实务指引》，法律出版社2015年版，第231页。

一性的基本要求,因此规则设计或理由论证中应竭力避免"双重标准"问题。①双重标准或者带来体系性混乱,或者将规则设计引向歧途。将欺诈、胁迫、恶意串通等事实的证明标准从高度盖然性提高到排除合理怀疑,就会面临一个"双重标准"的质疑。以合同法为例,为什么合同有效成立的证明适用一般性的高度盖然性标准,而否定合同效力(合同被撤销或被确认无效)事由(欺诈、胁迫或恶意串通)的证明则适用更高的排除合理怀疑标准?根据证明责任分配的规范说,原告对权利成立规范的事实承担证明责任,被告对权利消灭规范、权利阻碍规范和权利延缓规范的事实承担证明责任。②《民诉解释》第91条已明确追随规范说:"人民法院应当依照下列原则确定举证证明责任的承担,但法律另有规定的除外:(一)主张法律关系存在的当事人,应当对产生该法律关系的基本事实承担举证证明责任;(二)主张法律关系变更、消灭或者权利受到妨害的当事人,应当对该法律关系变更、消灭或者权利受到妨害的基本事实承担举证证明责任。"在法律上对应存在的"成立规范"与"妨碍规范",当然应当采取相同的证明标准。将欺诈、胁迫或恶意串通单拿出来提高证明标准,忽略了两种规范的对应性,脱离了证明责任分配的体系视角。退一步说,即使要提高证明标准,也应一同提高。

四、制度激励的困境

激励问题是法律经济学的核心议题:"个人和厂商总是自然而然地只考虑他们的行为对自己的成本和收益的影响,法律规则所关心的激励问题是

---

① 我们在制度论证中常常会犯"双重标准"的错误,对某些规则双重标准问题的反思,参见霍海红:《我国自认撤销规则的反思与重构》,载《法商研究》2011年第6期,第83页;《论共同危险行为规则之无因果关系免责——以侵权责任法第10条之解释为中心》,载《中外法学》2015年第1期,第67页。

② 见[德]罗森贝克、施瓦布、戈特瓦尔德:《德国民事诉讼法(下)》,李大雪译,中国法制出版社2007年版,第850页。

如何诱导他们把自己的行为对他人的成本和收益的影响也考虑在内。"[1] 激励问题也应是立法者的"必修课",立法不充分考虑对受规则约束和规范的相关主体的激励效果,极有可能产生形同虚设或背离初衷的意外后果。

(一)"利益主体"的缺失

《民诉解释》第 109 条的制度正当性论证突出抽象的宏大叙事,对法律关系具体主体的利益追求关注不足。第 109 条虽然为法官判断和运用证明标准而设,但毕竟制度运行结果指向的承受主体并非法官,而是欺诈、胁迫、恶意串通行为的行为人和受害人。对行为人和受害人利益和处境的具体分析才是重点,法律关系稳定性、维护交易安全等只是分析框架和维度而已。就像物权法善意取得制度虽然制度初衷在于维护市场交易安全,但具体论证却是考察原所有权人和善意交易人的利益诉求与平衡,"善意取得"结论反映出所有权保护和交易安全维护两种价值的艰难平衡,甚至反映了"社会政策的考量",[2] 而这种权衡还会继续具体反映在确定交易行为、价格合理、善意以及登记或交付等构成要件的过程中。[3] 如果习惯性地以抽象价值选择取代对相关主体的利益分析,就无法体现价值权衡与方案取舍的艰难,无法体现制度方案的最终取舍常常只是"竞争"优势的结果(甚至是微弱优势)而非简单的"肯定一个、否定另一个",就容易在制度设计或司法适用中过分拔高某种价值,而将另一种价值彻底忽视,从而影响法官在个案中就各种价值的相对分量进行平衡。法律经济学的激励分析为立法者提供了预判相关主体行动策略及如何进行调整的洞见,有助于立法的科学性。

(二)不法行为的激励

《民诉解释》第 109 条将欺诈、胁迫、恶意串通等事实的证明标准提高到排除合理怀疑,可能会带来一个意外的扭曲的激励。对受害人而言,证

---

[1] [美]波林斯基:《法和经济学导论》,郑戈译,法律出版社 2009 年版,第 127~128 页。

[2] 参见王轶:《物权变动论》,中国人民大学出版社 2001 年版,第 253 页。

[3] 参见崔建远:《物权法》(第三版),中国人民大学出版社 2014 年版,第 69~85、98~101 页。

明标准的提高意味着证明欺诈、胁迫或恶意串通等事实的难度显著增加了；对行为人而言，欺诈、胁迫或恶意串通行为被受害人证明的风险降低了，行为人逃避制裁的成功率增加了。按照成本收益计算的理性人分析框架，行为人会根据成本降低和收益的相对增加，而增加实施欺诈、胁迫或恶意串通行为的可能性。①这样一来，原本着眼于从外部维护法律关系稳定性的制度设计，却实际上产生了对更多违法行为的激励，最终反而构成了从内部威胁或瓦解法律关系稳定性的力量。当然，指出提高证明标准可能产生对不法行为的不当激励，并非意味着人们一定会实施欺诈、胁迫或恶意串通行为。激励分析只是从基本人性和自利动机分析行为实施的可能性，是制度演绎结论，而不是个案数量总结。而且，我们不应过度夸大这种激励作用。首先，人们实施特定行为往往具有复杂的心理结构，不仅取决于制度上的外在激励，也取决于道德上的内心约束，甚至取决于先天的性格因素、取决于时间、地点、环境、心情等偶然因素。即使过了诉讼时效义务人也未必选择不还钱这种经济利益最大化的策略，即使杀人放火不犯罪也并不意味着人们都会选择杀人放火。其次，证明标准运用是一个经由法官主观心证过滤的过程，存在不确定性。行为之前对提高证明标准的法官心证效果的准确预期必然会"打折扣"，面对此种"风险"，行为人是否选择利用提高证明标准带来的制度利益，还要取决于行为人对风险的不同偏好类型。

（三）不诚信行为的"选择性"防范

在《民诉解释》之前，我们一直更强调，如果不适用比高度盖然性更高的标准，"容易鼓励当事人以对方违反诚信原则为由而任意主张民事行为无效"，②但却忽视了提高证明标准也会抑制受欺诈或胁迫之人获得权益保护机会的问题。在此意义上，《民诉解释》第109条是在没有提供充分"程序保障"（平等的攻击防御）的情况下做出有利于前者的"判决"。另外，《民

---

① 我国的自认撤销规则也存在类似的激励扭曲问题。参见霍海红：《我国自认撤销规则的反思与重构》，载《法商研究》2011年第6期，第84~85页。

② 最高人民法院民事诉讼法调研小组：《民事诉讼程序改革报告》，法律出版社2003年版，第131页。

诉解释》第109条似乎对法律行为缔结和履行中的诚信状况过于乐观,以至于选择提高证明标准这种对欺诈等行为比较宽容的方案。虽然欺诈、胁迫或恶意串通就总量而言远比不上法律行为的有效成立和正常履行(否则这个社会可能已经崩溃了),但"后果很严重",如果不诚信行为得不到规制和纠正,会严重影响人们的交易信心,也会刺激更多的人不诚信。于是,我们一边以提高证明标准防范潜在被欺诈人"没事找事",一边却对潜在实施欺诈的行为人保持宽容,不惜降低防范标准,面临"选择性"防范的质疑。另外,2012年《民事诉讼法》和2015年《民诉解释》使用大量原则和制度规范诉讼主体的不诚信行为,《民事诉讼法》第13条明确规定"诚信原则",《民诉解释》则在制裁违反诚信原则的行为、制裁虚假诉讼行为、当事人和证人签署保证书制度、实施失信被执行人名单制度等方面下大功夫。连以公权力主导的诉讼过程都如此,更不用说私人间的法律行为。提高欺诈、胁迫或恶意串通的证明标准与规范不诚信行为的大动作似乎不够协调。

五、证明标准的"不能承受之重"

要对特殊事实的证明做高标准要求,提高证明标准并非唯一道路,甚至并非合适的道路。从周边和关联规则入手往往更为现实和有效。在某种意义上,证明标准功能的发挥也要走"农村包围城市"之路。

(一)法定证据制度的"遗产"

虽然自由心证是大陆法系证明评价的核心,但并不意味着法定证据原则的因素彻底消失。我国台湾地区学者雷万来先生就精辟地指出:"民事诉讼制度改采自由心证主义之目的,原在于使法院能获得更公平更妥当的事实认定之结果,原无放弃其原来法定证据主义时代之避免法官恣意擅断之防卫责任。"[①] 只有将法定证据制度的某些重要遗产纳入自由心证主义,才能真正理解和贯彻好自由心证。就对口头遗嘱的证明而言,如果没有《继承

---

① 雷万来:《民事证据法论》,台湾地区瑞兴图书股份有限公司1997年版,第84~85页。

法》第 17 条"紧急情况"、"两个以上见证人"、"危急情况解除后,遗嘱人能够用书面或者录音形式立遗嘱的,所立的口头遗嘱无效"以及第 18 条"无行为能力人、限制行为能力人、继承人、受遗赠人、与继承人、受遗赠人有利害关系的人不得作为遗嘱见证人"等规则,仅规定抽象的高证明标准,完全依赖法官心证,可能在操作层面造成两种极端后果:一是因缺乏证据规则制约而使所谓"慎重"认定的目标徒有虚名;二是由于缺乏可以依凭的客观载体或形式要求,法官根本不敢认定口头遗嘱事实,客观上否定了口头遗嘱这种形式。事实上,司法实践中,口头遗嘱大多得不到认定,理由通常为"不符合紧急情况条件"、[1]"不符合见证人条件"[2],极少数被认定的口头遗嘱,理由也未超出"病危期间立下口头遗嘱,有适格见证人在场见证"等《继承法》第 17 条确立的形式要求。[3]因此,重要的不是要将证明标准提高到极限,而是在严格适用口头遗嘱的法定规则基础上,从严把握高度盖然性标准,防止其滑向偏低的优势证据标准。

(二)职权探知与科学技术的"合作"

其实亲子关系诉讼的证明标准也面临是否提高的问题。已有论者建议提高到排除合理怀疑,理由除了"待证事实有着异乎寻常的重要性"之外,更重要的是"由于有了 DNA 鉴定技术,使得当事人之间的身份争议可以达到接近确定的盖然性"。[4]然而,后一个理由与其说证明了设定排除合理怀疑标准的必要性,不如说是证明了 DNA 鉴定的重要性以及法官职权调查在人事诉讼中的必要性。比如,在日本人事诉讼法上,职权探知主义原则上要求法院对所有的证据都要依职权进行调查,在亲子关系案件中法官通常

---

[1] 参见山东省青岛市中级人民法院(2015)青民五终字第 794 号民事裁定书。广东省广州市天河区人民法院(2014)穗天法民一初字第 3099 号民事判决书。

[2] 参见天津市北辰区人民法院(2015)辰民初字第 1982 号民事判决书;上海市普陀区人民法院(2014)普民一(民)初字第 5909 号民事判决书;福建省三明市梅列区人民法院(2015)梅民初字第 28 号民事判决书。

[3] 参见浙江省青田县人民法院(2015)丽青民初字第 196 号民事判决书。

[4] 参见王建华:《民事诉讼证据实证分析》,法律出版社 2006 年版,第 43 页。

依靠或借助血液鉴定或 DNA 鉴定等有助于心证形成的必要医学鉴定。① 我国司法实践曾长期存在一方当事人不配合 DNA 鉴定因而无法解决亲子关系诉讼的难题，2011 年《最高人民法院关于适用〈中华人民共和国婚姻法〉若干问题的解释（三）》终于"出手"，未选择"直接强制"或"间接强制"模式，② 而是直接采取推定主张成立的方式："夫妻一方向人民法院起诉请求确认亲子关系不存在，并已提供必要证据予以证明，另一方没有相反证据又拒绝做亲子鉴定的，人民法院可以推定请求确认亲子关系不存在一方的主张成立。当事人一方起诉请求确认亲子关系，并提供必要证据予以证明，另一方没有相反证据又拒绝做亲子鉴定的，人民法院可以推定请求确认亲子关系一方的主张成立。"（第 2 条）围绕亲子鉴定的推定规则自然而然地实现了对亲子关系诉讼事实慎重认定的目标，否则单纯追求设定高证明标准只会使原告处境"雪上加霜"。无论是人事诉讼的职权探知主义要求，还是法院裁判需要科技手段，③ 不是当事人需要亲子鉴定，而是法庭需要亲子鉴定。

（三）"细节"决定成败

针对民间借贷关系是否发生的事实认定难题及其制度解决，也为我们提供了辅助法官心证的经典例证。《最高人民法院关于审理民间借贷案件适用法律若干问题的规定》第 16 条规定："原告仅依据借据、收据、欠条等债权凭证提起民间借贷诉讼，被告抗辩已经偿还借款，被告应当对其主张提供证据证明。被告提供相应证据证明其主张后，原告仍应就借贷关系的成立承担举证证明责任。被告抗辩借贷行为尚未实际发生并能作出合理说明，

---

① 参见［日］松本博之:《日本人事诉讼法》，郭美松译，厦门大学出版社 2012 年版，第 144 页。

② 关于各国（或地区）保障证明协力义务模式的介绍和评析，参见毕玉谦:《民事诉讼证明妨碍研究》，北京大学出版社 2010 年版，第 551~563 页。

③ 司法解释制定者在解释第 2 条的制定背景时指出："审判实践中常常遇到的情况是，一方当事人举证证明其主张成立，但另一方当事人表示反对，一方或双方所举证据尚不足以让裁判者对需要裁决的事项作出确认。在此种情形下，需要借助科学的办法，对当事人与子女是否具有亲子关系进行鉴定。"参见奚晓明:《最高人民法院婚姻法司法解释（三）理解与适用》，人民法院出版社 2011 年版，第 49 页。

人民法院应当结合借贷金额、款项交付、当事人的经济能力、当地或者当事人之间的交易方式、交易习惯、当事人财产变动情况以及证人证言等事实和因素，综合判断查证借贷事实是否发生。"该条款其实是对最高人民法院 2011 年全国民事审判工作会议上就已提出的司法政策的规则确认，该政策"对于近年来民事借贷案件审理中证据和事实认定，起到了重要指引作用，对广大法官甄别真实借贷关系，具有较强的针对性和操作性，在司法实践中实现了维护借款人合法权益，遏制违法犯罪活动的法律效果。"[①] 实践已经充分证明，这种精细化的规则指引（虽然仍有赖于法官的心证）远比抽象的证明标准的分层更有助于统一裁判尺度、规范法官自由心证、实在化事实认定活动，从而也是对证明标准主观性和自由心证局限某种程度的克服。在当前司法公信力不高的背景下，这种着眼于"细节"的方式更容易获得当事人和社会公众的认同，因而更容易"成功"。

六、以规则高标准防范操作低标准？

对于《民诉解释》第 109 条将证明标准提高到排除合理怀疑的做法，笔者试图提出另一种可能的解释，即以确立比高度盖然性更高标准的方式防范高度盖然性标准在实践中被"折扣执行"，毕竟欺诈、胁迫、恶意串通、口头遗嘱、赠与等事实具有特殊重要性，不允许高度盖然性标准滑向优势证据标准。即使是采取较低证明标准的美国法，也不容许民事欺诈等事实的证明适用优势证据标准。

（一）折扣执行及其防范思路

提出以"以规则高标准防范操作低标准"的猜想，主要基于如下两个证据：第一，理论界和实务界存在将高度盖然性标准与优势证据标准作等

[①] 参见杜万华：《最高人民法院民间借贷司法解释理解与适用》，人民法院出版社 2015 年版，第 290 页。

同看待的情形，①因而在理论上存在一般证明标准降低适用的问题；第二，即使在《民事证据规定》第73条确立"高度盖然性"标准后，甚至在《民诉解释》实施之后，司法实践的证明标准运用仍然呈现出不统一甚至混乱的状态，优势证据或盖然性占优标准仍有相当市场：有的使用"盖然性占优"标准，②有的将"高度盖然性"等同于"盖然性占优"，③有的使用"优势证据"标准，④有的将"高度盖然性"与"优势证据"等同，⑤有的将"高度盖然性"等同于"优势证据"。⑥虽然理论界和我国最高司法机关都强调盖

---

① 参见谭兵：《民事诉讼法学》，法律出版社2004年版，第269页；王圣扬：《诉讼证明责任与证明标准研究》，中国人民公安大学出版社2012年版，第241~242页；周玉华：《中国司法学》，法律出版社2015年版，第470页。

② 参见甘肃省高级人民法院（2014）甘民二终字第112号民事判决书；湖北省嘉鱼县人民法院（2015）鄂嘉鱼民初字第00670号民事判决书；广东省东莞市第二人民法院（2014）东二法虎民二初字第450号民事判决书；安徽省淮南市八公山区人民法院（2014）八民一初字第00629号民事判决书；北京市第一中级人民法院（2012）一中民终字第03703号民事判决书；福建省泉州市中级人民法院（2005）泉民终字第1598号民事判决。

③ 参见湖南省湘西土家族苗族自治州中级人民法院（2015）州民三终字第59号民事判决书。

④ 参见广东省广州市中级人民法院（2015）穗中法民一终字第1387号民事判决书；福建省莆田市中级人民法院（2015）莆民终字第1318号民事判决书；河南省郑州市中级人民法院（2015）郑民三终字第995号民事判决书；浙江省温州市中级人民法院（2015）浙温商终字第1168号民事判决书；湖南省长沙市芙蓉区人民法院（2014）芙民初字第4453号民事判决书；北京市第三中级人民法院（2014）三中民终字第01420号民事判决书；重庆市第一中级人民法院（2013）渝一中法民终字第00847号民事判决书；贵州省高级人民法院（2011）黔高民终字第21号民事判决书；天津市高级人民法院(2009)津高民四终字第7号民事判决书。

⑤ 参见山东省烟台市中级人民法院（2015）烟民四终字第1242号民事判决书。

⑥ 参见湖南省株洲市中级人民法院（2015）株中法民一终字第30号民事判决书；山东省济南市市中区人民法院（2014）市民初字第1248号民事判决书；江苏省徐州市中级人民法院（2014）徐民终字第4205号民事判决书；江苏省南京市中级人民法院（2014）宁商终字第1361号民事判决书；福建省厦门市集美区人民法院（2014）集民初字第3278号民事判决书；河南省平顶山市中级人民法院（2014）平民三终字第619号民事判决书；山东省曹县人民法院（2014）曹民初字第1716号民事判决书。

民事诉讼法研讨一

然性占优或优势证据标准与高度盖然性标准之间存在高低差异,[①] 司法实践并没有完全贯彻高度盖然性标准,而是存在"降低"适用问题。[②] 这表明,原本着眼于"逃离客观真实标准"[③] 的高度盖然性标准在实践中已经向"优势证据"或"盖然性占优"方向走得太远,忘记了"离"的目标实现之后不能再一味地"逃"。

在理想的高度盖然性标准有被降低的现实隐忧、我们又很难有效确认和监督的背景下,《民诉解释》在第 108 条继续确认高度盖然性标准的同时,第 109 条针对某些特别重要事实进行"折扣执行"的事前预防,就不是不可想象的。按照高度盖然性标准折扣执行到优势证据标准的逻辑推论,排除合理怀疑标准折扣执行的结果就是高度盖然性,新的折扣执行正是立法者真正追求的效果。第 109 条的着眼点不在于规则上实质"提高"高度盖然性标准,而在于实践中预防"降低"高度盖然性标准的结果出现。换言之,第 109 条的制定原本就未必是为了严格适用,而是主要传达对某些重要事实慎重认定的"明确"而"统一"的信号,[④] 列出的重要事实的范围甚至比非排除合理怀疑的高标准更重要。这样从比较法来看,上述做法实

[①] 参见[日]高桥宏志:《重点讲义民事诉讼法》,张卫平、许可译,法律出版社 2007 年版,第 36 页;李浩:《民事证据立法前沿问题研究》,法律出版社 2007 年版,第 119 页;李国光:《最高人民法院〈关于民事诉讼证据的若干规定〉的理解与适用》,中国法制出版社 2002 年版,第 464~466 页。

[②] 当然,我们不能将所有使用"优势证据"或"盖然性占优"标准的判决书,都作为降低高度盖然性标准的例子。因为其中可能包含两种情况:一种是实质上采用了高度盖然性的"高"标准,只是使用了"优势证据"或"盖然性占优"的"低"表述,法官可能认为它们与高度盖然性只是表述不同而已;另一种是在明确优势证据或盖然性占优与高度盖然性是不同标准的基础上,选择使用优势证据或盖然性占优,甚至一些判决书明确使用了类似美国优势证据标准的表述。

[③] 《民事证据规定》第 73 条第 1 款确立高度盖然性标准主要是针对以下现象作出——争议事实已有相当的证据,这些证据已经表明事实存在可能性明显大于不存在可能性,但证据之间尚存在一定矛盾,尚未达到确凿无疑排除其他可能性的程度,许多审判人员对此感到困惑,甚至回避裁判、拒绝裁判。参见最高人民法院民一庭:《〈关于民事诉讼证据的若干规定〉的起草说明》,载黄松有:《民事诉讼证据司法解释理解与适用》,中国法制出版社 2002 年版,第 427 页。

[④] 参见徐昕:《论私力救济》,中国政法大学出版社 2005 年版,第 250~251 页。笔者本部分关于折扣执行的分析,受到徐昕教授的启发。

际上可能只是对美国法区分后述两类证明标准的"中国表达"。

（二）以规则高标准防范操作低标准的局限

如果"以规则高标准防范操作低标准"的意图的确存在，并实际上导致第109条的出台。这种做法存在如下局限：第一，第109条排除合理怀疑标准的存在固然能够在折扣执行场合起到确保高度盖然性标准严格适用的预期目标，但它作为规则必然又同时指引法官迈向排除合理怀疑，从而在同样面对这些特殊事实时，法官们实质采取了不同标准。此时第109条成为一个"精神分裂者"。第二，以立法提高证明标准的方式解决执行折扣问题，是以整体上对司法者的严重不信任为前提，它超出了普通的制度规范或权力制约范畴，这与自由心证的证据法基本理念存在冲突；第三，以立法提高证明标准的方式解决执行折扣问题，是一条"用心良苦"但"相当迂回"的路径，无助于正面面对和解决问题，比如强化法官对该高度盖然性标准的准确理解和严格适用，强化对法官自由心证的周边制度制约。第四，如果提高证明标准是为了预防对高度盖然性的折扣执行，为何要区分重要事实和非重要事实，毕竟高度盖然性标准并未对此严格区分。如果高度盖然性标准本身并非不当，只是执行出了问题，彻底解决折扣执行问题应该是将一般标准整体提高到排除合理怀疑。但我们真的打算这么做吗？

七、比较法分析中的误解与误用

最高法院的权威解说书援引学界关于德国和美国证明标准多元化论述，作为《民诉解释》第109条的比较法论据。德国将证明标准分为三级：一是高度盖然性的原则性标准，适用于通常的实体法事实；二是降低后的盖然性占优标准，适用于程序性事实证明；三是提高后的"显而易见"标准，适用于如显失公平的证明等。美国将证明标准分为九级：一是绝对确定，是认识论意义的最高标准；二是排除合理怀疑，适用于刑事有罪裁决的事实认定；三是清楚和有说服力的证据，适用于民事欺诈等事实；四是优势证据，适用于通常民事案件的事实认定；五是可能原因，适用于签发令状、无证逮捕、搜查和扣押等；六是有理由相信，适用于拦截和搜身；七是有理由怀疑，足以将被告人宣布无罪；八是怀疑，可以开始侦查；九是无线索，不足以采取任何法律行为。① 然而，大陆法和英美法存在多元化证明标准体系是一回事，能否为《民诉解释》第109条提供比较法支持则是另一回事。问题不在于是否多元化，而在于如何多元化。如后详述，无论是美国法还是德国法，在民事案件中都将最高的证明标准定于排除合理怀疑以下，只不过在对原则和例外的安排上采取了不同思路。

（一）美国法经验借鉴的"错位"

以美国法对民事欺诈或可能涉及刑事的民事案件适用更高的证明标准，论证我国欺诈、胁迫等事实的证明标准应该提高到排除合理怀疑，存在理解的错位：

第一，中美一般民事证明标准的高低不同决定了提高证明标准的空间和需求都不相同。美国民事诉讼采优势证据标准，是较低的标准，它与排除合理怀疑的刑事诉讼证明标准之间存在较大空间，将民事欺诈等事实的证明标准提高到"清晰且令人信服"，② 既显示了民事欺诈事实的特殊性，又不会造成与刑事证明标准的混同。然而，我国民事诉讼采高度盖然性标准，是较高的标准，一方面它与排除合理怀疑的刑事诉讼证明标准之间已无再容纳一个证明标准层次的空间，提高就意味着与刑事证明标准的混同，③ 另一方面高度盖然性作为高标准，已能够应对民事欺诈事实。应当说，美国法是力图避免民事与刑事混同的，否则会一步到位地将证明标准提高到排

---

① 参见沈德咏：《最高人民法院民事诉讼法司法解释理解与适用（上）》，人民法院出版社2015年版，第361页。

② 参见［美］艾伦、库恩斯、斯威夫特：《证据法：文本、问题和案例》（第三版），张保生、王进喜、赵滢译，高等教育出版社2006年版，第808页；［美］斯特龙：《麦考密克论证据》，汤维建译，中国政法大学出版社2004年版，第656页。

③ 不过，实务界曾提出对欺诈、胁迫、口头遗嘱、赠与等事实，适用介于"高度盖然性"和"排除合理怀疑"二者之间的证明标准（参见重庆市高级人民法院民一庭：《关于民事诉讼证明标准的几个基本问题》，载黄松有：《民事审判指导与参考》总第15集，法律出版社2003年版，第72页）。之所以没有直接提高到排除合理怀疑，恐怕就是为了避免和刑事证明标准混同，而《民诉解释》第109条最终并未选择该方案，恐怕也是基于操作空间不大，难以区分。

除合理怀疑，而不是所谓"清晰且令人信服"。

第二，从民事欺诈事实的单一视角出发，中美一般民事证明标准的差异似乎蕴含了区别对待一般事实（需要低证明标准）和特殊事实（需要高证明标准）的不同路径选择。由于证明标准无法对所有事实做到完全相适应，必然产生总体上迁就一般事实还是特殊事实的抉择问题。优势证据标准可视为迁就了一般事实，而高度盖然性标准迁就了特殊事实。由于民事欺诈作为特殊事实并未在美国法的优势证据标准中给予考量，所以需要提高标准以适应其特殊性；但中国法上民事欺诈在高度盖然性标准中已经给予考量，未被考量的是诸如医疗过错、医疗侵权因果关系、环境侵权因果关系等事实的特殊性，是高度盖然性一刀切的"牺牲品"，所以应该降低证明标准。站在美国法视角，我们只是将普通民事案件的证明标准提高到了与民事欺诈事实一样的标准，提前解决了所谓民事欺诈证明标准的特殊问题。

（二）德国法经验的"反对"

德国法并未提供前述权威解说书所谓的比较法论据，甚至某种意义上可能提供了反对意见。因为德国学者言及高度盖然性之外的证明标准时，通常都指向"降低"而非"提高"，比如，"确保证明结果的必要程度与第286条确定的（非常）高度盖然性的法定基本标准相适应。不能达到这种高度确保的典型困难情形可以考虑证明减轻。为此，法律的特殊规范（第287条）或者法官法（如因果关系中的表见证明）将证明标准降低到优势盖然性"（随后作者提出了以内心确信为标准，由个案法官决定确信所需要的盖然性程度），① "不能并且不必完全应用从第286条第1款中得出的非常高的盖然性这一通常证明度，这在一系列案件中被其他法律规定改变了。……在第287条第1款基础上进行的损害调查范围内，通说也认为一个降低的盖然程度（显著的盖然性）也完全足够。在实体法中也同样可找到降低诉讼中的事实确认适用要求的规定，即降低证明度；这里只列举《民法典》第252条第2句（能以某盖然性期待）和《民法典》第611a条第1款

---

① 参见［德］罗森贝克、施瓦布、戈特瓦尔德：《德国民事诉讼法（下）》，中国法制出版社2007年版，第837~838页。

第 3 句（可推测性别歧视，本条已删除，现在是一般平等待遇法第 22 条（Allgemeines Gleichbehandlungsgesetz, AGG））。最后，表见证据也被看作证明减轻的一种手段。"① 至于所谓德国法将显失公平的证明标准提高到"显而易见"标准，基于笔者前文暴利行为条款的论述，也不成立，那只是我们的误解而已。

事实上，德日等大陆法系国家的证明概念和相关制度已经界定了证明标准主要是一般标准及其降低问题，尽管未必直接降低证明标准本身，可能只是效果上相当。

首先，"证明"与"疏明"概念的分立。在德国法上，证明是指法院对主张的真实性或者不真实性完全确信，当然这种确信并非数学上的确定性，而是达到不存在合理怀疑的可能性。疏明要求较小的可能性，即主张的真实性或者不真实性仅具有占优势的可能性。② 在日本法上，证明是指（当事人）通过证据对应作为裁判基础予以认定的事项加以印证，使法官达到确信其为真的状态。尽管难以一般地对这种程度作出规定，但如果真实达到"不动摇人们日常生活上决定或行为的基础"之程度的盖然性，法官可以抱以确信，并应当视为已经获得证明。疏明是相对于证明而使用的概念，是指通过证据予以印证，虽未达到证明之程度，但可以使法官作出大致确定之推则的状态。③

其次，德国法上的表见证明和日本法上的大致推定已获得了广泛的理论认可和实践运用。④ 表见证明是德国法的创造，它在自由评价的框架内形成

---

① 参见［德］穆泽拉克:《德国民事诉讼法基础教程》，周翠译，中国政法大学出版社 2005 年版，第 269 页。

② 参见［德］尧厄尼希:《民事诉讼法》，周翠译，法律出版社 2003 年版，第 258~259 页。

③ 参见［日］新堂幸司:《新民事诉讼法》，林剑锋译，法律出版社 2008 年版，第 371~373 页。

④ 参见［德］福克斯:《侵权行为法》，齐晓琨译，法律出版社 2006 年版，第 112 页;［日］吉村良一:《日本侵权行为法》(第 4 版)，张挺译，中国人民大学出版社 2013 年版，第 75 页。

确信时合乎逻辑地使用生活经验法则。①表见证明的实质在于：将证明对象从要件事实转化为更容易证明的典型的关联事实。通常以"典型事实经过"为适用前提，并以盖然性较高经验法则为基础，防止法官恣意和提高判决信服力。表见证明既未重新分配证明责任，也未降低证明标准，而仅倒置了提供证据责任。为动摇表见证明结论，对方只需提交反证证明其他"非典型事实经过"存在重大可能性。②日本法上的大致推定上与德国法表见证明功能相同，多用于对过失或因果关系的证明。当事人只要对事态发展外形的经过作出证明即可，而法院无需对更细微、更具体的事实进行认定，或者只进行"存在某种过失事实"这样概括式的事实认定，或者也可以进行"或是注射液体不良，或是注射器消毒不完全"这样二者选一式的事实认定。③

八、排除合理怀疑标准的实践反思

《民诉解释》已自2015年2月4日开始实施，因此，对第109条的反思有一个环节不可忽视，即对司法实践中适用第109条的情况以及虽非适用第109条但使用排除合理怀疑标准或表述的情况进行观察和总结。这种观察既有助于避免理论反思脱离实践操作，也有助于发现新问题、新材料。

（一）第109条的正常适用及其效果评估

实践中已有不少适用《民诉解释》第109条的案例，严格针对欺诈、胁迫、恶意串通、口头遗嘱或赠与等法定适用范围的事实适用排除合理怀

---

① 参见［德］罗森贝克、施瓦布、戈特瓦尔德：《德国民事诉讼法（下）》，李大雪译，中国法制出版社2007年版，第838~842页。
② 参见周翠：《从事实推定走向表见证明》，载《现代法学》2014年第6期，第108~119页。
③ 参见［日］高桥宏志：《民事诉讼法：制度与理论的深层分析》，林剑锋译，法律出版社2003年版，第461页。

疑标准。①当然，这是否表明法官已能够严格区分排除合理怀疑与高度盖然性，是否表明如果适用第 108 条判决可能会是别的样子，我们无从确定。首先，是否达到证明标准的判断最终要经过法官主观心证的过滤，因而无法实现常规规则那样的操作确定性，使用同样的证明标准也完全可能出现结论相反的判决结果。②其次，高度盖然性与排除合理怀疑在高低层次上异常接近，而且原本分属民事诉讼与刑事诉讼两个不同领域，要求民事法官在民事诉讼中使用刑事法官常规运用的排除合理怀疑标准，并与作为曾经最高民事证明标准的高度盖然性形成有效区分，会存在操作性的困难。毕竟很多法官运用证明标准时，大多凭感觉、经验，判决书论证也往往不足。③最后，如笔者前文论述，我们原本的预期可能就不是实质性提高证明标准，而是防止既有证明标准在操作中被降低。对于适用第 109 条排除合理怀疑标准的判决书而言，我们至少可以合理预期法官会对欺诈、胁迫、恶意串通、口头遗嘱、赠与等事实，给予谨慎对待，确保高度盖然性标准的严格适用。

（二）第 109 条适用的扩大化危险

实践中存在超出《民诉解释》第 109 条适用范围适用排除合理怀疑标准的情形，且并无必须适用第 109 条的理由论证。④排除合理怀疑标准适用的扩大化是一个危险的信号。首先，第 109 条原本就是一种极端的例外，它的突破应当与法有据或者有充分的论证并准备接受"适用合法性"审查，

---

① 参见湖南省慈利县人民法院（2015）慈民一初字第 528 号民事判决书；山东省烟台市牟平区人民法院（2015）牟商初字第 165 号民事判决书；北京市第二中级人民法院（2015）二中民终字第 06023 号民事判决书；山西省晋城市中级人民法院（2015）晋市法民终字第 77 号民事判决书；山东省烟台市牟平区人民法院（2015）牟商初字第 165 号民事判决书。

② 参见成都市中级人民法院课题组：《〈关于民事诉讼证据的若干规定〉执行情况的调研报告》，载李浩：《民事证据规定：原理与适用》，北京大学出版社 2015 年版，第 349 页。

③ 参见成都市中级人民法院课题组：《〈关于民事诉讼证据的若干规定〉执行情况的调研报告》，载李浩：《民事证据规定：原理与适用》，北京大学出版社 2015 年版，第 349 页。

④ 参见河北省献县人民法院（2015）献民初字第 1234 号民事判决书；北京市第三中级人民法院（2015）三中民终字第 01154 号民事判决书。

否则第 108 条的盖度盖然性标准岂不是要崩塌？其次，如果在没有明确规定的情况下，法官可以理所当然的适用更高的证明标准，第 109 条的意义何在呢？《民诉解释》第 109 条的存在本身就表明，它不仅是要赋予法官在特殊情形下适用更高证明标准的权力，也是明确宣示只有在这些情形下法官才可以行使这种权力。也许有人会指出，我们不必大惊小怪，法官完全可能实质使用相同标准，而只是使用了不同名称。但如果真是这样，恰恰说明了我们面对的问题并不是需要提高证明标准以实现证明标准多元化和层次化，而是证明标准如何监控和惩罚的问题（比如心证公开的实现问题）。在此意义上，目前的做法多少有些本末倒置。

（三）"多面"的排除合理怀疑"实践"

为了确认实践中是否只有适用《民诉解释》第 109 条时才使用排除合理怀疑标准或表述，从而在另一个层面间接评估第 109 条的司法适用，笔者还查阅了两类判决书，一类是《民诉解释》之前适用排除合理怀疑标准的判决书，另一类是使用排除合理怀疑表述但并非将其作为独立证明标准的判决书（这类判决书不考虑《民诉解释》适用之前或之后）。有两个结果值得注意：一是，即使在《民诉解释》确立排除合理怀疑的例外标准之前，实践中已有法官在判决书中使用排除合理怀疑标准而不提高度盖然性标准；[①] 二是，《民诉解释》实施之前和之后都存在使用排除合理怀疑表述的情形，只是不作为独立证明标准，而是作为确定高度盖然性的方法使用，即排除了合理怀疑就达到了高度盖然性。[②] 这至少表明了两点：一是，除证明标准适用不可避免的主观性之外，我国证明标准运用实践还存在随意性问题；二是，排除合理怀疑在民事司法实践中缺乏足够共识。在此意义上，更亟需的似乎是凝聚证明标准的共识，并严格适用，而不是考虑更多的分层，因为后者在目前甚至会起到消解共识的反作用。

[①] 参见南京市六合区人民法院（2014）六商初字第 493 号民事判决书；呼和浩特市中级人民法院（2014）呼民一终字第 00646 号民事判决书。

[②] 参见辽宁省沈阳市沈河区人民法院（2015）沈河民三初字第 593 号民事判决书；新疆维吾尔自治区额敏县人民法院（2015）额民一初字第 385 号民事判决书；山东省烟台市中级人民法院（2014）烟民四终字第 1805 号民事判决书。

（四）"摇摆"的排除合理怀疑"指导"

司法解释的制定者似乎也认为《民诉解释》第109条的排除合理怀疑标准不能绝对严格适用，而应具体问题具体分析，甚至适用第109条的排除合理怀疑标准需要区别民刑诉讼的不同特点。如最高法院法官撰写的解说书就指出："排除合理怀疑并不是要求待证事实有百分之百的可能性存在。尤其在民事诉讼中，不像刑事诉讼中欧事关个人的自由与生命，即使适用合理排除怀疑的证明标准也要衡量公正与效率的关系，不能过分僵硬的适用。"① 如果上述对规则适用的要求反映了司法解释制定者的初衷，这种"灵活"或者"模糊"的态度带来了两个理论或实践难题：一是，它对提高证明标准的正当性论证起到了显著的"消解"作用，造成对排除合理怀疑标准的确定性的合理怀疑；二是，它会造成司法实践中的适用混乱。如果在案件事实符合第109条适用条件时，法官的"用还是不用"还成为一个问题，第109条是否具有明确的指向性就很值得怀疑了。

九、基本结论和立场重申

《民诉解释》第109条针对欺诈、胁迫、恶意串通、口头遗嘱、赠与等事实，例外将证明标准从"高度盖然性"提高到"排除合理怀疑"，虽出于建立多元化民事证明标准体系、与民事实体法衔接等初衷，但存在理论和实践困境。从外观看，民刑证明标准的混搭会模糊民事诉讼与刑事诉讼的界限。从理由看，所谓"与民事实体法规则相协调"证据不充分，且存在对实体规则的误解。从激励看，提高证明标准会产生对不法行为的激励，并且与《民诉解释》大力规范不诚信行为的主旨不协调。从功能看，提高证明标准显示出我们对证明标准的过高期待，其实法定证据制度、法官职权探知、科学技术运用、事实认定细化指引是更为现实和有效的方案。从操作看，以规则提高标准的方式防范操作中的降低标准会引发规则指引的

---

① 参见江必新：《新民诉法解释法义精要与实务指引》，法律出版社2015年版，第232页。

混乱，无助于从正面和源头解决问题。从比较法看，美国法和德国法都并未提供提高证明标准的论据，相反德国法似乎提供了坚持高度盖然性标准的比较法支持。从实践看，排除合理怀疑标准在民事诉讼领域缺乏足够共识，并且有扩大化适用的危险，冲击高度盖然性一般标准。本文认为《民诉解释》第109条脱离了中国证明标准的特殊制度和现实制约，超越了我们所处的阶段，属于激进的规则设计。中国法上民事证明标准体系建立的主要作业是"降低"而非"提高"。

当然，本文不赞同《民诉解释》第109条的规则设计，并不意味着否定司法解释制定者在第109条设计中提出的问题，比如明确将维护法律稳定性和交易安全作为证明标准的考量因素、将某些需要慎重对待的特殊重要事实明确列举以便统一裁判尺度等，只是本文基于某些特定的立场选择了不同的路径。在此意义上，本文的目标主要不在于否定《民诉解释》第109条，而在于提出不同于第109条的另外解决方案。

第一，强化既有规则的操作性和执行力优先于增列新制度。一方面，我们要非常认真的理解和对待高度盖然性标准，凝聚理论界和实务界的深层共识，而不是停留在共同使用的概念术语层面。高度盖然性标准是法官内心确信意义上的"高度"，而不是当事人双方比较意义上的"高度"，因而已经是很高的证明标准。另一方面，我们要立足于目前的实践现状寻找解决路径。我们目前的问题是高度盖然性标准尚无法做到严格适用，甚至有某种随意性，而证明标准适用又缺乏足够的理由论证，①因此对欺诈、胁迫、恶意串通、口头遗嘱和赠与等特殊事实的高证明标准需求构成威胁的问题，而并非高度盖然性因标准过低而需要拔高的问题。如果不能改变证明标准适用的混乱现状，单纯提高证明标准并无实质意义。

第二，依靠全部制度体系性解决一个问题而不是依靠一个制度解决全

---

① 《法官行为规范》（法发〔2010〕54号）第51条要求，普通程序案件的裁判文书对事实认定部分的叙述，要对证明责任、证据的证明力以及证明标准等问题应当进行合理解释。《最高人民法院关于全面深化人民法院改革的意见——人民法院第四个五年改革纲要（2014—2018）》（法发〔2015〕3号）也明确要求：严格高度盖然性适用标准，当事人双方争议较大的重要证据都必须在裁判文书中阐明采纳与否的理由。

部问题。我们试图通过提高证明标准的方式一劳永逸、一步到位地解决特殊重要事实的高标准问题，使证明标准负担"不能承受之重"，却忽视许多可以提供帮助的制度，比如制度上或法官依职权强制亲子鉴定使得亲子关系诉讼的事实认定达到极高的标准，比如通过判决书自由心证过程的论证确保高度盖然性得到切实贯彻，比如设置特殊而明确的证据要求防范特殊重要事实被轻易认定，等等。正所谓"不识庐山真面目，只缘身在此山中"，暂时抛开中心范畴，着重于周边制度，走"农村包围城市"的道路会更扎实，也更有效。

第三，最大化寻求规则化解决，反对不必要的自由裁量权。[①] 本文反对《民诉解释》第109条提高证明标准的做法，一个重要理由就是这种做法仍是以法官自由裁量权为基点和依靠，在操作性、明确性上存在先天不足，而且很难识别和监督。[②] 因此寻求更具规则性、个性化的方案应该成为我们的优先选择。可喜的是，民法典制定已经为我们在实体规则中预先解决证明问题（证明标准、证明责任等）提供了空间和机会。我们必须摒弃那种将证明问题都推给程序法或证据法解决的倾向，只有具有可证明性并充分考虑实践证明难题的实体规则才会在实践中真正有生命力，而不是"看上去很美，用起来不行"。

第四，深入的比较法分析才能真正尊重中国国情。笔者一直坚信，只有深入、细致、客观的比较法分析才能真正做到以中国问题的解释和解决为中心。《民诉解释》第109条的比较法论证反映出粗放、表面和"先定再找依据"的倾向，存在诸多误解或一知半解（当然本文可能也是其中之一），因而不仅在论证逻辑环节存在断裂，而且在没有展示中国问题特殊性的情况下，与各国通行原理或做法保持了不一致。中国民事证明标准问题

---

① 这是笔者研究中坚持的一贯立场，参见霍海红:《诉讼时效延长规则之反省》，载《法律科学》2012年第3期，第91页;《论我国撤诉规则的私人自治重构》，载《华东政法大学学报》2012年第4期，第117页;《证明责任配置裁量权之反思》，载《法学研究》2010年第1期，第98~111页。

② 毕竟对法官运用证明标准的监督或制约都比较间接，比如心证的公开化、强化审判中的言词原则、真正贯彻公开原则、强化合议功能、保障当事人的质证权、提高法官素质等，参见张卫平:《民事诉讼:关键词展开》，中国人民大学出版社2005年版，第291页。

的特殊性在于大陆法系传统和对真相的高要求,因此美国法的优势证据标准及其特殊情形下提高标准的做法并不适合我国,德国法的主观确信标准(高度盖然性是其客观表现)倒可以成为我们的借鉴对象。事实上,我们目前的高度盖然性既坚持了大陆法系的自由心证传统,又保证了证明标准的"高标准",我们需要下功夫的恰恰是"严要求"。

民事诉讼法研讨一

第四届紫荆民事诉讼青年沙龙实录

曹云吉*

主　　题：民事诉讼证明责任和证明标准
时　　间：2015年11月16日
地　　点：厦门望海宾馆会议室

报 告 人：胡学军　南昌大学法学院教授
　　　　　霍海红　吉林大学法学院教授

特邀嘉宾（以接受邀请次序为准）
　　　　　张卫平　清华大学法学院教授、博士生导师
　　　　　傅郁林　北京大学法学院教授、博士生导师
　　　　　肖建国　中国人民大学法学院教授、博士生导师
　　　　　寇　丽　《政法论坛》编辑部编审
　　　　　姚　佳　《环球法律评论》编辑部副编审
　　　　　王春磊　人大书报资料中心副编审
　　　　　齐树洁　厦门大学法学院教授、博士生导师
　　　　　张　榕　厦门大学法学院教授、博士生导师
　　　　　施高翔　厦门大学出版社副社长

参会人员（以确认参会次序为准）
　　　　　段厚省　复旦大学法学院教授
　　　　　董　疆　国家开放大学讲师
　　　　　袁中华　中南财经政法大学副教授
　　　　　郭　翔　北京师范大学法学院副教授

---

* 曹云吉，清华大学法学院博士研究生。

王学棉　华北电力大学法学院教授
林剑锋　中央财经大学法学院副教授
李文革　湖北民族学院副教授
胡学军　南昌大学法学院教授
霍海红　吉林大学法学院教授
黄忠顺　清华大学法学院助理研究员
马　丁　南京师范大学法学院副教授
赵　蕾　华南农业大学副教授
何　燕　烟台大学法学院副教授
谷佳杰　西南政法大学讲师
韩　波　中国政法大学副教授
冯　珂　北京化工大学讲师
许　可　国际关系学院副教授
蒲一苇　宁波大学法学院教授
张海燕　山东大学法学院教授
周洪江　鲁东大学法学院讲师
曹云吉　清华大学法学院博士研究生
曹建军　清华大学法学院博士研究生
任　重　清华大学法学院助理教授
周一颜　温州大学助理教授
张　虹　温州医科大学讲师
熊云辉　江西财经大学法学院讲师

张榕：非常感谢各位嘉宾学者齐聚厦门大学出版社，下面首先有请厦门大学出版社总编宋文艳致辞。

宋文艳：首先抱歉，我迟到了。尊敬的张卫平会长，尊敬的各位民诉法青年精英，各位来宾，大家早上好。这几天泉州、厦门等闽南地区，虽然已经立冬，但仍暖意融融。大家已经感受到了。事实上现在还是厦门的

民事诉讼法研讨一

秋天,也是我们厦门最好的季节,在这样一个美好的季节里,这样的暖意带来的感受也特别契合我今天与各位青年法学学者及来宾见面的心情。在此我代表厦门大学出版社热烈欢迎大家莅临美丽的厦门,参加第四届紫荆民事诉讼青年沙龙。同时,我要特别感谢张卫平会长和中国民事诉讼法学研究会对厦大出版社一直以来的厚爱与支持。谢谢大家。

紫荆民事诉讼青年沙龙是我国民诉法学界一个越来越受关注和欢迎的学术品牌。我听说前天在泉州民诉法学年会上,中国法学会以及民诉法研究会的工作报告给予紫荆沙龙以高度评价。我很高兴厦大出版社能够承办此次沙龙,我们一定会尽全力做好各项会务工作,为本次沙龙的成功举行贡献自己的力量。我社近些年与民诉法学研究会进行了很好的合作。承蒙张会长和民诉法学研究会的信任,我社承担民诉法学研究会会刊《民事程序法研究》的出版工作,至今已连续出版了十三辑,会刊从去年起改为每年两辑,今年起各辑被人大复印资料全文转载。

这次年会,我还听说张会长还有其他研究会常务理事及青年学者们对我社承办的民事诉讼法学研究会微信公众号"民事程序法研究"给予了肯定和好评。前天大会上的年度工作报告还专门提及此事。这对我们出版社是一个莫大的鼓励。我社将进一步做好这一微信公众平台的建设,为民诉法学的交流和传播尽绵薄之力。我们法律编辑室的同志日常承担了大量的法律图书编辑工作,他们不分节假日每天都勤奋地工作,用心地设计和编辑微信号的论文和学术信息,他们的努力得到了大家的肯定。我听说我们的小邓(邓臻)还特别受到了张会长的夸奖,这对于年轻人来说是一个莫大的鼓励。我发现他这几天特别高兴,也特别有信心。另外,包括外国民事诉讼法学译丛等出版项目我们也会全力组织实施。在此,我诚恳地向张会长表达我们的期许,以后研究会若有需要我们社提供协助和出版支持的,请随时提出,我们一定会做好服务工作。

紫荆树四季常绿,紫荆花开四季,它的寓意是兴旺。用"紫荆"为民事诉讼青年沙龙命名很有深意。紫荆民诉沙龙是我国民事诉讼法学青年精英进行平等学术讨论的重要平台,这次我还专门了解了会议流程。沙龙所推崇的务实和平等的研讨给我留下了深刻的印象。我预祝本次沙龙圆满成功,也衷心祝愿紫荆沙龙越办越好。

张榕:谢谢宋总编。很抱歉,刚才太激动,忘了介绍我们的特邀嘉宾。现在介绍一下。首先是我们民事诉讼法学研究会会长,清华大学的张卫平教授。再一个是我们厦门大学法学院博士生导师齐树洁教授。再一个是我们北京大学法学院的傅郁林教授和中国人民大学法学院博士生导师肖建国教授。再就是我们很荣幸地邀请到了《政法论坛》编辑部的编辑寇丽老师,《环球法律评论》编辑部的编辑姚佳老师,人大书报资料中心编辑王春磊老师。谢谢各位嘉宾的到来。

下面由报告人报告。首先有请南昌大学法学院胡学军教授报告。

胡学军:各位老师早上好。我还是第一次参加紫荆沙龙,所以我首先感谢沙龙的邀请做主题报告。下面我简单介绍一下我文章的主要思路和内容。我这篇文章是在我博士论文《具体举证责任论》提出的基本概念的基础上来写的,但是和我的博士论文还是不同,因为我这里谈的是证明责任分配问题。而我的博士论文重在提出"具体举证责任"这一概念。在一定意义上,可以说证明责任分配问题是我考虑具体举证责任问题的前提。我现在也是准备进一步对证明责任的分配问题进行更深入的理论思考和重构。我认为我国证明责任分配理论的纷争不定,从根本上来说是因为证明责任这一概念范畴界定不清,也就是没有将具体举证责任和抽象证明责任区分开来。这两个责任的分配和承担规则是根本不同的。在我们的司法实践中,以往形成的关于证明责任分配的说法,如"谁主张谁举证""举证责任倒置""举证责任转换""法官分配举证责任"等,这些说法都不是真正的证明责任的分配规则,而更契合于我所提出来的具体证明责任。在抽象证明责任分配层面,我觉得我们国家现在的法制环境下,更适合德国学者罗森贝克提出的规范说,因此我主张应当以规范说作为我国证明责任分配的理论通说。这种理论的基本的要义就是坚持从实体法规范出发,以要件事实的一般规定,要件事实的法律推定,以及在法律空白处的法律续造来形成证明责任分配的不同层面的规则。

民事诉讼法研讨一

我这篇文章也主要根据《证据规定》和《民诉法解释》相关的关于证明责任规定得比较作为中心，一共分四个部分。第一部分我首先从举证责任和证明责任概念的区分入手。因为在我的博士论文中，关于举证责任和证明责任区分我谈得比较多，在这篇论文中我主要增加了三个方面的理解。为什么在我国，证明责任和举证责任应当区分开来，不要混淆在一起。我觉得这两个概念的混淆会在司法实践中造成很多的误解。第一是混淆了具体举证责任所针对的事实模糊的状况和证明责任所针对的事实真伪不明这样一种情形。事实模糊状况在事实证明中可能是一种常态。事实清楚的案件一般来说在一个纠纷解决机制系统比较完善的国家，它可能根本就不可能进入法庭。因此，只要进入法庭审理，事实在开始阶段总是比较模糊的。而诉讼证明则主要解决事实认定问题。证明责任理论提出的理论基础在于肯定在诉讼中存在一种真伪不明的结果状态作为前提的。如果通过诉讼证明解决了事实模糊状态，案件事实能够认定，那就不使用证明责任。只有在最终在所有证据都提出来之后，法官的自由心证用尽，此时才能通过证明责任解决问题。第二，我认为混淆这两个概念，就可能会混同客观证明证明责任与具体举证责任所各自发挥的调整当事人举证证明行为的功能。我并没有否定客观证明责任具有调整诉讼证明行为的功能。在我的概念分类说中，我认为抽象证明责任还是可以包括主观证明责任的。只不过我这里的主观证明责任是主观抽象证明责任。所有客观证明责任也能够调整诉讼证明这样一种行为。比如说刑法也可以规范主体行为，因为刑法的威慑力也可以使社会主体为了免遭刑罚，进而谨慎行事。但是作为行为规范和调整公众交往行为的主要还是民法规范，而不是刑法规范。而客观证明责任主要应当作为法官的裁判规则，其作为行为规则的功能应该是次要的。作为调整当事人举证证明行为的应当是具体举证责任。第三，我认为如果混淆了具体举证责任与客观证明责任的概念，就可能导致举证责任承担和证明责任分配的规则模糊不清。证明责任的承担按照罗森贝克的规范说，应当从实体法规范出发，它的背后就是实体法的价值权衡和选择，而具体举证责任的承担是没有固定的规则的。我一般不太愿意用具体举证责任的分配这样的字眼。因为说分配，就往往容易与客观证明责任分配联系起来。具体举证责任承担具有情境依赖性。根据具体案件特定案件情境来决定其分配，没有固定统一规则。

在区分这两个概念内涵的基础上，我对我们原来认为的证明责任分配的几个规则进行了批判性分析。首先，关于证明责任分配的一般原则，我觉得在民诉法解释出台之后，我们应该抛弃证据规定第二条。民诉法解释第九十一条更好地体现了罗森贝克规范说的核心内容。而证据规定第二条无非是我们原来的"谁主张、谁举证"的扩展，这样的说法，更符合具体举证责任承担的描述。

第三个部分，我分析了证明责任倒置。证明责任倒置这样的概念，在我们司法实践中也是非常流行的。一般认为证据规定第四条是证明责任倒置的集中表述。但是民诉法解释对所谓的这些情形并没有重申。我认为在民诉法解释第九十一条确定了证明责任分配的一般规则之后，所谓的倒置的这些情形，不需要再在司法解释中列举。而且我觉得倒置仅仅是对分配结果的描述，也就是特别类型的侵权案件与一般侵权案件在要件证明责任承担方面的不同。而如果从证明责任分配的方法上来说是完全一样的。所以如果从方法意义上将证明责任倒置和证明责任分配的一般原则并列的话，我是不同意的。但是由于这些概念现在已经约定俗成，大家已经普遍接受，所以我认为这些概念可以在司法实践中运用，但是只能作为对分配结果的一种描述，而不要从方法论上来将它们和一般证明责任分配原则予以区分。

最后的一个问题是关于证明责任的司法裁量，或者说是法官分配证明责任这样的概念。从罗森贝克的规范说出发，我绝对排斥法官在诉讼中分配证明责任的说法。我觉得法官分配举证责任更接近于我所说的具体举证责任。它可以由法官在具体情境中来临时决定。依规范说分配证明责任是没有法官裁量的余地的。

总之，我论文的核心内容也在文章后面也做了一个简要的结论，即应当从具体举证责任与抽象证明责任分立的角度来理解与应用我国证明责任及其分配的司法解释，从而形成对诉讼证明的双重调控机制。从具体举证责任承担的角度来看，诉讼证明的过程，就是直观地反映当事人双方举证证明的交互对抗的过程，也就是从诉讼中争议的具体生活事实出发，在一般情形下依照谁主张谁举证来分配。但是在诉讼进行中，随时可能因为法官分配举证责任，而形成举证责任倒置或举证责任转换，这些表述在很大程度都源于我国过去侧重于主观行为含义的证明责任，更为符合我提出来的概念分类语境下对具体举证责任运行的描述。而在抽象证明责任分配层面，就应当从案件适用的实体规范出发，依照要件事实的一般规定，要件事实的法律推定，以及在法律空白处的法律续造，来形成证明责任分配不同层面的规范。这样的话，证明责任分配理论的更新就应当将此前证明责任围绕着证据的、以争点事实为对象的依主张分配转换为围绕着法律观点，以要件事实为核心的依法分配。

这是我论文的简单介绍，谢谢大家。

张榕：胡教授还帮我们节省了六分钟的时间，我们下面请霍海红教授来做学术报告。

霍海红：很荣幸能有这样一个机会能向各位老师报告一下我自己的论文，虽然现在还无法预计今天拍砖后的具体情形，但是我想这样的一个过程，无论是对我论文的修改还是对我以后的研究写作都会产生很大的意义。

我的论文题目是"提高民事诉讼证明标准的理论反思——以《民诉法解释》第一百零九条为中心"。第一，在具体阐述我的基本观点之前，我想先把我论文的几个立场性问题做一介绍。这篇论文的出发点首先要界定作为一般证明标准的"高度盖然性"是何种意义上的高度盖然性。在我看来，我们现在虽然在使用这一概念，但实际上还有很多地方是需要增进共识的，包括理论界和实务界的共识。我将高度盖然性界定为很高的一种证明标准，如果相对于刑事证明标准的话，是仅仅比其低的一种证明标准。如果需要量化的话，我更倾向于至少85％以上。之所以将其界定为如此高的标准，是因为我觉得这样比较符合中国传统。实际上从我国的实际情况来看，客观真实证明标准居于统治地位，从这一点即可以看出，我们实际上更倾向于高证明标准。我个人觉得我们很难接受美国法的优势证明标准，因为从中国传统司法来讲，更强调的是法官发现真实的使命。美国法之所以有优势证明标准，实际上与其诉讼文化有很大关系，其更强调的是提供当事人一个公平竞技的环境。但这在中国传统司法很难做到。第二，如果把一般证明标准界定成60%或70%，那么可能在我国实践操作中更加困难。美国法的优势证明标准，我们可能觉得比较低，但还是很有操作性。如果把高度盖然性界定为仅次于排除合理怀疑，我觉得也有利于法官把握这个证明标准。

第三，本文并不是想否定民事证明标准的多元化。我是坚决支持证明标准多元化的。问题不是是否要多元化，而是如何多元化。如果我们把证明标准确定为比较高标准的高度盖然性之后，实际上中国民事证明标准多元化主要指向是降低证明标准，而不是提高。这方面我们和美国是不一样的。美国因为优势证明标准要低于我们的高度盖然性，所以它实际上证明标准的多元化在提高证明标准方面有相当的空间，但是我们的空间不足。从民诉法解释第一百零九条来看，我们实际上把高度盖然性作为仅次于刑事证明标准的高标准的证明标准。所以在它们之间再提高证明标准，空间很小，甚至没有。证明标准的多元化不能仅仅指证明标准本身的多元化，它应该包括很多配套措施和规则，甚至包括很多实体法规则的参与。不是说一定要由民事诉讼法的具体规则来解决。这个工程非常宏大。我觉得可以借用李浩老师的一篇论文的题目"宁肯慢些，但要好些"。我觉得证明标准问题本身可能涉及民事实体法尤其是对法律行为的一些评价，包括对当事人产生的激励机制，包括对法官认定事实的重大影响，因此采用相当谨慎的态度可能更好一些。

下面我尽量用较短的时间，把论文的基本细节问题向各位老师做一汇报。

民诉法解释第一百零九条将证明标准从高度盖然性提高到排除合理怀疑，我认为可能导致民刑证明标准的模糊。因为在我看来，民事诉讼法与刑事诉讼法有些价值判断甚至政策性判断因素导致了证明标准的不同，并不是单纯的证明标准高低问题。我的粗浅观点是我们过分抽象地谈论民事证明标准低于刑事证明标准，在实践中操作性意义有多大，也是一个值得讨论的问题。比如说，在德国，立法条文上也没有明显地看出民事证明标准就要低于刑事证明标准，从我看到的译著来看，没有那么明确的界限。但是其可能通过其他很多具体规则、原则，实际上的民事证明标准不可能高于刑事。这个可能是我们需要学习的。

司法解释的制定者认为，我们现在把第一百零九条的证明标准从高度盖然性提高到排除合理怀疑，是因为民事实体法有了这样的规定，或者说有了这样的一个意图。我个人认为这个说法证据不够充分。首先我查了一下，民法上关于恶意串通的规定，实际上都是效力性规定，而不是事实的证明规定，比如恶意串通会导致何种效力等。反而我们能够找到很多降低民事证明标准的例子。将显失公平作为提高证明标准的例子，我觉得也不是证明标准问题。这是对实体法一定程度上的误解。从制度激励的角度讲，我们对民诉法解释第一百零九条的论证，可能太多关注宏大的标准，比如保护交易安全等，但是对于相关利益主体的关注不足。再有，如果把证明标准提高，固然有助于预防交易人很随意地不诚信地提出欺诈胁迫抗辩，而提出撤销交易。但是同样可能产生的问题是，它使得权利保护或救济的难度大大增加了。我们程序法强调平等的攻击防御，但是我觉得这里过度强调了一个方面，而忽视了另一个方面。

第一百零九条显示出了我们的一个倾向，我们给予了证明标准过高的功能期待。实际上，仅仅通过证明标准的提高就想把很多问题解决，我觉得是不太现实的。也有学者提出像亲子关系诉讼，也应该提高证明标准，因为事实也很重要，而且我们有 DNA 鉴定等。我个人的观点是，这里不是提高证明标准的问题，而是要运用 DNA 鉴定的问题。在某种意义上，这些论证仅仅是在结果上提高了证明标准，而并未对提高证明标准提出充分理由。

我提出了一个假设，可能这也是受到攻击最多的问题，即存在折扣执行的预防问题。实际上，我很难证实立法者一定这样想，我只是觉得这可能是立法者会有考虑的问题，即高度盖然性在理论界存在和优势证明标准混用的问题，将两者视为一个标准。另外司法实践中，也的确用得非常混乱，有用高度盖然性的，有用优势证据的，甚至用排除合理怀疑的，还有把优势证据等同于高度盖然性的。在某种意义上，司法实践中没有按照我们理想状态的"高度盖然性"运行。如果这是一个事实，那么立法者抽出一部分特别重要的事实，防止我们折扣执行，有一定的可能性。因此第一百零九条对折扣执行具有提前预防的功能。从这个角度，我觉得第一百零九条更多是在强调这些事实重要，而不在于说法官能够区分高度盖然性与排除合理怀疑，我觉得这是不太容易的。因此，第一百零九条的最大作用或实践中最直接的后果是法官看到这些事实，就会提高警惕，做更慎重的考量。

关于比较法运用问题。我不懂德语，看的都是译著，掌握的是否准确，也有待于各位老师的批评。但就我看到的资料来看，从德国法有证明标准多元化的情形，美国法有提高的情形，来论证我们提高证明标准的正当性，我觉得是存在很多疑问的。比如说美国，其将民事欺诈事实的证明标准提高到仅次于排除合理怀疑，即令人信服的标准，但以此来论证我们提高证明标准，我觉得是有疑义的。因为把优势证据提高，提高空间很大。而我们的高度盖然性标准已经解决了美国法上面对民事欺诈的问题。再有，从我看到的德国法的资料来看，德国法实际上也在强调降低，而不是提高。因此从比较法的角度，我觉得第一百零九条也值得怀疑。

关于现实中的运用。就我查到的案例初步来看，有一些法院的确是运用第一百零九条来判案，但所涉及的事实超出第一百零九条的范围。适用扩大化的情形，需要警惕。运用排除合理怀疑在实践中也缺乏共识，有的作为标准使用，有的是作为实现"高度盖然性"的方法来使用。

最高法院的一本解说书提到了"排除合理怀疑的标准，在民事与刑事里也要有所区分"。那么这与第一百零九条的标准提高是否会有矛盾呢？这样可能会陷入自相矛盾的境地，并使法官适用更加混乱。

以上是我的报告。谢谢。

张榕：两位教授都给我们节省了很多时间，感谢两位教授的精彩发言。下面我们进入第一阶段的评议。第一阶段仍由我来主持。首先请烟台大学的何燕老师做评议。

何燕：大家好，我是烟台大学的何燕。无论是从资历还是从评议的深

民事诉讼法研讨一

度来说，我来评议可能有点不妥当。我唯一比大家多的一点可能是提交评议意见比较早，所以我压力很大。很多老师都说你就起个抛砖引玉的作用。希望我的评议能够引出大家更多精彩的评议。

首先我对胡学军老师的论文谈谈我的评议。胡老师在我们国家现有的证明责任分配理论的基础上，提出要强调具体举证责任的功能。我看过胡老师的专著。我对其专著中的观点是非常赞同的。但是我从这篇文章中，好像感觉到其并不是再单独界定概念的混淆，您更强调的是您希望客观意义上的证明责任与行为意义上的证明责任是相互独立的，并没有谁决定谁的问题，并没有所谓的本质论的问题。我不知道是不是理解偏差。

我的观点是我们可能还是要强调客观意义上证明责任的先在性。因为客观意义上的证明责任在败诉风险承担上的本质性差异，给了我们一个认识论的基础，即人的认识是有限的。在这种情况下，我们应该给法官一个方法，法官不能拒绝裁判。虽然我们不能要求法官必须按照证明责任判断，但是这个标准必须有，是法官最后的救命稻草。这个救命稻草实际上在具体案件发生前，就在实体法上进行了分配。在具体案件发生后，客观证明责任始终隐含其中，然后对具体举证责任发挥控制和促进功能。因此客观证明责任始终是隐含的。如果我们否定这一点，恐怕整个理论可能偏向于英美的说服责任。现在我们有些学者甚至完全否认真伪不明状况的存在。我是反对这种看法的。因为英美的民事诉讼体制和我们不太一样。如果我们以英美的观点来构建我们国家的体系，恐怕会产生更大的混淆。

针对胡老师提出的概念上的混淆，我恐怕要提出一点异议。我认为双重内涵说的已经是我国民事诉讼理论的共识。概念混淆主要是对初学者而言。我的观点是在双重内涵说基础上，对概念进行更加明晰的区分。我非常反对司法解释举证证明责任的提法，这缺乏相应的历史传承，而且也容易产生一些理解上的模糊。从台湾地区学者的角度来看，可能会嘲笑我们。我赞成张卫平老师提出的以证明责任界定客观意义上的证明责任，以举证责任来规范行为意义上的证明责任。在实践中，我们的举证责任就是一个行为意义上的证明责任。在理论上，我们看到大量学者的观点，证明责任本身主要指的就是客观意义上的证明责任。所以我认为从概念上来进行明晰，可能更有利于初学者对这两个含义的理解。刚才胡老师提到证明责任转换是在具体举证责任上来理解的。这一点我可能提出一点反驳。我们说证明责任转换主要是指法律推定的情形中，反对法律推定的人对证明责任负担的转移。而您所谓的具体举证责任的转换，恐怕不是我们客观意义上的证明责任的理解。当然这个观点也是比较粗陋的，有待进一步讨论。

关于证明责任的倒置问题。根据胡老师的观点，一旦倒置上升至立法，就属于规范说的范畴，其完全就应当是正置。但是从我们国家的倒置的几种情形来看，他的证明主题、证明责任的对象、证明的方向，都和罗森贝克的规范说存在很大的区别的。倒置是将本来应该由受害人承担的关于因果关系以及过错这一要件事实的证明，转而由加害人反向证明。而罗森贝克的观点的正置是构建在受害人要对所有的侵权构成的要件来承担证明责任。倒置是要求加害方反向证明的。从我们刚才的分析可以看出，即便今后上升到了《侵权责任法》，其仅仅是一个特殊和例外，恐怕不能被规范说所收编。

第三个问题便是法官裁量分配证明责任的问题。在胡老师文章中，其反对赋予法官对证明责任的裁量权。证明责任的分配应当是形式上的统一的抽象分配，而且应该是围绕着要件事实的依法分配，而不是围绕证据争点事实的依主张分配。这一点我是很赞同的。但是我们不得不注意一个问题，如果严格按照规范说来分配，在实质上会导致一些不公平。在这一块上，胡老师似乎并没有进行更充分的论证，而仅仅是以标准的含混不明确以及我国法官素质不高作为反对的理由。但是现实的复杂性的确需要在规范的严谨之下，配以一定的灵活性。而且，有时我们即便在实体法上有了规定，但是到底应当选择哪一个实体法来分配，恐怕还是有争议的。比如说上海曾经发生的水晶球案。有学者认为这是一个合同义务的瑕疵担保，应当由商场一方承担证明责任。但是还有学者认为这是一个消费侵权，是否要适用消费者权益保护法中的欺诈条款，此时应当由受害人来承担证明责任。可以看出在学者的理解上还存在如此大的差异，那么如何让法官来选择。所以我们现在实体法上很多的东西恐怕都需要进一步明晰。类似的问题还有很多。比如关于不当得利的证明责任的分配，好像没有非常明确统一的规范。各地的法官，如果不赋予其一定的自由裁量权，请问如何让他判断。因此法官对空白的续造或填补功能，恐怕我们还要重视。所以我们应该限制法官对证明责任的分配，但正如作者在文章中提出的，在德日都存在法律空白时，法官在司法当中应当起到填补和续造功能。所以这种绝对排除法官自由裁量的看法，我觉得还是值得商榷的。而且从《证据规定》第七条规定来看，其前提也是在法律没有明确规定的情形，而不是完全由法官进行没有任何限制的自由裁量。所以我们国家的规范还是有比较严格的前提的。

胡老师在文章中还提到国外的续造是由更高级别的法官来完成的。这一点原则上我赞同。但是值得商榷的是在我们国家现有的法官选任制度下，级别更高的法官就一定资质更高吗？恐怕值得商榷。如果要保证这一点，恐怕要彻底改变我们国家的法官选任制度。比如说霍海红老师在文中提到了关于民间借贷规定的一个条文，关于借贷关系，原告主张借贷关系成立，被告抗辩已经偿还。我们的司法解释要求原告要继续对借贷关系承担举证证明责任。我想请问的是在这个时候，原告是否还要继续承担对借贷关系存在与否的举证证明责任呢，还是在自认的基础上，由被告对还款事实承担证明责任呢？借贷关系的成立与否，我认为已经因为自认而无需再证明。这就是我们最高法院法官的资质。如果您认为级别越高，资质越高，在我们国家的现实中可能存在一定的悖论。

还有一个问题，我一向认为我们司法实务中具体案件的报批制度应当废除。这个报批制度严重侵害了当事人的审级利益。实务当中的这种情况很多，这使两审终审大大折扣。所以即便是法官对证明责任分配进行续造，也应当是在一审法官独立思考的情形下进行。高级别法官如果要对其进行更改，应该是严格按照程序进行，而不是说在案件一审尚未结束前就直接对案件的证明责任分配进行指示。

关于霍老师的文章，我赞成其观点。尤其是我们国家有第三人撤销之诉的情况下，如果我们过度强调高标准，无疑是对立法成本的浪费。所以我认为其存在被虚置的危险。但是我对证明标准研究不深。所以我在书面评议里提出的两个问题，霍老师刚才已经回答了。我不再多说。

还有刚才霍老师提到了折扣执行的问题。我想请问，即便有这种折扣认定，我们对这种折扣执行是鼓励，还是反对呢？当然问题比较浅。我曾经将霍老师和胡老师的论文交给我们的实体法老师讨论过。我们的王洪平教授也提出了两点看法。请大家给我两分钟时间，他的观点从实体角度，恐怕和我们的观点不太一样。

首先其认为霍老师提出的混搭理论是不存在的。他认为刑事诉讼的证明标准和我们的民事诉讼的司法解释是不一样的。他提出刑诉法第五十三条的文义解释可以看出，刑诉法上的被排除合理怀疑的对象是已经经证据证明查证属实而认定该事实存在，是证据认定的过程。而民事诉讼的证明标准是法官已经在高度盖然性的基础上形成了某个事实认定，然后在这个基础上，再进行排除合理怀疑。这是他的观点。

对于胡老师的文章，他认为依主张分配与依规范分配二者均不可偏废。后者不能取代前者。一般情形下，规范中的要件事实也正是诉讼主体主张的对象，二者具有高度重叠性。所以依主张与依规范两者不冲突。在少数情形下，当诉求者对某些要件事实没有提出主张时，法官需要释明。在少数情况下，就某要件事实究竟是由原告还是由被告承担举证责任，此时需要法官自由裁量。这与我的观点相类似。

时间可能有点长，不好意思。谢谢各位。

张榕：谢谢何燕老师。下面有请任重老师评议。

任重：尊敬的各位老师，我的评议主要针对以下几点：

对于胡学军教授的报告，我的第一个问题是证明责任倒置。我非常赞同胡老师的观点。但是通过看张卫平教授的教科书，我也发现在中国的倒置概念可能和德国不一样。进一步想为什么不一样呢？后来看到肖建国教授的评议，受到很大启发。肖老师评议中说，在《证据规定》出台时，中国的民事实体法只有《民法通则》和《合同法》，包括现在的《侵权责任法》等都没有。这样的情形就与德国不同。1877年德国民事诉讼法颁布实施时，德国民法典的制定工作已经在全面进行中，因此不需要民事诉讼法为其添砖加瓦。但是在中国，2001年制定《证据规定》时，我们是做不到的。所以必须要在《证据规定》的第四条和第七条做很多替代实体法构成要件规定的工作。此后，实体法越来越完善。《侵权责任法》生效后已经对《证据规定》第四条进行了修正。其已经不认可很多关于证明责任的倒置规定。所以一定程度上证明责任倒置可能会回归到德国法所说的，也就是胡学军教授所主张的这一概念之下。

此外，《民诉法解释》第九十条如果从文义解释出发，能不能推出我国承认客观证明责任？第一款，当事人对自己提出的诉讼请求所依据的事实或反驳对方诉讼请求所依据的事实，我列了一个图，就在评议后面。如果我们把第九十条第一款第二种情形理解为诉讼规范和实体法律规范中具体反对规范的情形，这不就是德国所规定的抽象的证明责任吗？第二款的规定可以看出非常明显的终局性。即其不是在诉讼进程中的规则，而是在最后证据证明的结果出现了一个无法被证明的情况下出现的一个操作规则。如果从文义理解来看，我认为《民诉法解释》第九十条更偏向于客观证明责任。

第二个问题是关于证明责任的几分法。因为之前看过曹志勋博士的文章，也是很有启发，他说在证据规定当时的情况下，由于表述不清，存在两分的解释的可能。所以在这种情况下，证明责任判决的情况可能非常多。只要不能达到证明标准就叫证明责任判决。现在《民诉法解释》中已经提出了真伪不明的状态。在这样的情形下，我们更加接近了德国，证明责任判决的真正适用可能会越来越少。那么证明责任还有没有用呢？我认为证明责任可能更多的在于提供一种原动力。举个例子，证明责任更像是发动机，释明义务像是传动器，证明必要就像轴承。通过证明必要不断上下的增减，会以证明责任的发动机来驱动当事人去判断自己的行为，来确定自己是否还需要证明。当然我认为胡老师提出的一元论和二元论的区分，本身是非常有意义的尝试。因为在教学、研究、访谈的过程中，别人经常说，你们说的不对，比如一方当事人不承担证明责任，其提出一个具体事实，难道他就不需要证明吗？这是实务界法官经常提出的一个问题。因此确实像胡老师所说，在司法实践中，他们理解的证明责任和我们理论界达成共识的证明责任可能存在分层。在这样一个情况下，操作方式就存在着一元论和二元论之分。我觉得胡老师的研究是非常有价值的尝试。

对于霍海红教授的论文，我已经在书面评议中提出两个问题。第一个问题霍老师已经回应了。我国民事诉讼证明标准的通说是高度盖然性。其实在德国存在着所谓的超高盖然性、高度盖然性和优势盖然性这三种标准。德国的通说是超高盖然性。德国民事诉讼法几乎全盘继受了法国拿破仑民事诉讼法典，而法国的法官其实在历史上不清白。所以在拿破仑制定法典时，对法官认定事实和自由裁量给予了最大程度的限缩。但是在美国，法官的历史相对清白。所以法律包括民众给予其自由裁量权是很大的。在这样的情形下，美国采取优势盖然性，德国采取超高盖然性。其实一定程度上代表了在立法之初，对于法官总体社会形象的判断。除此之外，还有一点，其实在中国司法实践中，之前一直把民诉的证明标准理解成职权主义下的证明标准，是在客观真实的基础上确定的证明标准。但是在当事人主导型模式下，现在的具体标准逐渐走向了形式真实。因此，我们的参照物是否已经发生了变化，有没有可能走向德国超高盖然性的证明标准。

再一个问题，我认为证明标准的构建还涉及一个两难，一方面是法官的权威，也就是与法国、德国、美国的区别。我们现在的社会条件下，法官有没有这样一个权威。是否可以说只要到百分之七十五就能认定案件呢？通常情况下，如果权威越低，证明标准就会越高。以这样的高证明度来说服群众，我们的裁判是权威的。但是这样的高证明度就产生了证明难。这或许也是我国民事诉讼证明标准调整工作中会遇到的难题。

谢谢各位老师。

张榕：谢谢任重老师的点评，他还用比较幽默的语言来对这个很严谨的问题做了一个解读。下面有请黄忠顺老师评议。

黄忠顺：各位老师早上好，谈不上评议，我对证据法并没有太多的前期研究。我主要是谈一下个人的体会。我把自己想到的一些问题提出来请教各位老师。

第一个问题是实体法的价值取向在胡老师的文章中提出来,其提出实体法的价值取向与证明责任的分配之间存在联系,即实体法的价值取向必须贯彻于证明责任的分配中。我进一步的想法是针对霍老师的文章,实体法的价值取向是否也对证明标准产生某种影响。刚才霍老师也指出了,从我们实体法的规定来看,找不到民诉法解释第一百零九条的实体法依据。但是我个人的看法是,民法通则对存在意思表示存在瑕疵的民事行为的效力规定得比较绝对化,但在合同法的制定过程中,立法者对此作了改造,将不涉及公共利益的意思表示瑕疵行为的效力尽可能交给当事人决定,是否补正其效力。其背后涉及的一个潜台词是否尽可能去维持该种私法秩序,维持当事人做出的意思表示的稳定性,可能背后还涉及一个交易安全的问题。在这样的背景下,如果将其理解为一个实体法的价值取向的话,那么是否可以将其延伸到第一百零九条的理解中,即第一百零九条涉及的是意思表示瑕疵的证明。如果证明标准提高,那就意味着挑战民事行为效力的空间和可能性就被压缩了。这样的一种实体法的价值取向贯彻于证明标准是否妥当,恐怕也需要进一步进行类型化研讨。也就是说,这种过分的提高证明标准,以维护这种民事行为的效力,是否应当在不同情形下,在不同的部门法里有不同的价值取向,我个人的倾向是表示支持的。像肖老师在评议意见里提出的观点,即在民商分离的前提下,在商事法里面提高证明标准,可能问题不大。但是在民事领域,尤其是在涉及双方当事人实际的对抗和谈判能力过分悬殊的情况下,可能提高证明标准就不合适了。比如我前期关注的调解协议,当事人围绕着诉讼外的调解协议的效力和履行程度提起诉讼,在这个过程中,司法实践中提出了所谓的"司法不变更原则",即法院尽可能倾向于确认调解协议有效。也就是,结合第一百零九条来讲,法院确实将证明标准提得特别高。众所周知的是,强迫调解的现象还是比较常见的,在这样的背景下,我们提高证明标准,恐怕会发生霍老师所担心的,也就是意思表示瑕疵的当事人的救济空间会受到很大打压。

我曾经统计过二百一十五份判决书，基本的状况是当事人试图通过主张受到胁迫的方式来挑战调解协议的效力，几乎不可能成功。我想在这样的情况下，在调解过程中，当事人可能还会面临着策略调解的问题。尤其是在人身损害赔偿诉讼中，基于获得部分抢救费等迫切需要，受害人可能不得不采取策略性调解，先达成调解协议拿到部分赔偿款后，再通过诉讼方式谋求完全救济。但事实表明，受害人在后续争讼程序中是不太可能在获得法院支持的。对这方面，霍老师是否有必要在做一个类型化的考察，我想可以进一步探讨。

另外一个问题就是胡老师的文章多次强调穷尽一切证据方法等，在没有办法查明事实，导致真伪不明，才能作出证明责任判决。就像霍老师讲的，我们国家更倾向于职权主义，更倾向于法官调查证据的话，从这个角度理解，您的观点理解起来并不难。但是，如果将其适用于所有的案件类型，恐怕还是有问题的。因为有些案件，诉讼标的额不是很大，但是可能需要采取一些成本昂贵的手段才能查明案件事实，甚至查明该案件事实的成本远远超过诉讼标的额。这样的情况下，我们从利益衡量的角度，或者从比例原则的角度，能否对这方面做出一些特别的考量呢？我想向胡老师请教一下。谢谢各位老师。

张榕：谢谢黄忠顺老师。针对刚才三位老师的评议，下面请两位报告人回应。先有请胡老师。

胡学军：非常感谢以上四位老师的意见。因为何老师带来了王老师的意见，因为各位老师提出的问题有些未体现在书面评议中，我想就所有问题回应一下。

首先，何老师的问题是非常关键和核心的。第一点，对具体举证责任概念的质疑，即证明责任内涵体系的建构历经百年，在德国、日本没有学者能够达到将其彻底推翻将其重新建构的高度，你想彻底推翻重建，可能吗？是否能够达到这一目的呢？我觉得这是误读。我实际上并没有否定客观证明责任。据我的解读，德日等国确实没有彻底推翻重构这一概念，但实际上也倾向于限缩这一概念的内涵的。这样就给具体举证责任的理论让出了空间。当然在德国、日本不一定适用具体举证责任这样的概念，而是使用比如证明的必要、表见证明等概念。何老师是非常赞同在证明责任双重含义说的内部通过术语更为准确明确的应用，来清晰展示二者既相互依存又相互独立的关系。这也是海红老师曾经提出来的证明责任概念的分立论。我的具体举证责任论就是在海红老师的概念分立理论的基础上提出来的。但是我不同于海红老师分立论的区别，在于海红老师是想对双重含义说进行简单的分拆，而我是想在这个概念内部进行重新整合。因此我的抽象证明责任包括客观证明责任和主观抽象证明责任，另外提出一个具体举证责任的概念。

张卫平老师主张以证明责任来表述客观意义上的证明责任，而以举证责任来表示行为意义上的证明责任，这种提法何燕老师是赞成的。我觉得张老师的观点是更多地考虑到便利司法实务的接受，这是具有很高明策略的。但是需要注意的是，张老师的主张也已经是两个概念了。证明责任与举证责任就不再是像原来一样是一个人的名和字，而是两兄弟分家了。我之所以给具体举证责任带上"具体"这个帽子，就是为了在我这个理论形成过程中，为了防止误认而提出。一旦时间长了，张老师提出的主张被广为接受了，我的具体举证责任的"具体"就可以脱下了，就是举证责任，这种举证责任是可以和证明责任区分开来的。

第二个问题关于证明责任倒置问题。因为这个问题可能在后面的评议中也提到了。关于证明责任倒置，我认为在新的实体规范形成中，确实通过反规范说的方法来分配证明责任，但是一旦规范说形成之后，就可以被规范说包容。特殊侵权与一般侵权就是实体法上的原则与例外的关系，而不是证明责任分配标准上的原则与例外关系。这在后面还会说。何老师指出绝对排除法官分配证明责任的态度是否是矫枉过正。我对这一点没有进行充分论述。我认为任何一种理论都会面临确定性与灵活性的矛盾。我就是想先确定一种原则，并将其固定，然后再考虑其他问题。事实认定的灵活性可以在具体举证责任领域来解决。

第三个问题是何老师提出的是否高级别法官更有造法资格的问题。首先我并不认同在我国高级别法官就更有资格造法。因为我的观点可能更极端一点，我是根本反对法官造法的。而且我认为这不是更高级别法官的问题，而是程序保障问题。我提出的程序保障可能更严格一些，我是想通过法律的修改程序来保障。因为证明责任分配的改变就意味着立法曾经充分考量过的价值考量的改变。

张榕：不好意思，时间到了。很抱歉。下面有机会再来探讨。下面有请海红教授回应。

霍海红：听了各位老师的评议，受益很多。由于时间关系，在这里初步回应一下。

首先是何老师的问题，即如果折扣执行真的存在，我们是赞成还是反对？我个人的观点是如果确实存在这个意图，如果以这样的方式来进行不合适。从某种意义上讲，这样的方式过于迂回，而且也不能从根本上解决问题。我们现在如果出现折扣执行，是因为缺乏共识，即对高度盖然性缺乏共识。应该从源头上建立共识，而不是在共识没有解决的基础上提高证明标准，这样是解决不了问题的。再有就是第一百零九条从字面上来讲，就是要提高证明标准，如果赞成折扣执行，那么自己就"精神分裂"了，这是没办法解决的。

王洪平老师认为，排除合理怀疑和高度盖然性原本就不是一个层面的问题。我的理解是上述两者都是自由心证的结果，只是说刑事诉讼有其自己更高的标准，而且这些标准的实现是依据刑诉法的一些原则和相关制度支撑来实现的。

任重老师提出的问题我有很多没关注到。比如说法官形象问题，这个受益很多。关于参照性的变化和法官权威问题，我在论文中的确涉及偏少。但实际上法官权威，在更大意义上会影响到司法实践。很感谢任重老师提到的高度盖然性的量化问题。实际上我最初并没有特别提到相应的量化问题。但是看了评议之后，我觉得不具体说明"高"究竟是多高，可能会造成很大的误解。

黄忠顺老师提出了两个很有价值问题。一是意思表示瑕疵的问题。我

民事诉讼法研讨一

们保护交易安全,就是保护民法上的私人自治,而欺诈胁迫的制度设计就是要保护意思自由。从这个意义上讲,不能说证明标准低了,就一定会冲击交易秩序或交易安全。这是我受的一个启发。另一个就是现实中以欺诈胁迫来撤销法律行为是基本不可能的。在这个意义上,我们的担心可能是过多了。在我看来,受欺诈胁迫人天然地处于一种被动地位,即使在高度盖然性标准下也是一样。

再次感谢各位老师的评议。

张榕:非常感谢两位报告人的回应。下面请齐树洁老师作为沙龙研讨第二阶段的主持人。

齐树洁:下面首先由张榕教授来对第一阶段进行评议和争点整理。

张榕:我也是临时受命,李浩老师没有来,所以由我来对第一阶段做一评议和小结。今天所探讨的问题也是我很多年来研究和关注的问题。当时在我的博士论文中也有专门的一章是讨论证明责任问题的。我也结合了实务中的一些案件做了一些探讨。我印象很深的是有一年开年会,有一个法官在会上很激动讲了一段话,他说你们学者一直在讨论这个制度那个制度,像证明责任这个制度,你们也讨论了非常多,你们讲了那么多深入的理论,到底对实务有多少指引呢?你们能不能给我们一个清晰的思路,使我们在具体案件的处理中能够做出一个准确的分配。我们知道包括美国学者在内,都说过证明责任比律师等认识到的重要性还要大。因为证明责任涉及谁胜谁负的问题。甚至有学者讲过,证明责任可以使得实体法规则完全不发挥作用,我用证明责任就可以解决权利义务的归属。所以当时那个法官的发言给了我一个非常大的启发。即我们在进行理论研究时,如何关照实务。这个可能是我们民事诉讼法学界面临的一个非常大的问题。包括今年的年会,我也觉得很遗憾,我们法院系统来参加的很少。在我们福建开年会,也是首次,但是我们福建从高院到基层法院,来参加年会的确实非常少。这说明我们与实务的交流还是非常少的。包括有时我们的一些对实务很有用的讲座,他们也不是非常感兴趣。因此一个很重要的问题就是我们如何关照司法实务。我们理论研究本身有提升学术水平的问题,但还有一个作用就是解决实务问题。我们今天的两位报告人所作的报告非常好。胡教授的证明责任理论中区分了具体举证责任和抽象的举证责任。在证明责任理论探讨的过程中，很多东西非常抽象，所以我们与实务部门接触时，很多人都不理解。包括很多简单案件，他们都不能很好地理清相应的证明责任问题。很多看起来很简单的案件，可能存在许多不同的处理方式。因此胡教授提出的具体举证责任的概念或许可以在我们的实务中指引我们法官更好地分配证明责任。在中国司法实践中，实际上按照证明责任下判决的情形很多。我们以前觉得我们的司法实务存在超职权问题，但是我觉得我们的强职权主义已经完全消失了，甚至比美国等走得更远，更消极了。虽然很多法官对案件具体事实大致很清楚，但是他仍然用真伪不明来下判，他不愿意过多地花时间来调查，通过各种途径来帮助当事人解决证明困境，这是我们司法实务中很有意思的倾向。

为什么很多法院对我们的会议和讲座不太热心，这并不完全是我们理论界的问题。我在研究法院的机制时，我发现，我们现在法院把过多的精力放在法院创新和树典型方面，所以没有太多精力放在案件处理中。我在讲课时，也讲到如果您在擅长的纠纷解决方面没有获取公信力，反而想去不擅长的方面树典型、创品牌，去获取公信力，那是不可能的。所以我觉得从法院的角度，其主要精力还是要放在个案的处理中，尤其是疑难敏感复杂案件的处理中。像证明责任的问题，它直接决定谁胜谁负，直接决定实体权利的归属，怎么可以那么简单和草率的方式作出决定？如果在一个案件中做出这样的决定，那么相信在很多的案件中都会做出这样的处理。那么你要获取民众的信任，想提升公信力是非常困难的。但是从另外一个角度来讲，可能我们的理论研究存在一些问题。我们的理论研究过于抽象，很难明确地给实践指引，可能导致了实务中的一些混乱。

对海红教授证明标准多元化的观点，我是非常赞同的。实际上证明责任和证明标准是很相关的问题。为什么在实务中，我们非常多的法官不敢做决定呢？厦大法学院做了很多法院系统的培训，我们每次讲到证明标准时，我问他们您们觉得高度盖然性到底要达到多少。他们会马上回答百分之九十或八十。我会反问一句,你不觉得太高了吗?如果你一定要达到那么高的标准,那么很多案件就没法判了。全部按照真伪不明判了,有没有考虑过这样判了,对当事人来说有什么感受呢?因此证明标准的多元化是非常重要的。从最高法院的角度来讲,规定高度盖然性是非常容易理解的。因为中国从最高法院到地方各级法院,他们非常怕承担责任,一直如此,一脉相承。将证明标准定得高一点,我的责任和风险会小一点。从最高法院自己审的案件来看,都是标的金额特别大的案件,像银行贷款案件,证据都是非常充分的,因此达到高度盖然性都是比较容易。但是相对于地方各级法院来说,他们审的案件可能都是非常琐碎的案件,而且有很多案件证据都不充分,有些都只有简单的借条,或只有当事人陈述,这种情形要不要认定。当我们法官的心证已经达到了这个事情发生的可能性很高时,但是他们仍觉得可能没有达到百分之八十的高度盖然性。因此我们觉得证明标准一定要根据个案情况来设定,当案件我们觉得疑问比较大,当事人有能力取证,或者我们有能力依职权取证时,我们可以将证明标准提得高一点。但是对于一些案件,非常清楚没有办法提供证据。现实中存在的问题是已经不可能提供证据的情况下,有些地方的法官还仍然让当事人提供证据。因此对证明责任和证明标准的理解在实务中是比较混乱的。我自己作为学者,我觉得我们有责任去帮助实务部门理清这些问题。通过互相的沟通,能够在每个案件的处理中,真正实现公平正义,真正从当事人的角度做出更周全的考虑。因此两位年轻的学者和在座的评议给我们很大的启发。也使我们更为关注实务,也使得实务和我们理论的联系更加密切。

这就是我的评议,谢谢。

齐树洁:感谢张榕教授的评议。下面由山东大学的张海燕教授评议。

张海燕:张会长、齐老师,各位老师好。非常感谢会议的邀请,非常有幸发表一下个人学习两位教授文章的意见。刚才张榕教授提到了我们民事诉讼法与实务的结合,以及如何进一步加强下一步的合作问题。我现在的一个身份是在济南中院民一庭挂职审案件,我的挂职期间到2016年三月份截止。在这一年的时间里,我接触较多的是物业纠纷、房地产纠纷、劳动争议等案件，经过一年的学习，我发现理论学习和实践有很多一样的，但是也有很多不同的地方。对胡教授的论文，我基本是按照书面评议的内容来的。

我个人觉得胡教授的论文创立了一个二元体系的重新划分。在这个理论体系中，在抽象证明责任里，又分了主观和客观的界定。我也拜读了您的书，我个人觉得您的理论是非常自洽的。但是在司法实务中，您区分的出发点是我们实务更为关注主观意义上的证明责任。但是我接触实务和与同事交流，他们认为我们最初是"谁主张谁举证"，好像注重行为意义上的举证责任，从2002年的证据规定司法解释出来后，说是要区分行为与结果两种含义。大家好不容易接受了这样一个观点，现在最高法院又出了一个举证证明责任，这个概念又该如何解读？尽管最高法院的法官去给法院培训时指出，这和以前的证明责任包括实务中的举证责任没有太大差别，还是一种行为意义上和结果意义上的区分。同时我知道在审理案件过程中，作为法官我们必须进行释明，尤其是在律师在场的情况下。如果不释明，律师会提出异议。他会要求法官要归结争议焦点与要件事实的关系，然后争议焦点是否在要件事实的涵盖之内。接下来要释明的是对于待证事实应当由谁来承担责任。实际上法官在审理案件时是非常挠头的，有些案件根本分不清证明责任的分配问题。我们庭也审理不当得利的案件，到底要件事实要分配给原告还是被告，是非常有争议的，包括最高法院也有两种不同意见。我们下级法院也很难做出完全一致的见解。所以，从实务中，作为法官的角度来讲，再重新建立一套概念体系的话，可能接受起来会很难。但是从理论的论证上，逻辑上是非常自洽的，对于理论的推进也是非常大的创新。但是我们的法官是否能够跟得上？济南中院作为一个副省级城市的法院，法官的水平也不应是非常低的。从我去了才发现，科班出身的人很难进入济南中院，比十年之前都难。现在科班出现的硕士、博士很难进入济南中院，大部分进去的都是军转干部。这是一个非常严重的现象，每年都会进很多。他们一开始都去执行庭，然后考出司法资格后，就到业务庭审理案件。当然，这可能是山东省的个例，其他省份是否是这样，我也不清楚。这也远远超出我的意识范围。但是实际情况就是如此。这是我回应张榕老师和胡教授的第一个问题。

第二个问题，关于证明责任倒置和正置的关系。我个人的意见是我们在界定证明责任倒置时，是以法律要件分类说为前提的。李浩教授在2003年的一篇文章中，对证明责任倒置明确地做了一个界定。在普维庭的观点来看，证明责任倒置的存在形式只能是法规范的表现形式，法官在诉讼中是不能在诉讼中创设证明责任倒置规范的。所以胡教授在这个前提下，主张法官在个案中的自由裁量是类型化的证明责任倒置的来源。我觉得是非常有道理的。但是证明责任倒置是否是一经确定下来，就成为正置了呢？这个我个人认为这是概念的转化，如果说它已经正置了的话，那它已经逃离了法律要件分类说，即它已经不是法律关系成立的构成要件了。因为举证责任倒置成立的初衷来讲，是减缓弱势一方的举证负担。从实体法的角度来讲，要实现这种目的是有几种方式的。比如事实推定、法律推定、证明责任倒置，最高程度是某个事实已经不是要件事实了，比如过错。从过错的推定，到过错的举证责任倒置，再到无过错归责原则，这种传承关系下，过错已经不是要件了。因此我认为如果说被法律规定了，就"正置"了，那么这里是否转换了一个概念呢？因为谈到证明责任倒置时，本身就是在存在法律要件分类说前提下才存在的。如果它已经正置了的话，他是否已经逃离了法律要件了呢？这是我的看法。

第三个问题，证明责任倒置的原因是法律推定吗？这是论文第三部分谈到的问题。胡教授认为证明责任倒置的原因在于实体法的特别规定，尤其是事实上的法律推定，典型的就是侵权行为中的过错推定或因果关系推定。对推定这个问题，从2012年有一个国家社科项目后，我就比较关注。对于这个问题，我个人认为证明责任倒置的原因不应当界定为事实上的法律推定上来。我觉得胡教授如果持这种观点的话，他和学界的很多学者的观点是一样的。因为通常很多学者都认为证明责任倒置的前提是法律规定的推定规则。而我认为这样的一种提法应该是混淆了推定与证明责任倒置在内在逻辑关系和当事人证明负担分配上的不同。为什么这样说呢？以因果关系推定或倒置来阐述的话,《侵权责任法》第六十六条,通说认为是因果关系举证责任的倒置。这个倒置的前提或主要解读是因果关系这个要件对诉讼中的原告或受害人而言,是不承担证明责任的。诉讼中是由被告对不存在因果关系承担举证责任。但是如果是推定的话,那么它的逻辑结构是从 A 事实推出 B 事实,推定的法律效果最直接的就是改变了证明的主题。作为承担证明责任的一方主体,其不需要再证明那个证明起来非常难的待证事实或要件事实,他需要证明能够推出推定事实的前提事实。因此如果是因果关系的推定的话,那么他在诉讼中仍然要承担证明责任的。他需要承担能够推出因果关系的初步事实的证明责任的。关于这一点,杨立新教授在自己写的侵权责任法司法解释中,他认为第六十六条的规定可能存在一定的误读。他认为不能对污染者施加这么重的责任,即直接倒置证明责任。他认为当时的立法意图就是想制定一个因果关系的推定,即原告在举证时,依然需要提出初步的证据。所以这也体现了理论上对推定和举证责任的混淆。这是我提出的一个佐证。另外对于过错推定来讲,我用的是侵权责任法中的一个条文,关于堆放人的条文。我的观点是因果关系推定和因果关系的证明责任、过错的推定和过错的证明责任的倒置是两码事。两者在减缓原告证明责任上具有目的一致性。但是两者在逻辑结构上或者证明负担的分配上是完全不一样的。不能认为推定是引起证明责任倒置的原因。

  对于霍教授的论文,我觉得学习的内容特别多,有两点不成熟意见。

  第一点是从论文第五部分在从周边和关联规则论证证明标准不能承受之重的时候,提到的在亲子关系诉讼中,适用职权探知和科学技术合作。我个人的微观感受是这一段的论证可能是不太周延,或者需要进一步完善。因为亲子关系诉讼是典型的人事诉讼,在这类诉讼中,因为涉及公益,所以对客观真实的追求度较高。一般这类诉讼中,法官应当适用职权探知的。而且待证事实是是否存在亲子关系,而这样一个待证事实的认证,法官会特别依赖鉴定,如果没有鉴定,法官会适用婚姻法司法解释三第二条规定的法律推定。所以我认为这类诉讼是具有特殊性。它和这篇文章提到的提高证明标准的五类事实还是不一样的。像欺诈、胁迫、恶意串通等是合同法五十二条规定的能够导致合同无效的事实，这类事实虽然属于公益，法官在诉讼中可以依职权调查，但是这几类事实又是主观心态特别强的事实，与鉴定没有太大关系，这类事实在性质上和亲子关系所需证明的事实不具有同质性。同时，在口头遗嘱和赠与这两类事实中，这两类事实基本会在财产性案件中出现，在财产性案件中，法官职权探知会运用多少，或者怎么运用都不是常态的现象，这类事实中，法官对事实的认定能否与科学技术合作，更多取决于当事人的意愿，而不是法庭的需要。因此这部分的论证是否可以再做一个调整或改变。因为您所讲的亲子关系诉讼中的待证事实与这五类事实不具有同质性。

另外一个问题是关于折扣执行的。我通过做法官的经验来讲，我认为这个折扣执行可能是一个假设，因为现在尤其是基层法院的法官，在认定事实时证明标准需要达到什么程度，我和很多法官沟通过，尤其是一些案件需要发回重审或改判时，他们适用证明标准是非常高的。很多法官都认为证明标准都有案件的情境化。对于不同的当事人的内心想法可能是不一样的，比如老上访户，法官的证明标准可能会变高。我们的法官尤其是我接触的法官在认定事实时，基本上采的是比较高的证明标准。虽然证明责任分配规则会给他们提供一个很好的逃避风险的方法，但是大多数人的思想中还是有一种客观真实的追求，这种追求可能是不自觉的。因此我觉得霍教授关于折扣执行的猜想如何进一步证成，其在实践中是否真的存在，如果存在，该如何应对。对于这一点，可能还要继续论证。

谢谢各位，这是我的评议意见。

齐树洁：感谢张海燕老师。她在法院做过审判人员，有很好的审判经验，因此很多问题也都说得很清楚。非常感谢。下面有请华南农业大学的赵蕾老师评议。

赵蕾：谢谢论坛的邀请，也非常感谢会议组周到的安排。我非常珍惜和大家研讨和学习的机会。我首先对霍海红老师的文章进行一个简单的评议，当然更多的是提问。因为霍老师的论文构思非常精巧，引证很丰富，内容量也非常大，我看了很久。有的人说评议是拍砖。我的不是，是学习。

我对证明标准没有太多的涉猎和研究，本来没有研究就没有发言权，因此抱着学习的态度，就提出了几个问题。我在书面评议中提出了三个问题，现在临时增加了一个小问题，这个问题与霍老师刚才的评议有关系。我增加的问题是霍老师刚才说他理解的高度盖然性是百分之八十五这么高的一个标准。因此就把这个命题转化为了本来就很高的证明标准，应当如何降低，而不是再如何提高。那么同时您刚才又评议说在第一百零九条司法解释中，您也认可强调有些事实特别是欺诈等这些事实与其他事实不一样，进而强调这些事实的重要性。因此我不理解的地方是一方面您认为命题转化为应当如何降低标准，另一方面您又觉得一些事实是非常重要，而强调证明标准，那么实践如何操作呢？这是我临时提出来的问题。

其他的问题参考我的书面评议。

第一个问题是针对霍老师的第二个问题提出的，您认为民事刑事标准的混搭，可能会模糊民事和刑事的界限，您认为两个证明标准既无往来，也谈不上并存。我自己认为刑事诉讼并不完全等同于排除合理怀疑的证明标准，而民事诉讼也不完全对应于高度盖然性，仅仅是在大多数情况下是这样的。它们并不是等同关系。另外关于会"模糊"民刑界限，似乎有点夸张，它毕竟仅仅是一个针对这几个类型的案件提出的一个司法解释而已。

第二个问题是霍老师文章提到了很多比较法的内容。但是在英国的证据法中也有一个很著名的案例，当然当时没有DNA检测，所以丈夫提出妻子与其性交相隔360天才生的孩子不是其亲生的。所以其向法官提出相应要求。但是法官认为这样的案件与普通民事案件不太一样。所以才用了一个比较高的证明标准。因此确立了一个在英国的民事诉讼中也可以采用排除合理怀疑的证明标准的判例。当然最初出处我没找到。英国这样的判例并没有模糊刑事与民事的界限。因此霍老师提出的刑事与民事证明标准的混搭会模糊刑事与民事的界限，我觉得证据还不是特别充分。

第三个问题是针对霍老师文章的第三个部分。霍老师以恶意串通为例，提出论据是民法通则第六十一条第二款和合同法的规定，但是我自己的解读是这恰恰是实体法的需求，这是实体法要求司法解释去呼应其规定的体现。不能单纯从法条的字面的意思来判定没办法呼应，或者说实体法没有这样的要求。因为民法通则毕竟是1986年颁布的，而合同法是1999年颁布的。当时的立法水平和着眼点主要还是在于表达效力问题，因此很难在条文当中涉及证明问题。因此我觉得这恰恰是实体法的需求。

另外，霍老师非常赞同多元化的证明标准体系。但是最高院的司法解释第一百零九条的规定只有提高的规定，但没有降低的规定。这种规定确实比较欠缺逻辑思维。但是我自己的理解是第一百零九条仅仅是一个试水，要看一看实践到底是一种什么情况。因此这个多元化的证明标准体系在中国还尚未完全建立，还需要大家进一步讨论和研讨。

我的第四个问题是针对霍老师第八部分的内容。在第八部分对于欺诈的理解，我查了德国民法对恶意欺诈的四个要件。在我国的司法实践中，一般认为可撤销的合同有三个特点，我在书面评议中都写了，就不再念了。霍老师的文章中第十四页第八个问题论述的是在实践中已经有不少适用第一百零九条的案例。我查了一下裁判文书，我可能看的不是特别仔细。但是就我的理解来看，您所列举的两个案件并不能说其严格适用第一百零九条司法解释的案例，因为这两个案件中，虽然引用了第一百零九条，但是实际上其尚未达到一般民事案件的证明标准。我在书面评议中已经写得很详细了。因此我觉得这两个案件在这里可能不是很妥当，即便没有第一百零九条的规定，也可能要败诉。

虽然提出很多问题，但是霍老师的论文我自己是很难望其项背的。这是心里话。

这就是我简单的评议，谢谢各位。

齐树洁：谢谢赵蕾老师的评议。下面有请中央财经大学的林剑锋老师评议。

林剑锋：谢谢会议承办方。我的书面评议只涉及胡教授的文章。对证明标准没有深入的研究。

胡学军教授的博士论文题目就是具体举证责任。所以这篇文章和他的博士论文还是密切相关的。这篇文章值得肯定的地方，我觉得是学军教授从我们现实语境出发，结合实务现状，将客观或抽象的证明责任和主观意义上的证明责任之间的差异分析得特别透彻，而且对我们一直以来一些争议的问题理得特别清楚。我想学军教授之所以强调具体举证责任的概念，也是与我们司法实务中对于客观证明责任适用起来较为困难的现状是有逻辑关联性。应当说学界关于客观证明责任的现有内涵和分配依据还是比较明确的。对于学军教授提出的具体举证责任，就这篇文章来看，还是有几点困惑。

第一，具体举证责任要单独作为体系化的概念提出来，可能会过于割断证明责任和具体举证责任的关联性。证明责任的概念尽管是要件事实于穷尽攻击防御手段之后仍然真伪不明时，如何使法官作出裁判的依据。但是将证明责任反复强调为民事诉讼的脊梁，并不简单地说其重要性，更重要的在于说明证明责任的作用是从始至终的，而不仅仅是限于最后做裁判。实际上，现代意义上的证明责任的含义是做一个扩大化的理解。即具体举证责任或行为意义上的举证责任等本身都是证明责任在诉讼中的投影，概念本身不具有独立性，如果脱离客观证明责任这个体系，其不具有独立性。因此，从这个意义而言，可能值得学军教授再思考一下。

第二个问题，我觉得学军教授的这篇论文中有一点模糊了证明责任分配的规范的确立与证明责任分配的适用的界限问题。按照学军教授的观点，在具体案件审判中，法官是需要根据个案情景分配具体举证责任，但是法官依据什么来分配呢？我觉得核心的依据还是在于证明责任。为什么需要根据情景呢？因为证明责任规范的都是抽象的要件事实，而我们在诉讼中，当事人主张的都是具体事实。上海水晶球案件的疑点并不在于证明责任分配规范如何确定的问题，更重要的是双方争议的事实是对应于哪一个要件的问题。这个过程实际上本身还是属于客观证明责任适用的问题。当然并不仅仅限于此。一个具体的生活事实如何与要件事实对应是主要作业。此外还要根据双方当事人的举证状况，来确定心证是否达到了证明标准，这也是一个非常技术化、同时也是客观证明责任投影到具体诉讼过程中需要解决的问题，也是一个依情景确定的问题。所以，我想把证明责任的分配规范的确定和证明责任分配规范的适用区分开来。证明责任规范包括举证责任倒置、举证责任转换，甚至我们讲的谁主张谁举证，到底是客观证明责任规范的适用问题，还是具体举证责任的分配问题呢？我的理解还是一个规范的问题。所以还是一个客观证明责任范畴的问题。当然您依据罗森贝克的规范说，它可能是一个例外情形。我觉得也没有问题。根据双方当事人对于证据收集的能力，对于证据分布状况做一些特殊化处理，也没有问题，但是它毕竟还是一个规范化的立法问题，不是一个个案法官在具体案件中的适用问题。所以我也希望学军教授将其区分开来。

另外，我觉得从日本现在的立法发展状况来看，包括我们国家的立法也在接受这个东西，为了避免通过证明责任规范来作出裁判，通过降低证明标准等方式来实现法官依据事实来裁判。对此有各种各样的方法。但是我们需要认识到一个前提：即使有新类型案件的出现，导致传统民事诉讼法理论可能会被突破，但是也不能根本否认辩论主义对于民事诉讼的根本性的作用，正如同宏观调控政策的存在并不否认市场经济的本质性作用。

我的评议到此为止，谢谢各位。

齐树洁：感谢林剑锋老师的评议。接下来由北京大学的刘哲玮老师评议，由马丁老师代其发言。

马丁：首先声明一下，我代替刘哲玮老师发言，是会务组的安排，我属于无权代理。既然是无权代理，我再代理刘哲玮向各位老师表示感谢。

刘老师的意见分为两个层次。

关于胡老师的论文，刘老师提出这两方面的问题。第一个是新的民诉解释规定了举证证明责任这一新概念。胡老师关于主观证明责任和客观证明责任的分析以及在我们国家的情况，刘老师表示赞成，但是如何看待这一新概念，胡老师论文中好像不太明确。这个概念与我们国家现在广泛使用的证明责任和举证责任的关系如何。如果它们并不相同，那么区别在哪里。如果一样，学界是否需要顺应司法解释的规定，采纳这一规定。

另一个问题是怎样看待证据规定第四至第七条的效力问题。刘老师提到胡老师在第三部分阐述证明责任倒置时，提到了证据规定第四条规定的特殊侵权责任已经由实体法规定，因此这些规定已经成为无效条款。但是同时胡老师又主张在具体举证责任的意义上理解，可以说证据规定第四条与民诉法解释的证明责任分配规则并不冲突，仍可使用。从这一表述可以看出，似乎胡老师希望通过限缩解释，仍然将证据规定相关条款在一定范围内加以适用。在刘老师看来，由于民诉解释第九十一条的立法方式与证据规定第四至七条完全不同。虽然最高院未明确说证据规定中的相应条款已经废止了，但是从解释角度来看，应该旗帜鲜明地明确这部分规定应该没有适用的空间。否则，包括胡老师提到的证明责任司法裁量条款等规则依然有可能死灰复燃。刘老师在北大法宝上做过简略的检索，在民诉解释出台后，仍然有些法院的裁判使用证据规定第四至七条作为依据。因此从全文来看，刘老师认为胡老师的观点也是认为这些条款不宜再作为证明责任分配的依据，但依然希望您的论文对此予以明确化。

对于霍老师的论文，刘老师主要从实体法规则与证明标准关系的角度提出了几点意见。首先，霍老师在文章中批评了最高院民诉解释释义书中提出的多元证明标准是适应民事实体法要求这样一个命题，并且从实体法规则和比较法角度进行了论证，他表示赞成。正如霍老师文章中说的最高院把足以显失公平认为是立法者为了提高证明标准的例子，这个是一个十分错误的误解，这并不是实体法使用中的问题。我们国家由于缺少权威判例来解释何为"足以显示公平"等，因而使法官将一个法律适用问题变成了事实认定问题。但是实体法中确实存在某些事实认定上不同于一般标准的例子。例如一些主观性的证明对象，除非有当事人的自认，否则当事人自己的主观状态大体需要通过各种各样的间接证据加以证明。而调高证明标准则决定了法官形成内心确信的程度。例如融资租赁合同解释第十八条第一项规定，出租人明知租赁物有质量瑕疵而不告知承租人，其中关于明知的证明则可能与证明标准有关。如果承租人能够证明的事实是出租人持有过租赁物的质量报告书一段较长时间，而出租人则抗辩称自己虽然持有，但从未阅读过，但他并没有证据证明。在高度盖然性标准下，法官可以认定其知道该瑕疵。但是在排除合理怀疑的证明标准下，出租人给出的这一理由即便存在合理性，法官恐怕也不能直接认定其明知该瑕疵。同理，欺诈如果做类型化处理，可分为积极欺诈与消极欺诈。在积极欺诈中，一样存在主观性的证明对象，因而证明标准的多元化同样有一定的用武之地。总之最高院所谓的多元化证明标准的制定原因存在一定缺陷，但是在新司法解释公布后，有没有通过限缩解释保留其适用的可能。刘老师认为强化既有规则的操作性和执行力，优先于增列新制度。同理推导，强化既有规则的操作性和执行力或许也应当优先于废除已有制度。

齐树洁：非常感谢马丁老师代刘老师发言。下面有请两位报告人回应。

胡学军：首先针对张海燕老师的问题。其所提出的是理论的实际应用问题。她认为我们证明责任概念几经变化，从实用性考虑，是否无需再折腾了。我认为我们搞理论研究的还是要再折腾一下。如果实务是错的或者是错乱的，我们要将其理正。我们的理论研究并非是直接为实践服务的。在我们学者与司法实际适用人员中间应该还有一个中间层，比如法院研究室工作人员，他们应该完成上述工作。我们的理论是高度抽象化，应该慢慢渗透下去。我们的理论难以为普通法官所接受是非常好理解的。

再一个问题是张海燕老师的证明责任倒置问题。关于这一问题，袁中华老师的书面评议中也很好归纳了对证明责任倒置的几种可能理解。我是从证明责任分配的方法上来区分证明责任分配的一般规则和证明责任倒置的，而不是从分配结果来看的。一般的方法就是依据实体法规范，因为实体法规定本身已经区分了权利发生规范还是权利妨碍规范，只要是按照法律规定，由权利主张者对权利发生规范而由对方对权利妨碍规范承担证明责任，这就是一般规范。如果符合这一规则，那就是一般规则，就不存在倒置问题。侵权责任法第六十六条已经将因果关系的不存在作为权利妨碍要件。一定要理解，不同的案件是有不同的要件设置的。因此按照规范说，环境污染本来应由排污方对此负担证明责任，我认为这就不是证明责任倒置。可能张海燕老师还没有发现，我已经大胆到在挑战这个问题上的通说。您刚才提到的杨立新教授等观点，我现在是对这种通说提出修正。很多人可能会有这种疑问，难道法律不会将因果关系存在作为权利发生要件加以规定吗？实体法上可能说不需要因果关系就会发生损害赔偿责任吗？觉得这不可理喻。但是大家只要想一想实体法上的无过错责任等概念上是如何提出来的，您就能够理解了。关于侵权责任法第六十六条的规定，我在另一篇文章《环境侵权案件的证明责任评析》中有更详细的分析。我这里不多说了。

关于第二个问题，我注意到张海燕老师在推定方面有专门研究的。我发现我和您在一些概念内涵上是有很多分歧的。比如说我首先不同意将推定简单的分类为法律推定和事实推定。事实上，法律推定不能说只要法律规定了就是法律推定。法律上如果对一个事实推定作出规定，它仍然是事实推定。这不是法律推定。我用了一个概念，即实质法律规定。当然我没有展开。如果法律上仅仅是对事实推定作出规定，那么其仅仅是形式上的法律推定。我所说的实质法律推定可能在一定意义上涉及法律价值选择问题了。

证明责任分配是只有正负、对错等，因此我反对证明责任缓和、减轻等概念的。而且您自己也不自觉地提到证明负担的概念。我认为减轻、缓和等应当适用于具体举证责任。因为客观证明责任不存在减轻缓和的问题。所以如果从分配结果意义上来使用倒置这一概念的话，我认为只有实质法律推定才能改变通常证明责任分配。

最后一点，我不同意实体法学者区分证明责任倒置和法律推定这样的概念的。我们诉讼法上的法律规定就是当实体法对构成要件作了区分后，就已经进行了证明责任分配，根本不需要在法律条文中出现证明责任等词语。

霍海红：先回应张海燕老师的问题。关于亲子关系诉讼中所涉及的科学技术与法官依职权的合作，就像张海燕老师所说，其实不具有普遍性，但是恰恰是因为其不具有普通性，我才想表明两点：第一，证明标准不能承担太多的任务或功能。我们完全可以用科学技术鉴定或者依职权合作来解决这个问题，并非必须要提高或降低证明标准。第二，我所说的证明标准的多元化，并非是证明标准自身的多元化，甚至还包括实体法的协同。所以在我看来，很多需要做个性化的解决，甚至包括某些单行法里面做很

民事诉讼法研讨一

特殊的解决,而不是都放在民事诉讼法或者民事证据法中来解决。如果真出现那样的问题,民诉法学者完全可以分析民法法条,而不是说非要将民法已经规定的东西,在民诉法中再规定一次,我觉得没有必要。

关于折扣执行。我这里所说的折扣执行并非是就某一个法官主观上想折扣执行而言,而是指客观上由于对高度盖然性和优势证据没有足够的共识,导致了实践中可能会存在没有按照高度盖然性运行的情况,所以折扣执行可能是司法解释制定者考虑的现实,而并不是说具体法官自己倾向于折扣执行。另外,折扣执行还是在高标准意义上来说的,如果把它界定为与优势证据一样的话,可能就没有所谓的折扣执行问题了。再一个就是法官在实践中经常不敢应用证明标准来处理问题,不足以否定折扣执行的存在可能性。我认为恰恰它们代表着两种不正常的状况,一是折扣执行,二是达到标准而不敢用,仍然用证明责任作出判决。由于时间关系回应至此。

回应一下赵蕾老师的观点,关于降低的问题。我刚才说的降低不是针对第一百零九条规定的这几个事实的降低。我强调的是说,如果我们的高度盖然性很高的话,我们整体的证明标准多元化是指向降低。再一个,强调欺诈等事实的重要性,本身并没有问题,这里的强调主要针对折扣执行。实际在我看来,如果欺诈事实由于其自身存在的证明困难,我觉得首先要考虑的不是提高,反而是降低。但是为什么没有降低呢?是因为它对法律关系或交易的影响太大,而又没有达到明显的证据偏在或严重失衡,所以才没有降低。我的第一反应是降低,而不是提高。没有降低才是考虑了交易安全等因素。

赵老师提出的英国案例。实话说,我确实没有看过这个案例。我能做一点回应的是,德国民法典和法国民法典对婚生子女的推定是相对宽松的。但是英国法却是非常苛刻的。只要是婚姻期间的就推定是婚生子女。而且,这里面适用排除合理怀疑,是否确实达到了排除合理怀疑标准,我觉得也是问题。因为要推翻婚生子女的推定是非常困难的。

我之所以说第一百零九条"适应民事实体法要求"的证据不充分,是指在实体法上没有找到对第一百零九条所规定的事实提高证明标准的规定或意图，而不是说实体法不存在对证明标准特别规定的需求。

证明责任与证明标准，这两个问题我觉得是不一样的。如果我们以前虽没有明确说证明责任按照规范说逻辑来表述，实体法已经预置了，是因为规范说本身就是从实体法来的。但是很难说证明标准是从实体法来的，除非实体法有特别规定，否则证明标准还是应该由证据法及程序法解决。

关于我文中案例的问题。所谓严格适用指的是第一百零九条规定的事实的范围，比如说欺诈、胁迫等事实，而不是说是否达到了排除合理怀疑的证明标准，因为这很难从外观上判断。

回应刘哲玮老师的问题。虽然我不赞成第一百零九条的规定，但是我不建议将来民诉法吸收这样的规定。我建议在现在将其作为一个特别提示即可，即提示法官这些事实很重要，要慎重。刘哲玮老师提出的"明知"问题，他认为主观性的证明对象涉及证明标准。但是我也有一个疑问，"如果出租人手里持有报告书，但是他没看"，这本身是否是重大过失呢？重大过失是否可以作为认定明知的标准呢？所以这里面也存在着一些法律适用问题。

傅郁林：我觉得这是法律推定问题。（不好意思，插话了）

齐树洁：我们今天上午的议程基本上结束。我们的安排都是按照预先定好的发言顺序发言的，上午除了傅郁林老师插话外（笑场），好像没有插话的。基本是按照国际惯例。每位发言者似乎都感觉发言时间不够，都还感觉意犹未尽。

我对上午的讨论情况做一说明。我感觉两位报告人报告的选题角度都比较新颖，虽然题目是老题目。而且论文信息量比较大，涉及面比较广，有一些个人的独到见解，总体上看论文写得很好。比如有些小标题，比如学军教授的"合久必分"这个标题，我记得十多年前，王利明教授有一篇论文就说到了"合久必分"，我就是抄他的（笑场）。他所说的"合久必分"是侵权责任法应当从民法中独立出来，传统的大陆法系是债法中包括合同和侵权，他认为合久必分，现在应当分出来，后来真的制定了侵权责任法。

我们经过讨论，还有一些争议的问题尚未达成共识，比如新民法解释

民事诉讼法研讨一

提出"举证证明责任"这样的一个新名词是否有必要,是否有利于司法实践。我们讲课时也觉得别扭。还有一点就是随着实体法的不断完善,证明责任倒置是否还有存在的必要,就是如何理解证明责任的倒置。我记得张卫平老师很早就提出倒置和正置相联系的,没有正置,何来倒置。这个也需要继续研究的。再一个就是证据规定第七条关于法官自由裁量权分配证明责任,这一条是否被废除了。我看了最高法院沈德咏主编的书说这一条已经被废除了。今后不再允许法官以自由裁量权分配证明责任。还有一个高度盖然性与排除合理怀疑之间的关系。这两者之间是否有重叠交叉或者说是否有必要设置多元的证明标准,会不会产生理论的混淆和实践中的混乱。今后理论研究中还要继续探讨的是实体法的完善对我们民事诉讼证据制度会产生何种影响?还有民事诉讼法司法解释和原有的民事证据规定中的证据规则是什么关系?

好,我们上午的研讨就到这里。谢谢各位。下一阶段的主持人是北京大学法学院的傅郁林教授。

傅郁林:对于胡学军教授的论文,我觉得教学和研究是不同的。教学是最基本的东西,但是要清晰。不过理论可以多元化,可以有理论创新,哪怕挑战是站不住脚的,只要有自己的逻辑和脉络,都应该鼓励。对胡学军的文章从理论研究的角度来说,我一直持鼓励态度。即便如此,依然需要考虑一些问题。我有一些方面没有被说服。核心的问题是您的论文来源于一个实践的归因问题,这个归因在于您认为实践中之所以出现了这么多的问题,可能是因为这个概念引起的。如果您将其作为论文的基础的话,我觉得我没有被说服。中间有两个逻辑,实践的问题是因为法官没有将基本概念弄清楚,即是操作意义上的问题,还是说实践中的问题是由您所挑战的通说所导致的问题。如果您没有将这个问题说清楚的话,我觉得您的新概念本身就缺乏依据。第一个问题是您的论文是基于何种基础产生的。

第二个问题是您建构的概念能够解决现有的问题吗?我觉得这个论证您的论文中是有的,但是还是不够清晰的。如果我读得不够细致,您可以用特别简单的语言将问题的归因与问题的指向再说得清楚一点。

第三个问题是如果说您的文章起点来源于实践，那么您提出一个新概念是否会获得共识？对于大家已经有共识的东西，您的新概念是否会得到认可呢？我觉得概念就是一个符号，符号的辨识度要明显，以免大家混淆。如果某个概念的内涵与外延在理论界已经很清晰，实践中不清晰可能是因为我们普法不够，或者可能是因为没有将共识或通说放到规范里面中，即中间层次出了问题，如果是这样的话，概念本身就没有问题。剩下的问题是如果再引入一个新概念来重新推进，那么可能带来的问题更多还是解决的问题更多，或者在解决问题的同时带来新的问题，这是我在读您的文章时比较关注的问题。

对于海红老师的文章，我非常欣赏。我自己觉得这个评议也是提问题。有个问题不知道您的文章是否可以再清楚一点，即背景问题。这样一个新的规定是否可以从某种信息中得到立法背景。我看到您的文章中主要是猜测立法背景。但是这种猜测可能并非是真正的立法背景。您有没有通过文字，或通过向参加这个过程的老师、学者去做个别请教，将其真正的立法意向说清楚。潘老师不只在一种场合讲过，年轻学者会猜想立法者的意图。但是这个猜想可能是不够准确的。

在其他方面，我觉得您的文章可能再提炼一下。在证明责任不可承受之重这一部分，我觉得您提出的很多问题都是很到位的。但是我觉得还可以进一步深入。其实太多的问题都是由证明责任来解决了，包括因法官信任资源不足导致的不敢担当的问题。甚至法律规范不清晰和解释权的欠缺，以及法官善于将法律问题转化为事实问题，我手上有很多这样的案例，您会发现越是裁量权大的规范，就越有可能被适用证明责任来解决。恰恰是法律问题无法解决，而将其跳转到一个事实问题来解决。

还有一个问题您两位都提到了，但是我觉得还可以更清晰地说明一下，就是要件设定要区分证明对象和证明标准的问题。但是这个也会经常被跳转，即本来是通过要件设定来解决的问题，但是却通过证明标准和证明责任规范来解决。这样导致了证明责任分配和证明标准超越了制度应该承担的功能。因此制度目标就很难实现了。

这是我的基本感受。下面我将时间交给各位评议人。下面有请袁中华老师评议。

袁中华：感谢会议邀请，感谢两位报告人的报告。读两篇文章受益很大。我下面分开评议一下。

首先是霍老师的文章。霍老师的文章文笔非常好。因此读霍老师文章会很舒服。我就谈两个问题。第一个问题是文章分了九个部分是否有点多，是否可以浓缩一下，将结构简化，否则对于读者而言可能不是非常好。

第二个问题是霍老师提到为什么会有这个条文的出现，他的分析是为了让民事诉讼与刑事诉讼保持一致。我觉得这是一个非常值得深入挖掘的一个点。因为我个人推测，是应当为了满足两种案件为了得到同样裁判的目的。当然有的学者会反对，他会认为我们国家会先刑后民，所以这种情况不会发生。但是也有可能发生的是一个民事案件审理完毕，后来紧接着其中一方当事人因为欺诈等构成诈骗，那么又重新进行刑事审判。比如他在前一个案件中，法院没法判决其为欺诈，但是在后一个刑事诉讼中可能被判决是诈骗，这个时候，在中国司法环境下，前一个案件就会被认为是错案了。是否是基于这样一种考虑，将民事与刑事的证明标准统一到这几种特殊的类型中，这是一个非常值得深入挖掘的点。这样的处理是否合理呢？比如说我们可以反过来思考，我们是否可以允许民刑案件有不同的裁量方式。即是否可以在民事案件中胜诉，而在刑事案件中败诉呢？我觉得这个可以进一步思考。

关于胡学军老师的文章，我想谈三个问题。

首先是关于概念的问题，新民诉法解释采用了举证证明责任这样一个概念，我也是非常纠结。我当时在写法律适用上的那篇文章时，我花了三千字来讨论这个概念，后来发现与以前没有太大区分。就是说举证证明责任就是证明责任。举证责任更多地是强调我们传统上的提出证据的责任，证明责任更多地是强调这样一个客观意义的证明责任。但是从日本和台湾地区来看，就用举证责任，没有用其他词。我们国家学术界偏向用证明责任，实务界和立法偏向于用举证责任。最高法院将其合起来，可能是一个好事。按照最高法院的权威解释，其就是证明责任。因此我觉得是否可以化繁为简，不要在这个概念绕下去。

另外一个问题是关于是概念问题。胡学军老师提到的我们国家的"谁主张谁举证"是主观证明责任逻辑。当然这个观点来源于坐在其旁边的霍海红老师。这里有一个小问题，按照德日的主流学说，主观证明责任和客观证明责任是一体的，一个人在真伪不明的时候，尚要承担败诉后果，更何况其没有提出证据的时候。所以谁承担了客观证明责任，谁就承担了主观证明责任。这两者在德日是很统一的，一体两面。所以我们民事诉讼法第六十四条是否是讲的主观证明责任的逻辑呢？应该更精确地说，第六十四条出台的背景是当时的司法改革希望在法院和当事人之间对于证据的提出进行分工。第六十四条强调的是当事人应当提出证据，而不是法院应当提供证据。所以第六十四条强调的谁主张谁举证，意义上的证明责任实际上和德日的主观和客观证明责任，甚至与具体证明责任也好，还是有差别的。我们需要将中国法的问题回归到中国法。上午任重老师也提到了一点，即我们可以对其进行重新解释，使其更符合规范说。这个当然是可以的。这样的思路是一个客观目的论。即在解释时，希望使规范的含义更契合事物的本质。如果坚持这样的观点，那么谁主张谁举证就可以变成一个通行的证明责任分配规范，而且其也和新民诉法解释第九十条和第九十一条完全契合。

关于证明责任倒置是实务中非常混乱的地方。我总结了四种观点。第一种是只要被告承担证明责任就是证明责任倒置。第二种是与谁主张谁举证不一致，就是证明责任倒置。这两种看法是错误的。第三种是与一般的证明责任分配有差别的，就是倒置。实体法学者也是在这个意义上谈论倒置的。最后一种是张卫平老师的主张，也是我们学界通行的，是与规范说的分配方式不一致的，才能够叫作倒置。在这样一个意义上，这种所谓的倒置其实是非常罕见的。因为法官有守法义务。那么什么情况下可以作出与规范的表达方式并配合规范说所导致的证明责任分配不一致的结果呢？如果说实体法规范本身不合理，在书写时并没有考虑证明责任分配，如果这样的情况下，仍然按照规范说来分配，可能会产生很严重的问题。因此这就需要学者或法官进行解释，扭转明显不合理的证明责任分配。这样的倒置是具体证明责任吗？我认为不是，是我们说的客观证明责任。

还有一个问题，胡学军老师提到的规范说下排斥法官自由裁量权。所以胡老师认为，在证明责任分配中应排斥自由裁量权。我也赞同罗森贝克的学说，但是有一个国情的问题。我们国家实体法上很多没有考虑的情况如何处理呢？这就需要做进一步的解释。这种解释有时必然会突破实体法的文字表达。因此在解释时，空间是很大的。它和法官的层级没有关系，每一个法官在适用法律时，都会对法律作出解释。从这个意义上讲，法律解释本身也是法官天然的职权，这是确定无疑的职权。因此法官在某些情况下通过解释分配证明责任，我认为是可以的，而且是应当的。

谢谢各位。

傅郁林：我要补一句。我也有一个质疑就是您的新概念是否解决了已有的问题，以及您是否带来了新的问题。我的质疑是源于您提出来的情境化的分析。我们通常认为证明责任的结果与行为责任是同源的，在形成临时心证时会发生转移，这个临时心证依然是有尺度的，有证明标准的。什么时候发生转移，原本逻辑是非常清楚的。但是您的概念将两者剥离，而且是情境化的。那么这样的理论可能会使法院的权限变得更大。不好意思，这是我的一个简单的感受。

下一位评议人是冯珂。

冯珂：谢谢会议单位的邀请，谢谢傅老师，谢谢两位报告人。我觉得我们这次会议特别体现了举证时限的效力，严格按照提交评议的时间来安排发言顺序。那么对于我们下午发言的人来说就有压力了。因为大家共同观察的问题上午都说过了。因此就不得不逼迫着我们再追加新的问题。当然这对报告人来说可能构成突袭，但是更有利于发现案件真实了。

我简单评议一下霍老师的文章。霍老师的文章很多特点就不重复了。其中他对德日英美进行了援引，从比较法上进行了论证。我的评议也是在比较法框架下展开。对于证明度问题，我们知道德国法很注重体系性，在证明度问题上也体现了体系化特征。首先在静态意义上的证明度体系上，德国法上区分了超高的盖然性、优势盖然性、高度盖然性这些不同等级的证明标准，尤其是超高盖然性在德国法上是被作为一般的证明标准确立了。这是静态意义上的区分。在动态角度来讲，这种盖然性在具体实践中也会发生变化的，即在一般情形下会使用上述一般标准，但是对于法律规定的某些情形，会降低甚至会提高证明度。在霍老师关于德国法的证明标准的论述中，有一个小问题是德国法将证明标准一般定位较高，这种较高标准的解读是能够平息其他怀疑，但不需排除所有的怀疑，这样的一种解读，更偏向于排除合理怀疑的标准。因此其一般标准本身很高，所以造成证明度的变化只能向下变化。但是在霍老师的文章中，霍老师提到其对证明标准的界定是高度盖然性，如果从刻度上来讲，高度盖然性可能尚未达到百分之九十或百分之九十五，可能只有百分之七十五。如果我们仅仅以这种中等程度的盖然性来作为一般标准的话，在这种情况下，再讨论德国法上只有降低证明标准的外观表现是否适当呢？因为德国法的一般标准本身很高，所以其只能降低。但如果我们是从中等标准出发的话，其即可能降低也可能提高，因此这是一个问题。

再一个问题是上午已讨论过。霍老师的文章出发点是民事诉讼运用的是高度盖然性这样的一个标准，但在刑事诉讼中运用的是排除合理怀疑的标准。这样的一个区分，在德国法上并不是法律明确规定的，其实是规定在自由心证的条文中。是学理上在对自由心证这个条文进行解释时，并在解释什么是"法官达到确信真实的客观程度"时，解读出来的标准。如果我们放到自由心证的框架下考虑，如果民事诉讼还是刑事诉讼，法官在事实认定这一块都是自由心证的过程，因此在民事诉讼中，是否一定绝对排除"排除合理怀疑的"标准也是一个问题。

第三个问题是在霍老师的文章中，有一个小观点是第一百零九条不能作为回应实体法要提高证明标准的根据。这个观点我是认同的。但是可能稍有疑问的是仅仅在这些事由上不能作为提高证明度的依据，能不能作为一般性的依据呢？实体法上的其他事由是否可以作为诉讼法上提高证明度的依据呢？比如刘哲玮老师提到的"明知"。因此是否有一个一般性的标准来让我们判断哪些事由可以提高证明度呢？除了这些实体法的事由外，在诉讼法的空间内，是不是也存在着一些情形，需要我们提高证明度的情形。比如再审事由。基于再审程序的特殊性，在再审程序的启动上，我们是否可以提高证明度呢？因此我们民事诉讼证明度的多元化体系，可能在实体法以及诉讼法上都能找到一些依据。

这就是我的评议。谢谢各位。

傅郁林：感谢冯珂在很有效的时间内，作了很有效的评议。我们下一位评议人是谷佳杰。

谷佳杰：谢谢主办方的邀请，谢谢傅老师。大家好，我是西南政法大学的谷佳杰。

关于霍老师的文章，其核心观点在于保持民诉法理论逻辑自洽。其分了七部分，但是逻辑结构可能存在一定商榷的地方。比如，霍老师的文章是按照外观、理由、激励、功能、操作、比较、实践的形式逻辑展开，而外观、理由、激励都是以民诉法解释第一百零九条为中心来论证，但是功能部分似乎偏离了主题。具体而言，文章第五部分证明标准的不能承受之重的第一部分，依然是与主题相关，但二、三部分的职权探知和细节的讲述则使用其他的证明难的问题来展开，尽管其在第一部分已经提到，本文立场不仅仅指向第一百零九条，而是针对中国整个提高证明标准的一般性问题。但是从逻辑来看，对第一百零九条的反思，似乎更应当是针对其中相关内容来分析，这样的分析形式似乎才能够达到高度盖然性的问题，而之后的操作、比较、实践部分又回到了第一百零九条，所以就会显得有一点突兀。

另外在七个部分的顺序方面，是否有再调整的空间？因为在操作部分和实践部分似乎有部分内容是交叉的，而比较法的集中考察和外观的论证部分又存在一定的交叉。

还有一个问题，论证过程采用的是上述七部分，但是在结论部分，也就是最后的解决方案采用的强化、操作、制度体系、规则解决、深入比较，您对应的论证部分又变成了操作、功能、实践、比较，这样就使得论证顺序与解决方案存在落差。

从内容来看，我个人对民诉法解释第一百零九条有一个同情性理解。也就是霍老师提到的，证明标准的提高是基于实体法上的交易关系和物权取得保持一个法律稳定性和公正性的问题。当然这一条是存在很多问题的。除了霍老师提到的问题外，之前我们西政在与重庆高院开讨论会时，实务部门提出2012年民诉法修改时，立法趋势是规制虚假诉讼，遏制恶意诉讼，包括创立第三人撤销之诉等措施。但是新司法解释中，又提高了欺诈、恶意串通等事实的证明标准，因此在实践中存在矛盾的问题。

再一个问题是就是证明标准提高和降低的问题。无论证明标准是乌托邦，还是证明标准多元化，其实都是一个量化的问题。但是有时候证明标准是法官心证的一个主观活动，能不能够转换视角，不要纠缠于法官内心的过程，而是强调对当事人的程序保障，加强心证公开与裁判文书的说理，这样就会和当下的司法公开政策与制度推行保持契合。

另外一个问题是我博士论文的一个思考。我的博士论文做的是损害额的确定。即德国民诉的第二百八十七条和日本民诉的第二百四十八条。德国有一个学者认为，证明标准不存在提高或降低的问题。他引用了一个"推论的确实性"与"结果的确实性"这两个概念。推论的确实性指的是运用证据推导出待证事实的盖然性，这是证明标准；而结果的确实性指的是新证据已经难以推翻该证据调查的结果，即当事人提出的证据方法已经达到了穷尽的程度。所以在他看来，民事诉讼的要件事实对证明标准的要求没有差别，都需要达到推论的确实性，只是在结果的确实性上，证据调查的完全与否有所差别。比如财产保全，只需要一方提出的证据达到了证明标准，就可以立刻实施，而不需要对方提出证据，再进行证据调查。

还有两个问题，第一个是高度盖然性与排除合理怀疑，除了霍老师文章第三页提到的进路之别外，两者是否能够进行量化的对比，是否能够认为排除合理怀疑的量化程度就一定比高度盖然性更高。这是否意味着法官证据判断与事实认定是否要做更高的要求。

民事诉讼法研讨一

第二个问题是霍老师文章反复强调的一点是现在中国法的问题是沿革适用高度盖然性的标准,是否是说只要严格适用了高度盖然性的证明标准,一般事实和民诉法解释第一百零九条规定的事实都只需要达到高度盖然性即可,进而就不需要多元化或层次性证明标准的问题。

下面是关于胡老师的文章。我的一个问题是胡老师的文章的副标题是"以证据规定和民诉法解释的相关规范的比较为中心",但是我通读下来,感觉好像两个司法解释的条文比较还比较少,而更多侧重于历史维度的考察和理论逻辑的证成。

第二个问题是见解方面的问题,即法官的自由裁量权的问题。新民诉法司法解释没有兜底条款和赋权条款,从这个角度来讲,我觉得是最高院废除了法官自由裁量权。同时因为条文中规定了"法律另有规定除外",实际上是把所谓的证明责任倒置的规定,让实体法去规定了。

第三个问题是胡老师的文章提到,既然规范说在大陆法系国家确立后,以实体法对法律行为构成要件加以分析并分配证明责任,就成为证明责任分配的公式化行为。但在实体法自身规定不完善,或缺乏规定时,法官依然可自由分配,改变法律,进而续造法律。这里的条件是否仅仅限于实体法的不完善,法官的自由分配权应当受到一定的限制,这种自由的裁量和这种限制应当如何保持平衡。在现在新型权利不断涌现的情况下,如何来完善证明责任的分配规范。

第四个问题是胡老师强调具体举证责任是情境化的,要求具体问题具体分析。那么这种具体化的要求,要求法官在多大程度和范围上能够具体分配。另外就是这种灵活性是否就排斥了类型化的引导。而法官如果错误分配证明责任后,那么错误分配的标准是什么,以及这种错误之下,是否有救济渠道。

以上是我的发言,感谢举办方和承办方。

傅郁林:非常感谢各位评议人和报告人。我们还有一些时间,现在还可以有几位评议人发言。下面由许可发言。

许可:各位老师好。学军的文章提的问题比较多。我在这里还是替他先呼吁两句。第一是对具体举证责任的体系化的尝试和努力，我觉得在理论和实践中都很有意义。在理论上的意义是在德日体系中，是以证明的必要来对应我们的主观证明责任，还有一系列的技术和规程，包括推定、表见证明、证明负担减轻等技术性规定，学军将其统统纳入具体举证责任的概念范畴当中，做一个体系化的尝试。在理论建构上有自己的努力，非常好。这是很有成绩的。在实践中的意义是在强调证明责任这一概念之后，司法实践中出现了一种滥用证明责任判决的倾向，他提出了具体举证责任和抽象举证责任分立的体系后，他的意图是希望大家，尤其是实务界，要把精力放在具体举证责任的分配和承担，而不仅仅关注客观的结果责任。无论大陆法系还是英美法系，避免证明责任判决一定是司法追求的目标，要无限地接近客观真实。我们讲法律真实，仅仅是在人类认识论很有限的基础之下，才不得已提出法律真实。所以追求最大限度的法律真实，接近客观真实，是各国司法的目标。当下中国司法实践中，对于当事人举证能力的保障有所欠缺，法官主动调查查明事实的动力不足，很多情况下，会有滥用证明责任的嫌疑。学军提出这种体系化建构，也有这方面的考量，所以我觉得值得肯定，当然也会产生一些问题。我的博士论文讲的也是要件事实，其与证明责任的联系非常紧密。学军的很多结论我都是赞成的，包括对证明责任倒置的看法。这个问题我在我的博士论文中也进行了表述，但是有一个问题要提出来，在学军的体系中，把谁主张谁举证这样一个在我们看来有很多问题的规则纳入到了具体举证责任分配的初始规则。当然这样的努力是为了给司法实践中形成的司法习惯留一个活口，做一个合理性的解释。但是这样做可能会导致另外一个问题，我们说行为责任与结果责任有紧密的联系，刚才傅老师也提到了，实际上行为责任的开始就是以结果责任的分配结论为前提的，因此两者有非常紧密的联系。如果把谁主张谁举证作为具体举证责任的初始分配规则，而对"主张"又有一个新的界定，与我们传统主张责任中的"主张"肯定是不一样的，这样就会使得我们建构辩论主义的努力造成负面影响。所以这是需要您继续考虑的。

海红的文章，大家肯定的比较多。基本结论很多老师深表赞同，我也是一样。有一个小的问题，证明标准的客观化与法官心证状态的客观化如何实现？

傅郁林：自由评论的时间差不多了。范智欣的评论可能要快一点了。

范智欣：关于霍老师的文章，现在一个很关键的一个问题就是立法本意是什么。我们追求立法目的时，可以有主观目的和客观目的。如果主观目的无法达到的时候，我们来看客观目的。从客观目的来说，我认为第一百零九条这几个要件并非是事实，而是评价性的要件，这是法律适用的问题。最高院将其转成了事实问题，从这个角度讲，是法院将负担转嫁给了当事人。这是有问题的。如果我们从客观立法目的来说，对这几个问题都提高证明标准，目的是什么呢，我们可以推断是维护交易安全。合同法的立法目的的尽量使合同有效，而非使合同无效。因此，法官在判断合同无效时，而应对其评价做限缩，而不是拓宽。所以不应该提高这方面的证明标准。

还有一个问题是口头遗嘱与赠与事实的证明问题，其指的是哪些要提高，是存在遗嘱或存在赠与事实的证明标准要提高呢？还是说上述遗嘱或赠与的内容的证明标准要提高呢？如果是对第一种现象提高证明标准，则把遗嘱变成要式行为即可。这个背后从客观上来说，遗嘱实际上是对法定财产分配的改变，它要求更高的标准，但是实体法允许存在口头遗嘱，那么如何协调呢？这是我提的一个问题。

另外，从证明标准来说，高度盖然性与排除合理怀疑其实等同的，就这两个概念而言，其是同义反复的。法国在改革时，开始从法定证据制度走向自由心证，其要求内心确信，内心确信到了德国人这里就变成了高度盖然性。从这个角度看，是同义反复。

胡师兄的文章中，您讲到的具体举证责任，责任是负担，如果是这样的话，有一个问题是当不负客观证明责任的当事人承担具体举证责任时，他不完成具体举证责任，他的负担是什么？不利后果是由负有客观证明责任的当事人承担呢，还是由这一方当事人承担？如果不利后果由承担客观证明责任的当事人承担的话，具体举证责任的意义在哪里？

还有就是回应一下张海燕老师提到的因果关系问题。因果关系无论如何，不管在哪一种侵权责任中，都是必备要件，侵权法第六十六条很明显属于因果关系的推定。其和无过错责任和过错责任的区分不一样，过错责任是法律责任与道德责任相匹配，无过错责任是基于一些公共政策的考量，但是因果关系是属于一个自然上的责任，是无法从侵权责任中排除掉，即第六十六条中，因果关系不应该是所谓的权利妨碍要件，仍然是权利生成要件。只不过证明责任倒置。

谢谢各位。

傅郁林：我们本想给报告人延长时间，现在都占用了。下面报告人尽量节省时间。

胡学军：有很多问题，我现在回应傅老师和任重老师所提出的"致命的问题"。

傅老师提到的三个问题和任重老师提到的三个问题是非常紧密结合在一起的。

傅老师提出的问题主要是立论的基础问题，我的新概念是否能够解决司法实践中的难题，以及是否有必要提出这个新概念。任重老师提出的问题是我的文章逻辑结构有三个相当致命的环节，即第一，司法实践中不认可证明责任的原因何在？第二，证明责任真的在我国司法实践中无法运行吗？第三，具体证明责任真的可以客服抽象证明责任的弊端，并能够建立起稳定和可预见的证明规则和程序吗？我非常感谢这种真诚的批评。

我的回应，第一个关于立论基础。我认为"穷则思变"。我认为研究的问题意识中的问题并非是实践中的难题，而是理论上的逻辑不自洽或自相矛盾。我的立论基础是现有的证明责任理论是存在问题的，并不是非常清晰的。两个非常简单的点是，第一，当我们在说证明责任分配时，我们就是在说客观证明责任，主观证明责任没有统一的分配规则，这是公认的。

第二，证明责任分配体现的实体法的价值衡量，在证明责任分配的各种学说中，即使是实质标准，它也是排斥程序方面的考虑的，那么程序方面的考虑在哪里呢？我的具体举证责任就为它提供了一个空间。所以我觉得原有证明责任理论确实是存在逻辑问题,具体举证责任概念的立论基础在于一个简单的形式逻辑,即我们提出概念、命题和推理时,我们应当遵守的那些逻辑规律,同一率、矛盾律等,我们必须把概念界定清楚,才能够一起讨论。

第三,我的概念能否解决实际问题呢?我已经指出我的概念是基本理论,它不致力于解决具体问题。通过这种基本理论可能会形成一些非正式制度,再经过实践可能会提炼一些正式制度,比如说像表见证明,在德国也是一个法解释学的问题。我认为是非正式制度层面的。比如证明妨碍,现在在我们的法律和司法解释中也作出规定了,这个需要实践来提炼,而不可能由我们这些做学问的人直接提出一个可适用的规则。我们确实一直在追求客观真理,我们可能预设了在这方面就有一个客观真理等着我们去发现。如果本来就没有客观真理呢?我们又为何为此烦恼呢?

第四,具体举证责任是否可以克服一些弊端,进而解决实践难题。在事实认定一定是有裁量权,这个裁量权我在证明责任分配方面是绝对排斥的。张榕老师的专著也是关于法官自由裁量权的,她认为在很多方面都存在自由裁量权。但是我认为,在证明责任分配方面应当回到罗森贝克,绝对排除自由裁量权,但是这不等于在事实认定和裁判过程中没有法官裁量,这是一定存在的,这个存在的空间在具体举证责任领域中就非常宽泛了。这样就可能为罗森贝克辩护了。任重老师提到我特别固执于对法律的文义解释,这也是罗森贝克的原则。在证明责任分配的理论方面,袁中华老师提出要坚持普维庭的观点。我现在也在写一篇文章,就是证明责任的重述。我们需要重新理解证明责任,包括证明责任作为裁判的方法论的意义。我主张我们更适应的是罗森贝克的规范说,而不是普维庭。证明责任的实质问题就是法律适用,而法律适用就是有一套非常成熟的理论的。比如首先我们要进行法律解释,法律解释中有广义和狭义。大家刚才提到的一个比较集中的点,就是在遇到新型案件时,或者说遇到法律漏洞时,此时应该有法官裁量吧。但是我觉得应该是在原有的法律适用方法用尽后,才能够讨论这个问题。而原来的法律适用理论是能够很好地解决这个问题的。比如2000年重庆的烟灰缸案，这就是一个典型的新型案件。如果大家看了判决书，就知道它不是通过证明责任解决的，而是通过类推解决的。因此我希望在各种不同理论之中，还是先固定一端。我想固定的就是客观证明责任，把其他的比如法官裁量等留给其他理论。我这种理论当然非常不成熟，刚才提到的很多问题可能无法圆满回应。但是我要特别感谢各位老师的点评。我的论文的语言风格就像有的老师说的，长句子太多，表达确实是我的一个非常大的问题。

谢谢各位。

傅郁林：现在请霍海红老师回应。

霍海红：回应一下袁中华老师的问题。我在写这篇论文时，的确比较仓促。因此文章的结构的确是一个问题。因此回去应该进行调整。中华老师提出的我们民刑分离的处理是否能够实现的问题。我觉得在中国这的确是一个很大的问题。我觉得先刑后民带来的并不是先民事还是先刑事的问题，而是一种绑定思维，这个比较要命。而现在我对第一百零九条的质疑在于，它在客观效果上很可能合理化先刑后民的现象。

回应冯珂老师的问题。关于高度盖然性界定的问题。我写论文时，倾向于德国的做法，从中国的传统与一般当事人对法院的期待来讲，我倾向于往德国方向走，因此倾向于界定盖然性很高。所以这就带来了一个问题，就是我们接下来降低的作业，可能会由其他单行法、部门法来做很多工作，这是一个非常大的工程。证明标准的体系化，绝对不仅仅是弄几个条文或仅靠民诉法就可以解决的。

关于欺诈是否能够排除其他的事实。客观地讲，我对民事实体法的考察主要针对的是欺诈等，其他方面关注不足。为什么关注欺诈等？因为我们的权威解说书实际上也是以美国的欺诈为例，把优势证明标准提高到令人信服的标准是一个非常大的提高。所以从美国法的角度，欺诈也是比较接近刑事，如果这个都不能提高，很多其他的事实想提高也有比较大的困难。

回应谷佳杰老师的问题。谷佳杰老师也提出文章结构问题，这看来是我未来需要大调整的地方。关于民刑证明标准可否进行量化对比？我的一个初步观点是，抽象来谈民事低于刑事不能说不对，但是意义有限。放到民诉内部具体规则时，单纯强调高低可能意义不大。应该更多地从规则或原则显示出精神和要求的不同。关于第一百零九条规范的事实都只需要达到高度盖然性即可，是否存在多元化、多层次证明标准的问题。我还是觉得证明标准如果真的是向德国靠拢的话，其实就是如何寻求降低的问题。还有，我们不能忽视实践中的政策取向，比如诉讼时效，实践中尽可能保护权利人，甚至把优先保护权利人作为诉讼时效法最核心的理念，但实际上与诉讼时效法本身偏离。之所以出现这种情况，很可能是因为我们之前的规则对权利人太不利了，以至于实践中很自觉地在纠偏。就像黄忠顺老师提出来的，实践中要认定欺诈，想要推翻调解协议，从法官角度几乎是不可能的。

回应许可老师的问题。关于证明标准的客观化与心证客观化。证明标准的客观化从我现在的思考来讲，需要凝聚学界和实务届的共识，因为学界在这一方面还有一些分歧，判决书也真的五花八门。至于能够做到什么程度的客观化，就像张卫平老师说的，你不可能做到像一些制度那样的非常精确的客观化，这本来就需要法官心证过滤一下。但是法官心证的客观化，我觉得我们还是有做的空间的，比如说判决书的论证，强化当事人的质证权，对司法公开的保障等。因此我提出我们不能急于单纯提高标准，应该先把应该做的先做了。

回应范智欣老师的问题。关于口头遗嘱。据我看的判决书，现在真正发挥作用的，实际上主要是继承法的规定。如果没有继承法的规定，我们一筹莫展，根本做不了。这恰恰反映出我们提高证明标准未必能解决问题。关于高度盖然性和排除合理怀疑是否是同义反复的问题。如果单纯从这两个词来看，也许是。但是既然我们把刑诉法规定了排除合理怀疑，而且学者基本也认同，而我们民诉学界基本认同高度盖然性，这是一个专有概念，就是指民诉的证明标准。这是有基本共识的。至于说高度盖然性本身可能还需要共识。

以上是我的回应。谢谢。

傅郁林：感谢各位报告人、评议人，我们这个单元就到此为止。最后一个阶段的主持人是中国人民大学法学院的肖建国教授。

肖建国：最后一个单元现在开始。刚才有老师提出希望让更多人有发言机会，因此希望我们各位发言人、点评人能够尽量控制时间，以便让更多的老师参与讨论。在座的各位都是研究程序法的，规则都是事先拟定的。如果您要评议，那么必须预先提交评议意见。如果没有提交评议意见，只能在最后进行自由发言。我和这位老师说了，如果要改变规则的话，就换主持人（笑场）。不过，我可以做到我不发言，所以我的十五分钟时间交给大家。

下面我们请本阶段的第一位评议人周一颜老师发言。

周一颜：谢谢紫荆青年沙龙给我们提供一个向专家同仁学习的机会。坦白说我也感到非常抱歉，从读到两位老师的新作到提交书面评议的截止期限，时间非常短，所以无论从对论文的理解，还是后续的思考都是非常仓促的。但不可否认的是从选题的角度、论证思路、论证方法，都使我受益很大。

首先我对霍海红老师的论文谈谈我不成熟的学习体会。

我认为这篇文章的论证思路可以换个角度来理解。首先提高民事诉讼证明标准，它的证成可能涉及两个主要问题，在我们当下司法实践中，法官是否具备严格区分排除合理怀疑和高度盖然性的主观能力与客观可能性，这是第一个问题。第二个问题是将传统的高度盖然性标准运用于欺诈、胁迫、恶意串通等这些特殊事实的证明判断，是否足以满足平衡多方利益，协调多元价值的立法需求，甚至是否符合我们民事司法证明活动的一般规律。从逻辑上分析，证明标准提高必须以对第一个问题的肯定回答为前提，否则我们强调排除合理怀疑没有实际意义，或者充其量只能发挥霍教授所说的解决执行折扣问题的观念强化功能。但事实上两种证明标准的区分，很可能只是理论上的预设，并且需要通过相关制度设计的差异来完成。我们以美国关于证明程度的九分法作为参照的话，可以发现，排除合理怀疑和高度盖然性是两个彼此相邻的层次，仅仅从抽象的立法规定上看，确实不太容易直观区分两者的高低，在结合我国当下法官的素质及自由心证本身的特性和现实的公开情况等多方面因素来理解,我们可能不能持太乐观的态度。就像霍教授在文中提到的,在极端意义上,简单而笼统地说高度盖然性标准低于排除合理怀疑的标准,实际操作意义非常有限。为了达到证伪目的,霍教授在民事实体法和民事程序法双重视角下澄清了诸如"足以显示公平"等事实的表述是对规则的描述和解释问题,而不是程序法意义上的证明标准问题,进而还分析了两种证明标准下有关法律关系稳定性和当事人证明困难的权衡问题,并由此推翻提高证明标准的比较法知识,最终提出了消除立法担忧的另外一种比较务实的路径,即通过法定规则的细化,并借助科学技术的外力等为法官形成内心确信提供一个非常丰富的指导场景,否则随意和盲目的自由心证之下的任何证明标准可能都是一纸空文。换句话说,纯粹着眼于证明标准的高低,并且由此来断定事实认定的准确程度必然与其成正相关,可能也是非常荒谬的,正如霍教授在回应各位评议人的意见是强调的我们不能赋予证明标准过多的使命,来期望解决司法实践中的问题,这可能会使证明标准遭遇不可承受之重。

读了这篇论文后,我还产生了一些联想,可能不成熟。证明标准的设置也可能蕴含着某种价值或道德判断。我在做博士论文期间,对科学证据在美国民事司法中的运用及法官对其的司法审查做过认识论的关注,记得美国逻辑实证主义哲学家理查德·拉德曼曾经在实践和理论推理或事实与价值的界分问题上就曾经,指出科学家必须以科学家的身份作出相应的道德价值判断。为了进一步论证他的道德观点,他列举了三个非常生动的例子。第一个例子,如果科学家就人类服用毒品致死的剂量提出相应假说,那么这个假说在被接受前,必须获得较高程度的确信或信任水平,因为错误的结果可能会被我们得到的无限放大。第二个例子是对很多触压皮带的机器是否存在缺陷,我们可能只需要一个较低程度的信任水平,而有过行业质量控制的科学推断,有助于确立一个适当的认知标准。第三个例子是在电视剧《曼哈顿计划》中,科学家认为当第一颗原子弹爆炸时,不会发生全面失控的连锁反应,这个与前两个例子相比,则需要达到最高程度的信任水平。考虑到道德考量的强势影响力可能会波及包括科学研究在内的所有人类行为，美国哈佛大学法学院的一位教授在拉德曼的观点基础上又进一步提出，他认为法律或道德的实践立场有特定的目标和方法所组成，在任何描述性的实践判断中，法官要形成结论，必须要达到特殊的信任水平，对于信任水平高低的判断，是做出任何实践决定的必要因素之一。也就是说这个信任水平的设定，比如今天讨论比较热烈的数字问题，比如百分之九十五等，这个主观概率标准是法官基于事实和理论判断进行三段论推理的必要前提。与此同时，还需要有一套认知评价标准，比如说排除合理怀疑，高度盖然性等证明标准以此作为信任水平的标识。从这些观点来看，我们或许可以从新的角度来理解民事诉讼证明标准与刑事诉讼证明标准之间存在的差异以及存在差异的主要原因。我们现在讨论的证明标准可能仅仅指向民事诉讼领域中的欺诈、胁迫的法律事实，这些事实如果满足犯罪构成要件而构成犯罪的话，则属于刑事法所调整的范畴。不需要像霍教授提出的以提高民事证明标准的方式来提前完成任务，或者采取民刑证明标准的混搭来实现制度设计的一劳永逸。

综上，我非常赞同霍教授所主张的反对提高民事诉讼证明标准的观点，同时也倾向于认为，民事诉讼法司法解释第一百零九条也确实带有一定的政策考量色彩，仅仅从纸面上看，提高这类特定法律事实的标准，确实可能会契合或回应了民事诉讼对于诚实信用原则的强调以及对虚假诉讼的惩治，但是采用这样的策略，带来的弊端可能也是显而易见的。

谢谢各位。

肖建国：谢谢周老师。节约了两分钟。下面是张虹老师。

张虹：各位老师下午好，很高兴能够参加此次紫荆沙龙。在会议上，我听了各位报告人及各位评议人的真知灼见，让我受益匪浅。

我提一点自己的感受。我们看到的霍老师提出要降低欺诈等的证明标准是要对被欺诈人等进行实体权益的保护。但是我们会联想到我们实务当中，其实一个欺诈或胁迫行为并非是非常简单的受到欺诈和胁迫，在这个过程中所产生的不公平交易，受害人其实是有一定的认知度的，对于这种民事行为的后果是具有可预知性的，因此这个行为也是一个真实意志的反应。因此从这个角度讲，在证明标准方面可能要联系民事实体法与实务来做各方面客观的案例方面的分析，可能会更全面。

还有就是我们刑法修正案九，比如提出对合同欺诈等经济类犯罪取消死刑，刑法学专家观点是在这个过程中，被害人是有一定过错的，因此要取消对犯罪人的死刑的适用。从这个意义上来讲，对于民事上的欺诈而言，我们被欺诈人对于欺诈可能是可以预知的，因此他有一定的真实意思在里面，因此撤销法律行为，是否要考虑提高民事证明标准，进而进行一定的限制。

谢谢各位。

肖建国：谢谢张老师。下面一位是复旦大学的段厚省老师。

段厚省：客气的话我就不多说了。我下面谈谈我的看法。

我听了两位报告人的报告，上下午也听了各位专家的观点。我有些看法想说一下。尤其是在一些基本概念上，恐怕还是要正本清源。

就胡老师的论文，关于证明责任，客观意义上的证明责任和主观意义上的证明责任可能学界可能还没有搞清楚。我不懂德文，我看到的资料都是翻译资料，或者是国内学者研究的结论，但是我相信这些学者的研究是非常认真的，因此我获取的信息也不一定是错误的。首先，客观意义上的证明责任与主观意义上的证明责任到底谁是谁的投影，是否是一体两面，恐怕要从制度史的角度来看一看。我们都知道，早在罗马法时，就有谁主张谁举证，那个时候没有主观与客观证明责任之分。到了19世纪末期，出现了客观证明责任。这就意味着假设学者研究的结论是真实的，是符合制度史法律史的现实的，那就说明在19世纪末之前就没有客观证明责任的概念。那么在这种情况下，罗马法上的谁主张谁举证到底是不是证明责任分配规则，如果是的话，在没有客观证明责任这一概念下，它是不是主观证明责任的分配规则。如果我们承认它是主观意义上的证明责任分配，那么怎么可能在本体还没有存在时，投影就出来了呢？客观证明责任这个概念还没出来的时候，主观证明责任就已经存在这么多年了呢？所以我觉得在这个意义上，恐怕还是要更郑重一点。我个人的观点是所谓客观证明责任为什么在19世纪末出现，是因为在那个时候已经在制定法中正式承认了自由心证，要承认自由心证，就要把发现真实的义务委诸法官，而这个时候又不得不承认法官的认识能力是有限的。它会出现三种情况，一个是真的，一个是假的，一个是真伪不明的。前两者好解决，但是判定真伪不明时，就出现了法官心证平衡状态，这个时候必须有一个解决问题的办法，客观意义上的证明责任就是这个功能。之前为什么没有呢？因为存在法定证据制度。在更早为什么没有呢？因为神判的存在。当人自己承担起发现真实的责任时，人才认识到自己的缺陷，因此才有了客观证明责任的工具的出现。如果按照这个来说，罗森贝克的规范说是对谁主张谁举证这一古老的证明责任分配规范的具体化，本身就是具体的证明责任规范，离开具体的实体法律规范，根本无法把握罗森贝克的理论。如果非要将其放到抽象意义上，比如客观抽象证明责任，我觉得还不如用另外一个概念，比如证明责任原则或证明责任规则，和法律方法论的学者的表述是一样的，是原则和规则的关系。如果要坚持用具体举证责任这一概念，只好这样。我个人觉得根本就不存在所谓具体的问题，所有的规则都是抽象的，但是应用到具体案件中，都是具体的。所以我对具体证明责任概念本身持保留意见。

还有一个问题，在这种情况下客观证明责任仅仅是主观证明责任三种结果中一种的处理方法。因此客观意义上的证明责任不存在抽象的问题，它就是一个结果问题，它是主观证明责任的结果之一，它有它的构成要件。在事实真伪不明时才能用到它。我感觉绝大多数法官是回避真伪不明的，真的运用证明责任规范裁判的极少。一般援引证明责任规范裁判时，他都说你未尽您的证明责任，不能证明相应事实存在，而不说真伪不明。这是我对胡老师文章的一点感想。

对霍老师的文章也有点看法。我认为我们在看待证明标准问题时，千万不要将其复杂化，要考虑所谓证明标准就是衡量当事人的证明活动是不是达到了法官认为可以裁判的地步，因此它是由认识论决定的，不是由价值论决定的。在这个基础上，如果某个案件平时按照生活常理，按照法官经验法则，它发生的概率较高，那么很可能证明标准就是低的。因为人是理性的，他在进行行为选择时，他会选择对自己影响最小的行为。在这

民事诉讼法研讨一

种情况下,对性质严重的案件,认为发生概率较低,因为他会对行为发生较为严重的后果,因此对于性质严重的案件要用较高证明标准,相反对于性质较轻的案件,用较低证明标准就行。刑事诉讼证明标准之所以较高,是因为性质严重。因此法律推定理性人在选择行为时,要经过慎重考虑。你现在要违背这样的概率,要主张这件事情发生了,因此要较高证明标准。价值论也是在这个基础上展开的。所以我主张不要非说刑事诉讼的证明标准是什么,民事案件的证明标准是什么,还是要看案件性质严重程度以及发生概率,我觉得这样更科学合理。看英美法系,基本好像也不是分得很清楚。性质较轻的案件,证明标准较高,即使判错了,对社会影响也不大。因此为了节省社会成本,可能法官在发现事实用的谨慎程度不够高,所以证明标准较低。

我们司法解释中举的欺诈、胁迫等行为,我认为接近刑事犯罪,对于法律行为来说,意思表示是法律行为的核心,推定法律行为的双方都是理性的,既然是理性,你们所达成的一致意见就应当被遵守。现在既然说受到了胁迫、欺诈,这个概率是比较低的,你要证明其成立,就要适用较高的证明标准,为什么不可以啊?

这就是我的观点,谢谢。

肖建国:谢谢段老师。下面有请熊云辉老师。

熊云辉:大家好。谢谢承办方,有机会与大家交流,很荣幸。

关于举证责任和证明标准,我觉得首先应该有一个立场问题。我认为民事诉讼应当是去实现自由、民主、人性化。如果不能实现上述价值目标,那么民事诉讼就是一个铁桶。对当事人来说,在这个铁桶中,我想任何一方当事人都不想进来。这是我的一个基本前提。论证举证责任首先要考虑举证自由。民事诉讼要保障自由,因此在诉讼中也要保证其举证的自由。所以当事人在诉讼中,其可以举证,也可以不举证。不是说举证就是当事人的一项义务,这恰恰违背了我们的辩论主义。如果举证责任不与辩论主义勾连,那么举证责任就变成了义务和负担,一种压制。所以我觉得首先应当从举证自由的角度思考。当事人在诉讼中,可以主张生活事实,也可以主张要件事实，甚至可以举证或不举证，这都是其自由。为什么会有举证责任呢？这是以自由为前提而导致的一种后果。当时是处于真伪不明时，才有举证责任的问题。所以我想为什么叫客观举证责任，因为这是一种客观后果。从这个角度来看，其实举证责任恰恰是举证自由的例外，或者说证明责任就是为了举证自由、保障我们的当事人的自由。这是我的一个前提。按照这样的前提，我们提具体的举证责任，实际上是行为责任上的节外生枝。但问题是这样的新提法会不会带来一种对当事人的压制。如果会出现这样的后果，我就不赞同采用这样一种叫法，或者这样一种理论。因为它不利于实现当事人的自由，不利于保障当事人在诉讼中的主导地位。

关于证明标准，我认为证明标准并不是当事人的证明标准。我看德国条文，其实强调的是法官应该是通过斟酌全部辩论的基础上，形成确信。从这个角度看，证明标准不是给当事人设定的，而是给法官设定的。因此证明标准没有违反举证自由，程序自由，它恰恰是施加给法官的一种负担。但是这样一种负担到底是客观的还是主观的呢？我个人认为其实是一个主观标准，就完全取决于法官的内心确信。大家可能会担心主观会导致法官专制。这就涉及法官的素养等问题。事实上自由心证来自于人性的解放。如果我们没有从人性解放的角度来谈自由心证的话，实际上很难建立起一个具体标准。这是一个非常重要的前提。

这就是我的评论。谢谢各位。

肖建国：谢谢熊老师。现在评论人已经评论完毕。在座的各位老师可能有很多真知灼见想发言。而且我们还邀请了实体法的学者，也是我们杂志社的编辑老师，一位是姚佳老师，一位是寇丽老师。我觉得这样，因为我们自由发言时间较多，像证明责任分配问题，实际上在日本法中，是民法学的解释问题，是围绕着日本民法典对民法法条来进行解释的学问。在日本法上，研究证明责任分配的学者很多是来自民法学界，它不是一个纯粹的民诉法问题。在证明责任研究问题，若没有扎实的民法功底，恐怕很难做深入研究。

证明标准问题也是涉及对民事法律行为的要素的评价机制，也是民法规范问题。这些民法中的规范问题对我们证明标准的设定也有相应的影响。尤其是在我们民事裁判和商事裁判中,我们都非常明显地发现商事裁判思维明显与民事裁判思维是有明显差异的。同样一个民事行为,如果是一个民事合同,在解释其意思表示时,我们更强调行为人的内心真实意思。而在商事行为中,为了鼓励交易,更加强调对外在表示的解释,所以想推翻商事合同产生的意思表示的外观,则要承担更高的证明标准。因此在商事合同中是可以理解的。所以我想不管是证明责任分配还是证明标准问题,都与实体法密切相关。正好我们有两位实体法学者,我们就先请两位老师先发言。

下面有请姚老师发言。

姚佳:今天非常高兴能来参加这次沙龙,我感受到大家在讨论中有非常重的"火力"。我不研究民事诉讼法,客观上讲,对这两篇文章我可能无法发表更多的专业意见,只能从研究方法上说一点,这既是感想也是收获。

关于学军老师的文章,其中的一些理论我确实不了解,但是对我冲击力比较大的是学军老师做研究的勇气,他在文章中致力于发展新概念和新理论。但是我也有一个疑问,那就是现在我们的理论不是不够多,而是足够多。那么,在如此多理论的基础上,再试图发展新的概念或者新的理论,是否有必要?如有必要,到底应当如何发展?学军教授在文章中对新概念和新理论有自己的论证逻辑,这值得肯定,但是在一定程度上,这种创设或者发展新概念或新理论的研究在我看来是比较有争议的。大致有两个问题可能是需要考虑的:一是所要构建的新概念或新理论,对现有理论体系重构的成本有多少,以及大家对新概念或新理论的接纳程度如何。二是学术研究一般要与实践保持一定距离,很多理论可以在自身的理论体系之内循环或者讨论,但是对于像民事诉讼法这种接近实践或者说与实践紧密相联的学科来说,创设新概念或新理论进而接入司法实践的成本有多少?如果被接受的成本过高,此种创新的必要性可能就会受到质疑。

海红教授的文章分为若干部分,谈了很多问题,当然这些问题之间存在着密切的联系,可以综合阐释论文主题。但是,今天有的老师也说了,海红老师的文章信息量很大。主要是目前我们学术界整体研究水平已较高，论文也大多都属于深入挖掘型，基本上一篇相对成熟的论文能写清楚两三个问题已实属不易，如果多方开花，想要谈清楚很多问题，可能文章本身承载量超负荷，而且相关的信息传递也很难实现。还请海红老师再多斟酌。

肖老师刚才讲的两个问题我没有太多的研究，所以我无法谈太多民事实体法上的证明责任等问题。比如，刚才有学者谈到了关于不当得利如何分配证明责任的问题，客观讲，我个人也几乎不了解证明责任在实践中是如何分配的。目前实体法的研究可能还是致力于理论上的深入推进和围绕着以编纂民法典为主线的相关研究。我今天确实感想很多，也非常欣赏民事诉讼法学者能够开展如此扎实高端的学术讨论。

谢谢各位！

肖建国：谢谢姚老师。希望以后多给民诉法年轻学者发表论文的机会。

姚佳：一定的，我们刊素来不以身份论英雄，只看文章不看人，坚持"文章质量为王"和"学术含量至上"的原则，我们也曾发表过一些硕士研究生和博士研究生的文章。我们一向秉承鼓励年轻学者发展的态度，以开放的心态和视野选稿、用稿，支持年轻学者，可以说，我刊在推动法学界"中生代"发展的过程中发挥了比较重要的作用。以后也希望大家多多支持！谢谢各位！

肖建国：下面有请寇老师。

寇丽：非常感谢张会长和承办方的邀请。我也是第一次参加民诉法专业的学术会议。我觉得大家的讨论都非常严谨。首先我说明一下，《政法论坛》或许是核心期刊中唯一一个发表过本科生论文的。我来参加这个会议，主要目的是学习。我虽然也在研究实体法，但民诉法这块只能以学习态度参加会议。虽然我同时是民诉法的编辑，但我觉得很惭愧，我对民诉法的学术动态关注的不够。今天参加沙龙，我的感受比较深。关于证据法，我以前一直认为是刑诉法学者在研究，我一直有这样一个误解。今天，我看到了民诉法学者对于证据法的研究已经达到了望其项背的高度。我对这两篇论文的具体观点难以发表专业的意见。我只想来谈一谈论文的思考和写作路径。以前的学者可能仅仅研究某个领域的具体问题。目前,大家对交叉学科的研究则一改以前的边缘化局面。虽不能说是已经成为主流,但比以前也要正式得多了。今天的这两篇文章涉及民事实体法与民事程序法的关系。我个人的问题是,我们诉讼法学在研究这个问题时,两个不同专业领域对这个问题的研究现状是怎样的?我记得当抛掷物的侵权责任出现时,到底如何认定责任人这一问题引发了很大的讨论。事实上,主要是实体法学者在探讨这些问题。而在证明标准及证明责任的分配上,如何从实体法和程序法中间找到切入点是最重要的问题。这也是我们在审稿时最强调的问题。

而对于高度盖然性问题,我听到前边的各位老师举的数字。这样的量化的标准源自哪里?量化研究是经济学通常采用的方法。法经济学的研究方法主要是通过数据、模型,通过实证调查得出某个结论。我们民事诉讼法在研究证明标准时,有没有可能通过这样一种研究方式来得出结论呢?我做了多年编辑,我们看一篇论文时,一定要看他的选题,看他如何提出这个问题,这个选题是从哪来,再看他的论证过程和结论。我们发现很多论文在问题与结论之间找不到因果关系。因此,在选题之外,我们更关注的是论证过程。这只是我个人的一点体会,供各位老师参考。

谢谢各位。

肖建国:谢谢寇老师,希望寇老师今后为我们民诉法学者提供更多的发表机会。谢谢。下面有请王学棉老师。

王学棉:我就直奔主题。今天这两个主题,一个证明标准,一个是证明责任。这两个主题是紧密相连的,理论上同等重要。但是在实务中用的更多的是证明标准,因为实务中直接利用证明责任下判的很少。驳回诉讼请求的基本都是认为你的证明没有达到证明标准。因此证明标准的设置很关键。海红的文章讲多元化证明标准中的排除合理怀疑进入民诉是否妥当,他的基本立场是否定的。我下面谈一下我的观点。

第一,在民诉里面设多元化证明标准,尤其是高度盖然性和排除合理怀疑是否会模糊民诉刑诉的界限。因为两者的区别是很明显的,即使在有些地方有共同点的话，并且这个共同点也是民诉中很小的一块的话，不会造成民诉和刑诉的混淆。我们举个例子就可以看到，我们有非讼程序，有争讼程序，我们非讼里面有独任制，我们争讼中也有独任制，难道我们认为它们一样，就把非讼程序和争讼程序就混淆吗？我觉得不会。因此我觉得仅仅只有这一个地方有雷同之处的，是不会带来模糊混淆后果的。这个不用多虑。

第二，我们要区分什么是证明对象，什么是证明标准？因为你在第五部分专门谈到了没有继承法第十七条的要件的话，证明标准就没有用了。我们一定要注意，第一百零九条设了五个对象，欺诈、胁迫、恶意串通我将其作为一类，这一类中和我们过错一样，它是很模糊的概念。到了具体诉讼中，我们必须把上述要件的证明对象予以具体化，如果不予以具体化，当事人是没法进行证明的。我们把证明对象具体化与我们又设一个排除合理怀疑的证明标准之间并不矛盾，也不冲突。不能说因为我们在实体法中把这些要件的证明对象给具体化了，就得出结论说我们根本不需要排除合理怀疑的证明标准，我想这里可能混淆了概念。

第三，我们要把证明方法和证明标准区分开来。您的论文里谈到了民间借贷。民间借贷中，事实很清楚，即我有没有把钱借给你。但是如何来证明我把钱借给你了，我们可以通过很多角度来证明。第一个是借据。但是对方可能会对借据提出质疑，我们为了加强法官心证，我们就会提出我有借贷能力，我有取钱记录等。这些都属于证明手段和证明方法。为什么需要这些证明方法，就是为了达到证明标准。我们不能因为立法现在给你提供了这么多的证明方法，就可以把证明标准降下来。这完全是两码事。因为只有通过多种途径形成一个完整证据链，才能达到证明标准。

因此我认为证明对象和证明标准是两码事，证明方法和证明标准是两码事。我们不能因为证明对象具体化，证明方法多样化，然后就得出结论说就可以把证明标准降下来。这是一个问题。

第二个问题，我把上述五种对象分成两大类。前面三个对象因涉及社会对被告的评价问题，我们要是采用一个比较低的证明标准的话，那么就有可能轻易地认定被告欺诈、胁迫或恶意串通，进而导致社会对被告的评价降低。因此设置一个较高的证明标准，是要防止随意降低社会对某人的评价。为什么对口头遗嘱、赠与也设置了较高证明标准呢？那是因为这两种民事法律行为是没有对价的。我设了一个高证明标准，容易导致当事人因达不到证明标准而被驳回诉讼请求，即使与客观实际不符，但由于你没有付出对价，因此你的损失也不会很大。如果设置的证明标准过低的话，当事人轻轻松松地就可以达到证明标准，当事人就可以口头遗嘱与赠与财产。一旦出错，赠与人与立口头遗嘱的人损失就会很大。因此我个人考虑很可能是基于这么一个原因规定的。

这就是我的意见。谢谢。

肖建国：谢谢王老师。下面有请蒲一苇老师发言。

蒲一苇：我觉得自由评论的时间似乎应该长一点。这样可以碰撞出更多的火花。现在很多问题大家都提了，具有共性的问题我就不提了。

首先针对学军的文章我做一下评议。我首先对学军的研究勇气表示敬佩。我们知道在学理研究上来说，破比立要容易得多，要攻破太容易了，但是要创立是非常难的。学军要创立一个自己的新的理论概念或体系，这个勇气本身值得敬佩，更何况其是在证明责任的领域。所以当初我看到他的专著时，我非常震撼。但是在这个基础上，我也提出个人的一些看法。很多与会人都提出这个问题，要创立一个新的理论，新的体系能不能使现行理论发展得更好。要做到这一点，就需要理清概念与体系。这篇文章中你对具体证明责任理论讲的不多，更多的是回到了客观证明责任的分配上，与我们传统观点差异不大。但是您那本专著中实际上提出的理念突破比较多。我关注的是您这个概念提出来后，怎么和现行概念形成对接关系？比如客观与主观证明责任和您的具体举证责任和抽象举证责任如何形成对应关系，如何衔接起来。或者完全突破现有概念，建立一个自己的分类体系，和原有概念没有关系。要不解决这个问题，您的理论的说服力就会受到影响。因为我们总是在您所建立的概念上纠结，没有搞清楚您的具体举证责任和主观举证责任到底是什么关系呢？在说客观举证责任作为立足点而建立起来时，您的具体举证责任是否与客观举证责任形成对应关系呢？好像疑问比较多，我们没有被说服。就是如何形成一个具有体系性的框架，这是首先要提出的一个问题。

第二个就是观点提出的立场问题。因为学军还是比较纠结的。一个是他提出新概念后，怎么和现有概念相衔接，这是一回事。再就是如何将我们实践中不断混用的概念理清。至少我看完后理不清。还有一个立场的问题是，是不是要将就谁主张谁举证这样的提法呢？是不是要将就举证责任可以来回转换或倒置这样的实践中的常用概念呢？我觉得立场要搞清，否则可能会把这些概念本来误用过程中的问题带到您的理论中，因此感到很混乱。我个人的看法是反对在学理研究中过于迁就实践中的不当做法，造成理论制度很扭曲，概念就越来越复杂，为了复杂，就创造新的概念。我反对这样的概念，学理应当坚持学理的一些原则，当然我们可以适当地与实践协调，可以进行对话和交流。

另外，我也提一下个人看法。我觉得我们国家把举证责任和证明责任概念搞得很混乱。其实我反对举证责任这个词，因为他过于强调举证行为，很容易产生误解。很多人都觉得举证责任和举证时限密切相关，但两者是要严格区分的。所以我觉得从这个意义上讲，为了澄清，可以将行为意义上证明责任称为举证责任，而将结果责任称为证明责任。进而区分开来，比现在最高院的举证证明责任要好得多。举证证明责任这个词我也是反对的，这个词是法院提出来的，它真的有把责任推到当事人身上的嫌疑。因为它强调的是证明责任适用的前提是当事人不能够提出证据，或不能够加以证明。我们证明责任适用的前提是事实真伪不明，其和当事人不能证明不是一回事。如果叫作举证证明责任，就感觉我让你承担败诉后果，就是因为你没能举证。我觉得这个有推的嫌疑。因此我强调概念的澄清，不要在创造了新概念后，增加了负担，而不是理清了问题。

关于霍老师的文章，我提两点。我觉得有两个定位问题。一个是司法解释第一百零九条出台的背景是什么？这是一个非常重要的定位。因为您提出的混搭也好，折扣执行也好，都是一种猜想，在这个基础上，不见得立得住脚或具有说服力。比如说可能我们的证明标准是混乱的，但是混乱的一点是我们实践中更多是将证明标准提得过高，因为在长期客观真实的要求下，实践中是不自觉地把证明标准提高。这样的话，他的责任会轻很多。我觉得混乱是一方面，但是不见得我们降低了标准，打了折使用，说服力不强。

第二个问题，证明标准高还是不高，实际上是一个相对问题，这里还有一个定位问题，就是高度盖然性到底是多高。我们的高度盖然性用的是大陆法系还是英美法系的，是德国的还是美国的。如果是美国的，那么提高某些案件的证明标准是没有问题的，如果用的是德国的标准，那么再提高，就值得斟酌了。因此定位要清楚，否则大家就会混淆。

我的看法是这样，仅供参考。谢谢。

主持人：感谢蒲老师。刚才几位老师提到了司法解释出台背景和目的。霍老师在论文中提到了与实体法相衔接，建立多层次的证明标准层次，的确是第一百零九条的规范目的之一，但并不是全部。因此解读第一百零九条的规范目的的讨论是一个很大的问题。我在书面评议中提到了，第一百零九条的确是法官在获得心证过程中，对于这些事实在进行判断时，要获得一个比一般标准更高的标准。这一点也涉及司法解释出台的背景。在2014年10月份，最高法院开了两天的另外一个司法解释的研讨会，是关于民刑交叉的司法解释研讨会。而司法解释第一百零九条恰恰是在民刑交叉司法解释中要规范的内容。因为在民事审判中与刑事犯罪相关的行为，对其证明标准的判断，在民刑交叉的司法解释中，想改变过去先刑后民的做法，在司法解释中可能要改为先民后刑。比如说替代责任、补充责任，像这样的责任形态，在刑事案件中未必构成共同犯罪，因此在刑事案件中，可能没有追究到相关责任人的责任。此时民事案件可以先行，没有必要等待刑事案件的审判。在民事案件中是可以将上述责任形态作为共同诉讼来审理的。这样就涉及证明标准的问题。为了使我们先民后刑的裁判思路在司法实践中得到认同，因此当涉及欺诈、胁迫、恶意串通，这样的一些事实的证明标准做一些适当提高，也是最高法希望以此说服法工委的一个重要理由。如果我们民事案件证明标准比较高，对于在后的刑事案件来说，我们民事判决也可能对在后的刑事判决也可能会产生一种参考效力或预决效力，进而打通民刑案件的审理方式，改变过去一统天下的先刑后民的审理关系，这也是司法解释第一百零九条的一个背景所在。我在这里解释一下。

下面有请郭翔老师发言。

郭翔：因为要记录，所以我先自报家门。我是北京师范大学郭翔。为了节约时间，我就提一个问题。关于欺诈、胁迫、恶意串通的问题，霍老师认为属于事实认定问题，而有人认为是法律评价问题。我有一个问题一直没搞懂，就是大陆法系和英美法系对这个问题的看法完全不同。到底如何处理？大陆法系将构成要件事实，尤其是抽象的要件事实作为要件事实的指引，并不是要件事实本身。英美法系不是这样分类的。它是将事实分为纯粹法律事实、纯粹事实、法律对事实评价的事实。关于欺诈、胁迫、恶意传统，英美法系对其证明标准很高，原因就在于指向这个效果的基础事实不止一个，有好几个。就是说你能证明其中一种现象，不能替代另一种现象被证明。也就是说，不能指向它们的上位抽象概念被证明。所以它提高了证明标准。我不知道立法时是否考虑了英美法的想法。要求教各位的是大陆法系遇到上述事实时，它们是如何完成证明的以及对证明的人定的。

这就是我的问题。谢谢各位。

肖建国：谢谢郭老师。下面有请罗发兴发言。

罗发兴：我今天说一下参加此次沙龙的体会吧。

今天的这两个问题实际上是有关联的。因为证明责任的适用就是在事实真伪不明的情况进行适用。什么情况下是真伪不明呢？这需要证明标准来解决。我想讲一下，证明标准在实践中，像我们今天说的排除合理怀疑或高度盖然性究竟是证明到何种程度呢？实践中，如果在一个很具体的个案中，或者我们假设一个很具体的情境，让我们在座的来判断的话，有时候对我们来讲可能并不是非常容易判断。另外就是在实践中，法官或法院在适用证明责任或证明标准时，有时候是一种综合全案的综合判断，有时不会太追究一些很具体的问题。我研究了几十个关于环境侵权案件的证明责任的运行情况。按照现在的法律规定，原告只要证明了污染行为和自己的损害后果，不需要证明因果关系，因果关系由被告来证明不存在。在实践中，在很多案件中，原告虽然证明了污染行为和损害后果后，法官根据其生活常识等综合全案后，有时还觉得原告证明不足，让其证明因果关系，尤其是当环境侵权发生的可能性很低时。此时就不会按照法律规定来处理案件。因此证明标准和证明责任在实践中可能会出现与法律不一致的情形。不一致的原因在于法官在认定事实的依据上，最主要还是根据其对全案的综合判断。

另外，关于第一百零九条的问题。霍老师的观点是说现在的证明标准不应随意提高。我的观点是证明标准可以提高也可以降低，但是背后要有一个充足的正当化依据。比如如果说109是为了鼓励交易行为的有效性，那么有这种价值取向的话，只要正当化依据充足，降低或提高都是可以的。包括肖老师刚才提到的最高院的司法解释背景，比如为最高院今后推行先民后刑，如果这是正当化依据的话，我觉得这种理由是不充分的，无法正当化。仅仅以先民后刑为由来提高欺诈等的证明标准，不妥当。因为欺诈等行为，不一定全部构成都是刑事犯罪，有的可能是普通的侵权行为，为了今后推行先民后刑这种诉讼处理方式，而进行这样的规定，我觉得这样的理由是不充足的。

这是我的看法。谢谢。

肖建国：下面有请韩波教授发言。

韩波：感谢肖老师。这两位作者的作品是非常优秀的。有几点小的想法和大家分享一下。

第一点是我们现在世界上民事诉讼中有没有一个共识性的证明责任分配方式。大家现在的比较框架是英美法系的说服方式是裁量的。但是我这些年在琢磨英美侵权法判例的过程中，好像情况并非如此，虽然教科书上这么写。在具体侵权案件中，何时驳回原告诉讼请求，和我们几乎是同样的，它也用到了要件这个词，也需要对应的要件等。真实的美国民事诉讼中也有大量的要件思维以及类似于规范说的裁判实践。另外一个令我们产生无误识的想法是美国的法律渊源中，判例法居前，我认真研究了一下，实际上完全不是这样，美国的法律渊源的第一渊源是宪法，第二渊源是制定法，第三渊源才是判例法。而且目前还有大量的国会立法成为法律判决的依据。如何将制定法用到判决中呢？也是要走规范说的路子。现在可以看到，有一种共识性的证明责任的分配方式已经开始在全球内初具规模。在这样的情形下，三阶型构造已经出现。第一就是大的原则，第二就是具体分配规则，这些规则大多数在实体法中。在法国的民事诉讼法中，条文中内置一些证明责任分配规则。从这样的分析来看，学军的论文方向是对的。我比较赞成他的情境化的提法。我们民事诉讼法证据规定第四条，还有第六条，然后是第七条，当然第四条、第六条有些争议，但是我们可以做一些努力，可以去进行细致规定。但是更多的、更细致的渗透是在民事法律的制定过程，以及民事法律的司法解释的制定过程中，大量的一个证明责任裁判思维的渗透是更为必要的。而我认为，民事法律的证明责任裁判规范或者民事法律的解释是民事诉讼法的法律渊源的。但就限制裁量还是完全禁用裁量，学军非常坚持不允许裁量。我倒是觉得这一块是否可以考虑一下。我们如何限制裁量。因为最终要考虑到裁判可接受性的话，限制的方式可不可以在实体法制定或解释过程中，对于证明责任规范做出一些明确具体的解说。比如说产品责任如何分配等。

第二个是关于霍老师的文章的评议。立法要考虑到将来裁判的可接受性，海红的观点之所以站得住脚，从我们目前当事人的取证能力讲，现在有所改观，但现在仍处于较低状况，这是我们的一个现实。再一个是我们的认证传统也是必须考虑的因素。英美是口头证据基础主义，我们是书面证据优先主义，一千个证言挡不住一份文件，这种情况下，如果证明标准定的过高的话，证明责任裁判会大量适用。而证明责任裁判的适用是不得已而为之，裁判风险会大。裁判过程中，尽量低的标准，尽量少的证明责任裁判，尽量多地用证明评价的方式来解决事实认定问题，在这样一个现实语境中，证明标准不宜突然提高。但是第一百零九条就那么几类案件，因此不能说我们的证明标准整体提高,仅是局部提高。还有一个问题是证明标准的层次性,而霍老师用的词语是证明标准的多元化。而多元化这个词会不会给大家产生一个没有基础、没有中心的感觉。实际上我们的证明标准体系有中心和基础,我记得四个字"明显优于",这四个字就是高度盖然性的标准。因此只是在局部的如人事关系诉讼中才会有证明标准提高的情形。

我就说这么多,谢谢肖老师。

肖建国:下面有请马丁老师发言。

马丁:海红老师在报告中主要讨论的问题是第一百零九条在司法实践中的状况如何,优势证明和排除合理怀疑到底是什么关系,它们的区别有多大,第一百零九条的标准是否过高。刚才很多老师都提到了,我就不多说了。

胡老师的学术勇气我个人非常钦佩,但是我还是有一点怀疑。就是德国思维方式是比较抽象的,我不知道胡老师是否赞同我的观点,您把和证明责任相联系的举证责任与证明责任分开来,再把它和不负有证明责任的对方当事人的举证责任结合起来,形成一个具体举证责任的概念。这样的一种思维方式,比德国人更为抽象,这个和您书中提到的比较注重实用主义是否契合。即使我们创造了具体举证责任这样的概念,那么其中非常大的一块是和证明责任直接相关联的举证责任,除此之外,还会出现其他一些情况,比如您书中提到的证明责任减轻的情况下,证明责任倒置的情况下,法官具体分配证明责任的情况,包括表见证明或者举证妨碍这样的情形,包括对方当事人的阐明义务等等。如果形成具体举证责任这样的概念,实际上还是能够分成两个层次,就是和证明责任直接相关联的举证责任与和证明责任不直接关联的举证责任,而和证明责任不直接关联的举证责任又分为不同的类型。从这个意义上讲,做出这么一个概念,改变了当初证明责任与举证责任相联系,改变了为了解决部分特殊问题而制作的几个插件这样的格局,而直接改成了把证明责任与举证责任完全分开来,但在具体举证责任中又分为两个大的层次,第二个层次中又分为几个不同类型,这样的格局在运用效果上是否比当初格局要好呢?这是我的存疑。

谢谢各位。

肖建国：实在抱歉，时间不够了。我想还是要给两位报告人一点回应时间。下面由两位报告人做一些回应。

胡学军：非常感谢。我深深感到紫荆论坛严格程序性和不论地位的平等性。我刚才感觉到最后最厉害的拍砖是姚佳老师和寇老师。他们的评议是关于方法的，认为我的方法需要商榷。我觉得我对已有概念的共识是尊重的。段厚省老师的观点我也是有异议的，以概念提出时间的先后来分主次，这并不是逻辑。我就说到这里吧。收获非常大，非常感谢各位。

霍海红：时间有限，我就不按照顺序一一回应了。我对几个问题做以下回应。

关于司法机关认为第一百零九条有利于推行先民后刑的思路，个人认为是在回归先刑后民的老路，看上去实现了先民后刑，其实是通过民刑绑定实现的，并未做到分离意义上的先刑后民。

关于欺诈、胁迫等事实的证明，我也觉得不可能单靠欺诈这样一个事实本身作为证明对象，在实践中，肯定是要转化为一些细节事实，这方面英美法分得更细。

关于第一百零九条会不会造成民刑模糊的问题。我所说的民刑模糊并不是说，只要提高了这些要件的标准就模糊我们民事诉讼与刑事诉讼的界限，而是说在具体个案中，可能会将民事和刑事的性质模糊了。在我看来，民刑标准的高低并不仅仅是谁更接近真实的路径。刑事诉讼本身具有防范公权力的重大价值，不是仅仅能从更接近真实的角度来做一个唯一的解读，因为它本身蕴含了一个价值和政策判断，因此它一定要比民事证明标准高。

关于被欺诈人可能也存在过错问题。我觉得它被证明欺诈的先天困难所抵消了。即使有这种情形存在，风险也是很大的。

关于欺诈是否必须提高的排除合理怀疑。其实美国法上也没有将民事欺诈等同于刑事标准，很明确是在排除合理怀疑下，回避和刑事达到一样的标准。

以上是我的回应，我觉得今天的收获是非常大，我和学军教授的感触是一样的。这个机会很难得，这么多人提修改建议，对于论文以及以后的

民事诉讼法研讨一

学习研究都有很大的帮助。我觉得今天被拍得非常值。

肖建国： 最后一个环节是张卫平老师的发言。下面有请张卫平老师给我们做一个精彩的总结报告。

张卫平： 完全谈不上总结，因为要对两位报告人和若干评议人做一个总结是非常困难的。我只是有这么几点发散性的感想或想法。从两位报告人的报告来看，是非常不错的。一方面就学军来讲，因为涉及证明责任，这一问题是民事诉讼法学方面"猜想级"难题，他可能面临的挑战更大。因此被"拍"的程度可能也更"重"。基于"物理原理"，他的抵抗或反应也自然比较大，可以理解。虽然大家提出了很多意见或建议，但我觉得他基本上没有接受大家的意见（听众笑）。之所以"抗拒"，我的看法是，因为他对这一问题经过研究后，观点已经固化，而且研究得越深入，可能就固化得越厉害。短时间内是很难接受外界的质疑。尽管如此，也一定对他有所触动，也一定会有好的"化学反应"，无论是对这一个理论问题，还是今后的研究中。另一方面，虽有批评或不同意见，但他的一些想法的确还是值得我们参考、思考和借鉴，"同行为师"就是这个道理。学军教授思考的基本出点是对的，也就是试图解决抽象的证明责任分配的规范和规则解决不了的问题。既然抽象证明责任的问题通过完善抽象证明责任解决不了，那么，逻辑上自然是另辟蹊径，通过具体的方式来加以解决。这也是他当时写博士论文时的一个基本想法。不过，这也涉及具体证明责任和抽象证明责任是什么关系的问题。具体证明责任理论，对于过去证明责任理论在哪些方面有所突破？会不会一旦具体化后，就成了实体法要研究的内容，而不再是我们民诉法学要研究的东西，是值得思考的。也许正是如此，成就了实体法学与程序法学交叉研究，并有所斩获。

我的一个基本观点是，民事诉讼法相对来讲，无论程序有多么多元和复杂化，但总体来讲，只要是程序的，它就总是类型化的。不可能一种具体的案件就是一种程序。即无论具体诉讼案件有多大差别，非讼、家事、公益诉讼是另一回事。在一般情况下，都会纳入一个统一的程序之中。所以通常来讲，在研究的对象和方法上，民事诉讼法更侧重于一般命题的研究和提出一种一般命题。而实体法因为需要涵盖社会的各个领域和方面，社会的各个领域和方面会出现各种不同的情形，所以民法学者的研究实际上更倾向于具体的研究。针对具体情形制定规范，必须考虑各种特殊情形。在这方面，刑法学研究更为突出和典型。民事诉讼法的研究往往是抽象的、类型化的，考虑的是一般情形。相对而言，民法学的研究是具体的。像海红老师主题报告中的证明标准问题就只能是抽象的，如果要细化和具体化，就必然要结合实体法的具体情形，也就实际进入了民法研究领域和范畴了。所以海红的报告中提到"在实体法中可能就限定了我们对证明标准的理解和阐释"，这就是因为它是具体化的。因此，在这一点上，就典型地体现了民法学和民事诉讼法学在研究上的不同特点。大体上就可以说，只要是具体适用，很可能就归于或进入民法学的领域了。不知道我的这一观点大致是否成立？我不是说，民事诉讼法学就研究抽象的理论问题，不研究具体情形或具体问题。我主张应当尽量结合具体案件进行研究，从具体的研究中抽象出一般，这就是理论。实务界会认为我们的研究脱离实际。其实主要是不了解学术研究与实用技术研究的区别。

在民事诉讼法学研究中提出一个抽象的概念，而且对这个概念进行研究，界定一个大体上的标准，比如民事诉讼证明标准中的高度盖然性。这一标准要比刑事诉讼的排除合理怀疑要低。那么我们在一般之外，还有必要对第一百零九条的那几种情形再提出一个标准么？这样的研究是有必要的。尽管我们不能具体说达到百分之七十等具体标准，但我们可以讨论一下为什么要有这么一个抽象概括的标准，这个标准主要的依据是什么，是将我们实体正义的实现作为外在标准呢？还是考虑收集证据和证明的难易程度呢？是否还有其他的标准来锁定这个抽象的概念。如果假定我们没有提出一个抽象概念，我们又怎样将其具体化呢？因此只有提出一个抽象概念，才能在理论上和具体判例中去理解和阐释什么是高度盖然性。然后我们才可能在一个较为具体但依然是抽象的层面进行理论研究，再对应具体判例，阐释应当如何理解高度盖然性，也就是法律适用层面的解释。由此形成一个非常广泛和细密的判例网络，并最终形成共识，保证司法的统一性和正当性。

在我们的研究中，在概念理解上有很多分歧，包括我自己写的教材，我自己当时觉得写得很明确、很清楚，但是在修改时还是有很多疑问。这也不奇怪。一个特定概念，因为每个人的角度立场不同，肯定会存在分歧，有一句话叫什么来着——一千个读者就有一千个哈姆莱特。特定的概念只有通过竞争，才能确定最终是否胜出。像学军的具体举证责任这一概念，如果经过十年还有人在引用，说明它是有生命力的。如果没有人引用了，这一概念自然就会因为没有生命力而被淘汰。这是学术竞争非常残酷的一面。

作为民事诉讼法学来讲，我们面临的一些关系是相对好处理的。比如说我们需不需要完全按照段厚省教授所说的要考据原意，这往往是比较难的。厦门大学徐国栋老师是典型的考据风格。考据罗马法，依据拉丁语进行"原生态"的考据。考证会面临一个问题，因为我们不是考古，考古是以发现真实为目标。但是法学概念的考据的难度就在于，概念会随着实用性和社会变化而改变。考据仅是让概念获得正当性的方法和理由。因为历史是所有概念和制度的正当性的来源和基础之一。只要一说历史原貌往往就获得正当性。但是，历史并非是正当性的唯一标准，它还包括比如说概念提出的实用性，概念提出和使用与正义等价值的关系。况且，概念只能是特定社会历史的产物，其含义是随着社会的变化而变化的，考据概念的历史对于理解现实中的概念往往是刻舟求剑。海红老师的观点有道理，为什么要降低证明标准呢？是因为在民事诉讼中，如果很高，不利于实践，确定这样的证明标准受制于民事诉讼特定的价值追求。因此我觉得对于一个概念，要有几方面来锁定它，来看这个概念是否能在竞争中胜出。

这当中，还有一个比较难以处理的关系，就是与国外理论的关系问题。因为我们现在面临着两个理论话语体系，一个是大陆法系，一个是英美法系。这两个体系在概念上经常会干扰我们的理论研究。日本学者与我们一样也面临着这样的问题，类似两性人的纠结与痛苦。一方面是学术进步的"后发优势"，另一方面也是学术进步的"后发劣势"。留学英美的，其学术往往倾向于英美，而大陆法也会有这种倾向。因此在概念上会形成干扰。

在这种情况下，我觉得就要看看我们目前的传统，我们现在的传统以及民事诉讼法总体是建构在哪一个基础上，通俗地讲就是我们使用的是哪一个"系统"，是"苹果系统"——MAC，还是"windows系统"。这两个系统尽管都是处理信息，但它们的理念有很大区别，也就导致系统设计的差异。法制系统远远比电脑程序系统要复杂得多。如果我们是建立在大陆法系这一系统的基础上，那么，另辟蹊径完全创造一个与这一系统无法兼容的概念，恐怕不大现实。我们的痛苦和纠结就在于我们的出生或者说民事诉讼法理论的诞生一开始就有特定语境，已经选择了特定的系统。我们一开始就生在了大陆法系的怀抱中，比如说，我讲的话都是"川普"，就是"四川普通话"，这是我生长的环境所决定。（笑）现在的环境就不同了。我们尽管有苏联法的意识形态背景，但是在"系统"上基本上还是大陆法系的，这一点可能是我们需要特别注意的。如果要想摆脱，换一个系统不是那么简单的问题。既然我们不能摆脱，我们就需要考虑一下，他国经过了几百年的实践和研究，通过漫长的历史实践沉积下来的理论，是否应当要先学习，再批判，而不是简单地拒斥。日本走得更为极端，明治维新时期，在法制建设方面，日本人甚至提出，制定民法典和民事诉讼法法典，不妨先抄，然后再改进。我们虽然不能说直接抄，但必须认真学习和借鉴是没有问题的。在没有学习之前，我们不可能完全自己创造一套没有实践根基和学术竞争的理论。我们片面地讲理论创新是脱离现实的。当然，如何照顾法系以及从竞争胜出的概念理论，然后适当结合中国情况来加以改造，也是我们最为纠结之处，也是另一个更为复杂的问题。

在讨论中，学军教授也提到了，他的概念和理论根本不管实用问题，是纯学术问题。这里涉及两个层面的问题。一个是在纯理论层面，我们的研究与整个民事诉讼体系和制度中的整合和逻辑问题；另一个是，如何才能将理论加以实际应用的问题。我们现在在两个方面都有欠缺。纯理论研究有欠缺，把理论变成可适用的制度、可操作的程序和技术也有欠缺，而且这方面的欠缺可能更严重。我们可以注意看看日本的情形，日本已经将证明责任这一套理论通过类型化的案件一步一步全部进行了梳理。基本上可以为法官予以操作。因此，理论的规范作用非常明显。他们在这两个层面应该说做得比较好，分工也比较明确———一些人从事纯理论研究，一些人从事理论转化为操作程序和技术的研究。像普维庭这样的教授对证明责任的研究，不可能具体到实际操作程序和技术方面。也没有人会指责他为什么不写得很具体，他也没有办法写得太具体，他没有这方面的经验和条件。理论转化实用技术是另一些人研究的问题和领域。在德国，也是如此，比日本人还要做得细致，厚厚的几大卷关于证明责任的实用指南可以说基本解决了理论向实用技术转化的问题。我们在这方面还很欠缺，我们现在在理论方面也还不是很成熟，也还缺乏与理论转化研究相应的人力资源。在法治的具体方面，我们还有很长的路要走。

  时间快到了，并且我的讲话实际上也就是一个程序和仪式，因此，不应有太多的实质内容。对本次紫荆沙龙，我自己很有收获，很有体会，也触发了我的很多思考。形象地讲，两位主报告人基本上是经过一天语言上的"严刑拷打""刑讯逼供"。提问的人，不是"军统"，就是"76号"。不少发言人的话都是"暗藏杀机""先甜后苦"，先说两句写得很不错，自己很受启发，但接下来马上就要"拷打鞭笞"了。客观上讲，作为报告人心理可能也有些难以忍受，但是我觉得只要经过本次论坛的"严刑拷打"，而且在这样聚集了诸多学术新锐、"先进"的论坛上，能够被这些学者"严刑拷打"，其学术地位也就得到了认可。有一个词叫"虐恋"，我觉得很合适。"钢铁就是这样炼成的！"通过这个过程，你们今后就有条件成长为学术界的"钢铁侠"。论坛的磨砺对你们今后的学术发展很有利，在今后的研究中，我们会想想我的论断能够经受学界的拷问吗？总之，祝贺你们再一次通过了"严刑拷打"！我没有经过这样的学术磨砺是一件很遗憾的事，恐怕我经受不了这样的"拷打"。

  最后，还要谢谢各位提问人、参与者。你们精彩的提问、诘问，积极的参与使得论坛这朵紫金花开放得更加灿烂。

  谢谢各位。

附：书面评议

一、紫荆论坛评议意见

何 燕

一、《证明责任分配理论重述》阅后思考

文章对证明责任的分配理论进行了反思。指出了我国现有证明责任分配实践中存在的不足和缺陷，尤其是对法官裁量分配证明责任提出了批评，认为应该取消法官裁量分配证明责任制度，通过构建更为细致严谨的证明责任分配体系来引导实务正确理解和适用证明责任之内涵。同时，文章强调了具体举证责任（提供证据责任）在民事诉讼司法实践中所具有的重要功能。认为应该突破证明责任双重含义说中客观意义证明责任决定论的藩篱，重新审视行为意义上的证明责任在理论和实务中的独立价值。构建客观和主观证明责任二元并重的证明责任理论体系。文章在我国新《民诉司法解释》的框架下对我国的证明责任分配体系进行了深入细致的阐释，无论对立法抑或是司法都具有正本清源的效果。笔者尤其赞同以下观点，即强调具体举证责任在司法实务中的重要功能，要求立法和司法解释尽快引入表见证明、当事人事案阐明义务、构建防范举证妨碍机制等缓解具体举证困境措施，引导法官、当事人提高对法律事实的证明、认定效率，避免客观意义证明责任的最终出现。但对下列问题笔者存在困惑，尚祈胡教授拔冗解惑。

（一）关于证明责任二元分立机制。证明责任内涵体系的构建已经经历了一百多年的理论和实践经验的检验，虽然德、日也有不少学说对其术语表达的不准确致功能的含糊提出了批评，但迄今为止尚未有学说能够达到将其彻底推翻重新构建的高度。因为客观意义上的证明责任的分配在诉讼中的先在性和对主观抽象证明责任和主张责任范围的决定性是客观存在的，

"败诉风险的负担"对行为上的举证责任所隐含的控制促进功能也是不能否认的。因此，试图将客观意义上的证明责任和主观意义上的责任绝对地二元分离在理论逻辑上存在困难，在司法实务中也存在方法论解释的困境。① 笔者更为赞同的是在证明责任双重涵义内部，通过对术语更为准确明晰的适用来清晰地展示二者既相互依存又相互独立的关系。但笔者强烈反对新《民诉司法解释》中"举证证明责任"一语的适用，因为其既难以找到其历史传承，又可能对司法实务和理论研究产生更为严重的理解上的混淆，同时，也对我国与世界证明责任理论的交流产生障碍。笔者赞同张卫平先生以证明责任来表述客观意义上的证明责任；② 以举证责任来勾画行为意义上之证明责任的提法。因为第一，这符合法律概念界定所需的精简凝练；第二，举证责任在我国司法实务传统上一直是在行为意义证明责任内涵上使用，而证明责任则是我国理论上多数派学者用来指称客观意义上证明责任的内涵。如此界定，无论是理论还是在实务界都比其他用语能够更快适应。

（二）关于证明责任倒置的问题。按照作者的观点，一旦"倒置"上升至立法就属于规范说的范畴，就完全是"正置。"但从我国倒置的几种特殊侵权的证明责任分配来看，在证明主体、证明责任的对象、证明的方向上都与罗氏的观点存在不同。笔者不反对将其上升为法律的观点，且认为这才是特殊侵权证明责任的最终归宿。但笔者认为即便上升至立法也是原则与例外，而非"规范说的收编。"因为倒置的原因其实质正是以"反规范说"的诸多理论来修正规范说的僵化。规范说的内涵不能涵盖"倒置"的

---

① 我国司法实践中长期以来对证明责任的不当表述，乃是因为对证明责任概念的误读。如果在现在无论是理论还是实务对证明责任的内涵已经有了基本一致的共识下，又创造一套新的理论体系，恐怕对理论和实践的不良影响会更大。就笔者与实务法官交流的经验来看，证明责任理论在实务界尤其是基层法官的普及性并不如我们想象中那么广泛。实务中按照"谁主张、谁举证"来进行判决的案件仍然是大多数。笔者以为我国现在更为紧迫的任务是如何在法学教育中把证明责任及相关成熟理论进行全面普及，避免后进法官在遭遇疑案困境下缺乏正确的规范指引。

② 笔者在 2008 年已经对证明责任概念的混乱问题进行了粗浅的反思，并在文章中表达了和张卫平先生同样的观点。参见何燕：《关于本证与反证的再思考》，载《国家检察官学院学报》2008 年第 2 期。

内容。

（三）关于法官裁量分配证明责任。文章反对赋予法官对证明责任分配的裁量权，认为证明责任分配的实质应该是形式上的、统一的、抽象的分配。应该以围绕法律观点、以要件事实为核心的"依法分配"。而不是围绕证据的、以争点事实为对象的"依主张分配"转换为标准的。但严格按照规范说进行分配所可能导致的实质上的不公平，作者似乎并没有对其进行更为充分的展开论证；而仅以标准的含糊、不明确以及我国法官素质不高来否定对"规范说"进行补正的意义。然而现实的复杂性的确需要在规范的严谨之下配之以补偏救弊的灵活性，只不过对法官分配证明责任的标准需要进行制度的限制。正如在证据规则法官证据采信上自由裁量的限制一样。过度强调规范的形式化可能导致实质公正的破坏和对民众普遍道德情感上的偏离。

笔者同意应当限制法官在诉讼中对证明责任的分配。但正如作者在文中提及的德日都存在法律空白时的法官在司法中的填补和适度造法功能。因此文中对法官分配证明责任的绝对排斥态度是否有矫枉过正之嫌。从《证据规定》第 7 条有关法官分配证明责任的条文来看，其也是构建在"法无明文规定"前提条件下，而不是完全由法官的自由裁量来确定。[①] 这与文中所述的德日规定完全一样。因此，我们在立法上应该给法官裁量分配证明责任留一个空间，否则就可能全面抹杀程序对实体的促进功能，使得程序彻底沦为实体的附庸。

（四）关于高级别法官更具有造法资质的问题。对于作者所提及的法官造法应当仿制国外由高级别的法官来完成，笔者原则上同意这一观点。但值得商榷的是，其一，在我国现有的法官选任体制下，高级别的法官素质就一定比下级法官的素质更高吗？恐怕这需要在彻底改革我国法官选任机制的情况下，如建立新进法官只能在基层任职。高级别法院法官必须从下

---

① 《民事证据规定》第七条："在法律没有具体规定，依本规定和其他司法解释无法确定证明责任承担时，法院可以根据公平原则和诚实信用原则，综合当事人举证能力等因素确定证明责任的承担。"

级法院资深优秀法官中选任等条件完善时,这样的结论才有坚实前提予以保障,否则该结论的成立就很成问题。其二,笔者一向认为我国司法实务中的案件审批制度应该废止,因为其严重违反了二审终审制度,侵害了当事人的审级利益,也无助于我国司法独立理念的倡导。因此,在法无明文的情况下法官分配证明责任应当由审理个案的法官自主完成,高级别的法官应该通过正当的程序来完成对错误分配证明责任的救济和法律适用统一的解释,而不应该在案件尚未经过正当程序就让高级别的法院来插手甚至取代具体案件的审理。

以上是笔者对胡教授文章阅读后的几点粗浅认识,如在观点上有不妥甚或错误,尚请不吝指正。

二、关于《提高民事证明标准的理论反思》的思考

对于我国今年民诉司法解释第109条中针对欺诈、胁迫、恶意串通等证明对象提高证明标准的做法,笔者的观点与霍教授完全一样,认为这无助于我国对那几种恶意行为的防范和制止,也打击了受害人提起司法救济的积极性。从另一角度来说这也加大了我国为防范这几种恶意行为而创设新规范的立法成本,导致这些制度存在被虚置的危险。由于笔者对证明标准的问题研究也不够深入,所以尚缺乏独立的见解。但有几个小问题想请教霍老师:

1. 我国是否应该针对不同的证明对象建立不同的证明标准?还是坚持在所有问题的证明上一体适用"高度概然性"标准?

2. 关于为了防范"折扣执行"的中国式立法,我们是应该鼓励还是反对?

二、王洪平教授的评议意见

一、对霍教授文章之读后感(烟台大学法学院王洪平)

霍教授的大作洋洋大观,可读性很强。小可就此问题只谈一点粗疏的看法：对《民诉解释》第109条的理解，我们每个搞民事实体法和民事程序法的人都存在着一个基本的前见，即刑事证明标准是"排除合理怀疑规则"，民事证明标准是"高度盖然性规则"或者"优势证据规则"。就优势证据规则而言，《民诉法》没有明确规定，只是在《民事证据规定》之第73条中有所表述（虽有失学术谱系上的"学术正确"，但仍不失为现行法依据）。而在《刑诉法》的第53条中，"排除合理怀疑规则"却有明确的规定，这体现了刑诉法相较于民诉法而言的"先进性"（仅就对证明标准作出明确规定这一点而言）。问题在于，这一"前见"已经误导了我们对于《民诉解释》第109条规则的正确解决，我们先入为主地认为，《民诉解释》不当地拔高了对此类案件的证明标准，把刑法上的"排除合理怀疑规则"混搭进了民法中，不仅不伦不类，而且会"助纣为虐"，是在帮"坏淫"的忙。但依鄙人之见，此"排除合理怀疑"非彼"排除合理怀疑"也。《刑诉法》第53条第2款规定："证据确实、充分，应当符合以下条件：（一）定罪量刑的事实都有证据证明；（二）据以定案的证据均经法定程序查证属实；（三）综合全案证据，对所认定事实已排除合理怀疑。"由文义解释即可显见，刑诉法上规定的被排除合理怀疑的对象是"经证据证明、查证属实而已经被认定了的事实"，是排除了对"定罪量刑事实"的合理怀疑，达此证明标准方可定案。而返观《民诉解释》第109条规定："……人民法院确信该待证事实存在的可能性能够排除合理怀疑的，应当认定该事实存在。"同样从文义解释的角度看，能够排除合理怀疑的只是"人民法院的确信"，而"人民法院的确信"与刑诉法上的"定罪量刑事实"有本质的不同，"确信"不是"事实"本身。而人民法院"确信"之形成，仍然是遵循《民诉法解释》第108条第1款确定的"高度可能性"标准，而非是"排除合理怀疑标准"。换言之，人民法院不是在"排除合理怀疑"之后形成了"确信"，而仍是在"优势证据"之下形成了"确信"。"确信"是"自由心证"的结果，而非刑诉法上"事实认定"的结果。因而，若此论成立，那么《民诉法解释》第109条画蛇添足规定的"能够排除合理怀疑的"，实际上就是一项"具文"而不具有实际的规范意义。所谓的"能够排除合理怀疑的"，只是指"确信待证事实存在的可能性"要大于"待证事实不存在的可能性"而已；如果由于"确信待证事实不存在"而不认定待证事实，那也根本不是"未能排除合理怀疑"的结果，而仍然是"盖然性优势证据规则"下的自由心证结果。因此，依小可之见，《民诉法解释》第109条规定并没有混搭刑诉法上的"排除合理怀疑标准"，大可不必担心因此而提高了证明标准会纵容恶人为恶。同为"排除合理怀疑"，刑、民规范不可作同义理解，文虽同而旨趣远矣。一点浅见，还请霍兄批评教正！

二、对胡教授文章之读后感（烟台大学法学院王洪平）

请见谅，肯定的话就不讲了，只谈一点商榷观点：本人认为"依主张分配"与"依规范分配"二者均不可偏废，后者不能取代前者。一般情形下，规范中的要件事实也正是诉的主体"主张"的对象，二者具有高度重叠性，所以说"依主张分配"与"依规范分配"二者并不冲突。在少数情形下，当诉求者对某些要件事实（因其不知法）而未提出"主张"时，法官应向其释明："依据法律规定，尔等须就某要件事实（待证事实）承担举证责任。"在更少数的情况下，就某要件事实究竟是应由原告还是被告承担举证责任不明时，就需要法官自由裁量权的介入了，此时法官应对请求权基础规范作出解释，以明确要件事实的举证责任主体；在法律规定存在漏洞时，法官就需要经由法律漏洞的填充而作出解释性的决断，依其决定课加某方以举证责任。

此外，尚有一点小小的建议，即文章的句子表述比较长，能否进行更为精简的表达。

三、任重的评议意见

一、评胡学军教授《证明责任分配理论重述》

在我自己有限的教学、研究和调研工作中，已经能够非常明显体会到我们掌握的民事诉讼证明责任理论与民法等兄弟学科的理解，以及司法实践中法官眼中的证明责任有相当大的偏差。学生、民法老师和法官比较常见的问题是，虽然被告按照你们的理论并不承担证明责任，但是他为了自己的利益提出了一个驳斥原告方主张的具体事实，难道他不需要对此负有证明的责任么？如果他需要负责任，是不是就是证明责任。那么证明责任是不是漂移的，并非在诉讼过程中确定不变的？

胡学军教授敏锐地抓住了这个教学和实践中的"大问题"，并且尝试通过具体证明责任理论来弥合司法实务观点与传统证明责任理论之间的鸿沟。并将上述问题的根源归结于抽象证明责任与具体证明责任之间的混淆。因此在报告的开头就紧紧抓住了读者的心。对此感兴趣的人群，除了民诉理论研究者，恐怕还有大量的民法学者以及司法实务家。

对于产生理论与实践鸿沟的原因，胡教授首先将其归结为《证据规定》第2条、第4条和第7条，这也是我国以李浩教授为代表的前辈积极推动证明责任入法的具体成果。按照理论界的认识，上述条文分别规范了证明责任（抽象）一般原则、例外情形和特殊情形。但其中"反驳对方诉讼请求所依据的事实"很可能是民法学者、法官理解的难点。不仅如此，2015年《民诉法解释》的出台更加剧了规范体系梳理和理解的难度，并且可能产生与《证据规定》条文群之间的矛盾关系。

在问题的提出之后，胡教授围绕这一主题进行深入的分析。此外也有相当多的论文看似轻描淡写，其实意义重大。例如其在证明责任入法的动机方面，认为我国的目的其实是通过向当事人转移责任提高诉讼效率，也有利于降低法官的风险。这与大陆法系国家建立证明责任的动机有较为明显的不同，后者是为了克服人类认识有限性与法官不得拒绝裁判之间的天然矛盾关系。动机的偏差也为证明责任理论和实践视角的鸿沟埋下了伏笔：理论者更愿意以《证据规定》中"举证责任"的表述作为以大陆法系国家证明责任的直接法律依据；实务者更愿意从微观的视角理解"举证"。就此而言，在2015年《民诉法解释》创设"举证证明责任"之前，《证据规定》是否全面承认和建立了大陆法系国家语境下之证明责任，似乎是存在些许不确定性的，胡教授更是认为并未建立起证明责任。对于所谓证明责任在司法实践中的"中国逻辑",除了胡学军教授,还有霍海红教授的专论《主观证明责任逻辑的中国解释》。两位作者并且心有灵犀的共同提出了抽象证明责任和主观行为责任之二元区分,并由胡教授对后者以"具体证明责任"为核心概念进行了充分的体系化。

除此之外,论文很多论证使我心有戚戚。比如胡教授对证明责任倒置概念的反思、对证据规定第 7 条的案例研究,并在此基础上对滥用裁量的警示。并且可以想见,胡学军教授的具体举证责任论,其目的是对混乱的裁量进行规范化和制度化,避免当事人因为法官恣意遭受不利。尽管如此,依旧有如下几点疑问,暂且不成熟的提出来:

1. 论文或许对于文义解释过于倚重,对抽象证明责任过于苛刻。例如,是否法律未有明确规定"证明责任"就是不存在?通过《民诉法解释》第 90 条难道无法解释出证明责任么?"当事人对自己提出的诉讼请求所依据的事实或者反驳对方诉讼请求所依据的事实,应当提供证据加以证明,但法律另有规定的除外。(第一款)在作出判决前,当事人未能提供证据或者证据不足以证明其事实主张的,由负有举证证明责任的当事人承担不利的后果。(第二款)"首先对第 1 款,关键问题是对"提出诉讼请求所依据的事实"和"反驳诉讼请求所依据事实"如何来理解。如果按照以下图示进行理解,自然能够将认为"提出 =《民诉法解释》第 91 条第 1 款第 1 项"、"反驳 =《民诉法解释》第 91 条第 1 款第 2 项"。此外,第 2 款具有较为明显的终局性。至于司法实践之误解,或许是对条文的误读,是拘泥于文字以及自身逃避责任的表现。那么是否可以认为我国确立了证明责任原则,只是司法实践曲解了该原则呢?

2. 从证明责任的作用方式观察,除了证明责任判决,还有以此为基础对当事人形成之心理压迫,并在诉讼过程中以法官心证之随时开示、法官释明义务的积极履行以及证明必要在当事人之间的不断流动,使当事人切实了解到当下状态下自己的证明活动在法官心目中的作用和影响,并通过败诉的风险迫使其继续援引攻击防御方法,把皮球传给对方。即便在德国,证明责任判决的情形极少。一方面,这是因为德国证明责任适用情形在

"真伪不明",而非《证据规定》第 2 条表述的"不能证明",对此存在二阶段和三阶段之分,曹志勋博士已有专论《"真伪不明"在我国民事证明制度中确实存在么?》。对阶段划分,《民诉法解释》出台后可能会有新局面,不再赘述。而另一方面,恰恰也是因为抽象证明责任辅之以心证随时开示对当事人形成的心理压力,使其把模糊事实完全澄清,从而逃出了真伪不明的范畴,进入到确信或不可信的阶段。由是观之,恐怕也不能因为司法裁判中少有直接适用证明责任(抽象)的现状认为证明责任未被确立。

3. 从证明责任作用机理出发,抽象或结果意义证明责任是发动机,释明义务是传动器,证明必要是轴承。如是观之,抽象证明责任与具体举证责任是二元关系,还是一元关系呢?对此也不得不引起深思。

4. 当然,胡教授的论文对上述问题已有充分的考虑,并将"一元传动结构"认为是德国民诉对证明责任的误解,并因此承受了与我国同样的遭遇。因此不应再一元结构下理解二者关系,而是将其作为适用对象不同、发生机理不同的两种制度,形成抽象证明责任与具体举证责任的二元结构。但从立法、实践和理论成本的功利角度观察,这种改革是否过于浩大?如果其在道德上并非绝对高于一元论,其改革动机又如何实质性论证呢?论文的逻辑是:立法模糊 – 司法实践并未认可证明责任 – 司法实践中其实是具体举证责任 – 我国应该废一元建二元。但这一逻辑结构有三个相当致命的环节:一、我国司法实践不认可证明责任的原因何在?是否是法官借此推卸责任,并且希望拥有更加自由的裁量度?这与诉讼程序的稳定、透明和可预见之间是否有冲突?二、证明责任理论真的在我国实践中无法运行么?真的无法解决实践中经常提出的相关问题么?三、具体举证责任真的可以"克服"抽象证明责任的"弊端",并且能够建立起稳定和可预见的证明规则与程序么?

5. 一元和二元看似是南辕北辙,但实质上的差别似乎并不大。如果将一元论下被认为"轴承"的证明必要理解为具体举证责任,把释明义务和心证开示作为法官形式中立性向实质中立性的必然发展结果,似乎就能够发现轴承和发动机之间的关联。进而使一元和二元论归于一体。

附：民事诉讼抗辩体系图

```
                    ┌─ 诉讼抗辩（狭义） ─┬─ 诉讼规范 ─┬─ 妨诉抗辩：诉讼要件+诉讼障碍
                    │                    │            └─ 证据抗辩
        诉讼抗辩    ├─ 援引对立规范      │
        （广义）    │                    └─ 实体规范 ─┬─ 权利阻却抗辩 ─┐
                    ├─ 援引生活事实        （民法抗辩）├─ 权利消灭抗辩 ─┼─ 民法抗辩（狭义）
                    │                                  │                 │
                    └─ 诉讼否认                        └─ 权利延缓抗辩 ──── 抗辩权
```

二、霍海红：《提高民事诉讼证明标准的理论反思》

霍海红教授长期关注证明责任的相关问题，并有一系列相当有见地的成果。"证明标准"一文则进一步将视野扩展到证明责任的内核问题，特别是选择了《民诉法解释》第109条这样一个具体规范展开研究。霍教授以第109条的"立法"为起点，开展了文义解释、历史解释、体系解释和目的解释，并且展开了大陆法系和英美法系的比较法观察，并在此基础上对2015年来第109条的司法实践进行了梳理，提出被拔高的证明标准不仅有加剧证明难度的问题，而且还存在被扩大适用的风险。最后，作者将证明标准的体系化工作之本归结为以降低证明标准，而非提高证明标准。对于《民诉法解释》第109条的精彩分析，我亦心有戚戚，因此不准备再添溢美之词。而对本文引论部分，我想再提出一些或许并不限于本文的问题。

以"证明责任"为中心词的论文经常着眼于证明责任的分配以及在诉讼进程中具体事实甚至是证据提出的"责任"问题。但从证明责任的作用机制出发，证明标准是无法回避的问题。无论是英美法系证明责任的二分法还是德日为代表的大陆法系国家民事诉讼证明责任的三分法，都以证明标注的确定为起点。二分法以证明标准的确定为前提，以证明标准以上的盖然性作为已证明，以证明标准以下（不含）的盖然性为未证明，进而认为未证明的情形均引发证明责任的诉讼法律效果。大陆法系的三分法同样以此为基础，进而认为其以上为已证明。而当证明标准为高度盖然性而非优势盖然性时，由高度盖然性到优势盖然性的部分被视为真伪不明，进而仅在此情形适用证明责任。优势盖然性以下的部分并非证明责任之作用范畴。

这样一个证明责任的前提性问题，在我国立法、理论和司法实践中却难谓有充分的储备。例如，我国民事诉讼诸多事项的"证明难"现象，也都存在证明标准单一和僵化的消极影响。德国民事诉讼法对诉讼要件、迟延提出攻击防御方法的理由说明以及假处分和假扣押的理由均认可低于实体事项的证明标准。一般证明标准也被表述为 eine sehr hohe Wahrscheinlichkeit，超高盖然性，数字表达为90%以上，或所谓于实际生活所需之信实程度之盖然性，不许完全排除所有怀疑，但应怀疑已沉默。而在此之外，德国也曾学说主张高度盖然性说，即 eine hohe Wahrscheinlichkeit，被认为只需要超过75%即可。与此不同，上述事项被认为只需要达到优势盖然性即可，即 eine ueberwiegende Wahrscheinlichkeit，数字表达为50%，这种降低证明度的制度被表述为疏明（Glaubhaftmachung），而与以超高盖然性为一般准则的证明相区别。至于为何对上述制度需要以更低证明标准的疏明相匹配，这与制度的自身属性有关。以假处分和假扣押为例，其是在实体问题的证明之前作出相关司法判定，以实现快速权利保护的诉讼法律效果，如若要求必须在证明标准上与实体问题一致，势必造成制度适用的困境。然而对比我国民事诉讼法关于行为保全和财产保全的规定，并未有与德国法对应的规定。即便如此，却不一定能得出我国不存在疏明制度的结论。例如通过谷佳杰博士的调查，关于损害赔偿范围的司法裁判中实际上广泛认可证明标准降低的操作方法，这在《侵权行为法》中的实体法表达或许可以归结为第二十条"侵害他人人身权益造成财产损失的，按照被侵权人因此受到的损失赔偿；被侵权人的损失难以确定，侵权人因此获得利益的，按照其获得的利益赔偿；侵权人因此获得的利益难以确定，被侵权人和侵权人就赔偿数额协商不一致，向人民法院提起诉讼的，由人民法院根据实际情况确定赔偿数额。"只是司法实践中的需求尚未被立法者所充分考虑，也因此尚不存在关于证明标准降低的一般性规定。

霍海红教授则从另一个维度观察证明标准问题，即《民诉法解释》第109条所引入的证明标准提高，深入探讨了证明标准在我国的现状以及制度构建的意义。在论文的第一部分，霍教授将《证据规定》第73条第1款定位为我国高度盖然性证明标准的规范依据。当然由此联想到的问题是，我国是否对高度盖然性有较为一致性的理解，例如我国的高度盖然性是否对应德国的超高盖然性，抑或是高度盖然性？其数字表达是90%以上抑或是75%以上？这一问题的解答无疑对《民诉法解释》第109条的理解与适用意义重大。在德国，民诉和刑诉的一般证明标准并无不同，因此将我国的高度盖然性与德国的超高盖然性等同的前提下，面临着证明标准的升无可升。排除一切合理怀疑本就是超高盖然性的另一种表述而已。如果认为我国的高度盖然性仅为75%，则第109条在理论上尚存在升为90%以上的可能性，当然在这里尚不考虑升高对相关行为的后果问题。霍教授论文的第一部分表明了本文的立场，即以高度盖然性为论证的起点。但疑问如影随形，这里的高度盖然性究竟可以对比德国的何种学说，可以表述为何种数字表达？

与霍海红教授在论文第七部分比较法批判的观点一致，我认为在我国证明标准体系中，目前迫切需要解决的不是证明标准的提高，而是低证明标准的确定，以及与相关制度的配套。只有通过法律规定和判例确立以高度（超高？）盖然性为标准的一般标准，以优势盖然性为标准的疏明制度，并在此基础上完成证明标准的进一步降低或增加（德国民诉法第921条优势盖然性和担保的互动），才可能针对证明事项不同合理安排证明标准。但在德国比较部分，霍教授提到证明标准和表见证明的关系，但我的问题是，证明标准和表见证明是否存在直接关联？表见证明的采纳是否意味着证明标准的降低呢？

四、书面意见

黄忠顺

霍老师和胡老师的博士论文都是民事证据法学方向，是我国中青年学者研究民事证据法学中极具代表性的两位老师。我对民事证据并没有多少前期研究成果，本来不打算提交书面意见，参加本次紫荆论坛主要目的在于学习。中午得知组委会截至目前收到的书面意见较少，似有必要斗胆出来抛砖引玉。如组委会后续能够收到足够数量的其他书面评议，请优先安排其他老师担任主评议人。霍老师和胡老师都是我敬仰的学者，本着向两位老师虚心学习的心态，发表以下意见，恳请两位老师以及其他诸位师长不吝指正！本次论坛大家云集，作为学界晚辈，主要谈谈自己的学习体会以及基于这两篇论文引发的思考。

一、方法论上的共通之处

霍老师的大作属于典型的"小题大做"，从理论的高度务实地对《民诉法解释》第109条规定的"排除合理怀疑"证明标准进行了透彻的分析。胡老师的大作对传统理论进行反思，有理有据地对证明责任"双重涵义说"进行了反思，并倡导具体举证责任和抽象证明责任分立。两篇论文分别从微观和宏观的角度展示了作者对民事证据法学问题研究的深厚功力。尽管两篇论文选题不尽相同，但仍能隐约感觉到两位老师在诸多问题存在着共识，这里仅举例说明。（1）两位老师都对自由裁量权持较为谨慎的态度，霍老师倡导通过细化规则以限制自由裁定权，胡老师也认为"案件的事实认定的困境情形部分应通过确立具体的诉讼证明规则来解决"，而且更为明确指出，"有法官自由裁量的地方就有不公正的风险，为从源头上防止司法裁量权的滥用，就应当对司法裁量权的启动程序予以严格规制。"（2）两位老师都极为关注制度设置的激励问题，霍老师对提高证明标准是否激励不法行为进行了理性分析，既注意到激励不法行为客观存在，但也不过分夸大其可能造成的危险，胡老师则对我国目前缺乏激励具体的诉讼证明规则进行了批评，但并没有就如何激励展开进一步分析。（3）两位老师都注重刚柔相济的民事诉讼制度设计思路，无论霍老师对证明标准的研究，还是胡老师对具体举证责任的研究，他们都强调通过细化民事诉讼法和/或民事实体法的规则实现民事证据规范的刚性，但又都不得不承认民事证明的过程始终离不开法官的主观判断，①具体规则的细化只不过是为了合理限制自由裁量权的启动或行使过程。（4）两位老师都注重民事诉讼法与民事实体法之间的衔接。霍老师质疑"排除合理怀疑"证明标准的一个视角就是：民事实体法并无存在提高证明标准的直接或间接规定，反而存在大量降低证明标准的实体法规则，在此种情形下，民事诉讼法提高证明标准将导致与实体法规则的背离。胡老师的具体举证责任理论更是建立在民事实体法基础之上，最为显著的就在于：胡老师将民事实体法中规定的"举证责任倒置"解读为对某法律规范要件的特别规定，认为"举证责任倒置"并不与法律要件分类说的分配原则相矛盾，并倡导法官在法律空白时依据自由裁量权进行的证明责任分配（法律续造）应当予以及时转化为民事实体法规则。（5）两位老师所开展的研究都极为实务，并不盲目地从表象上引进域外经验，而注重在我国现有民事程序法与民事实体法的基本框架内分析问题和寻找解决方案。

二、基于论文引发的思考

（一）提高抑或降低：合意瑕疵的证明标准问题

根据《民诉法》解释第109条的规定，意思表示瑕疵事实的证明标准是"排除合理怀疑"，而且其适用场合似乎并未作出限制。因而，在法院审查调解协议或和解协议的自愿性时，主张在纠纷解决过程或者强制执行程序中所作的意思表示存在不自愿或者不真实情形的，应当承担意思表示瑕疵的证明责任，并且只有达到排除合理怀疑的证明标准，才能对调解协议或和解协议

---

① 如霍老师指出，"是否达到证明标准的判断最终要经过法官主观心证的过滤"，胡老师的研究也表明，即便是奉行法律要件说的德国等大陆法系国家法官在审理案件时，如果实体法法律没有明确规定时，证明责任的分配也是由法官自由裁量的。

的效力进行有效挑战。霍老师的文章从一般意义上反对"排除合理怀疑"证明标准的采用,其结论是否适用于调解协议或和解协议的司法审查程序尽管并没有予以明确,但似乎可以推知该结论同样适用于调解协议或和解协议的司法审查程序。如果说诉讼外解纷合意的达成过程难以为法院所了解,适用高度盖然性证明标准尚且具备正当性。诉讼调解以及执行和解通常在法官面前进行,在强迫或诱骗调解较为常见的语境下,相对于"被调解"或"被和解"的当事人,要求其对强迫或诱骗因素承担符合"排除合理怀疑"标准的证明责任,无异于要求被告人对其受刑讯逼供的事实承担排除合理怀疑的证明标准。然而,在普遍采取排除合理怀疑证明标准的刑事诉讼法领域,对刑讯逼供事实恰恰采取了较低的证明标准。①诚然,刑事诉讼法作出前述安排主要是基于人权保障方面的要求,但民事诉讼法采取"排除合理怀疑"证明标准,恐怕还是存在商榷的空间。此外,在当事人之间恶意串通,通过诉讼、调解等方式侵害他人合法权益的情形下,第三人依据《民事诉讼法》第56条第3款提起的第三人撤销之诉的,对于当事人是否存在恶意串通事实的证明标准问题恐怕也存在认真检讨的必要。另外,双方当事人对其经人民调解达成的解纷合意的真实性和自愿性提出挑战的,对欺诈、胁迫事实应当采取何种证明标准?显而易见,提高对欺诈、胁迫事实的证明标准有助于强化纠纷解决的确定效力,起到定纷止争的作用。然而,提高证明标准也存在放纵司法机关或者人民调解委员会强迫或诱骗调解的风险,在当事人遭受损害的实体与程序利益难以获得司法救济,制度上强加的"定纷止争"效力在实践中必将遭遇尴尬。

(二)穷尽穷尽一切证明手段抑或兼顾比例原则

胡老师在论文中指出,"穷尽一切手段最终仍不能达到证明标准的事实认定落入所谓的真伪不明区域,才能将证明责任裁判作为最后的裁判手段。"

---

① 根据《最高人民法院关于适用〈中华人民共和国刑事诉讼法〉的解释》(法释〔2012〕21号)第106条关于"根据被告人的供述、指认提取到了隐蔽性很强的物证、书证,且被告人的供述与其他证明犯罪事实发生的证据相互印证,并排除串供、逼供、诱供等可能性的,可以认定被告人有罪"的规定,应当排除合理怀疑的是串供、逼供、诱供等可能性,而并非不存在串供、逼供、诱供等情形的可能性。

民事诉讼法研讨一

胡老师所谓的"穷尽一切手段"并不指穷尽一切取证调查手段，而是包括"要件事实的法律推定"手段，"只有在自由心证用尽的情况下，证明责任机制的适用才具有正当性。"强化证明手段固然重要，但倡导穷尽一切手段并不排斥比例原则在证明标准设置以及证明责任分配中的运用。对于某些证明难度很大或者证明成本很高的待证事实（前者如环境侵权案件中的因果关系认定，后者如消费者集体性损害金额的计算），立法者根据实质标准对民事证据规范作出特殊安排恐怕还是很有必要的。诚然，对于这些特殊安排，胡老师更倾向于将其纳入民事实体法的研究范畴，但他也指出，在法律尚未对证明责任作出明确规定的情形下，法官在证明责任分配方面具有"法律续造"的功能。对于环境公益诉讼以及消费公益诉讼等程序特则尚未构建完备的新型民事案件而言，司法实践中对证明责任分配进行探索的空间显得更大。即使是民事实体法已经作出明确规定的领域，法官在具体举证责任分配以及认定当事人的证明是否达到相应标准方面仍存在自由裁量的空间。借助前述手段，为避免对客观真实的分过追求以及兼顾其他法律价值的实现，即使在客观上存在查明案件事实的有效手段，但鉴于该手段运行成本过高，立法者可以设置详细的实体法或程序法规范进行特殊处理，司法者可以通过其他证据或者其他方法查明或者推知案件事实或者促成当事人达成证据契约甚至是调解协议的，也可以舍弃采取该证据方法，以贯彻利益衡量原则。鉴于此，笔者赞同胡老师关于"证明责任的分配应当遵循的是实体法的价值取向选择"的见解，包含民事证据法规范内在的民事诉讼法都应当贯彻特定实体法领域内的价值取向选择，如连带责任之诉在过去被理解为固有必要共同诉讼本身就违背了民事实体法设置连带责任的初衷。

仓促提出以上不成熟意见，敬请诸位师长多多指正！

黄忠顺 2015 年 11 月 7 日于清华大学法学院图书馆

五、关于两篇论文的书面评议

山东大学法学院　张海燕

一、关于《证明责任分配理论重述》

胡学军教授的此篇论文从《民诉法解释》新创立的"举证证明责任"这一概念及其分配规范入手分析，首先明确界定举证责任与证明责任的二元区分，重点指出传统证明责任"双重涵义说"可能于理论于实践造成的混乱，故应适用作者近年来一直坚持之具体举证责任与抽象证明责任概念的二元机制。以其作为逻辑论证基础，作者又针对证明责任分配一般理论、证明责任倒置的意义以及证明责任司法裁量等问题深入分析，提出了作者具体举证责任和抽象证明责任二元体系框架内的自治理论学说以及克服司法实务关于证明责任分配理论适用不足的有效思路。论文观点明确、论证充分、逻辑严谨，读后受益匪浅。

同时，关于此文，有两个问题请教胡教授：

1.关于证明责任倒置与证明责任正置的关系？

论文第三部分第8页第一段中谈到【法官在个案中的自由裁量是类型化的"证明责任倒置"的来源，而"证明责任倒置"一旦时机成熟最终将通过实体法的制定或修改而成为证明责任"正置"——按规范说的一般原则分配证明责任。】我认为此段论述中关于证明责任倒置和正置关系的观点有待商榷。

所谓证明责任倒置，是指按照法律要件分类说在双方当事人之间分配举证责任后，对以此分配结果原本应当由一方当事人对某法律要件事实存在负举证责任，转由另一方当事人就不存在该事实负举证责任。[①] 证明责任倒置是一种独立的减缓当事人证明负担的方式，其适用应当以法有明文规

---

① 参见李浩:《证明责任倒置：学理分析与问题研究》，载《法商研究》2003年第4期，第87页。

定为原则，任何背离法律的证明责任倒置都欠缺方法上的合法性基础。①而其通过立法予以确定的必要性则是法官在具体个案情景中累积的公平分配当事人之间权利义务的经验，在此意义上胡教授主张的法官在个案中的自由裁量是类型化的"证明责任倒置"的来源是有道理的；但"证明责任倒置"是否一经确定下来之后就是"证明责任的正置"呢？我认为并非如此。理由如下：证明责任倒置的存在形式只能是法律明确规定，且一般是实体法规范的明确规定，脱离了实体法形式的证明责任倒置是无本之木。而证明责任"倒置"和"正置"的区分依据是法律要件分类说，某事实若属于权利成立要件事实，则主张权利成立之当事人承担该事实之证明负担为证明责任正置，若由对方当事人承担该事实不存在之证明负担为证明责任倒置。比如，《侵权责任法》第66条规定的污染者就其污染行为与受害人损害之间不存在因果关系承担举证责任就是典型的证明责任倒置。若按照胡教授文中观点的话，该条不就因为有了实体法的明确规定而变成证明责任的"正置"了吗？从民事实体法角度，环境侵权作为一项特殊侵权行为，其构成要件为污染者的污染行为、受害人的损害事实以及污染行为和损害事实之间的因果关系三项事实，其中存在因果关系依然是环境侵权责任的构成要件事实，只不过该事实的证明责任主体由主张权利成立之当事人变为了反对权利成立之对方当事人。

2. 证明责任倒置的原因是实质法律推定吗？

论文P.8第三部分最后一段谈到【证明责任倒置的原因就在于实体法规范的特别规定，尤其是实质法律推定。典型的就是侵权行为中的过错推定或因果关系推定。】诚然，大陆法系国家和地区学界普遍认为推定能够引起证明责任倒置。我国学者也通常认为证明责任倒置的前提是法律规定的推

---

① 参见［德］普维庭：《现代证明责任问题》，吴越译，法律出版社2006年版，第31~33页。

定规则。①比如,《侵权责任法》第 66 条规定"因环境污染发生纠纷,污染者应当就法律规定的不承担责任或者减轻责任的情形及其行为与损害之间不存在因果关系承担举证责任",该条虽未使用"推定"语词,却被普遍认为是关于环境污染因果关系的法律推定规则,通常被称为"因果关系推定"或"因果关系的证明责任倒置"。又如,《侵权责任法》第 88 条规定"堆放物倒塌造成他人损害,堆放人不能证明自己没有过错的,应当承担侵权责任。"该条亦被认为是关于堆放物倒塌致害中的过错推定规则,表现在诉讼中就是过错证明责任倒置。

对此,我认为上述观点值得商榷,因为其混淆了推定和证明责任倒置在内在逻辑结构和当事人证明负担分配方面的不同。下面我也以胡教授文中提到的"侵权行为中的过错推定或因果关系推定"为例进行论证。

《侵权责任法》第 66 条规定的污染者应当就法律规定的不承担责任或者减轻责任的情形承担举证责任是证明责任分配的一般原则而非证明责任倒置,但该条规定的污染者应当就行为与损害之间不存在因果关系承担举证责任则是典型的证明责任倒置,其内在逻辑结构是从污染者不能证明行为与损害之间不存在因果关系推出两者之间存在因果关系,受害人则不需对行为与损害之间存在因果关系承担任何证明负担,其于诉讼中的举证顺序是先由原告证明存在污染者的污染行为和自身损害,然后再由被告证明不存在因果关系。但如果将该条理解为因果关系推定的话,则其内在逻辑结构应当是从受害人已经证明的基础事实推出存在因果关系;污染者可以对存在因果关系这一推定事实行使程序反驳权,其于诉讼中的举证顺序是先由原告证明存在污染者的污染行为、自身损害以及能够推出存在因果关系的基础事实,如果被告反驳的话,然后再由被告通过前述反驳方式对存在因果关系进行反驳性证明。可见,在因果关系证明责任倒置规则下,对

---

① 参见何家弘:《论推定规则适用中的证明责任和证明标准》,载《中外法学》2008 年第 6 期。何教授在该文开篇就主张诉讼活动中适用推定规则的直接作用是免除了一方当事人的证明责任并添加了另一方当事人的证明责任,并以《证据规定》第 4 条第(三)项规定的环境污染损害因果关系由加害人承担举证责任为例,认为这是关于环境污染损害因果关系的司法推定规则。

民事诉讼法研讨一

于因果关系这一要件事实，受害人不承担任何证明负担，污染者则需要对因果关系不存在的事实承担证明责任。在因果关系推定规则下，受害人对于因果关系的存在虽然不负证明责任但却需要证明能够推出因果关系的基础事实，其只是被减缓了对于存在因果关系的证明负担而非免除，污染者被施加的证明负担相比于证明责任倒置规则下要轻一些，其既可以通过直接证明不存在因果关系也可以通过动摇裁判者对于基础事实或推定事实的内心确信来反驳推定的适用。如前所述，我国杨立新教授已经意识到这一点，他主张该条表达的是缓和受害人举证责任的因果关系推定制度而非因果关系的证明责任倒置规则，故在其起草的《侵法解释草案》第111条规定"依照侵权责任法第六十六条规定，由污染者承担举证责任的因果关系要件，被侵权人应当首先承担因果关系具有可能性的初步证明，未证明具有存在因果关系可能性的，不得进行因果关系推定"。当然，《侵权责任法》第66条的最佳表述方式应当是像《侵法解释草案》第102条①那样直接通过因果关系推定的语言进行表述。再看《侵权责任法》第88条，本条虽未使用"推定"语词，但却是一个典型的过错推定规则，而不是关于过错证明责任倒置的规定。该条中过错推定的内在逻辑结构是从堆放物倒塌造成他人损害推出堆放人存在过错，且堆放人有权对此进行反驳，其于诉讼中的举证顺序是先有原告证明堆放物倒塌、自身损害、两者之间的因果关系以及能够推出被告存在过错的基础事实，然后再由被告对存在过错这一推定事实进行反驳性证明。若是过错证明责任倒置的话，则需要法律条文明确规定堆放人应当就其自身不存在过错承担举证责任，因为证明责任倒置作为证明责任分配的例外原则，应当有实体法的明文规定。过错证明责任倒置的内在逻辑结构是从堆放人不能证明自己没有过错推出堆放人存在过错，其于诉讼中的举证顺序是先有原告证明堆放物倒塌、自身损害以及两者之间的因果关系，然后再由被告证明不存在过错，而原告对于被告存在

---

① 该条内容为："【因果关系举证责任缓和规则】患者的损害有可能是由医务人员的诊疗行为造成的，除医务人员提供相反证据外，推定该诊疗行为与患者人身损害之间存在因果关系。"

过错这一事实不承担任何证明负担。

综上，因果关系推定和因果关系证明责任倒置以及过错推定和过错证明责任倒置虽然具有外观上侵权人承担证明负担的相似性，但两者却存在内在逻辑结构和当事人证明负担分配上的本质区别。法律推定和证明责任倒置是法律救济弱势主体的两种不同方式，但我们不能说实质法律推定是证明责任倒置的原因。

二、关于《提高民事诉讼证明标准的理论反思》

霍教授的论文观点明确，并从七个方面论证了提高民事诉讼证明标准的不当，论证充分、逻辑缜密、层次清晰，尤为称道的是论文彰显出来的民事实体法和程序法理论的交相呼应，经济法、比较法和实证分析等研究方法的多元适用。在此，我仅就两个细微问题谈一下个人浅见。

1. 论文第五部分在从周边和关联规则论证证明标准"不能承受之重"时提到了（二）职权探知与科学技术的"合作"，作为其论证材料的是 DNA 鉴定在亲子关系诉讼中的普遍适用问题。该论证充分吗？

亲子关系诉讼属于典型的人事诉讼。此类诉讼因涉及社会公益，对于客观真实的追求程度较高，故该类诉讼适用法官职权探知主义；又因为此类诉讼中的待证事实为特定主体之间是否存在亲子关系这一能够被现代医学技术精准确定的事实，故适用 DNA 鉴定这一科学证据形式也属常态。但《民诉法解释》第 109 条规定的适用更高证明标准的待证事实却是欺诈、胁迫、恶意串通、口头遗嘱以及赠与这五类事实，这些事实与亲子关系诉讼中的待证事实性质不尽相同。

就欺诈、胁迫、恶意串通而言，它们属于《合同法》第 52 条规定中能够导致合同无效之事实，于此情形，此三类事实所涉案件也损及社会公益，法官可采职权探知认定事实。但它们又不同于前述涉及社会公益的特定主体之间是否存在亲子关系这一能够被 DNA 鉴定精准确定的事实，欺诈、胁迫和恶意串通更多涉及当事人的主观心态，难以通过类似 DNA 鉴定这样的科学技术予以认定。

就口头遗嘱和赠与而言，它们一般出现在财产诉讼案件中，此类诉讼中法官的职权探知并非常态，法官对于事实的认定能否与科学技术"合作"更多取决于当事人的意愿而非法庭的需要。

因此，我认为论文在此用与《民诉法解释》109条所适用案件待证事实不同质的亲子关系诉讼中特定主体之间是否存在亲子关系来论证进行法官职权探知并与科技高度"合作"似有不妥。

2. 论文第六部分的论证建基于作者关于实务中存在折扣执行的猜想之上。关于该猜想，虽然作者给出了两个证据，但这两个证据的说服力并不是很强。因为作者给出的两个证据所欲说明和所能说明的仅是理论界和实务界（尤其是实务界）对于高度盖然性和优势证据标准存在认知不清或者表述混乱的情形，但这种认知上的混淆或者法律文书表述上的不一致甚至混乱并不能直接推导出实践中就一定存在着民事案件证明标准的折扣执行问题。在此问题上，论文可能还需要进一步深化和强化论证。

以上仅为笔者个人学习两篇大作的不成熟心得，不当之处，还请批评。

六、对霍海红老师及胡学军老师的论文提出的几个问题

华南农业大学人文与法学学院　赵蕾

霍老师的大作《提高民事诉讼证明标准的理论反思——以《民诉解释》第109条为中心》（以下简称霍文）构思精巧，引证丰富，从理论到案例，从针对《民诉解释》109条的规定，提出了自己对于提高民事诉讼证明标准所带来的一系列问题的论证与反思。我对证明标准并无更多涉猎，只是在仔细看完霍老师的论文，对照《最高人民法院民事诉讼法司法解释理解与适用》，参考吴泽勇老师的两篇论文《"正义标尺"还是"乌托邦"——比较视野中的民事诉讼证明标准》以及《中国法上的民事诉讼证明标准》，对霍老师的精心撰写的论文提出一些个人不成熟的看法。与其叫评议，不如叫做探讨或者商榷，更为贴切。以下仅是个人提出的三个"问题"，其实称

其为"疑问"更为妥当；其次，由于个人能力所限，并不会对问题进行详细表述和论证，连引注规范也放松了自我要求。特此说明。

问题1：证明标准的"混搭"真的会模糊民事诉讼与刑事诉讼的界限吗？

对于将民事诉讼中的一些特殊事实的证明标准从"高度盖然性"提高到"排除合理怀疑"，这种民刑证明标准的"混搭"是否会模糊民诉与刑诉界限的问题。在英国证据法上有一个很著名的判例，该判例确立了在一些特殊的民事诉讼中也可以采纳比较高的证明标准。这样的判例虽然不能作为"排除合理怀疑"证明标准的充分证据，但至少可以表明在英国民事案件中是可以采用比较高的证明标准的。有一丈夫以通奸为由将妻子告上法庭，请求判决离婚。他所主张的事实根据是，他在与妻子进行最后一次性交后相隔的第360天，其妻生育了一个孩子。问题争议的焦点是，此案应采用什么样的证明标准。一审法官根据庭上所举证据，对原告主张的事实适用了排除合理怀疑的刑事证明标准，并作出了对被告有利的法律推定，并判决如下：除非该推定被采用排除合理怀疑的证明予以推翻，否则婚姻关系存续期间所生子女应推定为婚生子女。这个判例确立了在特殊情况下，即便是民事案件也应该适用排除合理怀疑的证明标准。而这样的判例显然并没有带来民事和刑事诉讼界限不清楚等问题。

问题2：真的没有"适应民事实体法的要求"的内容吗？

霍文认为，民事实体法并无欺诈、胁迫、恶意串通等事实提高证明标准的直接规定或者能够表明此种意图的规定。并以恶意串通为例，认为虽有多项立法和司法解释涉及，但却着眼于"效力"而非"证明"。比如，《民法通则》第61条第2款，双方恶意串通，实施民事行为损害国家、集体或者第三人利益，应将双方取得的财产收归国家、集体所有或者返还第三人。再如，《合同法》第52条，恶意串通，损害国家、集体或者第三人利益的，合同无效。而我恰恰认为，这些就是民诉法解释中所认为的，应当"呼应"实体法规定的法条体现。这些条文来源于《民法通则》（1986），《合同法》（1999），以我国实体法的立法习惯和当时的立法水平来说，这样的条文只能着力于表达效力问题，而非证明问题。因为证明责任多为实体法规定，但偏偏我国实体法就是没有过多规定，就更别说证明标准了。而这次司法解释109条所要达到的目的就是对于一些实体法的具体要求，想确立一种较高的证明标准，而为什么要确立比较高的证明标准，我想跟维护交易安全有关，但不限于这种考虑。

不过需要指出的是，霍文对109条提出的质疑还是非常有学术敏感性的，也是很有说服力和启发性的。出于建立多元化证明标准体系的考虑，只对证明标准的"提高"有规定，而对"降低"却并未规定，无疑是一种欠缺逻辑思维的表现。而且对于法条和司法解释多次提及"初步证明"是否属于证明标准的"降低"也未作出明确回答。如果就这点而言，构建多元化的证明标准体系似乎还很难谈得上成功。此外，就具体规定而言，对于"欺诈、胁迫、恶意串通、口头遗嘱、赠与"等事实将证明标准从"高度盖然性"提高到"排除合理怀疑"是否合理，是否会造成当事人的举证困难和胜诉困难，从而变相"激励"违法行为，我认为这些问题确实值得进一步讨论。

问题3：对于"欺诈"的理解以及裁判文书引用的疑问

德国对恶意欺诈所产生的法律后果作出了规定，按照《民法》第123条第1款规定，如果动机错误由恶意欺诈产生，那么它可以导致意思表示的撤销。恶意欺诈需要满足四个条件：欺诈行为、因果关系、非法性和恶意，其中我认为比较重要的是欺诈行为和因果关系两个条件（要素）。欺诈行为是一种以使他人产生错误观点或者加强或维护该观点为目的的行为；因果关系是指欺诈导致了被欺诈人的错误，他基于错误作出了意思表示。① 在我国司法实践中，一般认为可撤销合同有三个特点：意思表示不真实；要由撤销权人通过行使撤销权来行使；在未被撤销之前仍然有效。根据合同法第54条的规定，构成可撤销合同的情形之一就是欺诈。

那么霍文中第14页第八个问题中论述的："在我国实践中已有不少适用《民诉解释》第109条的案例，严格针对欺诈、胁迫、恶意串通、口头遗

---

① ［德］汉斯·布洛克斯、沃尔夫·迪特里希·瓦尔克：《德国民法总论（第33版）》，张艳译，杨大可校，中国人民大学出版社2014年版，189~190页。

嘱或赠与等法定适用范围的事实适用排除合理怀疑标准。"其中裁判文书引用了湖南省慈利县人民法院（2015）慈民一初字第 528 号民事判决书，法院虽然参考的是民诉解释 109 条规定，但是认为"从原告杨建忠向本院提交的证据来审查，由于没有书面合同，无证据证实原、被告双方有无转租房屋的期限的约定，因此无充足证据证实被告唐平华在转租商铺的过程中，存在隐瞒欺诈行为。"[1] 我个人意见，这个案件中连民事诉讼证明标准都未达到的情况，并非属于依据 109 条司法解释进行裁判的案件。

此外，在山东省烟台市牟平区人民法院（2015）牟商初字第 165 号民事判决书中，本院认为"从本案中，虽然三原告主张被告工作人员姜铭和第三人实际控制人张某恶意串通，以已经抵押的房地产故意编造尚未抵押的虚假事实，骗取三原告的信任，使得三原告在违背真实意愿的情况下为被告和第三人的借款提供了担保，但是该事实本院无法认定，理由有三。一是三原告陈述前后不一致；二是证人张某证言不具有证明力；三是证人孙某证言属于传来证据。"[2] 因为该案比较复杂，我也许看的并没有那么仔细，但就法院对证据的采纳问题以及综合该案的证据的证明力进行比较，此案原告提供的证据难以达到普通民事案件的证明标准，就更别说"排除合理怀疑"证明标准了。当然分析这两个案例也再次映证了霍老师的观点——在司法实践中，法官是否能够严格区分排除合理怀疑与高度盖然性，这也是个重点需要考虑的问题。

对于胡学军老师的论文，我个人并不是很懂证明责任分配，不敢妄加评议。仅就其大作中第 7 页中所述提出一些疑问，也许只是我个人理解能力问题，并不是真正的问题。胡老师认为，"从历史上看，'证明责任倒置'是在大陆法系国家证明责任理论发展史上形成的一个过渡性概念，而并非证明责任分配的一种独特方法。规范说在大陆法系国家确定统治地位之后，依实体法对法律行为构成要件加以分析和分配证明责任就成为证明责任分配的固定'公式'。依规范说分配证明责任必须借助实体法的规范，但在实

---

[1] 参见湖南省慈利县人民法院（2015）慈民一初字第 528 号民事判决书。
[2] 参见山东省烟台市牟平区人民法院（2015）牟商初字第 165 号民事判决书。

体法'缺位'时，法官不能以法律没有规定为由拒绝裁判，此时只能像立法者一样，'创造'合适的法律，两大法系在这一方面概莫能外。即便是奉行法律要件说的德国等大陆法系国家法官在审理案件时，如果实体法法律没有明确规定时，证明责任的分配也是由法官自由裁量的。在这方面，欧陆各国有一些大致相似的经典案例"。

我仔细看了《欧洲比较侵权行为法》第 83、116、168 页所涉及的案例，发现第 83 页提出的法国最高法院民事审判庭 1957 年 1 月 4 日作出的判决，该案中受害方 Richard 因为不能证明谁开枪打伤了他，其对 Gauthier 和 Gaudray 的赔偿请求被驳回。在类似的案件中也得到了同样的判决，理由主要是"没有证明损害是由某物造成的，该物的保有者不能被判决补救这一损失"。从第 83 页上似乎并没有看到作者所论述的"在实体法没有明确规定时，证明责任的分配是由法官自由裁量的。"① 此外在 116 页和第 168 页，我似乎也没找到欧陆各国一些大致相似的、经典的案例。

七、关于《证明责任分配理论重述》一文的评析

林剑锋 *

胡学军教授《证明责任分配理论重述》一文立足于我国的现实语境，对传统的证明责任的相关理论进行了系统的梳理与评析，尤其是对具体（行为意义上、主观意义上）的具体举证责任与抽象（结果意义上、客观意义上）证明责任之间的性质差异、作用差异进行了详尽的分析，在此基础上，详尽阐述了两者在诉讼中的具体作用与适用的差异。纵观全文，胡教授的论文在以下的观点方面值得赞许。

1. 胡教授观点鲜明地指出，我国传统的有关证明责任"双重涵义说"

---

① ［德］克雷斯蒂安著：《欧洲比较侵权行为法》上册，张新宝译，第 83 页。

* 中央财经大学法学院副教授。

的缺陷与不足,认为"双重含义说企图以统一的概念包容这二种不同性质的内涵,于是在理论与实践中均不可避免造成一定的混乱。"也正是因为这种观念的束缚,导致这么多年来"谁主张、谁举证"的观念在司法实践中仍然根深蒂固。对于"证明责任倒置"与"证明责任的转移"依然无法从客观证明责任分配的角度予以正确的把握。在证明责任的分配方面,法官在个案中是否可以依据一般原则来裁量性地决定证明责任之分配(是立法者决定还是司法者来决定)这个问题上依然存在着争议。胡教授的论文从证明责任的基本理论角度对这个问题作出了确定性地回应。

2. 正是基于胡教授认识到我国立法及司法实务界对于证明责任的理解存在着偏差或者争议,也提出了一些一针见血的见解,例如:"证明过程中的'事实模糊'与穷尽一切证明手段之后的事实'真伪不明'是有重要区别"。"引入证明责任分配的理论还将带动民事案件裁判方法的转型。"、"笔者认为这种转换可概括为从"依主张分配"到"依法分配"。当事人在诉讼中提出的主张与抗辩均需依照实体法秩序进行,正是证明责任决定了当事人在具体诉讼中的主张责任。"毫无疑问,这些见解对于理清当下学界有关证明责任问题、主张责任与证明责任的关系等产生的无谓争议是极为重要的,也对实务中相关问题的消解意义重大。

当然,除此之外胡教授还有一系列创新性的见解与观点,在此不再一一列出。

尽管如此,可能胡教授限于论文篇幅之缘故(期待作者用一万多字的论文对民事诉讼中这么重大的一个理论进行重述也恐不现实),作为评论人对于本文仍然存在着一些迷惑之处,在此与作者商榷。

(一)胡教授对于客观证明责任与具体举证责任之间的联系做了较好的论述,但隐约感觉对于最后结论的提出,胡教授似乎过于割断了两者的关联性,或者说对于客观的证明责任做了过于狭义的理解。比如,作者认为,"具体举证责任是促进案件事实查明与认定的机制,以在实际诉讼程序中最大化案件事实查明,证明责任是解决事实真伪不明时的法律适用机制,正是因为证明责任分配的前置作用及其对诉讼当事人双方互动结构的形塑功能，证明责任被称为'民事诉讼的脊梁'……如果将客观证明责任定位于只是在实际诉讼最终事实真伪不明时的裁判依据，则证明责任就不可能担当民事诉讼的'脊梁'，而是蜕化成了诉讼的'尾骨'。"

从日本有关证明责任的理论发展来看，其也从强调行为意义的主观证明责任向强调结果意义的客观证明责任（就日文而言，举证责任与证明责任在概念表述上完全通用）的转变，以至于现代意义的证明责任之本质或核心皆被认为是客观的证明责任（可能德国的情况也是如此）。在此意义上的客观证明责任尽管在定义或者作用的直接表现为胡教授所理解的"要件事实真伪不明时的败诉风险之分配"，但这并非表明这是客观证明责任的全部内容。规范说下的证明责任规范从诉讼一开始就以"证明的必要"的方式作用于双方当事人与法官，并随着诉讼攻击防御的展开，以及法官心证的变化（对于事实达到证明标准与否定的认知）而在双方当事人之间不停地发生转移。这种意义上的具体举证责任本身就是客观证明责任在诉讼过程中的投影（高桥），也属于现代意义客观证明责任的作用内容的应有之义。就我个人的理解而言，在日本学界，为了避免与历史上行为意义的证明责任（举证责任）相混淆，作为客观证明责任在具体案件中敦促当事人举证的"责任"概念界定，其多通过"证明之必要"来代替行为意义上的"举证责任"之表述。而证明之必要本身就属于与客观证明责任制度范围内的概念。也正是在此意义上，证明责任被称为"民事诉讼的脊梁"。这个脊梁并非是空洞的、单纯强调重要性的比喻，其实质的内涵在于，客观证明责任从诉讼一开始到事实认定最终都发挥着作用。

（二）本文在某些论述上混淆了证明责任分配规范确定与证明责任分配规范适用两者之概念。例如，作者认为，"规范说下证明责任分配的非此即彼根本排斥了法官的裁量权，而在具体证明过程中，具体举证责任的承担由于情境依赖从某种意义上来说则正是基于法官裁量权适用的领域。从具体举证责任承担的角度上看，诉讼证明过程就是直观的反映当事人双方举证证明的交互对抗过程，即从诉讼中争议的具体生活事实出发，一般情形下"谁主张、谁举证"、但随时可能发生因'法官分配举证责任'而形成

'举证责任倒置'、'举证责任转换'。"必须指出，罗森贝克的规范说，其强调的是在证明责任规范制定属于立法的范畴，因此需要排斥法官的实质性判断，但这并不意味着在证明责任规范的适用过程中完全不需要法官的判断与裁量，这种判断与裁量主要体现在，"当事人所主张（或争议）的事实（通常属于间接事实）应该属于哪个要件事实之项下的事实"——"根据证明责任分配规则或根据与诉讼请求的实体法关联性，确定该要件事实应当由哪一方承担主张与证明责任"、"在某个时间点上，法官的心证是否达到证明标准"。以上这个过程显然属于客观证明责任的适用范畴，而不能认为是单纯的具体举证责任（或者定位在客观证明责任之外）。而且就我国当下的司法实践而言，在个案中的证明责任确定中容易产生争议或迷茫的根本原因在于，司法实践者通常缺乏体系化的要件事实之思维，由此导致其不知道将个案中的生活化、碎片化的间接事实归纳在哪个要件事实之下。因此作者所提及的具体举证责任与抽象客观证明责任双重规制之观点，可能也是以狭义化把握证明责任之理解为前提的。

（三）在德国、日本，或是"协同主义"或是"修正的辩论主义"或是强调的程序过程的"程序保障的第三波"理论，都无法在主流层面冲击或否认辩论主义之于民事诉讼的基础性地位，因此"双方协力提供证据"等在立法层面也只是居于特殊情形下的例外规定。"举证责任倒置"或者"举证责任转换"并非是具体举证责任作用的结果。"举证责任倒置"或者"举证责任转换"，其主要作用或者意义在于，在某些特定类型化的纠纷中，为了克服规范说导致的分配结果"不合理性"（例如，消费者保护、环境污染、医患纠纷等），为了实现特定领域的实体法秩序的特定价值，而"例外"地作出的特殊化的处理结果（当然，这种处理结果须以立法或者最高裁判机关的判例为前提），其仍然属于客观证明责任之范畴。在大陆法系的传统下，"法官分配举证责任"更不可能也不能具有普遍化的意义。

八、书面评议

刘哲玮

一、胡学军教授《证明责任分配理论重述》的书面评议

胡学军教授《证明责任分配理论重述》是关于证明责任问题的纲领性论文，用并不太长的篇幅勾勒了证明责任中最为关键的数个问题，例如概念、分配方式、法官裁量与证明责任分配的关系，等等。而贯穿上述问题的红线，即是对主观证明责任（学军兄更偏好的概念是具体举证责任）的重视。大陆法系证明责任的概念和原理引入到我国后，虽然对科学地建构我国的证明责任理论体系起到了决定性的作用，但也带来了一个尴尬的副产品，即证明责任法原本是民事实体法的领域，民诉学者似乎无从置喙。而学军兄近年来发表的一系列论文和专著，都是旨在梳理和重构主观证明责任，这一研究丰富了民事诉讼法学的研究对象，对我国的司法实践也能够有直接的描述和指导作用，具有十分重要的价值，也得到了包括笔者在内的诸多同仁的认同。

读罢本篇文章，对诸多结论也完全支持并认同，惟有以下两个问题，尚不甚明了，烦劳学军兄释明：

第一，怎样看待《民诉解释》创设的新概念"举证证明责任"？学军兄关于主观证明责任和客观证明责任的分野及在我国的实践状况的观点，都十分清楚，笔者也完全赞同。但对于如何看待这一新概念，文章似乎不太明了。这一概念与已经被我国民诉法学广为使用的证明责任、举证责任的关系如何，是笔者较为关注的问题。如果并不相同，则区别究竟在何处？如果完全一致，然则学界是否有必要顺应司法解释的规定，使用这一新概念？

第二，如何看待《证据规定》第4-7条的效力？学军兄在第三部份阐述证明责任倒置时，提到了《证据规定》第4条规定的特殊侵权，已经全部有相应的实体法规定，并认为这些规范已经是一种"无害条款"——事实上，其实是无效条款。但又主张"在具体举证责任的意义上理解，可以说《证据规定》第 4 条与《民诉法解释》的证明责任分配规范并不相冲突而仍可继续适用。"这一表述，似乎体现了学军兄希望通过限缩解释，将《证据规定》依然在一定范围内适用。而在我看来，由于《民诉解释》91 条的立法方式与《证据规定》第 4-7 条完全不同，虽然最高法院并未明确表示这部分条文已被废止，但从解释角度上也宜旗帜鲜明地明确该部分内容并无适用空间。否则，包括学军兄提到的证明责任司法裁量条款（《证据规定》第 7 条）等规则依然有可能死灰复燃。笔者在北大法宝上做过简略地检索，在《民诉解释》出台后，依然有一些法院的判决书直接使用《证据规定》第 4-7 条作为裁判依据。从全文的文义上看，窃以为学军兄的观点也是认为这些条文不宜在座位证明责任分配的依据，但依然希望能够对之明确化。

上述问题，仅供学军兄及各位同仁批评。如有不妥，还祈海涵。

二、霍海红教授《提高民事诉讼证明标准的理论反思》的书面评议

霍海红教授的论文《提高民事诉讼证明标准的理论反思》，对《民诉解释》109 条提起了系统性的理论批评，从理由、功能、激励和操作等多个维度对证明标准的多元化建设进行了深入的反思。

我想重点提及的是作者在研究方法上的贡献。全文既有规范分析，也有实证研究；既有法教义学层面的演绎推理，也有法经济学层面的批评解构；既有比较法上的旁征博引，也有中国法上的解释论证；既有民诉法学和证据法学上的文献溯源，也从民事实体法上给出了科学见解。正是这样丰富的理论研究方法，使这样一篇针对司法解释一个具体条文——并且只是关于例外规定的一个具体条文——的批评，具有了十分深邃的理论韵味。而海红兄在最后一部分的四点立场重申，每一点都涉及立法论和解释论的方法，我更是完全赞同。

也由于论文采取了如此丰富的研究方法，诱使我们在很多地方上都有进一步交流沟通的欲望。限于会场讨论的时间，此处重点提出一个问题，即对于实体法规则与证明标准的关系。

民事诉讼法研讨一

海红兄在文章中批判了最高人民法院在《民诉解释》释义书中提出的"多元化证明标准是适应民事实体法要求"的命题，并从实体法规则和比较法等角度给出了论证。我对其中大部分论证表示赞同，正如海红兄所说，最高院将"足以"、"显失公平"认为是立法者提高证明标准，是一个十分突出的误解，这原本应当是实体法适用的问题。我国由于缺少权威判例来解释何谓"足以"、"显失公平"或者其他"明显"、"显然"的事项，因而才使得法官将一个法律适用问题变为了事实认定问题。例如，甲将一个市值 10 万元的古董作价 6.8 万元卖给了乙，甲的债权人丙认为构成《合同法》第 74 条"明显不合理的低价"，向法院起诉撤销买卖合同。丙需要证明的事实只是该古董的市价和甲乙合同的出让价格，至于是否构成"明显不合理的低价"，已经不属于事实认定，而是法院如何解释法律来予以判断。在《合同法解释二》出台后，第 19 条明确规定明显不合理的低价是达不到交易时交易地的指导价或者市场交易价百分之七十，从而对这一概念作出了权威的解释。

但是，实体法中的确可能存在某些事实认定上不同于一般标准的例子。例如，一些主观性的证明对象，除非有当事人的自认，否则当事人的主观状态，大体都需要用间接证据来予以证明。而调高证明标准，则决定了法官形成内心确信的程度。例如《融资租赁合同解释》第 18 条第一项规定的"出租人明知租赁物有质量瑕疵而不告知承租人"，其中"明知"的证明，可能就与证明标准有关系。如果承租人能够证明的事实是出租人持有过租赁物的质量报告书一段较长的时间，而出租人则抗辩称自己虽然持有，但从未阅读过这份质量报告书，但无法提供证据证明。那么在"高度盖然性"的标准下，法官可以认定其知道该瑕疵，但是在"排除一切合理怀疑"的标准下，出租人给出的这一理由存在合理性，则法官恐不能直接认定其明知质量瑕疵。同理，欺诈如果做类型化处理，可分为积极欺诈（明知虚假却告知为真）和消极欺诈（隐瞒真实情况）①。在积极欺诈中，"明知虚假"中一样存在主观性的证明对象，因而证明标准的多元化同样有用武之地。

---

① 朱庆育：《民法总论》，北京大学出版社 2013 年版，第 274 页。

总之，最高院多元化证明标准的制定原因存在一定缺陷，但在《民诉解释》已经公布实施后，有无通过限缩解释，保留其适用的可能？正如海红兄所言，"强化既有规则的操作性和执行力优先于增列新制度"，同理推之，强化既有规则的操作性和执行力或也应优先于废除已有制度。

九、对"提高民事诉讼证明标准的理论反思"与"证明责任分配理论重述"的评议

中南财经政法大学　袁中华

霍海红教授的"提高民事诉讼证明标准的理论反思——以《民诉解释》第109条为中心"针对《民诉解释》第109条进行了反思与批判。该文认为，该条针对欺诈、胁迫、恶意串通、口头遗嘱、赠与等事实将证明标准从"高度盖然性"提高到了"排除合理怀疑"，造成了理论和实践的许多问题，并对此展开了批判。该文无疑是一篇论证严谨、表述流畅的优秀论文，就该文的主要观点，个人也几乎全部赞同。实际上在该条出台之际，个人就认为，这种人为拔高证明标准的做法，几乎在理论上找不出合理的依据，但未对此进行进一步的思考。而霍老师的文章对该条进行了一个全方位的批判，大致有法条的外观、立法的理由、所能实现的功能、实践中的具体做法等等视角，所以文章也分为九个部分。

由此引发笔者的一个疑问，就是该文在结构上是否可以更为简洁明了一些。个人浅见，和第八部分"排除合理怀疑标准的实践反思"是否本来属于问题的提出？而对于该条的批判，实际上该文大约从"虚"和"实"两个方面来展开，具体而言，虚的方面指这种做法在规范（包括国内法和比较法）上的依据方面存在的疑问，包括：第二部分从外观上的批判"民刑证明标准的'混搭'？"、理由部分的"三、证据不足的'适应民事实体法要求'"和比较法上的"七、比较法分析中的误解与误用"；实的方面指这种做法可能产生的问题，包括："四、制度激励的困境"和"六、以规则高

标准防范操作低标准？"。而剩下的"五、证明标准的"不能承受之重""所想表述的"功能看，提高证明标准显示出我们对证明标准的过高期待，其实法定证据制度、法官职权探知、科学技术运用、事实认定细化指引是更为现实和有效的方案"放在整个文章的中间似乎有些不恰当，因为它实际上是对于文本开始所提出的问题的解决方案。

此外，另一点疑问来自于文章第二部分。该就部分所援引的江伟、肖建国教授的教材所指出的，为了与刑事诉讼保持一致才需要提高对于欺诈等案件的证明标准。即对于这种案件采用和刑事诉讼完全一样的证明标准，其优势在于如此就可以避免民事诉讼和刑事诉讼判断不一的尴尬和由此产生错案的风险。尽管司法解释的权威解说书并未如此表达（实际上它们也几乎未给出任何像样的理由），但我个人认为 109 条的立法理由正是在于此。正是大环境下的"先刑后民"的处理模式和刑民不一就可能（民事裁判案件）被认定为错案的现实，造就了 109 条的这种奇葩的处理方式。而就这一点，尽管该文也指出来："以提高民事证明标准的方式纠偏，毕竟是一种将错就错的妥协逻辑，从长远来看，并不能从根本上解决问题，甚至可能掩盖实践中民刑责任区分不力的问题"，但就如此关键的问题，我个人认为作者其实还可以进行更深一步的挖掘。这里关涉的核心问题是如我国这样的大陆法系国家可否采取美国式的民刑分离式的处理，以及这样处理造成民刑不一的情形是否应当得到允许和是否能够被普遍认同。期待霍老师能在后续的工作中就该问题进行进一步的阐发。

胡学军教授的"证明责任分配理论重述"对证明责任问题相关的几个基本问题进行了梳理，并就《新民诉法解释》第 91 条与证据规定的冲突问题予以了回答。就该文的核心观点，个人基本赞同，仅提出几点小的疑问：

其一，就证明责任的相关概念问题，该文认为民诉法 64 条与证据规定第 2 条采用的是"主观证明责任逻辑"。个人认为，这两个条文使用的恰恰反倒是胡老师所一贯支持的"具体举证责任"的逻辑。在德日的学说脉络中，主观证明责任与客观证明责任是一体的，不可分的，即客观证明责任决定了主观证明责任的分配,主观证明责任只是客观证明责任在辩论主义下的投影。其理由也非常简单,即如果一个当事人在真伪不明时尚且承担不利后果,那么在未能进行任何举证时更应当承担这种不利后果,也即谁承担了客观证明责任谁就承担了主观证明责任。而民诉法64条的立法背景其实是在于将法院从繁重的举证工作中解放出来,即要求当事人举证(提出证据)而非法院来举证,其所使用的"举证责任"概念以及"当事人对自己提出的主张,有责任提供证据"的表述的意义也全部在于此。这种表达,其实大约相当于英美法系的"证据提出责任"(burden of producing evidence)。但与英美法有所差别的是,美国法上的这种责任有着程序法上的涵义,一方可以以另一方未尽此责任而提起即决判决的动议,这点刘哲玮教授已有专门论述。这种"举证责任"其实与德日的"主观证明责任"还有所差别,必须注意的是,就某个要件事实而言,德日的"主观证明责任"是固定于一方的、法定的分配,而绝非如中国法上随着诉讼的进程的展开在当事人之间来回流转的。这种来回流转的所谓举证责任,其实恰恰就是德国法上的具体举证责任或者日本法上的"证明的必要"。证据规定第二条尽管更为清晰,但实际上也只是对民诉法64条进行了一个更为详细的表达,根本未涉及证明责任分配。

而新民诉法解释第90条所使用的"举证证明责任",如果用体系解释的方法来观察,那么鉴于第91条的"举证证明责任"分配的肯定是客观证明责任(当然也包括主观证明责任),那么这里的"举证证明责任"也只能指的是主客观一体化的证明责任,绝非"证明的必要"或者具体举证责任。

其二,就证明责任倒置问题,个人有一些不同看法。我国法上的倒置,理论和实务中大致可以归纳为四种观点:其一是认为,只要是被告承担证明责任就是倒置。典型的例子是就劳动争议,很多人认为它应当采用证明责任倒置,即用人单位承担证明责任而劳动者不承担任何证明责任。这种谬误的观点其实不少人至今还在坚持。其二是认为,与"谁主张谁举证"想区别就是证明责任倒置,这其实也是有问题的,因为"谁主张谁举证"根本无法成其为一个证明责任分配方式。其三是认为相异于一般案件(典型是一般侵权案件）的分配模式才叫倒置，例如以前就普遍认为环境侵权案件中的被告就因果关系承担证明责任是倒置。其四是认为与规范说的分配方式（全部或者部分）相反的分配模式才叫倒置。上述几种，无疑第四种才是真正的倒置，即所谓的倒置应该是与法定的分配模式相差别的分配方式，而所谓的法定即实体法规范结合规范说来确定。而鉴于新民诉法解释第91条已经确立了证明责任分配的一般模式，个人认为，在这种规则约束下，与新民诉法解释第91条结合实体法规范所确定的证明责任分配方式相异的其他分配方式，才能称得上是倒置。这种倒置原则上应该是不允许的，个人认为只有一种情况例外，即在实体法的规定未考虑到证明责任分配的情形下直接采用第91条可能产生违背法规范目的之虞时才能采用。例如司法实践中普遍对于善意取得问题采用善意推定，就倒置了完全按照规范说解释物权法106条所得来的分配方式。

这种倒置倒的是胡老师所认为的具体举证责任么？个人认为不是，具体举证责任是随着诉讼的进程，一方当事人的举证对于法官的心证产生正面影响之时对方当事人需要提出证明来动摇法官心证的一种必要性。这种必要性是流动的，本来就未抽象的分配给一方当事人，也就无所谓倒置问题。这种必要性与法规范所确定的证明责任也并无关联，无论是所谓正置还是倒置。至于该文中所指出"如医疗侵权诉讼中的过错与因果关系的证明，如果不从具体举证责任角度来理解，几乎就无法解释为何在举证责任的规范两次180度大转弯的情况下，何以在实际司法过程中此类案件的审判情形并无本质变化。"那是因为中国的法官并未认识到证明责任是一个实体法问题，还在继续沿用证据规定而已，其实这种做法是错误的。

十、紫荆论坛文章评议

北京化工大学　冯珂

霍海红老师的《提高民事诉讼证明标准的理论反思》一文，以民诉法解释第109条为对象，就该规定在证明标准问题上的"创新"是否具备正当性基础给予深入剖析。文章视角敏锐、问题意识突出，对于该规定所涉及的局部性提高证明标准问题提出了一系列尖锐追问，并且在理论和实践立场上，从制度原因、比较法基础、功能效果、实际可操作性等诸方面回答了这些问题。阅读本文受益匪浅，于此仅就文中的个别问题补充讨论，不成熟之处也请作者及各位老师不吝指正。

一、德国法上的证明度问题

文章在论述民诉法解释109条的比较法基础时，参考讨论了德国民事诉讼法的证明度问题。论文基本上较为准确的把握了德国法上关于证明度的理解和适用，笔者于此仅就若干不清晰之处尝试澄清。

德国法上的证明标准，更准确说是证明度（das Beweismaß），主要是通过第286条第一款关于自由心证的规定[①]来推知。虽然该条文主旨在于确认法官自由心证，但基于文义，在自由心证语境下，只有法官在自身主观上能确信事实主张真实性之时，才认为是完成了证明。

于此，这种"法官确信"（Gewissheit des Richters），虽与所谓"真实"之表述密切相关，但这种在可信性问题上要求的真实性是法官证明评价的结果，是一个体现在具体案件中的事实问题[②]；而在判断法官何时或者是否达到这种确信时，却需借助一种抽象的客观标准，即证明度。关于如何衡量这种法官确信或者证明度，需要注意的是：

首先，根据联邦最高法院的判例，主流观点大都认为，这种法官确信是一种充分确信（voll überzeugen），但它并非是一种绝对确信（absolute überzeugen），这种确信或者说证明度，应当被解释为"能够平息其他怀疑、但无需排除全部怀疑"。从这个角度讲，在德国民事诉讼法上的"一般证明度（das Regelbeweismaß）"，就应看做是通过"排除合理怀疑标准"来界

---

① 德国民事诉讼法第286条第一款的条文为，"法院在考虑辩论所有内容以及证据调查结果的情况下，应根据自由确信来判断某项事实主张应看做真实还是不真实。形成司法确信的理由，在判决书中应予说明。"

② 简言之，证明评价的结果需要为待证事实为真实或不真实，而不能是"保留盖然性的真实"。

定的。

其次，正如文中指出，德国法的证明度并非仅存在这种一般标准，还有一些修正情形。以前述"排除合理怀疑"涵义解读的一般证明度标准，也被称为高度盖然性的证明度规则（Regelbeweismaß sehr hoher Wahrscheinlichkeit），但它并非是唯一可适用的证明度准则。除此之外，例如第294条规定的疏明，还如根据第287条以及某些其他条文，还可适用更低程度的优势盖然性（überwiegende Wahrscheinlichkeit）、显著的盖然性标准（erhebliche Wahrscheinlichkeit）标准。

再次，前述德国法上证明度的修正，都是在"降低"证明度的方向上发生的，这一点诚如文中所言。但除此之外，德国法上证明度也还存在另外一种修正方向，即提高证明度。不过需注意，由于既有的"一般证明度"已经是一种在司法确信上较高程度的证明标准，因而提高证明度的方法就并非没有问题①，甚至在民事诉讼法上也是不承认的②。不过在实践中，主要是根据某些实体法规定，就某些特定情形，也还是认为应当提高证明度。这些实体法上的特殊规定，例如德国民法典（BGB）第319条第1款、660条第1款第2句、2155条第3款等，主要涉及诸如"显示公平"、"明显"等但书规定的要件③；此外，还如根据德国民法典（BGB）第826条因"违反善良风俗"而需打破既判力时④，也可适用证明度提高规则。⑤

二、关于民诉法解释第109条"精神分裂"问题的追问

关于民诉法解释109条将"欺诈、胁迫、恶意串通以及口头遗嘱或赠

---

① Münchener Kommentar zur Zivilprozessordnung, §286, S.1781, Bd.1, Beck, 2013.
② Musielak, Kommentar zur Zivilprozessordnung, §286, S.966, Franz Vahlen, 2012.
③ Münchener Kommentar zur Zivilprozessordnung, §286, S.1781, Bd.1, Beck, 2013.
④ Musielak, Kommentar zur Zivilprozessordnung, §286, S.966, Franz Vahlen, 2012.
⑤ 在证明度提高的问题上，文中似乎并不认为"显失公平"是证据法问题，因而也不认可这些情形构成所谓的"证明度提高"。但即便不考虑这些情形，在其他情形，例如根据BGB第826条的"以违反善良风俗方式故意加害他人，有义务向该他人赔偿损害"，在当事人据此要求打破既判力时，提高证明标准就体现了在实体权益和程序安定之间寻求适当平衡的努力。从这种意义上讲，文中第三部分一概不承认实体法可以为提高证明度提供依据的观点，于比较法框架内就有些言过其实。

与的事实"（以下简称"特别待证事实"），单方面提高到"排除合理怀疑"标准，从而在规则体系、适用效果、实践操作等方面都造成模糊和混乱，作者将此形象比喻为"精神分裂"。就此笔者深有同感，并提出两个补充性问题以供讨论。

1. 待证事实"不真实"的证明标准

根据德国法第286条第一款的规定，对事实的真实或不真实，应当由法官自由确定。基于文义解释，这种用以确定达到证明程度的标准，就应当同时适用于事实"真实"或"不真实"这两种证明结果。换言之，无论是确信事实真实还是不真实，都应当达到某种一致的盖然性证明程度。

然而根据109条的规定，当事人对欺诈、胁迫、恶意串通事实的证明，以及对口头遗嘱或者赠与事实的证明，人民法院确信该待证事实"存在的可能性"能排除合理怀疑的，应当认定该事实存在。也就是说，第109条仅规定在确认这些特别待证事实存在时，需要达到"排除合理怀疑"的证明标准，但对于确认这些事实不存在时应达到何种证明标准，第109条似乎仍处于分裂状态。这在条文中语焉不详，在文章中也未涉及这一方面。

于此在文义解释上，我们是否可从反面推论——只要未达到"排除合理怀疑"程度，那么就不能认为特别待证事实是真实的。就这种推论，如果不考虑证明结果真伪不明这种证明责任适用情形，是否就进一步意味着，特别待证事实未达到排除合理怀疑程度（例如处于低一等级的高度盖然性或优势盖然性状态下），就应将事实作为不真实来认定。而这种推论，是否可能造成这种结果——在确认真实时，采取的是排除合理怀疑标准，而在确认不真实时，却变成了高度盖然性或其他盖然性标准。

2. 是否所有的待证事实都应适用"排除合理怀疑"标准

第109条规定的"当事人对欺诈、胁迫、恶意串通事实的证明，以及对口头遗嘱或者赠与事实的证明，就其存在性的证明应达到排除合理怀疑"。

作者认为，对于此类事实的证明，可能会增加权利人维护自身权益的难度，并且带来激励不法行为的不当效果。但这种判断，是否适用于所有的法定情形呢？例如，对口头遗嘱或赠与事实的证明提高证明标准，虽然可能会增加继承人继承权主张获得支持的难度，但很难说就此类事实提高证明标准会产生不法行为激励。

3. 滑向法定证据主义之危险

作者在文中还指出，尽管不赞同第109条的制度设计，但并不意味着否定该条文所提出的的问题，因而文章的目的就在于提出不同于第109条的解决方案。而对于解决方案，作者也主张强化规则的执行、强化事实认定规则等建言。作者的设想，尽管基于司法现状而体现了限制裁量权的立场，但就109条设置特殊的事实认定规则，是否又会显得过于"事无巨细"呢。在这种方向上，似乎隐约透漏出一些法定证据主义的色彩。

十二、评议

纪格非

一、论文的选题具有重大的理论及现实意义。证明标准的多元化是《民诉法解释》中的一个重大变化。然而司法解释的这一变化是否能够实现其预期目标，是否具有现实意义，是否会产生更多的问题、带来更大的混乱，确实需要经过更严密的论证和更深入、细致的观察。本文对于上述问题的分析，具有开拓性的意义，也必将引发学界更深入的研究和更广泛的讨论。

本文以对《民诉法解释》第109条的反思为主要基调，从109条的立法理由、实现立法目的的路径、可能产生的相关问题的分析入手，对于提高证明标准可能产生的问题进行了深入的剖析，论证的视角丰富，具有明显创新性。

二、阅读本文，评议人觉得意犹未尽之处在于：

1. 关于证明标准的多元化，并非中国法特有的情况，在英美法系国家也并非罕见。英国虽然在立法上不承认有多元化的标准，但是理论界对于此问题存在广泛的争议，至今没有形成共识。在澳大利亚，《澳大利亚联邦证据法》第140条明确规定，在民事诉讼中，法院在确定是否达到确信时，应当考虑的事项包括但是不限于：诉因及抗辩的性质，诉讼标的的性质，诉称事项的严重性。澳大利亚的思路是由法官根据具体案件的情况确定是否提高证明标准，在明确规定证明标准多元化的国家，是如何解决我们所遇到的问题的？

2. 在我国，刑事诉讼与民事诉讼的证明标准已经采用了"混搭"的模式。刑事诉讼是英美法的表述：排除合理怀疑。民事诉讼是高度可能性（大陆法系）。在此背景下，法官应当能够意识到刑事标准与民事标准的区别，即使对于高度可能性的理解不尽一致。但是排除合理怀疑是更高的证明标准，这一问题上应当是有共识的。所以，将该标准引入民事诉讼中，很可能应该可以起到提醒法官仔细斟酌证明相关事实的证据是否充分的作用。当然，笔者可以通过进一步的对法院判决的观察，证明法官其实并没有注意到这两个标准的区别，或者在证明标准被提高以后，法院判决认定的欺诈、胁迫类案件并没有减少，口头遗嘱被认定为无效的比例也没有减少。

3. 关于提高的证明标准是否有可能导致刑事诉讼的任务提前在民事诉讼中完成，从而导致两个程序的混淆，似乎还存在着不同的可能性。民事案件中遇到涉及犯罪的问题，按照现刑后民的一般思路，法官是否会先中止民事案件的审理而优先处理刑事问题？近一段时期，民事案件的刑事化倾向也值得注意，在一些财产纠纷的案件中，一旦涉及债务人存在欺诈行为，债权人往往会在提起民事诉讼前，先选择向公安机关报案，通过这种方法向对方当事人施加压力，同时也期待通过公安机关收集有利的证据或者获得对方的行踪或财产线索。在此背景下，多数民事案件是没有机会对于涉及犯罪的欺诈问题先于刑事案件作出处理的。即使有部分案件民事判决先认定了欺诈的存在，在我国高度重视判决的一致性的司法背景下，就算没有109条的规定，在后进行的刑事诉讼中，审理刑事案件的法官仅依据《司法解释》第93条，只要同时达到了排除合理怀疑的刑事定罪标准，也会作出同样的认定。对于此类问题，还应根据实例的调研，分析不同的证明标准对法官的心证可能产生的影响。如果能够证明在109条规定后，民事案件被认定欺诈，刑事案件被定罪的比例大大提高了，则确实存在着刑事诉讼的任务提前在民事诉讼中完成了的问题。

从另外的角度看，民事案件中规定了排除合理怀疑的标准，是否有可能进一步促使原告"知难而退"，优先启动刑事程序？这样，通过民事案件的审理完成刑事诉讼的任务的担心也在很大程度上被化解了。

总之，本文写作的一个难题在于，由于司法机关对于民事诉讼的"高度可能性"的证明标准的把握缺乏必要的共识，因此，对于变化后的证明标准可能对司法实践产生的具体影响在相当程度上是难以预见的，如果能够结合一定范围内的法院判决，对问题作出更确切的分析，将更符合读者对于本文的期待。

十三、对"提高民事诉讼证明标准的理论反思"的评议

西南政法大学法学院讲师　谷佳杰

一、文章内容的理解

霍海红老师的《提高民事诉讼证明标准的理论反思——以〈民诉解释〉第109条为中心》（以下简称霍文）一文结合最新司法解释的新增规定，针对《民诉法解释》第109条将欺诈、胁迫、恶意串通、口头遗嘱、赠与等事实的证明标准从"高度盖然性"提高到"排除合理怀疑"，从表述外观、立法理由、制度激励、定位功能、具体操作、比较法以及司法实践七个方面，以驳论的形式，反思了民事诉讼证明标准提高理论。

总体而言，霍文反思证明标准提高的核心观念在于保持民诉法理论的逻辑自洽。一是民诉法理论由于与刑诉法理论的进路有别，应当保持自身理论的自洽；二是基于民诉法理论与民法理论的逻辑融洽，无论是实体法规则的设置，还是权利"成立"与权利"妨碍"要件的一视同仁，都应当保持程序法与实体法的衔接；三是对主体的制约影响与行为的激励效应应当保持平衡融洽；四是证明困难解决对策的制度组合应当融洽；五是具体操作的规范合理；六是比较法视野下的证明标准设置的逻辑自洽；七是司

法实践对《民诉法》第109条具体适用的规范。

尽管是以驳论形式论证，呈现出"形散意不散"的格局，但逻辑结构中似乎有值得商榷之处。首先，霍文按照"外观－理由－激励－功能－操作－比较－实践"的行文逻辑展开，而外观、理由、激励均以《民诉法》第109条为中心论证，但功能部分却开始偏离此主题。具体而言，文章第五部分"证明标准的'不能承受之重'"的第一部分依然以与主题相关的口头遗嘱予以分析，第二三部分职权探知与细节的讲述则以其他证明难问题展开。尽管文章第一部分提到"本文虽以《民诉解释》第109条作为分析和反思对象，但着眼点和结论、立场绝不仅仅指向第109条，而是针对中国法上提高民事诉讼证明标准的一般问题。"但从论证逻辑来看，对民诉法第109条的反思似乎更应当针对其中相关内容来予以分析，驳论才更能达到高度盖然性。之后的操作、比较、实践三个部分，驳论的论证又回到了《民诉法》第109条，使得功能部分的"偏离"或者扩大化论证更显突兀。其次，七个方面"外观－理由－激励－功能－操作－比较－实践"的行文顺序是否有再调整的空间？操作部分与实践部分是否有部分交叉，能否进一步整合？比较法的集中考察与外观论证部分的比较法是否存在交叉，能否进一步明晰？最后，论证过程采用的是"外观－理由－激励－功能－操作－比较－实践"的顺序，而解决方案却依循的是"强化操作－制度体系－规则解决－深入比较"的顺序，对应的论证部分是"操作－功能－实践－比较"，论证顺序与结论方案似乎没有一一对应。

二、文章主题的见解

首先，就民诉法第109条的问题，笔者尝试性作"同情性的理解"。该条文对相关事实的证明标准作提高处理，可能是基于法律关系稳定的考虑。该条文规范的欺诈、胁迫、恶意串通、口头遗嘱、赠与等事实，都涉及经济交易关系，而上述事实的证明成立会影响已经确立有效的交易关系甚至物权的取得，故而条文对证明标准的提高要求实际上是法律在稳定性与公正性之间的进行了价值抉择。除了霍文提到的各种弊端外，该条文在虚假诉讼视野下尚有进一步商榷的余地。2012年《民诉法修正案》对虚假诉讼、恶意诉讼进行了相关规制，这种规制措施除了霍文的提到的公法制裁措施之外，尚有第三人撤销之诉等救济措施。法律设置第三人撤销之诉的目的在于防止虚假诉讼，然而司法解释提高欺诈与恶意串通事实的证明标准似乎与2012年修正案的立场有些许偏差，以致司法实践中的第三人撤销之诉案例呈现出"撤销诉讼易，认定虚假难"的现象。尽管撤销诉讼业已达到了保护第三人合法权益的初衷，但规制虚假诉讼参与人的功能却尚未彰显。而提高欺诈、恶意串通事实的证明标准无异于"雪上加霜"。

其次，就证明标准提高或者降低的问题。无论是证明标准乌托邦的判断，还是证明标准多元化的倡导，证明标准如何量化都是一个核心问题。由于证明标准涉及法官内心的主观判断，往往难以抽象地作统一性的安排。与其深入纠缠于法官的具体司法判断活动，不如转化视角，强调对当事人的程序保障来规范法官的内心事实认定活动，即心证公开+文书说理。心证公开与文书说理均为程序保障的重要举措，也契合了当下司法公开的政策宣导与制度推行。

此外，证明标准是否在司法实践中存在提高或者降低的可能性？德国学者戈特瓦尔德对此问题，引入了"推论的确实性"与"结果的确实性"的概念："推论的确实性"是指运用证据推导出待证事实的盖然性；"结果的确实性"则是指新证据已经难以推翻该证据调查的结果，即当事人提出的证据方法已经达到了穷尽的程度。一般而言，民事诉讼中的要件事实，对于证明标准的要求并无差别，对"推论的确实性"的要求是相同的。但部分事实在"结果的确实性"上的要求会低一些，即只是缩短了法官对于待证事实形成心证的道路。这种观点实质上是法官在现有证据业已达到证明标准，而所有证据并未完全提出与调查时，迅速做出的判断，比如财产保全等程序性事项的判断。

三、疑问

高度盖然性与排除合理怀疑除了文章中第3页提到的民诉法"正面审视"与刑诉法"反面审查"的进路之别外，二者是否可以进行量化的对比？是否能够理解成排除合理怀疑的量化程度比高度盖然性更高？这样的理解是否就是对法官的证据判断和事实认定作更高的要求?

文章提到现在更重要的是严格适用高度盖然性的证明标准,那么是否意味着一般事实与《民诉法解释》第109条规范的那些事实都只需要达到高度盖然性即可?是否存在多元化、层次性的证明标准?

十四、对"证明责任分配理论重述"的评议

西南政法大学法学院讲师 谷佳杰

一、文章内容的理解

胡学军老师的"证明责任分配理论重述——以《证据规定》与《民诉法解释》相关规范比较为中心"结合最新《民诉法解释》关于证明责任分配的规定,通过比较《证据规定》的证明责任分配规范体系,明晰了具体举证责任与抽象证明责任的差异,深度解析了证明责任分配理论,进而对我国证明责任倒置的嬗变展开考虑,最后对证明责任司法裁量提出了见解。

文章虽然论述了四个部分,分别是具体举证责任的概念厘清、证明责任分配的深度解析、证明责任倒置的考察以及证明责任司法裁量的论证,但是真正的核心依然是胡老师一直倡导的具体举证责任的概念厘清与理论体系。无论是证明责任分配规范理论,抑或证明责任倒置的发展演变,还是证明责任司法裁量的存废论争,都是建立的具体举证责任的逻辑体系之下。因此,文章尽管整体上呈现出立论的逻辑结构,但实际上是以第一部分驳论为基础,是胡老师博士论文/专著的继续与深化。

正是因为文章是以第一部分的具体举证责任为立论依据来解析,使得文章整体呈现出"总—分"的结构特点。然而,后三部分的证明责任分配、证明责任倒置与证明责任裁量是否在严格意义上能成为并列分立的三个部分,抑或呈现出依次递进的逻辑构造,似乎仍有商榷之处。此外,文章副标题为"以《证据规定》与《民诉法解释》相关规范比较为中心",但内容中对于两个司法解释的条文比较似乎并不多见,而更多的侧重于历史维度

的考察与理论逻辑的证成。

二、文章主题的见解

证明责任是民事诉讼的"脊梁"。从《民事证据规定》到《民诉法解释》，证明责任的概念实质上一直是主观客观相结合。无论是"举证责任"的用法，还是"举证证明责任"的确立，都是更加侧重于行为意义上的提供证据责任的意涵。尽管《民诉法解释》将"举证责任"与"证明责任"作了合并处理，却依然没有厘清具体举证责任与客观证明责任的内涵，二者的混同依然在立法规定与司法实践中大行其道。具体举证责任实质上是一种事实认定的机制，不同于证明责任的法律适用规则；是一种法官裁量性的工具，不同于证明责任的法定性装置；是一种过程性的责任，不同于证明责任的后果性责任。

《民诉法解释》第九十一条基本按照规范说理论，确立了证明责任分配的规范理论。一直以来，对规范说的批评主要集中在三点：一是权利成立规范和权利障碍规范难以识别，法官可能基于对法律条文理解的不同而观点不同；二是实体法难以涵盖现实社会中所有的纠纷类型，当出现法律缺位时，规范说可能面临无法适用的窘境；三是实体法可能欠缺对当事人诉讼能力差异的考虑而忽略了负担证明责任的当事人会因为缺乏举证条件而导致不公正，即对于特定要件事实证明责任的负担者，要求其对该要件事实加以举证不可期待或显失公平，从而导致双方当事人于诉讼中攻击防御方法失衡，造成诉讼中"武器不平等"。《民诉法解释》第九十一条尽管确立了规范说，但是对上述三问题如何予以应对，依然有赖于司法实践的发展。在笔者看来，第一个问题的解决需要依靠实体法与程序法衔接的完善，即民法典编纂的考量；第二个问题则不得不赋予法官一定限度的自由裁量权；第三个问题则需要借助于具体举证责任、证明责任减轻装置以及证明权保障措施等予以应对。

此外，尤其值得注意的是，不同于《证据规定》赋予法官自由裁量权，该条规定并没有兜底与赋权条款，故而实质上废除了法官证明责任分配的裁量权限。而条文中"但法律另有规定的除外"的但书规定赋予实体法对特殊情形的证明责任分配进行规范，所谓证明责任倒置的规定也寿终正寝。

三、疑问

既然规范说在大陆法系国家确定地位之后，依实体法对法律行为构成要件加以分析和分配证明责任就成为证明责任分配的公式化行为，但在实体法自身规定不完善抑或缺乏规定时，法官依然可以自由分配、改变法律，进而续造法律。这里的条件是否仅仅限于实体法的不完善？法官的这种自由分配权应当受到一定的限制，那这种自由与限制如何平衡？在我国，如何在《民诉法解释》第91条确立了规范说之后开展？尤其在新兴权利不断涌现或者新奇疑难案例不断出现的当下，如何才能更加完善证明责任分配规范？

具体举证责任是一种情景化装置，是法官在具体案件具体情形中予以具体分配的责任，那具体举证责任的具体化要求法官在多大程度和范围内予以具体分配与指导？具体举证责任的灵活性是否排斥类型化案件的引导？而法官错误分配具体举证责任是否有判断的标准与救济的渠道？

十五、由霍海红教授一文所思

周一颜

本文的论证思路可从另外的角度来解读。具体而言，提高民事诉讼证明标准的证成涉及两个主要问题：第一，在司法实践中，法官是否具备严格区分排除合理怀疑和高度盖然性的主观能力与客观可能性；第二，将传统的高度盖然性标准用于欺诈、胁迫、恶意串通、口头遗嘱、赠与等特殊事实的证明判断是否足以满足平衡多方利益、协调多元价值的立法需求并符合民事司法证明活动的一般规律。从逻辑上分析，支持证明标准的提高必须以对第一个问题作出肯定的回答为前提，否则强调排除合理怀疑并无实际意义，或者充其量只能发挥霍文所指出的"解决执行折扣问题"的观念强化功能。但事实上，两种证明标准的区分只是理论层面的预设且需

"通过相关制度的差异来完成"。若以美国关于证明程度的九分法为参照，排除合理怀疑和高度盖然性已然是彼此相邻的两个层次，仅从抽象的立法规定出发，"很难直观区分二者的高低"。结合我国法官的整体素质、自由心证的特性及其现时的公开状况等因素，我们几乎难以对这一问题的把握持乐观态度。甚至如霍教授所言，"在极端意义上，简单而笼统地说高度盖然性标准低于排除合理怀疑标准，实际操作意义有限"。

为达到证伪的目的，霍文在民事实体法与程序法的双重视域中澄清了诸如"足以"、"显失公平"等针对欺诈、胁迫、恶意串通等事实的表述系规则的描述、解释和理解问题，而非程序法意义上的证明标准问题；分析了两种证明标准之下有关法律关系稳定性和当事人证明困难的权衡问题，并推翻了提高民事诉讼证明标准的比较法支持，最终提出了消除立法担忧的另一种更为务实的路径。即通过法定规则的细化、借助科学技术的外力等为法官形成内心确信提供更丰富的指导和场景，否则随意而盲目心证之下的任何证明标准都可能只是一纸具文。换言之，纯粹着眼于证明标准的高低，并由此断定，事实认定的准确程度必然与之呈正相关，此种看法同样是荒谬的。

事实上，证明标准的设置也蕴含着某种价值或道德判断。美国逻辑实证主义哲学家理查德·拉德纳（Richard Rudner）曾在实践和理论推理或事实与价值之间的界分问题上指出，科学家必须以科学家的身份作出相应的道德价值判断。为进一步论证其观点，拉德纳列举了三个不同的例子：（1）如科学家就人类服用毒品致死的剂量提出相应的假说，该假说在被接受前必须获得较高程度的确信或信任水平，因为错误的结果会被我们的道德标准无限放大。（2）对于很多冲压皮带的机器是否存在缺陷，我们只需一个较低程度的信任水平，而有关行业质量控制的科学推断有助于确立一个适当的认知信任标准。（3）在电视剧《曼哈顿计划》中，科学家认为当第一颗原子弹被引爆时不会发生全面失控的连锁反应，这与前述两个例子相比，则需要达到最高程度的信任水平。

鉴于道德考量的强势影响力会波及包括科学研究在内的所有人类行为，

美国哈佛大学法学院斯科特·布鲁尔（Scott Brewer）吸收拉德纳有关认知信任水平的理论并提出，法律或道德的实践立场由特定的目标、方法和判断所组成。在任何描述性的实践判断中，法官为形成结论必须达到特定的信任水平，对于该信任水平高低的判断是作出任何实践决定的必要因素之一。换言之，信任水平的设定（如95%、75%或51%的主观概率标准）是法官基于事实和理论判断进行三段论推理的必要前提。与此同时，他们还必须拥有一套认知评价标准（如排除合理怀疑、高度盖然性、盖然性占优势等证明标准），以此作为衡量信任水平的标尺。

由此，我们或许可以从另一角度来理解民事诉讼证明标准和刑事诉讼证明标准之间的差异以及形成这些差异的主要原因。然而，我们所讨论的证明标准仅仅指向民事诉讼领域中的欺诈、胁迫等法律事实，如果这些行为满足犯罪构成要件而构成犯罪，则属于刑事法所调整的范畴，适用刑事诉讼的证明标准，而不需要"以提高民事证明标准的方式'提前完成任务'"或采取"民刑证明标准的'混搭'"来实现制度设计的一劳永逸。笔者赞同霍文反对提高民事诉讼证明标准的观点，同时亦倾向于认为《民诉法解释》第109条带有一定的政策考量色彩。仅从纸面上看，提高这类特殊法律事实的证明标准的确契合或回应了民事诉讼法对诚实信用原则的强调及其对虚假诉讼的惩治，但采取此种改革策略所带来的弊端同样是显而易见的。

十六、对《提高民事诉讼证明标准的理论反思》的评议

张 虹

一、概述

证据问题是民事诉讼的实体内容和核心问题，是实体法律规范能否在判决中得以适用的关键因素，在审判实践中发挥着至关重要的作用。优势证据原则是一般证明标准，《解释》第109条规定的排除合理怀疑原则属于

特殊证明标准，是优势证据原则的例外，适用的情形比较少。通常在审理刑事案件时运用的是排除合理怀疑原则，而审理民事案件一般运用优势证据原则。

各国证据证明标准具有层级性。各国均承认证明标准存在提高和降低的情形，英美法系的国家和地区，比如美国为了便于操作，其证据法理论和证据立法对高度盖然性证明标准进行量化，或是按等级量化，或是按比例量化。不同性质的案件事实适用不同的盖然性标准。大对于民事诉讼中欺诈的事实即要求提高到清楚和有说服力的证明标准；德国对于程序性事实的证明只要求相当于英美法系国家的盖然性占优势的标准，对于显失公平的证明则要求将证明标准提高到显而易见的程度。新民事诉讼法司法解释在第109条对于欺诈、胁迫、恶意串通、口头遗嘱和赠与的事实，提高证明标准至排除合理怀疑的程度。

二、我国民事诉讼证明标准层次化的理据分析

有必要也可以将民事诉讼证明标准划分为若干层次。法官在案件审理中，可根据案件的类型与案件的具体情况来确定适用不同层次的证明标准。总结有关支持的理据如下：

1. 高度盖然性证明标准是一个弹性的标准。由于认识能力有限，人们不可能完全认识事物，于是便用可能性这样一种概念来表达对事物非精确认识的感受，用可能性大小来表达对事物认识的准确程度，概率和概率大小则是用数学语言描述可能性和可能性大小。人们对事物可能性和可能性大小程度的认识，在裁判程序中表现为两个方面。一方面，法官不可能发现原原本本、毫无偏差的客观事实，当事人也不被要求按照绝对的、精确的、毫无疑问的标准证明事实。在民事诉讼中，当事人被要求能证明其主张"事实"存在的可能性大于不存在的可能性。另一方面，由于可能性存在程度上的差异，所谓"高度盖然性"标准实际上是一个弹性尺度，在概率从超过50%到达到100%的范围内，当事人证明事实所需达到的证明程度是存在高低差异的。

2. 证明标准问题是法律问题，而非事实问题。因而确定一定的规则，限制法官确定证明标准层次的随意性是可行的。既然有必要基于民事诉讼所保护法益的不同，对不同案件、不同法律事实采取不同证明尺度，接下来的问题自然是，有无可能确定一定的规则，相对于认证而言，证明标准是客观性的标准。认证活动由于是法官"自由心证"，因而在不同法官间会因人而异产生不同的结果。作为衡量当事人举证是否成功的尺度，证明标准必须是相对统一的。因此，证明标准是一个法律问题，是法律规则适用的问题，即法官依据一定的规则确定其面临的事实，并主张应当采用的证明尺度。这样有利于限制法官在确定证明尺度问题上的随意性。法律规则适用的问题显然是可以通过立法加以规定的。

3. 我国民事审判的实践为民事诉讼证明标准的层次化提供了经验与教训。2002年4月1日开始施行的《关于民事诉讼证据的若干规定》里确立了高度盖然性证明标准，该证明标准在民事诉讼实践的运用中积累了不少经验与教训，从而为民事诉讼证明标准的层次化构建提供了现实可行性。

十七、对胡学军老师报告的评论

复旦大学法学院　段厚省

胡老师的报告对国外和国内的证明责任理论以及实践，做了一个比较全面而精要的重述，我本人从中获得了很多启发。

我的第一个感想是，目前实务界乃至理论界的一些人，对行为意义上的证明责任与结果意义上的证明责任，在理解上还是存在一些混乱的。我是主张将此二者区分对待的。大概在2008年至2009年之间，我在写作《证明评价影响因素分析》（法律出版社2009年版）时，受刘哲玮的启发，就行为意义上的证明责任和结果意义上的证明责任的关系，做过一段分析，我的观点是，就二者各自所具备的功能来看，主观的证明责任并非仅仅是客观的证明责任的投影，主观的证明责任和客观的证明责任，虽具有密切关系，并且在多数情况下具有"联动"性，但是他们具有不同的价值功能，指向不同的目标。

就主观的证明责任来看，其目的是发现案件真实。在表面上，它的功能似乎是为了确定由谁来对具体的要件事实提供证据；但是从较深入的层面来观察，主观的证明责任实际上是为了使法官在法律要求的消极中立的情况下获得查明案件事实所需要的证据资料；从更为深入的层面来看，主观的证明责任的功能是为了使法官对案件事实获得正确的心证，其目的是排除事实真伪不明状态的发生。在证明活动中，发现真相应当是其最主要的任务，因为在坚持正当程序并排除适用实体法律错误的因素后，法官裁判所依据的事实愈接近客观真实，其裁判愈趋于实体法律上的正义；而裁判所依据的事实愈远离客观真实，其裁判也就愈远离实体法律上的正义。主观的证明责任的设置，恰恰就是为了促进证明活动主要任务的实现，也就是发现案件真相，因此客观的证明责任虽然属于程序法的领域，但却是追求实体正义的保障机制之一。而客观的证明责任则有不同。众所周知，客观的证明责任适用的前提，是作为裁判基础的案件事实真伪不明，是对案件事实真伪不明时的败诉风险进行分配，但是在案件事实真伪不明的情况下进行裁判，绝非民事诉讼所追求的目的，因此真伪不明也决不是证明活动所追求的目标。在程序正当的前提下，只要能够发现案件真相，法官决不应放弃努力，在尚未发现案件真相之前就进行裁判，这既是对法律的不尊重，也是对当事人实体权益的漠视。因此无论对当事人还是对法官来说，发现案件真相并避免案件事实陷入真伪不明的状态，是他们的首要追求，只有在正当程序的范围内无法发现案件真相，才不得不引入客观的证明责任来结束程序。而我们与其说客观的证明责任是在案件事实真伪不明的状态下在当事人之间对不利裁判的风险的分配，不如说是在案件真相难以发现的情况下对作为裁判基础的案件事实为真或为伪的一种推定，此种推定使得法官可以走出困境，以作出不适用权利主张者所援引的法律规范的决定，来结束诉讼程序。因此客观的证明责在表面上，是为了在案件事实真伪不明时，确定由哪一方承担不利裁判的后果；在较深入的层面上，实际上是在法官不得拒绝裁判的要求下为法官提供裁判方法；在更深入的层面上，是为法官规避错误裁判的风险提供出逃的路径。因此客观的证明责任虽然主要具有实体法的性质，但却是追求程序效率的保障机制之一。

以上是就行为意义上的证明责任与结果意义上的证明责任的概念价值与相互关系而言。听了胡老师的报告后，我还有第二个感想，就是具体证明责任这样的提法，会不会在理论上和实务上带来困惑。我认为，所有的原则乃至规则，都存在一定的抽象性，但是在适用于个案时，其在意义阐释和适用结果上都是具体的。换言之，司法的过程，就是将抽象的原则或者规则适用于具体个案的过程，因而也是抽象的原则或者规则的具体化过程。在一点上，证明责任规范也是一样。证明责任分配的一般规则是抽象的，而适用于具体个案时则是具体的。因此，结合个案讨论具体证明责任分配是司法活动的必要内容，但不能因此否认抽象的证明责任规则的存在价值。如果没有抽象的证明责任规则，那法官进行具体证明责任分配的法律依据又是什么呢？司法的正义，或者说司法的形式正义，也就是"同等事务同等对待，不同事务不同对待"，又如何体现呢？所以我看胡老师报告中就法官在个案中依据情境主义的精神来裁量决定证明责任分配，对其能否确保公正，也是表达了担忧的。关于证明责任分配，我个人的观点是：

首先，行为意义上的证明责任，是当事人各方都要承担的，只要他能够提供证据来证明案件真实情况，就应该提供。因为民事诉讼本来就应当将发现真实作为一种理想来追求，也只有这样，才能使得裁判对实体权利义务的安排，最接近实体法的目的。另外，即使在个案中将解决纠纷作为诉讼的目的，通过对话来解决纠纷的民事诉讼程序也应当追求一种理想言谈情境，促使当事人的诉讼行为尽量符合陈述的真实性、表达的真诚性、言说的可理解性与表达的合法性这4个方面的要求．按照这样的要求，凡是知道案件真实情况的当事人，都应当尽量配合法院发现案件真实情况，因此都应当提供证据来协助法院发现案件真实情况。

其次，就客观意义上的证明责任而言，其目的是在事实真伪不明时对事实不被认可的不利后果进行分配，但是这种分配应当尽量符合法律上对于公平正义的追求。目前来看，"谁主张，谁举证"这一古老的证明责任分配规则，在抽象的意义上仍然是最符合法律上公平的，罗森贝克的规范分类说实际上也是对这一规则的进一步具体化。就此而言，罗森贝克的证明责任分配理论，已经在某种程度上属于"具体证明责任了"。而将根据罗氏的理论形成的法律规则在个案中适用，乃是证明责任分配的进一步具体化。至于所谓证明责任倒置等方面的具体规则的出现，是因为在某些案件中，根据其具体情境，若僵化适用"谁主张，谁举证"的规则，可能会造成当事人之间的不公平，进而可能损害这一规则所追求的公平正义的目的，所以要进行适当修正。所谓修正，无非是将本来应承担证明责任的当事人的负担，适当减轻。这种减轻证明责任的理论依据，无非是程序公平、诚实信用、程序促进、盖然性等等。因此，我认为，客观意义上的证明责任分配，应由如下两个层次构成：第一层次的证明责任分配规则是抽象证明责任分配规则，也就是谁主张，谁举证。第二层次的证明责任分配规则，包括具体证明责任分配规则和证明责任减轻规则。所谓具体证明责任分配规则，就是在抽象证明责任分配规则下面，由基于罗森贝克的理论所形成的专门的证明责任分配规则，和各具体实体法中体现的证明责任分配规则，共同构成具体证明责任分配规则。所谓证明责任减轻规则，是基于程序公平、武器平等、诚信原则、盖然性原则、诉讼促进和实体法目的，对于具体证明责任分配规则应承担证明责任的一方，可以在一定程度上减轻其证明责任。至于减轻证明责任的方式，大致有证明责任倒置（我国台湾地区学者也称之为证明责任转换，而将我国大陆所谓的证明责任转换，称为证明必要性的转换）、证明妨碍、事案协力解明义务、降低证明标准、事实自证、表见证明、司法认知、职权调查、推定、课相对人以具体化陈述义务、损害赔偿酌定等等。

以上是我的评论。不足之处，请报告人和其他各位评论人批评指正。

十八、关于胡文和霍文的一点评论

熊云辉 *

读过胡学军教授《证明责任分配理论重述——以〈证据规定〉与〈民诉法解释〉相关规范比较为中心》（以下简称"胡文"）和霍海红教授《提高民事诉讼证明标准的理论反思——以〈民诉解释〉第109条为中心》（以下简称"霍文"）二文后，有些想法不吐不快，以求教于两位方家。

粗略看，胡文所进行的研究为概念辨析，或者说概念重述。如对举证责任和证明责任的辨析，以及具体证明责任的新表述，还有如对证明责任分配的深度解释，相应的证明责任的司法裁量评价，等等，无不是涉及证明责任中三个关键概念，即证明责任、证明责任分配、证明责任司法裁量。概念的再解释，是为新理论提出作准备的，那就是作者的具体举证责任和抽象证明责任二元论。其中的理论贡献和理论创见自然是有的，不过我要指出的是，证明责任实际上是对当事人科以程序责任。我以为，在我国民事诉讼中，对于当事人科以责任，必须持十二分的谨慎。根本原因，乃是我国诉讼中程序民主价值是缺失的。我一直有个信念，程序民主、程序自由、程序人性化是民事诉讼的三个支柱，如果民事诉讼三个支柱都没建立起来，就过于匆忙的去搭支架，如科以当事人证明责任，是否会产生"制度性压制"？事实上，我国证明责任的司法解释或者理论阐释，都是将证明责任作为作为"压力机制"，促使当事人积极诉讼。而在我看来，对当事人而言，"外在压力"是不足以唤醒"内在动力"，往往的结果却是法官法院不负责任的卸责。这也是鄙人迟迟未进入证明责任研究的原因。

在前文我提出"没有程序民主，科以当事人程序责任，带来了制度性压制"，这结论很快就被霍海红教授《提高民事诉讼证明标准的理论反思——以《民诉解释》第109条为中心》（以下简称"霍文"）证明了，给

* 江西财经大学法学院讲师，法学博士。

出了依据。如《民事证据规定》第73条第1款规定的高度盖然性证明标准所存在吴泽勇教授所指出"刨去内心确信在两方之间比较"的硬伤,再如2011年《最高人民法院关于适用〈中华人民共和国婚姻法〉若干问题的解释(三)》对亲子关系的认定,如霍文所言"不是当事人需要亲子鉴定,而是法庭需要亲子鉴定",再就是第109条对欺诈、胁迫、恶意串通、口头遗嘱、赠与的证明标准提高到排除合理怀疑。通读全文,也容易捕捉到作者理论铺陈的基点是当事人的利益保障,体现了学者应有的态度。在我看来,证明标准就是内心确信,自由心证,是主观化的主体自由,是民事诉讼三大支柱之一程序自由的必然要求。证明标准或内心确信,说的就是法官的"自由"。而我国的实际操作,却放弃了法官的"自由",转化为当事人的负担,如将排除合理怀疑设定为受害方的证明要求。这样的技术错置,实在令人匪夷所思。针对最高法院的这一"大胆"动作,霍文提出了批评,足以显示了作者的理论勇气,难能可贵。我想指出的是,我国民事诉讼发展的困境,其中重要原因之一就是最高法院作为"立法者",司法解释裹夹着偏狭利益,制造了不少"制度的粗暴",此处排除合理怀疑为一例,举证时限又为一例。

民事诉讼研究的深入需要有效的对话和交流,上述评论或者说一点个人看法,算是跟两位方家的"对话"吧。胡适先生上个世纪畅言"大胆假设,小心求证",是不容易做到的。我以为民事诉讼研究需要观念的翻转,上述一点个人看法,大胆假设是有了,小心求证则有赖于鄙人后续研究展开。此文客观上造成对自己的督促,也算是交流的意外收获吧。

十九、对"提高民事诉讼证明标准的理论反思"的评议意见

中国人民大学法学院教授　肖建国

一、论文的写作思路及其学术价值

霍海红教授的论文围绕《民诉法解释》第109条的规定,就"排除合

理怀疑"证明标准入法的妥当性、可能由此带来的理论与实践困境进行了条分缕析。尤其通过对"排除合理怀疑"证明标准与实体法规则的融贯性、民事刑事证明标准的错位、举证难度加大导致维权困难所诱发的反向激励等问题的讨论，以及对"排除合理怀疑"证明标准可能给"高度盖然性"证明标准造成的冲击、提高证明标准以备"折扣执行"可能引发证明标准的功能失灵等阐述，论文力图从多角度证成一个观点：将民事诉讼证明标准从"高度盖然性"提高到"排除合理怀疑"，没有实质意义。

毋庸置疑，论文具有很高的学术价值。论文第一次在国内系统、深入地反思了《民诉法解释》第109条的"排除合理怀疑"证明标准，延续了作者"上穷碧落下黄泉"的一贯严谨态度，也展现出作者广博的知识储备、扎实的语言功底和独到的分析问题能力。

二、对于论文的几点建议

以下几点是我在反复研读论文过程中感触或有疑问的地方，提出来，供参考：

1.《民诉法解释》为什么提高证明标准。论文引用最高人民法院编写的权威解释书，认为提高民事诉讼证明标准，是为了建立多元化民事诉讼证明标准体系、与民事实体法相衔接等，并且对此进行了评论。不过，由于撰写解释书的人，有的没有直接参加司法解释的起草，或者仅仅参与外围的辅助工作，因此对于司法解释条文的规范目的未必能够作准确、全面解读。就民事诉讼证明标准的提高而言，同样面临着这一问题。至少就规范目的而言，《民诉法解释》提高证明标准，给法官事实认定提出了更高的要求，法官应力求查明真实事实、发现事实真相来作出裁判，更高的证明标准自然距离真相更近。尤其在我国当前民事司法陷入重重危机、法官不被信任、司法权威不彰、大众对民事司法普遍不满（主要是事实认定错误的不满）的背景下，提高证明标准，对法官群体无疑有警示、规训、强调之意。考虑到民诉法和司法解释进一步保障了当事人取证权的行使、限制非法证据排除规则的适用、赋予当事人宽松的举证期限、将证据失权减少到最低限度等举措，证据裁判主义在民事诉讼中成为可能，提高证明标准也具有了一定的现实操作空间。

2. 提高证明标准与法官内心确信的关系。从《民诉法解释》第108、109条的规定看，无论"高度盖然性"证明标准，还是"排除合理怀疑"证明标准，司法解释都要求建立在法官内心确信的基础上。而内心确信，取决于法官在个案中对争议事实存在与否所获得的心证；证明标准的提高，仍然以法官确信待证事实存在为前提。因此，实践中，更高的证明标准除了对法官有提示、提醒功能外，对于法官个案中事实认定过程产生什么样的实际影响，需要有更为翔实的实证调查（特别是个案跟踪、法官访谈）来印证。

3. 民事审判与商事审判中证明标准的差异性安排。在法律行为效力评价上，民事审判侧重于行为人内心的真意，保护行为人的真实意思；而商事审判则看重外在表示，保护交易的安全，注重维护交易关系的稳定性，对于企图挑战、变动现有交易关系的一方，课予更高的注意义务，承担更高的证明要求，是有必要的。因此，在商事裁判中，对于主张他人有欺诈、胁迫、恶意串通事实、进而撤销或变更现存合同法律关系的人，提高其证明标准，是符合商法内在规律和商事裁判思维的。

在双方地位失衡——例如经营者与消费者——的民事法律关系中，则强调对消费者真意的保护，如果经营者实施欺诈行为诱使消费者作出违反真意的意思表示时，《消费者权益保护法》等实体法会对实施欺诈的经营者采取惩罚性赔偿的制裁（消费者法第55条）。实体法的立法目的和规范意图是明确的，为此，在程序法中，为实现实体法保护消费者的目标，在消费者主张经营者具有欺诈、胁迫等情形时，适当降低消费者的证明标准，就势在必然。因此，在解释消费者法第55条"经营者提供商品或者服务有欺诈行为"的规定时，对于消费者主张的欺诈事实，证明标准上宜采取比"高度盖然性"更低的证明标准为妥，为此，事实推定和表见证明等均可派上用场。相反，一旦机械适用比"高度盖然性"更高的排除合理怀疑标准，会造成消费者因难以举证屡屡败诉而使得《消费者权益保护法》的立法目的的完全落空。在这个意义上，我赞成论文的观点："中国法上民事证明标准体系建立的主要作业是'降低'而非'提高'"。

总之,民事实体法对合同、遗嘱、婚姻行为等民事法律行为效力设置了不同的评价要素和评价标准,民事诉讼证明标准的讨论应当契合于法律行为效力评价的一般规律,以真正实现实体法的规范目的。

4.财产诉讼与身份诉讼中证明标准是否有差异性。婚姻、收养、监护、亲子关系等身份关系诉讼,在诉讼原则、规则上有别于财产关系诉讼。《民诉法解释》第96条也明确了法院的职权调查义务。如前所述,在财产诉讼中,民事审判区别于商事审判的证明标准;在身份诉讼中,涉及欺诈、胁迫、恶意串通、口头遗嘱、赠与等特殊事实的证明标准,是否采取排除合理怀疑标准,值得进一步讨论。

5.关于"恶意串通"的证明标准。在财产关系诉讼中,"恶意串通"在《民诉法解释》第96条(四)中属于法院职权调查的事项,与前述的身份关系事实和证据具有相似性。因此,是否有必要区分民事行为与商事行为中的"恶意串通",分别采取不同的证明标准,也值得进一步讨论。

二十、对"证明责任分配理论重述"的评议意见

中国人民大学法学院教授 肖建国

一、论文的写作思路及其学术价值

这是一篇为具体举证责任论的制度展开提供理论支撑的论文,是胡学军教授此前研究成果的阶段性总结。

论文延续了作者以往证明责任研究的思路,在严格界分具体举证责任与抽象证明责任的基础上,进一步廓清了"谁主张、谁举证"、"举证责任倒置"、"举证责任转换"及"法官分配举证责任"等概念和制度的具体举证责任的规则属性,澄清了民事诉讼法学界过去认识上的偏误,对于准确适用《证据规定》和《民诉法解释》的相关规范,无疑具有指导意义。

论文最精彩之处在于抽象证明责任分配的理论更新上,作者主张还原

规范出发型民事诉讼的本来面目,将此前以争点事实为对象的"依主张分配"转换为以法条要件事实为核心的"依法分配"。这一观点,切中了我国证明责任分配理论研究的要害,可谓鞭辟入里、入木三分。

二、对于论文的几点建议

以下几点是我在反复研读论文过程中感触或有疑问的地方,提出来,供参考:

1. 证明责任分配的形式标准与实质标准之间的关系。

按照"规范说"的见解,证明责任分配的权力授予立法者,立法者对证明责任分配的立法意图已经体现于民法条文结构的原则与例外的关系中,故对于权利发生规范和权利反对规范的识别,首要的识别标准是实体法条文的结构分析,一般表现为法条的本文与但书、一般规定与特别规定的形式。在《物权法》(2007年)、《侵权责任法》(2009年)相继颁布实施后,我国民事实体法体系初步形成,法官裁判中无法可依的局面基本不复存在。在此情况下,借鉴规范说,依据形式标准即实体法条文结构统一分配证明责任,在我国成为可能。这与2001年颁布《证据规定》时仅有《民法通则》、《合同法》的情况大不相同,当时不得不允许法官参酌实质性要素(如距离证据的远近、举证的难易程度、盖然性大小等)裁量分配证明责任。

鉴于我国民事立法时较少考虑证明责任分配,完全依赖民法条文的逻辑结构这一形式要素分配证明责任未必妥当,因此,实质性标准在证明责任分配中不可或缺。我赞成论文提出的观点,实质性因素依赖于案件的具体情境,影响具体举证责任的分配。不过,在运用统一形式标准分配客观证明责任时,似乎不宜完全将实质性标准驱逐出去,实质性要素仍有发挥作用的某些空间。在我看来,也许可以考虑以下两个方面:

其一,依据实质性标准判断当事人所追求的某一法律效果所对应的法律要件;

其二,将实质性标准作为解释某一法条要件属于权利发生要件或权利反对要件的解释方法。

2. 民法法条的规范结构与要件事实的分类。

根据实体法条文结构的原则与例外的关系，可以将实体法要件区分为请求权发生要件（请求原因）；请求权妨碍、消灭要件（抗辩）以及请求权妨碍、消灭要件的妨碍、消灭要件（再抗辩）等。通过对权利发生规范和权利反对规范进行识别，在此基础上确定请求原因与抗辩、再抗辩，并据此来分配证明责任。在日本，民法规范结构这一形式标准是识别民法规范究竟系请求原因规范，还是抗辩规范、再抗辩规范的依据。而将民法规范细分为请求原因与抗辩、再抗辩规范的过程，同时也是对民法典条文进行民法解释学作业的过程。因此，要件事实论在日本，属于民法解释学的组成部分，研究要件事实论的主体是民法学者。日本京都大学著名民法学家山本敬三教授的系列民法著作，从民法总则到物权法、债权总论、债法各论，都将要件事实论一以贯之。

3. 当事人主张的争点事实与法条要件事实的关系。

论文明确主张以争点事实为对象的"依主张分配"转换为以法条要件事实为核心的"依法分配"，有必要进一步就当事人主张的争点事实与法条要件事实的关系予以阐明。

实际上，在辩论主义的诉讼体制下，法官要对当事人提出的实体权利请求（诉讼标的）之存否进行判断，需要诉讼当事人对要件事实进行主张，主张责任构成了当事人攻击防御体系的核心。以要件事实为经，以证明责任与主张责任为纬所形成的攻击防御活动与法官围绕要件事实展开的审理活动实现了逻辑上的对接。

第五届紫荆民事诉讼青年沙龙

(西南政法大学)

报告人:段文波、韩波

段文波,1979年10月出生,男,汉族,籍贯江苏省连云港。
中国民事诉讼法学会理事。
华东政法大学兼职教授。
曾在《中国法学》《中外法学》《法学家》《法商研究》《法律科学》《法学评论》《法制与社会发展》《环球法律评论》《比较法研究》《现代法学》《政治与法律》《当代法学》《国家检察官学院学报》《河南财经政法大学学报》等期刊报纸发表文章四十余篇,专著、译著、合著7本;主持、参与国家、省部级课题14项。

韩波，中国政法大学副教授，硕士研究生导师。中国政法大学加拿大法律研究中心研究员。清华大学法学博士（师从张卫平教授）。自2003年博士毕业后，一直任教于中国政法大学。多次被评为中国政法大学优秀教师。在紧张而充满乐趣的教学工作之余，倾力于民事诉讼法学等方面的学术研究。目前出版个人独著学术专著五部：《当代中国民事诉讼思潮探究》《审判终极性：路径与体制要素》《公正高效权威视野下的新型司法制度构建》《民事证据开示制度研究》《法院体制改革研究》。在《清华法学》《法学评论》《当代法学》等法学刊物上发表学术论文三十余篇。积极参与并圆满完成国家社科基金重大项目、司法部重点项目、教育部人文社会科学重点研究基地重大研究项目的研究工作。主持教育部人文社会科学青年基金项目"当代民事诉讼思潮研究"。著作《法院体制改革研究》获全国第六届中青年诉讼法学优秀科研成果奖；著作《民事证据开示制度研究》获得中国法学会民事诉讼法学研究会"全国第一届青年民事诉讼法学优秀科研成果奖"；论文《诉讼调解的实证分析与法理思辨》获得中国法学会民事诉讼法学研究会"全国第二届青年民事诉讼法学优秀科研成果奖"；论文《回避制度的根基：信息披露》获得中国法学会民事诉讼法学研究会"全国第三届青年民事诉讼法学优秀科研成果奖"；著作《公正、高效、权威视野的新型司法制度研究》获中国法学会第四届全国中青年优秀科研成果奖。

当事人主义：对象、方法与程序

段文波*

摘要：建立当事人主义的诉讼制度，包括审判对象确定、裁判方法与程序流程设计三个方面。首先，必须明确我国属于规范出发型的民事诉讼。以实定法规范为前提将审判的对象分为诉讼请求、要件事实和证据三个维度。其次，对于诉讼请求的确定，适用处分权主义，由当事人负责具体化。而对于事实与证据等裁判资料，适用辩论主义，由负担主张责任的当事人提出足以产生法律效果的要件事实。最后，设计程序流程必须在口头主义审理方式的基础上实现庭审集中化，同时考虑到庭审兼具口头辩论与证据调查的双重功能，不宜设立独立的争点整理程序，只需对调我国现行庭审的顺序阶段并赋予第一次口头辩论期日"准备性"即可。

关键词：庭审结构；诉讼请求；要件事实；辩论主义

引　言

不久前，最高人民法院发布了《最高人民法院关于全面深化人民法院改革的意见》（法发〔2015〕3号），明确表示要建立以审判为中心的诉讼制度，即确保庭审在保护诉权、认定证据、查明事实、公正裁判中发挥决定性作用，实现诉讼证据质证在法庭、案件事实查明在法庭、诉辩意见发表在法庭、裁判理由形成在法庭。但是，倡导以审判为中心，即以"庭审"为中心的改革并非始于今天。早在上个世纪末，源于案多人少的审判方式改革启动伊始，就有学者主张民事审判方式改革的主要内容之一便是

---

* 法学博士，西南政法大学教授。本文是国家社科基金项目"迈向制度理性的民事庭审阶段化构造研究"的阶段化成果之一。

从合议中心型向裁判中心型转变以提高民事审判的效率。[1] 民事司法改革的动因在于为法院减负，理论道具便是举证责任制度。借此，当事人举证取代了法官查证。证据收集的主体一经改变，庭审模式随之改变。"强化当庭质证、认证，充分发挥庭审功能"遂成为改革的重点内容之一。[2] 以庭审为中心并实现充实的庭审，就必须消除庭审形式化的现象，因此"一步到庭"的做法应运而生。但此举却因庭审准备不足滋生了一系列新的问题，因此审前准备程序开始受到重视。[3] 作为审前准备的重要举措，举证时限和证据交换制度应运而生，但由于出台仓促、缺乏相关配套制度、不能与现行审理方式兼容等原因，也以失败告终。[4] 从整个民事司法改革的路径来看，虽经二十年改革，审判中心主义迄今仍未确立。其主要原因在于改革缺乏系统明确的理论指导、单纯依靠司法机关及其审判人员的直观感觉，改革思路"跟着感觉走"。[5] 深化司法体制改革，实现庭审中心，必须以民事诉讼理论作为向导。当事人主义的程序体制包含了三个要素：顺序、对象与方法。[6] 上述三者在审理结构中并非居于同一位置，而是具有内在的逻辑关系。即对象是首位的，方法服务于对象之确定，而顺序之安排又取决于方法。因此，就审判的对象而言。审判的对象并非单一的，而是呈现出请求、要件事实和证据逐级推进的阶层构造。由于实体法体系日渐完臻，民事诉讼制度的目的只能是权利保护而非纠纷解决，民事裁判方法属于规范出发型民事诉讼。因此，审判的首要对象就是实体法规范的法律效果。其次是支撑法律效果发生的要件事实，最后才是证明要件事实的证据。要件事实

---

[1] 张新宝：《民事诉讼法学研究述评》，载《法学研究》1997年第1期。
[2] 张广兴：《民事诉讼法学研究述评》，载《法学研究》1998年第1期。
[3] 李汉昌、张新宝：《民事诉讼法学研究述评》，载《法学研究》2000年第1期。因上一年度未对民事诉讼法学研究进行述评，这是对1998—1999年民事诉讼法学研究的述评。邵明：《第一届全国民事诉讼法学术研讨会综述》，载《中国法学》第5期。
[4] 段文波：《举证时限制度的理论解析》，载《法商研究》2013年第5期。
[5] 黄松有：《渐进与过渡：民事审判方式改革的冷思考》，载《现代法学》2000年第4期。
[6] 法学研究编辑部：《民事审判制度改革研讨会纪要》，载《法学研究》1998年第5期。

是连接法律效果与证据的桥梁,也是抽象法规与具体案件的纽带。就审判对象的确定方法而言,在当事人主义诉讼模式中,诉讼请求层面适用处分权主义,而事实与证据层面则适用辩论主义。处分权主义为法院审判的对象划定范围,不容法官越权裁判。因此,当事人提出的诉讼请求必须明确而具体。就辩论主义而言,其核心在于主张责任,即当事人提出事实主张的必要限度与责任范围。通过当事人主张的碰撞整理案件事实争议的焦点,最后要求法官在当事人申请的证据方法限度内实施证据调查。由于方法决定了程序的安排,因此本文最后考虑以庭审为中心的审理结构的顺序。从最大公约数上讲,集中审理或集中化审理都具有共通的顺序,即当今泛用性民事诉讼程序的顺序包括起诉、准备程序、庭审三个阶段。而起诉、庭审程序的具体设计则取决于其所承载的"功能"。辩论主义与口头主义的结合要求必须采用口头方式提出事实主张,而且事实提出必须在一个公开的正式的场合。这要求庭审的功能必须包括事实主张与争点整理,仅在有必要时实施证据调查。我国现行庭审结构的设计过于重视庭审查明事实的功能,而忽视了作为权利主体的当事人主张"口头辩论"。因此造成了事实主张与争点整理阶段的缺失。这也是我国庭审"走过场"、"形骸化"的根本原因。改革的方向应当是复活当事人之间的"对论",让庭审服务于当事人提出事实、形成争议的焦点,并让法官在此基础上实施集中证据调查。从功能上来说,作为程序中心的庭审,即口头辩论期日首先并非发现真实的场所,而应是双方当事人事实主张并形成争议焦点的空间。

一、规范出发型民事诉讼的审判对象

民事审判的思维方式跟一国的法律传统息息相关。即便同为法律三段论法,民事裁判的逻辑起点也截然不同。这种裁判思维对民事诉讼的结构将产生重大影响。就裁判对象而言,以规范为出发点的诉讼的对象必然以规范为核心,根据与规范的亲疏远近分为若干层级。反之,则毋庸此类划分。在程序的流程安排上，不仅对于审理方式，而且对于庭审构造也存在重大区别。裁判包括了规范和事实两个要素。因此，根据裁判的逻辑起点是规范还是事实可以将两大法系民事诉讼分为规范出发型与事实出发型两个类别。规范出发型民事诉讼以权利保护为圭臬，以实定法的规定作为裁判的逻辑起点。比如在罗马法中，规范和事实融为一体。当事人寻求法院救济的前提是必须有法定类型的"诉"。在此背景下，当事人寻求法院保护的，法院以裁判回应的内容便是诉权。当规范与事实彻底分离之后，法院裁判的逻辑起点仍然是实定法规范。实体法从诉权体系变成了权利（请求权）体系，因此当事人寻求法院保护的就是实体法上的权利。但是在具体的诉讼中，当事人并不能也不会径直向法院请求其人身权或财产权，而是以诉讼请求，即以法条规定的法律效果为基础请求保护。法院判断法律效果是否发生则是根据法律效果所对应的充要条件是否齐备。而充要条件是否齐备则取决于其所对应的案件事实，即要件事实是否发生。另一方面，因为权利本身是脆弱的，不仅容易受到伤害，而且无力自救，仅能通过请求权予以救济。权利为目的，请求权则为手段。因此，判断当事人提出的权利主张是否适当，就是判断请求权是否发生，发生之后是否变更或消灭。而判断请求权是否存在的事实为权利发生事实，请求权消灭或变更的事实为权利消灭事实或权利变更事实。因此，要件事实就是请求权得丧变更的事实。法院在认定上述各类事实是否发生时必须依据证据，当要件事实真伪不明的时候则根据证明责任下判。因此，证明责任分配的对象即请求权得丧变更的事实。综上，在现代民事诉讼中，法院审判的对象有三个，且呈位阶关系。终极对象是当事人提出的对应法律效果的具体诉讼请求，而这个判断过程必须藉请求权得丧变更的事实组合判断始得完成。因此法律效果所依据的要件事实即法官判断法律效果的手段。根据证据裁判主义，事实认定必须依据证据，即证据服务于事实认定。作为法官审理对象的体系而言，法律效果位于最顶层，证据则为最低阶层，而要件事实则作为桥梁居中，衔接法律效果与证据。

民事诉讼法研讨一

（一）规范出发型民事诉讼的裁判构造

一切制度都是历史的产物。民事诉讼制度概莫能外。大陆法系民事诉讼发轫于罗马法，而英美法系民事诉讼则追随日耳曼法的脚步。[①] 两种民事诉讼体系在法的形式、内容及思维方式上迥然不同，相映成辉。众所周知，罗马早在公元前五世纪就已制定了成文法，因此属于以法为审判出发点的诉讼。由于事实和规范尚未分离，法律表现为具体的事实的描述。只有符合法律规定的特定形式的诉讼始能获得法院救济。可以获得救济的诉讼类型皆由法律事先规定。因此，当案件符合法所规定的诉讼类型时方才可以获得救济，此之谓有诉即有救济，无诉即无救济。也正是在这个意义上，罗马法又被称为"诉权"体系。法务官若认定原告的诉不具备法定要件，就宣布拒绝诉讼；若认定具备法定要件，就开始争讼程序以"决定争点"。据此，法务官将案件移交审判人。审判人在审理诉的成立要件事实存否的基础上作出判决。若诉的成立要件事实存在，则原告胜诉；反之，则原告败诉。由此可见，当案件发生时，首先讨论的是案件是否契合法所规定的诉讼类型，即从法规出发考察诉讼。随着罗马法的解体，诉权体系也随之消亡。但是，以实体法规范为出发点的裁判思维却得以延续。以此为圭臬的民事诉讼即规范出发型民事诉讼。[②] 相反，英美法民事诉讼肇端日耳曼法。由于并没有成文法传统，且法律规则藏于先例，因此法官必须遵循先例，其裁判方法即为在事实中发现法。当案件发生时，首先找到相似的高度匹配的先例，然后从中发现裁判的规则并适用于当前案件。以此为基础的民事诉讼即事实出发型民事诉讼。在民事诉讼制度的设立目的上，前者注重从法律的角度观察一个案件，维护法律上的权利；相反，后者则注重从事实的侧面解决问题。[③]

从历史上看，我国的法律深受大陆法系的影响。清末之前，我们的法

[①] ［日］中村英郎：《新民事诉讼法讲义》，法律出版社 2001 年版，第 19 页。

[②] 该理论为日本学者中村英郎教授所创，参见段文波：《规范出发型民事判决构造论》，法律出版社 2012 年版，第 15 页。

[③] ［日］中村英郎：《民事诉讼制度的一个侧面》，成文堂 1999 年版，第 568 页。

律称为中华法系,以"诸法合体,重刑轻民,德主刑辅"为重要特点;到清末,法律改革形成了大陆法系的基本模式,清朝廷采用了日本的法律形式,而日本的法律又来源于德国法,属于大陆法系传统。到中华民国,中国有了大陆法系模式的六法全书。1949年之后,我们学习了前苏联的法律,而前苏联的法律大体上来源于欧洲大陆的法律传统。因此,从法律的外在表现形态和法律技巧上看,我们的法律很大程度上还是属于大陆法系传统。① 当然,我国现在属于社会主义法系。但与大陆法系共通的是,我国素有成文法传统。古有郑子产所铸刑书,今以民法、民事诉讼法等为核心的社会主义法律体系日臻完善。从民事诉讼制度设立的目的来说,乃是维护当事人的权利与实现实体规范,而纠纷解决根本不是诉讼目标。② 有鉴于此,我国民事审判的逻辑起点必然是实定法规范,属于规范出发型民事诉讼。

随着罗马法的解体,诉所包含的程序法因子和实体法因子分解为诉权和请求权,实体法与程序法也开始分离。潘得克吞法律体系一经形成,事实与规范彻底分离。民法典从诉权体系演变为权利体系。同时,民法典的条文则表现为构成要件与法律效果组合的抽象形式。相应,在事实认定的基础上适用法律的裁判方法表现为判断具体的案件事实是否涵摄法律效果所对应的法律要件。如以侵权关系为例,规范出发型的民事裁判过程如下展开。因为无诉即无审判,所以法官的审判对象受制于当事人提出的诉讼请求。当财产权受到侵害时,当事人可以起诉要求被告予以赔偿。而法院判断是否支持原告诉请的方法,首先便是找到覆盖诉讼请求或者说诉讼请求所依据的具体的侵权法条文规范,并将其拆分为法律效果与构成要件。法律效果是否发生取决于构成要件是否齐备。因此,法官必须将将法律要件作为标准,识别出具体案件中所对应的要件事实。当双方当事人就要件事实发生争议时,始生举证的必要性。基于证据裁判主义,法官根据当事人提出的证据判断要件事实是否齐备,并在此基础上判断是否得出法律效

---

① 徐爱国:《大陆法系与中国传统法的转型》,载《社会科学辑刊》2010年第1期。

② 周翠:《〈民事诉讼法〉修订重要问题研究》,载《华东政法大学学报》2012年第4期。

果。当然，民法体系不仅是权利的体系，也是请求权体系。权利虽自高大上，但却无力自救。权利受损时，必须藉请求权之力。因此，构成要件一方面系法律效果的充要条件，同时又是请求权得丧变更之要件。损害赔偿的法律效果是否发生即转换为损害请求权是否发生。从事实认定的角度而言，请求权的构成要件是抽象的，只有将所认定的具体案件事实涵摄构成要件且足以涵摄时才能得出肯定结论，支持原告的诉讼请求；反之，则驳回原告的诉讼请求。在上述过程中，抽象的法律构成要件对应的具体的案件事实叫作要件事实。因为构成要件又是请求权得丧变更的要件，所以要件事实又是请求权发生、变更、行使阻止或消灭的事实。识别和认定要件事实的过程，就是将法律规范与案件事实进行连接的过程。这个过程也是法律推理的核心环节。

当事实和规范分离之后，这两个要素随即成为审判的两个基本点，逻辑三段论法也占据了民事裁判方法论的核心位置。两大法系皆然，但因各自传统而导致出发点有所不同。我国民事审判实务中对于逻辑三段论的审判方式存在这样一种误识。民事裁判的方法乃是逻辑三段论，即在认定事实的基础上适用法律，进而认为民事审判的逻辑起点应当是事实，而不是法律。这种观点与事实出发型民事诉讼颇为近似，进一步影响了庭审结构的顺序安排。当前我国庭审结构呈阶段化构造，即证据调查阶段在前，法庭辩论阶段在后。实务界对这种结构习以为常，未曾引起足够的反思，其所持理由便在只有先行查清案件事实，始能在此基础上适用法律。这样的认识存在几个误区：首先，证据调查的前提在于存在举证的必要性，而举证的必要性则在于当事人之间对案件事实存在争议。而存在争议则必须先有当事人的事实主张。当事人事实主张责任的范围并非无限的，而是限于要件事实。要件事实是抽象法律规范所对应的具体的案件事实。要件事实又服务于表现为诉讼请求的法律效果。因此，必须先从规范出发，寻找对应引发法律效果的要件事实，尔后才需要当事人加以主张，欠缺时由法官释明。在整理出事实主张的争议时，才需要使用证据加以认定。其次，法院不可能也不需要悉数认定与案件有关的所有事实，只需要认定我国民事诉讼法解释中所谓的案件的基本事实即可。案件的基本事实即足以产生诉讼请求的充要条件所对应的具体案件事实。换言之，即请求权的发生、变更消灭和行使阻止事实，与要件事实同义。识别要件事实，即请求权的得丧变更事实必须得现行追索请求权的基础。因此，从法官认定事实的角度而言，得先根据当事人提出的诉讼请求锁定请求权的规范基础，然后拆解构成要件，识别要件事实，待当事人之间就要件事实产生争议时，才需要诉诸证据加以认定。换言之，规范出发型诉讼中，对实际发生的案件事实作法律上的判断之前，判断者仅能选择其中具有法律意义的部分并将其陈述出来。而对法律判断是否有意义，则取决于可能适用于案件事实的法条。这个过程有如"眼光在法规与生活事实之间往返流转"或者"确认事实与法律评断的行为相互穿透"。①综上，不论规范出发型抑或事实出发型民事诉讼，裁判的基本方法都是三段论法。只不过，与规范出发型相反，事实出发型三段论法的前提事实并非要件事实，而是生活事实。

（二）审理对象的阶层构造

在规范出发型民事裁判中，倘若被告认可原告提出的诉讼请求，则构成认诺。法院就此终结审理，判决原告胜诉。反之，被告否认原告提出的诉讼请求时，原告就负担了主张责任，必须陈述足以导出诉讼效果的请求权发生根据事实，即请求原因事实。法院此时先审查原告的事实主张在假定真实的情况下是否足以胜诉，否则即终结审理，宣告原告败诉，毋庸理会被告的态度，也不必实施证据调查。倘若原告的事实主张通过上述审查，被告却自认全部请求原因事实，审理即告终结，法院应判决原告胜诉，毋庸实施证据调查。如果被告争议任何一个请求原因事实，则必须对其进行证据调查。如果没有直接证据，因而需要从间接事实推认要件事实时，原告负担间接事实举示责任。法院则需要在进入证据调查之前先行审查假定间接事实为真实的情形下是否足以推认要件事实。如果间接事实的推认力不足，则毋庸实施证据调查，法院应径直驳回原告诉讼请求。只有在推认

---

① ［德］卡尔.拉伦兹:《法学方法论》，陈爱娥译，商务出版社2003年版，第162页。

力足够的情形下方才进入证据调查。从上述裁判过程可以知悉，诉讼请求属于终结裁判对象，证据属于最低位阶的裁判对象，衔接诉讼请求和证据的则是抽象法律构成要件所对应的具体的要件事实。

在以审判为中心的诉讼制度中，法官审判的具体目标就是确定审判的对象。审判对象在理论上叫作诉讼标的，被誉为学习民事诉讼的人必须经过的"桥"。但是，迄今为止，关于诉讼标的的理论研究也未能指明这个概念对于审判实践的意义，无怪乎其既未能引起实务界的足够重视，也没有融入审判者的思维方式中。① 目前，对诉讼标的理论的研究几乎停滞，甚至出现了倒退，与民事审判实务的需求也渐行渐远。为了让研究更接"地气"，同时避免本文卷入诉讼标的的论争，本文暂且抛开诉讼标的这一概念，仅用审判的对象。

在具体的诉讼中，审判对象究竟是什么，又当如何确定呢？观诸各国民事诉讼，皆实行不告不理原则。这条原则具有如下两重含义：其一，诉讼是否开始取决于当事人。即法院不能主动介入当事人之间的纠纷加以裁判。其二，法院裁判的范围限于当事人请求的范围。即法院裁判的范围不能超过当事人请求的范围。准此，审判对象及其范围由当事人确定。从当事人之原告的角度来看，其通过起诉旨在要求法院保护其权利，恢复其权利受损的状态。如果是在罗马法时代，当事人必须主张其诉权成立，然后才有资格接受法院的审判。因此，法院的审判对象分为两个递进的内容，前者为诉的合法要件，即为理论上所说的诉讼要件；后者则为诉的有理要件，即为本案判决要件。因此，从广义上来说，审判对象包括两个方面。从狭义上来说，审判对象仅指本案判决的对象，即诉的有理性要件。

不论是狭义的抑或广义的判决对象，都并非法官审理的终极目标，也不是当事人提出的第一位的主张。对于当事人而言，主张诉讼要件是为了证明"诉"的合法性，而提出本案要件则旨在证明"诉"的有理性。即诉讼要件和本案要求都是"诉"的理由，前者系程序法上的理由，而后者则

---

① 傅郁林：《"审"与"判"的逻辑和相应技巧》，载《人民法院报》2011年1月19日007版。

是实体法上的理由。诉，即以权利主张为内容的"审判要求"才是当事人首位的请求。同理，从法官审判的角度而言，判断诉的合法要件或者有理要件都只是手段，服务于判断当事人提出的"审判要求"是否正当。但是，审判要求是抽象的，法院并不能就抽象的审判要求作出裁判，加之当事人提出的审判要求划定了法院审判对象的范围。所以，当事人提出的审判要求必须是具体的，明确的，否则无从指示法院审判的范围。这表现为当事人起诉时需要提出具体的诉讼请求。综上所述，终极的审判对象乃是当事人提出的具体化的审判要求，即诉讼请求。即本案判决主文中应当判断的具体事项。作为规范出发型民事诉讼，这些具体事项必须是实体法规范所规定的法律效果的具体化。除了具备法律效果对应性之外，诉讼请求还可能包含了特定形式的判决要求，比如请求给付判决。

从具体的民事裁判逻辑构造来说，民事裁判的主要方法无疑是在认定事实的基础上适用法律，尔后判断是否可以推导出法律规范所对应的法律效果。但是，法官并不能直接判断法律效果具体化之后的诉讼请求是否成立，必须以当事人提出的权利主张适当与否为媒介。此处权利主张之所谓权利，并非民事实体法所规定的诸如所有权、人身权等权利本身，也不是权利义务或法律关系，而是请求权。[①] 权利关系或法律关系只是请求权规范基础所产生的抽象的静态关系，而判断诉讼请求是否成立，并不能通过判断抽象的法律关系是否完成，比如判断是否应当支持原告提出的损害赔偿的诉讼请求，并不能通过判断侵权关系是否成立来完成。因为侵权关系成立，只是产生了损害赔偿请求权，而此请求权是否足以导出原告的诉讼请求，还需要结合比如是否存在免责事由等其他事实加以判断。因此，并非仅判断权利关系，而需要组合判断请求权基础法律关系所产生的请求权得丧变更的事实方能最终得出判决主文。

必须指出，此处所谓的诉讼请求有别于民事诉讼标的理论中所说的诉讼中的请求，而是等同于请求的旨趣。在诉讼标的理论中，所谓诉讼上的

[①] 有观点认为此项主张是原告于起诉时所主张的法律关系。江伟：《民事诉讼法学》，北京大学出版社 2014 年版，第 25 页。

请求，是与民法上的请求相对的概念。即本案判决主文中应当判断的对象的最小基本单位或根据该单位可以识别的具体事项。该基本单位是原告对被告特定的权利主张以及向法院提出的承认该主张作出特定形式判决的要求。诉讼中请求的意义因语境不同而相去甚远。比如放弃请求时指的是权利主张。而在本案判决中，实务中认可的请求的用法则是指原告向法院提出的伴随一定权利保护样式的判决要求。近年，狭义的诉讼上的请求仅指原告对被告的权利主张，而广义的诉讼上的请求还包含原告对法院特定的判决要求。①传统的多数观点采狭义说，仅将前者称为诉讼上的请求，即权利主张。在诉讼标的理论研究中，诉讼上的请求往往被作为诉讼标的一词的同义语使用，且指代原告向被告主张的权利或法律关系本身。例如对同一土地的原告的所有权确认请求与被告的所有权确认请求之反诉，狭义的诉讼标的相同，都是同一土地的所有权，但广义的请求却有所不同。广义的诉讼上的请求与诉的意义类似，但时有区别，诉还包含了请求启动诉讼程序的要求、通过特定程序审判等所有请求。广义的诉讼上的请求即诉的请求内容，仅指围绕被告的权利主张以特定的权利保护形式进行判决的要求。此外，广义的诉讼上请求与"申请事项"几乎同义使用。但是，当原告仅就同一请求权的部分数额起诉时，两者则有所不同，例如仅就部分借款请求返还时，申请事项便包含了数量上的界限，而法院则不能超过此限作出判决。这种包含数量界限的请求事项则对应起诉状中的诉讼请求。当复数请求合并的时候，各请求审判顺序的指定拘束法院的情形下，申请事项也包括了上述顺序的指定。②

综上，以裁判为中心的诉讼意味着诉讼程序从始至终所有程序行为都服务于判决主文的生产，而诉讼请求概念指示了作为判决主文的判断事项，相当于原告对诉讼标的胜诉时的主文，是原告主张的结论部分，即判决主文。在判决确定后，也仍是评价诉讼作用的基准。因此，诉讼请求构成了

---

① ［日］三月章：《民事诉讼法》，有斐阁1959版，第72页。
② ［日］三木浩一、笠井正俊、垣内秀介、菱田雄乡：《民事诉讼法》，有斐阁2013年版，第405页。

诉状必要的记载事项。

二、当事人主义视角下审判的方法

由上可知，审判的对象分为三个阶层，层层递进。审判对象不同，确定方法与规制原理也有所不同。首先，就诉讼请求而言，在职权主义下，法官甚至可以超过当事人请求的范围作出裁判。①反之，在处分权主义下，即由当事人具体确定诉讼请求。其次，就诉讼资料的提供而言，职权主义下不存在主张责任，事实皆由法官依据职权探知，而证据亦毋庸当事人申请调查，法院亦可依据职权为调查。反之，在当事人主义下，对于要件事实而适用辩论主义，由当事人负担主张责任。法院只能以当事人主张的要件事实为基础裁判。反过来，当事人没有主张的事实不能作为判决的基础。对于证据而言，原则上由当事人提出证据申请，法官证据调查以当事人申请的证据方法为限。经过二十年多年审判方式改革，我国民事诉讼模式已经向当事人主义成功转型。②理论上和实务中认可了处分权主义和辩论主义，规定了自认并缩小了法官职权证据调查的范围，同时保留了职权进行主义和职权送达主义。

（一）处分权主义

所谓处分权主义，即诉讼的提起、终结以及审判对象的确定，由当事人享有主导权的原则。就审判对象的确定而言，处分权主义主要作用于诉讼请求的确定。作为当事人主义的一个重要组成部分，处分权主义发挥了

---

① 《苏俄民诉法典》第 179 条规定：法院在解决案件时不受双方当事人请求范围的拘束。诉讼请求的数额如果不是根据双方当事人以前所成立的协议或者依法律所规定的程序决定时，法院可以依照已经查明的情况作出超过原告请求数额的判决。一方面，当事人有处分其权利的自由。另一方面，法院有不受当事人请求范围与处分范围拘束的自由。参见克列曼：《苏维埃民事诉讼》，法律出版社 1957 年版，第 77 页。

② 熊跃敏：《辩论主义：溯源与变迁—民事诉讼中当事人与法院作用分担的再思考》，载《现代法学》2007 年第 2 期。和日本民事诉讼法一样，我国民事诉讼条文上并没有关于辩论主义的直接规定，但从关于自认效力的规定便可以推定我国采用辩论主义。

民事诉讼法研讨一

限制法官权力的作用。在诉讼请求上，表现为法官不能超越当事人诉讼请求的范围作出判决，否则即会造成突袭裁判。① 从权限划分的角度而言，诉讼请求越明确清晰，则法官审判权的界限则越明朗。因此，诉讼请求既然由当事人确定，势必明确而清晰始能达到界分诉权与审判权的效果。所谓诉讼请求即原告通过诉明确向法院提出的审判要求。简单的说，就是原告希望获得的判决内容。② 诉讼请求明确了就作为审判对象的权利或法律地位、请求审判的限度以及判决的种类。诉讼请求对应了判决主文中的判断事项，例如给付之诉中，法院判决被告向原告支付 10 万元以及被告向原告交付货物。③ 诉讼请求中，除了特定本来的审判对象之外，还需要明确用于特定附随审判申请与审判方法的要求，但这并非诉状必要记载事项。当然，既然是要求法院审判的申请内容，所以必须具有明确性或确定性，原则上不得附条件或期限，但作为请求理由之实体法上的请求权自身附条件或期限时不在此限。请求的具体化要求因诉的类型不同而有所区别。

1. 给付之诉的场合

在给付之诉中，请求必须具有可资执行的具体内容。通常必须准确说明按数量确定应当判令的金钱数额，或者是要求返还的物品或者是应当实施或不作为的具体行为。在诉的合并中，除了整体数额之外还必须准确标明单个数额。在同时履行之诉中，对待给付应当达到可以被独立起诉的确定程度。利息请求应当确定到银行基准利率之上的某个百分点。④

---

① 但是，苏联民事诉讼法中的处分权主义与辩论主义都是非约束性的。《苏俄民诉法典》第 179 条规定：法院在解决案件时不受双方当事人请求范围的拘束。诉讼请求的数额如果不是根据双方当事人以前所成立的协议或者依法律所规定的程序决定时，法院可以依照已经查明的情况作出超过原告请求数额的判决。一方面，当事人有处分其权利的自由。另一方面，法院有不受当事人请求范围与处分范围拘束的自由。参见克列曼：《苏维埃民事诉讼》，法律出版社 1957 年版，第 77 页。

② 王亚新：《对抗与判定：日本民事诉讼的基本结构》，清华大学出版社 2002 年版，第 30 页。

③ ［日］新堂幸司、福永有利：《注释民事诉讼法（5）》，有斐阁 1998 年版，第 104 页。

④ ［德］罗森贝克、施瓦布、戈特瓦尔德：《德国民事诉讼法》，李大雪译，中国法制出版社 2007 年版，第 690 页。

2. 确认之诉的场合

作为确认之诉请求的趣旨，必须表明要求确认的实体法上的权利或法律关系。确认诉讼通过确认实体法上的权利，明示规律当事人之间的规范并据此抑制当事人之间存在的纠纷，所以审判的对象如果不是实体法上的权利或法律关系则毫无助益。因此，必须特定实体法上的权利或法律关系。

3. 形成之诉的场合

此时诉讼请求必须明确请求变动的法律关系。例如请求判决原告与被告离婚。根据新诉讼标的论，请求变动特定法律关系的原告的法律地位乃是诉讼标的。而作为变动原因的实体法所规定的各个形成原因并非诉讼标的，只是诉讼标的之法律地位提供基础的法律观点。因此，仅仅记载诉讼请求便可以特定诉讼标的。相反，旧诉讼标的理论认为各个形成原因才是诉讼标的，所以需要具体记载各个形成原因事实。但是，在离婚诉讼中同时请求分割财产时，没有必要特定分配的具体数额与方法。这一方面是为了方便申请人，另一方面因为法院对于上述事项拥有很大的裁量权。在共有物分割之诉中，只要提出共有物分割的意思即可，也没有必要具体指定分割的方法等，即使指定也不拘束法官。更准确的说，共有物分割申请中包含了共有关系废止请求与分割实施请求两个层面。前者适用处分权主义，即部分分割、概括分割的请求拘束法官。而对于后者，法院并不受当事人申请拘束，比如对于现物分割的请求，法院可以命令拍卖共有物而分割价款，也可以将现物分割调整为价格赔偿。当然，只要当事人在请求中明确表示的意思内容是合理的，法院应优先考虑其提案。①

（二）辩论主义

判决以当事人展开的主张和举证活动为基础，并由法官适用法律。法官必须以应适用法规之要件事实为指南，认定事实。辩论主义意指在口头辩论中，本案判决基本之诉讼资料②（事实与证据）由当事人提出的责任与

---

① [日]新堂幸司、福永有利：《注释民事诉讼法（5）》，有斐阁1998年版，第21页。

② 与举证并列，民事诉讼中的主张即当事人向法院提出判断资料的行为。通过主张行为提出的信息即诉讼资料。作为诉讼资料的"信息"也称为主张。

权能。权能意味着当事人自治优先于法院职权。责任意味着诉讼资料不充分时作为当事人的自己责任处理。① 广义上的辩论主义包含了处分权主义，但狭义上仅指诉讼资料由当事人收集。② 辩论主义与处分权主义具有共通性，都是当事人主义的表达。两个原则都反映了民事诉讼基本上是当事者之间自己处理问题的过程。③

根据通说，辩论主义包括三个方面，但核心在于第一点，即法院不得以当事人未曾主张的事实作为裁判的基础。这意味着哪些事实成为审理对象由当事人决定。证据调查的范围也限于当事人在口头辩论中所主张的事实。藉此，主张原则保障了当事人自主设定诉讼争点的机能。根据主张原则，法院就算根据证据调查的结果对某事实存否获得心证，只要当事人没有在口头辩论中主张，便不得将该事实作为裁判的基础。从证据调查所获得的诉讼资料叫作证据资料，与当事人主张所获得的主张资料严格区分。因此，当事人没有主张的事实，无论是因为当事人疏忽而没有注意或者是故意不主张，法院均不得根据证据恣意认定。藉此，主张责任发挥了当事人免受法院突袭裁判的作用。就此而言，辩论主义的核心在于主张原则，即事实提出原则。④ 对于适用主张原则的事实，当事人没有在口头辩论中主张便不能认定，因此法院也不能认可以该事实为法律要件所对应的法律效果。准此，因该法律效果受益的当事人将承担败诉等不利后果。是以，当事人一方因有利于己的事实没有在口头辩论中出现从而遭受的不利益叫作主张责任。主张责任是以口头辩论终结时为基准，当事人因没有主张某事实而产生的不利益，因此是结果责任。负担此责任的当事人为避免有利于己的事实没有出现造成的不利益，所产生的现实的主张的必要性叫作主观

---

① ［日］三木浩一、笠井正俊、垣内秀介、菱田雄乡：《民事诉讼法》，有斐阁2013年版，第198页。由于举证的必要性源于客观的证明责任，因此证据提出原则可以单列而不包括在辩论主义中。

② ［日］山木户克己：《民事诉讼法论集》，有斐阁1990年版，第22页。

③ ［日］谷口安平：《程序的正义与诉讼》，王亚新等译，中国政法大学出版社，2002年，第24页。

④ ［日］三木浩一、笠井正俊、垣内秀介、菱田雄乡：《民事诉讼法》，有斐阁2013年版，第201、202页。

的主张责任。相对于结果意义上的主张责任，系一种行为责任。反过来，与主观的主张责任相对，作为结果责任的主张责任可称作客观的主张责任。特定的事实由哪一方当事人负担不利益叫作主张责任的分配。主张责任的分配与证明责任的分配相同，都是以实体法的构造为原则，兼顾当事人的公平与负担，即采法律要件分类说。

在辩论主义支配下，判决结果的理由提供责任归于当事人。原告应该向法院说明作为起诉理由的法律事实。当原告主张自己诉讼上请求有理由的事实，其全部或部分不足以说服被告的时候，就需要继续提出请求理由事实或证据。该事实之全部或部分不足以让被告理解时也一样。此外，原告也必须提出足以对抗被告主张的再抗辩和再再再抗辩等。反之，对起诉进行答辩的被告也应当举出他作为反驳理由的法律事实。被告必须否认原告提出的请求理由事实或者陈述足以对抗原告理由的其他事实，比如抗辩和再再抗辩等。当自己的主张不足以说服对方时，必须继续提出理由事实和证据。该事实全部或部分不足以说服原告时同前。[①]

三、口头辩论主义的程序架构

《最高人民法院关于全面深化人民法院改革的意见》明确表示要建立以审判为中心的诉讼制度，确保庭审在保护诉权、认定证据、查明事实、公正裁判中发挥决定性作用，实现诉讼证据质证在法庭、案件事实查明在法庭、诉辩意见发表在法庭、裁判理由形成在法庭。强化庭审中心意识，落实直接言词原则，严格落实证人、鉴定人出庭制度。从我国民事诉讼制度的具体建构而言，自然无法摆脱上层原理的认知，缺乏基本原理指导的制度设计极有可能出现具体程序之间无法自洽衔接的问题，进而折损个别制度的功能，甚至让整个程序的运行效果大打折扣。制度安排或者说程序顺位的设计必须立足于规制审判对象的原则和原理，即必须以处分权主义和辩论主义为背景。前者对于审判程序的设计主要体现在起诉立案阶段。即

---

① ［日］伊东乾：《辩论主义》，学阳书房1975年版，第25页。

民事诉讼法研讨一

以当事人为主导,以诉状中诉讼请求的具体化为核心,逐步削减其中的职权审查因子,仅保留职权送达主义。辩论主义则主要针对事实主张、争点整理与证据调查程序。在口头并行审理方式中,辩论主义将上述三个任务集中于口头辩论期日,并按照审判的逻辑顺序安排庭审构造。综上,在审判程序的流程设计上,应作如下安排:首先,庭审中心意味着庭审在功能上处于中心地位。因此必须考虑庭审的功能设计整个民事诉讼的流程。包括起诉程序、争点整理程序以及庭审期日的统筹安排。其次,为保护诉权,那么诉的合法要件应尽可能在庭审中审查,即采用诉讼要件复式结构。为此,必须将我国起诉条件中的诉讼要件剥离出来,使起诉审查为立案登记,根据处分权主义的要求,起诉程序应尽量减少法官职权主义要素。因此,起诉程序将由当事人提交诉状与法院审查并送达诉状两个方面结合而成。起诉程序的核心便是诉状审查,起诉程序的完结点,即诉讼系属的时间点为诉状送达被告。再次,质证在法庭、案件事实查明在法庭意味着法庭应当是实施证据调查的场所,因此应尽量减少庭外证据调查,包括实务中非常普遍的庭外当事人询问。准此,始能减少法官对于案件事实的职权探知,增强当事人对于事实的主导权。最后,诉辩意见发表在法庭、裁判理由形成在法庭意味着除了证据调查之外,庭审还应兼具辩论的功能。其中包括事实上的辩论自不待言,也应包括法律上的辩论。虽然法院知法原则不要求当事人陈述法律观点,但这并不代表当事人无权就法律适用表达意见,只是意味着双方当事人发生意见分歧的时候,法官拥有法律适用上的主导权。同时,为了避免法律适用上的突袭,法官应行使释明权,及时开示心证。[①]

(一)起诉立案制度

立案机构在经历人民接待室、信访室、告诉申诉庭等若干阶段之后,藉90年代民事司法改革正式设立案庭,功能上沿袭了自接待室时期立审合一的实质审查制。[②] 审查的对象是我国现行《民事诉讼法》第119条和120

---

① 段文波:《德国法院知法原则及其启示》,载《法律科学》2011年第6期。
② 傅郁林:《中国民事诉讼立案程序的功能与结构》,载《法学家》2011年第1期。

条规定的条件。2012年民事诉讼法修正案对于立案制度进行了一定修缮，但增改的三个重要条款不仅没有解决立案程序原有的问题，反而使之更加突显。①2014年10月28日，十八届四中全会决定，改革法院案件受理制度，变立案审查制为立案登记制。2015年2月4日，《关于适用〈中华人民共和国民事诉讼法〉的解释》（法释〔2015〕5号）的第208条规定了立案登记制的具体做法。2015年2月26日，最高人民法院正式发布《最高人民法院关于全面深化人民法院改革的意见》（法发〔2015〕3号）决定变立案审查制为立案登记制，并将之作为修订后的《人民法院第四个五年改革纲要（2014-2018）》。2015年4月15日，最高人民法院印发《关于人民法院推行立案登记制改革的意见》，再次提出改革法院案件受理制度，变立案审查制为立案登记制。从司法解释的规定来看，所谓的立案登记制本质上仍是立案审查制。其并没有改变起诉条件，只是对实践中已经形变的立案审查制度采取的补救措施。当然，也有观点认为改立案审查制为立案登记制后，法院不再对起诉进行实质审查，仅核对起诉的形式要件。②

自司法改革开始以来，理论界就过度青睐英美法系的经验，而忽视与我国亲缘性较近的大陆法系的制度。③但是，英美法系民事诉讼程序是一种源于陪审制的特殊制度，本质上无法被大陆法系国家所借鉴。④基于法律传统、法系意识等各种原因，我国立案制修改应当借鉴大陆法，而不能参照英美法。⑤大陆法系的起诉受案模式大致可分为登记簿制与期日制两类。前者以法国民事诉讼法为著例，全面贯彻当事人主义，尤其是当事人进行主

---

① 傅郁林：《再论民事诉讼立案程序的功能与结构》，载《上海大学学报（社会科学版）》2014年第1期。

② 《立案登记制，你应该知道的六件事》http://www.gov.cn/zhengce/2015-04/15/content_2846868.htm。景汉朝发言。

③ 左卫民：《十字路口的中国司法改革：反思与前瞻》，载《现代法学》2008年第6期。

④ ［日］谷口安平：《程序的正义与诉讼》（增补本），王亚新、刘荣军译，中国政法大学出版社2002年版，第110页。

⑤ 参见段文波：《我国民事庭审阶段化构造再认识》，载《中国法学》2015年第2期。

义，故法官对"诉讼开始"无从置喙。①与登记簿制相反的是期日制，以现行德日民事起诉程序为著例。即起诉由提交诉状和向被告送达诉状两步组成。诉状送达被告之后，起诉始告完成。②采用哪种模型与民事诉讼模式息息相关。即在纯当事人主义模式之下，因实行当事人进行主义，故偏好登记簿制；反之，在超职权主义民事诉讼模式中，法院职权全面干预立案，因而采用案件受理制。

鉴于"受理"概念已经根深蒂固，毋庸废除立案庭。立案审查制转向立案登记制后，案件受理关系将演化为诉状受理关系，诉状审查自然也将成为整个流程的核心。首先，就诉状审查的对象而言，原则上限于形式事项。即诉状是否遗漏了必要的记载事项。③立案法官审查的对象仅为起诉条件，不包括诉讼要件与本案要件。其次，就诉状审查的时期而言，通说认为法官应在诉状送达被告前审查诉状。④再次，就补正告知程序而言，立案庭法官认为诉状不完整时，必须根据补正事项的难易程度裁量适当期间并一次性具体明示原告补正。⑤诉状阅览仅是事实行为，因此不宜再由法官裁定是否受理，而应裁定是否驳回诉状。诉状被驳回时，与驳回起诉具有同一效力。⑥案件分配也是机械性事实行为，立案庭既无权变更亦无权裁量。⑦

以当事人主义为目标的司法改革不能回头，我们只能继续推进改革。⑧

---

① [法]让·文森、塞尔日·金沙尔：《法国民事诉讼法要义》，罗结珍译，中国法制出版社2001年版，第800页。

② [日]铃木忠一：《法官的配置、事务分配及案件的受付·配付》，载《实务民诉讲座（1）》，日本评论社1969年版，第46页。

③ [德]罗森贝克、施瓦布、戈特瓦尔德：《德国民事诉讼法》，李大雪译，中国法制出版社2007年版，第694、695页。

④ [日]新堂幸司：《新民事诉讼法》，林剑锋译，法律出版社2008年版，第160页。

⑤ [日]新堂幸司、福永有利：《注释民事诉讼法（5）》，有斐阁1998年版，第194页。

⑥ [日]新堂幸司、福永有利：《注释民事诉讼法（5）》，有斐阁1998年版，第201页。

⑦ [日]铃木忠一：《法官的配置、事务分配及案件的受付·配付》，载《实务民诉讲座（1）》，日本评论社1969年版，第49页。

⑧ 傅郁林：《中国民事诉讼立案程序的功能与结构》，载《法学家》2011年第1期。

从职权主义向当事人主义转型，即将起诉程序中的职权主义因素限于诉状审查与送达，而将诉讼要件置于诉讼系属后由审判庭处理。即立案庭只是负责审查与送达诉状。诉状缺少必要记载事项时，立案庭应当一次性指出全部缺陷并命令原告在适当的期间内补正缺陷。如果原告不补正，立案庭应裁定驳回诉状并终结案件。①送达对于当事人的程序保障而言举足轻重。诉状送达被告后，受诉法院与两造之间的三方诉讼关系始告成立。由此，被告方有机会参与诉讼，并知悉谁向哪个法院提起了怎样的诉。②立案受理制转向立案登记制的标志性特征之一就是诉状送达时发生诉讼系属。③因此，诉讼之提起由诉状之送达而生效力。④为避免法院怠于职权审查或送达诉状肇致当事人时效经过，时效中断等实体法上的效果都将溯及起诉时。

（二）口头辩论期日

早在1996年7月，全国法院审判方式改革工作会议上便提出要强化庭审功能，并试图以"直接开庭"的方式防止法官在审案过程中对案件先入为主。⑤随着"直接开庭"的不断推广，庭审更强调"有理讲在法庭，有证举在法庭"，最后"是非分辨在法庭"。⑥2015年，《最高人民法院关于全面深化人民法院改革的意见》再次明确表示要建立以审判为中心、以庭审为中心的诉讼制度。可以说，两个中心始终都是民事审判方式改革的目标。

---

① 2015年2月4日，最高人民法院出台了《最高人民法院关于适用〈中华人民共和国民事诉讼法〉的解释》。其中第213条规定，原告应当预交而未预交案件受理费，人民法院应当通知其预交，通知后仍不预交或者申请减、缓、免未获批准而仍不预交的，裁定按撤诉处理。这种做法一方面并没有给予当事人就此条件接受救济的机会，另一方面却又为当事人滥用诉权开了方便之门。

② [日]新堂幸司、福永有利：《注释民事诉讼法（5）》，有斐阁1998年版，第202~203页。

③ [日]司法研修所：《民事诉讼第一审程序的解说》，法曹会2001年版，第20页。

④ 陈刚：《中国民事诉讼法制百年进程》（第二卷），中国法制出版社2004年版，第183页。

⑤ 黄松有：《渐进与过渡：民事审判方式改革的冷思考》，载《现代法学》2000年第4期。

⑥ 法学研究编辑部：《民事审判制度改革研讨会纪要》，载《法学研究》1998年第5期。

以庭审为中心，意味着以口头辩论期日为中心。当前，我国庭审的主要问题在于庭审阶段顺序逻辑倒置，即缺乏事实主张和争点整理阶段。有鉴于此，笔者主张对调现行庭审两阶段，复活真正的事实主张，以实现审理集中化并解决事实主张和争点整理程序缺失的问题。此外，必须消除非正式开庭，发挥法官的释明作用以激活当事人的口头辩论。

实现两个中心的审理方式，必须立足于民事审理方式改革。民事审理方式分为口头主义与书面主义两种。前者即当事人与法院以口头方式实施诉讼行为的审理方式。反之则是书面主义。普通法时代，采用书面审理主义，但由于在发现真实、保障公开主义、直接主义、当事人的审问请求权等方面更胜一筹，1877年德国民诉法转采口头主义。经由西法东渐，我国民事诉讼采用的正是口头审理方式。① 由此衍生了必要的口头辩论、口头辩论的一体性、随时提出主义以及证据结合主义等各项原则。② 但是，由于我国同时采用并行审理方式，口头审理与并行审理一经结合，便产生了庭审拖沓、口头辩论形骸化等问题。由于欠缺陪审制等集中审理的制度前提，我国民事审理方式改革的路径只能是在口头辩论一体化的基础上努力实现口头辩论的集中化。③ 对于实现集中高效的审理而言，制度上最为重要的前提条件当属充实的口头辩论准备制度或争点整理程序。④

民事诉讼审判方式改革，是一种结构性变革，其基本点和核心是转换诉讼基本模式。⑤ 诉讼基本模式分为当事人主义与职权主义，落实和加强当

---

① 段文波：《一体化与集中化：口头审理方式的现状与未来》，载《中国法学》2012年第6期。
② ［日］吉村德重：《诉讼促进与辩论的充实、活性化：西德简素化法的理想与现实》，载《刑事法的诸相（下）》，有斐阁1983年版，第301页。
③ 段文波：《一体化与集中化：口头审理方式的现状与未来》，载《中国法学》2012年第6期。
④ 段文波：《一体化与集中化：口头审理方式的现状与未来》，载《中国法学》2012年第6期。
⑤ 参见张卫平：《民事诉讼基本模式：转换与选择之根据》，载《现代法学》1996年第6期。

事人主义，是改革和完善我国民事诉讼模式的方向和关键环节。[1]当事人主义的核心在于辩论主义。辩论主义将本案审理作为其对象，并将本案判决基本之诉讼资料归由当事人提出的原则，而诉讼资料的收集过程分为两个阶段，事实主张与证据提出。相对应，在程序构造上，对应了事实主张和证据调查两个阶段。在英美法系集中审理方式中，上述两个阶段分别为证据开示与庭审。诉答程序中提出的诉讼请求不被认可，便进入证据开示，该程序一经终结，主张与争点整理即告完成，当事人不得提出新的事实和证据，并在随后的庭审中围绕争点进行集中证据调查。这种程序阶段具有不可逆性，系一种法定序列主义。程序构造体现了庭前准备加庭审的阶段化特征。相反，在大陆法系并行审理构造中，口头审理方式取代书面审理之后，由于采用适时提出主义，在事实审口头辩论终结之前，当事人均可提出事实主张，而证据申请则可以根据事实主张的需要而随时提出。因此，事实主张和证据调查程序之间的不可逆性被取消了。口头主义和辩论主义一结合，便衍生了口头辩论。口头辩论即在受诉法院所指定的期日中，当事人双方以对立的形式口头提出审理所需之本案申请以及攻击防御方法。[2]在民事诉讼法的历史进程中，辩论主义往往和口头辩论的必要性交织在一起，并以口头辩论为前提。因此，辩论主义又叫作口头辩论主义，即双方当事人在受诉法院面前，采用对席、直接口头主张事实的审理方式，也即两造在法庭中面对承办法官展开口头对论。反过来，辩论主义要求当事人必须在"口头辩论"中主张事实。法官也只能将口头辩论中所呈现的事实作为判决的基础。因此，口头辩论主义意味着口头主义、辩论主义和直接主义三位一体，并集中体现于口头辩论期日中。[3]口头主义针对事实主张、直接主义针对证据调查。从程序安排上来说，事实主张和证据调查集中在口头辩论期日。这也契合了证据结合主义的要求。但是，事实主张与证据

---

[1] 汤维建：《市场经济与民事诉讼法学的展望（下）》，载《政法论坛》1997年第2期。

[2] [日]林屋礼二、小野寺规夫：《民事诉讼法辞典》，信山社2000年版，第92页。

[3] 段文波：《我国民事庭审阶段化构造再认识》，载《中国法学》2015年第2期。

调查毕竟应该有所区分。事实主张阶段得到的诉讼资料叫作主张资料，而证据调查阶段所得到的资料叫作证据资料。由于辩论主义旨在通过两造之间的主体性"辩论"活动约束法官的心证。因此辩论主义为了区别主张资料与证据资料而将程序划分为口头辩论（狭义）和证据调查两个程序阶段，反过来程序的阶段化又强化了辩论主义防止突袭裁判的功能。①因此，大陆法系国家民事诉讼的口头辩论期日程序普遍呈现阶段化特征。因为采用并行审理而缺乏"集中"庭审的需求，且事实主张随时提出，争点随时呈现，自然毋庸独立的争点整理程序。

根据辩论主义的要求，法官的心证形成必须受制于两造之间主体性的"辩论"活动。②亦即只有当事人在口头辩论中主张的事实才能作为判决的基础。③反过来，口头辩论就是辩论主义发挥作用的核心场所。因此，必须消除任何非正式开庭。目前，实务中非常流行在口头辩论，即正式开庭之外，实行庭前或庭后证据调查。虽然具有现实的必要性，但在"非正式开庭"中，当事人的辩论与当事人的询问混合，法院作出当事人没有意识到的事实认定的可能性增大，特别是在当事人本人出庭的时候，法官直接听取当事人本人案件陈述的机会增多，随之法官不经严格证据调查就形成心证的可能性不可避免的增加了。④更为重要的是，非正式开庭使得庭审辩论形骸化，进而使得当事人辩论流于形式。辩论主义和主张责任进一步虚化。如果当事人陈述拥有了比较明确的程序外观和形式的话，反过来甚至可能促成或者至少有助于非正式开庭现象的适当缩小及走向规范化。⑤

辩论主义下"辩论"的特质就在于当事人可以自由地提出各类主张。⑥

---

① ［日］吉野正三郎:《民事诉讼中法官的作用》，弘文堂1990年版，第19页。
② ［日］吉野正三郎:《民事诉讼中裁判官的作用》，成文堂1990年版，第32页以下。
③ ［日］山木户克己:《民事诉讼法论集》，有斐阁1990年版，第22页。
④ 王亚新、傅郁林等:《法律程序运作的实证分析》，法律出版社2005年版，第25页以下。
⑤ 王亚新、陈杭平:《论作为证据的当事人陈述》，载《政法论坛》2006年第6期。
⑥ ［日］伊东乾:《辩论主义》，学阳书房1975年版，第42页。

辩论采用当事人相互之间口头对论的形式时，口头审理方式的真谛特别是绞尽纠纷核心争点才能发挥最大效用。作为作出最终判断的责任主体，法院必须介入辩论行使释明权以理解各当事人主张的真意，挖掘真正的争点，使当事人与争点有关的主张具体化并且相互就对方的主张激烈争论。因此，重新认识释明权的本来意义也是很有必要的。很多观点认为释明权的意义与辩论主义连接，旨在纠正僵化运用辩论主义产生的问题，敦促当事人向法院提出不足的诉讼资料，同时法院发挥监护作用。但是，释明权的本来意义却是作为判断主体的法院指出对解决案件而言非常重要的观点，并使得作为辩论主体的当事人进行充分辩论。① 因此，法院基于当事人的辩论，对于纠纷核心的论点仍然不能使当事人的主张具体化或者绞尽争点的话，自然应当介入辩论行使释明权。

口头辩论意味着当事人之间的纠纷自始至终都在判决法官面前以口头方式陈述。其特质在于辩论的同时性，也是辩论的对论性，即当事人相互对论而非各自单独向法院提供资料。当事人的申请、主张和证据申请等行为，证据调查的结果等资料原则上只有在口头辩论中提出才能在判决时被考虑。法院对于当事人所提诉状、答辩状以及准备文书中记载的申请和主张，只要没在口头辩论中以口头方式陈述便不能考虑。即使原告在诉状中记载了不利的事实，如果在口头辩论中被更正，也不得作为判决资料。即使在准备书面中记载的行为也需要重新在口头辩论中口头为之，否则原则上不生效力。

结　语

民事司法改革的出发点是为法院减负，首当其冲便是将举证的负担从法院转移至当事人。随着法院职权收集证据的范围不断缩小，民事诉讼的重心也逐渐从庭外转至庭内，庭审中心的改革方向亦随之确立。庭审改革

---

① ［日］竹下守夫：《释明义务》，载《民事诉讼法判例百选》，有斐阁1982年版，第168页。

是当事人主义诉讼模式下整个审理方式的一环。民事诉讼是一个随着时间不断推移的立体化空间。其中，对象、原则与方法相互交织，环环相扣。就规范出发型民事诉讼程序而言，审理的对象呈请求、主张和证据三级位阶构造。请求必然是法律效果的具体化，受制于处分权主义由当事人确定。主张则针对具有规范意义的要件事实，扩延至重要的间接事实。制度是历史的产物。辩论主义、口头主义与直接主义相互选择并结合之后，庭审的中心在于口头辩论。但是，民事诉讼程序作为一个环环相扣的过程，其中任何一个环节的改变，都会对其他环节产生深刻影响，以致引起整个程序结构的变化。① 因此，为了突出和实现庭审这个中心，必须立足于起诉和审前程序两个基本点。鉴于当前庭审构造中事实主张与争点整理阶段的缺失，对调我国庭审两阶段并重启当事人口头辩论的功能乃是实现庭审中心的必由之路。

---

① 王亚新：《社会变革中的民事诉讼》，中国法制出版社2001年版，第8页。

民事诉讼中的辩论主义与合作原则

韩 波*

"如果一个原则在最完善的法律理论里发挥了作用，这个理论又可以为一个法律制度中的明确的实体制度规则提供确证，那么，这个原则就是法律原则。"

Ronald Dworkin, Social Rulet and Legal Theory, *Yale Law Review*, 81 (1972), p.876~P.137

辩论主义是大陆法系民事诉讼理论体系中的基本范畴，区分民事诉讼模式的基本依据。分析民事诉讼的规范、实践以及民事诉讼规范与实践的互动过程，都需要应用辩论主义这一理论工具。我国民事诉讼法第12条规定了民事诉讼中的辩论原则，明确规定当事人有权在民事诉讼中进行辩论。尽管辩论原则与辩论主义密切相关，不过，辩论主义与辩论原则在语义上还是有较大区别。

一、辩论主义的界定

（一）辩论主义的内涵

张卫平教授认为，辩论主义的基本内涵是：①按照辩论原则的基本要求，人民法院在作出判决时，应限于当事人在诉讼请求中主张的范围；②根据辩论原则的要求，人民法院只能按照当事人在诉讼中指明的诉讼标的

---

* 中国社会科学院法学研究所博士后研究人员、中国政法大学副教授，本文系中国博士后科学基金第七批特别资助研究项目成果（资助编号为2014T70172，博士后编号为130460）。

民事诉讼法研讨一

进行裁判，即法院裁判的诉讼标的应与当事人主张的诉讼标的具有同一性：③辩论原则要求法院裁判的依据来自于当事人的主张，这其中包括当事人向法院提出的证据线索；④辩论原则虽然使人民法院处于相对被动的地位，但并不是说人民法院完全没有作为。① 另有学者认为，民事诉讼中的辩论原则与民事诉讼学理上的辩论主义不同。民事诉讼学理上的辩论主义（有时也译为辩论原则）其意在于限制法官的审判行为，即法官裁判应限于当事人起诉、答辩和辩论的范围，不得逾越。② 由是可知，辩论主义是将当事人辩论在民事诉讼中的价值与利益作为最高理想与准则的理论主张。这一理论主张的核心意旨是民事诉讼中法官职权要受到当事人辩论行为约束。

台湾地区学者认为，辩论主义系继受德国民事诉讼法时所引进之一项基本原理，乃德语 Verhandlungsmaxime 之翻译，向来在母法国即德国及日本被认为系由民事诉讼法经长久演进后所形成自明之事，而不必在法典上有其采认之直接明文规定，亦被称为当事人提出主义(Beibrin-gungsmaxime)。③ 日本学者高桥宏志认为，辩论主义的法律表述虽各有差异，但其含义基本包括：(1)直接决定法律效果发生或消灭的必要事实，只有在当事人的辩论中出现才能作出裁判的基础，换言之，法院不能将当事人未主张的事实作为判决的基础。(2)法院应当将双方当事人无争议的主要事实当然地作为判决的基础。(3)法院能够实施调查据只限于当事人提出申请的证据。④ 辩论主义在大陆法系国家或地区的民事诉讼立法与实践中产生了切实的影响。大陆法系国家或地区（如法国）民事诉讼法中体现辩论主义的规定，包含但不限于我国民事诉讼辩论原则明确当事人辩论权的内涵，更系统、更明确地突出辩论行为的约束性⑤。

---

① 张卫平：《民事诉讼法》，法律出版社2004年版，第21页。张卫平教授在《民事诉讼法》(2013年版)中仍坚持这一立场。
② 陈桂明、刘芝祥：《民事诉讼法》，中国人民大学出版社，第15页。
③ 邱联恭：《程序选择权论》，三民书局2000年版，第99页。
④ ［日］高桥宏志著，林剑锋译：《民事诉讼法：制度与理论的深层分析》，法律出版社2003年版，330页。
⑤ 《法国新民事诉讼法法典》(上册)，罗结珍译，法律出版社2008年版，第22页。

辩论主义的内涵界定有封闭式与开放式之分，封闭式的辩论主义只明确当事人辩论行为在事实认定方面对法官的约束力。德国、日本民事诉讼理论多采封闭式界定。除上述高桥宏志的界定外，德国罗森贝克、施瓦布、戈特瓦尔德的教科书中也述及，从历史上和内容上看，人们经常没有将当事人对诉讼标的的处分自由原则与对事实材料的处分自由原则以及辩论主义的概念区分开来。辩论主义仅仅涉及材料的收集，它与当事人对诉讼标的的处分没有关系。虽然法院原则上只对当事人所提出的争议材料进行裁判，然而，当事人不能对事实材料进行自由处分，而是有义务进行真实、完全地陈述（《德国民事诉讼法》第138条第1款）。[1] 根据张卫平教授的解释，辩论主义包含当事人辩论行为对法官事实认定与请求回应两方面的内容。申言之，辩论主义可分解为狭义上的辩论主义与处分主义或辩论原则与处分原则两个分支。辩论主义界定的开放式与封闭式差异是观察辩论行为发生作用范围的视角差异。

民事诉讼中裁判作出的过程是一个理性推断的过程。这一过程的完成需要通过当事人提出有理由的主张和证据来推动；需要通过当事人双方围绕各自主张与证据的辩论来确定可以成立的主张。只有通过辩论，当事人才可以参与到裁判作出的过程中；只有充分地辩论、充分地参与，当事人才可以获得程序正义的主观感受，裁判的结果才能获得正当化；只有当事人充分地辩论、充分地参与，案件事实才能最大化地显现，当事人各自主张的合法性与合理性才能获得充分论证。正因为如此，辩论权是当事人在民事诉讼中最基本的权利。[2] 民事诉讼中辩论行为必然关涉事实认定与请求回应两个方面。有鉴于此，本文以辩论主义的开放式界定作为本文阐述、论证的概念起点。

肯认辩论行为在民事诉讼中的价值及其可以给诉讼各方带来的利益，既是程序正义意旨中当事人参与的基本要求，也是审判权中立性的题中应

---

[1] ［德］罗森贝克、施瓦布、戈特瓦尔德：《德国民事诉讼法》，中国法制出版社2007年版，第522页。

[2] 宋朝武、杨秀清、韩波等：《民事诉讼法学》（第四版），中国政法大学出版社2015年版，第78~79页。

有之义。同时，辩论主义的精神实质在两大法系是有"共振性"的。在英美法系国家，与辩论主义发生"共振"的是当事人主义或者当事人控制的诉讼理念。当事人控制理念又被分解为当事人自主与当事人追诉两项原则。尼尔·布鲁克斯认为，当事人自主原则是指就诉讼的启动与裁决的内容，当事人有权追求或处分他们的法律权利以及他们期望的救济方式；当事人追诉原则是指当事人有权利也有责任选择提出自己的理由及其支持该理由的证据的方式。[①] 辩论主义能成为两大法系民事诉讼理论中的"共振峰"，不是偶然的巧合，而是"无辩论则无诉讼"的民事诉讼特有规律在不同司法区"不约而同"的显现。

如果以权利的思维视线观察民事诉讼的辩论主义，就会发现辩论行为背后作为辩论主义内核的辩论权。进而可以将辩论主义的内涵界定为将当事人辩论权在民事诉讼中的价值与利益作为最高理想与准则的理论主张。当事人辩论权充分行使在促进案件事实探寻趋近客观真实、促进当事人诉讼主张清晰提出、当事人实体权利的实现、审判权威的树立等方面的功能最终指向公正、高效、权威的民事诉讼价值与当事人纷争获得解决、法官的裁判行为得到社会认可的实际利益。从两大法系民事诉讼法或民事诉讼规则为当事人辩论权的维护与实现所做的规定看，当事人辩论权不仅是当事人实现实体权利的工具，更是民事诉讼正当程序的基石。从权利——权力二维关系审视，确定审判权力的边界是辩论权真正实现的基本前提，否则，辩论权将沦为审判权的"附庸"与"饰品"。从权利——义务二维关系审视，辩论权与相关义务应当是相称的，辩论权的确立是前提。辩论权完全确立之前，辩论无从真正地展开，难以通过义务对其进行合理的限制。充分肯定辩论权的价值与利益，为当事人的辩论权真正实现创造条件并为此规约审判权行使的边界以及辩论相关义务的边界，正是辩论主义的基本意旨。

---

① Neil Brooks, "The Judge and the Adversary System", Janet Walker The Civil Litigation Process: Cases and Materials (7th ed), Emond Montgomery Publications Limited, p.19–21.

（二）辩论主义的外延

权利的确立、权利对权力的制约、权利的规制是权利理论的三个支点。以辩论权为内核的辩论主义的外延也可化约为辩论权的确立、辩论权对审判权的制约、辩论权的规制三个命题。处分权的独立价值是毋庸置疑的，不过，在辩论主义开放式界定的视域下，辩论权与处分权紧密相连，辩论权可以包含处分权。当事人的程序性处分（自主决定起诉、撤诉、申请再审）构成辩论权行使的程序基础，实体性处分（决定诉讼请求内容或抗辩主张内容）构成辩论权行使的辩论对象。有些情形下，当事人处分行为也需要以辩论的方式展开，如可否选择某人为被告或无独立请求权第三人、可否选择某地法院为受诉法院、可否撤诉、可否变更请求。

辩论权是纠纷解决过程中逐渐固化的自然权利、习惯权利，在近代的诉讼立法中成为了法定权利。在开放式界定的视域，以辩论权为内核的辩论主义三命题依次是，民事诉讼中应当确立和保障当事人的辩论权、当事人的辩论权是对审判权的制约方式、当事人的辩论权也应当受到规制。理想的民事诉讼应处于辩论权与审判权关系合理、配置合理且都可以在正当范围内充分行使的状态。

在关系逻辑上，存在"与"、"或"、"非"的关系。辩论主义三命题是逻辑上的"与"关系。如果把民事诉讼的理想状态作为结果，辩论主义三命题所蕴涵的三个条件都必须具备，民事诉讼才能达至理想状态。

在结构逻辑上，辩论主义三命题存在否定上位效应。上位效应是一个事物的选择受上一个事物的控制，即以上一个事物的选择为前提。上位效应，分为肯定上位与否定上位。否定上位效应是指上一个事物选择肯定，才轮到下一个事物选择肯定或否定，如果上一个事物选择否定，下一个事物就没有决定的机会。辩论权需要相对方选择权、诉讼地点选择权、获得通知权、证明权、补充申辩权等一系列诉讼权利的配合才能得以成为真实的权利。

二、规则构成视角的辩论主义及其规范体现

辩论权的确立命题、辩论权的制约命题、辩论权的规制命题在辩论主义规范体现过程中可起到"中介"作用,使辩论主义规范体现为由辩论权确立条款、辩论权制约条款、辩论权规制条款构成的系统的规范群(如示意图1所示)。

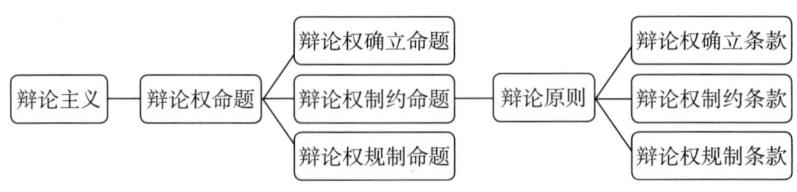

示意图1:辩论主义规范化关系图

辩论原则规范群内辩论权确立条款、辩论权制约条款、辩论权规制条款的相互关系是个复杂的问题。哈特的法律概念与构成理论不仅可以用于透视作为理论主张的辩论主义与作为法律规范群的辩论原则的相互关系也可以用来探寻辩论原则规范群内三类条款的关系。

(一)规则构成视角的辩论主义与辩论原则

哈特以为,法律是主要义务规则和次要授权规则的结合。次要授权规则包含承认规则、改变规则和审判规则三种。主要义务规则至少存在三个不足:第一,人们容易对其内容是什么或其精确范围是什么产生疑问;第二,其变化发展及取舍完全是习惯性的,人们在主观上无法控制(如果想要控制的话);第三,用其解决纠纷缺乏一个令人信服的稳定的权威。显然,要使主要义务规则发挥有效的作用并使这样一个社会得到顺当的发展,就必须出现另外一些规则弥补这些不足。这就有了次要授权规则存在的必要。[①]

---

① 刘星:《法律是什么:二十世纪英美法理学批判阅读》,中国法制出版社2015年7月版,第123~125页。

可以说，辩论主义就是辩论原则以及以其为轴心的法律规范的主观方面抑或内在观点。民事审判权同样像其他权力一样需要受到来自民众的当事人的制约的理论主张与近代以来滥觞于欧美世界的民权主义（人民主权）思潮是一脉相承的。这种理论主张在欧美主要国家的权力机构获得"承认"并外显为"当事人有辩论权——法院有义务保障当事人行使辩论权并受之约束"的主要义务规则。申言之，与审判权应当能够约束辩论权的"内在观点"相一致的主要义务规则是体现辩论权第一命题与第二命题的规范。欧美主要国家权力机构承认辩论主义主要义务规则是共同的，不过，在辩论主义的范围和界限的明确方面——亦即次要授权规则方面——存有差异。开近代民事诉讼立法先河的法国民事诉讼法中非常明确、具体、严格地规定了当事人辩论权对法官裁判加以约束的系列规则。其他欧洲国家在辩论主义具体化过程中，在承认辩论主义的具体规则内容方面各有不同。

（二）辩论主义的规范体现

1.法国民事诉讼法中的辩论主义规范。世界上第一部民事诉讼法典诞生于法国，210年民事诉讼立法、理论与实践的互动与积淀，使得法国成为观察民事诉讼发展轨迹的较为合适的国家。

在当下的各种法国民事诉讼译著中，与我国学界所言狭义的辩论原则能对应术语有对审原则、对席原则、两造审理原则等术语。[①] 辩论主义第一命题与第二命题在《法国民事诉讼法典》对民事诉讼基本原则的规定（第1条至第24条）中有充分体现。直接体现辩论主义第一命题的是《法国民事诉讼法典》第14条；直接体现辩论主义第二命题的是第16条。《法国民事诉讼法典》的对审（"两造审理"）节中规定，任何当事人，未经听取其陈述或者未经传唤，不得受到判决（jugé）（第14条）；法官在任何情况下均应明令遵守且应自行遵守两造审理原则。诸当事人援用或提出的理由、

[①] 《法国新民事诉讼法法典》（上册）中译为两造审理原则（《法国新民事诉讼法法典》（上册），罗结珍译，法律出版社2008年版，第40~60页）；《法国民事司法法》中译为对席原则（[法]洛伊克·卡迪耶：《法国民事司法法》，杨艺宁译，中国政法大学出版社2010年版，第382~387页）；《法国民事诉讼法导论》中译为对审原则（张卫平、陈刚：《法国民事诉讼法导论》，中国政法大学出版社1997年版，第100页）。

解释与文件,只有如诸当事人能够进行对席辩论者,法官始得在其裁判决定中采用之。法官事先未提请诸当事人陈述意见,不得用其依职权提出的法律上的理由作为裁判决定的依据。(第16条)。[①] 这些条文非常具体地从当事人与法官两个方面规定了辩论权行使对判决形成的前提性意义,法官尊重当事人辩论权的义务以及当事人辩论对于裁判范围的限定性。既体现了辩论主义第一命题,也体现了辩论主义第二命题。

辩论主义第一命题、第二命题,不仅仅体现在对审原则或者"两造审理原则"一节,而且系统性地体现于"事实"、"证据"、"辩护"、"法庭辩论"、"保持克制态度"等诸节中。"事实"、"证据"两节中规定,法官不得以辩论中没有涉及的事实为裁判依据(第7条)。在上述规定中,通过对法官裁判行为否定性后果的设定很直接地阐释了辩论主义的第二命题即辩论权的约束性命题。

综上所述,法国民事诉讼法典》基本原则部分以细密、充分、明确的法律条文以及绝对的语言优势将辩论主义的第一命题与第二命题明确规定下来。

2.《德国民事诉讼法》中的辩论主义规范

德国民事诉讼法中没有明确规定基本原则,故而也没有明确的辩论原则。不过,在德国民事诉讼学理中有关于程序原则的细致阐析。在罗森贝

---

① 《法国新民事诉讼法法典(上册)》,罗结珍译,法律出版社2008年版,第40~46页。

克、施瓦布、戈特瓦尔德的教科书中，辩论原则亦被称为提出原则。[①] 辩论主义第一命题、第二命题在德国民事诉讼法的具体规定中也有充分体现。

体现辩论主义第一命题的规范主要是辩论方式方面的规定。德国民事诉讼中辩论方式是全面的，既包括言辞辩论也包括书面辩论。书面辩论的主要方式是准备书状。提供准备书状是当事人在言词辩论前的义务。准备书状应当完整地包含当事人打算在言词辩论中陈述的全部内容。[②] 德国民事诉讼法第 128 条，第 129 条，第 136 条第 4 款、第 137 条对当事人在没有法院协助的情况下在法庭上提出申请、陈述事实以及讨论法律争议的

---

① 德国民事诉讼法并不是一直都受辩论主义支配的。辩论主义虽然曾经是普通诉讼的组成部分，然而在《民事诉讼法》施行之前，普鲁士适用的却是职权探知主义。1877 年的《民事诉讼法》在德意志帝国统一实行辩论原则，不过一开始就存在例外，如法官享有有限的询问权以及可以依职权调取鉴定证据和勘验结果。1909 年的修订法（对于初级法院的程序）和 1924 年的修订法主要拓展了法官的准备言词辩论的权限。也正是从这时起，第 139 条第 1 款中法官的阐明义务有了今天的规模。1976 年的简化修订法进一步扩充了法官进行诉讼领导的权限，然而却没有取消辩论原则。因此，法官原则上不允许依职权将新的与个案有关的事实引入诉讼。在德国民事诉讼学理中，认同提出原则有利于当事人的利益。通常的民事诉讼首先要服务于当事人的利益，因而当事人要承担完全陈述与裁判有关的事实的责任。经验告诉我们，每个当事人都会为了自己的利益陈述有利的一面，通常只有将双方当事的陈述合在一起才会呈现出整个争议事件的正确图像。法院也完全没有能力在大量的法律纠纷中依职权阐明诉讼材料。当事人的自私和他们利益的相互对立——尤其在真实义务的保护下（第 138 条第 1 款）——比国家调查能更好地使争议材料得以完地提出和阐明。这些合理性的考虑还包括，辩论主义完全符合实体法上权利行使自由和处分自由以及当事人的自我负责，并且以此与实体法上的私法自治联结起来。［德］罗森贝克、施瓦布、戈特瓦尔德：《德国民事诉讼法》，李大雪译，中国法制出版社 2007 年版，第 524~525 页。

② 言辞辩论结束后提交的书状作如下处理：（1）如果法院根据第 139 条第 4 款、第 283 条向一方或者双方当事人明确表示，他可以以书状补行表示（"遗留书状"），则必须考虑就对方当事人的逾时陈述在合理期间内提出的表示；逾时提交的表示可以根据法院的裁量予以考虑；（2）嗣后提交的文书中超出对方当事人逾时陈述范围的答辩部分或者超出评价证明结果的新陈述不能直接予以考虑，而是只根据第 156 条重新进行言词辩论以后才允许考虑；（3）对于新的或者仅仅是变更过的诉讼请求也不允许不经新的言词辩论而作出裁判。只要不存在第 156 条第 2 款的情形，法庭根据裁量对重新辩论作裁判。如迟误是基于当事人的疏忽发生的，对于重新辩论则须从诉讼经济的角度进行裁判。据此不能重新辩论的，其请求可以不经言词辩论作为不准许而予以驳回。

［德］罗森贝克、施瓦布、戈特瓦尔德：《德国民事诉讼法》，李大雪译，中国法制出版社 2007 年版，第 547 页。

言词辩论做出周密规定。第 128 条第 4 款、第 71 条第 11 款、第 135 条第 2 款、第 387 条第 1 款等条文对于必须进行言词辩论的判决程序也作出明确规定。

体现辩论主义第二命题的主要是辩论效果方面的规定。在德国民事诉讼法中，对辩论约束力有如下规定：对于判决以及开启诉讼的裁定，不经言词辩论原则上不允许作出裁判。对于必要言辞辩论，除少数例外情形，只有经过了言词辩论的资料才是裁判基础；所有言词辩论的内容都是裁判的基础，并且毫无例外；违反言词原则构成重大的程序瑕疵，但该瑕疵可以嗣后补正（第 295 条、第 534 条）。①就对事实的主张而言，当事人有责任主张那些法院在裁判时需要考虑的事实。法院受当事人的事实描述之拘束，法院自己知道的争议材料（即所谓"法官的私人知识"）只能在告知当事人以后才能考虑。只有当事人才能说明用作申请理由的事实关系（第 130 条第 3 项），而且——尽管存在真实义务——只有当事人才能更正（第 85 条第 1 款第 2 句，第 90 条第 2 款）或者重新撤回主张。当事人没有提出的或者重新撤回了的事实不能作为判决基础，即使在证据调查时已经暴露出来。双方当事人都肯定的、并其一致提出的事实或者一方当事人主张、另一方没有异议（第 138 条第 3 款、第 439 条第 3 款）或自认的事实（第 288 条），法院也必须作为真实的事实接受；法院无权对已经确认的间接证据作出不同的评价。当事人有争议的地方对于法院来说也是需要证明的。②

可见，《德国民事诉讼法典》中体现辩论主义的第一命题与第二命题的规定是周全、明确的。

辩论原则在一国民事诉讼法中的具体内容取决于该国权力机关"承认"的结果。近代民事诉讼法多规定了辩论主义的第一命题与第二命题，上世纪九十年代以来世界范围内的的民事诉讼法修法运动的重要内容之一则是侧重辩论主义第三命题的具体化。辩论主义第三命题的具体化是在辩论主义

---

① ［德］罗森贝克、施瓦布、戈特瓦尔德：《德国民事诉讼法》，李大雪译，中国法制出版社 2007 年版，第 550~552 页。

② ［德］罗森贝克、施瓦布、戈特瓦尔德：《德国民事诉讼法》，李大雪译，中国法制出版社 2007 年版，第 528~529 页。

第一命题、第二命题已基本成为现实的前提下进行的。辩论主义第三命题的具体化又以不与辩论主义第一命题、第二命题相冲突为条件。总体上看，辩论主义的"意思中心"并未发生转变为另一不同事物的"代换"，只是在具体形态上发生了转换，更多地体现了逻辑结构的完整性。当事人辩论权应充实到何种程度、法官的审判权究系在何种范围与何种程度上应受到当事人的辩论权的制约、当事人的辩论权究系在何种范围与何种程度上被规制等对辩论主义认识的"开放结构"问题型构了发展中的辩论原则"差异性现象"。这种"开放结构"与"差异性现象"兼缘自一国权力机关对本国民事诉讼实践的"症状诊断"及相应的"治疗方案"。这方面的差异是不同国家对当事人辩论权与法官审判权实施状况及规则配置的基本态势、利弊权衡的直接再现。如果对当事人辩论权与审判权做出"弱—强"不平衡的判断，则会坚守辩论主义约束性的"意思中心"，在对辩论主义进行开放性解释时审慎地把持底线，坚守辩论原则的"主条款"、"从条款"关系；如果对当事人辩论权与审判权做出"强—弱"不平衡的判断，则会试图解构辩论主义约束性的"意思中心"，消解辩论原则的"主条款"、"从条款"关系。

三、合作原则及其意义

上世纪末叶，程序效率主义、法官能动主义的思潮在诉讼滞胀严重的西方世界开始盛行。合作原则是在此背景下应运而生的。在法国与德国都有合作主义或合作原则、协动主义的理论主张，但是，都没有以法律原则的形式出现在民事诉讼法的条文中。在欧洲，目前可知的在民事诉讼法中明确规定合作原则的就是葡萄牙。

（一）合作原则的内涵

洛伊克·卡迪耶认为：民事诉讼既是法官的事情，也是当事人的事情。仔细研究（法国）《新民事诉讼法典》第1~13条的规定我们就会知道，在民事诉讼中，法官与当事人之间存在着一种密切合作的关系。诉讼程序只有在法官和当事人的团结协作下才能够进行下去,并最终导致判决的产生。① 据其此番议论,民事诉讼中的合作原则是当事人与法官在诉讼程序中要团结协作、密切合作的原则。

在罗森贝克、施瓦布、戈特瓦尔德的教科书中述及,1976年简化修订法引入的诉讼促进义务却使重心发生了转移。因为根据该法规定,当事人和法院为了有效、快速地解决争议就必须合作。因而人们完全可以说适用的是"协同主义"(Kooperationsmaxime)。协同主义修正了提出原则(辩论原则),却没有替代它,因为当事人在法官提示之后仍是自由的,他可以提出某个主张或者不提出某个主张或者更加精确地表达某个主张。② 德文Kooperationsmaxime也译为合作原则或合作主义。奥地利学者贝特尔曼于1972年提出这一概念。德国学者瓦瑟尔曼在其《社会的民事诉讼》一书中使用了同样的表述,希望将民事诉讼视为法院与当事人之间工作组(Arbeitsgemeinschaft)。③

综合上述理论阐释与规范文本,合作原则的价值取向不仅在于促进发现真实,更侧重程序效率的提升与效率公平间的衡平,意在协调各方同步展开各自诉讼行为。

(二)合作原则的外延

如何在民事诉讼中实现当事人与法官的团结协作、密切合作?这就涉

---

① [法]洛伊克·卡迪耶:《法国民事司法法》,杨艺宁译,中国政法大学出版社2010年版,第389页。在《法国民事诉讼法典》中并没有明确规定民事诉讼中的合作原则。民事诉讼中的合作原则是部分学者的学术见解,在诉讼实践中亦有不小的影响。法国学者洛伊克·卡迪耶是主张合作原则的学者中比较有代表性的一位。他将民事诉讼程序的基本原则归纳为对席原则与合作原则两项原则。作为合作原则的积极倡导者,洛伊克·卡迪耶以合作原则的概念吸纳了处分原则,就上文对《法国民事诉讼法典》的分析看,这种吸纳至少是存在争议的。

② [德]罗森贝克、施瓦布、戈特瓦尔德:《德国民事诉讼法》,李大雪译,中国法制出版社2007年版,第526页。

③ Bettermann,载(奥地利)《法学报》,1972年,第57、63页;Bettermann,载《民事诉讼杂志》,第91卷(1978年),第365、391页。Wassermann:《社会的民事诉讼》,1978年,第91页以下。引自[德]迪特尔·莱波尔德:《当事人的诉讼促进义务与法官的责任》,载于[德]米夏埃尔·施蒂纳:《德国民事诉讼法学文萃》,赵秀举译,中国政法大学出版社2005年版,第410页。

及合作原则的外延问题。亦即民事诉讼中法院与当事人的合作方式问题。合作原则倡导的行为是当事人服从程序管理与法院有权澄清事实并为确有困难方排除取证障碍。

1. 当事人服从程序管理

法国民事诉讼中较早地注意到程序管理的重要性。洛伊克·卡迪耶认为更应该注意到推动诉讼进程既是当事人的权利，又是当事人的义务。因为当事人负有"在法律规定的时限内以法律规定的形式完成诉讼行为"的义务。违反《新民事诉讼法典》中的有关条款规定了在起草和通知这些文书时所应遵循的规则的直接后果就是相关的文书归于无效。[①] 这一理论主张在法国《新民事诉讼法典》第15条中有明确规定（"诸当事人应在有效时间内相互告知各自的诉讼请求所依据的事实上的理由，各自提出的证据材料以及援用的法律上的理由，以便各当事人能够组织防御"）。[②]

上文所述德国1976年简化修订法中对诉讼促进义务的规定的主要内容之一是当事人虽然自我负责地提出重要的诉讼材料，但却有集中提出的义务（第282条、第296条）。由是，德国民事诉讼中的"合作"首先是指当事人服从程序管理集中提出证据的义务。

当事人服从程序管理的义务会使辩论权以更有效、更有序的方式实现。当事人在诉讼进程中的主体性并未因此而受到损害。

2. 法官有权澄清事实主张

洛伊克·卡迪耶认为，当事人在提供事实证据方面无疑发挥着主要作用，但法官对主张事实和证明事实拥有重要的权力。法官可以在诸多材料中自主发掘对案件有用的信息。就此情状，洛伊克·卡迪耶还是强调法官依职权指出事实理由时，应遵照对席原则。[③]

上文所述德国1976年简化修订法中对诉讼促进义务的规定的主要内容

---

① [法] 洛伊克·卡迪耶:《法国民事司法法》，杨艺宁译，中国政法大学出版社2010年版，第391页。

② 《法国新民事诉讼法法典》（上册），罗结珍译，法律出版社2008年版，第42页。

③ [法] 洛伊克·卡迪耶:《法国民事司法法》，杨艺宁译，中国政法大学出版社2010年版，第401页。

之二是当事人有义务对法院的提示（第139条）作出反应。德国民事诉讼法第139条规定的是释明权。释明权的主要功能是法官澄清当事人事实陈述中的疑点。

3. 为确有困难方排除取证障碍

在法国的民事诉讼中，合作原则包含为确有困难方排除取证障碍的内容。洛伊克·卡迪耶指出，在某些情况下，法官可以采取预审措施来帮助那些没有证明引证事实能力的当事人。法官的权力包括但不限于预审措施的采取（《新民事诉讼法典》第10、143条、第179条第1款）。不过，所有这一切变化都必须以遵守对席原则为前提。①

综上所述，就其具体内容而言，合作原则或属于辩论主义第一命题的深化，如为确有困难方排除取证障碍；或属于辩论主义第三命题具体化的一种方式，如当事人服从程序管理、法官对事实主张的澄清。

（三）合作原则的实质意义在于充实辩论主义

就文中所述合作原则的具体举措，没有从根本上否定对审判权应受到当事人辩论权约束的辩论主义的内在方面与主要义务规则，只是在当事人辩论权也需规制、当事人辩论能力不足情形下也可以由法院补强、法官有关键事实的判断权等若干聚焦点上延伸了辩论主义的"射程"；从语用学角度看，合作原则并不是走向辩论主义规则体系"意思中心"的对立面，而是在辩论主义规则体系"开放结构"中做了因应当代诉讼情势的推进。程序管理法官与审判法官角色分离、预审程序或审前程序与审判程序的程序间隔使得法国民事诉讼中"合作"不仅没有使诉讼流程偏离辩论主义的主航道，而且以辩论主义作为"合作"举措的"安全阀"。进而言之，只有合作在当事人约束性的处分与辩论基础上才可以预防与消解可能出现的法官滥权现象。综上所述，可以明了合作原则的实质是充实辩论主义，而非解构辩论主义。辩论主义的概念框架与规则体系可以吸纳合作原则的意旨。

文中所述合作原则是在辩论主义开放结构中的功能延伸，是在此结构中

---

① ［法］洛伊克·卡迪耶：《法国民事司法法》，杨艺宁译，中国政法大学出版社2010年版，第402页。

对审判权与辩论权势能均衡状态的调整。尽管此间调整中,既有对当事人辩论权的规制,也有给法院的新的授权,但并没有突破辩论主义三命题的框架。因此,合作原则并非辩论主义的"异化物"。它的实质意义在于充实辩论主义。

四、中国语境中的辩论主义

(一)辩论主义的实质

辩论主义的实质是在诉讼中确定权力分配的基本方式,直接体现为对当事人辩论权的价值与利益的高度肯认。

权力在社会学上的意义上就是个体或集团,冲破了或迎着别人的反抗,实现他的意志的能力。[①]与其他社会活动一样,在民事诉讼中,权力也是透视运行轨迹的基本概念。如将权力简要定义为要求相对方按照自己的意志行事的能力。在民事诉讼中,不仅法官有权力,当事人也有权力。只是这种权力是需要通过法律授予权利的形式来行使。人民在授权政府之后,并非完全让度了自身的权力,为使政府有效运行,监督权、救济权是人民必需的权力。来自于当事人、来自于私人的权力需要得到尊重并服从的理念,构成了辩论主义的理论支点。易言之,当事人辩论权背后挺立的是私人获得救济、私人有权监督政府的权力。

私人获得救济的权力与法院的权力也属于私人权力与政府权力的范畴,在理想型的诉讼制度中,也需要明确二者的关系与界限。辩论主义就是要通过法律授予当事人的辩论权以及辩论行为的约束力来形成理想的民事诉讼基本关系结构。

(二)探讨辩论主义的中国语境

法律理念有必要被置于与其本国的社会文化—心理结构一脉相承的语境中加以分析与考量。如博登海默所言,从文化维度看形成法律的力量,法律是社会文化的产品。辩论主义与协同主义之辩的基本歧异在于对于辩

---

① [美]博登海默:《博登海默法理学》,潘汉典译,法律出版社2015年版,第5页。

论主义的语境认知。重职权、淡权利的社会文化—心理结构构成探讨辩论主义的独特的中国语境。构设再精密的制度，都会在重职权、淡权利的社会文化—心理结构中发生不同程度的变形。在此中国语境下，法律制定、法学研究负有改造重职权、轻权利结构为彰显权利、规范职权的社会文化—心理结构的重任。舍此，既有积弊不可能有根本性的改观。

主张辩论主义的学者侧重强调、突出当事人辩论行为对于法官职权的约束力，但也指出受约束的法官职权并非无所作为。主张协同主义的学者侧重强调、突出法官职权优化行使的重要性，不过，也没有忽视当事人在民事诉讼中的作用。近年来，欺诈性诉讼行为的增多，使得辩论主义的合理性受到一定程度的质疑。需要注意的是，当事人有辩论权与法官可以行使职权是辩论主义的两个预设前提。辩论主义并不排斥法官职权，特别是不排斥法官的程序管理权。基于法官权力对于当事人权力的现实优位性，辩论主义的基础意旨应该是来自辩论权的约束力。辩论主义在维护当事人辩论行为约束性的同时，也通过真实陈述义务规则乃至与诚实信用原则的结合来规制当事人的辩论权。

辩论权实质化、审判权规范化是我国民事诉讼制度改革需同时面对的二重使命。民事诉讼法修改中赋予了当事人大量的诉讼权利，而且在律师权利的保障方面我国也正在推动各种具有实效性的措施。在法官未就当事人行为、当事人负责的诉讼逻辑达成共识的前提下，推行法官责任终身制改革，一个意外的结果很可能是变相地强化法官职权。更需要注意的是，法官职权专擅的行为仍在改革与传统的博弈间顽强地寻找空间，辩论主义解构重职权、淡权利社会文化—心理结构的使命远未完成。兼顾辩论主义的确定功能与同步功能的同时，特别要持续关注辩论主义的确定功能。

我国民事诉讼立法对辩论主义的认可是一种有限度的认可，即认可辩论权的重要性而就辩论权应对审判权有所约束的理论主张是有保留的。直到2012年民事诉讼法的世纪大修，我国民事诉讼法中也没有明确确立体现辩论主义约束性的具体规范。尽管在最高人民法院的司法解释，如《最高人民法院关于民事证据的若干规定》、《最高人民法院关于诉讼时效的若干规定》、《最高人民法院关于适用民事诉讼法的司法解释》等，中体现了辩论主义具体化的努力。总体上看，我国民事诉讼法中辩论主义的规范体系，在主要义务规则层面尚未完成。辩论主义的第一命题的规范体现不充分；辩论主义第二命题的规范体现在制定法层面缺位，在其他规范性文件中则呈松散、不系统的状态。权力机构承认辩论权在民事诉讼中的内在价值与利益并将其具体化的过程仍在观望中。

第五届紫荆民事诉讼青年沙龙实录

曹建军*

会议主题：民事诉讼辩论原则的制度化

时　　间：2016 年 4 月 16 日

地　　点：西南政法大学勤业楼第一会议室

报 告 人：（以收到书面报告的先后为序）

　　段文波　西南政法大学 教授

　　韩　波　中国政法大学 副教授

特邀嘉宾：（以接受邀请的先后为序）

　　张卫平　清华大学法学院教授

　　傅郁林　北京大学法学院教授

　　熊跃敏　北京师范大学法学院教授

　　唐　力　西南政法大学法学院教授

　　寇　丽　《政法论坛》编辑部编审

　　杨会新　国家检察官学院副教授

　　王春磊　人大复印资料中心副编审

参会员人：（以确认参会和提交书面评议的先后为序）

　　吴泽勇　河南大学法学院教授

　　郭小冬　天津师范大学法学院教授

　　许　可　国际关系学院副教授

　　林剑锋　中央财经大学法学院副教授

　　蒲一苇　宁波大学法学院教授

---

* 曹建军，清华大学法学院博士研究生。

郭　翔	北京师范大学法学院副教授
胡学军	南昌大学法学院教授
霍海红	吉林大学法学院教授
刘哲玮	北京大学法学院副教授
刘鹏飞	南开大学法学院讲师
王学棉	华北电力大学教授
刘君博	中央财经大学法学院讲师
任　重	清华大学法学院助理教授
袁中华	中南财经政法大学法学院副教授
赵秀举	上海交通大学法学院副教授
冯　珂	北京化工大学讲师
李文革	湖北民族学院副教授
范智欣	广东警官学院讲师
王次宝	山东科技大学讲师
周洪江	鲁东大学讲师
卢　佩	对外经济贸易大学法学院讲师
邓　臻	厦门大学出版社编辑
曹志勋	上海交通大学法学院助理研究员
包冰峰	西南政法大学副教授
丁宝同	西南政法大学副教授
王杏飞	西南政法大学副教授
张晓薇	西南政法大学副教授
胡晓霞	西南政法大学副教授
毋爱斌	西南政法大学副教授
田　璐	西南政法大学讲师
夏　璇	西南政法大学讲师
陶　婷	西南政法大学讲师
谷佳杰	西南政法大学讲师

民事诉讼法研讨一

唐力：老师们、同学们，大家上午好。今天我们迎来了我校非常重要的一次学术会议，第五届紫荆民事诉讼青年沙龙。这次会议能够在我校举行，要非常感谢民事诉讼法研究会张卫平会长以及民事诉讼法学研究会对西南政法大学民事诉讼法学科的信任。下面首先向各位老师、各位同学介绍莅临本次会议的嘉宾，他们是中国民事诉讼法学研究会会长、清华大学法学院张卫平教授、北京大学法学院傅郁林教授、北京师范大学法学院熊跃敏教授、国家检察官学院杨会新副教授、中国政法大学政法论坛编辑部寇丽编审、人大复印资料中心王春磊副编审。参会代表有河南大学吴泽勇教授、天津师范大学郭小冬教授、国际关系学院许可副教授、中央财经大学林剑锋副教授、宁波大学蒲一苇教授、北京师范大学郭翔副教授、南昌大学胡学军教授、吉林大学霍海红教授、北京大学刘哲玮副教授、南开大学刘鹏飞讲师、华北电力大学王学棉教授、中央财经大学刘君博讲师、清华大学任重助理教授、中南财经政法大学袁中华副教授、上海交通大学赵秀举副教授、北京化工大学冯珂讲师、湖北民族学院李文革副教授、广东警官学院范智欣讲师、山东科技大学王次宝讲师、鲁东大学周洪江讲师、对外经济贸易大学卢佩讲师、厦门大学出版社邓臻编辑、上海交通大学曹志勋助理研究员。主讲嘉宾是西南政法大学段文波教授和中国政法大学韩波副教授，同时参加会议的还有西南政法大学民事诉讼法教研室的青年老师以及我校的研究生。讨论的主题围绕辩论主义，此问题是张卫平教授首先提出，二十多年以来民事诉讼法的发展与此问题有密切的关系，我国正在从色彩浓重的职权主义逐渐向辩论主义方向发展。所以在今天的会议，我们将就辩论主义的相关问题进行深入探讨，这个问题我认为在理论上还存在许多争论。下面我们有请第一位报告人西南政法大学民事诉讼法教研室段文波教授，大家欢迎。

段文波：尊敬的张老师、唐院长、傅老师、熊老师以及各位同仁、各位老师、各位同学，大家上午好。感谢组委会给我机会在这里谈些自己对辩论主义的心得和体会。第一，为什么要讲辩论主义？今年是张老师从教三十周年,当然更重要的是张老师1996年在《现代法学》上首次提出了关于辩论主义模式论的讨论(注:张卫平:《民事诉讼基本模式:转换与选择之根据》,载《现代法学》1996年第6期)。最近二十年以来,这个问题一直都在影响我国的民事司法改革。在二十周年后谈此问题,实际上也是向张老师致敬。从最早看张老师的《诉讼构架与程式》到后来的《转换的逻辑——民事诉讼体制转型分析》,直至现在,基本上我谈每个民事程序上的问题都会涉及辩论主义,所以我今天想把自己对张老师思想的一点理解分享给大家。我报告的论文是关于辩论主义的结构,结构这一概念本身包括三个方面,分别是对象、方法、程序结构的框架设计问题。辩论主义这个论题从张老师1996年提出至今已有二十年,每次民事诉讼年会总结到当事人主义与辩论主义时都会说张老师的观点属于少数人的看法,但是正如那句话所说,"真理往往掌握在少数人手中"。张老师的划分标准是以谁提出,比如说诉讼中法官裁判的基础资料由谁提出,来划分当事人主义和职权主义。而我们现在所谓的主流观点是按照谁对程序架构占据主导权,这在诸多年会上都有类似的综述,我把张老师从1993年以来的资料都做过综述,关于辩论主义的内容,每一年是怎样的看法,我都有比较详细的梳理。

谈论当事人主义这个题目时,首先要把概念的内涵和外延界定清楚,它包含四个部分,第一部分其实包含了处分权主义,很久之前应该是在新月内那个时代,处分权主义是包含在辩论主义里的,当时处分权主义和辩论主义难以分清,到了瓦赫(Wach)以后才把两者分开,从一个观念的idea变成一个诉讼化的可以使用的原则。处分权主义主要是针对诉讼对象的确定、诉讼的开始和终结。第二部分也是最核心的部分即辩论主义。现在看到的所有关于辩论主义的书,包括许可、林剑锋老师翻译的日文著作内所介绍的辩论主义的内容有三点:第一点是主张责任,当事人没有提出的事实资料不能作为法官裁判的基础,这在小林秀之看来是原始的辩论主义。这句话反过来就是,当事人没有提出但法官释明以后能否作为裁判的基础,这属于另一问题,即机能性的辩论主义。第二点是自认,如果双方当事人之间没有争议的事实应当径直作为法官裁判的基础,排除了法官的

民事诉讼法研讨一

事实认定权。第三点是禁止职权调查，法官的证据调查应当界定为口头辩论以外，在证据调查阶段，法官通过五官感知当事人申请的证据方法之程序，这不同于我国法官进行的证据收集、证据保全。如果当事人没有提出证据申请，没有要求法官对该证据方法进行证据调查的，法官不能依职权主动收集。这也衍生出日本法上一个非常重要的原则，即不能用证据资料去补充诉讼资料。当然，第三条原则根据日本学者坂田宏的说法现在已是辩论主义的黄昏，应该在1948年本旧《民事诉讼法》第二百六十一条职权证据调查被废止了，这是日本学习美国法的结果。一般情况下讲的辩论主义就是我们看到的这两条，主张责任和自认。实际上还有很多研究辩论主义的学者都有各自对辩论主义的诸多看法，如小林秀之等总结出六条或七条，我们现在看到的三条或者说是两条，讲的是作为最大公约数的存在。张老师在中国大陆最早提出模式论，刘荣军老师曾经在年会上提出日本是没有模式论这种提法的，这恰恰体现了张老师的原创性。江藤价泰的论文《当事人主义与职权主义的交错》写道（注：江藤价泰：《当事人主义与职权主义的交错》；三月章、青山善充编：《法律家增刊——民事诉讼法的争点》，有斐阁1979年版）我们现在讲的当事人主义不是以上所述纯粹的四条，即处分权主义、辩论主义、类似美国实行的当事人送达主义、当事人进行主义。在《普鲁士一般法院法》之前的德国普通法时代，实行当事人进行主义，以后不再使用，现在世界各国都是采用混合模式，例如德国、日本、韩国等主流大陆法系国家，都是以处分权主义加上辩论主义加上职权进行主义加上职权送达主义的混合。很多老师给我提的意见是，你怎么解释当事人主义与职权送达主义之间的关系。我的观点是，这是一个混合的时代，制度是历史的产物，在德国普通法时代就使用当事人送达主义，因为造成很严重的诉讼迟延，所以1793年《普鲁士一般法院法》就改成了职权送达主义，包括法官对庭审流程进行控制的职权进行主义，这两者从《普鲁士一般法院法》以来就坚持了下来。但是，辩论主义与处分权主义一直都是我们大陆法系的主流，所以谈当事人主义就是主要谈处分权主义与辩论主义。

第二是对象问题，处分权主义的对象主要是解决诉讼请求的问题，比如诉状审查问题，审查诉状所记载的诉讼请求是否具体，否则就驳回诉状。这是非常重要的内容，但是我的报告里面没有写，我有专门的文章写诉讼请求的具体化，当然曹志勋老师最近也写了篇文章是关于诉状的具体化问题。（注：曹志勋：《立案形式审查中的事实主张具体化》，载《当代法学》2016年第1期）处分权主义对应的是诉讼请求，此诉讼请求与我们理论研究上的诉讼请求是两个概念，我特别强调要区分开来，因为我们一般讲的诉讼请求是在诉讼标的的语境之下，即谈及诉讼的对象是什么。这有很漫长的历史，从罗马法的诉是怎么分化的，请求权和诉权是怎么形成的，包括到现在，民法学界都以为请求权是他们的东西。其实请求权最早是民诉的东西，后来被温德沙伊德用到民法里，将要求给予自己判决的请求行为权利化之后放入民法里。民事诉讼上的对称叫作诉讼上的请求，这其实是诉讼标的的问题，但是我国语境下的诉讼请求就是指诉状中提出来的具体要求，如要求赔礼道歉、损害赔偿，这里的诉讼请求与彼诉讼请求不是一回事，我国的诉讼请求对应日本法里的请求趣旨。辩论主义的对象是什么，这有争论，在座的许多老师有德国法研究的背景，如赵秀举老师等等。可能在你们的知识领域里，辩论主义的对象从来没有区分过主要事实和间接事实，这是德国的主流观点，包括罗森贝克的书里也没有提到过。而日本就特别强调主要事实和间接事实的区分，区分的理由至少有十点，包括司法研修所培训法官的内容就特别强调这种区分。日本学者认为这实际上是日本学者搞错了，德国学者苏福哈姆（Sobheim）写了篇论文，兼子一教授就把这个观点直接嫁接到日本去。应该是在1931年时，兼子一提出辩论主义的适用对象要区分主要事实和间接事实，1937年兼子一提出自认的对象开始区别要件事实和间接事实。这两者本来是不挂钩的，我们一直是绑定式理解，都认为辩论主义和自认对象都作统一的区分。其实两者区分的年代中间间隔六年，这有非常详细的历史，我在文章里没有写，但对辩论主义有关的所有文章做了文献资料的梳理，约有二十几万字，包括伊东乾的文章。现在日本学者认为，这种对象上的划分在日本非常重要，实务当中也是如此，但这可能是兼子一在移用德国学者苏福哈姆论文时搞错了。所以日本法特别强调这种区分，但是德国法上根本没有这种提法。辩论主义的对象还包含了主张责任的问题，我国台湾地区的刘明生老师给我提出了相关意见。关于主张责任，我自己写了十万字的书稿，这里我也是把它截掉了而没有提供给大家，可能今年年底会发表，那时再期待大家来批评和指正。这篇文章中我没有展开叙述主张责任，主张责任当然是非常复杂的理论问题，其中包括主张责任的依据、对象、审查以及主张责任的具体化、否认的具体化。在日本法的讨论领域中，主张和否认是两个完全不同的概念，包括我国最新的司法解释用了"反驳"这个词，"反驳"并非我国的原生词汇，是苏联法中的概念，其实苏联法对反驳、否认、抗辩和反诉都有严格的界定。因此我想大家在讨论问题尽量把概念界定清楚，这样才能在一个 level（水平）上讨论。如果专门挑我没有写的东西去讲，这种批评我可能就接受不了。

　　第三是方法问题，我觉得这是最重要的问题。其实都说张老师的观点是少数人的观点，我在想张老师绝对不会感觉自己是在一个人战斗，因为有这么多人，包括王次宝老师 2012 年时，周翠老师翻译的德国书，其实也在谈这个问题。这个问题实际上是永远不过时的。张老师一直在呼吁说，我要强调给法官灌输一种观念，让他们带着枷锁跳舞，让他们受到当事人提出的事实、证据申请的约束。这种理念其实也为法官所了解，但是重要的是怎样把这种理念变成制度的框架。我在去年《中国法学》的文章里，我也谈到了庭审架构的问题。（注：段文波：《我国民事庭审阶段化构造再认识》，载《中国法学》2015 年第 2 期），其实也是借鉴了张老师的思想。第一辩论主义有个基本脉络，首先是诉讼请求问题，表态你诉讼请求是认还是不认。第二，当事人在诉讼中否认的，须提出诉讼请求所依据的事实，这与我国《民诉法司法解释》第九十、九十一条证明责任的依据就挂钩了。第三，如果当事人认可某项事实就构成自认，不构成自认的就涉及证明问题。所有国家的庭审审判流程都包括两个阶段，主张和证明阶段。比如，英美法第一阶段是诉答，第二阶段是审前，第三阶段是审理。

当然这是日本法上主流观点的划分，一般我们划分为 trial 和 pretrial 就可以了，把 pleading 也放在 pretrial 当中。但是我认为三分法较有道理。立足我国，可能就有立案程序、审前程序和庭审构造的问题。对我论文的批评中，有一点提到我没有论及审前程序，关于审前程序我最近也在写初稿，会有一篇单独的文章，所以也没有放到这里来。我这篇论文如果全文拿出来的话有三十万字，但是最后大家看到的只是一万五千万字，其实它只是我主要观点的综述。那么辩论主义对民事诉讼流程的影响是，先要确定诉讼请求，然后在否认诉讼请求时才涉及提出事实的必要性即主张责任问题，只有对事实产生争议时才会存在举证的必要性问题。其实我们已经讲了两个必要性，一是主张的必要性，二是举证的必要性。这个流程也是这么设计的，首先第一阶段是受理案件的阶段，对应的是处分权主义，解决的是诉讼请求问题，主要是审查诉状。第二阶段是庭审，我国在 2000 年至 2004 年讨论审前程序非常热烈，包括 2001 年的证据时限制度也是从那时开始讨论的，但是后来偃旗息鼓，因为是否需要审前程序、学习美国还是德国都存在争议。我是规范出发型民事诉讼的拥护者，我主张学习德国，但是德国没有，斯图加特审理方式总结的是书面先行型审前程序，后来是早期第一次期日型，日本 1996 年设计了三种，加上之前的辩论兼和解，实际是四种。我还写审前程序的原因是，日本法在 1996 年制定时，最想设计的审前程序是哪一种模式，迄今为止没有人去谈这个问题。我文章中说不需要，因为我国庭审阶段先进行法庭调查后进行法庭辩论，这样就浪费了很多取证的时间，导致庭审开庭时间过长。如果颠倒顺序，先法庭辩论后法庭调查，那么庭审就会非常流畅。最早是 2001 年张老师在《法学》上发表的《法庭调查与辩论：分与合之探究》论及庭审构造问题，当然现在司法解释也是按照张老师的观点来设计流程的。这和我调整庭审顺序的观点是没有冲突的，在复杂案件第一次开庭相当于德国的早期第一次期日型、日本的准备型口头辩论，这就不需要额外的审前准备程序。如果特别需要，目前书面准备程序使用比较多，可以先调整顺序，将来再说审前准备问题。

以上为个人浅见，请大家批评指正。谢谢。

唐力：谢谢报告人段文波教授。下面有请第二位报告人韩波副教授。

韩波：感谢会议的主办方民事诉讼法学研究会和西南政法大学法学院以及紫荆法学论坛提供我这么宝贵的报告机会。我报告的题目是《民事诉讼中的辩论主义与合作原则——兼论我国再审规范中对辩论主义的体现》。我的思路是从理念层面对辩论主义的内涵进行深入挖掘和拓展。原则是个统摄性的规范层面概念，它与规则、主义和理念都有区别，研究辩论主义和合作原则就是要探讨这种理念和规范之间的相互关系。关于合作原则与协同主义或协动主义之间的关系，我在2009年《民事诉讼模式论：争鸣与选择》（注：《当代法学》2009年第5期）里已经表达了自己的基本看法，即协同主义中一些具体制度构想只有在与辩论主义的基本内容不冲突时才可以发挥作用，我现在也坚持这种理论立场。也就是说，合作原则是规范层面存在的有代表性的原则。我对合作原则的认识，最初来自于2014年去澳门的调研活动。我国澳门地区《民事诉讼法》第八条明确规定了合作原则。去加拿大魁北克留学时也接触了法国民事诉讼法以及洛伊克·卡迪耶对合作原则观点。这进一步激发了我的研究兴趣。

我的论文可以分为辩论主义的界定、从规则构成的视角对辩论主义及其规范进行梳理、合作原则的代表性观点以及其与辩论主义的相互关系、在中国语境下如何理解辩论主义、结合再审规范探讨我国辩论主义进展到何种程度。首先，辩论主义的内涵涵盖了事实认定和请求回应两个方面。以此广义含义为基础进行开放式界定，不是说处分权主义不重要，而是为了保证辩论主义的主题完整性和全面性而尝试从两方面展开探讨。我的论文也特别强调辩论主义是大陆法系的学术范畴，在英美法系也有类似的概念，即当事人主义或当事人控制的诉讼理念，当事人控制理念又被分解为当事人自主与当事人追问两项原则。因此辩论主义是两大法系民事诉讼理论的"共振峰"，这不是偶然的巧合，而是"无辩论则无诉讼"的民事诉讼特有规律在不同司法区"不约而同"的显现。我最后论及结构的时候又往前推进了一步，从权利作为一种观念工具或方法的角度，将辩论主义的内涵界定为，将当事人辩论权在民事诉讼中的价值与利益作为最高理想与准则的理论主张。基于这样的概念界定，以及权利的确立、权利对权力的制约、权利的规制这三个权利理论的支点，将辩论权作为核心对辩论主义规范化的关系图式作出简要描述。辩论主义可以简化为辩论权的三个命题，即辩论权的确立命题、辩论权的制约命题、辩论权的规制命题。在辩论主义下，辩论权应当受到保障，辩论权在效果上应当能够制约审判职权，辩论权作为权利也应当受到相应制约。进而在规范层面，辩论原则又可以分为辩论权的确立条款、制约条款和规制条款。

然后，我尝试引入哈特的法规范分析理论，任何一个规范中都有其内在的方面，它决定了规范体系中什么是主要的义务规则。就辩论主义而言，当事人有辩论权，法院有义务保障当事人行使辩论权并受之约束，这形成了主要义务规则。也就是说，审判权应当能够约束辩论权的"内在观点"非常重要，它确定了辩论主义的主要义务规则，主要体现在辩论权的第一命题与第二命题——辩论权应当得到确立，辩论权应当能够制约审判职权。后文言及辩论权的规范体现时，主要围绕辩论权的第一命题和第二命题来谈。我在对法国民事诉讼法进行梳理时，发现法国民事诉讼法中对辩论权的体现是非常全面的，它在第一章前二十四个条文中都有充分体现。例如，《法国民事诉讼法典》第十四条和第十六条，任何当事人，未经听取其陈述或者未经传唤，不得受到判决，法官在任何情况下均应明令遵守且应自行遵守两造审理原则。两造审理原则也译为"对审原则"，这是张卫平老师编写的《法国民事诉讼法导论》中使用的译法。可以说辩论主义在对审原则、"事实"、"证据"、"辩护"、"法庭辩论"、"保持克制态度"等等章节中都有比较充分的体现。德国民事诉讼法也是如此。因此，第一命题和第二命题都在有代表性的大陆法系国家中得到很好体现。但是，我们也发现，20世纪90年代以来，世界范围内的民事诉讼法修法运动的重要内容之一就是侧重辩论主义第三命题的具体化，即约束辩论权。在这一点上，我国近来也赋予当事人很多义务，也体现了这种趋势。我的观点是，辩论主义第三命题的具体化是在辩论主义第一命题、第二命题已基本成为现实的前提下进行的。辩论主义第三命题的具体化又以不与辩论主义第一命题、第二命题相冲突为条件。总体上看，辩论主义的"意思中心"并未转变为另一不同事物的"代换"。当然，每一个国家在辩论权充实的程度、职权发生作用的程度和范围上都有各自的认识，关键是鉴于该国当事人辩论权与审判权何强何弱的判断而有具体制度上的安排。

第三部分是合作原则及其意义。合作原则与协同主义或协动主义有所区别，这里主要谈及的是法国式的合作原则，另外参考了我国澳门地区的合作原则。在洛伊克·卡迪耶为民事诉讼法学会会刊写的两万字论文里，他说道，法国民诉法的合作原则就是我们所规定的法官指导诉讼的原则，我们所说的合作原则是以不触动当事人的主体性地位为前提的。我们应当这样理解他们所支持的合作原则。另外，我在文中的注释中也说了，卡迪耶的影响力比较大，但是他关于合作原则的说法也不无争议，或者说在法国不是就这一种声音，不是一定要以合作原则来理解法国 1975 年民事诉讼法，比如说塞尔日·金沙尔在其 2015 年法国民事诉讼法教材里就没有写合作原则，而是直接写程序管理。文中所述是我认为有代表性的关于合作原则的理解。其主要内容或外延是：第一，当事人服从程序管理。值得借鉴的有审前程序。法国在 20 世纪 30 年代先后设立诉讼监督法官、执行法官，其在审前程序构建方面有许多具体的考虑。但是，非常奇怪的是，卡迪耶说法官可以与当事人协商安排日程，这是合作原则的重大进展，而这对我们来讲已经根本不是问题了。他们在职权推进方面是非常谨小慎微的。第二，法官有权澄清事实主张。澳门民事诉讼法也有规定。事实主张如何澄清，主要是指当事人辩论时侧重点不一样，例如当事人提出 A、B、C 证据或事实，侧重陈述了 A、B 证据或事实，但是法官在审查时发现 C 证据没有被特别强调提出，而法官又觉得 C 证据很重要，可能要使用。也即当事人得以讨论和辩论的事实变成了法庭辩论中出现的事实。第三，为确有困难方排除取证障碍。这在我国《民事证据规则》里也有体现，经申请可以调查取证。从辩论主义的核心内涵来看，也不排斥经申请的调查取证。因此，我所认识到的在规范上有体现的应当是程序性的合作原则。这篇文章略有缺憾的地方是，实体性的合作原则有体现，但因为没有代表性，没有在文章中写。这在奥地利民事诉讼法,维也纳的一位叫罗森博格的教授明确写道,他们国家民事诉讼是改良的审问制,可以超越当事人的请求、事实方面的主张而有一定的职权调查的权力。但是,我觉得奥地利现在在法治国家里没有那么大影响,因此没有作为代表性的合作原则提出来。当然,我们认为以德国瓦瑟尔曼(Wassermann)法官为代表的、对奥地利民事诉讼法体现的合作原则是不值得赞成的,如果合作原则在充实辩论主义时是以法国为模板的程序性合作原则,还有一定的补充意义,但是就我国而言,这三个方面早已成为事实。

第四部分中国语境中的辩论主义,主要说明在重职权而轻权利的文化心理结构中,辩论主义有其应然性。然后,我通过第五部分以再审规范审视我国辩论主义的进程,这里涉及辩论主义的第一命题。近些年我们关于再审事由的研究实际上是功不可没的,因为最高人民法院《审判监督程序解释》第十五条"剥夺当事人辩论权利"的情形间接实现了第一命题,尽管其反射效应不如直接规定更好,但还是有实际作用。而第二命题(制约命题)是不明显的,尤其是处分权方面,在我国《民诉法司法解释》里明确规定"三益"案件,涉及国家利益、公共利益、他人利益的案件可以超越请求去改判,这对我国民事诉讼会有一些不可预期的影响,需要注意。我国辩论主义按照我所说的三命题来看,特色在于,第三命题对于辩论权本身的制约规范是非常多而且愈加发达。

以上是我的观点,报告到这里,谢谢大家。

唐力:谢谢韩波副教授。两位报告人对自己论文的主要观点在短短的二十分钟时间里做了比较完整的评述。按照会议议程,下面进入评议阶段。第一位评议人是我国台湾地区政治大学刘明生老师,因为特殊原因刘明生老师没有能够到会,按照大会安排由谷佳杰博士代为宣读评议。

谷佳杰:感谢刘明生老师的授权,由我代读刘明生老师对两位老师的评议。基于沙龙的宗旨,我自作主张删掉了文中的溢美之词,恕言语上有所冒犯。

首先是对韩波老师文章的评析。刘明生老师认为,首先应当明确辩论主义的概念。所谓辩论主义是指关于构成裁判基础资料之事实与证据由当事人享有主导权并担负责任之主义，这与关于诉讼标的与诉之声明由当事人决定的处分权是不同的。值得思考的是，韩老师将辩论主义、辩论权划上等号，然而二者的关系到底如何？日本学说上主张之辩论权消极效果，亦即在辩论主义之下禁止法院斟酌当事人未主张的事实，是否属于德国宪法上听审请求权保障的范围？日本法与大陆法之辩论权与德国法之听审请求权的关联性到底如何？在职权主义程序是否也有辩论权保障的适用？刘老师认为，辩论权已经超越了辩论主义事实与证据提出的范围，而应当包含法的观点与事实观点意见表达的保障，而且在职权探知主义程序也有侵害辩论权的适用。因此，辩论主义之保障能否等同辩论权之保障需要进一步考虑。

韩波老师于文中指出，从德国民事诉讼法之立法规定可以推知，德国民诉法还是采取了修正辩论主义之审理原则，这点刘老师是赞同的。但刘老师认为，韩老师在探讨合作原则与协同主义之内涵时，认为主张合作原则的实质意义在于充实辩论主义，而非与其处于对立之状态，如此的理解是否恰当？实际上诉讼中，原告与被告通常是不愿意彼此合作的，法官的任务在于就争讼关系作出裁判，而非与当事人共同合作成立一个共同工作小组。协同主义所称之共同工作小组的概念是并不恰当的。辩论主义不足的地方必须透过法院释明义务来予以补充。但法院释明义务与辩论主义之性质与内容仍不相同，义务的范围不仅及于事实与证据提出方面，尚及于诉讼标的与诉之声明方面以及法观点与事实观点方面。可否将释明义务与辩论主义合二为一，仍存有疑问。法院释明义务在事实与证据提出方面仅为辩论主义之辅助与补充而已，民事财产诉讼事实与证据提出责任在于当事人，而非法院。

在德国，协同主义的核心是法官的法与事实之讨论义务，法官必须与当事人进行一次全面性的讨论。具体内容包括三个层面：一是，倘若法官从调查证据之过程，就当事人未主张之事实形成积极之心证，为发现真实，法官亦得将此事实采为裁判之基础，其仅须于采用之前赋予当事人陈述意见之机会即可。二是，在当事人违反主观真实而为自认之情形，当事人违反真实义务而为陈述，为发现真实法官不受该自认之拘束。第三是，法官可一般性依职权调查证据。然而刘老师必须特别地强调，德国的主流见解一直以来均为修正的辩论主义，而并非协同主义。德国绝大多数的学者认为，民事财产诉讼案件采取辩论主义之审理原则，就其不足之处应透过法院之释明义务、当事人真实义务与完全义务以及法院在证人外依职权调查证据以补充其不足。关于法官释明义务之重要内容，法官于释明后仍不得将当事人未主张之事实采为裁判之基础，法官释明义务并不会影响辩论主义之核心内容。法官释明仍不得将当事人未主张之事实采为裁判之基础，法院的依职权调查证据之个别规定则以当事人已主张且有争执之事实为前提。总而言之，协同主义将导致民事诉讼主要特征往错误的方向发展，如此新的基本原则不能被承认，辩论主义仍是民事诉讼法上重要的审理原则。

而在我国台湾地区，无论是实务界还是理论界，大多数均认为民事财产诉讼案件应该采用修正的辩论主义，而非协同主义。台湾地区部分学者提倡协同主义，认为就当事人未主张之事实经法院于程序上予以预告释明而不致对当事人造成突袭者，除非双方均表示不予主张，法院也得将其采为裁判的基础。然而这在一定程度上可以说完全侵害了当事人关于事实提出之主导权。实际上法院释明后将当事人未主张之事实采为裁判基础，仍是造成事实提出方面之突袭性裁判，并未因法院释明后即可彻底防止此方面突袭裁判的发生。协同主义将法院之释明义务范围扩大，认为法院就所有新的抗辩提出均须负释明之义务，结果法院变成了如某一造当事人律师的地位，就其所有的抗辩主张均须帮被告释明，造成架空当事人自己责任及对他造成不公平之结果，有违法官中立原则。协同主义将造成架空民事诉讼律师之功能，且无法使诉讼案件集中在第一审获得终结，将减损第一审程序集中审理之功能。因当事人可因法院未释明新的抗辩，一而再、再而三地提出上诉，使第二审上诉程序肥大化，协同主义透过法讨论、事实讨论不清楚模糊之概念，混淆了法院与当事人间的责任分担界限。

而在我国大陆，部分学者主张德国民事诉讼法历经数次立法上之修正，已吸收协同主义之元素,产生基本理念之变化,改采了协同主义。但实际上如同任重老师谈到的,德国民事诉讼法虽历经修正扩大法院之释明义务,但法院释明义务仍不及于新事实、主张之提出,其仍有界限存在。法院释明后,当事人仍可决定是否主张相关之事实,当事人仍负担提出事实之责任,其仍为诉讼中的主角,而非法院。

总之,民事诉讼之目的主要在于保障当事人之主观权利,当事人自由之保障与当事人自己责任原则在民事诉讼上具有非常重要的地位。辩论主义可以认为是当事人自由之保障与自己责任之体现。当事人自由之保障与当事人自己责任具有法治国家民事诉讼之价值。而协同主义破坏了当事人事实提出之主导权与当事人的自己责任,破坏了法治国民事诉讼的重要价值——当事人自由保障与当事人自己责任之贯彻。

下一个是对段文波老师文章的评析。段老师将当事人主义与民事诉讼各阶段之程序进行相互结合,从事一系列之研究,深具学术上参考之价值。其将处分权与辩论主义二者相区分,因二者之意涵、内容与效果均不相同,殊值赞同。当事人主义之概念主要可包括处分权主义、辩论主义与当事人进行主义。然而,民事诉讼是采取处分权主义、辩论主义与职权进行主义,是否可以认为民事诉讼乃采当事人主义?在德国学说上因而较少使用当事人主义之概念。段老师于第八页提及在诉讼标的理论中,所谓诉讼上的请求是与民法上的请求相对的概念。然而民事诉讼上尚有确认诉讼与形成诉讼,故民事诉讼之诉讼上请求概念并非直接与民法上请求权概念相对应。在德国多数说上理解诉讼上请求之概念即为诉讼标的。因依德国立法上、实务上与通说之见解,乃采所谓两个构成要素理论,而所谓诉讼标的即以生活事实与诉之声明所决定之判决要求。如采用一个构成要素理论,则为已诉之声明所决定之判决要求。唯若依旧诉讼标的理论,诉讼上请求与诉讼标的之关系如何?诉讼上请求除了诉讼标的之外,是否包含诉之声明,亦即于权利主张之外,是否须包含相关权利之保护形式,则产生其疑问之处。于此应采肯定之见解,受处分权主义规律者为诉讼上请求,其包含两要素。一要素理论所理解之诉讼标的或旧诉讼标的理论之下所理解之诉讼标的与诉之声明，段老师于探讨处分权主义适用之诉讼请求概念应该区分不同诉讼标的理论探讨。而受处分权主义适用之诉讼标的概念，不会与诉讼标的理论所界定出之诉讼标的概念而有所不同。

段老师于文中参考甚多日文文献，一再强调民事财产诉讼应采辩论主义之审理原则，此部分之见解殊值赞同。日本民事诉讼之立法、实务与多数学说乃采辩论主义之审理原则，而非协同主义之审理原则，就此点作者可更加强调。然而以下几点问题提出来以供学习与参考：段老师于第十五页提及辩论主义之意涵乃在"言词辩论"中本判决基本资料之事实与证据之提出为当事人权能与责任。然而辩论主义乃涉及事实与证据提出之权限与责任划分，辩论主义亦可适用于书面审理之情形，在书面审理之程序当事人亦须提出事实与证据有辩论主义之适用。故建议将"言词辩论"之字语删除。于第十五页特别提及证据资料与主张资料应严格区分。于此可再特别彰显日本文献上提及禁止以证据资料补充主张资料之原则，从证据资料延伸出来之当事人未主张之主要事实或准主要事实，法院不得采为裁判之基础，其并非采取所谓之协同主义。

段老师于第十八页提出许多观点认为释明权的意义与辩论主义连接，旨在纠正僵化运用辩论主义产生的问题。而其主张释明权的本来意义确是作为判断主体的法院指出对解决案件而言非常重要的观点，并使得作为辩论主体的当事人进行充分辩论。然而，法院释明义务之目的与范围本即有不同多元之面向，其不仅可包含当事人忽略或误认法观点与事实观点之阐明义务，尚可包含补充当事人事实与证据主张之不明了或不完足，以及诉讼标的与诉之声明不明了或不完足之释明义务，难以单以法院指出所采用之观点来理解。

段老师于第十七页特别强调庭审之重要性，言词辩论不能空洞化，辩论主义应与言词审理原则、直接审理原则与公开审理原则相结合以发挥其功能，就此值得赞同。但作者另一方面认为辩论主义又可称为口头辩论主义。口头辩论主义意味着口头主义、辩论主义和直接主义三位一体，并集中体现于口头辩论期日中。然页辩论主义与言词辩论乃两种不同概念，辩论主义乃当事人有提出事实与证据之权能与责任。而言词辩论乃意谓当事人乃以言词之方式进行辩论。作者主张固然如此之理解有其重大意义，但仍应认为辩论主义应与言词主义和直接主义相互结合，以充分发挥其功能。

段老师于文中提及对于实现集中高效的审理而言，制度上最为重要的前提条件当属充实的口头辩论准备制度或争点整理程序，而此方面之程序为现行较为不足之处。集中审理原则或程序集中原则在民事诉讼程序之贯彻甚为重要。而当中甚为重要者乃必须在主要期日之前应有充分与完全之言词辩论之准备，如此才能原则上在一个主要期日即终结诉讼。而于言词辩论之准备程序中可细分为早期第一次期日或书状先行程序，两造当事人于此程序中则须尽早地提出事实与证据，而于此阶段法院即须尽其释明义务，并使当事人间之争点明确化。作者于摘要中指出不须独立设置争点整理程序，至须赋予第一次言词辩论期日准备即可。然言词辩论之准备程序不仅有早期第一次期日之可能性，仍有可能以书状之方式进行书状先行程序，所以应该承认其独立性。

宣读完毕。

唐力：谢谢谷佳杰博士，下面有请河南大学吴泽勇教授评议。

吴泽勇：首先感谢西南政法大学承办这次青年沙龙，同时感谢唐力老师以及西政民诉学科的其他同仁为这次会议作出的贡献。非常荣幸被指定为会议的评议人，但非常惭愧的是，不同于刘明生老师，就今天的主题，我没有写过论文，也没有做过专门研究。尽管在书面评议中就一些具体问题发表了意见，可我觉得没有太多学术价值，我也不想把书面评议再重复念一遍。那么我想用这几分钟的时间集中地回答一个问题，就是我们今天应该如何进行民事诉讼法学基础理论的研究。这得益于我读两位老师论文所受到的启发，同时也是我对基础理论的一点见解。我想表达的有以下三点。

第一，我觉得在目前的时代，特别需要重启民事诉讼法学基础理论的研究。民事诉讼法学基础理论从20世纪90年代开始，曾经在某一段时间非常热，后来因某种原因有一段时间的沉寂。基础理论之所以被称为基础理论，是因为它在每个时代都会被遇到，在任何时候我们在讨论具体制度时遇到争点，可能就需要在一个更高层次的平台把问题提出来，以便推进一些共识的形成。为什么说在今天的时代，我们特别需要进行基础理论的研究呢？我们今天是在一个怎么样的时代呢？今天的时代是刚刚进行了一次大规模民诉法修订的时代。在2012年刚进行的《民事诉讼法》的修订中，我们在解决一些问题的同时，也制造了一些新的问题。另外，在十八届四中全会以后重新启动新一轮的司法改革，这次司法改革又会涉及民事诉讼审判方式的许多问题，这些问题都需要有一个解答。我们在前面几十年的研究里，尽管对西方的民事诉讼有了基本了解，但是在涉及具体制度时会发现有很多细节并不清楚。这通过段文波老师和韩波老师的演讲，我深有体会，在很多具体话题上大家还是有分歧的。如果我们要想为司法改革提供有共识性的、代表整个民诉学界智慧的解决方案，想要对某个具体问题的具体方案有一个很多人支持的观点，那么就有必要重启基础理论的研究。因为我们需要这么一个平台。假如没有这么具体的平台，很多问题的讨论都会遇到"公说公有理，婆说婆有理"的麻烦。

第二，基础理论研究一定要建立在既往研究的基础上。基础理论之所以称为基础，是因为从这个学科产生开始就一直有学者在研究，因为有这么多学者，特别是权威学者的研究，也就积累了许多理论的共识。在今天我们重启基础理论研究时，我们应以这些共识作为前提。这不是说我们不能对所有的共识提出挑战，而是说，如果我们要对概念或理论提出新的用法，我们就要承担更高的论证责任。我们应该考量有没有这个必要，如果不是特别有必要的话，一般还是应沿用传统的理论和概念比较好。韩波老师对一些概念的使用与我的理解不太一样，例如，辩论主义与处分权主义的区分、辩论主义内容的界定、合作主义与协同主义之间的区分，等等。尽管通过他的演讲以及补充解释，我能够明白他的意思，可是他对经典理论的偏离是不是有足够的必要性，对此我还是存疑的。相信对这些问题，接下来的同仁会有进一步的批评。

第三，基础理论研究需要面对时代需求。如果说张老师在1996年启

民事诉讼法研讨一

动关于辩论主义的讨论时,主要是为了完成一个启蒙的话,那么到了今天,经过了几十年,已有很多学者对辩论主义作了很多研究。特别是最近十年以来,越来越多的学者从德国、日本学成归国,很多人经过了自学,也可以直接阅读大陆法系的经典文献。在这种背景下,我们今天基础理论的研究、我们的需要、我们的研究风格可能跟 20 世纪 90 年代不完全一样。如果今天还局限于对经典理论的整理和梳理,我个人的主观感受是不太满意的。至于什么是今天的需求,从民事诉讼法学的研究来说,有很多学者包括张老师提出,部门法学包括民事诉讼法学当前的主流研究风格应该是规范研究。基于我们刚刚修订的民事诉讼法以及两倍于法典篇幅的司法解释,在此制度背景下,民事诉讼法的主流研究方法应当是规范研究,应该分析法条和案例,让法条与法条背后的理论结合起来。基础理论的研究只有结合具体的制度、审判方式改革、具体的法条,甚至具体的判决书,才能够落地。同时,只有在这具体的制度、具体的法条和判例的刺激下,我们才有可能对经典理论进行检验和发展。段文波老师的演讲中提到,他的论文是一个综述,是对他很多篇论文的核心观点的总结。我在读他的论文时,觉得篇幅上还是较多地用在对辩论主义基本理念和内容的整理上,对中国具体制度的讨论比较少。希望今后在这方面有进一步的研究。

唐力:谢谢吴泽勇教授,下面有请吉林大学霍海红教授评议。

霍海红:感谢唐老师和西政同仁的邀请。老实说,我对这个主题有关注但并没有深入的研究,这里说的是看完两篇论文后的一些感受、困惑和建议,某些细节与我关注的领域有关联,赞扬的话我就省略了。

段老师的论文有两个问题我印象比较深:

第一,文中提出,送达对于当事人的程序保障很重要,所以要把诉的提起的完成从现在的法院受理扩展到送达被告。我的两个疑问是:(1)对于这样的方案,我们现在更强调"原告起诉——法院受理",实际上是没有把被告放在起诉环节,而是放在审理前的准备程序。我们现在的认知模式下可能认为这就是原告和法院的事,被告因应诉的强制性不是这一层面的问题。就像我们目前的撤回起诉规则,就认为撤诉只是原告和法院的事,跟被告无关。文中的方案首先面对的是要扭转我们对这个问题的认识。起诉环节和被告有关联,而不仅仅是原告和法院的事。(2)如果把起诉环节的完成扩展到送达,会不会对时效中断产生影响?因为按照目前的制度,法院受理,时效中断。当然,时间起算上溯及起诉当时,但毕竟以受理完成作为标志。如果诉状送达才算完成起诉,那么会不会产生对诉讼时效中断的影响,即从原告权利人的角度来看会不会产生新的困难。目前法院还是非常关注对权利人利益的保护,时间延后,使得只有送达以后才会产生时效中断的问题,是不是相当于提高了门槛,而不是法院受理了就中断?建议论文在这两个方面上进一步论证。

第二,文中提出,释明权不仅仅是对辩论主义引发问题的克服,而且其本来就是法院常规性的活动。我是很赞同强调"法官挖掘争点、释明当事人争议"方面的重要性,不过我更倾向于从辩论主义的角度来理解释明权。一方面,从辩论主义角度更容易说明释明是作为"制度性"存在,而不是单纯的诉讼活动,职权主义模式下也存在释明,但释明权只是在当事人主义模式下才会成为制度性存在。正如段老师所说,释明活动很重要,不一定非要区分职权主义与当事人主义。另一方面,放在辩论主义角度来理解可能更有利于我们去把握释明的限度,哪些需要释明,哪些不需要释明。如果没有辩论主义作为参照,会不会导致扩大化,会不会回到职权主义逻辑下?

对韩老师的论文中不少精辟论述,我是很赞同的,比如,"辩论权实质化、审判权规范化是我国民事诉讼制度改革需同时面对的二重使命",等等。但是,在阅读过程中,就论文写作,有两个疑惑:第一,从论文题目看,"合作原则"是核心范畴之一,但是合作原则并未成为全文的核心部分,主要是在其中一个部分涉及;第二,论文写作内容很丰富,有很多内容是以前没有读到的,受益很多,但这也使得论文的中心不够突出。感觉韩老师的论文完全可以整合成若干核心主题的文章。当然这两点疑惑可能是自己作为编辑的"职业病"。

以上是我的粗浅感受和建议,谢谢。

民事诉讼法研讨一

唐力：谢谢海红教授，下面有请许可老师评议。

许可：谢谢主席，首先特别感谢西政法学院对这次沙龙承办的努力，取得这么好的效果，尤其是好的开始是成功的一半。对今天报告的内容，实际上我本人也没有专门的研究，虽然在博士阶段读书时读的是当事人主义，但是对当事人主义没有专门的研究。我跟文波老师一样，研究要件事实时是在当事人主义模式下来讨论一些具体的法律技术与方法。对今天两位老师的精彩报告，之前也都提交了书面评议。从今天的现场发言来讲，感觉两位老师都认真地看了我们的评议，都作了有针对性的回应，当然有些问题也没有完全回应，留待后续展开。我想谈两点感想：

第一，从学界开始探讨当事人主义至今二十年出头，到现在感觉是进入当事人主义2.0时代，原来是1.0时代。关于2.0时代与1.0时代的差异，刚才吴泽勇老师说得特别好，就是我们还是要关注基础理论问题。当然，这也是沙龙的宗旨，当时张老师创办沙龙时主要是想让中青年的学者能够关注民诉的基本理论研究问题。现在关注当事人主义与二十年前关注当事人主义的起点和发展方向是民事诉讼法学的研究方法，包括吴泽勇老师刚才提及的，我都深表赞同。就当事人主义问题具体而言，可能今天我们面临的环境、条件跟二十年前确实有些不同。从立法、实定法的角度来看，纯粹的当事人主义或者说基本的当事人主义的原则——辩论主义三原则加上处分权主义三原则，不管是在法典还是在司法解释中，并没有完全明确地或准确地建立起来。在这样的情况下反而是协动主义的、合作主义的很多制度在一个个地层出不穷，不仅有具体制度，连原则都出来了。在这样的立法环境与条件下，我们如何进一步加强对当事人主义的研究，这可能是我们面临的一个条件上的变化。

第二，有利的方向是二十年后当事人主义在民事诉讼法学界、甚至实务界都产生了相当的影响，而且理论研究的储备和相应的基础也已经非常丰富，有了很高的平台。在接下来的研究中，韩波老师和段文波老师做出的研究努力和方向都特别好。韩老师主要想跳出德国法和日本法的影响，从法国法和欧洲其他一些立法例的角度来寻找一些新的理论来源，试图弥补或消除辩论主义与协同主义的对立，这是其特别好的努力方向。段老师的文章中百分之九十或者是百分之九五的观点，我都是赞成的。主题都非常宏大，就如刚才海红老师所说，两篇论文都可以写成好几篇，吴老师也说了，里面的有些内容他们自己也没有讲清楚。文波老师前面也说了，有三十多万字呢，这里讲不清楚，都看他的书去吧。对象、方法与程序都非常好。在2.0时代，第一还是要坚持传统的当事人主义基本方向，要把协同主义对当事人主义的冲击控制在很小的范围之内，可能需要形成共识，第二就是当事人主义的制度化建设，例如文波老师这样的努力方向。

当然大家也都提出了许多问题，希望两位后续解答。谢谢！

唐力：非常感谢两位老师精彩的报告和四位评议人精彩的评议。由于我们今天开会推后了三十分钟，所以最后小结我就简单说一下。其实，第一个阶段是把今天讨论的主题以及所涉及的若干问题抛出来。辩论主义的最核心问题其实就是涉及法院与当事人在诉讼中的关系，他们两者的地位。这个问题决定了整个诉讼程序的构架，特别是经过这个程序得出的结论的归责问题，所以辩论主义要强调当事人的自我责任。从刚才的报告和评议当中，我提炼了以下几点，供下一阶段讨论和思考中细化。

第一，关于辩论主义的概念，在报告和评议中都涉及怎么来界定，甚至在两位报告人的文章中都有对原有概念的突破，也包括辩论主义和辩论权的关系。第二，关于辩论主义对象的范围，辩论主义与处分权主义是什么关系，这也是必须要明确的。包括我看了韩波副教授的论文，其范围是比较宽泛的。第三，关于合作原则，按照韩波副教授的观点，是一个程序性的合作。如果完全采取绝对的辩论主义，是尊重了当事人的主体地位，保持了法官的中立性，带来的却可能是实质的不公正，就需要法院介入。法院介入就可能是韩波副教授所谈到的一种合作，这种合作如果仅仅是在程序上来跟当事人做协商，是不是真正意义上的合作，这种合作到底到什么程度？刚才谈到了有一种倾向，即这种合作只要法官释明了，给了当事人程序上的保障，就可以依职权将当事人没有主张的、没有请求的作为裁判基础。我觉得这个确实有必要进行探讨，特别是在我国，法官如果完全消极中立，由当事人自我进行诉讼，可能会出问题。所以在这里有必要对合作原则有深入的研究。第四，关于辩论主义的制度化，以及结合我国怎么在实践当中来立法，两位报告人的论文似乎没有涉及得太深，因为我们研究基础理论时最终落脚点还是在于促进我国民事诉讼法的完善。

我也非常赞同泽勇教授提出的基础理论研究的重要性。这个问题在我国已经讨论了二十年，但现在仍然还是有一定争论，包括辩论主义的对象，刚才文波教授也谈到了，是不是日本人误读了德国人的观点。我在日本研修的时候，看到一个日本律师访问团到德国访问以后回来写的论文集，也谈到了可能是误读了德国的理论，所以在这一方面有必要作深入的思考。这一阶段就到此结束，谢谢大家。下面茶歇十分钟。

傅郁林：第一单元很热闹也很激烈，有序也有碰撞，开了一个非常好的头。但是我觉得还可以让暴风雨来得更猛烈一点。我估计真正的暴风雨是在两位报告人回应的时候，可能会有更多的碰撞。客气的话我就不说了，因为是在我最爱来开会的地方——西政，每次到唐老师、西政这个重镇来，我都感觉到很兴奋。那么我们直接进入下一单元，第一位评议人是赵秀举教授。

赵秀举：谢谢主持人。我仔细看了韩波老师的论文，至少看了三遍才敢写评语，因为内容超出了我原来的认知范围，所以我当时尝试想揣测下韩老师写作的基本思路。我想是不是这样一个思路，就是韩老师的出发点是要写辩论主义，在下位支持辩论主义的又是什么，所以接下来引入了辩论权的概念，辩论权是更加基础的概念，即从层次上来说，辩论权至少是涵盖了辩论主义，在此基础上又谈了对辩论主义的补充或完善，即合作主义。我觉得整体逻辑应该是可以成立的，辩论主义谈的是当事人行为对法官的约束，而辩论权在德国应当相当于法定听审权，它是一个级别更高的，不是诉讼法上的权利，而是宪法上的基本权利。

如果从辩论权的角度引入了辩论主义，即先有辩论权，辩论权在实施过程中产生了辩论主义，这就意味着辩论主义是辩论权行使中的一种表现形式。从这个角度来说，还是强调辩论主义是对法官的积极约束，即当事人在事实层面提出了什么主张，事实主张对法官具有拘束力。我们在研究辩论权、法定听审请求权时，它不是回答积极的内容，而是回答消极的内容，即你侵犯了法定听审权时，要承担什么后果。那么辩论权和辩论主义关注的重点就不一样了，辩论主义是为法官裁判提供保障，而辩论权是说侵犯或剥夺了当事人的机会时，裁判将会发生何种后果。在德国民诉法，侵犯法定听审请求权，或者没有使用言词辩论，会有相关的规定。根据我的理解，这里辩论权的涵盖范围要比辩论主义的涵盖范围要广，不论我们怎么定义辩论主义，宽泛的或者是狭窄的辩论主义，辩论主义仅仅是为事实层面服务的，而辩论权的范围一定要比它宽泛很多。

论文在这两个方面建立起连接之后，接下来就要具体回答制度建构层面上违反辩论主义的后果是什么，侵犯法定听审请求权的后果又是什么，这是论文实质上真正要解决的问题。我们程序法讲求的是制度构建，所以最后要从制度构建角度回答这个问题。韩老师以再审为契机，对这两个问题进行了相应回应。当然，在中国对辩论权的制约是很多的，中国体现的是职权主义色彩。在辩论主义层面需要探讨的问题不多，但如果从辩论权的角度展开的话，要探讨的问题实际上很多，即你什么时候可能涉嫌侵犯了当事人的辩论权，什么时候需要正当维护当事人的辩论权，就像德国规定了什么时候法官裁判可以不经过言词辩论，而什么时候不经过言词辩论但要事后补充言辞辩论，这要进行细致作业，是内化到整个诉讼过程中的。我想从辩论权的角度，韩老师的文章如果能继续往前发展的话，就会非常有价值了。

但是，辩论主义继续往前突破会到什么程度，这是一个问题。因为写论文时我们要回答对实践会有什么样的贡献。接下来就是泽勇教授所说的理论研究的问题，泽勇教授刚才一再强调我们要有一个基本的共识，因为民诉法中有太多的人为概念，不像德国法最开始的根源来自自然法、自然的正义。如果说在民诉法里程序公正是自然正义以外，剩下的大部分制度的设置都是人造的，例如证明责任完全是人想出来的，本来没有这个制度，只是为了解决特定问题而想出来的制度构建，包括辩论主义、当事人主义等也是。因为这完全是人造的概念,你更应当注意,如果大家已经对这个概念达成了共识,尤其是这个概念能够解决它需要解决的问题时,我们就不要轻易突破,如果要突破,你就要承担更加高等的论述义务,也就是说你要有一个更加急困的目标,而且是司法实践的目标。

程序法到今天这个地步还要进行一个回归,我们要回观程序法的工具主义。20世纪90年代中期时,我们在强调程序法的独立价值,今天我们要回归程序法是工具主义,程序法自身不是目的。当然,你看刑事诉讼法有更多独立的价值,但是民事诉讼法没有那么多东西,民事诉讼法的核心目的就是让实体法规定的制度能够良好、有序地在民事诉讼里充分实现。进一步来说,去年张老师、齐树洁老师等都写了关于民事实体法与民事诉讼法研究的关系的文章,接下来不仅要进行规范研究,同时这种规范研究还不仅是简单的民诉的规范研究,而是放在整个民事司法领域的规范研究。否则要对人为概念进行进一步解释时,就偏了,最终解释诉讼法中的很多概念是为民事实体法的真正运转服务的。

正如段文波老师所言,我们区分要件事实、间接事实、辅助事实时,要回答这些概念来源于哪呢?这些概念都是民事实体法的,民事诉讼法回答的核心问题都是民事实体法中的要件事实,其他概念再进一步解释。整个民事诉讼法的构建,当事人、管辖、证明责任的分配等都是从民事实体法中的请求权、请求权基础、要件事实展开的,这是一脉相承的逻辑思路。

我的发言就到这里,谢谢大家。

傅郁林:刚才接到会议组织者的指令,我们这一阶段不是像上一阶段那样发言,而是要直接碰撞。被提问的人要即问即答,有点突袭哈。为了让你们稍微喘口气,我们再接着花两分钟时间争点整理,你们几位发言人赶紧把赵老师刚才提的这些问题以及前面提过的问题消化和准备一下。后边各位同仁发言时就不按照顺序了,举手发言,每一位的发言最好不超过五分钟,以提问为主,三分钟最好,主要是要给他们充分的回应时间。

刚才秀举老师提的问题在上个阶段已由唐老师做了很好的总结。我再补两个问题:一是澄清辩论主义的概念时不要再花太多时间了,我非常赞成概念就是一个符号，如果这个符号的定义、内涵、外延都已经有共识，即便这个概念不是你认为的那么好，也最好不要在这个问题上另外创造新概念，因为概念、符号是用来交流的，用来承载特定信息的，你换个概念之后大家就无法交流了。所以，辩论权、辩论原则、辩论主义、处分权主义、辩论的结构、辩论的方法、辩论的规范等概念应当区分开，目前来说，对抗的理念和大家通用的辩论权、辩论主义恐怕不同，不要混淆，因为辩论主义已经是被赋予了特定内涵和外延的概念。二是关于辩论主义的范围，大多数人认为处分权主义不能放在辩论主义内，因为它们不是同一个逻辑层次上的概念，处分权主义表达的是请求权层次上的自治、对抗及制约，而辩论主义表达的是事实和证据这个层次上的。另外，关于辩论主义的限度或者辩论主义的修正，刚才任重找到一个根源，说现在国内错误的协同主义概念都是从我和秀举编的那本书里出来的。那么我是有原罪的，这本文集中的文章是我和德国编者共同选定的，翻译者没有错。但是我依然认为，即便可能那些介绍在内容选定上并不一定全面或均衡，但介绍与借鉴完全是不同的，因为借鉴是基于中国问题，而介绍只需要信息准确、完整——如果不完整，那么编者是有责任，而如果是借鉴中对原始信息的误用，则跟编者没关系了。

最后，要特别注意的是，我们讨论辩论主义这些问题时，如果把传统的概念放在事实和证据意义上，一定要和程序管理权、审判管理所延伸出来的一系列的所谓合作主义、协同主义概念区分开来。辩论主义修正到什么程度，在哪个逻辑层次上修正，这个权限的再分配到底在哪个层次上。如果把这个层次逾越到程序管理上，当然中间可能有交错，比如证据和事实主张权限原则上是不会转移给法官的话，在这个意义上修正、转移了多少，这是一个问题。另外，我们基于程序管理，在整理事实的过程中，法官需要提前多少、延后多少，这和他的权限没有关系，而是行使方式，如果这两者混淆，会把此问题复杂化。所以回归辩论主义的传统概念，在这个基础上再去展开其他的讨论，可能会更好，大家就不要在概念上过分纠缠了。接下来请两位报告人回应。

段文波：辩论权和辩论主义的关系在东京大学三木教授的最新教材里也有说明，实际上它是程序保障的问题，在德国就是秀举老师说的听审请求权的问题。在我国找制定法上的依据，有一条是法官依职权收集的证据为什么要进行质证，就是因为辩论权。我先回应下刘明生老师的看法，他说辩论主义不只是用于口头辩论，口头主义与辩论主义是分得开的。我当然知道口头主义、辩论主义、直接主义都是分开的，我没有写这个问题是因为 2012 年就有专门的文章写口头辩论的一体化，这里不再重复三者之间的关系。（注：段文波：《一体化与集中化：口头审理方式的现状与未来》，载《中国法学》2012 年第 6 期）口头主义和辩论主义的结合是非常偶然的历史事件。日本有一个词叫"必要的口头辩论"，即经过裁判的案件都必须要经过口头辩论。比如说在裁定案件中就不需要经过口头辩论，包括对诉讼要件的处理，德国法就有这个规定，因为我最近在写立案制度，它就可以直接裁定驳回，而且它根本不需要保障被告的权利，被告知不知道没有关系。被告都不知道，法官直接把原告的起诉挡在大门之外，这对被告来说很有利。所以谈起诉权保障，是对原告保障还是被告保障问题。在裁定案件当中有个词叫"审寻主义"，就是跟辩论权一样给你主张、申请还有举证的机会和权利。它有双方审寻和一方审寻、书面审寻和口头审寻，双方审寻往往是和口头辩论对称的，有时可以在不开庭的情况下替代口头辩论。

关于吴老师说的基础理论研究问题，我这么多年一直在关注基础理论。比如 2014 年我就在谈辩论主义对整个程序架构的影响，就想让基础理论与实践有结合，否则理念提出二十年来对程序改造、审判思路就不能发生作用。因此，我一直在说辩论主义与我们的审判理论是挂钩的，同时跟我们的庭审构造也是挂钩的，包括跟我们程序阶段的设计也是挂钩的。我提出辩论主义是有用的，想让它对我们的程序改革有帮助。基础理论的研究、辩论主义问题好像达成共识了，但是在之前，应该是 2011 年、2012 年的年会综述都还在谈辩论主义问题，都没有达成共识，互相之间在争论。我甚至觉得基础理论有的时候不一定要有用，它就是个重要的观念，它意味着进步。

海红提出中断诉讼时效的问题，美国联邦和州的规定不一样，很多州规定送达以后才诉讼系属。时效是否中断上，我国与日本法上规定没有任何区别，起诉只要提交诉状。有担忧法官在审查诉状时，比如包括我国七天的时间过了之后诉讼时效就算完成，但是起诉时提交诉状是诉讼系属回溯的过程，溯及既往到提交诉状时，如果驳回诉状或撤回起诉，都不发生诉讼系属，那么时效也就不中断。

关于释明权的问题，现在只有两种观点，第一种是修正辩论主义僵化适用，第二种是为了诉讼促进。德国近四十年以来，从斯图加特模式开始都是谈诉讼促进，主流观点认为还是修正辩论主义。1877年《德国民事诉讼法》没有规定，少数派观点说释明权是为了诉讼促进。但是如果从制度源头上讲，1793年《普鲁士一般法院法》都有，历史发展是螺旋式的，今天采辩论主义，看诉讼迟延了，明天就搞职权主义，职权主义不行时，再往辩论主义方向修正。

我的回应就是这些。

韩波：刚才大家对我提出的概念以及新的解释提出了些质疑，我认为这篇论文是一种尝试，尝试从法理学层面对辩论主义的理念进行新的解释。大家可能认为这种解释与约定俗称的概念存在一定的冲突，那么我考虑以新的名称指称。秀举老师提到，辩论权的概念是为辩论主义这种行为构造寻找权利来源，但是辩论权与法定听审权重合，为什么不用法定听审权？我觉得这个问题很重要。辩论权是当事人诉讼中意见的表达权以及对自己主张的证明权，包括了陈述权、争议焦点的归纳权、质疑辩驳权、论证权等。从最高法院的司法解释看，还将获得诉讼信息的权利也纳入辩论权的范畴，因为其关于剥夺辩论权的情形的解释里有关于送达的规定。而法定庭审请求权是一种诉权，在诉权的规范形态上，有的国家是规定在宪法中的，如荷兰、日本、俄国，是从接受权的角度来规定诉权的，日本规定为不得剥夺任何人在法院接受裁判的权利，俄罗斯从法院如何做的角度，将其规定为要给每个人的权利和自由以司法保护。而有的是从行为权的角度做出规定，如葡萄牙和德国，葡萄牙规定为每个人都有向法院提起诉讼的权利，《德国基本法》第一百零三条规定为在法院被控告之人有请求公平审判之权。罗森贝克的教材认为，法定听审权是从中推导出的权利，我认为辩论权的内容与法定听审权的内容基本一致，既然法定听审权是推导出的权利，为什么不能直截了当地用辩论权这一概念？

关于开放式的辩论主义与封闭式的辩论主义的界定，我认为主义是一种基本的理论主张，是理念层次的概念，而原则是法规范层次的概念，是具有统摄性的规范。主义是包含价值判断的理念，比如以什么好、什么不好为内容的基本主张，而原则是以应该怎样为内容的统摄性规范，比如辩论主义应当对审判职权有约束力。我的论文里开放式的辩论主义与封闭式的辩论主义是缘起于辩论主义的广义界定与狭义界定。从大家的评议意见看，大多数评议人也是从原则层面来理解辩论主义的，我还是想从理念主张、理念层面的内涵来进一步讨论，以开放式辩论主义作为起点可以把辩论权作为完整的权利构造，进而以之为研究对象展开深层次探讨。也有学者在使用开放式的辩论主义与封闭式的辩论主义概念，例如澳门地区的利马（Lima）大法官认为，开放式与封闭式在后果上不同，逾越封闭式辩论主义即辩论主义三命题会有不利后果，而逾越开放式辩论主义的后果是由法官裁量的。使用这个概念与大家认同的传统辩论主义可能有所不同，但是我也是以传统辩论主义为核心命题和意思中心的。

郭翔：想向两位老师请教两个问题：第一，请问韩波老师，辩论主义吸收处分主义的逻辑是什么。在文中第三页提到，处分主义的内涵相对确定，而辩论主义的内涵不那么确定，所以不那么确定的就可以把确定的那个吸收，辩论主义也可以把处分主义吸收。这点我不太明白，我的理解是辩论主义与处分主义有一部分是不重合的。第二，请问段文波教授，关于职权送达与当事人主义的捆绑关系，段教授在《起诉程序的理论基础与制度前景》（《中外法学》2015年第4期）的文章同样提到了这里的捆绑关系。从世界领域来看，美国法有不捆绑的做法，大陆法有捆绑的做法，我国面临一种选择，法院送达也很难，还搞淘宝送达的实践。问题是我们将来改革的方向是否捆绑式的，捆绑式与我们今天讨论的当事人主义是什么内在联系？

傅郁林：我也做下补充。韩波老师把处分权主义纳入辩论主义是不是要解决后面的再审问题？如果是这样，再审的功能与一审的功能本身就是不太一样的，这种捆绑的思路可能不对，会没有解释力，为了花边反而把主体的衣服剪裁坏了。关于文波的论文，审判管理包括送达，视野可以更开阔一些，看下各国情形，包括送达的主体、送达的方式、送达的效果等。至少要定义在哪个前提下进行讨论。送达的问题非常复杂，全球都不太一样，尤其是两大法系之间。不过现在也不太提两大法系了，英国1998年司法改革之后已经不能完全放入普通法系了。

段文波：关于捆绑的问题，我几乎在自己所有的文章中都会体现法系意识，我特别强调英美法系的东西不能被大陆法系使用。大陆法系多数国家采取职权送达，如果不采法院送达，让当事人送达，当事人可能不知晓对方在哪里。法院无法直接送达时，还可以公告送达，公告两个月以后进行缺席判决。如果当事人送达不成也要公告送达吗？在哪里公告呢？当事人进行的两个月公告能否作为缺席判决的前提条件呢？民事诉讼的功能区就那些，只能在细节上进行设计，且程序设计要讲求协调。

郭翔：我的想法是为什么不能松绑？

段文波：松绑以后会有许多后果，捆绑的道理首先来自于传统，1793年《普鲁士一般法院法》就已经这么操作。我们现在的捆绑也是与许多其他制度相衔接，松绑后缺席判决如何处理？松绑后就需要把许多其他制度废弃。目前我们最差的工作是法解释学，即法条背后是如何解释的，而日本在此方面就做得非常好，每一个法条为什么这么做，各国是如何做的，综合评价后该怎么做，全部已做出评估。现在松绑的理由又是什么呢？松绑后的一系列问题如何解决？保持捆绑原状的成本最低，攻击者应当负担额外的说明义务。

韩波：开放式界定是以广义说为基础，是为了后面研究再审、合作原则等而把处分主义放入辩论主义，这里辩论主义是个上位概念、理念层次的东西。在原则层面，辩论原则与处分原则是并立的。我讲的辩论主义是包括辩论原则和处分原则两方面，但可以分别讨论。

赵秀举：韩老师，我还有一个疑问，能否重新定义下开放式辩论主义吗？对此，我没有特别地理解。

韩波：从辩论权的角度来讲，就是要确立和保障辩论权、辩论权产生约束力、辩论权应受到约束。开放式辩论主义是完整的辩论权。

傅郁林：下面有请袁中华老师评议。

袁中华：我对韩波老师有个小建议，我感觉把辩论主义改为辩论原则是不是更好？因为这完全也是两个概念，国内教材提及辩论原则时基本上只有三句话，第一当事人有权辩论，第二当事人的辩论贯彻在诉讼各个阶段，第三法院应当保障当事人辩论权的行使。辩论主义概念已经约定俗成，是在教义学上已经确定的概念，攻击它时要承担举证责任。即使你提出的概念与原来的一样好，也不能推翻，要证明远比它好时才能推翻。因为一个稳定的法教义学概念可以带来减负的功能，就是大家可以不用讨论可能带来很多困扰的概念。

傅郁林：但是辩论原则体现不了韩老师所说的制约层次。请继续。

袁中华：传统的民诉教材都提及，法院保障当事人辩论权的行使。傅老师说得没错，确实没有体现约束性。我就说这么多。

刘鹏飞：我想请教老师一个问题，论文的后半部分主要是关于我国庭审结构的改造，段老师提出的观点包括庭审阶段的重新设计可能主要服务于庭审集中化和庭审实质化的改造，这些内容与当事人主义、辩论主义的逻辑关系是什么？也就是说，这部分内容一方面有利于实现认定事实的科学性和有效性，另一方面也有助于强化当事人的听审权和诉讼参与的程度，但是可能与当事人对诉讼资料的主导权没有太明显的逻辑关系。所以想向段老师请教这个问题，谢谢。

段文波：这篇文章实际上是删节版，之前专门写过庭审构造方面的文章，谈及辩论主义是如何与庭审构造挂钩的。任何国家包括英美法系和大陆法系国家都存在主张阶段和证明阶段，证明的必要性始于争议，对立词汇是自认，自认就节约了证据调查阶段。证明的前提是主张，主张责任在前，证明责任在后。辩论主义第一条原则就是主张责任，第二条是自认，第三条是对应的证据调查。辩论主义不仅有这三条，日本有几十个学者在研究，每个学者都列出七八条对辩论主义内涵的界定，但是最后统一起来就三条，这三条内容是最基本的，即主张、争议焦点确定、证据申请。再看德国普通法之前的庭审流程，罗马法是两阶段，之后是三阶段，把第二阶段细化分出证据判决，德国法一直在研究证据判决与证据裁定的问题，证据判决和证据裁定就是要确定争议焦点，确定的前提就是主张，而辩论主义最核心的就是主张责任，另外两条是服务于或配套第一条的，每一条都是对照庭审流程的。英美法系的对抗制 adversary system 也有主张 pleading，discovery 程序也可以主张，trial 也搞集中证据调查，也对应的是主张阶段和证明阶段。大陆法采证据结合主义，且主张且调查，打破了法定序列主义。这些与辩论主义都有一一对应的关系，因此关联非常紧密。

王学棉：关于庭审程序的问题，文章主要讲当事人主义及其对象、方法、程序。在段老师的系列文章里，一直主张我国的程序里没有争点整理，但是根据我有限的实务经验，实际上是有争点整理程序的。因为现在的实际程序运作与法条规定不太一样。法条规定的是证据、法庭调查，调查里有当事人陈述。实务里一开始也是当事人陈述，但它不是证据意义上的当事人陈述，而就是宣读起诉书，再由被告答辩，之后产生争点，已经自认的，法官不再审查，有争点的进行证据调查、举证和质证。在实务已经有这种操作的情况下，您所说的是改革还是确认实务中的做法？

另一个问题是，正如泽勇教授所言，我们研究的抽象理论如何与实务结合？举例来说，辩论原则在实务中到底应该怎么发挥作用？鉴定意见作为证据的一种，当事人在申请鉴定时需要提出一个具体的鉴定事项，即到底要鉴定什么，但是当事人提出请求鉴定的事项有时不是很精准，比如本意是鉴定伤残等级，当事人却提出伤残等级、营养费、精神损害赔偿等很多内容，这时法官应该怎么做？如果法官明明知道有些鉴定事项是不合理的，但在当事人或律师提出后，法官是否完全受之约束？那么原则到了实践中运用起来，会发生哪些变化呢？这些变化是合理的还是不合理的？我们要不要纠正，怎么纠正，纠正的理由是什么？这些问题可能很值得研究，因此我很认同张老师在上一次紫荆论坛所说的那句话，我们既要研究基础理论，也要研究基础理论在实务中应用所出现的问题。

傅郁林：学棉，我也问你一个实务问题，澄清一下。你刚才所说的实务中也有争点整理程序，还是在某个环节有争点整理行为？那么是在哪个环节开始进行整理的？你所说的争点整理与文波在文章中说的争点整理是不是在一个意义上讨论？比如说大陆法系和英美法系都有在早期诉答阶段上，在请求 claim 意义上先确定裁判对象，然后普通法系是在 pretrial 的早期阶段对事实争议进行整理，就如大陆法系的辩论主义中基于主张责任要求主张事实，而且对方要对所有主要事实主张，至少是要件事实主张要有明确的回应。这都是在进入开庭之前先做的，然后各方主张清晰了，才能明确哪些事实主张是没有争议的、哪些事实主张是有争议的，才能确定哪些需要进行相应证明、进入证据收集环节。可能英美法系在这个层次上看得更清楚，如 pleading、pretrial，在 pretrial 再分为 issue 争点整理和 discovery 发现证据两个阶段。我看到的对中国实践的批评是，在第一个层次上，请求一直到开庭都还没有确定，现在的庭审存在最后陈述，在最后陈述中才确定裁判对象，意味着直到庭审结束时诉讼请求都还没有最后确定。而我看到的实务是，审前没有系统的、有逻辑的、层层推进的争点整理，但法官在开庭时会在各自陈述后整理争议焦点，以成为之后事实调查和质证的基础。我不知道我们俩看到的情况是否相同？

王学棉：关于争点整理，一种做法是审前 pretrial 的专门阶段只做争点整理这一件事，但鉴于我国很多是简单的民事案件，不走审前程序，直接进入开庭审理。另一种是在法庭调查中切出一部分，但这在民诉法中没有规定，实践理性创造出来的。简易程序基本是这样，先宣读起诉书，对方答辩，很多时候对方事先不答辩，那么法官和原告也知道争点在哪里。但是开庭审理插入这一小阶段后，对方肯定会答辩，这时争点才显现出来，当然也不排除后面会发生争点变化，又反复进行争点整理和证据调查。这种案子毕竟少，绝大多数案件仍然是法庭调查一开始、一宣读、一答辩，争点就显现出来。

傅郁林：假定此时才出现争点，有相应的证据怎么办？

王学棉：现场提交。

傅郁林：如果被告昨天还在跟原告谈判，说合同效力或履行过程都没有问题，只是赔偿金额达不成协议，今天一来开庭却说合同根本是无效的，从来没有履行过，怎么办？只能下次再开庭。

王学棉：因此我的意思是，争点整理程序并不是绝对没有，只是可能并非我们学者所期待的集中的争点整理，但实务中至少还是有这一阶段的，只是离我们所设想的还有一定距离。

段文波：就你所说的内容，我也询问过法官，百分之九十的案件庭前不阅卷，简单的案件当场就整理争点。日本在1996年之前有辩论兼和解程序，这属于脱法状态。实践不一定叫理性。北大徐爱国老师说过，表面上看我们是大陆法系传统，实际是按照英美法操作。为什么trial中存在当事人阅读起诉状和答辩状？其实很多时候不用阅读，对书状没有补充的，就不用念了。这在英美法系称为opening statement，如果有陪审团审判，这一环节非常重要，因为陪审团在trial才第一次接触案件，但法官在庭前已经阅卷，opening statement本来就是为陪审团设计的。我们的很多案件也有这一环节，则是因为有陪审员，陪审员不可能庭前阅卷，至于陪而不审则是操作问题。陪审团虽然只在约百分之一的案件中运行，但是美国所有教材都会以陪审团这一标配模式设计庭审流程，用不用是另外一回事。因此，我们开庭阅读书状，是为陪审员设计的。当然可能有的案件没有陪审员，但是这个环节本来就是为陪审设计的。证据调查是按照证据目录的顺序进行，而不是按照争议焦点宣读，这是为了方便记录，但这浪费了大量证据调查的时间。就另一个问题来说，鉴定的本质是证据申请，法官可以依据自由裁量权不采纳，在五种情况下可以裁定驳回证据申请。我想强调的是，基本原则绝对不是没有用，尤其是在重大疑难案件。民事诉讼法上任何一个基本原则都是可以用来解决具体问题的。

王学棉：还有一种做法是，当事人自己请鉴定机构，再向法院提交鉴定意见，这时就不涉及辩论原则下的申请事项问题，因为这属于当事人自己收集证据的行为。向法院申请鉴定往往是因为个人收集的鉴定意见容易遭到对方质疑，可能导致鉴定意见的证明力太弱。

段文波：这是私鉴定和公鉴定的问题。请证人作证与私鉴定是一个性质，都是证据方法的一种，需要经过质证，对方可以提出主体不符合条件、程序不合法等证据三性问题。证明力的认定属于法官自由心证的范畴，对方当然可以就此进行攻击。鉴定申请是证据申请，而证据申请是辩论主义第三命题的内容，换言之，必须是公鉴定，不能是私鉴定。

冯珂：段老师提出的调查阶段和辩论阶段的划分构想是以德国普通诉讼时期的程序构造为基础的，这种考察也主要是以德国普通诉讼时期的萨克森诉讼为参照。在萨克森诉讼的程序构造中，第一阶段是主张程序，第二阶段是证明程序，在主张程序和证明程序之间有个节点和标志——证据判决。但是这种程序两分上存在的问题是，主张程序的关注点和重点是促使被告方提出诉讼上所有可以提出的抗辩，包括实体抗辩和程序抗辩。同时在过渡中存在证据判决，要对下一阶段的证明对象、证明责任分配诸如此类与证明主题相关的问题预先予以确定。与萨克森诉讼的程序两分相并行的是德国帝国法院的围绕争点的程序划分方式，先对原告请求的争点由原告主张并提出证据，在被告抗辩阶段由被告提出法律主张、事实主张及其相应证据，之后是原告的再抗辩，依此类推按照"诉——抗辩——再抗辩——被告再抗辩"进行阶段划分。也就是说两者有不同的阶段划分方法。

德国普通诉讼的两分式的阶段划分到了德国1877年民事诉讼立法时，被完全抛弃，转而转向了法国式的一体化口头辩论模式。因此，在德国法上的程序阶段划分上存在着两分、按照争点划分以及现在法国式的一体化辩论模式。我个人是支持段老师的设想和观点的，但是我有一个问题想请教段老师，有没有对这三种结构划分的方法进行比较？为什么这种方法对我们现在来说是实现事实主张的方式呢？我个人的揣测是，可能因为是我们在辩论原则尤其是事实主张，即辩论原则的第一要义方面，事实主张对法院的拘束力上是非常弱的，所以段老师可能是为了强调、为了更好地实现事实主张对法院的拘束，当然前提是要明确事实主张的具体化，因而专门提出了这一事实主张的程序阶段。

还有一个问题是，刚才段老师也提出，他个人是支持审前程序的强化设计，如果在审前程序阶段能够对争点整理完成这项功能的话，那么还有没有必要在程序构造上专门区分出一个事实主张的程序阶段呢？与这个问题相关的是，新的《民诉法司法解释》当中规定，在庭审调查和辩论阶段关于主张的裁量权可以交给法官，这个主张与《民诉法司法解释》既有规定的冲突怎么解决？

范智欣：第一我是支持段文波教授关于事实主张和证据调查的区分的。举个简单的例子来说，如果不区分，那么也没办法区分作为事实主张的当事人陈述和作为证据调查的当事人陈述。第二，我担心这种阶段性区分过于形式化以后，带来像1877年以前德国普通诉讼的复杂程序。举例来说，刘哲玮的评议讲了一个案例，某人被撞倒，但法院无法查明是否碰撞，但认为可能基于惊吓而摔倒受伤，那么是否主要事实或要件事实有改变？再举一例，如我国《侵权责任法》第七十八条的动物致人损害与第八十条饲养禁止饲养的烈性犬类致人损害这两条规定，假设一个人被一条幼犬咬伤，当事人诉讼时按第八十条主张相应的要件事实，证据调查时发现咬人的是一条年幼的斗牛梗，属于烈性犬类即禁止饲养的犬类。如果法官按照第八十条烈性犬类裁判，请求权基础发生了变更，法律构成要件要素或主要事实发生了变更，法官当然可以释明当事人选择，当事人选择之后就要按照要件事实重新进行证据调查。按照德国学者的观点，案件的裁判实际上是事实与规范之间来回往复的过程。在上述例子中，假如进一步调查，发现案件属于第七十九条没有采取保护措施饲养动物致人损害的情形，那就会发生事实的三次变更。在有些复杂的案件，由于法律适用的复杂性，可能适用的法规范处于一个不断精确的过程，法效果的构成要件也会相应地发生变更。如果过分强调阶段的形式化，可能会带来很大问题，但是阶段的区分还是绝对有必要的。

冯珂：智欣的问题也关系到德国普通诉讼时期的程序两分——主张阶

段和证明阶段,它实际上需要通过证据判决把前一阶段的争点固定下来,在证明阶段就不再允许提出新的争点,只能围绕证据判决所固定的争点继续审理。如果我们利用事实主张和证据调查两分的程序构造,那么我们是否需要相应引进和确立证据判决制度呢?但如果要引入证据判决,这一方面就可能涉及傅老师所提的裁判体系的变化,另一方面也如智欣所讲,会面临过于僵化问题,在事实主张和证据调查之间往往需要给予一定的变化空间。

段文波:证据结合主义是指且主张且调查,没有僵化到严格区分开来。我现在的庭审设计是立足现在,不是放在德国普通法时期。所有大陆法系国家几乎都是这么操作的,先口头辩论,后证据调查。你们认为现在民诉法已经规定事先可以提交书面材料。而日本法的规定是陈述书,其只是具有准备意义,不是口头辩论。

傅郁林:把两位报告人的概念澄清完之后,我提议下午我们可以集中于事实和证据意义上辩论主义的讨论,例如段文波老师提到的程序构造等具体问题。我这一阶段结束,感谢报告人和评议人。

熊跃敏:现在开始第三单元的评议和讨论。

王次宝:一般来讲,当事人主义包括处分权主义、辩论主义、当事人进行主义三个方面。相应解读的话,处分权主义针对诉讼对象,辩论主义针对事实与证据,当事人进行主义针对程序。段老师的论文标题可能给人一种错觉,好像要谈及当事人主义的上述三个方面。但细读段老师论文的内容可以发现,方法与程序属于辩论主义,程序又属于方法的内容,而与当事人进行主义是没有关系的。

当事人主义之所以要上升到诉讼模式的高度,主要是为了对诉讼模式转型进行引导。私法上的私权自治推演出诉讼法上的处分权主义,而处分权主义的推行必须有辩论主义的支撑。如果对事实和证据没有辩论权,那么处分权也无法实现。这是有逻辑推演关系的。我认为当事人进行主义属于当事人主义的相对因素,虽然它不是当事人主义的决定性因素,但并不意味着也不是当事人主义的要素。

段文波：当事人主义原则上分为四个部分，还有当事人送达主义。但是从主流视角来看，一般情况下我们只谈论处分权主义和辩论主义。如果范围再缩小，我们更多谈论的就是辩论主义，包括有约束性的辩论原则的提法。在美国采取当事人进行主义，由律师掌控整个诉讼流程，只有对方提出异议时法官才会介入。德国普通法时期实行当事人进行主义，造成诉讼的严重迟延，出于诉讼效率的考虑又改采职权进行主义。我的论述重点是放在大家能形成共识的部分，例如处分权主义在美国和德国都存在，辩论主义在共识部分也可以形成讨论基础。

王次宝：您的题目定位为当事人主义三要素有误导性，内容和题目不完全对应。内容主要强调庭审集中化，但题目偏重于对当事人主义的全面介绍和分析。

段文波：如果非要当事人主义的四个要素都具备的话，可能只有德国普通法时代才有。现在世界各国都存在当事人主义与职权主义的交错。即使在理念上将德国普通法界定为辩论主义的，《普鲁士一般法院法》采职权主义，但是《普鲁士一般法院法》仍然会许可处分权主义，而德国普通法也会有一些职权主义的内容。

王次宝：虽然处分权主义和辩论主义都是当事人主义的重要因素，但是谁更重要？或者说两者是何种配置关系？

段文波：在早期 Goenner 提出当事人主义时，辩论主义里包含处分权主义，三十年前日本有些学者仍然会这么认为，但现在两者已明确区分开。我翻译的东京大学的民事诉讼法教材写道，处分权主义就是指程序的开始、终结和审判对象的确定，辩论主义主要是指三命题的内容。孟涛《走向黄昏的辩论主义》（载陈刚主编：《比较民事诉讼法》2001～2002年卷，中国人民大学出版社2002年版）一文的主要观点是来自于坂田宏，对辩论主义的第三点命题提出质疑，但前两点基本上是共识。日本更多学者对辩论主义内容的概括可能有七八点，我只是把最大公约数、可探讨的内容在论文中提出。关于谁更重要，我觉得是同等重要，很难分清谁更重要。我所看到的有限资料里也没有提及谁更重要的问题。

熊跃敏：段老师对处分权主义作了解读，辩论主义解决的是当事人与法院在诉讼资料的提供层面分担的问题。两者各自调整的领域不同。

王次宝：我认为辩论主义是在为处分权主义服务，处分权主义更重要。处分权主义的三原则里，我们一般强调的是当事人对诉讼对象、审判对象及其范围的处分权，实际上还有其他两个原则，一是决定诉讼的开始，另一是决定诉讼的终了，这本是属于当事人进行主义的内容，之所以放在处分权主义内，是要强调以当事人对审判对象的决定权为中心，因此我认为辩论主义也是为处分权主义服务的。

段文波：身体确实是为大脑服务的，与此类似，当事人进行诉讼的目的也是提出诉讼请求。

赵秀举：这么区分处分权主义和辩论主义孰重要的目的是什么？

王次宝：广义上介绍处分权主义，实际上是将处分权主义和辩论主义都是要上升到当事人主义的高度；同样，广义上讨论辩论主义也是将其上升到当事人主义的高度。我们细化当事人主义的目的就是要更好地贯彻执行它，把当事人对诉讼对象、诉讼资料、诉讼进程的决定权明确出来，之后才能深入到具体的规范。如果空泛地讨论主义，又有什么价值呢？

段文波：关于诉讼请求的具体化，可以参照曹志勋博士最近刚写的《立案形式审查中的事实主张具体化》（载《当代法学》，2016年第1期）。而关于主张的具体化，有占善刚老师写的《主张的具体化研究》（载《法学研究》2010年第2期）和《附理由的否认及其义务化》（载《中国法学》2013年第1期），以及胡亚球老师《论民事诉讼当事人具体化义务的中国路径》（载《清华法学》2013年第4期）、邵明老师《论现代民事诉讼当事人的主张责任》（第一作者，载《武汉大学学报》2015年第2期）。我想关于主张责任、事实的提出以及请求的具体化问题都有相关的专门论述，我自己也写过文章以论述诉讼请求针对每一种诉讼类型如何具体化。

林剑锋：讨论辩论主义时常借用外来的词汇，既然是外来语，就应尊重其原义。从日本对当事人主义的使用范围而言，当事人主义被用于诉讼结构，与我们的诉讼模式有些类似，其核心内容还是在于是否确立处分权主义和辩论主义这两大支柱。在当事人进行主义和职权进行主义的区分上，每个国家可能有差异，它们本来就是非常宏观的、结构性的、顶层的描述，并不是说某个要素多一点就变成职权进行主义，少一点就变成当事人进行主义。因此，在探讨这个词的意义时，还是应区分案件的形成程度和程序的进行程度。我认为当事人主义或模式主要指实体方面的辩论主义和处分权主义。关于王次宝老师提及的孰者重要，也是我第一次听到，当然从不同的解释目的出发可以进行这样的比较。从我国的模式转型或结构改革而言，我可能觉得辩论主义比处分权主义更重要，因为当事人主义与职权进行主义无论是从传统模式到现在的变化，还是从大陆法系普通民事诉讼跟人事诉讼的对比来看，处分权主义可以与职权主义并容。我国原先可能有处分权主义，但没有辩论主义，在模式定义时就将其界定为职权主义而非当事人主义。因此判断一国的诉讼模式或诉讼结构，有没有实现从职权主义向当事人主义的转型，关键要看是否确立了辩论主义。

段文波：所以辩论主义又称为当事人提出主义，主要涉及事实和资料的提出。在划分模式时，确实要划分为几个层面，即程序的启动、审判对象的确定、事实和证据的提出、程序的终结等。但是，苏联法上当事人请求本金，法官却可以判利息，裁判可以超出当事人提出的诉讼请求。在我国，诉讼请求细化到何种程度是非常细化的工作，例如共有物分割之诉中无需提出如何分割，因为分割方法对法官只是参考和借鉴。

胡学军：关于辩论主义的制度化，在辩论主义 2.0 时代，如何将辩论主义体现在诉讼程序构造中，段老师想在宏观和微观论述之间展开，可能更多的是宏观论述。文中写道，"正因当前庭审构造中事实主张与争点整理阶段的缺失，缔造我国庭审两阶段，并重启当事人口头辩论的功能，乃是实现庭审中心的必由之路"。但是，我并不明白这一中心思想背后的逻辑。同时，辩论权和辩论主义的"辩论"可能容易引起歧义，就像证明责任既不全指证明也不是责任，但是既然选择了证明责任这一词来表述，只能不幸地接受。我认为辩论主义的核心含义仍然是当事人提出，段老师在文中常与口头辩论联系在一起，文中说道，"只有当事人在口头辩论中主张的事实才能作为判决的基础",当然辩论主义、口头主义与集中审理纠缠在一起。但辩论主义显然与口头辩论,甚至是辩论的概念,都是有较大区别的。

另外,段文波老师认为,辩论主义的原则或原理都有其特殊意义,甚至与庭审程序的设计能够建立一一对应的关系。那么从辩论主义出发,可能最后得出的审理程序是只有一套标准答案的。因此,要根据辩论主义对调庭审两个阶段——法庭调查和法庭辩论。另外,段老师也提到,一个制度有其惯性或合理性,保持原状是成本最低的运行方式,那么这么改革是不是就大为增加成本呢?现在的法庭辩论功能可能不仅仅在于提出主张,而且是在法庭调查的基础上就事实和证据、法律适用问题进行论辩。那么对调这两个阶段是否就能实现预期的目的呢?

段文波:"辩论"概念有狭义、广义、最广义的含义,首先它是当事人的行为、程序阶段,广义上包括包括证据调查,再广义甚至包括了判决阶段。我正在写关于自认的文章,就强调了必要的口头辩论原则,因为口头辩论取代了书面审理后有许多优点,例如为何阶段化的审理程序会被一体化所取代,是源于促进效率的历史要求。庭审两个阶段是可以互相往复的,这本是证据结合主义的题中应有之义。我看完许多国家的一审庭审流程的材料后,发现这是德国和日本现在大致通行的庭审流程,而我国的庭审流程是来自于前苏联,包括在法庭辩论的最后阶段还有当事人的最后陈述,也是来自于前苏联。主要是让当事人对前一阶段的法庭调查进行总结和陈述,这一环节对苏联法没有问题,苏联的法庭调查采取职权探知,法官依职权进行,只能在法庭调查之后给予当事人最后陈述的机会。但是中国在1996年开始普及当事人质证后,法庭调查阶段已经变成当事人是主体,再有当事人的最后陈述阶段就没有意义了,所以现在就沦为两句话——请法官支持我的诉讼请求,请法官驳回对方的诉讼请求。其实当事人的陈述本应是很长的环节,在美国可能有半个小时至一个半小时,在庭审中非常关键,可能起到逆转陪审团心证的作用。

胡学军:如果段老师指的是法庭调查和法庭辩论可以往复,那么我们现在的民诉法就是这么规定的。我一开始以为文中说的是不可以往复的,实行法定序列主义,把法庭辩论理解为争点整理,把法庭调查理解为证据调查。

段文波:实务操作中都是先法庭调查后法庭辩论。王亚新老师和傅老师一起写的中院的调查报告还提到非正式开庭问题,就是因为缺失主张和争议焦点的整理环节,如果对调两阶段后给予期日提出事实主张,就不会存在非正式开庭了。两阶段对调后,案情简单的可以判结或调解,案情复杂的可以主张多次,整理好后进行集中证据调查,那么口头辩论就分为两块,前一阶段就被赋予准备性功能。如果不对调两阶段,也不会存在侵害诉权的现象,可能只是需要多花点庭审时间。但是若旨在节约时间,解决案多人少的问题,令庭审更有效率,就必须改革。日本相关学者谈及如何加快庭审,都是提出要充实口头辩论,且进行集中辩论以克服口头辩论的缺点。

傅郁林:实体意义上的权利分配,即处分权主义和辩论主义,要和程序管理区开。我所说的程序管理是在程序进行上从立案开始到程序的结束尤其是审前阶段的管理,这一段与开庭时的权限分配、程序管理应当区分开。不同的模式在这两阶段的权限分配上是不同的,如法国在开庭时采职权主义,庭前程序管理基本上采当事人主义。两者不应混淆,基于今天的讨论主题辩论主义,我们应集中于解决实体问题。在庭审过程方面,我与文波的结论大致相同,但我们使用的概念不同,可能我所使用的概念会减少些质疑。我认为这是一种"辩论式的法庭调查",连法庭辩论阶段都可以取消。如果按照我们刚才所说的逻辑,争点是从请求开始,到事实主张,每主张一项事实就拿相应证据进行证明,这是一种辩论式的事实调查。像我国以质证来牵出事实、把事实碎片化,无法形成辩论主义下的主张——证明——反证的对抗模式,这种状况可能是中国绝无仅有的。他国一般称为调查事实而非调查证据,而我国把事实证明与质证牵在一起。因此我国现在的庭审方式既浪费时间也没有形成有法律意义的争点或辩论,导致效率极低,法官的判断能力极度依赖于经验,入职三年、五年的法官根本无法从凌乱的质证过程呈现的那些事实信息中抽出对抗的证明过程,也得不出清晰的事实结论。

任重：对韩波老师的论文，我印象最深刻的是信息量之大。韩波老师说，德国和奥地利是不同模式。以真实义务为例，这点是非常重要也是非常值得赞同的。除此之外，段文波教授也提出了德日之间的区别，主要体现在辩论主义的第一要义到底是限于要件事实还是及于所有的事实。通过今天的会议，我自己对每一个国别法产生更加详细、更加深刻和客观的印象。对韩波老师的论文，我想提一个问题，论文中提到形式的指挥权和实质的指挥权，那么我国现在存在的是形式的指挥权还是实质的指挥权？与此相关的问题是，合作主义的具体主张是什么？我觉得我们对合作原则的理解采取的是一种理念上的认识，例如当事人之间应该合作，不应该撒谎，那么具体而言它有别于辩论原则、有别于职权探知主义的独特特点在哪里？

我想请教段文波老师的问题是，论文中提到诉讼请求和诉讼标的的相互关系，那么在您心目中，它们之间的关系是一元的还是二元的？二元情况下，是谁包含谁的关系？特别是结合到一些具体的诉讼请求上，哪一个是诉讼标的，哪一个是诉讼上的请求？

段文波：在诉状中谈诉讼请求时，肯定不是诉讼标的，而是要求对方赔钱、赔礼道歉等，这应叫请求的趣旨。我们习惯用诉讼请求指代诉的声明和请求的趣旨。

任重：段老师，那我举个例子，最近琼瑶与于正的版权侵权案，琼瑶在诉讼中的要求是，第一赔礼道歉，第二停止侵权，第三赔偿因为侵害版权产生的损失，第四是确认侵权存在，第五是赔偿因为诉讼支出的合理费用。那么按照您的理解，诉讼标的是一个还是五个？诉讼请求和诉讼标的具体指这里的什么内容？

段文波：诉分为两个层面，一是对法院提出的判决要求，另一个是通过起诉向对方当事人提出的权利主张。这是诉的广狭之别。而诉讼标的是双方当事人争议的权利义务关系。我认为诉讼标的是多个，诉讼请求是五个，标的要看具体有几个请求权。这里的问题是，给付之诉不准提确认请求。

任重：诉状上是这样写的，北京市三中院和北京市高院也针对诉状的内容作出了裁判，所以我举出一个现实中的做法来提出问题。

段文波：不能提出这样的诉讼请求，书状不合法，法院应释明，再驳回诉状。

熊跃敏：但是法院已经判完了。

任重：如果当事人提出的请求不合理，就不构成诉讼标的吗？下一个问题是，诉讼标的的形成时间是起诉时形成，还是受理时形成呢？诉讼请求和诉讼标的的形成时间是否一样？如果认为诉讼标的在受理时形成，那么应当认为驳回起诉时没有诉讼标的，驳回的又是什么呢？

段文波：我现在指的是驳回诉状，修改后再提交，若还没有诉讼要件，就驳回诉讼。

熊跃敏：这是一个实践中的真实案例，不管法院做法的对与错，请从学理上做一个明确的解读，你认为这是几个诉讼标的？

段文波：我认为赔礼道歉和损害赔偿是两个不同的请求权，相应地有两个诉讼标的。但是如果诉状都没有写清楚，法官根本不会审查有无诉讼标的。

任重：那我再集中下问题，首先个数上我们刚才说有五个诉讼标的，也有五个诉讼请求。但能不能举出例子说明一个诉讼标的有多个诉讼请求呢？或者，一个诉讼请求有多个诉讼标的呢？

段文波：我认为诉讼标的和诉讼请求是一一对应的关系。

许可：如果按两分肢说，就存在一个诉讼标的。

刘哲玮：有可能提出一个诉讼标的是请求人身损害赔偿，但是可能要求赔偿医药费、误工费等。这是一个标的、多个请求的事例。

韩波：我回应下任重老师提出的问题。奥地利采实质性合作主义，有两项标志：一是对自认事实无需提供证据，但并不意味着再提出证据会不可接受；二是法官有取证权力，且该权力越大则当事人提出证据的责任减轻越多，这意味着改变了当事人的证明责任，也可以突破当事人的主张进行调查取证活动。这两点与我文中所说的程序性合作原则有比较大的区别，是对辩论主义的实质性突破，因此实质性合作主义对我国不太适合，因为我国目前的主要任务和方向是解构职权主义。

正如傅老师所言，程序管理权应从程序性合作主义中脱离，剩下的两块提及为举证困难的当事人提供帮助，比如可以采取预审的措施、文书提出命令程序。这些措施具有辅助性，在我国通过证据申请的方式已经得到了比较完满的解决。

刘哲玮：我对段老师的文章没有太多要评议或提问的，文中总结的很多概念通过张老师二十年前开始介绍以及很多同仁对德日理论的再次输入，在一定范围已经达成共识。对于韩老师的论文，如果抛开其对概念的不同使用，自成一体地研究制度也是可以的。我对其文章的多数观点是赞成的，可能在一些细节方面还需讨论。

在书面评议中，我列举了两个真实案例。第一，许云鹤案中，原告起诉被告，认为两者发生碰撞，但是通过举证，一审法官不能形成心证，而是认为即使不存在碰撞致伤，也可能存在惊吓导致伤害。从《道路交通安全法》第七十六条的要求来看，车速过快导致的惊吓确实可以构成交通事故。问题是法院超越了原告主张的碰撞事实，而是以当事人提供的证据能够证明的车速过快的情况，推测可能产生惊吓，认定被告承担责任，这是否超越了辩论主义？第二个案例是原告起诉要求赔偿违约金的合同纠纷，双方对合同效力没有争议，双方争议的焦点是有无违约，这时法院通过双方提供的合同和身份证，发现一方签订合同时无民事行为能力。双方自认合同有效时，法院能否超越当事人自认的范围主动认定合同无效？如果能够主动认定，那是因为这是法律适用问题，还是确实可以超出自认范围？

韩波：我认为法官通过当事人提交给法院的材料进行具体判决，即使仅仅是身份信息，也不违背辩论主义。只要没有超越当事人提供的证据或证据线索，就不违背辩论主义。

范智欣：补充的诉讼资料是在证明调查中发现的，等于把当事人没有主张的事实作出认定，并通过这个要件事实判断合同无效。现在的问题就在这个地方。

韩波：既然辩论主义是当事人提出原则，那么只要在提出的资料范围内进行事实认定，我认为是没有问题的。

刘哲玮：我认为提出有两个层面，一是证据层面的提出，一是事实层面的提出。证据层面的提出肯定是满足的，问题是当事人没有主张该事实，此时法院能否这样做？

赵秀举：合同的绝对无效是法官依职权审查的事项，无论当事人是否主张，法院都可以判断合同无效。这不是辩论主义适用的范围。关于第一个案例，举个简单的例子来说，原告起诉被告污染造成损害，认为污染浓度达到百分之九十，但是法官认为达到百分之六十就构成污染了，那么法官就可以判决原告胜诉。你认为碰撞构成侵权，法官认为即使不碰撞，超速产生惊吓也构成侵权，实际上已经完全把前者的主张涵盖了，不需要额外的证据加入就可以得出结论，这是侵权行为认定的范围问题，所以这不违背辩论主义原则。

傅郁林：那么现在的问题就是，当事人提出主义究竟是提出诉讼资料还是必须也提出事实主张？

段文波：德国是不允许主张共通的，但日本是允许主张共通的。

傅郁林：我们刚才说的都是通过诉讼资料来获得信息，是不是就满足你们所说的？

段文波：不能用证据资料来补充诉讼资料。

赵秀举：只需要主张要件事实，让法官认为这种主张合理就可以了。

刘哲玮：如果侵害就是要件事实，那当然可以。但这很可能导致当事人主张的抽象化，当事人无需再主张是碰撞还是惊吓，只需要主张加害就可以了。

赵秀举：原告可能表述为，被告驾驶车可能超速，导致撞了我。

刘哲玮：原告可以不说超速，只说你把我撞了，然后法院发现速度太快。

赵秀举：这仍然要在举证阶段具体化，如碰撞的时间、地点。德国法规定不需要所有的事实都在诉讼中主张，只要主张基本的要件事实，认为已经可以支持你的请求就足够了，具体的细节在整个诉讼的证据调查阶段还可以补充。同时，也不需要主张间接事实，因为间接事实是为了证明主要事实。不是说所有的主张在诉讼开始时全完成，诉讼过程中也需要主张，主张一些诉讼的延伸事实。

刘哲玮：那么原告没有主张的第二性事实，法院能否根据提出的证据主动认定？然后再认定这符合第一性的构成要件？

傅郁林：起诉的证据只需要主张要件事实，但是作出裁判结论时是否需要主张第二性具体事实？例如，以侵权行为为抽象要件，当事人主张甲侵权行为，而法院最终认定乙侵权行为。

段文波：这个问题其实不重要，在德国主张责任已经没有意义了，因为规定了释明权和具体化义务。关于释明权的对象，日本法有判例，连诉的声明都可以。

王学棉：我认为此时不能释明，这里争议的是因果关系问题，即受伤是因为被撞的还是被吓的。关于因果关系的事实，原告只主张被撞，但是法官最后得出的结论是惊吓与受伤之间有因果关系，被告连发表答辩意见的机会都没有，完全超出了被告的预见范围。

熊跃敏：这才是辩论主义的真问题，我们大家的意见都不一致，可能德国法上的作为与日本法上的观点不太一致，司法实践中的具体做法也有差异。

段文波：主张责任问题非常重要，然而在中国非常少，一共六篇文章。该不该主张，释明以后能不能判，这都是有争议的。我认为绝对可以释明，过度释明也没有问题，因为二审过度释明如果可以成为上诉的理由，发回重审就会加重一审法官的审理负担。往往是不释明可以成为上诉理由。释明后当事人仍不主张，法官能否裁判，这才是问题。

熊跃敏：刚才我们的讨论越来越深入，包括任重、哲玮提出的问题，我希望以后能够进一步探讨。但鉴于时间关系，我们实在不能再纠缠于这个问题。我提出两个问题，但为避免争论，并不需要两位报告人回答。

第一，段教授将整理对象、裁判方法与程序构造的阶段性划分在当事人主义视角下进行解读、分析与重组，那么程序构造的阶段性划分是不是一定只在当事人主义模式下存在？如果是职权主义模式下，难道就不是这样的程序构造的阶段性划分吗？

第二，韩波副教授的论文中指出，由于《适用解释》（《最高人民法院关于适用〈民事诉讼法〉的解释》）对侵犯当事人的辩论权作了说明，你将它归位为目前我国的司法解释已经就辩论主义的第一命题有了确定。我个人不是这样的看法，我认为《适用解释》关于再审事由"侵犯当事人辩论权"等都是停留在程序上的、形式上的辩论权保障，换句话说是裁判请求权的保障，而没有涉及辩论主义的核心命题，即当事人没有主张的事实，法院不能进行裁判。所以我感觉你的结论是否为时尚早，但是我非常欣赏你论文的写作角度。因为《适用解释》里还写了"其他侵犯当事人辩论权的情形"，那我们可不可以通过法解释的方式，将此引入约束性辩论原则来回应张卫平老师在《法学研究》1996 年第六期就提出来的"辩论原则重塑"的呼吁？我倒觉得这有很大的研究空间，希望你今后在这方面有所建树，也希望你在这方面的作品能够早日见到。

关于辩论主义的概念、范围、内容，实际上在谷口安平的《程序的正义与诉讼》书中都进行了基本的普法教育，似乎已经达成了一定的共识，那么 1996 年就已经达成共识的事项尽管还有争议，到了 2016 年之后作为我们年轻的民诉法学界的贡献是什么呢？就像泽勇上午讲的那样，是不是把这些基本原则中国化，如何运用辩论主义的基本原则来解决中国的实践，完善中国的立法？希望年轻学者在此方面继续努力。下面茶歇十分钟。

蒲一苇：我非常感谢组委会给我这次机会主持第四阶段的研讨，下面每位发言人请不要超过五分钟。

郭小东：我想请教韩波老师，为什么想到从再审程序谈辩论主义？因为我个人感觉再审程序对辩论主义的体现较弱。第二个问题是，如果当事人对证据问题没有进行争议和主张，裁判者应当如何处理？这主要是因为我以前仲裁过一个案件，其中一项关键证据是增值税发票，出票方没有写规格那一行，被申请人也没有对此证据提出质疑，我通过网上查询发现这里存在故意隐蔽的因素，合同签订的规格与最后卖出去的规格差了很小一个参数，因此我觉得可能卖错了。如果被申请人没有提出证据的抗辩，尊重当事人的意愿则会判决申请人胜诉，可是我觉得这又与事实不符，所以我最后在裁决中做出讲解和说理，还是判被申请人胜诉。最后申请人和被申请人都没有向法院申请撤销仲裁裁决，但是我自己还是一直比较疑惑，想向大家请教。

韩波：《民事诉讼法》从 2007 年、2012 年修法，一直到 2015 年出台司法解释，我认为在再审程序上有重大突破，尤其在再审事由上有建设性意义。另外，辩论主义三命题在一、二审程序规范中很难找到，而这在再审规范的事由中有，即通过再审程序的判决后监督直接反射到一、二审程序，使一、二审程序在法官责任的作用下考虑超请求、漏请求的问题。此外，关于程序运行中能否剥夺辩论权，事实上会产生约束性辩论主义的效果。因此，我把辩论主义与中国制度的结合点放在再审程序中考虑。

段文波：为什么我们要谈当事人提出，其实是因为法官不能帮一方当事人打官司，即便法官查明确实有这样的证据，也不能使用这个证据。法官的基本角色就是中立，当事人因为诉讼技巧、取证问题败诉，那是当事人自我责任。法官出于公心主动收集了某项证据并办好案件，那么对另一方当事人是不公平的。如果法官有此权限，那么法官没有公心怎么办？回到以前的职权探知主义，每个法官都可以依职权收集证据，这应是严格禁止的。日本民诉法第二百六十一条当时废除时说，不是当事人提出的而是法官收集的证据不能在法庭上质证，没有这种机会，更何况直接拿来使用。这是对郭小冬老师问题的回答。

刚才熊老师问的问题，我也想在这里回答一下。如果证明责任是辩论主义和职权探知主义共通的问题，那么主张责任问题仅存在于辩论主义，因此才需要主张阶段和证明阶段的划分。罗马法肯定是不会采取职权探知的，我国现在的异形结构来自于苏联。苏联有争议焦点整理程序，学习的是法国，苏联法要求开庭时争议焦点就被整理得非常清晰，否则发回争议焦点整理程序重新整理。争议焦点整理好之后，一开庭就可以实施证据调查，在其职权探知主义之下法官可以依职权调查，相当于当事人成为查明的对象或客体。苏联的理念是人民当家做主，当事人的意志体现在依职权调查之后发表意见环节。这就是苏联法庭辩论的来源，但整个流程搬到中国以后，因为审前程序被废止，所以我们会觉得法庭调查很突兀。苏联的法庭辩论本来是对前一阶段法庭调查进行总结，但是中国化之后变成双方当事人就法律适用问题进行讨论。因为两个程序的主体发生变化，在苏联法庭调查是由法官完成，当然在第二阶段的法庭辩论，当事人可以总结前一阶段法庭调查有何问题，然后可以查漏补缺，这时法官如果发现还有什么没搞清楚的，可以回过来重新调查。但是在中国，第一个法庭调查阶段就是由当事人进行，不会再有事项还需要在法庭辩论中重复一遍，这就是我国庭审两阶段的最大问题，即功能重复。因此，我认为阶段划分是非常有必要的，而且应该仅存于辩论主义模式之下。

范智欣：我想请教韩波老师几个问题：

第一，从您的论文来看，处分原则和辩论原则都被归纳到广义的辩论主义之下，即用一个开放性的辩论主义概念，请问您的写作动机或者对整篇文章的目的和作用在哪？因为无论是辩论原则还是处分原则，从大陆法系的民事诉讼的发展历程来看，它们都是通过对罗马法的若干法谚或规则总结出来的。我想您可能是为了全面评价再审中的一些规范，如再审的启动，在《会议报告》的第四十二页"体现处分原则的规范"，把处分原则放在辩论主义，就是用辩论主义分析再审规范时，再审规范有些是处分原则，您要把它们统一起来，所以把处分原则放到辩论主义之下。我不知道是不是这样？

第二，如果把处分原则放在开放性辩论主义之下，现在又把辩论主义和合作原则联系在一起来讨论它们的关系，但是合作原则或协同主义针对的是狭义的辩论主义或封闭的辩论主义。如果是这样，那么您开始讨论的辩论主义是开放式的、广义的，但进行比较时对象是与狭义的辩论主义相对应的协同主义，到最后进行评价再审规范时又采用广义的辩论主义概念，那么辩论主义概念从广义到狭义再到广义的变化，在同一篇文章中出现有没有问题？

第三，您把辩论主义的三命题变成三个对应的规范，即权利的确立规范、制约规范、规制规范,那么它们是不是一一对应的关系?在"我国再审规范中的辩论主义第一命题(确立命题)",我理解的所谓"剥夺当事人的辩论权"其实更多是剥夺当事人对民事诉讼程序的参与权,参与权更多还不是辩论主义解决的问题,反倒是类似于德国法上的法定听审请求权。那么您这三个命题与辩论主义之间的过渡是怎样实现的?

韩波:感觉你的问题还是重复了上午的话题。第一,提出辩论主义的开放式结构是想从辩论主义的广义视角出发,在这一视角下的确包含了狭义的辩论原则和处分原则。第二,我想利用辩论主义背后的权利支撑——辩论权,形成重构辩论主义理念的理论构造,这就涉及辩论权的确立、辩论权对审判职权的制约,这两者有前后或上下位的关系,因为从法规范的角度来说,必须先有构成规范,然后才有调整规范。我国《民事诉讼法》第十二条规定,"当事人在民事诉讼中有权进行辩论",我们研究辩论主义的初衷还是想在中国能够早日实现辩论主义,实现这种理想的务实办法是从现有规范第十二条入手。这种辩论权与狭义辩论原则的辩论是有区别的,辩论权的涵盖面包括争议焦点的归纳权,即允许当事人参与归纳或补充争议焦点,争议焦点的归纳权含有陈述的权利,还包含当事人在法庭辩论中的陈述权。之所以使用辩论权这一概念,是因为辩论权实际上是诉讼实施阶段权利体系的核心,其他权利似乎都在为辩论权服务,如调查取证权就是为完成辩论和法律观点的论证服务的。诉权解决诉讼启动阶段的问题,而辩论权就是实施阶段的核心。中国要实现辩论主义就应当在辩论权这一原权利上下功夫,进而应在辩论权的权利构造方面进行考量,尤其是强调辩论主义的第三命题规制命题。这些都具体体现在我于《会议报告》第二十六页所绘制的"辩论主义规范化关系图"里。至于再审规范,它只是这一理论架构的研究对象之一,而不是唯一的研究目的。

蒲一苇:刚才韩波老师详细说明了其写作文章的思路和构想,并且提出了一个有趣的见解,即辩论权是很多诉讼权利的原权利。至于是否赞同,我们可以再讨论。

卢佩:在《会议报告》第十五页,段老师提出由立案审查制转向立案登记制后，案件受理关系也将演化为诉状受理关系。这是否可以理解为对诉讼程序的划分，由现在的起诉受理阶段完全简化为只以诉状为审查的中心？前一阶段只考虑是否以裁定驳回诉状，即诉状是否包含了法律规定的必要记载事项，其审查对象也仅为起诉对象，不包括诉讼要件和本案要件。这是否意味着我国的诉讼法要做相应的修改，即规定哪些是诉状的必要记载事项？那么您理解的起诉条件是否就只是看诉状是否包含必要记载事项，如果不包含，那么起诉条件就不符合？"诉状的阅览仅是事实行为"，这里的"事实行为"是什么意思？您关于立案登记制的构想其实很多是借鉴德国的制度，以我所阅读的德国资料来看，德国对于起诉阶段的规定包括提交诉状和向被告送达诉状，对提交诉状的审查不仅仅以诉状为中心，审查的重点其实是起诉书是否有资格被送达或者是否能够有效送达，包含了是否缴纳诉讼费等等以诉状为中心的一系列事项。

段文波：程序是牵一发而动全身的，我先强调口头辩论的一体化，在此基础上强调集中化，这都来源于德国和日本。如果做相应的调整，起诉状的立案审查也应与德日保持一致和接轨，起诉条件只包括提交诉状和诉状的送达，同时以诉状送达为诉讼系属的时间点。其实我是仿照日本法来建构的，日本设立了受案机构，"受付（うけつけ）"相当于收发室，不会在起诉阶段审查诉讼要件。起诉状须有必要记载事项，例如诉讼请求必须具体，能否送达给对方等。是否缴纳诉讼费也是审查的内容，须看印花是否贴在起诉状上。

刘君博：我也觉得韩老师的文章有一个非常宏大的视野和学术野心，想通过这一理论框架解释现实问题，尤其体现在最后的再审事由部分。对民诉法第二百条的阐释以及对辩论权现实问题的解释都可以言之成理。但其中一个技术性问题是，《会议报告》第四十二页《民诉法司法解释》第三百九十九条规定，再审审查期间再审申请人申请人民法院委托鉴定、勘验的，人民法院不予准许。韩老师以此对辩论原则进行规范阐释，我的困惑是这能对应到辩论原则的哪项内容？如果法院依职权鉴定、勘验，或者超出再审事由的范围，都可以用辩论原则阐释，但单就这条来看，是否能够得出关于辩论原则的理解呢？

韩波：再审规范对辩论主义的第二命题（制约命题）体现得不明确，但是可以推导出这一符合逻辑的观点。因为假如需要鉴定，就需要在一、二审中落实当事人的举证责任，这显然排斥法官的职权调查。同时，处分原则的规范也是如此，遗漏或超出诉讼请求的，属于再审事由，但是涉及"三益"案件（国家利益、公共利益、他人合法利益）又可以超出诉讼请求审理。然而我国现在存在的严重问题是，国家利益、公共利益如何界定。最高法院的司法解释理解与适用一书对此也没有明确的界定。因此，在请求约束判决内容这点上也体现得不明确。

曹志勋：我想回到上一阶段讨论非常激烈的那个问题，即关于主张责任究竟是限于主要事实、要件事实，还是也包括间接事实。段老师和许可老师的著作都分别研究过这个问题，许可老师认为是评价性的要件，段老师认为是法律问题。卢佩博士在其国内的博士论文中也提到，德国法对这一问题的看法是不确定的法律概念。如果回到刘哲玮老师提到的许云鹤案件，首先要看实体法是如何规定的，《道路交通安全法》第七十六条规定的加害行为内容是交通事故，交通事故就可以理解为不确定的法律概念，进而以之为要件事实，而把具体的行为当作间接事实，即具体是相撞了还是因为惊吓导致的。

同时，我想提的主要问题是，段老师提到1931年兼子一老师说德国法在辩论主义问题上不区分主要事实和间接事实，我在想德国法是否这样规定，而我国应当怎么处理这个问题？据我了解，日本法认为辩论主义仅限于主要事实，而间接事实属于法官自由心证的判断范围，所以可以由法官依职权考虑，也就不存在主张责任的问题。而一些学者认为德国法是不作区分的，所以主张责任也涉及间接事实，即惊吓、相撞也纳入主张责任范围，如果当事人只提出相撞，没有提出惊吓，那么法官就不能依职权审查惊吓。我认为可能日本的模式更好，因为德国法上，间接事实发生主张责任也需要特别的理由，即区分初级的主张责任和次级的主张责任，可能依据诚实信用原则或对方当事人对案情更了解，所以才存在次级主张责任的必要。而在一般情形下，反证方只需要对本证方提出的主要事实主张加以否认即可。一些学者认为这可能涉及裁判突袭问题，我想裁判突袭和辩论主义限于主要事实是两个问题，对裁判突袭问题可能通过其他方式解决更好。浓缩一下我的主要想法即是，第一是比较法上，德国法到底是否认为间接事实也存在主张责任，进而未主张就应当败诉或认定事实不存在，第二是我国应当如何处理。

另外，段老师论文提到规范出发型和事实出发型，它的实际研究意义在哪里？因为诉讼历史上确实有这样的传统，而且在案件中也存在这样的问题，但是美国法上也会考虑不同的诉讼理由，特别是在裁判文书上，同样也会根据判例和成文法上总结的裁判规则展开具体的事实方面和法律方面的分析。德国法上关于诉讼要件和本案要件的讨论同样遵循实体法规范的论证思路，同样在事实方面特别是在诉讼标的上也关注生活事实或基础事实的内容。

段文波：我先回答第二个问题即规范出发型和事实出发型的意义。法和诉讼孰先孰后问题是一种诉讼观，最早是在诉讼目的论中提出，而诉讼目的论早先是作为诉权理论的一环，学说理论的研究是环环相扣的。规范出发型意味着规范在前，法在后，所有的目的论都可以进行这种先后顺序的解读。大陆法系采规范出发型，对实际审判有非常重要的意义。例如，重庆市高院民二庭开庭时，法官会询问你的请求权基础是什么，这就是典型的规范出发型思路。如果按照"你给我事实，我给你法律"的想法，审理后才发现法官和当事人对法律适用问题的理解有分歧，再用《民事证据规定》第三十五条进行解释的话，已经很晚，浪费时间，所以一开庭就要询问请求权基础是什么，法官不会帮当事人寻找请求权基础，不存在拉伦茨所说的眼光在事实与规范之间相互流转的问题，包括在王泽鉴老师的书里也提到请求权基础的检索顺序。但是现在最快的操作是直接询问，确定请求权基础后，是否发生法律效果取决于构成要件，再看构成要件事实是什么，是否出现在陈述中。我们虽然要求把要件事实和间接事实区分开来，但这只是训示性规定，当事人在实践中是没有这么做的，这么操作的效果会很差。就许云鹤案件而言，当事人会被要求把整个事实全部描述一遍，最后法官会从中选择。我认为规范出发型的好处是直接让法官与当事人就法律适用问题进行沟通，在德国民诉法第二百八十二条也有规定，只要把要件事实确定下来再一步步进行，就会加快审理。而在事实出发型下，法律是在判决书中，寻找法律必须要找最近似的判决书，从两个案件事实最匹配的判决书中提炼法律，才能判断这样的案件事实会产生何种法律效果。这就是两种思维方式的差异。

  再回答第一个问题，过错属于评价性要件，如果把法律条文规定的过错作为要件，把具体事实作为间接事实就会存在问题，因为间接事实在证据法上相当于证据，而证据适用自由心证，用自认去约束它就会不合适。当然日本在1937年才规定自认的对象限于要件事实，1931年就提出主张责任的对象限于要件事实。那么这里究竟是以评价为要件事实，还是以评价的基础事实或评价的根据事实作为要件事实，取决于攻击防御的平衡和负担。如果以评价为要件事实，对方当事人不易组织防御，必须证明许多没有交通事故的事实，如果原告提出碰撞，对方只须证明没有发生碰撞即可。另外，这也涉及裁判突袭，但是可以通过释明权来解决。我现在在研究主张责任，得出的结论似乎是主张责任在德国和日本都没有意义，因为法官可以行使释明权，不行使释明权则会发回重审。德国还存在次级主张责任，当事人一旦否认，就需要提出否认的具体理由，存在细化的必要性，这是主张的具体化问题。如果当事人认诺诉讼请求，那就无须再提事实的问题。因此，否认诉讼请求才存在主张责任问题，主张责任分为第一级和次级，第一级是指满足法律构成要件即可，次级是指有争议时才涉及具体的事实主张。现在，日本高桥宏志的书里已经对评价基础事实形成通说，基本是按照要件事实处理，因为如此则攻击防御的对象很明确，对法官而言也容易审理，无需频繁行使释明权。突袭裁判和主张责任是一个问题的两个方面，小林秀之将之作为原发性的辩论主义，即辩论主义的第一命题。反过来，如果当事人没有主张，法官如何裁判则属于机能性辩论主义问题，即突袭裁判会不会违反机能性辩论主义。

蒲一苇：感谢段老师很细致地回答了这两个问题，因为时间关系，关于这一问题就不再展开。与会的特邀嘉宾还有来自各法学杂志的编辑们，下面有请他们发言。

寇丽：感谢沙龙的邀请。这是我第二次参加紫荆青年沙龙，两次都受益很多。本次沙龙的两篇文章都在讨论问题和主义，段老师的文章是谈当事人主义，韩老师是谈辩论主义。我们现在审阅文章时经常是看文章的问题意识，但是回归到基础理论问题的研究时，大家都离不开问题和主义的讨论，在寻找到问题意识之后学者常常竭力寻求各种主义作为支撑。我从段老师的文章中共发现七个主义，即当事人主义、辩论主义、处分权主义、口头主义、直接主义、审判中心主义、证据裁判主义，对我而言至少需要七天搞清楚每个主义。在具体问题的探讨中，如何厘清这么多主义之间的关系，除了让年轻的民诉法前沿学者看懂，同时也能让可能来自其他专业的我们看明白。用相对清晰的脉络梳理清楚问题和主义也是我们的期望。

在段老师文章的第五页，"民法体系不仅是权利的体系，也是请求权体系。权利虽高大至上，却无力自救。权利受损时，必须籍请求权之力"。我看到这段时的思考是，民法的权利体系在性质上可以划分为请求权、抗辩权、形成权、支配权，请求权只是民法权利体系之一。在具体案件中，民诉法学者如何在实体法上的请求权与程序法上的请求权之间架起桥梁？实体法上的请求权是典型的相对权，物上请求权、债权请求权、人格权上的请求权、身份权上的请求权、占有保护请求权等请求权范围非常广泛，这些具体权利在诉讼法上如何透过制度来保障？也就是说，在实体法和诉讼法之间如何进行沟通？以让民诉法的语言显得不是那么晦涩，不是外人看不懂。

另外，我想从编辑的角度对韩波老师的文章提出一些建议。第一位评议人刘明生老师也有提到辩论主义和合作原则，那么这么多主义和原则在何种层面上确定研究的主题，我对这篇文章的主题不是特别清楚，文章的问题意识并不是非常清晰。我们的主义是理论上的支撑，而原则通常是在规范层面，两者不是同一层级的概念，以不同层级的概念作为论文主题是否妥当呢。第二，第二十七页、第三十八页、第四十至四十五页连续使用同样的参考文献是否合适。提出概念或问题时，是否应该参考更多、更广泛的文献进行论证呢。

段文波：民诉词汇多是创造出的，离生活化词汇较远，可能造成理解上的困难。如果逐渐地有更多人去看这些，便会逐渐熟悉。另外，请求实际上是一种行为，梅迪库斯有一本著作《请求权基础》具体谈到这个问题。

蒲一苇：鉴于本单元的时间已近尾声，有关问题的讨论就到这里，我们对没有能够发言的与会同仁深表歉意，我也不做这一单元的总结了。下面有请张卫平老师对这次沙龙活动进行最终总结。

张卫平：也是谈几点感想。

第一，两位报告人的论述和论证风格是完全不一样的，我能够感受到韩波老师所具有的强烈的创新意识，特别想超越原来大陆法系的理论描述和规范或者范式。希望从非常高的高度来描述和表达辩论的基本含义，所以哈特、刘星的译著当中很多关于法的基本概念皆被引入。不过，这样的研究方法是另外一种思路，——一种对辩论权，甚至言论自由，基本人权的角度进行论述，不再是大陆法系民事诉讼辩论主义的论说范式。比如这篇论文完全可以写成"人权与辩论主义"或"法治与辩论主义"，已经上升为非常法理的宪法性表述，是一种法哲学思考，已经超越了我们民事诉讼法学界对辩论原则或辩论主义的论述。这种创新意识我特别能认同，但还是有很大的风险，因为超出民事诉讼法学界人们的认识范式或规范，也就难以对话。当然也就容易招致攻击。所以，在论说时，应当遵循一定的规范，以利于学术群体接受该话语，今后在民事诉讼法学的研究当中应当注意特定的研究规范和范式，不能离开特定研究领域中整个人类历史对诉讼制度原理研究的智慧的总结和概括。这其中最难的是创新与传承的把握问题。当下，我们最需要的是厘清民事诉讼的基本原理，并予以传承和弘扬。

段文波教授的报告遵循了规范研究的范式，对概念的探究也比较讲究，德国、日本的各种学说，著名学者的观点，都有介绍。当然他可以更结合我国的语境，例如，对于我二十年前为什么要写文章主张辩论主义并没有完全点透。当时的想法是我国现在的诉讼制度、诉讼模式、民事诉讼的基本理念是有问题的，是当时特定的社会环境——政治体制、经济体制、观念、法制传承等因素的产物。因此，我需要将视角转向另一个可能是我们社会发展今后可以借鉴的社会的诉讼体制，思考别人是怎么做的呢。尤其是去日本以后或从日本回来，这种观念或意识就更强了，即别人为什么这样做，是什么道理。应当承认我国的诉讼制度，尤其是民事诉讼制度是十分简陋、粗糙的，是非现代化，与我国的现代化发展是不适应的。如何才能适应，如何才能使我国的民事诉讼能够现代化。从体制上讲，当时的社会改革最讲究的是体制改革。就民事诉讼而言，就是要实现民事诉讼体制或模式的转换，我当时就想，我们应该抓住最主要的东西，即作为民事诉讼基本原则的问题。我们的体制问题根本在于原则的问题。我当时的思考就是从辩论主义和处分权原则入手，然后，以此撬动整个民事诉讼体制的改革。提出诉讼体制或模式改革的社会背景是经济体制改革和政治体制改革。由于对社会改革比较敏感，因此容易受体制改革这种语言和意识的影响。诉讼体制或模式是一个概念的借用。诉讼体制或模式改革的核心内容就是辩论主义即约束性辩论原则。现在我的感觉是我国民事诉讼立法者或司法者并没有完全接受辩论主义（原则），依然将辩论视为一种一般的诉讼权利，一种表达的权利。没有意识到辩论原则或辩论主义最核心的就是程序，当事人的所有主张需要经过口头辩论，是辩论主义的一个重要内容，而不是辩论权利本身。然而，这个内容在我国一审、二审、再审均没有得到充分的体现。比如关于证据程序、证据是否采纳、事实认定的程序在现行法中没有得到体现。在最高法院审理的涉及若干亿，甚至几十个亿的案件可以不开庭审理，不需要言词辩论，能说符合程序正义吗？问题的根子还在于没有坚持辩论原则（辩论主义）。其实约束性的辩论原则体现了当事人自我责任、当事人主义的基本理念，不仅是一个原则，也不仅是一个制度，更是一个理念问题。正因为有约束性的辩论原则，所以才能够找到它和非讼、家事诉讼的区别，为什么民事执行中实体问题的争议要经过诉讼程序，提起请求异议之诉？为什么程序问题只通过执行官或执行员，通过一般的非讼裁决就可以解决，其实这都涉及辩论原则的理解问题。

我不太赞成韩波老师使用"合作原则"这个概念，如果要提，建议改为"合作主义"较好。主义和原则不同，原则是一种基本的规范和要求。在我国现阶段尤其是转型过程中应当坚持辩论原则，当然是约束性辩论原则。我国原来的诉讼体制就是职权主义的，合作根本不需要谈，也没有意义。合作原则实际上是一种干预性质，是一种例外，而非原则，因为毕竟民事权利争议的双方当事人是对立的，可以说对立是原则，正是如此，我们才需要在这种对立当中以中立的立场裁决争议。合作或协作也有，例如阐明义务，德国等大陆法系国家、美国等英美法系国家也有提倡协作，只是辩论主义的补充。相对于我国的语境，更应当强调民事诉讼的基本取向是坚持当事人自我责任，坚持以约束性辩论原则为基础，应当在此意义上谈辩论原则2.0版本，并加以细化，而不仅仅限于是三个要素、三个要点，而是更广泛地来理解辩论原则在当今民事诉讼体制转型和现代化的意义。

相信经过本次讨论，两位报告人更加成熟，不仅使我们进一步了解了辩论主义的意义，也使我们对民事诉讼基本理论及研究方法有了进一步的了解。我要再次感谢唐力教授，感谢西南政法大学法学院的支持，感谢与会各位嘉宾的积极参与。

唐力：再次感谢民事诉讼法学研究会的支持，感谢沙龙组织者将这次会议交由我校举办，也感谢远道而来的嘉宾，也特别感谢组织者，以及今天坚持参会的各位老师和同学。谢谢大家！

附：争点整理

韩波老师报告的主要争点

1. 辩论原则的边界是什么（何谓开放式和封闭式；是否限于要件事实）？（7：刘明生、许可、刘哲玮、王学棉、冯珂、王次宝、刘君博）

2. 辩论原则与处分原则的相互关系：包含抑或平行（5：刘明生、许可、郭翔、王次宝、袁中华）

3. 如何定义辩论权（辩论权与法定听审权？），辩论权与辩论原则的关系及其与诉权的关系如何？（5：刘明生、吴泽勇、许可、赵秀举、袁中华）

4. 合作主义（也称协同主义、协动主义）的具体主张是什么？（5：刘明生、吴泽勇、任重、王次宝、袁中华）

5. 德国、法国、奥地利、日本、中国、我国台湾地区民事诉讼普通程序的定位：（纯粹或修正？）辩论主义、协同主义抑或职权主义（4：刘明生、霍海红、任重、冯珂）

6. 真实义务（德国民诉法第138条第1款）和释明义务（德国民诉法第139条）对纯粹辩论原则的修正体现在何处？（3：刘明生、赵秀举、任重）

7. 辩论原则与辩论主义的异同，以及辩论主义的概念界定（2：刘明生、任重、）

8. 辩论原则三个命题之间的相互关系（1：刘明生）

9. 民诉法第200条第9项和民诉法解释第390条是否超出了民诉法第12条非约束性辩论原则的范畴？可否论证我国建立起约束性辩论原则（1：任重）

10. 在我国语境下探讨对辩论权和处分权的规制是否为时尚早？（1：许可）

段文波老师报告的主要争点

1. 当事人主义的概念外延包含哪些基本原则？我国是否已经建立起当事人主义？（6：刘明生、任重、郭翔、王学棉、卢佩、冯珂）

2. 对象、方法和顺序与民事诉讼处分原则、辩论原则、进行原则的对应关系如何（3：刘明生、任重、王次宝）

民事诉讼法研讨一

3. 集中审理与审前程序（3：刘明生、许可、王次宝）

4. 司法实践中的庭审结构如何？（3：吴泽勇、王学棉、刘君博）

5. 诉讼请求与诉讼标的之关系：一元论抑或二元论（谁包含谁？）（2：刘明生、任重）

6. 释明权概念是否只在辩论主义下才有价值？（2：霍海红、刘鹏飞）

7. 司法实践中的立案登记制如何？（2：吴泽勇、刘鹏飞）

8. 诉讼上的请求与民法上的请求之相互关系（1：刘明生）

9. 辩论原则与言辞辩论的关系（1：刘明生）

10. 在我国目前语境下，应该如何进行民事诉讼基础理论研究？（1：吴泽勇）

11. 在我国当前语境下，诉状送达被告作为起诉完成的标志是否可行？是否会造成权利人以起诉中断诉讼时效的困难？（1：霍海红）

12. 事实出发型和规范出发型裁判方法的异同（如要件事实）（1：许可）

13. 当事人主义和职权送达的关系（1：郭翔）

14. 结合许云鹤案件，《道路交通安全法》第 76 条的要件事实是什么？法官裁判是否违背辩论原则（1：刘哲玮）

15. 自认的对象、自认的例外（1：刘哲玮）

16. 是否有必要保留我国民事诉讼中的法庭辩论？（1：王学棉）

17. 释明权的边界（1：刘鹏飞）

整理人：任重

附：书面评议

一、对"民事诉讼中的辩论主义与合作原则"一文之评析

刘明生 *

本篇论文主要乃在探讨民事诉讼中之辩论主义与合作原则，探讨相关争议问题甚为深入，内容丰富，参考文献甚多。然首先宜于文中确立何谓辩论主义之概念。所谓辩论主义（辩论原则 Verhandlungsgrumndsatz 或提出原则 Beibringungsgrundsatz），的具体意涵，乃指关于构成裁判基础资料之事实与证据当事人享有主导权并担负责任之主义。辩论主义并不包含诉讼开始、诉讼标的与诉之声明之决定，与诉讼终结与否之决定，当事人有主导权之意涵。因诉讼开始、诉讼标的与诉之声明之决定，与诉讼终结与否之决定，当事人享有主导权之原则乃处分权主义或处分原则。处分原则与辩论主义二者在概念上应严加区分，因产生之诉讼法效果并不相同。

作者于文中特别论及辩论主义之第一命题（辩论权确立命题）。其乃指辩论原则以及以其为轴心的法律规范的主观方面抑或内在观点。民事审判权同样像其他权力一样需要受到来自民众的当事人的制约的理论主张，然后被国家的权力机构承认"并外显为"当事人有辩论权——法院有义务保障当事人行使辩论权并受之约束"的主要义务规则。辩论权第二命题，即辩论权的制约命题，既是当事人辩论权确立命题的结果，也是当事人辩论权规制命题的条件。辩论主义第三命题的具体化是在辩论主义第一命题、第二命题已基本成为现实的前提下进行的。辩论主义第三命题的具体化又以不与辩论主义第一命题、第二命题相冲突为条件。总体上看，辩论主义

---

* 台湾地区政治大学专任助理教授；德国雷根斯堡大学法学博士。

的"意思中心"并未发生转变为另一不同事物的"代换",只是在具体形态上发生了转换,更多地体现了逻辑结构的完整性。当事人辩论权应充实到何种程度、法官的审判权究系在何种范围与何种程度上应受到当事人的辩论权的制约、对辩论主义认识的"开放结构"问题型构了发展中的辩论原则"差异性现象"。如果对当事人辩论权与审判权做出"弱——强"不平衡的判断,则会坚守辩论主义约束性的"意思中心",在对辩论主义进行开放性解释时审慎地把持底线,坚守辩论原则的"主条款"、"从条款"关系;如果对当事人辩论权与审判权做出"强——弱"不平衡的判断,则会试图解构辩论主义约束性的"意思中心",消解辩论原则的"主条款"、"从条款"关系。上述之研究甚为细密,甚有参考之价值。尤其关于第三命题提示吾人须思考之问题:辩论主义纵使随着时代之变迁与社会背景之改变而有所修正,每一个国家采用辩论主义之程度可能有若干之不同(尤其在证据提出方面),可否因而放弃整个辩论主义之核心价值,而改采所谓之协同主义?

于此,值得思考者,辩论权与辩论主义之关系如何?辩论权究包含何等具体内容?辩论权究可包含何等效果?其与听审请求权或审问请求权之关联性如何?在职权探知主意义之程序是否也有辩论权保障之适用?就此等问题笔者可作更详细之论述。

作者于页16以下具体分析与解释大陆民事诉讼法第二〇〇条第九项之再审事由"剥夺当事人之辩论权"。探讨再审规范中之辩论主义第一命题(确立命题)时,认为解释上可包含不允许当事人发表意见,违反法律规定送达诉状或上诉状副本等情况。而最高人民法院关于适用民事诉讼法的司法解释第391条增加了应当开庭审理而未开庭审理的情形以及"其他侵害辩论权的情形"的弹性条款,如此之司法解释实值赞同。未来于解释上应认为除陈述权保障外,尚包含知悉权与受审酌之保障。如此始能涵括辩论权保障之全部内容。作者指出再审规范中对于剥夺辩论权情形做出更为周延的解释,体现了辩论主义第一命题(确立命题)。最高人民法院法官也非常清楚地意识到保障当事人辩论权的重大意义:"只有在当事在庭审中就案件的基本事实、主要证据材料和相关法律问题进行了充分的陈述和辩论的基础上，案件的裁判才有正当的程序保障。然而，辩论权之内容究可包含何等之内容，宜作更明确化之说明。辩论权其已超越辩论主义之事实与证据提出之范畴，而可包含法观点与事实观点之意见表达之保障。而且在职权探知主义程序亦有侵害辩论权之适用，可基于第二〇〇条规定提起再审。因此，辩论主义之保障能否等辩论权之保障则须作更进一步之考虑。

于再审规范中之辩论主义第二命题（制约命题）部分，主要探讨辩论原则（法院可斟酌之事实、证据范围）与处分原则（法院可判决之诉讼上请求之禁止要求。最高人民法院之所以认为不应准许再审审查阶段再审申请人请求人民法院委托鉴定、勘验的申请，主要乃因申请鉴定、勘验，以及申请重新鉴定、勘验是当事人在一审、二审诉讼程序中的权利，目的是对于其不能举证的事，通过鉴定、勘验予以证明。再审申请人在原审中放弃了该项权利，则应自行承担证明不能的不利后果，其申请再审时再提出鉴定、勘验的请求的，不应予以准许。此一方面出于对生效裁判的尊重，另一方面则体现了对辩论原则的认同。民事诉讼中，当事人既是权利主体，也是证据收集、提供的责任主体。司法解释中认为当事人的再审请求约束法院的再审审理，法院不能超越当事人的再审请求（包括被申请人与其他当事人的再审请求）进行审理；另一方面，生效裁判损害国家利益、社会公共利益、他人合法权益的，法院可以超越再审请求进行审理。后者之处理方式已违背处分原则，侵害当事人之决定权并不妥适。

作者于文中有指出德国民事诉讼法之立法规定观之，吾人可推知德国民诉法还是采取辩论主义之审理原则，此点值得赞同。

之后作者探讨合作原则与协同主义之内涵，作者在页 13 提及法国作者洛伊克之见解，依该作者之见解，法院可否主动依职权斟酌当事人所未主张之主要事实？可否因法院斟酌事实前会使当事人有表达意见之机会，即可认为法院可斟酌当事人未主张之主要事实？作者认为主张合作原则的实质义义在充实辩论主义，而非与其处于对立之状态。但如此理解合作原则之重要具体内容为何？如此原则包含何等之内容？实际诉讼上原告与被告通常不愿意彼此合作，法官之任务在于就争讼关系作出裁判，而非与当事

民事诉讼法研讨一

人共同合作成立一共同研究讨论小组。协同主义所称之共同研究讨论小组（Arbeitsgemeinschaft）概念亦不适当，宜避免使用。辩论主义不足之处，必须透过完整法院阐明义务（释明义务）之履行以补充之。但法院阐明义务与辩论主义之性质与内容仍不相同，可否将二者合而为一，则仍存有疑问。法院阐明义务仅为辩论主义之辅助与补充而已，民事财产诉讼事实与证据提出之责任为当事人，而非法院（当事人仍为民事诉讼中之主角）。并非如同协同主义所称由法院与当事人共同合作担负事证收集之责任。作者于页20虽有提到德国Wassermann法官乃采用协同主义，但并就关于其协同主义主张之具体内容并未明确表示。德国法官Rudolf Wasserman在一九七八年所著之"社会的民事诉讼"（Der soziale Zivilprozeß）一书中，极力提倡民事诉讼应放弃辩论主义，改采协同主义之原则。协同主义为与辩论主义相互对立之原则，协同主义并非辩论主义之补充。其认为德国民事诉讼法历经一九二四年、一九三三年与一九七七年之修正已形成一新容貌，无法再以当事人之主导权为其表征，亦不能以法官专权独断的监护国家表明，应从自由的民事诉讼往社会的民事诉讼转变；从强调自由竞争之民事诉讼转向强调法官指挥、照顾与诉讼上合作之民事诉讼。现今的民事诉讼模式，难再以当事人支配或法官支配描述其特性，而系以法官与当事人间之相互合作（Kooperation）与研究讨论小组（Arbeitsgemeinschaft）来表明其特性。诉讼参与之任何一方，皆非诉讼程序上之主角，必须寻求一新的审理原则，以表征程序参与者之间的合作，如此之审理原则即为协同主义（Kooperationsmaxime）[1]。

德国协同主义论者，认为民事诉讼之目的在赋予实体法上有权利之当事人权利。法官之事案解明与真实探究义务（Aufklärungs- und Wahrheitsforschungspflicht）可使当事人获得与实际发生过程一致之事实认定[2]。倘若法官从调查证据之过程，就当事人未主张之事实形成积极之心证，为发现真实，法官亦得将此事实采为裁判之基础，其仅须于采用之前赋予当事人陈

---

[1] Wassermann, Der soziale Zivilprozeß, S.108,109.
[2] Wassermann, Der soziale Zivilprozeß, S.101.

述意见之机会即可(协同主义第一命题)[①]。于当事人违反主观真实而为自认之情形,当事人违反真实义务而为陈述,为发现真实法官不受该自认之拘束,其仍得依职权认定该事实之真伪(协同主义第二命题)。再者,法官可一般性依职权调查证据(包含依职权讯问当事人未声请之证人)(协同主义第三命题)[②]。协同主义之核心,乃法官法与事实之讨论义务,法官必须与当事人进行一全面性的讨论[③]。法律问题讨论与事实问题讨论,于诉讼程序中难以分离,系彼此交互影响,来回穿梭于法律规范与事实之间,此乃法官裁判发现之典型过程,故于协同主义之下应将其称为于辩论程序中之全面性讨论。可能性消灭时效抗辩之情形,部分协同主义论者认为当事人欠缺法律知识并不知悉有消灭时效抗辩之规定可以援用,此种情形基于法官知法原则,法官负有与当事人进行法讨论之义务[④]。在协同主义之下,法官必须与当事人讨论从证据数据延伸之"新事实主张",赋予其陈述意见之机会,保障其听审请求权。倘若法官就此已进行充分之讨论,即使当事人未主张该事实,法官亦得将之采为裁判之基础。

德国二〇〇一年新法修正后,德国学说上几乎一致性之见解认为,德国民事诉讼法仍采修正之提出原则(修正之辩论主义),而非采取与辩论主义相对立之协同主义。对于民事诉讼甚为重要之程序基本原则—修正之提出原则(修正之辩论主义)应尽能达到一致性之认知,故学说上甚少对修正辩论主义而有所质疑或争论。新修正之德国民事诉讼法第一三九条关于法院阐明义务之规定,并未触及提出原则之核心内容,法院阐明后仍不得将当事人未主张之事实采为裁判之基础。法院得依职权调查证据之个别规定(法院不得依职权讯问当事人未声请之证人)则以当事人已主张且有争执之事实为前提,且新修正之德国民事诉讼法第一四二条与一四四条关于法院得依职权调查证

---

① Wassermann, Der soziale Zivilprozeß, S.107,108.
② Wassermann, Der soziale Zivilprozeß, S. 105.
③ Wassermann, Der soziale Zivilprozeß, S. 88.
④ Wassermann, Der soziale Zivilprozeß, S. 118.

据之规定，仍仅为法院自由裁量行使之权限，而非其义务①。

德国民事诉讼法借助法院之阐明义务预防采用提出原则而生之负面不利影响。提出原则并未顾虑于实际诉讼中当事人可能因缺乏诉讼经验或能力不足无法有效行使其权利。作为基本原则强调市民自由与当事人自己责任之提出原则必须经过法院之阐明义务补充其不足之处。法院之阐明义务可使当事人更有效行使其于辩论主义方面之主导权②。法院阐明义务并未与提出原则矛盾，其并不会改变当事人事实与证据收集之责任，亦即民事诉讼法上之提出原则。当事人责任与法院阐明义务之间之界限不容许被混淆③。二〇〇一年虽修正民事诉讼法第一三九条阐明义务之规定，但新法之修正亦同时强调当事人适时提出事实之责任，并未因而于民事诉讼导入协同主义或职权探知主义。于此并不建议谈论协同主义，因其侵害当事人之主导权，并架空当事人之自己责任④。根据德国新民事诉讼法之个别具体规定与民事诉讼法规定之整体意义关联性，应认为系当事人负有如此之责任。提出原则于新法修正后仍然适用于民事诉讼⑤。总括言之，协同主义将导致民事诉讼主要特征往错误的方向发展，如此新的基本原则不能被承认，辩论主义仍为民事诉讼法上重要之审理原则⑥。

于台湾地区方面，台湾地区实务见解上乃采取修正辩论主义，而非协同主义之原则。台湾地区"最高法院"一〇四年度台上字第九七九号判决、

---

① Rosenberg/Schwab/Gottwald, Zivilprozessrecht, 17. Aufl., § 77 Rn. 5; Greger, Kooperation als Prozessmaxime, in: Symposium zu Schwab, S. 79; Reischl, Der Umfang der richterlichen Instruktionstätigkeit - ein Beitrag zu § 139 Abs. 1 ZPO, ZZP 116（2003）, S. 96 ff.; Stein/Jonas/Leipold, Kommentar zur Zivilprozessordnung, 22. Aufl., § 139 Rn. 3, 5; Schaefer, Was ist neu an der neuen Hinweispflicht?, NJW 2002, S. 852; Prütting, Die materielle Prozessleitung, in：Festschrift für Musielak, S. 405; Bahlmann, ZPO-Reform 2002: Stärkung der ersten Instanz?, S. 46.

② Stein/Jonas/Leipold, 22. Aufl., vor § 128 Rn. 147, 150.

③ Stein/Jonas/Leipold, 22. Aufl., § 139 Rn. 2 ; Reischl, Der Umfang der richterlichen Instruktionstätigkeit - ein Beitrag zu § 139 Abs. 1 ZPO, ZZP 116（2003）, S. 85.

④ Stein/Jonas/Leipold, 22. Aufl., § 139 Rn. 3.

⑤ Stein/Jonas/Leipold, 22. Aufl. , vor § 128 Rn. 150.

⑥ Leipold, JZ 1982, S. 448; Prütting, NJW 1980, S. 367.

最高法院一〇三年度台上字第一二六二号判决认为，民事诉讼除法律别有规定外，不得斟酌当事人未提出之事实，此为辩论主义之当然结果。法院倘就当事人未主张之事实依职权斟酌，即有认作主张之违法情形。最高法院一〇四年度台上字第八六号判决认为，民事诉讼所谓不干涉主义（广义之辩论主义），系指当事人所未声明之利益，不得归之于当事人，所未提出之事实及证据，法院不得斟酌而言。又当事人于诉讼上所为之自认，或对于他造主张之事实，在言词辩论时不争执者，于辩论主义所行之范围内有拘束法院之效力，法院自应认当事人自认或不争执之事实为真实，而以之作为裁判之基础，此观民事诉讼法第三百八十八条、第二百七十九条第一项、第二百八十条第一项前段之规定自明。就辩论主义第三命题之适用而言，最高法院九十七年度台上字第二三一九号裁定认为，依民事诉讼辩论主义之原则，法院依职权调查证据，须以具备民事诉讼法第二百八十八条之要件，始得行之，且属于法院衡酌之职权，本件原审未依职权讯问证人乙〇〇，亦无违背法令可言，上诉意旨所指均非合法之上诉理由，并予叙明。由上可知，台湾地区现行实务上原则上仍采取辩论主义之审理原则。然而，最高法院仍认为辩论主义有其不足之处，其应透过我国民事诉讼法第一九九条第二项之阐明义务规定补充其不足。

台湾地区亦有为数甚多之学者认为民事诉讼于财产诉讼事件乃采取修正辩论主义，而非协同主义[①]。其认为辩论主义虽非立法上之用语，并非能在我国民事诉讼法条文中寻获该等用语之使用。惟"民事诉讼法"第一九三条第一项规定，当事人应就诉讼关系为事实上之陈述。第一九五条第二项亦规定，当事人对于他造提出之事实、证据，应为陈述。第一九六

---

① 骆永家：《民事诉讼法I》，2015年9月，第121页以下；陈荣宗、林庆苗：《民事诉讼法（上）》，2013年8版，第47页；姚瑞光：《民事诉讼法论》，2012年修订版，第331页；陈计男：《民事诉讼法论（上册）》，2015年6版，第284页以下；姜世明：《民事诉讼法（上册）》，2015年4版，第44页。姜世明：《法官阐明制度发展之评估——评最高法院九十五年台上字第九八六号民事判决一》，载《台湾地区本土法学》2007年11月第100期；许政贤：《人事诉讼的典范转换？》，载《两岸民事法理论与实务发展现况》；吴从周：《阐明之界限变迁》（民事法学与法学方法第三册），第206页；刘明生：《民事诉讼法实例研习》，2015年3版，第84页以下。

条规定当事人应于适当时期提出攻击防御方法。第二七九条规定当事人主张之事实，经他造于准备书状内或言词辩论时或在受命法官、受托法官前自认者，无庸举证。第二八〇条规定当事人对于他造主张之事实，于言词辩论不争执或已受合法通知而未于言词辩论期日到场，亦未提出准备书状争执者，视同自认。第一九四条规定当事人应依第二编第一章第三节之规定，声明所用之证据。第二七七条规定当事人主张有利于己之事实，就其事实原则上负举证责任。由以上之诸规定应可推知我国民事诉讼亦实行辩论主义之主要内容[1]。

台湾地区部分学者提倡民事诉讼应采协同主义之审理原则，其主张就当事人未主张之事实（主要事实或间接事实），经法院于程序上予以预告而不致对当事人造成突袭者，除非两造均表意不予以主张，法院亦得将其采为裁判之基础[2]。此可评价为：以践行防止发生突袭之程序为前提，要求或容许法院得以非属当事人自始自发主张之事实（主要事实或间接事实）为判决基础之规定（同法第二七八条第二项），实亦认知辩论主义即协同主义系被采用作为防止发生突袭之手段而已，而非自我目的。因此，在经由诉讼指挥权、阐明权之行使，已防止发生突袭之范围内，辩论主义所具防止发生突袭之机能已被吸收，其采用之目的应已达成，自无复予以评价规范而视其违反辩论主义[3]。

上述协同主义论者认为在财产诉讼事件法院阐明后当事人未主张之事实法院仍可斟酌，法院阐明防止突袭性裁判之功能可吸收或替代辩论主义，则可谓完全侵害当事人关于事实提出之主导权。实际上法院阐明后将当事人未主张之事实采为裁判之基础，仍系造成事实提出方面之突袭性裁判，并未因法院阐明后即可彻底防止此方面突袭性裁判之产生。且协同主

---

[1] 姜世明：《辩论主义》，载《月旦法学教室》2004年8月第23期。

[2] 邱联恭：《处分权主义、辩论主义之新容貌及机能演变——着重于评析其如何受最近立法走向影响及相关理论背景—，程序选择权论》，2000年，第109页；许士宦：同注41，页88；沈冠伶：《论新民事诉讼法中法官之阐明义务与当事人之事案解明义务，民事证据法与武器平等原则》，2007年，第10页。

[3] 邱联恭，同前注，页104以下。

义之主张与我国民诉法第一九九条第二项后段之法条文义相违背。"民事诉讼法"第一九九条第二项后段明文规定："其所陈述有不明了或不完足者，应令其叙明或补充之。"由后段之规定可明确得知，法院应令其叙明或补充，"其"系指当事人而非法院，法院阐明后系由当事人，而非由法院叙明或补充该事实主张，法院之阐明不具替代当事人事实主张之意义。上述主张协同主义之论者认为辩论主义即为协同主义，实有不妥之处。辩论主义与协同主义二者乃处于相互对立之关系，而非处于等号之关系。于德国Wassermann法官所主张之协同主义系要放弃辩论主义，重新建立一新的程序基本原则。而台湾地区协同主义之论者所主张之协同主义内容已与辩论主义之内容不同，尚难再将协同主义认为系等同于辩论主义。

协同主义强调法院之法讨论及事实讨论义务。宪法仅提供最低限度之听审请求权保障，并未要求法官应与当事人进行法的讨论，其仅要求法官就所阐明之法观点，赋予当事人发表意见之机会，当事人得就疏忽之某项法律观点为补充性之阐述，并不以进行法讨论为必要。协同主义将法院之阐明义务范围扩大，其认为于当事人完全未于诉讼中主张关于消灭时效抗辩之任何基础事实，法院亦负阐明义务。如此将造成法院就所有新的抗辩提出均负阐明义务之结果。法院则变成如同某一造当事人律师之地位，就所有新的抗辩主张（例如清偿抗辩、消灭时效完成之抗辩、债务免除之抗辩、抵销之抗辩）均须帮被告阐明，造成架空当事人自己责任及对他造当事人造成不公平之结果，而且有违宪法上法官非偏颇于一造当事人之要求。协同主义透过法讨论、事实讨论不清楚模糊之概念，混淆了法院与当事人间之责任分担界限。实际上两者间之界限应尽可能明确划定。法之适用为法官之职权与责任，事实之提出为当事人之权能与责任，二者应明确划分，不容混淆。当事人未提出之可能性消灭时效抗辩涉及辩论主义事实提出之问题，当事人负有提出此新事实之责任，并非法院可依职权认定之法观点，就此法院不负阐明义务。

"民事诉讼法"于二〇〇〇年修法时，强调第一审集中审理之理念，一方面强调法院之诉讼促进义务与阐明义务，法院于诉讼前阶段应践行争点

民事诉讼法研讨一

整理之程序,向当事人阐明其所漏未主张之竞合性请求(参民事诉讼法第一九九条之一第一项之规定),其所忽略或误认之重要法观点与事实观点(民事诉讼法第一九九条第二项),晓谕诉讼上重要争点之所在(民事诉讼法第二九六条之一第一项)。如此法院诉讼促进义务与阐明义务之强化,更加帮助当事人于辩论主义事实与证据方面主导权之行使,更加强化与充实辩论主义,当事人可因法院之及时阐明知悉重要之法观点,提出符合该法观点之重要事实。当事人亦得活用其于辩论主义方面之主导权,协议简化争点。于法院阐明重要之事实上争点后,当事人可更自由决定提出何种证据对其始为有利。由此可知,新法修正后并未因而放弃辩论主义,反而更加保障与强化当事人于辩论主义方面之主导权。另一方面,新法改采适时提出主义,课予当事人适时提出攻击防御方法之诉讼促进义务(参民事诉讼法第一九六条、第二七六条、第四四七条)。如此诉讼促进义务之强化,则更加强化当事人提出事实与证据之自己责任,强化辩论主义方面之自己责任,并未因而改采协同主义。

大陆部分学者曾妥适指出,当代德国民事诉讼法的基本走向就事实探知而言依旧坚守辩论主义。对于民事诉讼普通程序而言,案件事实的重构一如既往是当事人的事情。法官不能主动依职权进行真实性审查,当事人的事实主张和在此基础上的证据调查是法官认知的唯一来源①。

本文认为民事诉讼之目的主要在保障当事人之主观权利,当事人自由之保障与当事人之自己责任原则在民事诉讼法则具有非常重要之地位。辩论主义可认为系当事人自由之保障与自己责任原则之体现。当事人自由之保障与当事人自己责任具有法治国家民事诉讼之价值。协同主义认法院阐明后当事人未主张之事实法院亦得斟酌,从证据资料延伸出之当事人未主张之事实法院亦得斟酌,此等立场乃破坏当事人事实提出之主导权与当事人之自己责任,其正系破坏法治国民事诉讼重要价值—当事人自由之保障与自己责任原则之贯彻。不仅如此,协同主义尚广幅度扩大法院之阐明义

---

① 任重:《民事诉讼协动主义的风险及批判—兼论当代德国民事诉讼基本走向》,载《当代法学》2014 年第 4 期。

务，认法院就可能性消灭时效抗辩以其他新的抗辩亦负阐明义务，此已破坏宪法上法官非偏颇性之要求以及架空当事人自己之责任。协同主义之论者一方面强调集中审理之重要性，另一方面又认须采取协同主义。然并未充分意识到协同主义之主张与第一审程序集中之目的相互违背。协同主义架空当事人之诉讼促进义务且无法达到第一审程序集中之目的。德国不论在一九七六年与二〇〇一年新法修法后，德国不论在立法上、主流性学说上与实务见解上，均认为德国民事诉讼乃采取修正辩论主义，而非采取协同主义，基此以使当事人与法院权能与责任之划分有极为明确性之标准。德国关于协同主义之主张只不过为一九七八年当时极为少数学者之主张而已，并非德国从一九七六年后至今二〇一四年一直以来主流性之见解，从一九七六年后至今二〇一四年德国主流性之见解毋宁为修正之辩论主义，而非协同主义。如此德国民事诉讼法发展之历史与经验，深值吾人在探讨与确立我们民事诉讼程序基本原则时参考与借镜。而"民事诉讼法"新法修正后，仍系采取修正辩论主义，而非协同主义。台湾地区目前实务上与为数甚多之学者也是采取修正辩论主义之立场，而非协同主义之立场。

二、对"当事人主义：对象、方法与程序"一文之评析

刘明生 *

本篇作者将当事人主义与民事诉讼各阶段之程序（起诉、准备程序与庭审程序）进行相互结合，从事一系列之研究，有其重要之意义。且其特别强调现今民事诉讼应深化司法体制改革，实现庭审中心，必须以民事诉讼理论作为向导。当事人主义的程序体制包含了三个要素：顺序、对象与方法。上述三者在审理结构中并非居于同一位置，而是具有内在的逻辑关系。即对象是首位的，方法服务于对象之确定，而顺序之安排又取决于方法。处分权主义为法院审判的对象划定范围，不容法官越权裁判。因此，

---

* 台湾地区政治大学专任助理教授；德国雷根斯堡大学法学博士。

民事诉讼法研讨一

当事人提出的诉讼请求必须明确而具体。就辩论主义而言，其核心在于主张责任，即当事人提出事实主张的必要限度与责任范围。作者将处分权主义与辩论主义二者相区分，因二者之意涵、内容与效果均不相同，就此则值赞同。当事人主义之概念主要乃可包含处分权主义、辩论主义与当事人进行主义。然而，民事诉讼妥适理解乃采取处分权主义、辩论主义与职权进行主义，是否可因而认民事诉讼乃采当事人主义（在德国学说上因而较少使用当事人主义之概念）？作者于页 8 提及在诉讼标的理论中，所谓诉讼上的请求，是与民法上的请求相对的概念。然民事诉讼上尚有确认诉讼与形成诉讼，故民事诉讼之诉讼上请求概念并非直接与民法上请求权相对应。在德国多数说上理解诉讼上请求（der prozessuale Anspruch）之概念即为诉讼标的（Streitgegenstand）。因依德国立法上、实务上与通说之见解，乃采所谓之两个构成要素理论（二分肢说），而所谓诉讼标的（诉讼上请求），即为以生活事实（Lebenssachverhalt）与诉之声明（Klageantrag）所决定之判决要求。如采用一个构成要素理论，则为以诉之声明所决定之判决要求。惟若依旧诉讼标的理论，诉讼上请求与诉讼标的之关系如何？诉讼上请求除了诉讼标的以外，是否尚包含诉之声明，亦即于权利主张之外，是否须包含相关权利之保护形式，则产生其疑问之处。于此至少可以肯定者，受处分权主义规律者为诉讼上请求，其宜包含诉讼标的与诉之声明。作者于探讨处分权主义适用之诉讼请求概念实宜区分不同诉讼标的理论探讨（尤其在给付诉讼）。受处分权主义适用之诉讼标的概念，不会与诉讼标的理论所界定出之诉讼标的概念而有所不同。

  作者于文中参考甚多日文文献，一再强调民事财产诉讼应采取辩论主义之审理原则，尤其特别于第 12 页指出辩论主义包括三个方面，但核心在于第一点，即法院不得以当事人未曾主张的事实作为裁判的基础。这意味着哪些事实成为审理对象由当事人决定。证据调查的范围也限于当事人在口头辩论中所主张的事实。藉此，主张原则保障了当事人自主设定诉讼争点的机能。根据主张原则，法院就算根据证据调查的结果对某事实存否获得心证，只要当事人没有在口头辩论中主张，便不得将该事实作为裁判的基础。从证据调查所获得的诉讼资料叫作证据资料，与当事人主张所获得的主张资料严格区分。此部分之见解深值赞同。日本民事诉讼之立法、实务与多数学说乃采取辩论主义之审理原则，而非协同主义之审理原则，就此点作者可更加强调。然以下提出几点问题点提供互相学习与参考：作者于页15提及辩论主义之意涵乃在"言词辩论"中本判决基本资料之事实与证据之提出为当事人权能与责任。然辩论主义乃涉及事实与证据提出之权限与责任划分，辩论主义亦可适用于书面审理之情形，在书面审理之程序当事人亦须提出事实与证据有辩论主义之适用。故建议将"言词辩论"之字语删除。页15特别提及证据数据与主张数据应严格区分。于此可再特别彰显日本文献上提及禁止以证据数据补充主张数据之原则，从证据资料延伸出来之当事人未主张之主要事实或准主要事实，法院不得采为裁判之基础，其并非采取所谓之协同主义。作者在辩论主义之论述中探讨了主张责任，然而辩论主义乃涉及法院与当事人之责任划分，而主张责任乃涉及两造当事人间责任之划分，就此宜先加以说明。再者，作者提及主张责任发挥了当事人免受法院突袭性裁判之作用，但于此是否毋宁系因采用了辩论主义因而发挥了禁止法院斟酌当事人未提出事实之作用与功能，亦即防止突袭性裁判产生之功能？页17有提及适时提出主义，然适提出主义乃当事人应于言词辩论终结前适当时期提出攻击与防御方法，而非随时可提出。随时可提出者应系随时提出主义。

作者于页18指出很多观点认为释明权的意义与辩论主义连接，旨在纠正僵化运用辩论主义产生的问题，敦促当事人向法院提出不足的诉讼资料，同时法院发挥监护作用。但是，释明权的本来意义却是作为判断主体的法院指出对解决案件而言非常重要的观点，并使得作为辩论主体的当事人进行充分辩论。因此，法院基于当事人的辩论，对于纠纷核心的论点仍然不能使当事人的主张具体化或者绞尽争点的话，自然应当介入辩论行使释明权。释明权的本来意义却是作为判断主体的法院指出对解决案件而言非常重要的观点，并使得作为辩论主体的当事人进行充分辩论。因此，法院基于当事人的辩论，对于纠纷核心的论点仍然不能使当事人的主张具体化或

民事诉讼法研讨一

者绞尽争点的话,自然应当介入辩论行使释明权。然而,法院释明义务之目的与范围本即有不同多元之面向,其不仅可包含补充当事人事实与证据主张之不明了或不完足,其尚须透过法院之阐明义务以使当事人间之争点明了化(参"民诉法"第二九六条之一),其尚可包含当事人忽略或误认法观点与事实观点之阐明义务,难以单一以法院指出去所采用之观点来理解。再者,作者第14页指出虽然法院知法原则不要求当事人陈述法律观点,但这并不代表当事人无权就法律适用表达意见,只是意味着双方当事人发生意见分歧的时候,法官拥有法律适用上的主导权。同时,为了避免法律适用上的突袭,法官应行使释明权,及时开示心证。于此宜使用承认法院负有法观点之释明义务,而非仅法院负有法观点之释明权,基此以防止法观点突袭性裁判并保障当事人之听审请求权。而开示心证之用语宜避免使用,因其造成承认法院有将认定个别事实之每一个别证据所得之心证须向当事人释明之结果,然而妥适理解法院并不负如此广大范围之释明义务。

作者于第17页特别强调庭审之重要性,言词辩论不能空洞化,辩论主义应与言词审理原则、直接审理原则与公开审理原则相结合以发挥其功能,就此值得赞同。但作者另一方面认为辩论主义又可称为口头辩论主义。口头辩论主义意味着口头主义、辩论主义和直接主义三位一体,并集中体现于口头辩论期日中。。然辩论主义与言词辩论乃两种不同概念,辩论主义乃当事人有提出事实与证据之权能与责任。而言词辩论乃意谓当事人乃以言词之方式进行辩论。作者主张固然如此之理解有其重大意义,但仍宜认为辩论主义应与言词主义与直接主义相互结合,以充份发挥其功能,以如此表述方式即可。

作者于文中提及对于实现集中高效的审理而言,制度上最为重要的前提条件当属充实的口头辩论准备制度或争点整理程序,而此方面之程序为现行较为不足之处。集中审理原则或程序集中原则在民事诉讼程序之贯彻甚为重要。而当中甚为重要者乃必须在主要期日(主要言词辩论期日)之前应有充份与完全之言词辩论之准备,如此始可能原则上在一个主要期日即终结诉讼。而于言词辩论之准备程序中可细分为早期第一次期日或书状先行程序，两造当事人于此程序中则须尽早地提出事实与证据，而于此阶段法院即须尽其释明义务，并使当事人间之争点明确化。作者于摘要中指出不须独立设置争点整理程序，只须赋予第一次言词辩论期日准备性即可。然言词辩论之准备程序不仅有早期第一次期日之可能性，仍有可能以书状之方式进行书状先行程序，故似有承认其独立性之必要。

三、评议

吴泽勇

因为时间仓促，更因为我对两篇论文讨论的问题没有专门关注，这里只能提一些一般性的看法。

一、首先我认为，在我国民事诉讼法和民事诉讼法学发展到今天这个时刻，对当事人主义（或者其主要内容辩论主义）的基本理念进行整理和发展，具有非常重要的意义。两篇论文虽然特点不同，但方向是一样的。这个方向值得赞赏。

二、段文波的论文对当事人主义的基本理论做了完整梳理，很受益。这个整理基本上符合我对当事人主义的大致理解，我没有太多可以批评的。

三、韩波的论文对辩论主义做了梳理，既照顾到了学界过去的研究，又有自己的观点，有一定新意。与文波论文明显不同的是，韩波的论文落脚在中国法上的一个具体制度。这是我觉得特别值得赞赏的一个做法。辩论主义发展到今天，我们如果仅仅局限于对它的内容进行介绍，可能已经不够了。关键问题是对这些基本理论在中国法上的体现，我们应该如何理解和评价。韩文作了这样的尝试。

四、韩波对辩论主义的界定与主流意见不一致（开放式界定），跟我的认识也不尽一致。但这个界定大体上可以理解，实际上也无可厚非。

五、韩波对辩论权与辩论主义的关系，和我的理解也不太一样。大陆法系的辩论主义主要是指实体形成方面的原则，好像不包括程序推进的内容。这方面我更认同段文波的分类。

六、韩波关于合作原则的分析，是不是符合合作原则（协同主义）的本意，我持怀疑态度。但因为没有专门研究，所以不多说。相信任重等同仁会有进一步批评。

七、段文波的论文让人感觉不过瘾的地方是，很少结合中国法的法条、解释和理论来展开分析。而没有这个维度的考察，这类论述给人感觉仍然是大陆法系经典理论的重述，并不能真正回答"如何在中国实现以庭审为中心"这样的问题。论文为"如何实现以庭审为中心"这一问题提供了全面而丰富的理论资源，但在将这资源运用到具体制度方面，让人感觉言犹未尽。这是我个人的感觉。

八、段文波的两个核心观点，一个关于立案制的，一个关于庭审结构的。这两个原则是从大陆法系经典理论提炼出来的，我原则上赞同。但这两个问题在中国法上是如何体现的，是不是真的存在论文中提到的问题，可能还需要结合立法、学说和实务做更具体的分析。另外，比如立案登记制，现在已经实施这么久了，在实践中究竟是一种怎么样的结构，这个问题应该做些考察。关于庭审结构的讨论一定程度也存在这样的问题。

九、《当代法学》刚刚发表了张卫平老师主持的关于诉讼模式的专题文章，我觉得那些文章可以和今天的讨论相呼应。实际上，仅仅从论文标题上，我们也能看到几位作者将当事人主义诉讼模式的一般理论框架运用到中国具体制度分析上的努力。这种努力是目前我国基础理论研究当中必须提倡的。现在的研究一定不能停留在介绍，一定要结合中国的具体制度进行。只有在这种充分结合的研究中，中国法的独特问题也才能真正得到展示，经典理论也才能真正中国化。

四、评议

霍海红

一、对《当事人主义：对象、方法与程序》一文的评议

段文波老师的《当事人主义：对象、方法与程序》，从对象、方法与程序三个方面阐述了当事人主义的内涵与制度，并结合了"建立以审判为中心的诉讼制度"、"立案登记制"等司法改革措施和民诉制度变革，力图展示中国法语境中的当事人主义及其走向。阅读之后，受益良多。

在阅读过程中，有两个疑惑，提出来请教与讨论。

第一，文中指出："送达对于当事人的程序保障而言举足轻重。诉状送达被告后，受诉法院与两造之间的三方诉讼关系始告成立。由此，被告方有机会参与诉讼，并知悉谁向哪个法院提起了怎样的诉。立案受理制转向立案登记制的标志性特征之一就是诉状送达时发生诉讼系属。因此，诉讼之提起由诉状之送达而生效力。为避免法院怠于职权审查或送达诉状肇致当事人时效经过，时效中断等实体法上的效果都将溯及起诉时。"

将诉状送达被告作为起诉完成的标志，在当前是否可行？我国目前的制度是以"受理"作为起诉完成的标志，起诉状副本送达被告则被视为"审理前的准备"（《民事诉讼法》第125条，"第二节 审理前的准备"之首条）。现行法的立法理念是将"原告起诉"与"法院受理"对应，受理后即建立起三方的诉讼法律关系，被告被直接拖入诉讼法律关系则是基于"应诉的强制性"。这种制度设计突出的是法院受理环节的审查把关，至于诉状送达被告根本不被视为一个层面的问题。文章提出的"诉讼之提起由诉状之送达而生效力"，是在能够实行形式审查的起诉制度的背景下才有可能，因为该制度使得原告起诉被告连贯地就像原告向被告在诉外主张权利一样。鉴于目前我国立案登记制仍未从根本上改变实质审查，短期内恐怕也不大可能做到形式审查，因而不大可能降低"受理"环节的地位。

民事诉讼法研讨一

将诉状送达被告作为起诉完成的标志,而不是目前的受理,是否会造成权利人以起诉中断诉讼时效的困难?按照目前的制度,受理产生诉讼时效中断的效果,并溯及起诉之日起中断(《诉讼时效规定》第12条)。如果诉状送达被告才算完成起诉,才发生诉讼时效中断效果,在被告外出或故意躲避而产生无法送达的情形下,将会影响时效中断的力度。虽然此时可以被迫采用公告送达方式,但需要60日公告期满才视为送达(《民事诉讼法》第92条),而是否采用公告送达以及公告送达的结果如何,都不在原告的控制范围。况且,根据《民诉法解释》第140条,"适用简易程序的案件,不适用公告送达",简易程序案件如果无法送达,又不能公告送达,将无法产生时效中断的效果,这会对权利人极为不利。至少在目前中国诉讼时效法语境下,这种方案不容易被接受。

第二,文中指出:"很多观点认为释明权的意义与辩论主义连接,旨在纠正僵化运用辩论主义产生的问题,敦促当事人向法院提出不足的诉讼资料,同时法院发挥监护作用。但是,释明权的本来意义却是作为判断主体的法院指出对解决案件而言非常重要的观点,并使得作为辩论主体的当事人进行充分辩论。因此,法院基于当事人的辩论,对于纠纷核心的论点仍然不能使当事人的主张具体化或者绞尽争点的话,自然应当介入辩论行使释明权。"

我是很赞同强调"法官挖掘争点、释明当事人主张真意"重要性的,不过,我同时更倾向于将释明权放在弥补辩论主义的角度进行理解。首先,职权主义模式下会存在具有释明功能的法官活动,但不必有独立的释明制度,释明只是法官无数职权之一,不言自明且无处不在,连证据调查甚至职权援用时效都可以,释明更是不在话下。因此,释明权只是在当事人主义模式下才会成为制度性存在。其次,无论是敦促、提醒当事人提出必要的诉讼资料,还是法官挖掘争点、释明当事人主张真意,都仍然是辩论主义"不完美"现实下的应对措施。最后,关于释明权或释明义务这样的概念,在辩论主义之下才能得到说明,因为是辩论主义,法官不能轻易干预,所以才有法官是否有权进行释明的问题,因为是辩论主义,法官不能轻易干预，所以才有设定义务督促法官进行释明的问题。

二、对《民事诉讼中的辩论主义与合作原则——兼论我国再审规范中对辩论主义的体现》一文的评议

韩波老师的《民事诉讼中的辩论主义与合作原则——兼论我国再审规范中对辩论主义的体现》一文，从辩论主义的界定、辩论主义的规则构成、合作原则、中国语境中的辩论主义以及再审规范中的辩论主义等方面全面阐述辩论主义的内涵与制度，既有法哲学层面的抽象分析，又有对民诉制度的具体分析。其中不少精辟论断，笔者都很赞同，比如，"辩论权实质化、审判权规范化是我国民事诉讼制度改革需同时面对的二重使命"，"我国民事诉讼立法对辩论主义的认可是一种有限度的认可，即认可辩论权的重要性而就辩论权应对审判权有所约束的理论主张是有保留的"，等等。

在阅读过程中，也有一些困惑，提出来请教与讨论。

第一，"合作原则"作为文章题目中的两个核心概念之一，在文中显得相对孤立，除了第二部分专门论述合作原则外，在其他部分并未太多涉及，特别是后半部分对中国语境中辩论主义的描述和分析。如果合作原则对于文章主题，只是个"小插曲"，似乎题目中不需要将其与辩论主义并列。如果合作原则对于理解辩论主义至关重要，属于文章的核心命题和思路，必须在题目中展现，似乎目前的分量和辐射范围均不足以支撑。

第二，文章篇幅大、内容丰富，但就论文写作而言，似乎给人以过分"全面"的感觉，导致中心不够突出。论文是旨在对辩论主义的涵义正本清源，还是就合作原则对辩论主义的影响进行描述和定性，还是对中国法上的辩论主义进行描述和分析，似乎论文都有涉及，却难说哪个构成文章的中心。个人建议选择某一条线推进，整合其他内容，而不是各条线齐头并进。

五、书面评议意见

许可

一、关于韩波老师"民事诉讼中的辩论主义与合作原则"的书面评议意见

韩波老师的论文内容十分丰富,论文层次分明,是一篇关于辩论主义的全景式力作,对于我们全面把握辩论主义具有十分重要的价值。该文就辩论主义的内涵、外延进行了法哲学层次的思辨,给人深刻的启迪。文章强调了合作主义(协动主义)存在的价值在于充实辩论主义,这对于我们正确认识我国法上的类似制度具有指导意义。作者并以中国法上的再审制度为例,全面分析了辩论主义在其中的体现,视角十分独特,给人以深刻的启发。以下就文章有关内容提出若干不解之处,请韩波老师以及参会的诸位学人不吝赐教。

论文将辩论主义的内涵界定划分为封闭式与开放式两类。这种划分的理论价值尚需进一步明确,而且,采用"开放式"的用语给人的感觉是辩论主义的外延是开放的,流动的。这与我们传统上关于辩论主义的认知有所不同,无论是广义的辩论主义还是狭义的辩论主义,作为当事人主义民事诉讼模式的内核,其内涵和外延都应当是清晰的。

论文指出奥地利民事诉讼法消融了处分原则,这一结论的支撑论据稍显不足。也许作者真正的含义是指奥地利民事诉讼法以广义的辩论原则吸收了处分原则。但作者认为诉讼标的事项的确定属于合作主义范畴,这就在事实上将辩论主义作为合作主义的对立形态,与后文作者所持意见并未保持一致。

论文以权利的确立、权利对权力的制约、权利的规制等权利理论的三个支点重新解构辩论主义,并在此基础上将辩论权的规制作为辩论主义的外延,把部分实定法制度(适时提供证据制度等)作为其具体体现。这样一种努力跳出了传统的辩论主义范畴,并试图消解合作主义与传统的辩论主义之间的界限，体现了作者极大的学术勇气和智慧，可视为论文最大的贡献。不过，对权利进行必要规制的前提是权利已经确立，而这在我国法上也还有很多不足。此时讨论对处分权和辩论权如何进行规制，似乎为时尚早。

论文以我国法上的再审为例，就辩论主义的具体体现进行了分析，视角十分独特。但此处存在的问题是，学界一直主张从当事人主义的角度对审判监督制度进行改造，作者的上述努力可能会给人以错觉，即我国的再审制度已经是符合辩论主义要求的了，因此无需大改，最多是修修补补。这样一种策略恐怕值得斟酌。

论文将法典第二百条第九项"剥夺当事人辩论权利"的再审事由作为辩论主义第一命题、即主张责任的立法依据，其论证的出发点笔者深表赞同。如果立法不承认主张责任，则辩论主义以及当事人主义均无法真正确立。但此处的问题在于，无论从法典表述还是司法解释的表述，将"剥夺当事人辩论权利"作为再审事由的实质指向，应当是保护当事人的听审权，是这一宪法性质的基本权利在民事诉讼领域的落实。听审权是辩论主义存在的前提，但并不是辩论主义本身。适用职权探知主义的诉讼同样要保障当事人的听审请求权。当然，如果能够从实务中发现原审法院因违反主张责任而被提起再审的例子，则本条对于确立主张责任将具有实质的重大意义。

二、关于段文波老师"当事人主义：对象、方法与程序"的书面评议意见

段文波老师的论文就当事人主义诉讼模式下的裁判对象、裁判方法以及审理程序的问题进行了相当准确和透彻的论述，并在此基础上就我国法上之开庭审理程序的改造提出了具有相当洞见的观点，给人以深刻启发，是当事人主义诉讼模式程序化研究的重要文献。论文的很多观点都是笔者深表赞同的。比如，诉讼请求、事实主张以及证据之间的审判层级结构；对我国现阶段证据调查环节、法庭辩论环节的错配等。以下有两处问题，求教于文波老师和各位同仁。

1. 就辩论主义视角下开庭审理程序的改造问题，论文主张考虑到庭审兼具口头辩论与证据调查的双重功能，不宜设立独立的争点整理程序，只

需对调我国现行庭审的顺序阶段并赋予第一次口头辩论期日"准备性"即可。这一主张当然也是我们完善庭审程序的一种思路,但为何不宜设立独立的争点整理程序,其理由似乎并未充分展开。

2. 论文认为,不论规范出发型抑或事实出发型民事诉讼,裁判的基本方法都是三段论法。只不过,与规范出发型相反,事实出发型三段论法的前提事实并非要件事实,而是生活事实。这一判断的前半部分笔者是赞同的,但关于事实出发型民事诉讼的前提事实并非要件事实,而是生活事实的判断,笔者对此有不同理解。无论是大陆法系还是英美法系,法官的裁判逻辑的起点都应当是纠纷所展现的社会生活事实,大陆法系需要寻找与之对应的成文法规范,英美法系则需要寻找与之对应的先例。然后都应当将社会生活事实进行分割、过滤为具有法律意义的事实(要件事实)。规范出发型和事实出发型的分类,着眼之处应是两大法系不同的法律传统,而非具体的裁判逻辑。

六、评"民事诉讼中的辩论主义与合作原则"

赵秀举

一、在大陆法系民事诉讼中,辩论主义是事实发现的基石。韩波老师在文章中对辩论主义进行了系统性的分析和研究。在大陆法系,辩论主义的基本内涵包含三个层面的内容,为共识。文章则从权利思维的角度,引入了辩论权的概念,"将辩论主义的内涵界定为将当事人辩论权在民事诉讼中的价值与利益作为最高理想与准则的理论主张"。认为"当事人辩论权不仅是当事人实现实体权利的工具,更是民事诉讼正当程序的基石。"

这样的界定从逻辑上无任何问题,但是辩论权与辩论主义关注的对象存在较大差异:辩论权在德国应当相当于法定听审请求权,为宪法上的权利,为《基本法》第103条所规定。听审请求权是法治国原则在司法程序领域内的体现,是诉讼程序的大宪章。因此其重在对当事人提供基本的保护。辩论主义则重在强调在事实发现问题上,当事人对法院的约束。

韩老师的文章提出以辩论权为核心解释辩论主义,以整体的程序法为视角,是自洽的。当事人享有辩论权,其行使的方式为在诉讼中表达自己的观点、看法。辩论权的行使对法官产生约束,客观上即表现为辩论主义。从这个角度看,辩论主义即是规范辩论权行使的结果。

在此基础上,文章对辩论主义的规范表现进行了梳理,对法国、德国的相关制度进行了评析。

二、辩论主义是最为主要的案件事实阐明手段,在现代社会的民事诉讼中,其面临的主要挑战来自两个方面:第一、当事人知识、证据手段上的不足;第二、当事人对辩论主义的滥用。大陆法系合作主义、协同主义主要是为了解决前者——法官被附加了阐明义务、不负证明责任的当事人被附加了协助义务;英美法系的法官案件管理主要是为了解决后者。因此,合作主义是对辩论主义的补充和完善。

在大陆法系国家绝对的辩论主义几乎是不存在的,法官在证据调查方面或多或少均具有一定的权限,以德国为例除了证人,其他证据手段法官均可以依职权调查。

三、探讨辩论主义和辩论权,其目的是构建和完善相应的救济机制,即侵犯当事人辩论权时,其程序救济机制如何?法官违反辩论主义时,其裁判的效力如何?对此,文章在最后一部分结合我国的法律规定进行了有价值的探讨。

七、对韩波、段文波教授论文的评议

北京师范大学法学院　郭翔

一、对韩波教授论文的评议

韩波教授所著《民事诉讼中的辩论主义与合作原则——兼论我国再审规范中对辩论主义的体现》一文(以下简称"韩文"),对于辩论主义内容的分析，对于辩论主义与合作原则关系的论述，以及结合辩论主义对我国再审规范的分析，让我受益良多。

由于本次论坛的主旨是学术讨论，所以对于韩文，按照论坛规则的要求，我直接就我阅读时不太明白的问题提问，并求教于韩波教授。这个问题是辩论主义与处分权主义的关系。

从韩文来看，基本观点是辩论主义能吸纳处分主义。主要依据是在第3页中提到了，辩论主义可分解为狭义上的辩论主义与处分主义或辩论原则与处分原则两个分支。同页给出了理由，从术语使用的角度看，处分主义的内涵是相对确定的，吸纳辩论主义的意旨存在与用语本意的冲突；辩论行为支撑整个民事诉讼过程，辩论主义吸纳处分主义具有语言与实践的内在一致性，亦即辩论过程可以包含处分行为。我对这个理由不太理解。

我的问题是为什么不是处分主义吸纳辩论主义？在我的理解中，在审判对象的确定上，处分主义与辩论主义是重合的，但在两者又有不同之处。处分主义还强调诉讼程序的开始和结束由当事人决定，辩论主义的狭义内容即辩论主义三原则也与处分主义也不同。强调辩论主义能吸纳处分主义的原因和目的是什么？

二、对段文波教授论文的评议

段文波教授所著《当事人主义：对象、方法与程序》一方，以大陆法系民事诉讼原理为背景，对审判对象确定、裁判方法与程序流程设计三个方面的论述，向我清晰地描述了当事人主义下未来我国民事审判方式改革的发展方向，使我受益匪浅。

但是，按照论坛的要求，我还是吹毛求疵地就我阅读时难以理解的一个问题，请教段文波教授，即诉状的职权送达问题。

段教授在第15页提到了，从职权主义向当事人主义转型，即将起诉程序中的职权主义因素限于诉状审查与送达。我比较感兴趣的是当事人主义与职权送达的关系。

从送达的实施主体来看，有当事人送达和法院送达两类。我想请教的问题是起诉程序中的职权主义送达是什么意思？事实上，段文波教授的另一篇论文:《起诉程序的理论基础与制度前景》(《中外法学》2015年第4期) 也是提到了起诉程序中的职权主义送达。但因为本人的能力有限,也没有弄清楚为什么要职权主义送达。

更进一步说,我想问的问题是起诉程序中的职权主义送达是不是与当事人主义捆绑在一起的,起诉程序中的职权主义送达是否意味着送达只能是法院的工作,不能由当事人完成?以及为什么在起诉程序中一定要采取职权主义送达,而不是当事人送达?

八、当事人主义与辩论主义的技术追问

刘哲玮

段文波教授与韩波教授关于当事人主义和辩论主义的两篇论文,脉络清晰层次分明地梳理了这两个重要理论概念的内涵与操作边界,从中我们既可以读到我国民事诉讼法的发展历程,也能够发现我国民事诉讼法学界对基础理论问题已经有了较为充分的共识。因此,对于两文的主要观点,我深表赞同。

然而,与理论界的共识一致不同,实务界对于辩论主义和当事人主义依然存在着较多的排斥。民事诉讼法学某些基础理论对于实务操作在解释力上的不够充分或许是一个重要的原因。例如,辩论主义的边界究竟应在何处,这一问题如果没有清晰的答案,则就可能假借协同主义乃至合作原则的名义,架空辩论主义。

因此,在宏观框架已经搭建完毕之时,不妨讨论一些实务中存在的技术性问题,以此来增强理论的解释力:

一、要件事实与生活事实之间的关系

【案例一】甲诉乙驾车将其撞伤,乙否认有碰撞行为。庭审中法官无法就是否碰撞形成心证,但根据双方的证据,相信由于乙车速较快,即便未将甲撞伤,但也足以让其惊吓摔伤。此时法院能否认定乙对甲有加害行为?

作为请求权基础的《道路交通安全法》第 76 条并不强调机动车与行人之间的加害行为必须以实质碰撞为前提。理论上的"加害行为"完全可以包括车速过快的惊吓。因此，本案中要件事实究竟是"加害行为"还是"碰撞"？如果认为法院不能以惊吓认定加害，则甲在败诉后，可否再行起诉，是否构成一事不再理？

二、无争议事实是否必须作为裁判依据

【案例二】丙诉丁赔偿违约金，丁否认有违约行为。法官在庭审中根据双方提交的证据，发现丙在订约时是无民事行为能力人。但双方均未就此事实提出争议，甚至明确在诉讼中认可合同的效力，仅就违约行为产生争议。法官是否可以直接以合同无效为由驳回丙的诉讼请求？

根据辩论主义的要求，当事人双方自认的事实对于法官有约束力。本案中双方都认可合同效力，意味着双方都自认对方在订立合同时具有行为能力。但法官根据证据审查，形成了心证，是否还必须认为合同有效并进一步的裁判，抑或可以以"法律适用"为由，合同效力作为法律问题而非事实问题对待？

如前所述，二位教授论文的核心观点，笔者无不赞同，本不敢再言评议，权且抛出上述问题，聊为讨论助兴。好在以上二问与段韩两位老师的文章都有一定关联。例如段教授文章中提到处分权主义的判断，在形成之诉部分提及究竟应当以形成原因还是形成效果作为诉讼标的，与第一个案例其实有异曲同工之感；而韩教授文章更是重点讨论辩论主义三命题，与第二个案例更是息息相关。

如果能通过以上技术问题的讨论，丰富当事人主义和辩论主义的理论内涵，对于帮助我国实务界接受民事诉讼法学界的理论，当会有所裨益。

九、评议

任重

一、对段文波教授《当事人主义》的评议

无论是当事人主义，还是庭审改革，都是非常陈旧的话题了。特别是前者，已经基本在一流的学术刊物目录中销声匿迹了。究其原因有二：一是研究者很难在这些传统问题上超越前辈，再挖掘出新矿；二是这些经典问题可能被认为已经解决了，因此还有什么必要在宝贵的核心期刊资源上用于这些老问题的重述呢。

段教授认为：

1. 当事人主义和以此为目标的庭审改革并未实现，之前的多次努力均以失败告终。究其原因，是改革缺乏系统明确的理论指导、单纯依靠司法机关及其审判人员的直观感觉，改革思路"跟着感觉走"。当事人主导型诉讼模式依旧是改革目标，并且这一目标目前尚未实现。构成了段教授论述的前提和背景。

2. 在此基础上，以当事人主义和庭审改革失败的教训为鉴，今后的改革方向依旧是当事人主导型诉讼模式。改革的具体措施被段教授进一步归纳为程序体制三要素：顺序、对象与方法。三个要素之间的逻辑关系是，对象是首位的，方法服务于对象之确定，而顺序之安排又取决于方法。看似抽象的体系其实有经典理论的支持。其中与对象相对应的民事诉讼基本原则是处分原则（Verfuegungsgrundsatz oder Dispositionsmaxime）和（约束性）辩论原则（Verhandlungsgrundsatz oder Beibringungsgrundsatz）。而段教授眼中的方法和顺序似乎兼与处分原则、辩论原则和诉讼进行原则（Prozessbetrieb）存在逻辑关系。

3. 在对审判的对象和方法进行论述后，段教授自然导出对《全面深化改革意见》中"以审判为中心"的理论解读。在审判程序的流程设计上，应作如下安排：首先，庭审中心意味着庭审在功能上处于中心地位。其次，为保护诉权，那么诉的合法要件应尽可能在庭审中审查，即采用诉讼要件复式结构。再次，质证在法庭、案件事实查明在法庭意味着法庭应当是实施证据调查的场所，因此应尽量减少庭外证据调查，包括实务中非常普遍的庭外当事人询问。最后，诉辩意见发表在法庭、裁判理由形成在法庭意味着除了证据调查之外，庭审还应兼具辩论的功能。

4. 在对目前我国民事诉讼体制的界定和目标实现的具体步骤进行铺垫之后，我想段教授还试图回应民事诉讼基础理论的"无用论"和"无力感"。一方面，段教授认为前一阶段当事人主义和庭审改革的不尽如人意，并不能归咎于基础理论。其恰恰是因为改革缺乏明确的理论指导，单纯凭着感觉走。因此，不能成功的理论是凭着感觉的理论，而并非民事诉讼基本理论本身。另一方面，段教授通过对象、方法和顺序展现出当事人主导型诉讼模式改革的长卷。以当事人主义为方向展开这幅长卷，就可以看到改革举措的细节。由是观之，段教授的主张是以当事人主义为目标的规范出发型研究，而并非司法实践出发型的"感觉型"研究。

虽然瑕不掩瑜，但存疑之处似有必要指出：

1. 第一章标题是审判对象。其中诉讼请求（诉讼标的）和案件事实、证据均作为审判对象，并将实现这些对象的审判的程序作为方法。这种表述可能使人产生误解。仅在我自己的知识树中，民事诉讼的审判对象是诉讼标的（诉讼请求），审判方法是事实和证据。因此，当事人主导型诉讼模式的诉讼目的一定是当事人权利保护，而不可能以客观真实为目标。在论文第7页，关于诉讼标的的评述中，段教授也认为审判对象在理论上叫做诉讼标的。为了让研究更接"地气"，同时避免本文卷入诉讼标的的论争，暂且抛开诉讼标的的概念，仅用审判的对象。而在第9页，第二章开头，审判的对象又被分为了三个阶层，即诉讼请求、诉讼资料和证据。因此有此疑惑。或许可以将第一章标题修改为"审理范围"？

2. 论文第9页有关于诉讼请求和诉讼标的（审判对象）的关系论述。

在诉讼标的理论中,所谓诉讼上的请求,是与民法上的请求相对的概念。即本案判决主文中应当判断的对象的最小基本单位或根据该单位可以识别的具体事项。该基本单位是原告对被告特定的权利主张以及向法院提出的承认该主张作出特定形式判决的要求。诉讼中请求的意义因语境不同而相去甚远。比如放弃请求时指的是权利主张。因此不知道段教授采诉讼标的和诉讼请求一元论还是二元论。不知诉讼标的是否是最小单位,二元论的包含关系如何?

3. 第二章与第一章的关系上,似乎不太能够了解。对象和方法的区分还不能够非常清晰的形成在我的脑海中。

4. 论文第14页,段文波教授认为,自司法改革开始以来,理论界就过度青睐英美法系的经验,而忽视与我国亲缘性较近的大陆法系的制度。但是,英美法系民事诉讼程序是一种源于陪审制的特殊制度,本质上无法被大陆法系国家所借鉴。基于法律传统、法系意识等各种原因,我国立案制修改应当借鉴大陆法,而不能参照英美法。对于英美还是大陆,历来是热点话题。我个人非常赞同段教授的观点,但论证可能还要再添笔墨。

5. 结语中写到,民事司法改革出发点是法院减负,首当其冲便是将举证的负担从法院转移至当事人。然而,当我们的改革走向了当事人主义,更加完整的程序保障必将引发法院的增负,那时,当事人主义和庭审改革何以为继?只做减法不做加法的改革是否可能成功呢?

二、对韩波教授《辩论主义与合作原则》的评议

辩论主义与合作原则曾经是我国民事诉讼法学研究中最为重要的论题之一。它的重要性体现在以下几个方面:(1)当事人主导型诉讼模式改革的大背景下,合作原则如何定位?(2)2001年以来的司法改革遭遇的困境,是否是当事人主导型诉讼模式带来的,合作原则是否能够克服这些问题?(3)合作原则在我国受到欢迎的环境土壤是什么?合作原则是否与和谐社会暗合?也是基于对这些问题的兴趣,我在留学德国期间的硕士和博士论文,均以合作原则作为主要内容:为何合作原则的支持者和反对者都以德国为比较法论据,却得出了完全相反的结论呢?如何认识德国民事诉讼,他是否已经"弃暗投明",确立了合作原则?因此,论文选题实在具有重大的理论价值和实践意义。

除了对德国、日本和我国台湾地区的考察,韩教授还全面关注法国、奥地利民事诉讼法中辩论原则与合作原则的表现。在此基础上,韩教授尝试给合作原则作一个可以被支持者和反对者所共同接受的概念界定。而论文的第五部分,则试图在我国民事诉讼规范不存在支持和反对辩论原则第一要义直接证据的背景下,以第200条第9项"剥夺当事人辩论权利"这一再审事由为切口进行论证,让人印象深刻。

因此,韩教授的论文读来受益匪浅。但是还是冒昧提出三处疑惑:

1. 将辩论原则和辩论主义进行区分的依据和价值何在?从德国法的视角观察,辩论原则(Verhandlungsgrundsatz)和辩论主义(Verhandlungsmaxime)是通用的概念。Grundsatz 和 Maxime 并无实质的概念区别。从中国法的角度观察,民诉法第12条较早被界定为非约束性辩论原则,体现基础理论要求的被称为约束性辩论原则。因此不了解区分的实益何在。

2. 论文从引言再到第一和第二部分集中在辩论主义。第三部分转向合作原则。其中的逻辑关系是什么呢?要解决什么问题呢?最根本的出发点何在呢?对此,第三部分开头的论述或许有所涉及。"自上世纪末叶以来,因为程序权滥用、诉讼成本暴增、诉讼迟延等诉讼'现代病'的滋生、蔓延,以确定当事人在民事诉讼中主导性的辩论主义受到挑战与质疑。其中比较有代表性的观点就是合作原则概念与理论的提出。"仅就德国的情形看,这一表述可能还存在相当多可以商榷之处。

3. 合作原则的实质在于扩充辩论主义,这恰恰是德国的通说。但以尧厄尼希为代表的多数德国诉讼法学家也同时相当排斥合作原则或协同主义这一概念。因为这一概念要么是危险的,要么是多余的。而论文所选取的贝特曼的论述,或许并非合作原则最具有代表性的人物。虽然 Kooperationsmaxime 概念是由贝特曼首次提出和使用,并被后人所沿用。但是贝特曼却并非最典型代表人物。贝特曼的观点也由早期的激进到中后期的保守,并最终将 Kooperationsmaxime 界定为修正的辩论原则(modifizierte

Verhandlungsmaxime）。而以最激进的方式对协同主义进行诠释的当属德国法官瓦瑟曼。当然，选取贝特曼中后期的温和观点或许对我国民事诉讼现代化改革的危害更小，不失为合适的选择。因此想进一步了解的是，韩教授对瓦瑟曼的合作主义持何种态度呢？

十、评议

王学棉

一、当事人主义与庭审程序（对段文波教授论文的评议）

1. 论文之本意？

只要通过第三方来解决纠纷，如诉讼，就必然存在三个环节：提出诉讼请求、主张要件事实和证据、审理流程（就是仲裁也如此）。诉讼有两种模式：当事人主义和职权主义，不论是哪种模式，上述三个环节都不可缺少。本质区别在第二个环节对裁判者有无约束上。这三个环节并非当事人主义诉讼模式特有。如果作者的本意是在当事人主义诉讼模式下，必须得有这三个环节，并无不妥。若本意是仅有当事人主义诉讼模式才有这三个环节，则值得商榷。

2. 我国审判中心主义是否建立？

论文认为："从整个民事司法改革的路径来看，虽经二十年改革，审判中心主义迄今仍未确立。"原因在于没有从理论上厘清当事人主义中的审判对象、方法和顺序。

如果以作者阐述的这三个环节作为判断庭审中心主义是否建立的标准，我国应当已经建立了审判中心主义，而非没有建立。就审判对象而言，论文认为："作为法官审理对象的体系而言，法律效果位于最顶层，证据则为最低阶层，而要件事实则作为桥梁居中，衔接法律效果与证据。"那么我国立法有无这一规定的呢？有。首先，民诉法第119条规定起诉必须满足的条件之一就是得有具体的诉讼请求和事实、理由；第121条都规定起诉

民事诉讼法研讨一

状应当记明诉讼请求和所根据的事实与理由，证据和证据来源，证人姓名和住所。可见诉讼请求、事实理由、证据这三层证明对象，立法均有规定。不可否认，在诉讼实践中，有的当事人在描写事实理由时，阐述的不是要件事实而是生活事实，但这一问题的存在不是立法本身有什么问题，而是当事人法律知识有限，又没有采取律师强制代理导致。

在审判方法上，处分权主义和辩论主义在立法中也得到了体现。民诉法第3条第2款规定：当事人有权在法律规定的范围内处分自己的民事权利和诉讼权利。虽然没有条文直接规定辩论主义，但其精神得到一定体现。如民事证据规定第8条规定，诉讼过程中，一方当事人对另一方当事人陈述的案件事实明确表示承认的，另一方当事人无需举证。但涉及身份关系的案件除外。

对于审理程序中的立案程序，民诉法解释已经明确规定采纳立案登记制。对于庭审程序，论文认为："我国庭审的主要问题在于庭审阶段顺序逻辑倒置，即缺乏事实主张和争点整理阶段，"并主张"对调我国庭审两阶段并重启当事人口头辩论的功能"。段教授在本论文中对此没有详细展开。但根据他在其他论文的详细阐述，具体内涵应当是：将法庭辩论阶段提前，法庭调查阶段置后。前者整理双方当事人的事实主张以确定争点，后者则在出现争点事实的情况下实施证据调查。① 从法条规定来看，民诉法确实将庭审分为四个阶段：审前准备、法庭调查、法庭辩论和最后陈述。最关键的是法庭调查和法庭辩论两个阶段。民诉法第138条虽然规定法庭调查中首先是当事人陈述，但由于紧随其后的调查都是证据调查，可以认为此处的当事人陈述是指证据意义上的当事人陈述，属于证据调查。但需要注意的是，对于简单的民事案件，诉讼实践并不是严格按照民诉法的规定进行的。实践中虽然法官一开始也是让原告进行陈述，但此时原告往往是宣读起诉书，即陈述的是诉讼请求和事实理由，而非证据意义上的当事人陈述。随后由被告进行答辩（被告可能在起诉书送达后的答辩期间不答辩，但此时一定会答辩）。这两个环节结束后，法官就会对争点进行归纳（一眼就知

---

① 参见段文波：《我国民事庭审阶段化构造再认识》，载《中国法学》2015年第2期。

的争点，法官有时也不归纳）。① 在此之后才会开始证据调查。对于复杂的民事案件，2001年颁布的《最高人民法院关于民事诉讼证据的若干规定》就已经规定了证据交换，其第39条规定，在证据交换的过程中，审判人员对当事人无异议的事实、证据应当记录在卷；对有异议的证据，按照需要证明的事实分类记录在卷并记载异议的理由。通过证据交换确定双方当事人争议的主要问题。2015年颁布的《民诉法司法解释》第224条也规定，人民法院可以在答辩期届满后，通过组织证据交换、召集庭前会议等方式，作好审理前的准备。也就是说，不论是立法还是诉讼实践已经在按照段教授的程序设计运行，已经满足了段教授所述的庭审程序，只不过相对于段教授的观点而言，现行诉讼实践仍有法庭辩论阶段罢了。

综上所述，庭审中心主义在我国已经建立。目前存在的问题是没有发挥作用或作用发挥得不理想。

最高人民法院在《关于全面深化人民法院改革的意见——人民法院第四个五年改革纲要》（2014-2018）将庭审中心主义解读为：确保庭审在保护诉权、认定证据、查明事实、公正裁判中发挥决定性作用，实现诉讼证据质证在法庭、案件事实查明在法庭、诉辩意见发表在法庭、裁判理由形成在法庭。这显然是从庭审中心的功能角度切入的。但在诉讼实践中，经常可以发现程序的运转完全正常，但冤假错案时有发生，得出的裁判结论却不能令当事人信服。原因主要不在于程序本身，而在程序之外。因为"徒法不足以自行"，科学的制度设计仅仅是公平解决纠纷的必要条件，而不是充分条件。相对于制度而言，对纠纷解决影响更大的是人。人对纠纷解决不当影响的原因大致有三个：第一，法官基于客观原因如没有正确理

---

① 根据民诉法解释第225条的规定，争点归纳也可以在审前会议中进行。鉴于审前会议不是必须开，大部分法官还是会遵循目前的审理顺序。对于这种审理实践，段教授对法官作过访谈，也很清楚。只是段教授质疑实践中的这种操作方式：其一，法官是否具备仅根据当事人陈述便能当庭整理案件争点的能力。其二，争点整理的前提是事实主张，而事实主张的前提则是当事人的身份必须是争议主体。见上文注5. 如果法官不具备这种整理争点的能力，那么，段教授自己的改革主张又如何实现呢？由于诉讼实践中法官都清楚一开始的当事人陈述不是证据，而是陈述诉讼请求和事实，因此第二个质疑也不成立。

解法律规定，或者注意不够导致没有严格遵守现有程序规定。如剥夺当事人的辩论权。第二，法官基于追求效率而没有遵守现有程序规定，如非正式开庭。第三是故意违反现有程序规定，如司法腐败。

3. 是否需要对调我国现行庭审两阶段？

尽管我国民诉法规定庭审最主要的两阶段是法庭调查和法庭辩论，但我国诉讼实践却是按三阶段在运行：争点整理①、证据调查和法庭辩论。也就是说，段教授力主的要通过口头辩论形成争点的观点早已通过法官们的实践理性落地生根，只是其实现方式不是通过对调法庭调查和法庭辩论两个阶段，而是在法庭调查之前插入一个新的阶段。由此可见，如果段教授坚持认为庭审只需两个阶段：争点整理和证据调查，那么，对我国审判中心主义的改造就不是对调法庭调查和法庭辩论，而是保留诉讼实践中的争点整理和证据调查两个阶段，删除法庭辩论阶段即可。

此外，两个阶段对调应是指在保持各个阶段的内容不变的前提下，改变二者的排列顺序。但我国的法庭辩论阶段是指当事人在证据调查的基础上，就案件事实的认定和法律适用发表自己的意见，相互进行辩驳和论证。②如法庭辩论的内容不变，对调之后就变成出了现就事实认定和法律适用发表意见，再进行证据调查，这显然不符合诉讼规律，也非段教授本意。况且，我国的法庭辩论与大陆法系的口头辩论的含义并不等同。后者中的辩论是指当事人提出法律上主张、事实主张及证据之行为。③因此，段教授的观点显然不能通过对调法庭调查和法庭辩论这两阶段来实现，只能是通过增加一个争点整理阶段，删除一个法庭辩论阶段才能实现。

4. 我国现行法庭辩论阶段是否需要保留？

典型大陆法系国家，如德国、日本的庭审诚如段教授所买描述的那样，呈现阶段化特征，主要阶段就是争点整理和证据调查两阶段，没有我国所

---

① 有的争点整理可能在庭审前完成，此时庭审的主要阶段依然是证据调查和法庭辩论。

② 张卫平：《民事诉讼法》（第三版），中国人民大学出版社2015年版，第259页。

③ 新堂幸司：《新民事诉讼法》，林剑锋译，法律出版社2008年版，第265页。

谓的法庭辩论阶段。那在我国诉讼实践已经采纳了争点整理和证据调查两阶段后，法庭辩论阶段还有必要保留吗？我认为还是有必要。

原因之一在于有些案件中，证据与事实之间的关系有时很复杂，不是一种单一关系，让当事人就事实认定发表意见有助于法官在认定案件事实时考虑更周全。

原因之二在于法律适用尽管是法官的职责，但并不排斥当事人对法律适用发表意见。虽然传统法谚云："你给我事实，我给你法律"，"法官知法"，但在今天法律条文太过丰富，时常还需要适用国外法律，且法官经常更换审判领域，不可能再指望法官一定知晓本案应当适用的法律。事实很清楚，但应适用何种法律不好确定的案件时有发生，允许当事人就法律适用发表意见有助于法官更精准地适用法律，并无不妥之处。

第三是很多大陆法系国家实行三审终审，第三审属于纯粹的法律审。一方面允许当事人就法律问题提起第三审，另一方面不允许在一审中就法律适用发表意见进行辩论，似乎本身就存在矛盾，无法自圆其说。

第四是当事人主义下的庭审程序设计不具有唯一性，不能说德国、日本没有法庭辩论阶段我国就不能有。制度同时也是历史的产物。我国从1986年开始，就已经有了法庭辩论阶段，运行了近30年，并无证据表明其消极作用大于积极作用，故无删除之必要。

二、何谓开放式辩论主义（对韩波博论文的评议）

1. 开放式辩论主义的含义到底是什么

论文提出了两个学界以前没有的概念，就是开放式的辩论主义和封闭式的辩论主义。但对开放式辩论主义的具体含义是什么，论文似乎语焉不详。从论文的叙述看（第2~3、5页），封闭式的辩论主义是指包含传统三命题的辩论主义，是强调当事人的辩论行为对法官约束作用的辩论主义。根据论文（第3页）的叙述，似乎开放式辩论主义是指包含处分权在内的辩论主义，并以澳门地区的《民事诉讼法》作为例证。在引完相关条文后，论文评论到"可见，在这一源自葡萄牙民事诉讼法的民事诉讼法文本中辩论主义与处分主义是交融在一起的。""亦即辩论过程可以包含处分行为。

（第4页第1自然段）"在引述完法国民事诉讼法相关条文后评论道："在开放式辩论主义内涵框架下，上述条文非常完整地规定了民事诉讼的处分原则，而且是约束性处分原则的内涵。（第8页）"在以我国再审为例分析制约命题时（第18页以后），也明确分为辩论原则和处分原则两部分。

但根据论文（第4页）的叙述，"辩论权是当事人在民事诉讼中最基本的权利。""如果以权利的思维视线观察民事诉讼的辩论主义，就会发现辩论行为背后作为辩论主义内核的辩论权。进而可以将辩论主义的内涵界定为将当事人辩论权在民事诉讼中的价值与利益作为最高理想与准则的理论主张。"似乎开放式辩论主义是指包含辩论权的辩论主义。并且认为它的外延也包括三个命题："以辩论权为内核的辩论主义的外延也可化约为辩论权的确立、辩论权对审判权的制约、辩论权的规制三个命题。"从论文后文以我国再审为例来说明开放式辩论主义外延的三命题，可以推断作者采纳的是第二个观点。由此引发的问题则是：对开放式辩论主义的这两种界定是否意义相同？如果意义相同，是否意味着处分权就等于辩论权？如不相同，那么在同一篇文章里，对同一概念作不同的理解，是否妥当？

2．开放式辩论主义与封闭式辩论主义的区别在哪里

根据笔者的理解，论文所认为的封闭式辩论主义是指包含传统三命题，强调辩论行为对法官的约束作用；开放式辩论主义是指包含辩论权在内的辩论主义，那么这两种辩论主义的区别在哪里？论文（第3页第1自然段）认为："辩论主义界定的开放式与封闭式差异是观察辩论行为发生作用范围的视角差异。"如果真从辩论行为的作用范围看，笔者认为二者并无区别。在封闭式的辩论主义下，当事人的辩论行为是从事实和证据两个方面约束法官。在开放式的辩论主义下，当事人的辩论行为也是从事实和证据两个方面约束法官。只不过根据论文作者的观点，在开放式辩论主义下，多了辩论权的确立命题和辩论权的规制命题。随之而来的问题则是，这两个命题是两种辩论主义的本质区别吗？如果封闭式辩论主义也包含有确立命题和规制命题的话，二者就没有任何区别。

3. 封闭式辩论主义就没有辩论权的确立命题？

民诉法属于公法。法官手中的审判权是一种权力，有权力就会被滥用，要想制约它唯有赋予当事人权利。正如论文所言：民事审判权同样像其他权力一样需要受到来自民众的当事人的制约的理论主张与近代以来滥觞于欧美世界的民权主义（人民主权）思潮是一脉相承的。这种理论主张在欧美主要国家的权力机构获得"承认"并外显为"当事人有辩论权——法院有义务保障当事人行使辩论权并受之约束"的主要义务规则（第7页）。在辩论主义中，最关键的内容就是当事人的辩论行为对法官的制约作用。当法律在规定当事人的辩论行为可以约束法官时，实际上已经暗含了当事人享有辩论权，或者说法律已经赋予了当事人辩论权。否则的话，对法官之约束就是空中楼阁，无从谈起。论文本身在考察德国民事诉讼法时，认为"体现辩论主义第一命题的规范主要是辩论方式方面的规定（第9页）"，实际上也是从辩论方式推导出法律赋予了当事人辩论权。辩论原则只不过是学者对辩论权中最为重要的制约作用加以学理概括的结果罢了，并不意味着学者否认辩论权的存在。

4. 辩论主义存在制约命题吗？

论文通过对《法国民事诉讼法典》和《德国民事诉讼法典》的考察，来论证存在反映开放式辩论主义三命题的规范。但在考察《法国民事诉讼法典》时，论文只列举了反映第一和第二命题的法条，根本没有提及对第三命题的反映，更没有看到反映第三命题的法条。在考察《德国民事诉讼法典》时，对反映第一和第二命题的法条进行了列举。论文虽提及"《德国民事诉讼法典》中也不乏规制辩论权的当事人义务规则（第10页）"，但不再列举法条，而是引用了一段学者的论述。这种做法一方面使得写作风格不统一，另一方面也使学者怀疑辩论主义的第三命题是否存在。权利跟权力一样，都存在滥用的可能，自然也需要对权利进行规制。1804年法国民法典、1900年德国民法典、1912年瑞士民法典、1947年日本民法典对诚实信用的规定反映了立法者试图从宏观上对权利行使加以规制。当诚实信用原则进入民事诉讼法后，便在当事人的各种诉讼权利上发挥作用。具体到辩论权上，一是要求当事人在主张事实时承担真实义务，二是要求当事人从过去随时提出证据改为适时提出，并建立失权制度。

综上所述，我认为辩论主义不存在开放式与封闭式之分。辩论主义是学术用语，在立法中就是当事人的辩论权。辩论权的核心就是辩论原则所述的约束作用。对辩论权存在规制。

十一、评议段文波：《当事人主义：对象、方法与程序》

卢佩

始于上个世纪九十年代的审判方式改革，试图将我国的民事诉讼模式由以往的超职权主义逐渐向当事人主义转型，尽管在证据理论、庭审方式、裁判路径等方面较之以往已有不同程度的改善，但依然很难下定论，中国民事诉讼模式下已完成向当事人主义的成功转型。在审判方式改革旗帜下各地法院所发布的纷繁复杂的改革举措，却正招显出在审理模式选择上的无所适从和在具体审理程序设置上的毫无章法。从这一意义而言，段文波老师的论文对于厘清当事人主义的概念内涵以及构建我国的诉讼模型具有重要意义。

由于处分权主义和辩论主义两者构成当事人主义两大支柱。因此本篇论文立足于审判对象、方法与程序三个方面，对这两大支柱在诉讼实体形成和程序推进方面的影响进行详细阐述，总体思路是应尽可能减少和削弱强大而广泛的国家干预，尊重和强化当事人在民事诉讼中的自主意志。具体而言，段老师的主要观点体现在：首先，在审判对象及其范围上，应由当事人确定，法院裁判的范围不得超越当事人请求的范围；其次，在审判的方法上，诉权与审判权的权限界分借助于当事人诉讼请求的明晰程度判定；证据调查的范围与法官裁判的基础都以当事人在口头辩论中所主张的事实为限；最后在程序的设计上，也必须立足于规制审判对象的原则和原理，以处分权主义和辩论主义为背景。前者主要体现于起诉立案阶段，而后者主要体现于口头辩论阶段，按照程序构造又进一步划分为口头辩论（狭义）和证据调查两个阶段，分别进行事实主张、争点整理以及证据调查。

文章中对于起诉立案阶段的设置对我也颇有启发。段老师主张，在起诉立案阶段，应以当事人为主导，以诉状中诉讼请求的具体化为核心，起诉程序中的职权主义因素仅限于诉状审查与送达，从而主张应由立案审查制向立案登记制转变。因此这一阶段程序设计的关键在于立案庭的构成、审查事项范围以及权限分配上，即对诉状形式要件的审查，不审查诉讼要件与实体要件，无权裁定是否受理，只能裁定是否驳回诉状。这一程序设置其实和德国制度相似。德国法上，起诉阶段主要由"起诉书递送"和"送达"两个程序构成，诉状送达时发生诉讼系属。当事人将起诉书提交至法院后至有效送达前，法院有个简要形式上的审查，由审判长实施该审查。这一审查由于介于"送达前"，其所需要重点解决的问题是，这份起诉书是否有资格被送达以及是否能够有效送达。是否有资格送达，就涉及这个起诉书是否符合基本的形式上的要求，比如，起诉人有无签名了，复印件数目是否足够，是否交了诉讼费等等。是否能够有效送达就涉及地址是不是够明确，当事人的姓名是否正确等等。该阶段的审查结果由审判长以"决定"的形式作出。针对诉讼要件和实体案件的审查是在发生诉讼系属之后的"实体审理阶段"。以上小小一点细节略作补充，权当参考。

十二、紫荆论坛文章评议

北京化工大学　冯珂

我国民事诉讼理论界在上世纪90年代初就已开始关注诉讼模式转换问题。经过诉讼模式概念界定论、诉讼模式划分论的研讨，本世纪以来的民事诉讼模式争鸣主要体现在当事人主义与协同主义的论争。当前民事司法改革已进入深水区，这就更需对提供改革方向指引的诉讼模式问题有清晰认识。提交本次论坛的两篇论文，分别从不同层面对我国民事诉讼的当事

民事诉讼法研讨一

人主义问题提出了各自看法，笔者谨此提出一些浅薄意见，向各位同仁求教。

一、《当事人主义：对象、方法与程序》的评议

段文波老师以"规范出发型民事诉讼"为分析工具、以当事人主义为框架，对我国当前"以审判为中心、以庭审为中心"的"民事审判方式改革"之路径和方法提出有益探讨。具体而言，文章认为"规范出发型民事诉讼"形成实体法领域审判对象的阶层划分——当事人主义下，诉讼请求由处分原则支配，要件事实主张及相应证据材料提出应适用辩论主义。进而在以"庭审中心"为主题的制度安排或程序设计就需要：起诉程序中，依处分原则减少职权干预而转向以诉状审查为中心的真正立案登记制；在辩论载体的庭审程序，通过对调法庭调查阶段与辩论阶段顺序、消除非正式开庭、强调口头辩论的对论功能等举措，以实现审理（辩论）集中化以及作为辩论主义核心的当事人事实主张拘束力。

应当说，相对于宏观层面讨论当事人主义模式的程序机理，文章提出的深化起诉制度、优化和强化口头辩论期日程序架构的主张，对于当事人主义以及辩论主义的"落地"具有实际意义，有助于确立以辩论主义为内核的实质性庭审中心。但文章在其论证以及程序建构主张的局部问题上，仍有值得商榷之处。

1. 关于"我国民事诉讼已经向当事人主义成功转型"的论断

文章中提出"经过二十年多年审判方式改革，我国民事诉讼模式已经向当事人主义成功转型"。[①] 这种认识，首先与论文后述提到的我国民事诉讼仍然存在的立案程序中的职权化干预、口头辩论主义形骸化等问题存有内在性观点冲突。虽然作者这种认识的依据在于，"理论上和实务中认可处分权主义和辩论主义，规定了自认并缩小了法官职权证据调查的范围"。但在这些要点上，笔者认为并不能够得出我国民事诉讼"已经向当事人主义成功转型"的结论。

---

① 文中的这一观点，引自熊跃敏：《辩论主义：溯源与变迁—民事诉讼中当事人与法院作用分担的再思考》，载《现代法学》2007 年第 2 期。

（1）处分原则上的考察

文章在审视民事诉讼审判方法时，是以诉讼请求作为考察处分主义的切入点。对此，文中认为"诉讼请求越明确清晰，则法官审判权的界限则越明朗"，因而也仅从诉的类型角度讨论诉讼请求明确化问题。应当说，当事人对诉讼标的处分对法院裁判有拘束力，更主要体现在当事人诉讼请求与法院裁判范围相互关系上——即法院不得超出当事人诉讼请求做判决。因此文中对"处分主义主要作用于诉讼请求确定"的研讨仅停留在表面层次，没有深入到诉讼请求内容与裁判范围的关系层面，这点就略为遗憾。

在后者的层面，《民诉法解释》第 323 条不仅废弃原《适用意见》第 180 条关于法院发现上诉请求以外的原判错误应予纠正之规定，而且还明确指出"当事人没有提出的上诉请求不予审理"。此外，从 2007 年民诉法修正案把"原判决超出诉讼请求"作为当事人申请再审事由可知，原审法院应将其裁判局限在当事人请求范围内。由此，尽管我国民诉法中并未直接规定处分权对诉讼标的之拘束，但从前述规定可推知，当事人诉讼请求对法院裁判范围已形成拘束力。

不过，尽管在诉讼请求对法院拘束力方面体现了当事人处分，但从文章述及的所谓形式化立案登记制、从完善当事人再审申请及其审查程序[①]等方面来看，虽然我国民事诉讼在处分原则上的限制，相对 91 年民诉法及《适用意见》时代已呈现削减状态，但也未达到彻底排除职权干预的程度。

（2）辩论原则上的考察

相对处分原则的解锁，我国民事诉讼在贯彻辩论主义方面仍然存在较大障碍。尽管文章在诉讼机理上指出辩论主义核心内容在于主张原则和主张责任，但仅以"规定自认并缩小了法官职权证据调查范围"无法得出主张原则和辩论主义已经贯彻的结论。笔者认为，实际上也正是从现行自认制度中可以窥见我国当前民事诉讼中并未真正实现辩论主义机理。

自认制度此前在《适用意见》（第 75 条）与《最高人民法院关于民事

[①] 2012 年民诉法修改以及 2015 年的《解释》，在审判监督程序中还进一步强化了检察机关的监督职权。

诉讼证据的若干规定》(第8条)已有规定,《解释》第92条又予完善。①根据《解释》92条第一款,自认效力体现在免除主张事实一方举证责任。尽管该规定与德国民事诉讼法第288条第一款②在文义上类似。但两者在语境上有根本差异,由于主张责任在德国民事诉讼教义学上作为稳定通识对理论和实务都实际作用,因此即便法律条文上没有将自认效力落于自认事实对法院拘束力,但这种拘束力作为辩论原则应有之义是能够直接发挥效力的。

与之不同,我国民事诉讼理论和实务环境中还缺乏对辩论原则与主张责任的普遍遵从,因此将自认效力规定于"免证"层面,并不等同自认事实对法院产生拘束力。实际上,《解释》第92条第三款对自认事实拘束力给予了"明确"说明——自认事实与查明的事实不符的,人民法院不予确认。由于法官对自认事实的真实性仍要继续追问并形成确信,因而自认事实就没有对法院形成拘束力。此外,《解释》第92条第二款关于涉及身份关系、国家利益、社会公共利益等应由人民法院依职权调查的事实不适用自认的规定,同样体现出当事人自认事实对法院拘束力较弱,反映出我国民事诉讼在事实认定中的职权探知倾向。

拓展来讲,现行民事诉讼关于自认事实的效力规定也反映了我国诉讼的真实观念。但由于这种作为职权探知主义根源的实质真实观与自认制度的处分权本位存在本质性紧张关系,进而在我国民事诉讼中,以实质真实理念构建的自认制度乃至涉及事实认知的其他诉讼制度,都要打破当事人事实主张的拘束,突破当事人主义与辩论原则在处分自由上设置的红线。

实际上,自认效力停留于免证层面,还反映出司法机关在辩论主义事

---

① 《解释》第92条规定的自认制度,其内容包括:(1)一方当事人在法庭审理中,或者在起诉状、答辩状、代理词等书面材料中,对于己不利的事实明确表示承认的,另一方当事人无需举证证明。(2)对于涉及身份关系、国家利益、社会公共利益等应当由人民法院依职权调查的事实,不适用前款自认的规定。(3)自认的事实与查明的事实不符的,人民法院不予确认。

② 依德国民诉法第288条第一款的规定,当事人主张的事实,当其于诉讼进行中由对方当事人在口头辩论中承认或在受托法官或受命法官前所作的记录中承认时,就无需证明。

实主张拘束力问题上的一种惯常隐秘做法——以举证责任的任务分配替代事实主张方面的当事人和法院权限分配。这在以《证据规定》为代表的举证责任问题上有明显体现——实务机关试图通过（行为意义）举证责任交由当事人负责，表明我国民事诉讼当事人主义立场。但由于当事人提供证据只是辩论主义三要义中正在衰减的一个局部问题，因此不能以承担举证责任作为当事人主义或辩论主义建立标志。

2.关于"对调事实审查与证据审查"的庭审构建

就当事人主义视角下的民事审判方式，论文指出主张原则和主张责任是辩论主义核心内容。进而在"庭审中心"主题下，实现这一核心要义的方法就是强化口头辩论期日，更具体来说，就是要优化现行民事诉讼庭审程序，对调调查阶段与辩论阶段，以复活真正的事实主张阶段。

作者提出对调庭审阶段的观点，意图在于通过这种对事实问题进行"主张和争点整理"的独立程序空间，将其作为对有争议事实进一步展开证据调查的先行阶段，从而为事实主张拘束力的形成提供制度保障。尽管对调庭审阶段或有助于实现事实主张实在化，但于此又会导致某些程序机理不协调。

应当说，将庭审程序区分为事实主张与证据调查两个阶段，一定程度体现了德国普通诉讼时期按主张程序与证明程序划分诉讼构造的程序分割特征，与此伴行的是同时提出主义；然而这种基于书面审理的程序构造自帝国法院诉讼时期就已被抛弃。[①] 自1877年德国民事诉讼立法转向法国式口头主义后，口头辩论程序一体化及相伴的适时提出主义就成为近现代大陆法系民事诉讼构造基本特点。因而在当前大陆法系事实主张与证据调查并行审理的口头辩论程序结构中，是否应回归书面审理时代的程序两分构造就值得慎重考虑。而即便作出这种区分，那么两阶段程序构造与适时提出主义之间的关系也应予进一步考察。此外，从我国现行法看，作者的设想

---

① Werner Schubert, Das Streben nach Prozeßbescheleunigung und Verfahrensgliederung im Zivilprozeßrecht des 19. Jahrhunderts, Zeitschrift der Savigny–Stiftung für die Rchtsgeschichte: Germanistische Abteilung, 1968, Bd.85, S.141.

与《民诉法解释》第230条关于"人民法院可将法庭调查和法庭辩论合并进行"的规定也不一致,如何处理与司法解释规定的冲突也应成为讨论内容。

二、《民事诉讼中的辩论主义与合作原则》的评议

韩波老师的文章,以扩张解释的、包含处分权的"辩论权"作为权利思维下民事诉讼辩论主义之内涵,并以此为基础提出了相对于"封闭辩论主义"而言的"开放式辩论主义"。对这种开放式辩论主义,文章以其确立命题、约束命题、规制命题以及相应的规范体系为支点,指出合作原则的存在意义在于"补充辩论主义"而非"解构辩论主义"。此外,在开放式辩论主义三命题路径上,文章还考察了"重职权、淡权利"的中国语境对我国确立辩论主义的影响,并以再审制度为视角具体展现了辩论主义在我国民事诉讼中的实现状况。

应当说,文章提出的"辩论主义三大命题"对于剖析辩论主义机理以及建构辩论主义规范体系,是一种很重要的理论框架;尤其将第二命题即约束命题作为辩论主义"意思中心",这一点深得赞同。但有所不足的是,文章前后部分讨论的内容,似与其辩论主义三大命题的主张存在某些未完全融合的裂痕。

1. 扩张化解释的开放辩论主义与其三命题

文章前半部分讨论了"开放式辩论主义",并在此基础上提出辩论主义三大命题。笔者认为,虽然三大命题的分析框架本身值得赞同,但它却不必然以所谓"开放辩论主义"为前提条件——因为即便对于封闭辩论主义(狭义辩论主义)而言,也同样能够成立这种三大命题的分析模式。因而于此需追问的是,为何要着重强调这种"开放式辩论主义"并将其作为讨论基础呢。

应当说,作者提出的这种"开放式辩论主义"是以扩张解释并包含处分权的辩论权为基础的,换言之,这种开放式辩论主义是囊括了处分原则的辩论主义。论文以扩张化的"开放式辩论主义"为出发点,很大程度是

为迎合其合作原则①的主张。然而在作为我国协同主义观念来源的德国法上，协同主义主要强调事实领域的法官与当事人合作②，因而在体系上置于与辩论主义相关的定位。在我国就协同主义诉讼模式讨论中，协同主义扩大化至处分原则范围，而论文提出的这种合作原则也涉及处分原则范围内的协作③，因而为寻求其正当化依据，就需要将辩论主义扩张解释为包含处分原则，但是这种从结果导向的论证逻辑，确有牵强之感。

应当说，处分原则的规制对象和辩论原则的规制对象有着根本不同——前者涉及的是诉讼请求或诉讼标的方面的当事人与法院职责分配，而后者则是诉讼资料获取的任务分配；而在行为基础方面，对诉讼标的和程序始终的处分多通过当事人的与效性诉讼行为，而事实主张和证据提出多通过取效性诉讼行为，而两种诉讼行为效力是有很大差别的。因此尽管两种原则都具有"辩论性"表象，体现民事诉讼的当事人自由与当事人责任，在某种程序类型中经常结伴出现，但两者并非是必然关联。④因而将其都概括在扩张化的辩论主义之下是否合适，就仍是一个需讨论的问题。

2. 辩论主义三大命题与中国语境及合作原则

---

① 作者并未讨论这种合作原则与惯常提到的协同主义有何区别，但就其强调法院于当事人之间的团结协作、密切合作而言，两者似乎未有本质差别，因而下文也就从协同主义角度对其评议。

② 协同主义强调民事诉讼资料收集与提出仅非当事人责任，而是法院与当事人共同负担之责任。因此协同主义试图扭转的是（狭义）辩论主义与职权探知主义的对立，使法官与当事人共同负担发现真实的责任。仅但由于事实与法律问题通常不可分割，因此也映射到法律问题的法官与当事人共同研讨，因此协同主义的核心乃在于法官就法律问题和事实问题上的全面讨论。但法律问题上的讨论主要涉及裁判的理由与论证，因此不能等同于诉讼标的问题，协同主义本质上仍是事实领域的法官与当事人职责重构。参见刘明生：《对协同主义之检讨》，载《民事程序法研究》（第十二辑），厦门大学出版社2014年12月。

③ 论文主要基于当事人服从程序管理、证据提示提出等诉讼促进义务上认为合作原则（协同主义）也涉及处分原则领域。但由于与诉讼促进义务相对的民事诉讼职权推进（Amtsbetrieb）并不代表职权主义（Offizialmaxime），并非区分处分主义与职权主义主要标识，因此不应将此范围内法官与当事人协作视为处分原则上的协同。

④ 如在行政诉讼中以及根据家事法的案件中，虽然也能适用处分主义，但并不适用辩论原则，而是适用职权调查原则。Vgl. Thomas Rauscher, Muechener Kommentar zur Zivilprozessordnung, Bd.1, 4.Aufl., Verlag C. H. Beck, Muenchen 2013, S.64.

在辩论主义三大命题的理论框架下，文章考察了"重职权、淡权利"语境下的我国民事诉讼，认为我国辩论主义的规范体系，在主要义务规则层面尚未完成，即第一命题的规范体现不充分、第二命题的规范体现缺位。与此相对，在辩论主义三大命题框架下，文章就其主张的合作原则所得出的结论是，合作原则或属于第一命题的深化或属于第三命题的具体化。

然而于此就发生确立辩论主义与提倡合作原则的偏离。正如文章所指出的，"开放式辩论主义"三大命题的"意思中心"是第二命题，即辩论主义约束或制约命题。然而我国当前民事诉讼辩论主义最大障碍在于"约束命题"难于实现，但合作原则却主要作用于第一和第三命题，因而问题在于，论文主张的这种用以"补充辩论主义"的合作原则，如何有助于在我国真正实现约束性辩论主义？

就此再从制度层面考察。论文从再审制度管窥我国辩论主义，其结论也在于——辩论主义第一和第三命题于当前再审程序规范中有充分体现，但第二命题的体现并不充分，并且"三益案件"还对此命题达成构成障碍。这种结论，一方面印证了文章前述关于我国辩论主义在制约命题上的欠缺，但另一方面也仍旧无力通过合作原则对这一问题的解决提供有效帮助。

实际上，从辩论主义三大命题的考察可知，我国民事诉讼辩论原则约束效力的缺失与合作原则或协同主义无力回应这一问题，正反映了合作原则或协同主义模式的根本缺陷——其混淆了法院与当事人之间的权责界限。对于我国本身就处于权责不清（甚至法院越位居多）的辩论主义而言，试图用另一种权责不清方式去弥补现有缺陷，无法有益于约束性辩论主义的真正确立。

十三、读后感

南开大学法学院　刘鹏飞

阅读了段、韩两位老师的论文，受益良多。不敢妄言"评议"，姑且谈些学习感受。段老师紧扣庭审改革热点，分析当事人主义程序体制下，规范、事实和证据的逻辑关系，藉此梳理争点整理程序、口头辩论期日等庭审结构顺位；以辩论主义和处分权主义为视角，再次审视立案登记制、庭审集中化等改革举措，着重论述了当事人主义关键元素在司法改革中的渗透路径和实现方案。韩老师对比各国关于辩论主义的立法实践，总结出广义辩论主义的三大命题：确立命题、约束命题和规制命题，深入探讨了辩论主义作为诉讼原则的基础性、功能性和有限性，并得出"合作原则"（协同主义）是对辩论主义实质上的补充这一核心观点。同时，韩老师以再审相关规定为范本，考察了辩论主义三大命题的规范形态，深具启发意义。

在敬佩和仰慕之余，有两个问题，我觉得很值得进一步探讨：

一是段老师提及的立案登记制相关问题。

立案登记制改革是因应党的十八届四中全会精神，为"保障当事人诉权"实施的重要举措。除《民事诉讼法》之外，最高人民法院又起草了单行的司法解释以落实改革措施。立案登记制改革主要针对"立案难"现象，以登记立案替代审查立案，让社会民众更便捷的接近司法、行使诉权。从当事人主义角度审视这一制度改革，其中，强化当事人处分权、保障当事人程序启动权利的改革初衷迎合了我国诉讼模式改革的趋势——逐渐摆"脱超职权主义"[①]模式，走向辩论主义。但在立案登记制运行近一周年之际，却因规范衔接障碍和实践环境困扰面临流于形式的风险。我国《民事诉讼法》第 123 条以立法的形式确认了立案登记制，其后的司法解释与立

[①] "超职权主义"是张卫平教授提出的概念，参见张卫平：《诉讼构架与程式——民事诉讼的法理分析》，清华大学出版社 2000 年版，第 59 页。

民事诉讼法研讨一

法一起构建了该制度的基本框架：包括符合法定条件，必须受理；审查期法定；一次告知补充材料以及不受理必须出具书面裁定等内容。这些规定切实的改变了司法实践中的某些弊病，如明确提出法院必须接收符合形式条件的起诉状并登记，将法院的不受理行为纳入法定程序范畴，当事人可以获得书面裁定并据以上诉等等。这都使得立案制度比从前更亲民和规范。但《民事诉讼法》第119条的规定却沿袭了旧法的内容，除了序号外，未发生实质性改变。起诉仍然必须同时具备4个条件，法院的审查仍然必要，只是期限更为明确。当事人适格性问题仍需通过实质审查才能得以确定，不符合适格要求的不能获得立案。据此，现行的立案登记制并未将理论上的"诉讼要件"和"本案判决要件"真正的区分开，这大陆法系对诉状的形式审查有根本区别。我国的"立案"才是案件真正进入诉讼程序、诉讼系属的开始。立案登记制最积极的意义在于要求"任何法院严禁在法律规定之外设定受理条件，坚决清理和废止不符合法律规定的立案土政策"，①对立案程序的规范化使得法院接收起诉状并登记更容易，而并非立案的条件发生实质变化。

　　立法较为保守的做法是与实践环境妥协的结果。随着公民权利意识的觉醒和法制的健全，我国民事诉讼受案量年年攀升，民事司法长期笼罩在"案多人少"的魅影中。我国已经启动法院体制改革，员额制改革正在全国如火如荼的开展。随着审判人员员额的确定，岗位调整、法官离职等现象导致法院直面一线审判人员减少，甚至民事审判力量流失的阵痛。实现法官队伍精英化、保障审判质量和提高审判效率的矛盾始终如鲠在喉。为应对这一局面，司法改革的一个重要目标就是为法院"减负"，②这种指导思想也一直贯彻在我国民事诉讼实践当事人主义的过程中。从取证负担的转移、客观证明责任的强化到大力倡导替代性纠纷解决机制都有以减负为目标的痕迹。改造立案制度也如此，在进一步落实当事人主义和控制案件总量，

---

① 姜启波：《〈关于人民法院登记立案若干问题的规定〉的理解与适用》，载《人民司法》2015年第9期。

② 段文波老师在论文中认为这是司法改革的出发点。

免使现有审判人员百上加进斤的抉择之间，立法摇摆不定并最终导向后者。

这一现象应得到正视，不顾本土现实而主张激进改革的观点，比起保守的做法可能更具破坏性。为实现有限司法资源的合理配置，大陆法系和英美法系采取的方案不同，但主要都是通过诉讼程序本身的过滤和消化功能，尽量排除处分权主义带来的消极影响。两大法系对提起诉讼案件的分流呈现出诉权驱动和职权驱动两种模式：德日国家诉的合法性审查由职权驱动。德国由法院依职权审查诉讼要件以判断诉讼的合法性，但对于审查中涉及的事实并不进行职权探知，同样依赖辩论主义，由当事人提供。日本的审查情况与此类似，法院审查诉讼要件时，大部分事实依职权调查，少数要件由当事人提出抗辩。虽然由法院依职权启动调查，但依据的事实同样限于当事人辩论中出现的事实。对于诉讼要件的审查，美国则属于典型的诉权驱动模式。美国诉讼程序中，由书记官接收诉状并完成登记，诉讼程序即告启动。起诉状的审查工作由书记官完成，该审查属于程序性的格式审查，由当事人完成送达后，案件始能进入审前程序。在审前程序中，通过当事人会议、证据开示、审前动议等环节，完成争点整理，以此为基础促进双方当事人和解。在此过程中，有相当数量的案件被解决掉，而真正进入审判程序的案件则数量较少，审理法官的审判压力得以缓解。更重要的是，在审前程序中，同样会涉及诉讼要件的问题，这种对诉的合法性的关注主要通过动议（motion）方式解决。审前阶段可以要求驳回诉讼的动议主要是《美国联邦民事诉讼规则》12b中规定的七种形式，包括无对人管辖权、无事项管辖权、审判地不当、传唤文件不充分、送达不充分等内容。这些动议都以行使辩论权的形态完成，法官并不对起诉状进行审查，仅仅居中裁断。

通过以上的分析，不论是职权驱动模式还是诉权驱动模式，都对我国立案登记制进一步完善有借鉴意义。可以观察发现，以上国家的立案阶段都基于单纯的程序性行为，只对诉状的格式、律师的资格等问题进行规范和要求，当事人进入诉讼程序非常容易。对诉讼要件的审查作为一个单独的程序单元，本身具有清晰的功能定位，不管基于诉权还是职权，都具有分流纠纷，筛选案件的功能。这样做的好处有两个，一是将审查工作纳入诉讼程序的范畴，通过程序方法监督，而非信访手段监督；二是基本做到立审分开，审查阶段的调查同样受约束于辩论主义，法官从主动查明事实的压力中得以舒缓。尤其是美国的做法，以动议的形式给予被告广泛的要求撤销诉讼的权利，得以最大限度调动被告的积极性，将原告不具有合法性的诉讼消弭于最初阶段。

诉讼模式的核心功能在于分配当事人和法院之间的权利（力），法院职权泛滥，则易腐蚀当事人的程序主体地位，更加重司法负担；当事人权利过度，则会滋生权利滥用，诉讼过分拖延，进而影响实质公正。所以不论是实行询问制的大陆法系还是实行对抗制的英美法系，① 都力图在职权和当事人权利之间找到较为符合本土国情的平衡点，大陆法系国家强调协力义务② 和美国加强法官案件管理权的实践都是以此为目标。我国在进行当事人主义改造时，对传统当事人主义的弊端有所警惕，但是却采取了粗放的外包式应对方法。在相当长一段时间内，大力分流法院案件，试图通过诉讼外纠纷解决机制消化诉讼爆炸的危机。但由于我国民间自治组织（尤其是各种调解机构）发育程度较低，在解决纠纷时缺乏规范性，因法律依据的匮乏而几乎没有强制手段，使得这些纠纷解决机制成为"不燃烧的火"，③ 释放的热量有限。另一方面，对于进入诉讼的案件，倡导法院调解，甚至将调解率纳入法官评价机制，在中国调审合一的审判模式下，附带产生以判压调等现象，又促动法院探索调审有限分离的可能。这些改革，或多或少的都希冀通过分流案件，利用解决其他纠纷的资源将法官从审判程序中解放出来，但法院居高不下的受案量让这些希望看起来都像是奢望。目前仍然是"先收诉状后审审查"，进而立案，并没有摆脱原来立案方式的窠臼。

---

① 张卫平教授认为大陆法系和英美法系均属于当事人模式，只不过发现真实的推进手段不同。

② 参见[日]斋藤秀夫：《注解民事诉讼法（5）》，第一法规出版株式会社1983年版，第264页。

③ [奥地利]尤根·埃利希：《法律社会学基本原理》，叶名怡等译，江西教育出版社2014年版，第52页。

立案庭法官主要依靠职权调查，除了本案判决要件也要审查外，对于当事人没有提出的事实同样给予高度关注。要提高解决纠纷的能力，仍需着眼于审判程序本身的改造我国的立案程序改革。民事诉讼程序的各个制度环节，都具有牵一发而动全身的特点。立案登记制面临的问题，和《民事诉讼法》修改后确立的新制度一样，属于"模式转型和局部变革所致的程序结构与功能之间逻辑断裂"。① 只有立案阶段也纳入辩论主义统筹的诉讼程序中来，才能让立案程序改革能在适应司法实践的基础上发挥保障当事人诉权的最大功效。

二是韩波老师提及的释明权问题。

在我国，释明权曾一度被认为没有用武之地，根本原因在于法官的职权探知和职权调查倾向。近三十年的庭审改革和诉讼模式转型都是逐步向着当事人主义演进，目前已初见成效。虽然我国民事诉讼程序仍有改进空间，但《民事诉讼法》对当事人的辩论权和处分权的保障较之以往任何时候都更充分。极端强调当事人的主导地位而削弱法官职权并不可取，法官职权缺位只能让我们重蹈西方过度强调辩论主义导致程序繁冗、效率低下的覆辙。程序保障过度和程序保障缺乏一样，都会妨碍民事诉讼追求价值目标的实现。从审判实践看，我国法官一直在行使类似于释明权的职权，只是我们较少从这个角度进行审视。对释明权关注，与其说要求法官将释明权作为一种新职权来行使，毋宁说是规范法官释明权运用的方式和维度。释明权平衡两造力量以追求实质正义，在承认释明权价值的基础上，也能让法官的释明权沿着规范的轨迹行使，避免因噎废食或者矫枉过正。

我国民事诉讼法律部门中对释明权问题已经有所规定：如《最高人民法院关于民事诉讼证据的若干规定》第 3 条和第 33 条第 1 款属于法院督促

---

① 傅郁林：《中国民事诉讼立案程序的功能与结构》，载《法学家》2011 年第 1 期。

民事诉讼法研讨一

当事人提出证据的释明、①第 8 条第 2 款关于自认法律效果的释明、②第 35 条第 1 款关于变更诉讼请求的释明、③《关于审理民事案件适用诉讼时效制度若干问题的规定》第 3 条禁止对诉讼时效主张进行释明④、《最高人民法院关于适用〈中华人民共和国民事诉讼法〉》的解释中规定的对诉讼请求风险的释明、对程序意义的释明等。⑤除此之外,《关于民事经济审判方式改革问题的若干规定》第 19 条规定:"法庭辩论时,审判人员不得对案件性质、是非责任发表意见,不得与当事人辩论。"这表明,我国对于法观点指出是持排斥、禁止态度的。所以变更诉讼请求的释明虽然具有法观点指出的意味,一般仍被划入诉讼资料释明的范畴。在当事人提供证据不够充分的时候,法院督促当事人提出证据以支持其事实主张是有立法依据的。我国立法肯定法院以释明的方式对当事人完成主观证明责任的过程进行干预,根据具体案件情况指导当事人提出证据证明自己的主张。⑥主观证明责任受到主张责任的影响,一般二者具有一致性,我国立法肯定在法官认定的法律关系

---

① 《最高人民法院关于民事诉讼证据的若干规定》第 3 条规定:"人民法院应当向当事人说明举证的要求及法律后果,促使当事人在合理期限内积极、全面、正确、诚实地完成举证。"第 33 条第 1 款规定:"人民法院应当在送达案件受理通知书和应诉通知书的同时向当事人送达举证通知书。举证通知书应当载明举证责任的分配原则与要求、可以向人民法院申请调查取证的情形、人民法院根据案件情况指定的举证期限以及逾期提供证据的法律后果。"

② 《最高人民法院关于民事诉讼证据的若干规定》第 8 条第 2 款规定:对一方当事人陈述的事实,另一方当事人既未表示承认也未否认,经审判人员充分说明并询问后,其仍不明确表示肯定或者否定的,视为对该项事实的承认。

③ 参见《最高人民法院关于民事诉讼证据的若干规定》第 35 条第 1 款规定。

④ 参见《关于审理民事案件适用诉讼时效制度若干问题的规定》第 3 条规定。

⑤ 参见《最高人民法院关于适用〈中华人民共和国民事诉讼法〉》第 198 条、第 268 条规定。

⑥ 立法要求法官向当事人说明举证的要求,促使其积极、全面、正确、诚实的完成举证。这里全面、正确的要求非常高,必须在诉讼技术上给予当事人指导。实践中,我国法官习惯于将当事人所主张的事实通常需要的证据类型罗列给当事人,有的法官则直接询问当事人有无对帐单,有无送货单,有无证人,有无发票等。杨钧,秦嬿:《论释明制度》,载《法学》2003 年第 9 期。所以有学者提出,这种是释明的要求可能损害到法官的中立地位,具有浓厚的职权主义色彩。参见张卫平:《民事诉讼回归原点的思考》,北京大学出版社 2011 年版,第 120 页。

与当事人主张不一致时，由当事人变更诉讼请求。这也是日本民事诉讼中通行的做法。①至于当事人没有提出的诉讼请求，法院能不能主动释明呢？很难从目前立法态度上得到解释。司法实践中存在以法官未适时行使释明权作为事由上诉的案例。②但对于释明权行使的范围，尤其是是否允许法官敦促当事人提出新诉讼资料的判断仍然处于非常混沌的状态。

是否允许对新诉讼资料提出的释明，在德日法中是存在分歧的。德国法要求法官在当事人对请求权基础或者抗辩已经加以主张，但是主张过少时应该释明，若其根本未主张，则不必然有释明义务。③而日本则对提出新诉讼材料的释明持肯定态度。④对此问题，台湾地区学者的意见是，当事人已提出若干诉讼资料，但尚未完足，审判长有使其完足之阐明义务，此为德日诸国学说及判例一致之见解。⑤除此外，阐明权的范围还包括消除不当主张或声明。至于新诉讼资料提出之阐明，以否定意见较为可采。⑥这就意味着，阐明权之行使，仍应受到处分权主义及辩论主义的约束，"总以在当事人于言词或书状陈述中已有线索可寻之事项，始得行使阐明权。若当事人就该事项毫未主张，从其声明陈述中并无迹象可寻，从其声明陈述中无

---

① 参见［日］伊藤真：《民事诉讼法》，有斐阁2004年版，第272页。

② 当事人以法院未行使释明权上诉称："原审法院作出（2005）顺法民一初字第02041号民事判决书的审判员在原审时并没有行使阐明权，敦促上诉人在合理期限内'积极''全面''正确''诚实'地举证。依据有关法理，审判员未行使阐明权，又要求当事人承担证据失权后果的，二审法院有权撤销原审判决。"本案当事人主张的事实理由未获法院支持。参见广东省佛山市中级人民法院（2006）佛中法民一终字第423号民事判决书。

③ 参见姜世明：《法官阐明制度发展之评估》，载许士宦等：《新民事诉讼法实务研究（一）》，新学林出版股份有限公司2010年版，第359页。

④ 比较权威的观点肯认新提出诉讼材料的释明是释明活动的一种。参见［日］奈良次郎：《诉讼资料收集中法院的权限与责任》，载新堂幸司：《讲座民事诉讼法第四卷》，弘文堂1984年版，第125、144页。

⑤ 我认为，允许这种情况下进行释明的主要原因应在于，辩论主义和处分权主义的价值在于保障当事人个人的人格尊严，尊重其对于诉讼资料和权利声明的主张或放弃的处分。但若当事人已经提出主张，只是因为法律技术层面的问题无法充分主张或提供，那么此时法院进行释明并没有违背释明权制度的初衷，并非对辩论主义和处分权主义的背反。

⑥ 参见姚瑞光：《民事诉讼法论》，中国政法大学出版社2011年版，第197~198页。

迹象可寻，而审判长为某造当事人之利益，告知该当事人应为如何之声明或主张，即有失裁判者之中立性。"① "本诉讼事件审理称从证据资料得心证之事实，此等事实即使当事人未主张法院亦得斟酌，则有侵害当事人事实提出主导权、当事人自己责任以及架空当事人诉讼促进义务之危险。"② 释明权是对辩论主义和处分权主义的变通、补充（与韩老师观点一致），而非颠覆，积极释明和消极释明③都是正常行使释明权的范畴。

当事人未主张的诉讼请求是否能够释明？德国通说认为，就当事人完全没有提出之新声明，其于当事人之主张中找不到任何基础者，法院不负阐明义务。④ 但是我国台湾地区"民事诉讼法"第 199 条之 1 关于特别阐明权的规定为："依原告之声明及事实上之陈述，得主张数项法律关系，而其主张不明了或不完足者，审判长应晓谕其叙明或补充之。被告如主张有消灭或妨碍原告请求之事由，究为防御方法或提起反诉有疑义时，审判长应阐明之。"核心意思是审判对象选择的主导权也属于处分权主义的范畴，允许法官通过释明权的形式促进当事人诉的变更或诉的追加，但同样未规定法官可以帮助当事人提出有利于己的诉讼请求。日本有学者支持类似观点，⑤ 释明权的行使一般限于提示当事人变更诉讼标的方面而不包括提示当事人追加诉讼请求。

这样就基本上可以观察到比较法中关于释明权的立法脉络。各国都力求在辩论主义和处分权主义框架内，让释明权能够相对独立的发挥作用，

---

① 杨建华：《民事诉讼法要论》，北京大学出版社 2013 年版，第 163 页。
② 刘明生：《民事诉讼第一审程序充实与集中审理原则》，载《跨世纪两岸民事程序法学之新视野》，元照出版公司 2012 年版，第 183 页。
③ 消极释明一般指当事人的声明或主张存在不明确、矛盾或存有缺陷时法院促使对此补正的释明；积极释明一般包括当事人提出的诉讼请求或主张与案件事实不符或当事人没有提出适当的诉讼请求和主张时，法院要求当事人修改或补充的释明。参见[日]松本博之、上野泰男：《民事诉讼法》，弘文堂 2008 年版，第 117 页。
④ BT-Drucks. 14/4722, S.77. 转引自刘明生：《论补充处分权主义之法院阐明义务》，载《台北大学法学论丛》2010 年第 76 期。
⑤ [日]中野贞一郎：《诉的变更与释明义务》，载中野贞一郎：《过失的推认》，弘文堂 1978 年版，第 139 页。

以弥补自由主义诉讼模式的不足。在尊重当事人主导地位的大前提下，平衡双方的攻防武器。所以各国普遍承认诉讼请求和诉讼资料的补充释明。至于是否允许对提出新诉讼资料和变更诉讼标释明，则取决于各国立法的激进程度。对于新诉讼请求提出的释明，各国基本上持排斥态度。对于这种立法规定的释明权范围，我国台湾地区学者解释为"于法官阐明之后，当事人仍得自主决定为诉变更、追加与否，既未影响其程序主体地位，且因合并审判之权利受到充分保障，更加伸展其程序主权。"[①] 我认为，完全以辩论主义或处分权主义作为释明权行使范界限，并不合适。有些情况下，法官的释明虽然没有侵害受益一方的处分权或辩论权，但是相对方却有可能因此受到不利益。法官此时可能丧失了中立的地位，成为一方实质上的法律顾问角色。

我国在诉讼资料、诉讼请求方面释明的规定与国际通行做法一致，但我国允许对新提出证据、变换诉讼标的进行释明，这和我国传统上法官诉讼指挥权比较强大有密切关系，也深受任意代理制度的影响。我国在民事诉讼中并不要求当事人必须聘请代理人，即使聘请代理人，也存在律师代理和公民代理两种，所以双方当事人在法律规则的运用能力方面可能存在差异。在无专业法律人士代理的情况下，当事人应对何种事实举出何种证据往往不清楚，至于对诉讼标的的把握更为艰难。释明权制度存在的最大价值在于实现实质的正义，而非程序上的平等。是实践"让应该胜诉的人得以胜诉"目标的重要制度推手。可以让当事人避免陷入因程序技巧和法律知识不足而败诉的泥潭。

最后，感谢段、韩二位老师的优秀报告，我不太会写读后感，也感谢各位老师的指点、包容。特别要感谢任重老师辛勤的筹划、组织，对整个沙龙付出的努力。

祝各位身体健康，工作顺利！

---

① 许士宦：《程序保障与阐明义务》，新学林出版股份有限公司2003年版，第64页。

十四、评议意见

王次宝

一、关于段文的评议意见

段教授的《当事人主义：对象、方法与程序》一文以《最高人民法院关于全面深化人民法院改革的意见》关于"建立以审判为中心的诉讼制度"为引入点，对当事人主义的程序体制包含的三个要素：对象、方法与顺序或程序进行了层层推进、环环相扣式的说明。继而从恢弘浩大的大陆法系相关制度的发展历史，尤其是规范出发性诉讼的发展进程与制度特点入手，分析了案件的审理对象呈请求、主张和证据三级位阶构造，其中请求受处分权主义调整，主张与证据受辩论主义调整，但我国现有的庭审程序事实主张环节不清晰，最终提出对调我国庭审两阶段并重启当事人口头辩论功能以实现审理集中化并解决事实主张和争点整理程序缺失的改革思路。该文充分展示了段老师深厚的理论功底与学理推演能力，读来大开眼界，受益良多。

不过在阅读过程中我也产生了不少疑问，其中主要的问题有两个。在此提出来与段教授商榷。

一是关于当事人主义三要素的质疑。

本文题目中明确列为对象、方法与程序。继而文章第2页又提及"当事人主义的程序体制包含了三个要素：顺序、对象与方法。"文章第19页又提及"对象、原则与方法相互交织，环环相扣"。这些地方表达的三要素是一个东西吗？

而就"当事人主义"的界定而言，按照我国通论，当事人主义是一种与职权主义相对应的诉讼模式①。在当事人主义诉讼模式下,奉行处分权主义与辩论主义,当事人在诉讼请求的提出、事实的主张以及证据的收集等方面发挥主导作用。与之相对,职权主义诉讼模式下,奉行国家干预原则与绝对的职权探知原则,法院不受当事人诉讼请求的约束,并在诉讼材料的收集与发现方面发挥主导作用。当事人主义一般包含处分权主义、辩论主义以及当事人进行主义三个因素,分别对应于职权主义下的国家干预主义②、职权探知主义与职权进行主义,分别涉及诉讼标的的确定、诉讼资料的提出以及诉讼程序的进行三个方面的主导权。其中,处分权主义和辩论主义属于当事人主义"质"的规定,是当事人主义的核心和基调。当事人进行主义只是当事人主义"量"的特征,反映了当事人主义内涵的相对性。③

由上可见,当事人主义的三要素确实可以解读为对象、方法与程序,但其中程序指的是当事人对诉讼进程的主导权。德国民事诉讼理论中的"诉讼进行主义"调整的是由谁通过启动诉讼程序,决定期日的确定、改期以及取消,传唤当事人和第三人,进行期日的公告以及送达等来推动诉讼程序继续向前发展的问题。如果这些工作被交给当事人,则称之为"当事人进行主义(Parteibetrieb)",如果这些工作被交给法院,则称之为"职权

---

① "诉讼模式"是一个中国学者发明的概念,表述也见仁见智,一般可界定为"法院与当事人在诉讼中的相互关系,即法院与当事人之间诉讼权限的配置关系"。常怡主编:《比较民事诉讼法》,中国政法大学出版社 2002 年版,第 73 页。诉讼模式与诉讼体制是不同的,诉讼模式是一个上位概念,每个国家有自己独特的诉讼体制,不同诉讼体制的国家可能归入同种诉讼模式之下。提出"诉讼模式"这一概念的价值就在于揭示对某种或某类民事诉讼体制的基本特征,以便我们"对既存的民事诉讼体制或传统的民事诉讼体制的基本特征或基本样态有一个正确的认识,并科学把握我国新民事诉讼体制的选择和建构。"参见张卫平:《民事诉讼基本模式:转换与选择之根据》,载《现代法学》1996 年第 6 期。

② 理论上有学者认为处分原则是与职权原则相对的概念,实际上是从广义上理解处分权主义,将之等同于当事人主义。也有学者认为狭义上的处分原则是与职权调查原则相对的概念。

③ 参见江平:《中国大百科全书·法学》(修订版),中国大百科全书出版社 2006 年版,第 360 页。

进行主义（Amtsbetrieb）"。① 现在段教授把当事人主义的"程序"要素解读为审判程序流程必须在口头主义审理方式的基础上实现庭审集中化，背离了原有当事人主义"程序"要素的本意，让人产生人为进行制度嫁接的错觉。说到底，口头辩论主义基础上的庭审集中化仍然是"方法"这一要素的一部分，与作为当事人主义"程序"要素的当事人进行主义并不相关。

二是关于本文引入点的质疑。

本文的研究是以《最高人民法院关于全面深化人民法院改革的意见》所强调的建立以审判为中心的诉讼制度为背景的。但需要强调的是，我国并没有真正建立当事人主义诉讼模式。改革意见强调以审判为中心，强调庭审的作用，并不意味着就是强化辩论主义。就像我国原有的辩论原则所强调的辩论权那样，你可以就案件实体问题与程序问题进行随意辩论，但辩论的结果并不必然被法院作为裁判的基础，法院仍然可以以当事人没有主张的事实作为裁判的基础。辩论主义的核心内涵在新的改革意见中并没有直接的体现。就论文的结论而言，我非常赞同段教授提到的增加当事人的事实主张环节，强化当事人的口头辩论等内容。但对于意图通过对调法庭调查与法庭辩论两个庭审阶段来实现这一目的的思路不敢苟同。事实上现在的法庭调查环节本身已包含事实主张，也有相应的口头辩论内容。通过简单对调传统的两大庭审阶段并赋予第一次口头辩论期日"准备性"就能有效实现事实主张与争点整理等功能，并最终实现庭审集中化吗？笔者深感疑惑。

时间紧迫，学力有限，两个不成熟的问题提出来给段老师交流一下。

二、关于韩师兄论文的评议意见

韩师兄的《民事诉讼中的辩论主义与合作原则》一文洋洋洒洒2万6千余字，对辩论主义与合作主义进行了全景分析，并以再审规范为切口分析了我国辩论主义的具体表现。全文多处引用哈特、卡迪耶、罗森贝克、博登海默等大家的观点，读来信息量很大，几遍下来，竟然还是没有完全

---

① 参见任重：《试论德国民事诉讼中的处分原则》，载张卫平：《民事程序法研究》第6辑，厦门大学出版社2010年版，第234页。

参透，只好开会时再向韩师兄当面请教。

在阅读过程中我有以下一些问题，更准确地说是感想，提出来与师兄交流一下。

一是关于辩论主义与处分权主义的关系。我总结了一下，发现大陆法系国家或地区存在三种观点。第一种观点认为，从广义上理解处分权主义，辩论主义从属于处分权主义之下。这种观点一般将处分权主义等同于当事人主义。如我国台湾地区学者陈荣宗、林庆苗指出，"处分权主义之用语，有广义与狭义之分。广义之处分权主义，与广义之当事人主义之意义相同，包括所谓当事人进行主义与辩论主义之意义在内"。[①] 第二种观点从广义上理解辩论主义，处分权主义包含于辩论主义之内。高桥宏志认为：基于处分权主义与狭义上的辩论主义都是私法自治的体现，可以将之合称为广义的辩论主义。[②] 第三种观点，从狭义上理解处分权主义与辩论主义，二者有明确的分工和区别。这一观点代表了大陆法系国家或地区大多数学者的一种取向，即明确界分处分权主义与辩论主义，主张处分权主义是相对于诉讼请求或诉讼标的而言的，辩论主义则是相对于诉讼资料，包括事实和证据而言。如罗森贝克等指出：处分原则意味着"当事人拥有处分诉讼标的的自由"，"辩论主义仅仅涉及材料的收集，它与当事人对于诉讼标的的处分没有关系"。[③]

我国的处分原则与辩论原则之间的关系不同于上述大陆法系国家的"处分权主义"与"辩论主义"之间的关系。就条文表述而言，处分原则强调的是当事人对自己享有民事权利与诉讼权利的处分权，辩论原则强调的是当事人对本案事实问题与法律问题的辩论权。两者的侧重点不同，一是

[①] 陈荣宗、林庆苗：《民事诉讼法（上）》，三民书局2009年修订第7版，第45页。这是陈荣宗在评论骆永家"阐明权"报告的发言，参见民事诉讼法研究基金会：《民事诉讼法之研讨（四）》，三民书局1993年版，第190页。

[②] ［日］高桥宏志：《民事诉讼法：制度与理论的深层分析》，林剑锋译，法律出版社2003年版，第337页。

[③] ［德］罗森贝克等：《德国民事诉讼法》，李大雪译，中国法制出版社2007年，第522页。

赋予当事人依法处分权，一是赋予当事人辩论权，但权利行使的范围存在重叠之处。如果从是否行使权利角度来看，处分原则包含了辩论原则的部分内容，即对于是否行使辩论权以及如何行使辩论权本身也是我国诉讼法上"处分权"的具体内容。国内有学者明确指出诉讼资料的处分属于处分权的内容，认为"处分权的客体分为三类：实体权利、诉讼权利和诉讼资料。"① 当然辩论权的行使范围包括实体与程序两个方面，并且实体问题的辩论往往是当事人辩论的核心，这涉及当事人诉讼请求的提出、变更与追加，涉及诉讼调解、和解以及撤诉等各个环节，涉及审判范围的确定等，放弃行使辩论权往往带有行使处分权的效果。

二是关于辩论主义与合作主义（或者说协动主义）的关系。在我看来，合作主义或协动主义只是一种修正的辩论主义。② 正如张卫平教授指出的，"作为一种诉讼结构的基本倾向和基本关系样态，两种体制是根本无法调和的。要不在诉讼基本结构的样态上反映当事人主导，要不则体现职权主导"。③ 合作主义仍然坚持辩论主义的基础地位，而只是在发现事实的一些环节上增加法院的职权，限制当事人的处分权，实际上是对当事人主义诉讼模式的微调，没有改变当事人主导的"倾向和趋势"。

我国目前并不适宜过度强调所谓合作主义。合作主义在很多时候被误解为一种折中主义，摇摆于两大诉讼模式之间，非常容易误导我国的司法改革，即一方面想让当事人发挥主导作用，另一方面又依恋职权干预手段，结果反而造成司改的效果不理想。我们现在要做的仍然是强调当事人主义，体现当事人在民事诉讼程序中的主导性，尤其是在发现和提出裁判基础事实材料方面的主导性。

---

① 田平安：《民事诉讼法·原则制度篇》，厦门大学出版社 2006 年，第 162 页。
② 王次宝：《反思"协动主义"》，载《清华法学》2010 年第 1 期。
③ 张卫平：《转换的逻辑——民事诉讼体制转型分析》，法律出版社 2004 年版，第 378 页。

十五、对《民事诉讼中的辩论主义与合作原则》的评议

中南财经政法大学法学院　袁中华

一、该文认为奥地利民诉法"消融了处分原则"似乎不太严谨。因为处分原则或者处分权主义作为一种学理表达,作为一项原则往往其实很少被明文规定在诉讼法的法条之中。如果奥地利民诉法或者俄罗斯民诉法未明文规定这一原则,但"当事人决定其诉讼请求(诉讼标的)的提起与终结,及这种请求的内容"这样的处分权主义的内核,我相信应该在不少制度上都会有所体现。

二、该文将辩论主义归结为三个命题:(一)当事人有权辩论;(二)法院有义务保障当事人行使辩论权并受之约束;(三)辩论权规制命题。这是一种非常典型的中国法对于辩论权的表达,尤其是前两个命题,常见于各种民诉法教材。但我们都知道在德日的民诉法上,辩论主义就是三原则或者三个命题,即主张责任原则、自认原则和非依申请不得为职权调查原则。这种表达已经是一种非常稳固的,被大家普遍接受的法教义。而法律教义,按照魏德士的说法没,具有减负功能和否定禁止功能。所谓减负,指稳定的教义提供了经得起考验的答案和解决模式,就可以减轻法律工作者的实践工作的负担,所谓否定禁止,指法教义是法学研究的批判性检验的结果,不能简单的否定。即使新的解决方式与原有的一样好,他也不能背弃原有的教义。"必须检验这种依据是否具有足够有利,以至于法律的共同体将转变对现有规则的信任。任何要肢解或者替代教义的人都必须对此承担辩论责任(Argumentationlast)"。[①]因此,我们可以说我们国家的辩论原则由"有权辩论"等原则构成,但不能轻易的说来源于德日的辩论主义也是由"有权辩论"等原则构成。

每一种话语都有其产生的语境,每一个学说都有它的历史背景和它肩

[①] [德]魏德士:《法理学》,丁晓春、吴越译,法律出版社2005年版,第141页。

负的任务。我们言说"法院有义务保障当事人行使辩论权并受之约束"这种话语，是因为我们长期以来法官并未切实的保障当事人的辩论权，在改革开放初期法院"未审先判"屡见不鲜，以张卫平老师为代表的民诉法学人希冀通过学理的建构改变这样的情形，而且后来形成了一股社会思潮并推动了立法和司法的发展。但这样的话语或者学说的背景，在西方法治国家即使存在，也绝非如我们这种情形。

而且，即使想表达"法院有义务保障当事人行使辩论权并受之约束"这种原理——即使它也应该是辩论主义的题中之义——但如德国法也并未将其放在辩论主义里去解决，而主要是借助于基本法上的听审请求权来处理。在德国基本法 103 条第 1 款规定，任何人于法院之前均享有法定听审请求权（Anspruch auf rechtliches Gehör），法院有义务向当事人提供平等的机会，以使其在裁判前表达其对作为法院裁判基础的案情事实和法律的观点。当事人应该在涉及其权利的裁判作出之前发表意见，以便可以对程序及其结果施加影响。法院如果因为疏忽而未就当事人申请的证据进行调查等情形，或者限制了当事人的陈述权，则被认为是侵犯了该当事人的这种基本法上的权利。[①] 对此，宪法法院可以予以救济。

三、该文认为，在德国民诉法上，"当事人和法院为了有效、快速地解决争议就必须合作。因而人们完完全全可以说适用的是'协同主义'（Kooperationsmaxime）"。尽管现代民事诉讼非常强调当事人与法院之间的合作，而且对辩论主义进行修正已经成为一种主流趋势，但个人认为，使用"协同主义"或者"协动主义"这样的概念还是有相当大的危险性。"协同主义（协动主义）"主张者 Wassermann 就认为，法官必须与当事人对案件中的法律问题与事实问题进行全面的讨论，只要直接有益于当事人权利请求之必要的事实主张，法官即需为事案解明。[②] 而德国主流观点以及民诉法修改时所

---

① 蓝冰:《德国民事法定听审请求权研究》，西南政法大学 2008 年博士论文，第 50 页以下。

② 刘明生:《对协同主义之检讨》，载《民事程序法研究》第十二辑，第 94 页。

采取的态度是修正辩论主义而非协同主义。① 对此任重也指出：除了概念和具体主张上的缺陷，协动主义还存在极大的风险，进而可能最终使民事诉讼变成不切实际的"国家福利"并走向"社会浪漫主义"（Sozialromantik）此外，协动主义的具体主张还有意无意的忽略了法官的中立性和实体权利保护。② 笔者较为赞同王次宝的观点，即"协动主义由于缺乏个性内容和可操作性，不具备成为独立诉讼模式的条件，只能沦为当事人主义模式的附庸，或者当事人主义与职权主义结合的'乌托邦'，而不能作为我国司法改革的方向"。③

十六、评议意见

中央财经大学法学院 刘君博

段老师与韩老师的大作均是关于民事诉讼法基础理论功力深厚的佳作，读罢令人倍感振奋，可谓是学界近年来对于当事人主义、辩论主义等基础理论问题研究之集大成者。

以下分别就两篇大作提出自己读后的一点感受，供批评指正！

段老师大作以"对象、方法和程序"作为制度化当事人主义的基本维度，在充分引介、吸收和内化德、日大陆法系相关理论的基础上，提出我国庭审程序集中化的合理路径。全文从理论框架、方法选择到制度建构一气呵成，结构严谨、逻辑清晰，足见段老师对于要件事实、庭审阶段化理论把握之功力，十分令人钦佩。韩老师雄文的学术野心显然更为宏大，开篇即以"辩论主义的开放式界定"作为研究起点，是少有的是试图从法哲学层面重构当事人与法院关系理论框架的力作，其中，对辩论主义命题的规则分析颇具匠心。最后，又以再审事由的再阐释回应辩论主义的核心命

---

① 刘明生：《对协同主义之检讨》，载《民事程序法研究》第十二辑，第 95 页。
② 任重：《民事诉讼协动主义的风险及批判》，载《当代法学》2014 年第 2 期。
③ 王次宝：《反思协动主义》，载《清华法学》2010 年第 4 期。

题，一气呵成，首尾呼应。两篇大作都彰显出了民事诉讼基础理论的蓬勃生机和独特魅力，两位作者不约而同地选择归回到中国本土民诉制度和程序的重构与解释，也进一步印证了民诉法学界解释论研究范式的成熟，其积极意义更为深远。

与此同时，两篇文章均选择了不同于一般"技术化"进路的研究方法，在文章的立论基础与内在逻辑结构上可能会产生一些较为令人费解之处。申言之，段老师大作所采之理论框架、研究方法在学界可谓已经形成高度共识，但请求权基础以及要件实事的"法律人思维方式"是否必须通过同样"顺序"的庭审程序才能实现呢？如果要得出这样的结论似乎还需要进一步论证庭审的功能究竟为何？以及在"程序分化"和"繁简分流"的背景下，强调"顺序"的一致性是否还有同样意义？韩老师大作视野宏大、理论扎实，但"辩论主义开放式界定"这一命题与合作原则的关系以及用我国再审事由去印证其解释力优势的内在逻辑尚需进一步阐明，或者说，相较于修正的辩论主义、协同主义等理论模型而言，辩论主义开放式界定的解释力优势似乎并未得到很强的印证。

阅读两篇佳作感觉受益良多，一点浅见求教于方家。

十七、评议

北京大学　傅郁林

一、段文波《当事人主义：对象、方法与程序》一文的评议

感觉这篇文章尚未完成，所以不大好评论。

文章的主要缺点是核心概念使用混乱，其内涵、外延缺乏应有的界定和前后一致性。比如，标题"当事人主义：对象、方法与程序"，什么是"当事人主义的对象"？作者引证了20年前的一个语焉不详的结论"当事人主义的程序体制包含了三个要素：顺序、对象与方法"。

再比如，什么是审判对象？作者前面说，"审判的首要对象就是实体法

规范的法律效果，其次是支撑法律效果发生的要件事实，最后才是证明要件事实的证据。"后面又说，"审判对象在理论上叫作诉讼标的。为了让研究更接'地气'，同时避免本文卷入诉讼标的的论争，本文暂且抛开诉讼标的这一概念，仅用审判的对象。"那么，诉讼标的与审判对象是同一层次的概念吗？如果是，那要件事实和证据也是审判对象吗？如果不是，那作者究竟要表达什么意思？

另外，文章资料比较陈旧，对90年代以来及本世纪以来世界性的诉讼制度改革动态缺乏关注，影响了作者的一些立论。比如，英国98年以后的民事诉讼法赋予法官在控制程序方面的巨大职权，以主开庭日（main hearing）为核心的阶段化程序结构，特别是法官在庭审中职权询问和事实调查模式，已经将它与德、日、西班牙划为一族。日本在1996年和2003年的民事诉讼法修订对于程序结构和权限配置也进行了重要调整，德国、台湾地区也有不同程度的修整，而中国对于当事人主义和辩论主义的讨论和认识早已超越了90年代的水平。但作者对国内外文献的援引都有不少90年代甚至更早期的成果。

二、评韩波《民事诉讼中的辩论主义与合作原则》

总体而言，感觉这是一篇思索良久、充分论证的力作，我给80分以上。

赞成这一结论：辩论主义的内涵界定可以有封闭式与开放式之分，封闭式的辩论主义只明确当事人辩论行为在事实认定方面对法官的约束力。德国、日本民事诉讼理论多采封闭式界定，辩论主义仅仅涉及材料的收集，它与当事人对诉讼标的的处分没有关系。处分主义的内涵是相对确定的，吸纳辩论主义的意旨存在与用语本意的冲突。作者明确宣称将"以辩论主义的开放式界定作为本文阐述、论证的概念起点"，如此开宗明义地界定"本文"的概念并陈明理由，是值得称道的。

不过，不赞成这一结论或方法：辩论行为支撑整个民事诉讼过程，辩论主义吸纳处分主义具有语言与实践的内在一致性，亦即辩论过程可以包含处分行为。什么是作者定义的处分权主义？如果处分权主义意味着在实体权利救济层面上的当事人处分权以及以此为基础的程序处分权，那么作者将辩论主义的外延延伸到处分权主义，就打破了事实层面上的辩论主义与权利诉求上的处分权主义之间的逻辑层级，而这一路径选择可能为作者后文的展开论证埋下了难以自拔的泥淖和陷阱，特别是当作者试图援引其他大陆法系国家的辩论主义理论并与其相应规范进行对话或对质时，尽管作者十分清醒地意识到并不忘记频频关照自己的概念，但中外概念的基础性差异每每使其顾此失彼。

比如，在引证《德国民事诉讼法》中的辩论主义规范时，作者援引了罗森贝克及其传人的教科书中"辩论原则亦被称为提出原则"，却回避了此处的"提出"是哪个层面上的——提出实体权利诉求或救济抑或提出事实？然后直接转向在德国民事诉讼法的具体规定中寻找作者自己定义的"辩论主义第一命题、第二命题"，然而从以下的论证中仍未发现第二命题制约的是哪个意义上的法官权力、又如何体现了处分权主义？于是我随着作者的努力一起转向法国寻找救命稻草——洛伊克·卡迪耶语境中的"当事人处分原则"！可是作者自己在括号里都不好意思地解释了，这个被称为"处分原则"的玩艺就是"诉讼由当事人掌控"，那么它与处分权主义有什么关系呢？甚或仅仅是不同语种的概念选择和（或）术语翻译时产生的差异呢！

中国部分的总论比较空泛，需加强论证或者作为本节主体部分论述之后的小结。另外还有些表意不准确而影响大义的一些具体问题：比如，再审规范应改为再审事由，然后通过强调再审事由是中国审判监督程序评价错案的法律标准，才能论证通过再审事由窥见辩论主义命题的中国表达，否则再审程序由于其本身在功能定位上的特殊性，肯定不是体现和表达辩论主义的最佳场域。当终于看到作者提到200条将原裁判遗漏或者超出诉讼请求明确规定为再审事由时，我会心地笑了——作者煞费苦心将辩论主义延伸到处分权主义，就是为了这一事由进行铺垫吧？其实这一问题完全可以作为一个前言性的交待妥善处理——这一规定作为中国已经确立了处分权主义的一个标志是能够立住、不必展开的；一笔带过之后，直接进入我国尚未确立的辩论主义的主题岂不省事！而且如此处理还不会将第一命题与第三命题拦腰切断。

民事诉讼法与民法的对话

（烟台大学）

报告人：房绍坤、任重

房绍坤，1962年10月生，男，汉族，辽宁康平人，法学博士、教授、博士生导师，烟台大学校长，兼任教育部高等学校法学类专业教学指导委员会委员、中国法学教育研究会副会长；全国优秀教师、首届国家级教学名师、新世纪百千万人才工程国家级人选、全国文化名家暨"四个一批人才"、国家"万人计划"哲学社会科学领军人才，享受国务院政府特别津贴。在《中国社会科学》《中国法学》《法学研究》等杂志发表论文160余篇，出版学术著作、教材60余部，承担国家社科基金重点项目1项、一般项目2项，省部级课题7项，《公益征收法研究》获教育部第七届高等学校科学研究优秀成果奖（人文社会科学）二等奖，获其他省部级科研成果和教学成果获省部级以上奖励25项。

任重，男，1985年生，现任清华大学法学院助理教授，首批仲英青年学者。2004年起就读于清华大学，获法学学士、法学硕士（优秀硕士毕业生、优秀毕业论文）。2009年起就读于德国萨尔大学，获法学硕士、法学博士（国家留学基金委高水平项目）。2013年至2015年在清华大学从事博士后研究（优秀博士后）。曾在《中国法学》《法学研究》等刊物上发表学术论文20余篇，出版德文专著1部，编辑《民事程序法研究》（中国民事诉讼法学研究会会刊）5部，主持教育部、司法部、北京社科基金等省部级课题4项。2015年获第四届全国中青年民事诉讼法学优秀成果奖论文类一等奖，2016年获第四届"董必武青年法学成果奖"二等奖。主要研究领域为民事诉讼基础理论，长期关注民事诉讼法与民法的衔接。

民事诉讼法研讨一

民事诉讼视角下的我国物权法第 28 条

任 重[*]

张卫平教授在《对民事诉讼法学贫困化的思索》[①]一文中指出,程序与实体的分离是制约我国民事诉讼法学发展的重要因素之一。《物权法》第二十八条的相关研究也能一定程度反映出上述分离:[②]一方面,面对民法学界将《物权法》第二十八条中"法律文书"主要限定为形成判决的观点,民事诉讼法学尚未作出充分回应;另一方面,对该条在民法学界中可能具有的一般认识也并没有得到民事诉讼具体制度研讨的了解和贯彻,例如第三人撤销之诉结果条件是否与《物权法》第二十八条存在制约关系。基于此,我将在上述两方面,以诉讼法为视角对《物权法》第二十八条进行论述。需要指出的是,下述文字是在《形成判决的效力——兼论我国物权法第二十八条》之外所做的补充性说明,我的报告依旧将以该文为重点展开,期待各位与会老师批评指正。

一、《物权法》第二十八条与形成判决效力

根据《物权法》第二十八条,"因人民法院、仲裁委员会的法律文书或者人民政府的征收决定等,导致物权设立、变更、转让或者消灭的,自法律文书或者人民政府的征收决定等生效时发生效力"。该条规定虽然处于《物权法》中,却也同时具有诉讼法意义,其圈定了能够变动物权的民事生效裁判范围。据此,并非所有人民法院作出的法律文书都在生效时发生变动

---

[*] 清华大学法学院助理教授,法学博士。本文是对《形成判决的效力——兼论我国物权法第二十八条》(载《政法论坛》2014 年第 1 期)的补充和延伸。

[①] 张卫平:《对民事诉讼法学贫困化的思索》,载《清华法学》2014 年第 2 期。

[②] 由于能力和时间的限制,我的讨论限定在《物权法》第二十八条中人民法院作出的法律文书。

物权的实体法律效果。然而通过文义解释限定法律文书范围的进一步尝试将可能陷入循环论证，即只有"导致物权设立、变更、转让或者消灭"的法院生效裁判，自生效时产生变动物权的实体法律效果。对此尚需结合立法理由、条文释义与相关法院判例以及民法学者的理论观点进行补充。《物权法》第二十八条的立法理由认为，① 这里的法律文书是指依其宣告就足以发生物权变动效果的判决书、裁定书、调解书等。例如离婚诉讼中确认当事人一方享有某项不动产的判决、分割不动产的判决、使原所有权人回复所有权的判决，属于这里的法律文书。② 立法理由对《物权法》第二十八条的解读采取了一般加列举的方式，首先强调能够直接变动物权的法院生效裁判须具备"依其宣告就足以发生物权变动效果"的特性，其次又列举出三种符合要求的法院生效裁判，使一般限定更为具体和易理解。立法理由的基本要求得到了最高人民法院相关释义的贯彻，其认为并非人民法院作出的所有法律文书都可以直接引起物权变动，一般认为能够直接引起物权变动的法律文书限于法院作出的形成判决。形成判决是指变更或者消灭当事人之间原来存在的没有争议的民事法律关系的判决，如分割共有财产的判决。给付判决、确认判决以及各种命令、通知等都不能直接引起物权变动。③ 与立法理由和最高人民法院适用意见一致，民法学者在相关论著中也认为，《民事诉讼法》第二十八条中人民法院法律文书一般限于形成判决。

---

① 我国法律颁布实施的同时并不会出台官方的"立法理由书"，但全国人民代表大会法律委员会和全国人民代表大会常务委员会法制工作委员会却会针对新法出版条文释义丛书。在不存在与法律同时颁布的"立法理由书"时，尽管上述条文释义作为立法理由的观点还需进一步论证，但较无争议的是这些条文释义可以间接反映出相关法律条文的立法讨论及其理由。

② 胡康生：《中华人民共和国物权法释义》，法律出版社 2007 年版，第 78~79 页。

③ 黄松有：《〈中华人民共和国物权法〉条文理解与适用》，人民法院出版社 2007 年版，第 124 页。

④ 参见崔建远：《物权法》，中国人民大学出版社 2014 年版，第 65 页；崔建远：《物权：规范与学说》，清华大学出版社 2011 年 2 月第 1 版，第 198 页；程啸：《因法律文书导致的物权变动》，载《法学》2013 年第 1 期；王明华：《论〈物权法〉第二十八条中"法律文书"的含义与类型》，载《法学论坛》2012 年第 5 期；房绍坤：《导致物权变动之法院判决类型》，载《法学研究》2015 年第 1 期。

民事诉讼法研讨一

因此，民事诉讼形成判决可能成为解读《物权法》第二十八条中"法律文书"的一把钥匙。我的相关论述集中在《形成判决的效力——兼论我国物权法第二十八条》一文，① 下面仅就对该问题的进一步思考和对之前观点的修正加以论述。

根据我国法律关于形成权的规定，我在《形成判决的效力——兼论我国物权法第二十八条》一文中将其划分为五个基本类别，第一类法律规范未规定以诉的方式行使；第二类虽然为规定须以诉的方式行使，但规定发生争议时可以向人民法院起诉；第三类法律规定将形成权的行使方式限定为"登记机关或人民法院"；第四类规定"人民法院或仲裁机构"；第五类仅规定"人民法院"。其中只有第四类和第五类可能归入形成判决范畴，并进入《物权法》第二十八条"法律文书"的视野（论文第58页）。在此基础上可进一步限定为原所有权人回复所有权的法院判决或仲裁裁决（论文第61页）。

经过进一步研究，协议不成时请求法院分割共有财产获得的胜诉判决也符合形成判决的特征。请求法院分配共有财产的形成诉权具体表现为离婚诉讼和共有物分割诉讼两种类型。以离婚诉讼为例，其可以细分为四类不同的诉讼请求，一是解除婚姻人身关系，二是解除财产共同制关系，② 三是请求确认财产分配协议的内容，四是协议不成请求法院分割共有财产。其中前两类诉讼请求为形成诉讼，婚姻人身关系的解除并不发生物权变动的法律效果，财产共同制的解除也只是面向未来消灭既存实体法律关系，而不改变所有权状态。同样不会发生物权变动的还有第三类请求：由于夫妻双方已经就共同财产分配达成一致意见，因此法院相关判决内容是对既有实体法律关系的确认，在性质上根据当事人的具体诉讼请求属于确认之诉或给付之诉，并不发生直接变动实体法律关系的效果，因此夫妻共

---

① 任重：《形成判决的效力——兼论我国物权法第二十八条》，载《政法论坛》2014年第1期。

② 虽然结婚往往伴随着财产共同制，但其依旧是两种类型的实体法律关系，例如根据《婚姻法》第19条，夫妻可以约定婚姻关系存续期间所得财产归各自所有，因此财产共同制是独立于婚姻人身关系的实体法律关系。

有的房屋在一方按照离婚判决进行自愿履行或者强制执行之前，根据《物权法》第九条依旧为夫妻二人共有。然而，司法实践中的当事人双方并非总能够就共同财产分配达成一致意见。在无法达成相关协议时，当事人一方可以根据《婚姻法》第三十九条请求人民法院作出判决。由于在法院的判决之前并不存在就共有物分割协商一致的既存实体法律关系，因此具体分割内容难以理解为确认判决或给付判决，而应当被理解为创设法律关系的形成判决。对此，有两条进路可供考量，一种思路是认为通过法院判决替代当事人之间的分配协议，进而通过形成判决创设债权债务关系；另一种思路是认为法院确定的分配方案具有直接变动物权的效果，并根据《物权法》第二十八条在判决生效时变动物权。我国台湾地区采取第二种做法，例如依据台湾地区"民法"第八百二十四条第二项关于分割不动产之规定而使共有人就共有之不动产取得分得部分之所有权的判决。① 我国共有物分割类型的形成判决具有何种性质的法律效果并未被法律和相关司法解释明确规定。有观点认为，分割共有物的判决是《物权法》第二十八条的适用情形。② 尽管如此，依旧有必要对相关判决的不同内容根据其性质加以细分。由于对当事人财产分配协议进行确认的判决内容并非形成判决，而是确认判决或给付判决，因此认为确认当事人一方享有某项财产的判决和分割财产的判决都具有物权变动效力的观点值得商榷。只有在无法达成财产分配协议，根据法律明确规定请求法院对共有物进行分割而获得的相关判决才是形成判决，才可能具有物权变动的法律效力。因此，除了原所有权人回复所有权的法院判决或仲裁裁决这一类型，还包括协议不成请求法院分割共有财产的重要类别。

虽然在形成判决适用范围还将囊括协议不成分割共有财产的情形，但是并不会因此扩大裁判主体的范围，因为根据《婚姻法》第三十九条结合第三十一条，到登记机关申请离婚以自愿且对财产有适当处理为前提。因此形成判决依旧只可能存在于"请求法院"以及"请求法院或仲裁机关"

---

① 王泽鉴：《民法物权》，北京大学出版社2009年版，第79页。
② 胡康生：《中华人民共和国物权法释义》，法律出版社2007年3月第1版，第78~79页；崔建远：《物权法》，中国人民大学出版社2011年版，第64页。

的相关法律规定。

二、《物权法》第二十八条的诉讼法价值：
以第三人撤销之诉为例

第三人撤销之诉可谓 2012 年民事诉讼法修改前后讨论最为充分和热烈的话题，其具体指向《民事诉讼法》第五十六条第三款，"前两款规定的第三人，因不能归责于本人的事由未参加诉讼，但有证据证明发生法律效力的判决、裁定、调解书的部分或者全部内容错误，损害其民事权益的，可以自知道或者应当知道其民事权益受到损害之日起六个月内，向作出该判决、裁定、调解书的人民法院提起诉讼。人民法院经审理，诉讼请求成立的，应当改变或者撤销原判决、裁定、调解书；诉讼请求不成立的，驳回诉讼请求。"

其中第三款第一句构成了第三人撤销之诉的起诉条件，第二句规定了第三人撤销之诉的裁判形式与法律效果。第三人撤销之诉的起诉条件包括以下六项：1、主体条件为"前两款规定的第三人"；2、程序条件为"因不能归责于本人的事由未参加诉讼"；3、"有证据证明发生法律效力的判决、裁定、调解书部分或者全部内容错误"作为实体条件；4、"损害其民事权益"为结果条件；5、时间条件为"自知道或者应当知道其民事权益受到损害之日起六个月"；6、管辖法院是"作出生效判决、裁定、调解书的法院。"① 具体如表 1 所示。

---

① 参见奚晓明：《〈中华人民共和国民事诉讼法〉修改条文理解与适用》，人民法院出版社 2012 年版，第 104~108 页；广东省高级人民法院民事裁定书（2014）粤高法立民终字第 34 号。

表 1 《民事诉讼法》第 56 条第 3 款起诉条件列表

1. 起诉条件	《民事诉讼法》第 56 条第 3 款第 1 句与第 119 条：哪些要件是起诉条件，哪些要件是胜诉条件	
（1）主体条件	《民事诉讼法》第 56 条第 1 款：有独立请求权第三人	《民事诉讼法》第 56 条第 2 款：无独立请求权第三人
（2）程序条件	《民事诉讼法》第 56 条第 1 款、《民诉法解释》第 81 条第 1 款第 1 句（原《民诉意见》第 65 条）：有权起诉，成为当事人	《民事诉讼法》第 56 条第 2 款、《民诉法解释》第 81 条第 1 款第 2 句（原《民诉意见》第 66 条）：申请参加或通知参加
（3）实体条件	《民事诉讼法》第 170 条第 1 款第 2 项：事实认定错误与适用法律错误；《民诉法解释》第 296 条：判决、裁定的主文和调解书中处理当事人民事权利义务的结果	
（4）结果条件	《物权法》第 28 条：生效裁判作用方式	
（5）时间条件	《民事诉讼法》第 56 条第 3 款第 1 句、《民诉法解释》第 292 条、《审判监督程序解释》第 5 条第 1 句：起算时点的确定	
（6）管辖法院	《民事诉讼法》第 56 条第 3 款、《民诉法解释》第 292 条：作出生效裁判的人民法院	
2. 裁判方式与法律效果	《民事诉讼法》第 56 条第 3 款第 2 句、《民诉法解释》第 300 条：胜诉判决的类型是形成判决抑或混合判决	
3. 派生问题（部分）		
（1）审级问题	《民事诉讼法》第 207 条、《民诉法解释》第 300 条第 2 款：第三人撤销之诉是新诉还是再审	
（2）与再审的关系	《民事诉讼法》第 227 条、《民诉法解释》第 301 条和第 303 条：是否与案外人申请再审具有竞合关系以及优先适用问题	

民事诉讼法研讨一

由于第三人撤销之诉的 6 项起诉条件之间存在并列关系，因此《物权法》第二十八条对第三人撤销之诉具体适用范围的确定具有关键作用，前诉生效裁判导致民事实体权益损害正是《物权法》第二十八条所描述的非依法律行为导致物权变动子集。不仅如此，这同样是第三人撤销之诉不同观点之间潜在的根本分歧。以第三人撤销之诉三个阶段讨论中常被提及的情形为例，前诉中虚假诉讼当事人甲和乙恶意串通，通过捏造事实和伪造证据使法官判定本属丙所有但为乙合法占有的名表为乙所有，甲乙之间签订有关于名表的买卖合同，甲已经按照合同约定先给付相应价金，因此法院判决乙向甲给付该名表。对此，是否该判决一经生效丙就丧失了对名表的所有权。由于民事诉讼学者对这一问题存在不同见解，也就相应影响其对第三人撤销之诉结果条件的认识和界定。虽然秉持不同立场的观点并非总是以法律解释为视角观察结果条件，但对虚假诉讼与恶意诉讼受害人的救济却须以其民事权益受到前诉生效裁判的实际侵害作为必要前提。

结合民法关于形成诉权的具体规范，我国民法中，权利人请求人民法院变动实体法律关系的规范可以被归纳为请求法院变动人身关系和请求法院变动财产关系两个大类。前者原则上并不存在以此损害案外第三人民事实体权益的理论可能，相关司法实践中也尚未出现人身权利侵害型虚假诉讼，当然是否存在特别情形还有待民事司法实践的进一步检验。第三人撤销之诉结果条件的限定主要针对财产关系类型，其又包括两个子项：一项是请求法院变动债权债务关系，如《合同法》第 54 条。然而基于债的相对性原则，前诉中获得的变动债权债务关系的形成判决，原则上不会损害案外第三人的民事实体权益。另一项是请求法院变动物权关系。变动物权关系的形成诉权规定可以被进一步分为两种情形：一种是合同被撤销后前诉当事人回复所有权；另一种是协议不成时请求法院分割共有财产。因此，以我国《物权法》第二十八条为依据，《民事诉讼法》第五十六条第 3 款结果条件中，生效前诉裁判侵害民事实体权益的范围也原则上限于上述两种生效裁判，这构成了实体权益侵害性前诉的全部类型，如图 1 所示。

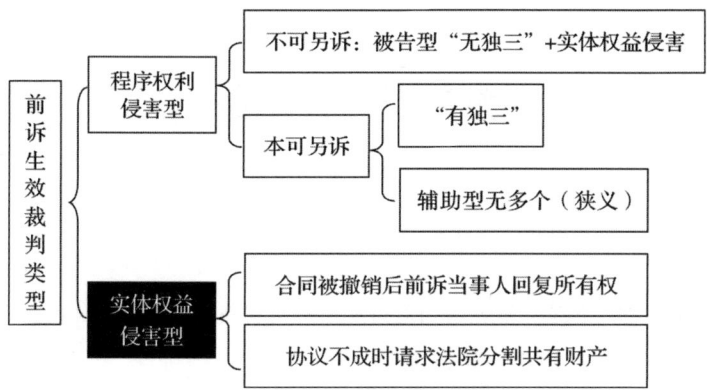

图1 第三人撤销之诉程序条件和结果条件体系解释图

补充说明:

1.《最高人民法院关于适用〈中华人民共和国民事诉讼法〉若干问题的意见》(简称《民诉意见》)。

2.《最高人民法院关于适用〈中华人民共和国民事诉讼法〉审判监督程序若干问题的解释》(简称《审判监督程序解释》)。

专题研讨会纪要

曹云吉[*]

会议主题：民事形成判决问题研究——从程序和实体角度观察
时　　间：2015 年 6 月 27 日
地　　点：烟台大学第一会议室

主 持 人：何　燕　烟台大学法学院副教授
报 告 人：房绍坤　烟台大学法学院教授
　　　　　　　任　重　清华大学法学院助理教授
特邀嘉宾：（以接受邀请的先后为序）
　　　　　　张卫平　清华大学法学院教授
　　　　　　熊跃敏　北京师范大学法学院教授
　　　　　　张平华　烟台大学法学院教授
　　　　　　范李瑛　烟台大学法学院教授
参会人员：（以接受邀请的先后为序）
　　　　　　赵信会　山东财经大学法学院法学院教授
　　　　　　张海燕　山东大学法学院教授
　　　　　　关　涛　烟台大学法学院教授
　　　　　　刘经靖　烟台大学法学院教授
　　　　　　王洪平　烟台大学法学院教授
　　　　　　许　可　国际关系学院副教授
　　　　　　林剑锋　中央财经大学法学院副教授
　　　　　　马　丁　南京师范大学法学院副教授

---

[*] 曹云吉，清华大学法学院博士研究生。

刘哲玮　北京大学法学院讲师
张玉东　烟台大学法学院副教授
于海防　烟台大学法学院副教授
李　华　中国海洋大学法学院讲师
周洪江　鲁东大学法学院讲师
陈　浩　烟台大学法学院讲师
熊德中　烟台大学法学院讲师
王超政　烟台大学法学院讲师
曹云吉　清华大学法学院博士研究生
曹建军　清华大学法学院博士研究生

2015年6月27日，由中国民事诉讼法学研究会主办，烟台大学承办的紫荆沙龙顺利召开。会议开始时，张卫平教授代表中国民事诉讼法学研究会致辞，并指出"这次研讨会无疑是高层高端的研讨会。此次论坛是实体法与诉讼法学者的一次深入交流，以往的会议很少有这样的一种形式和机会。这种形式可以打破学科界限，进行充分交流。从房绍坤教授撰写的文章来看，他的文章内容已经超越了实体法，很好地结合了诉讼法来研究实体法的相关问题。他的这篇文章对于我们学习民事诉讼法的人也有很大的启示。在程序法方面，我们特别希望接近实体法的学者，进而能够将两者很好地结合起来。由于在程序法的法学教育方面，我们对实体法的很多重要的理论不是特别了解，所以我相信通过这一次双方的交流，对于民事诉讼法学的发展会有很大助益"。

烟台大学法学院院长张平华教授代表烟台大学致辞，感谢民事诉讼法学研究会将这样一个高端的会议由烟台大学法学院承办，相信今天的论坛会将其中的很多问题搞清楚。他并指出，在制定民法典的当前格局下，实体法与诉讼法的交流是非常重要的。相信会议一定会取得丰硕的成果。

此次论坛的主报告人为烟台大学校长房绍坤教授、清华大学助理教授任重博士。在论坛当中，两位主报告人分别就自己的报告进行了详细的介绍，并对论文中的相关的理论问题与与会专家学者进行了详细的探讨。

一、报告人的主要观点

房绍坤教授的文章总体上先从宏观方面探讨了能够导致物权变动的法院判决包括刑事判决和民事诉讼判决，进而指出民事诉讼判决中只有形成判决可以导致物权变动，而给付判决和确认判决则不能，进而能够导致物权变动的民事形成判决也存在相应的具体类型，换句话说，并非所有的形成判决均具有物权转移效力。

同时，房教授指出："从域外立法例来看，因法院判决导致的物权变动，立法上仅规定了不动产物权取得的情形。当然也有的立法规定了个别情形下法院判决可以导致物权消灭。但从我国物权法第二十八条的规定来看，物权变动的情形包括物权的设立、变更和消灭，且涵盖了不动产物权和动产物权。因此，因法院判决导致的物权变动既包括不动产物权变动，也包括动产物权变动，其变动形态包括物权的设立、变更和消灭。至于导致物权变动之法院判决的范围界定，需结合判决的属性、效力、案型分别加以判断。就法院判决书性而言，能够导致物权变动的法院判决除民事判决外，还包括刑事判决，但不包括行政判决。在民事判决中，只有形成判决才能导致物权变动。因此在解释上，应当对导致物权变动的法院判决进行目的性限缩解释，以防止物权法第二十八条的扩大化适用，损害相关权利人的利益。从我的研究来看，能够导致物权变动的典型形成判决包括分割共有物的判决、撤销合同的判决、撤销债务人损害债权行为的判决三类。当然在此三种典型类型之外，以我所述的原理为一句，也还存在其他的可能导致物权变动的形成判决。例如在地役权无存续必要的情况下，供役地权利人有权申请法院宣告地役权消灭。这种判决书形成判决，可以导致地役权消灭的物权变动。"

任重博士的文章首先论述了形成权的产生过程，进而对我国形成诉权的裁判主体、形成诉权的具体范围、形成判决与物权变动，以及可以导致物权变动的法律文书种类等进行了详细的讨论。

任重博士指出，程序与实体的分离是制约我国民事诉讼法学发展的重要因素之一，物权法第二十八条的相关研究也能一定程度上反映出上述分离：一方面，面对民法学界将物权法第二十八条中的法律文书主要限定为形成判决的观点，民事诉讼法学尚未做出充分回应；另一方面，对该条在民法学界中可能具有的一般认识，也并没有得到民事诉讼具体制度研讨的了解和贯彻。基于此，其将上述两方面，以诉讼法为视角对物权法第二十八条进行论述，并认为对我国物权法第二十八条中"法律文书"的界定具有理论的必要性和现实的紧迫性。对此，民事诉讼法理在文义解释基础上提供了一种路径。形成判决理论构成了对"法律文书"的范围进行限定的一种途径，通过考察形成判决理论和我国民事法律规范，只有表述为"请求人民法院或仲裁机构"和"请求人民法院"的法律规定可以纳入形成诉权范畴。我国法律将仲裁机构也作为裁判主体可以避免合同案件中因当事人之间存在仲裁协议导致形成诉权无法行使的风险。此外通过考察法院调解书的法律性质和制度构成，因为其中包含了私权处分，因此原则上法院作出的调解书并不发生形成力。除此之外，并非所有的法院形成判决和仲裁机构的形成裁决都生成物权变动效力，原则上只有使原所有权人回复所有权的法院判决或仲裁裁决以及协议不成请求法院分割共有财产的情形才具有变动物权的直接效果。因此，以形成判决及其效力理论为依据，可将我国物权法第二十八条法律文书的范围原则上界定为使原所有权人回复所有权的法院形成判决和仲裁机构的形成裁决，以及协议不成请求法院分割共有财产的情形属于法院判决变动物权的情形。

二、论坛讨论的主要问题

此次论坛当中，主要针对以下实体法与诉讼法相关的理论问题进行了详细的探讨：

民事诉讼法研讨一

（一）能够导致物权变动的法院判决的范围

1.民事判决、刑事判决、行政判决是否均能够导致物权变动。

房绍坤教授认为："能够导致物权变动的法院判决包括刑事判决和民事诉讼判决，而不包括行政判决。"

对于这一问题，关于行政判决不能导致物权变动，与会人员赞同房教授的见解，认为行政判决不能导致物权变动。但是对于刑事判决是否能够导致物权变动，以及导致物权变动的原因则存在不同意见。山东财经大学赵信会教授指出，"并非所有判决均属于导致物权变动的判决，行政判决和刑事判决并非针对当事人的民事实体法律关系，判决形成过程中，当事人没有就民事实体权利义务发表意见的机会，此时直接剥夺其财产权有违正当程序要求。基于此，理论上认为没收财产性缺乏正当性。也是基于此学者建议将刑事诉讼法规定的没收犯罪嫌疑人财产的特别程序限制于特定财产，即犯罪嫌疑人违法所得，此种特别没收或者收缴是以不认可其财产权为前提的。因此该种刑事判决中实际上并不存在物权变动问题"。

对于民事非讼判决是否均不能够导致物权变动，也同样存在争议。

赵信会教授认为："法院的判决可分为诉讼判决和非讼判决，传统非讼判决通常缺乏充分程序保障，其程序也无对立的双方当事人。此时赋予非讼判决与诉讼判决一样的拘束力，显无法理上的正当性。即是说一般情况下，应将非讼判决排除于《物权法》所定的法律文书之外。不过非讼事件与非诉讼事件的划分并非固定的，随着社会的复杂化，为谋求纠纷的迅速解决，而将某些本属于诉讼纷争的事件划归为非讼事件。同时，与诉讼事件、非讼划分的相对性一致，出现了邱联恭先生所谓的诉讼法理和非诉讼法理交错适用的情况。简单地说，即是在某些非讼案件的审理过程中，可对当事人间实体权利争执以诉讼的方法为审判，并因之赋予其与确定判决一样的效力。此时，将此种以诉讼法理审理所得的非讼判决直接排除于《物权法》所定的法律文书之外，显然过于草率。"

山东大学张海燕教授以及烟台大学何燕副教授指出："《民事诉讼法》第一百九十二条规定：人民法院受理申请后，经审查核实，应当发出财产认领公告。公告满一年无人认领的，判决认定财产无主，收归国家或者集体所有。"该条规定的判决即为非讼判决，但是在认定财产无主之后，则收归国家或者集体所有，这应当是非讼判决导致物权变更的情形。

针对这一问题，房绍坤教授认为民事诉讼法的该条规定是值得商榷的，从大陆法系国家的规定来看，判决认定财产无主之后，不能直接发生物权变动，动产的情形下应当适用先占规则，因此动产物权变动的发生是基于先占而发生，而不是基于判决。判决仅仅是对财产是否有主进行判定。同时也应当注意不动产是收归国家或者集体所有。

2. 给付判决与确认判决是否导致物权变动。

房绍坤教授认为，给付判决与确认判决不能导致物权变动。因为给付判决并没有使既存法律关系发生改变，而只是经由判决实现当事人之间既存的法律关系，具有执行力，而不具有形成力。确认判决解决的是当事人之间是否存在民事法律关系的问题，并不改变物权的存在状态，不能为当事人创设新的权利。任重博士对于此见解表示赞同，并认为虽然在给付判决作出后也往往伴随着物权变动的发生，但这却是基于当事人的法律行为或者执行机关的执行行为，并非判决的直接效果。确认判决也不产生物权法第二十八条表述的法律效果。确认判决和给付判决只是由法院确定某一法律关系或某一请求权是否存在，而并非变动既存的法律关系。

3. 仲裁裁决、法院调解书、法院裁定是否可以作为物权变动的依据。

任重博士认为从仲裁的特点来看，其具有民间性、保密性即不公开性，民间性则与形成诉权的要求有较大差异，保密性又与物权变动的公示要求相左。同时仲裁机构对案件的管辖源于当事人的意思自治和处分权，从而作为国家法院的替代机构对民事法律纠纷进行裁决。然而从形成判决的制度机理出发，对于权利行使方式的规定属于强制性规定，当事人没有处分权，其不能依照意思自治将涉及形成诉权的民事案件转交给仲裁机构进行处理。因此从形成诉权与仲裁制度的性质和特点出发，仲裁裁决原则上并不能作为物权变动的依据。这也是在德国民事实体法中关于形成诉权的规定都表述为"通过法院判决"的方式的原因。因此当事人并不能通过仲裁协议改变形成诉权的行使方式。

但我国物权法第二十八条明确规定，仲裁委员会作出的法律文书也可能成为物权变动的直接依据。考虑到我国民事诉讼与民事实体法相关规定的特殊性，宜在合同案件等财产权争议中认可仲裁机构的形成诉权的裁判主体地位，切实保障权利人行使形成诉权，实现民事权益。

任重博士认为，物权法第二十八条中的"法律文书"至少囊括人民法院的判决书和仲裁机构的裁决书。由于法院的裁定书与决定书在性质上有别于判决书，原则上是对民事程序事项而非实体事项的裁判，因此并不产生物权变动的效果。

对于法院的调解书是否会产生物权转移效力，任重博士认为形成力是法院判决效力中极为特别的一类，产生形成力需要有民事实体法与程序法直接和明确的规定。从比较法角度观察，德国民事实体法中关于形成诉权的规定仅允许权利人以诉的方式通过法院的判决实现形成权，从而排除法院的其他法律文书产生形成力。与德国法不同，我国关于形成诉权的规定并未明确规定需要法院以判决的方式做出具有形成力的裁判，因此依旧为与判决具有同等效力的调解书留有余地。

但是调解书虽然被规定与法院判决有同等效力，然而调解书的法律性质依旧与法院判决有实质差别。无论是既有调解协议基础上作出的调解书还是由法院直接作出的调解书，在性质上都是对当事人合意的确认，以此与法院判决相区别。然而，法院调解书中的意思自治成分却与形成诉权以及形成力理论相矛盾：正因为形成诉权对相关人及社会利益的重大影响，法律才明确规定当事人行使此类权利必须以法院形成判决为要件，因此是否存在形成诉权需要法官的独立判断，而不是法官对当事人合意的确认。综上，物权法第二十八条法律文书原则上并不包含法院调解书。

对于这一点，赵信会教授提出以下观点：从国内外物权法的相关规定来看，无论是域外的"未经登记，不得处分"，还是我国法的"不经登记，不发生物权的效力"，都以立法的形式肯定非因法律行为而致的物权变动不具有公示主义之意义，并以不同形式规定，欲使物权取得、变动有对抗第三人的公示意义,须经过登记环节。而这种限制对第三人产生效力的立法规定,无疑也与诉讼理论中的判决效力相对性原则相契合。如果法律文书引起的物权变动的效力仅限于当事人之间的话,那么以仲裁裁决、法院调解书的不公开性、秘密性将之排除于《物权法》规定的法律文书之外,具有非常大的逻辑上的跳跃性;如果认可法律文书所致的物权变动效力属于确定判决的既判力之前提下,以仲裁裁决的民间性排除其物权变动效力,似乎也有一定的勉强。据此,可以认为法院的判决书、调解书以及仲裁机构的仲裁裁决书一般属于可致物权变动的法律文书,原因在于这些法律文书产生的程序中,诉讼当事人均对争议的法律关系或者案件事实进行了充分的争执,或者至少法律已赋予充分的程序机会和程序保障。不能以域外制度之"法院判决"的形式表现而排除法院判决以外的其他法律文书,理由在于法律出于不同的政策赋予某些特定的法律文书具有和法院确定判决书一样的法律效力,按域外"法院判决"的规定可适用于其他具有和法院判决效力一样法律效力的法律文书。

对于裁定是否可以作为物权变动依据,赵信会教授指出:"有些裁定不仅涉及程序事项,还涉及实体问题,如我国《民事诉讼法》所规定的担保物权实现程序以及人民调解书的确认程序,在这些程序中,法院是以裁定处理当事人的实体问题,拒绝承认此种裁定的既判力,并许可当事人有一事不再理原则的例外,显然背离既判力制度的立法目标,也违反诚实信用原则。"

张海燕教授认为,调解协议确认裁定、担保物权实现裁定不能导致物权变动。担保物权的实现裁定的做出,在实践当中审查是非常形式性的。其与物权法第二十八条还是关系不太明确。如果该种如此形式化的审查所做出的裁定也能导致物权变动,那么对于第三人的影响是非常大的。关于调解书包括法院调解书、仲裁调解书是否能够导致物权变动,张海燕教授认为应当谨慎对待。其不应与第二十八条相结合。调解书本质上还是一种合意,如果把它纳入到物权变动的法律文书中,是否有违该制度的立法意图。毕竟其与判决书不太一样。

当然张海燕教授指出执行程序中的不动产转移裁定、拍卖成交裁定、抵债裁定，应该纳入第二十八条中的法律文书中。至于公证债权文书是否可以包括在法律文书中呢？这些都需要大家来探讨。

（二）关于形成判决与物权变动的关系。

1. 形成判决导致物权变动的理论基础

房绍坤教授认为，形成判决之所以可以导致物权变动是基于以下理论逻辑，基于形成权纠纷引起形成之诉，基于形成之诉的判决为形成判决，而形成判决而具有形成力。其逻辑关系是形成权——形成之诉——形成判决——形成力。这种形成力体现在形成判决创造了一种现在还不存在的法律后果或者没有判决就不会存在的法律后果，即设定、变更或撤销一种法律关系。因此形成判决具有设权性或权利变更性，它通过实现要求形成的权利而改变了实体法律状况，既不能执行也不需要执行，正是基于形成判决的这种属性，形成判决才能导致物权变动。

烟台大学关涛教授指出："形成之诉或者形成判决是否能够完全解决物权法第二十八条的问题是存在疑问的，因为从现在来看，确认之诉、给付之诉、形成之诉之间的界限可能越来越模糊，因此其能否成为解决物权法第二十八条的工具可能也是存在问题的。"

刘经靖教授指出："从形式主义模式之基本立场来看，由于例外规则毕竟从形式上突破了以登记为唯一临界点的基本立场。因此，从逻辑上看，在解释技术上，唯以'严格'限定法律文书之范围为基本出发点，才不致于过分削弱形式主义之立场本身。'形成性文书说'借助诉之类型所提供的特定的边界理论隔离出一部分"典型"的法律文书，从而既通过例外性规定解决了法律文书的物权变动地位问题，又不至于显著削弱形式主义模式的地位，故'形成性文书说'诞生后即风靡于形式主义法域。可见，物权法第二十八条的例外规则和"形成性文书说"所构成的搭配实际上是形式主义物权变动立场的必然选择和逻辑延伸。凡继受形式主义物权变动法理之法域必然表现出对例外规则和"形成性文书说"的接受，并呈现出高度的一致性。"

王洪平教授指出："只有具备形成性效力的法律文书才能导致物权变动不仅仅只是一个概念上的逻辑推导问题，如此主张的原因在于'形成性效力'的概念内涵与物权变动的效力内容直接吻合。'形成之诉'仍不失为一种独立的诉的类型，因而认为只有基于形成之诉的形成判决才能产生导致物权变动之直接结果的观点是可以站得住脚的。既然能够导致物权变动结果的法院判决以'形成判决'为必要条件，那么讨论何为形成判决，进而讨论何为形成之诉，并进而界定形成之诉的类型，就是厘清《物权法》第二十八条规定之'法律文书'的范围所必须的。"

进而，王洪平教授认为"能够导致物权变动的形成判决，必须是以物权变动为判决主文内容（之一）的形成判决；如诉的标的非以物权变动为内容，则该形成判决同样不具有物权变动的效力。"

许可副教授对于上述见解表示赞同，并认为："所谓能够导致物权变动的法律文书，以判决为例，其适当的表述应当是'本案系争房屋之所有权移转于原告'（而非'被告应交付本案系争房屋'），或者'被告于本案系争原告房屋上设立之抵押权消灭'（而非'被告于本案系争房屋上不存在抵押权'），或者'原告于本案系争土地上之土地经营权之期限应变更为30年'（而非'原告于本案系争土地上之土地经营权之期限为30年'）。根据既判力理论，只有确定判决中的主文部分才有可能导致物权变动，判决理由不能导致物权变动；根据处分权主义，只有当事人以上述所示变动物权为诉讼请求的胜诉判决或者根据法律规定可直接导致物权变动的诉讼请求之胜诉判决才会导致物权变动。"

2. 能够使得法院作出形成判决的形成权类型

（1）形成权的类别

房绍坤教授指出，现在的民法学说关于形成权的定义则存在狭窄的一面，即无法涵盖形成诉权的情形。现在的民法学说通说认为，形成权是指依当事人一方的意思表示而使民事法律关系发生、变更或消灭的权利。但由于其不能完全涵盖单纯形成权与形成诉权，因此房教授认为，形成权应当界定为"指依当事人的意思表示或许经法院确认当事人的意思表示而使

民事诉讼法研讨一

民事法律关系发生变动（发生、变更、消灭）的权利"。其中，依当事人一方的意思表示即可以使民事法律关系发生变动的形成权称为单纯形成权，当事人一方的意思表示需经法院确认才能使民事法律关系发生变动的形成权称为形成诉权。而之所以将上述两种权利均称之为形成权，则是因为两者在本质上有一个共同点，那就是形成效果的发生均基于当事人的形成权的行使的意思表示。因为单纯形成权是基于当事人一方的意思表示而产生效果，而基于形成诉权引发的形成之诉目的仅在于审查形成诉权的要件是否完备，而不在于审查形成权人意思表示的效力。同时尽管形成诉权只能通过诉讼方式行使，但法院最终作出的形成判决（完成的形成行为）有赖于形成权人的意思行为，而形成权相对人必须接受法院作出的形成后果。

任重博士在梳理了德国相关的形成诉讼的理论之后，认为"在德国，实际上是首先出现了形成之诉，而后德国的实体法学者在此基础上提出了形成权这一实体法律概念"。而正是基于这种历史原因，广义的形成权实际上包含着两种形成权，即狭义的形成权与形成诉权。前者可依单方行为变动与他人之间法律关系的权利范围以及权利行使的条件，而这需要有法律的明确规定。这就是狭义上的形成权。而一些对相对人利益或社会利益产生重大影响的事项，按照法律规定必须经过法院的检查性判决或者对于符合法律设定的前提条件的确认性判决才能够实现变动法律关系的效果，而这些特殊的法律规定即确定了形成诉权的作用范围。

同时任重博士根据我国现行法律规定，认为我国现行法律中存在以下五类形成权的规定：

第一类法律规范并未规定以诉的方式行使形成权，在性质上属于狭义的形成权，例如合同法第四十七条限制行为能力人订立合同时法定代理人的形成权，合同法第四十八条和第五十一条被代理人和权利人的形成权；

第二类虽然并未规定以诉的方式行使，但规定发生争议时可以向人民法院起诉。例如合同法第九十六条。通过文义解释可以确定这并非关于形成诉权的规定。同时此类诉讼在性质上属于确认之诉而非形成之诉，甚至不属于"非真正形成之诉"。

第三类法律规定将形成权的行使方式限定为向"登记机关或人民法院"提出请求，例如婚姻法第十一条，"受胁迫一方可以向婚姻登记机关或人民法院请求撤销该婚姻"。是否可以将此类规定作为形成诉权的适用范围是存在疑问的。从文义解释出发，一方面受胁迫方只能请求婚姻登记机关或人民法院撤销该婚姻，而不是请求确认撤销效果，因此较一般形成权在行使方式上更为严苛。但另一方面，法律又不要求受胁迫一方必须以诉的方式通过法院的判决撤销婚姻，受胁迫方同样可以向婚姻登记机关请求撤销该婚姻。因此从严格意义上讲，类似法律规定并不能被归入形成诉权范畴。虽然法院作出的撤销婚姻的判决在我国是否可以纳入形成判决存在争议，但可以肯定的是其并不能归入物权法第二十八条法律文书的范畴。即便认可相关判决的形成力，撤销婚姻的判决而仅消灭婚姻关系本身，并不涉及共同财产的分配。共同财产分配的具体方案有赖于当事人之间的协议，法院对此做出的判决在性质上是给付判决而非形成判决。因此并不符合物权法第二十八条对于法律文书的限定，其并非基于判决内容产生物权变动的直接效果。

第四类法律规范对形成权的行使方式作出明确规定，但并未将裁判主体限定为人民法院，而是将此类民事权利义务争议交由"人民法院或仲裁机构"，如民法通则第五十九条、合同法第五十四条和第一百一十四条。虽然该类法律规定并未将形成权行使限定为法院判决的方式，但考虑到我国民事实体法中形成诉权范围的特点以及仲裁协议排除诉权的可能，亦应该在我国语境下归入物权法第二十八条法律文书的范畴。

第五类法律规定与严格的形成诉权保持一致，规定以诉的方式通过法院判决才得实现形成权，如债权人可以根据合同法第七十四条"请求人民法院撤销债务人的行为"，再如物权法第七十八条第二款、第一百九十五条第一款。

在以上五类法律规定当中，只有第四类和第五类法律规定可以归入我国物权法第二十八条中的法律文书。第一类和第二类法律规定仅仅是对一般形成权的规定，即便当事人通过诉讼或在诉讼中才主张形成权也不发生由一般形成权到形成诉权的转换。以此为标准，我国物权法第二十八条中法律文书按照案件性质可以分为以下几组：

①有关合同效力的规定，特别是民法通则第五十九条，合同法第五十四条、第七十四条。此外也包括合同法第一百一十四条、物权法第一百五十九条等。

②关于成员权的规定，例如物权法第六十三条集体财产权保护、第七十八条受侵害业主请求人民法院撤销业主大会或业户委员会做出的决定；

③商事法中的相关规定，例如公司法第二十二条股东请求人民法院撤销股东会或董事会决议、第一百八十三条股东请求法院解散公司。

但任重博士指出："并非所有的形成判决均能够导致物权变动，例如股东请求法院撤销股东大会或董事会决议的情形。因此，具体哪些形成诉权的情形可能发生物权变动效力还需要进行具体和个别地考察。"

熊跃敏教授对于上述的权利分类提出如下疑问：两位老师均将形成权划分为单纯形成权与形成诉权。这种分类能够完全涵盖形成权的种类呢？房教授又提出"第三种形成权"理论，那么除了第三种形成权是否还是第四种或者第五种呢？因此我觉得利用这种分类来对形成判决进行解读是否存在一定的风险，因此从形成判决这一结果出发来研究可能会更完善。

（2）上述两种形成权是否均能引发形成之诉，进而使得法院做出形成判决呢？（当然这里限于胜诉的情形，因为如果认为具有形成权之一方当事人败诉，那么此时法院做出的判决并非形成判决，而是确认判决）

房绍坤教授认为，并非所有的形成权均能引起形成之诉并获得形成判决。就单纯的形成权而言，形成权依单方需受领的意思表示的自力方式予以行使，既不需要法院进行裁判，也不需要进行强制执行。同时就单纯形成权能否转化为形成诉权，进而引发形成之诉，房教授认为首先形成诉权必须有法律加以规定。因此形成诉权实行法定原则。因此单纯形成权转化为形成诉权，并不符合形成诉权的法定原则。另外，单纯形成权一经行使即发生法律效力，即使形成权相对人提出异议，权利人也无需向法院提出形成之诉。但如果形成权相对人对形成权的行使存在异议，则可以行使形成抗辩权而向法院提起诉讼。在这种诉讼中，法院只是对形成权人是否享有形成权进行审查，其确认的也仅是形成权人的意思表示能否发生效力。因此这种诉讼为确认之诉，其判决也只能是确认判决。此外，在单纯形成权中，形成权的行使也可以采取的诉讼的方式，无论形成权相对人是否提出异议。例如合同解除权人有权直接向法院提出解除合同的诉讼。但应当指出的是，形成权人向法院提出诉讼只是行使形成权的一种方式，其目的仅在于通过诉讼，请求法院确认形成权行使的效力。在这种诉讼中，行使形成权的效力并不是在法院判决生效时产生，而是自相应的诉讼文书（如起诉书）送达于形成权相对人时生效。可见这种诉讼并不是形成之诉，而同样属于确认之诉的范畴。当然也就不存在单纯形成权转化为形成诉权的问题。

任重博士认为，只有当事人向法院主张形成诉权才能引起形成诉讼，并可能获得形成判决，这种意义上的诉讼才被称为"真正的形成之诉"。相反当事人在诉讼中主张狭义形成权被称为"非真正的形成之诉"，因为权利变动在判决做出前就已经发生，其实质只是要求法院确认已经变动的民事权利义务关系。因此，我国物权法第二十八条规定的法律文书并不包含"非真正的形成之诉"，因为只有行使法律明确规定的形成诉权，才可能产生因为法律文书导致物权变动的直接效果，因此应将物权法第二十八条中法律文书的范围限定在形成诉权的范畴内。

张海燕教授认为，由单纯形成权而引发的诉讼应当是确认之诉。当然在实践当中，很多当事人都以诉讼的方式行使单纯形成权。而且诉讼请求明显是变更既存法律关系，如"请求解除×与×之间的合同关系"。但是这样的一种形式则会产生很多问题。比如在写判决主文时，如何书写主文。合同解除的时点关系到相关费用的计算，那么合同解除的时点到底是判决书做出还是起诉状到达被告时。实务中有时采纳的观点是起诉状达到被告时。但是这并不是一个通说。还需要大家的探讨。因此这里需要探讨的问题便是以单纯形成权提起的诉讼到底是何种性质。

林剑锋副教授认为从日本诉讼法法理来看，为什么要设立形成之诉呢？私法权利的变动，公权力是不能介入的。但是有些民事法律关系的变动对于其他人的影响比较大或者带有公益性时，比如身份诉讼、商法上的团体性诉讼中，只能通过法院的诉的方式对法律关系予以变动，进而达到抑制法律关系变动的随意性，谋求特定民事法律关系的安定性，一旦变动，这种变动就明确化了，不限于相对方之间，而具有对世性，因此需要法定化。对于合同法第五十四条，在日本是不能成为形成之诉的，比如解除合同，不是形成之诉，也不是一种确认之诉。因为解除合同并非诉的目标，因此仅就解除合同向法院起诉是不具有诉的利益，进而驳回。因此从日本来看，日本实体法上民法第七十三条撤销婚姻、七百七十条离婚之诉、七十六条离婚之撤销、八百零三条解除收养关系、七百七十五条否认亲生子关系以及七百八十七条认定亲子关系、在公司法八百三十三条公司解散、八百三十一条股东大会决议撤销、八百三十二条持分公司设立之撤销才为形成之诉的法律规定。因此日本对形成之诉的界定是非常严格的。

张平华教授提出："日本的形成之诉基本上限于人身关系，它的法理基础何在。为什么不能扩及到财产关系。另外关于合同法第五十四条，单独发动解除是不可以，一定要增加关于财产给付的问题，这是否限制了当事人的处分权。实践当中，请求解除合同的诉讼请求是存在的，而且很普遍。因此如日本式的捆绑式处理是否存在问题。"

林剑锋教授指出："解除合同单纯引发形成之诉为何不具有诉的利益呢？诉的利益指的是纠纷解决的实效性或必要性。从诉讼目的上来看，当事人最终的目的是要求对方当事人返还或给付。因此仅起诉请求解除合同，是不能达到该种目的的。"

许可副教授认为："当权利人提起诉讼可以通过给付之诉获得救济时，是不能提确认之诉的。这时确认之诉不具有诉的利益。在合同解除中，权利人的权利或利益在于其权利被侵害或者其所有物等被对方侵占，因此才解除合同，要求对方返还。而仅仅提起合同解除请求，是没有诉之利益的。"

马丁副教授认为：单纯形成权是不可以以向法院起诉的方式予以起诉的。因为这是需要法律特别规定的。起诉行为针对的不是对方当事人，而是法院。法院要审查起诉要件，包括诉的利益问题。因为单纯形成权只需要在当事人之间行使即可，而不符合通过诉的方式来予以行使。因此不会出现向对方当事人进行送达的问题，因此不太可能出现通过诉的方式向对方当事人表达解除合同意思表示的问题。

3. 分割共有物判决是否可以导致物权变动

房绍坤教授认为，分割共有物判决可以导致物权变动，而且这也是民法学界通说的见解。

为了对此予以充分的说明，房教授提出了"第三种形成权理论"，而之所以提出这一见解，是对于学界当中，有学者认为分割共有物的判决并非形成判决，而是给付判决的观点。而这种认为是给付判决的观点的理论基础在于共有财产的分割缺乏明确的形成诉权的法律规定，仍有赖于当事人之间的协议，而只有形成诉权才能引起形成之诉并获得形成判决。

房教授认为，并非只有单纯的形成诉权才能引起形成之诉并获得形成判决。在传统民法上的单纯形成权与形成诉权并非截然二分，还存在着同时兼具两者属性的"第三种形成权"，这类形成权既可以由当事人自力行使，也可以通过诉讼等公权力方式行使。

该第三种形成权与单纯形成权以及单纯的形成诉权的区别，房教授做出以下说明，即（1）与单纯形成权的区别。单纯形成权通过诉讼予以行使时，当其权利为法院所确认时，行使形成权的效力并不是自法院判决生效时产生，而是自相应的诉讼文书送达于形成权相对人时生效，因而其诉之性质为确认之诉，而非形成之诉。（2）与单纯形成诉权的区别。形成诉权必须通过向法院提起诉讼的方式予以行使，而第三种形成权则可以由当事人自力行使。因此基于以上可以说这三者之间存在区别。进而主张将其确立为形成权之权利体系中的独立一种。

而正是基于这种理论，房教授认为分割共有物请求权属于该种第三种请求权，其既具有单纯形成权的性质，又具有形成诉权的性质。如果适用于分割共有物的情形，则做出如下说明，即从法律关系角度分析，共有物分割包括两层关系：一为是否分割共有物的法律关系。这层法律关系仅依共有人单方的意思表示即可发生，即只要共有人提出分割共有物的请求，其他共有人就应当参与分割共有物，共有人之间即形成以一定方法分割共有物的法律关系。就此而言，共有物分割请求权具有单纯形成权的性质。二为以何种方法分割共有物的关系。在第一层法律关系的基础上，若共有人之间不能达成协议，则共有人有权诉请法院裁判以某种方法分割共有物，以消灭共有关系。就此而言，共有物分割请求权又具有形成诉权的性质。综上即可看出当共有人诉请法院分割共有物时，其行使的即为第三种形成权，其诉之性质为形成之诉，获得的判决为形成判决，而不是给付判决。进而该种形成判决可以导致物权变动。

任重博士认为，请求法院分配共有财产的形成诉权具体表现为离婚诉讼和共有物分割诉讼两种类型。以离婚诉讼为例，其可以细分为四类不同的诉讼请求，一是解除婚姻人身关系，二是解除财产共同制关系，三是请求确认财产分配协议的内容，四是协议不成请求法院分割共有财产。其中前两类诉讼请求为形成诉讼，婚姻人身关系的解除并不发生物权变动的法律效果，财产共同制的解除也只是向将来消灭既存实体法律关系，而不改变所有权状态。

同样不发生物权变动的还有第三类请求：由于夫妻双方已经就共同财产分配达成一致意见，因此法院相关判决内容是对既有实体法律关系的确认，在性质上根据当事人的具体诉讼请求属于确认之诉或给付之诉，并不发生直接变动实体法律关系的效果，因此夫妻共有的房屋在一方按照离婚判决进行自愿履行或者强制执行之前，根据《物权法》第九条依旧为夫妻共有。在无法达成相关协议时，当事人一方可以根据《婚姻法》第三十九条请求人民法院作出判决。由于在法院判决之前并不存在就共有物分割协商一致的既存实体法律关系，因此具体分割内容难以理解为确认判决或给付判决，而应当被理解为创设法律关系的形成判决。因此只有在无法达成财产分配协议，根据法律明确规定请求法院对共有物进行分割而获得的相关判决才是形成判决，进而具有物权变动的法律效力。因此除了原所有权人回复所有权的法院判决或仲裁裁决之外，还包括协议不成请求法院分割共有财产的情形属于法院判决变动物权的情形。

许可副教授认为,分割共有物诉讼属于物权变动的类型,唯一成为问题的是否有物权法上的法律依据。此与日本法不同。日本法上之共有物分割诉讼,具有民法上之依据。可见日本民法第二百五十八条之一。该类型诉讼为固有必要共同诉讼类型,也属于形式上的形成之诉,即其内容为非讼。但由于制度沿革的原因或者是政策考量的问题,采用裁判方式加以解决。该类案件中,并不存在分割共有物之法律上的标准(形成要件),法院也不受到当事人主张之拘束,可根据分割之目的自由裁量分割之方法。

4. 撤销合同的判决与宣告无效判决是否可以导致物权变动

房绍坤教授认为,撤销合同的判决可以导致物权变动,但是宣告无效的判决不能导致物权变动。

(1)撤销合同的判决

房绍坤教授认为,根据我国《合同法》第五十四条的规定,对于存在重大误解、显失公平、乘人之危以及不损害国家利益的受欺诈或胁迫的合同,当事人享有以形成诉权的方式提起形成诉讼的权利。但是由于我国物权法不采纳物权行为理论,因此法院依照合同法第五十四条的规定判决撤销合同的,发生所有物返还请求权的效力。即法院判决撤销合同的,原权利人重新成为物权人,有权要求受领人返还所有物,因此这种判决属于形成判决,可以导致物权变动。

对于"被撤销之合同在效力上自始没有约束力,那么基于合同发生的物权变动自始也就没有发生效力,进而不发生物权变动"的观点,房教授认为被撤销的合同虽然也是"自始无效",但是此种自始无效与无效合同的自始无效是有区别的。这种无效是溯及的自始无效。即在合同未被撤销前,基于合同的有效性,物权已发生变动。这种物权变动是有效的,是不能否定的。合同被撤销之后,原取得人丧失物权,原权利人重新取得物权,这就发生了物权变动。

(2)宣告合同无效的判决

房教授认为,宣告合同无效的判决不能导致物权变动。理由在于:①在

民事诉讼法研讨一

合同纠纷案件中，审查合同的效力是法院的职权范围，也是确认当事人权利义务的前提。因此即使当事人没有请求法院确认合同的效力，法院也应当依职权确定合同是否有效。就此而言，当事人请求法院确认合同无效的诉讼，应当属于确认之诉而非形成之诉。②法院判决确认合同无效仅是认定合同的效力，而非变更或消灭当事人之间既存的合同关系。这种判决显然不是形成判决，只能是确认判决。③在合同被宣告无效的情形，该无效是自始、当然、绝对无效，基于无效合同所发生的所谓物权变动亦为无效，即物权未曾发生过有效的变动。综上，法院宣告合同无效的判决为确认判决而非形成判决，不能导致物权变动。

许可副教授对于这一见解提出以下疑问，即具有撤销要素之合同在被撤销之前为有效，那么，具有无效要素之合同在被宣告无效之前的合同效力如何？如果也是有效的话，为什么在宣告合同无效的判决生效后，不产生原权利人回复所有权的物权变动之效果？如果为无效，其依据如何？

许可副教授认为，权利人以合同法为依据行使之形成诉讼，其胜诉判决可否构成第二十八条中的法律文书？首先得以排除的是合同法上规定之单纯形成权以诉讼方式行使之胜诉判决不构成第二十八条所谓法律文书。但存在问题的是，以形成诉权为内容的胜诉判决是否应构成第二十八条之法律文书。这里主要涉及法律解释的问题。以合同法第五十四条撤销合同为例。根据合同法第五十八条之规定，"合同无效或者被撤销后，因该合同取得的财产，应当予以返还；不能返还或者没有必要返还的，应当折价补偿"。该条规定中的"应当予以返还"，到底是赋予了权利人在合同被撤销之后一种新的请求权，还是仅仅重申了合同被撤销后发生的当然法律效果——合同被撤销，导致买受人取得之标的物所有权归于消灭，所有权复归于出卖人，出卖人得依据所有权行使物上请求权要求买受人予以返还？前一解释结论不宜视为可导致物权变动，后一解释结论则可视为导致物权变动。笔者倾向于后者。理由在于我国法上并不承认物权无因性原则和物权行为，撤销买卖合同的判决同时导致物权发生变动。也就是说，虽然权利人只要求撤销合同，但根据合同法或物权法之规定（或法解释），可直接产生变动物权之效果,则该胜诉判决也应产生物权变动之效果。在该类型的诉讼中,如果权利人之诉讼请求为"请求法院撤销某一特定买卖合同,判令被告返还取得的合同标的物",则胜诉判决既包含形成内容,也包含给付内容,可视为诉之合并。至于宣告合同无效之判决,如果认为不导致物权变动,解释上似可认为"合同无效,买受人并未取得标的物之所有权,属于无权占有;所有权依然在出卖人处,依据物上请求权得要求买受人予以返还"。但在宣告无效的情形下,于宣告之前合同效力如何,尚需说明。

张海燕教授认为,撤销合同判决可以导致物权变动,宣告无效判决却不能导致物权变动,似乎逻辑上还是存在问题的。从结果上来讲,撤销合同与合同无效是相同的。从过程上来讲可能不一样。如果合同无效肯定不能导致物权变动。那么对于撤销,在论证其能导致物权变动时,理由是否需要更充分一些。仅仅依据溯及无效与自始无效的区分,进而得出不同的结论,似乎不够充分。

刘哲玮副教授也提出一点疑问,即"如果撤销合同之后,物权发生变动并再次回复,这样的话,撤销合同之后,进而产生溯及自始无效的效力,但是之前的物权变动又是承认的,这样是否代表我们承认了物权行为,甚至物权行为的无因性。那么这又与解除合同的效力如何区分呢?在逻辑上似乎还是有疑问的"。

范李瑛教授同意两位报告人的见解。由于合同无效是当然无效,法院是对这种无效状态进行一种确认,而撤销是一种相对无效,是基于法院宣告,而不是当然无效,因此宣告之前,是一种有效的状态。

5. 撤销债务人损害债权行为的判决是否可以导致物权变动。

房绍坤教授认为,上述判决可以导致物权变动。

因为根据我国合同法第七十四条的规定,债务人实施损害债权人债权的行为时,债权人可以请求法院撤销债务人的行为。债权人的撤销权属于形成诉权,债权人应当以自己的名义通过诉讼的方式行使。债务人的行为经法院撤销后,该行为自始无效,该种无效与合同撤销的无效相同,也属于溯及无效。由于我国没有采纳物权行为理论,法院撤销债务人损害债权人债权行为时，债务人得行使所有物返还请求权，从而发生物权变动。

6. 撤销损害集体成员或业主合法权益的决定的判决是否能导致物权变动。

房绍坤教授认为，该种判决不能导致物权变动。因为损害集体成员或业主合法权益的决定，在内容上不会涉及物权变动问题。集体成员或业主行使撤销权的客体是损害集体成员或业主合法权益的决定，而所谓的"集体成员的合法权益"，并不是集体成员作为一个独立于集体组织的的民事主体的个人权益，而是作为集体组织成员在集体组织中所应享有的合法权益。从本质上说，集体成员的合法权益就是集体成员在集体组织中所享有的成员权，包括共益权与自益权。同理，业主的合法权益在性质上也可以做上述认定。在集体成员或业主作为集体成员或业主大会成员而享有共益权或自益权的情况下，因他们并不是作为独立于集体组织或业主大会（业主委员会）的民事主体而存在，故集体成员或业主不能通过共益权或自益权而直接享有物权，而仅享有某种财产利益的分配请求权。因此集体成员或业主受到损害的也就是这种财产利益分配请求权，该种权利属于债权性质的权利，与物权变动无涉。在特殊情况下，因集体组织或业主大会（业主委员会）的决定引发了与第三人的交易并损害了集体成员或业主的合法权益的，可以参照债权人撤销权的规定处理。此时，集体成员或业主行使的撤销权属于债权人撤销权，法院判决撤销后可以导致物权变动。

任重博士赞成上述见解，同样也认为"并非所有的形成判决均能够导致物权变动，例如股东请求法院撤销股东大会或董事会决议的情形。因此，具体哪些形成诉权的情形可能发生物权变动效力还需要进行具体和个别地考察"。

许可副教授认为，"就商法上之形成诉权，如股东请求法院撤销股东大会或董事会决议的情形，胜诉判决会否导致物权变动。窃以为，如果决议涉及物权变动内容，在撤销之际，可参照撤销合同之胜诉判决的解释方法进行解释。"

三、论坛达成共识的问题

1. 行政判决不能导致物权变动。
2. 给付判决与确认判决不能导致物权变动。
3. 分割共有物判决可以导致物权变动。
4. 宣告无效判决不能导致物权变动。
5. 撤销损害集体成员或业主合法权益的决定的判决不能导致物权变动。

四、仍然存在争论的问题

1. 刑事判决是否可以导致物权变动。
2. 仲裁裁决、人民法院调解书、非讼判决、人民法院的执行裁定、人民调解协议司法确认裁定、担保物权实现裁定是否能够导致物权变动。
3. 单纯形成权是否能够引发形成之诉。
4. 合同撤销判决是否能够导致物权变动。

附：书面评议

一、例外与原则之衔接

——评《物权法》第二十八条法院裁判引起
不动产物权变动与登记公示制度的衔接

陈 浩

2017年，我国不动产登记信息及共享机制将构建完成。2015年3月1日，国务院《不动产登记暂行条例》生效，第二十五条要求不动产登记部门建立、加强与公安等九类机构的信息互通共享机制。其中，法律并未采纳与法院系统共建"不动产权属纠纷案件信息共享平台"的学理建议，不能不说是一种遗憾。目前，非法律行为引发物权变动作为一种例外，与传统的不动产登记公示主义仍存冲突，在缓和物权变动公示原则的严苛缺陷之外，法院裁判生效与不动产登记之间的"时间差"有可能导致法院裁判所确定的"真正物权人"与不动产登记簿记载的"名义物权人"相左。由此，名义物权人无权处分进而致真正物权人及第三方受损的情况愈发多见。

构建物权变动例外情形与原则情形之间的有效衔接，除强调法院裁判即具有对世效力之外，关键要解决的问题至少有三：一是明确非法律行为引起物权变动为传统物权变动方式的有效补充；二是缩短法院裁判变动物权与登记公示的"时间差"；三是建立法院与不动产登记部门的信息互通平台。

《条例》第八条要求：不动产登记簿应当记载不动产权利的"权利变化"等权属状况以及"涉及不动产权利限制、提示的事项"。第九条要求：不动产登记簿应当采用电子介质。可见，立法层面，法院与不动产登记机构间搭建信息共享平台，已具理论基础及技术可能性。

因此，具体的建议是借助GIS（地理信息系统），由不动产所在地法院与不动产登记机构搭建局域网,即"不动产权属纠纷案件信息共享平台"。(1)立案时,法院将立案通知书所涉不动产信息传送到平台,由不动产登记机构进行"权利限制、提示的事项"、"标记"或查封登记。(2)立案后,共同原告、有独立请求权等诉讼参加人参加诉讼,可由其异议申请通过平台完成"异议登记"。(3)裁判后,将涉案不动产的裁判后权属信息传送至平台,若发现与原先登记相异则进行"权利变化"的"二次标记",之后,等待权利人的更正登记申请。若发现与原先登记一致,则应涂销先前的各类标记。

二、基于法律文书的物权变动:对"形成性文书说"的初步回应

刘经靖

物权法第二十八条由于处于我国混合型物权变动模式交织的敏感点上,因而呈现出突出的理论复杂性、规则精细性和解读上的困难。

学界当下关于物权法第二十八条所涉法律文书范围的解释多以"形成之诉"这一程序法理论为分析工具,并基于对"形成之诉"内涵理解的不同而呈现出宽窄差异。任重博士《形成判决的效力》持典型的"狭隘论";房绍坤教授在《导致物权变动之法院判决类型》及姊妹篇《法院判决外之法律文书的物权变动效力问题研究》中表现出相对宽泛的立场,但仍保持了以"形成之诉"原理为基点的分析进路;也有学者持更为宽泛的立场(如认为调解书均属第二十八条范围内/黄松有 2007)。

但回归到问题的本旨可以发现:第二十八条的范围并非纯粹的技术性问题——由于范围的宽窄本质上反映的是对物权变动规则的取舍定夺,而物权变动模式——尤其是事关形式主义模式的消长态度,在当下中国,则与变迁中的立法政策取舍和立场问题深度相关。因此,第二十八条的解释既非程序法领域的技术性问题,也非实体法层面的技术性问题,而是民法哲学层面的政策选择问题。这意味着有关第二十八条范围的讨论,应当回

归到以物权变动理论为中心的实质层面寻求解决，而不应借助程序法的形式层面反求诸解。

在形式主义物权变动模式下，登记虽然是公权力介入不动产变动的常规载体和典型形态，但变动物权的公权力却并非仅存在于登记中。因此，形式主义模式选择以登记作为物权变动的基本外观的同时，就必须回答和解决一个相应的体制性问题——如何安置其他带有公权力内核并同样具有物权变动意图的官方文件在物权变动体系中的地位？比较法考察可以发现，以形式主义为主导模式的国家和地区，凡体系完整者，皆通过设置相关的"例外性"条款来解决这一问题（德国、瑞典、日本、韩国及台湾地区等）。

例外性条款的设置，初步解决了法律文书等公权力表达方式在物权变动中的地位问题，但由于实体规则层面的表述所提供的仅仅是一个抽象的概括性表达，因此，例外性规则随之而来的另一个问题就是——如何准确界定法律文书的范围？从形式主义模式之基本立场来看，由于例外规则毕竟从形式上突破了以登记为唯一临界点的底线，因此，形式主义的解释逻辑必然以"严格"限定法律文书之范围为基本出发点，如此方不致于过分削弱形式主义之立场本身。而"形成性文书说"借助诉之类型所提供的特定边界理论隔离出一部分"典型"的法律文书，从而既通过例外性规定解决了法律文书的物权变动地位问题，又不至于显著削弱形式主义模式的地位，故此说诞生后即风靡于形式主义法域。

可见，第二十八条的例外规则和"形成性文书说"所构成的搭配实际上是形式主义物权变动立场的必然选择和逻辑延伸。凡继受形式主义物权变动法理之法域必然表现出对例外规则和"形成性文书说"的接受，并呈现出高度的一致性。

"形成性文书说"力图将法律文书的范围界定在"形成性之诉"的基础上，然而该说的核心依据乃是公权力，故其虽然提供了一种诉讼法维度的技术性描述和一定程度的类型区分度，但这种区分主要依赖于对法律文书所涉及的公权力因素的考量。而介入民事诉讼的公权力作为一种技术层面以外的因素，其本身却并不具有显著的梯度区分性——更多的是公权力的

"强弱"差异,而非"有无"差异,由此就导致了在诉讼法相对复杂的技术层面,以公权力为基础的形成之诉必然因为公权力介入力度的弹性而呈现出相应的不确定性和不周延性,所以,形成论所指称和涵盖的法律文书的边界轮廓呈现出相对的模糊性。"形成论"者虽致力于廓清这个轮廓和立场,但其结论终究也仅表现为理解上的宽窄差异而已。

实际上所谓形成之诉是否是一个独立存在的诉之类型本身就存在疑问。陈桂明(2007)认为:"诉讼类型三分说将诉讼类型与实体权利一一对应的分类方法并不合理,形成之诉是一个缺乏实质内容而仅为了分类所设置的概念,就其本来意义而言,只存在基于实体法上形成权的形成之诉。权利保护请求权说的废弃则使与形成权相对应的形成之诉失去了存在的基础。而认为形成之诉由法院通过判决直接变更法律关系的观点,也显然违背了审判权的本质和法院的任务。……法院在形成之诉中的主要任务是确认原告主张的形成权是否存在,至于变更法律关系则是由形成权构成要件确认后当然发生的,只不过形式上是由法院判决宣告而已。因此,作为诉讼类型的形成之诉并不独立存在,而实体法上的形成之诉究其实质属于确认之诉,至多属于确认之诉的特殊情形。"

笔者认为,形成权虽然表面上更加典型地体现了国家的公权力,但实际上法院并不存在超越当事人之间的法律关系和法律事实的权力,法院的全部"权力",皆来源于当事人之间的现实并服务于这一现实问题的解决。换言之,法院的全部权力仅在于还原真实,适用法律,而不存在超越当事人之事实的超然性或独立凌驾于上述现实的权力。基于这样的理解,即便是法院所作出的"形成性法律文书"变动了物权,那么,法院也并非这些物权的"创设者",而只是物权真实状态的"确认者"。换言之,在这里,物权是作为预先存在、并且独立于法院判决的先验事实决定的,而不是法院脱离这一事实而独立创造的。

由此可见,当我们在更宏观的意义上拉远对形成之诉所依托的权力的认识时,由于任何法律文书都至少在形式意义上带有法院的公权力外观,因而对形成性文书在最宽泛的意义上可能涵盖全部的法律文书。果真如此,形成之诉的理论大厦将不复存在,而所谓的形成之诉作为一种诉讼类型的独立性,也将随着公权力的弹性变化而趋于模糊。如果这种边界模糊可以认可的话,那么,希冀通过程序法视角为第二十八条划出一个确定的边界显然就不大可能。而在大陆形式主义物权法语境中,我们也确实未看到这种确定性的趋势。

另外,如果考虑到当下物权变动模式的多元化配置,那么,对于那些对抗主义模式下的物权变动纠纷,由于其基本模式即不否认双方当事人之间私人意志的物权变动效力,因此,于上述纠纷之诉讼中,可以想见,由于缺少了来自于形式主义立场的束缚和羁绊,也就没有必要费心竭力对相关的法律文书是否具有物权变动的效力进行类似前述的"形成性文书"的限制。这意味着法律文书能够具有变动物权的效力这个一般性话题,至少应该区分为两种情况——于形式主义领域而言,可能存在范围之争;而于对抗主义,则几无争论之必要。那么,一种法律文书是否具有变动物权的效力,究竟取决于法律文书背后的诉讼类型这一纯粹诉讼技术层面的因素,还是受诸更远的法律政策影响?进而言之,法律文书的范围之争究竟是一个技术问题,还是一个立场问题?显然,在单纯的诉讼技术领域,无法解释何以不同物权变动模式下的形成之诉竟会具有本质的不同。

综上,笔者认为,当下关于第二十八条的解读并非"中立"性评价,相反,其全部理论基础都是建立在对"公权力"的把握和理解之上的。在形式主义立场下,将法律文书的范围锁定在形成之诉领域的观点可以理解,然而考虑到我国当下物权变动模式配置正处于时代变革的潮流中,这些变革使得形式主义模式铁板一块的格局已经一去不复。相反,随着市场理性的崛起,意思自治理念的高扬,物权法定主义的缓和,形式主义模式的范围必将进一步限缩,因此,即便在外围意义上,法律文书范围之争都可能陷入不断被虚置的境地。考虑到这一情势,关于第二十八条的解释,与其纠结于诉讼法技术和保守立场,不如彻底回退到私法维度中,进一步思考——当下中国物权法中的形式主义模式如何发生,应走向何方?如此,第二十八条解释也就从一个历史问题和"技术"问题,转换成了"当下"

性问题和政策问题、改革问题。这意味着,如果说早期立基于形式主义保守立场对第二十八条的解释通常沦为严格的形成论,那么,改革立场下的解释完全可以走向相反的立场——即通过对法律文书的宽泛性解释,将第二十八条从保守的卫道士扭转为物权变动对抗主义化的改革先锋。至于扩张性解释所带来的"公示"层面的风险,则完全可以委诸善意对抗规则加以过滤和克服(这方面在技术上已经不存在问题)。

三、《物权法》第二十八条规定的理解与适用

王洪平

一、由立法体例看,《物权法》第二十八条规定为《物权法》第九条规定的例外规定;但在解释论上,不应把二者视为"原则与例外"的关系。《物权法》第二十八条规定的是基于国家公权力(司法权和行政权)行使而直接导致的私法上物权变动,应从"私法公法化"这一更深层次的法理背景下解读《物权法》第二十八条规定的立法意旨。

二、认为只有具备形成性效力的法律文书才能导致物权变动不仅仅只是一个概念上的逻辑推导问题,如此主张的原因在于"形成性效力"的概念内涵与物权变动的效力内容直接吻合。"形成之诉"仍不失为一种独立的诉的类型,因而认为只有基于形成之诉的形成判决才能产生导致物权变动之直接结果的观点是可以站得住脚的。既然能够导致物权变动结果的法院判决以"形成判决"为必要条件,那么讨论何为形成判决,进而讨论何为形成之诉,并进而界定形成之诉的类型,就是厘清《物权法》第二十八条规定之"法律文书"的范围所必须的。

三、能够导致物权变动的形成判决,必须是以物权变动为判决主文内容(之一)的形成判决;如诉的标的非以物权变动为内容,则该形成判决同样不具有物权变动的效力。

四、共有物分割判决具有物权变动效力的我国法律依据是《物权法》

第一百条第二款规定:"共有人分割所得的不动产或者动产有瑕疵的,其他共有人应当分担损失。"该规定是移转主义立法模式的明证。只有在移转主义立法模式下,各共有人之间才互负瑕疵担保责任;而在宣示主义或设定主义立法模式下,因为分割共有物在效力上具有溯及力,因而各共有人之间不存在瑕疵担保责任。

四、关于房绍坤教授"导致物权变动之法院判决类型"文章的评议

许　可

一、关于房教授文章的若干求教

房教授的文章堪称民事实体法和程序法融合研究的典范,房教授对于民事诉讼法学理论和制度、尤其是形成诉讼理论和制度的熟悉和洞见,令人感佩。从民诉法学研究者的角度来说,该论文无疑提供了从程序法外审视程序制度的绝佳视角,不少结论是极富启发意义的。比如论文从物权法理的角度出发,将单纯形成权在诉讼上行使的性质定位为判断权利行使之法律效果,而非判断权利本身是否符合法律要件,从而与形成诉权进行了科学而严格的区分,这为我们加深对我国法上形成诉讼性质的认识具有重要意义。再比如,论文认为当事人依据合同法第五十四条规定请求变更合同的,法院作出的变更判决虽为形成判决,但却不具有对世效力,仅能约束合同双方当事人。这一观点为我们重新审视形成判决的判决效力提供了新的视角。

学习之余,尚感到论文有几处不甚明了,特求教于房教授。

第一,论文认为,"单纯形成权一经行使即发生法律效力,即使形成权相对人提出异议,权利人也无须向法院提出形成之诉。但如果形成权相对人对形成权的行使存在异议,则可以行使形成抗辩权而向法院提起诉讼"。该段表述中的"形成抗辩权"具体何意?似乎不太清晰。从诉讼法理来说,

抗辩权应为被告人享有，再抗辩权为原告享有。如果形成权相对人行使的是抗辩权，则其应为被告，而权利人应为原告，但这又与前文"权利人也无须向法院提出形成之诉"的表述存在矛盾。此外，该形成抗辩权的具体权利内容是什么，也没有明确。

第二，论文认为，"在单纯形成权中，形成权的行使也可以采取诉讼的方式。在这种诉讼中，行使形成权的效力并不是自法院判决生效时产生的，而是自相应诉讼文书（如起诉书）送达于形成权相对人时生效"。这里存在的问题是，如果权利人在起诉前就已经向相对人做出了行使比如合同解除权的意思表示，则该权利行使的效力如何认定？

第三，论文认为，"被撤销的合同虽然也常被称为是'自始无效'，但此种自始无效与无效合同的自始无效是有区别的。这种无效是溯及的自始无效。即在合同没有被撤销之前，基于合同的有效性，物权已经发生了变动，而这种物权变动是有效的，是不能否定的。合同被撤销之后，原取得人即丧失了物权，原权利人重新取得物权，这就发生了物权变动"。也就是说，具有撤销要素之合同在被撤销之前为有效，那么，具有无效要素之合同在被宣告无效之前的合同效力如何？如果也是有效的话，那么为什么在宣告合同无效的判决生效后不产生原权利人回复所有权的物权变动之效果？如果为无效，其依据如何？

第四，论文认为，"尽管法院撤销损害集体成员或业主合法权益的决定的判决属于形成判决，但并不能导致物权变动。这是因为，损害集体成员或业主合法权益的决定，在内容上不会涉及物权变动问题。从本质上说，集体成员的合法权益就是集体成员在集体组织中所享有的成员权，包括共益权与自益权。故集体成员或业主不能通过共益权或自益权而直接享有物权，而仅享有某种财产利益的分配请求权。因此，集体成员或业主受到损害的也就是这种财产利益分配请求权。这种财产利益分配请求权属于债权性质的权利，与物权变动无涉"。文中所指"共益权"和"自益权"，在理解上应属于社员性质的权利，该权利是否应属于一种集合性的权利，既包括身份权利，也包括基于身份权利而享有的物权等财产性权益？如果仅仅是财产利益的分配请求权，那么其中的财产利益，也包括物权，其所有权人就不应当是集体成员，那么所有权主体又应当是谁呢？

二、关于物权法第二十八条"法律文书"解释之若干浅见

第一，我国物权法第二十八条规定："因人民法院、仲裁委员会的法律文书或者人民政府的征收决定等，导致物权设立、变更、转让或者消灭的，自法律文书或者人民政府的征收决定等生效时发生效力。"从文义解释的角度来看，能够导致物权变动的法律文书属于第二十八条规定的范畴。

第二，所谓能够导致物权变动的法律文书，以判决为例，其适当的表述应当是"本案系争房屋之所有权移转于原告"（而非"被告应交付本案系争房屋"），或者"被告于本案系争原告房屋上设立之抵押权消灭"（而非"被告于本案系争房屋上不存在抵押权"），或者"原告于本案系争土地上之土地经营权之期限应变更为三十年"（而非"原告于本案系争土地上之土地经营权之期限为三十年"）。

第三，根据既判力理论，只有确定判决中的主文部分才有可能导致物权变动，判决理由不能导致物权变动；根据处分权主义，只有当事人以"第二"中所示变动物权为诉讼请求的胜诉判决或者根据法律规定可直接导致物权变动的诉讼请求之胜诉判决才会导致物权变动。

第四，根据上述观点，权利人以物权法为依据得行使之形成诉讼，其胜诉判决构成第二十八条中的法律文书。不过这只是基本判断，并未详细考察。分割共有物之诉讼属于物权变动的类型，唯一成为问题的是有否物权法上之法律依据。此与日本法不同。日本法上之共有物分割诉讼，具有民法上之依据。可见日本民法第二百五十八条之一。该型诉讼为固有之必要共同诉讼类型，也属于形式上之形成之诉，即其内容为非讼，但由于制度沿革的原因或者是政策考量，而采用裁判方式加以解决。该类案件中，并不存在分割共有物之法律上的标准（形成要件），法院也不受到当事人主张之拘束，可根据分割之目的自由裁量分割之方法。

第五，权利人以合同法为依据行使之形成诉讼，其胜诉判决可否构成第二十八条中的法律文书？首先得以排除的是，同意两位作者的观点，即

合同法上规定之单纯形成权以诉讼方式行使之胜诉判决不构成第二十八条所谓法律文书。但存在问题的是，以形成诉权为内容的胜诉判决是否应构成第二十八条之法律文书。这里主要涉及法律解释的问题。以合同法第五十四条撤销合同为例。根据合同法第五十八条之规定，"合同无效或者被撤销后，因该合同取得的财产，应当予以返还；不能返还或者没有必要返还的，应当折价补偿"。该条规定中的"应当予以返还"，到底是赋予了权利人在合同被撤销之后一种新的请求权，还是仅仅重申了合同被撤销后发生的当然法律效果——合同被撤销，导致买受人取得之标的物所有权归于消灭，所有权复归于出卖人，出卖人得依据所有权行使物上请求权要求买受人予以返还？前一解释结论不宜视为可导致物权变动，后一解释结论则可视为导致物权变动。笔者倾向于后者。理由在于我国法律上并不承认物权无因性原则和物权行为，撤销买卖合同的判决同时导致物权发生变动。也就是说，虽然权利人只要求撤销合同，但根据合同法或物权法之规定（或法解释），可直接产生变动物权之效果，则该胜诉判决也应产生物权变动之效果。在该类型的诉讼中，如果权利人之诉讼请求为"请求法院撤销某一特定买卖合同，判令被告返还取得的合同标的物"，则胜诉判决既包含形成内容，也包含给付内容，可视为诉之合并。至于宣告合同无效之判决，如果认为不导致物权变动，解释上似可认为"合同无效，买受人并未取得标的物之所有权，属于无权占有；所有权依然在出卖人处，依据物上请求权得要求买受人予以返还"。但在宣告无效的情形下，于宣告之前合同效力如何，尚需说明。

第六，就商法上之形成诉权，如股东请求法院撤销股东大会或董事会决议的情形，胜诉判决会否导致物权变动。窃以为，如果决议涉及物权变动内容，在撤销之际，可参照撤销合同之胜诉判决的解释方法进行解释。

以上浅见，是否妥当，尚祈诸位不吝赐教。

五、关于《形成判决的效力》（作者任重博士）的评议

张海燕

本文作者借鉴德国民事诉讼法关于形成判决效力理论，分析得出我国《物权法》第二十八条中"法律文书"的含义界定，具体包括两个层面的界定：一是此处的"法律文书"仅包括人民法院或者仲裁机构做出的形成判决或者形成裁决；二是上述形成判决或者形成裁决的内容仅为使原所有权人回复所有权。

文章详细介绍了德国关于形成诉权的理论，清晰地梳理出了形成权、形成诉权和形成判决的内在逻辑关系，并在此基础上将形成诉权理论引入我国，以《物权法》第二十八条为分析的切入点，对我国民事理论和实务层面面临的形成诉权问题进行了科学建构。本人受益颇多。

在此，我想向论文作者请教两个小问题，这两个小问题集中于作者关于在我国引入德国形成诉权理论的论证中，内容如下：

1. 我国仲裁机构是否应当作为形成之诉的裁判主体？（论文第 56 页）

2. 论文主张我国《物权法》第二十八条中"法律文书"按照案件性质的不同可分为三个组别，请问该类型化的理由何在？该类型化区分是否周延？（论文第 58 页）

六、关于《导致物权变动之法院判决类型》（作者房绍坤教授）的评议

本文从《物权法》第二十八条出发，对导致物权变动的"法律文书"之一的法院判决进行了深入明确的类型化分析。本文总体特点是观点明确、论证有力、条分缕析、现实性强。具体论证思路是能够导致物权变动的法院判决包括刑事判决和民事诉讼判决——民事诉讼判决中只有形成判决可

以导致物权变动，而给付判决和确认判决则不能——能够导致物权变动的民事形成判决的具体类型。总之，本文研究兼具民事实体法和程序法之深刻法理，紧密结合我国民事立法现状和司法实务，生动呈现出了我国导致物权变动的法院判决类型，既能极大丰富我国民事实体法和程序法的理论研究，又能切实指导我国民事司法实践和有效保障民事主体的合法权益。

在拜读完本文之余，我想请教一个问题，即既然形成诉权实行法定原则，那么，我们能否将能够导致物权变动的全部民事形成判决进行周延的类型化分析？非常感谢。

七、论致物权变动的法律文书

赵信会

《物权法》第二十八条确立了物权变动公示主义的例外，即法院、仲裁委员会的法律文书或者政府的征收决定可产生物权变动的法律效果。但理论以及实务中对于何种法律文书具有此等效力，存在非常大的争议，此种情况严重影响了法律的统一适用，并在诸多具体案件审理中出现了背离《物权法》确立的实体法律政策的情形，从而使某些本不属于物权公示主义例外的物权变动例外地获得了合法身份。在我看来出现此种情况的原因在于理论上未有针对性的研究法律文书作为物权变动公示主义例外所追求的制度目标。梁慧星先生起草的《物权法（建议稿）》以及王利明教授起草的《民法典建议稿物权篇》，在论证赋予法律文书以物权变动之立法理由时，一般也是出于比较法的角度或者立场，认为瑞士、韩国以及我国台湾地区均予法院确定的法律文书以物权变动之效力，而未进一步涉及我国公示主义例外制度的立法目标。

一、法律文书致物权变动的政策目标

关于法律文书致物权变动的政策目标，理论上有公示替代说和维护法律文书效力说之纷争。按前者，因法律文书而致的物权变动之所以无需登

记、交付等公示方法即生物权变动之效力，原因是法律文书已经替代登记或交付而发挥了公示作用。按后者，因法律文书而致的物权变动，自法律文书生效时，即发生物权变动的效力。此是维护裁判文书效力的需要。如致物权变动的法律文书已经生效，却因为没有登记或交付，而不能发生物权变动之效果，则无法阻碍原权利人处分财产，法律文书确定的权利难以实现。这显然不利于维护法律文书的权威性，不利于保护权利人的合法权益。

公示替代说以物权变动公示主义作为绝对原则，不承认公示主义之例外情形，并因此与我国《物权法》的条文结构存在一定的冲突。法律文书致物权变动是该法第九条规定的不动产登记以及第二十三条规定的动产交付的例外，并在这样的例外中获得其正当性。

依据法规范的不同结构或法规范的不同形式，得出两者立法目的不同之结论，确有存在逻辑上的跳跃性以及结论上的不充分性。事实上，无论是域外的"未经登记，不得处分"，还是我国法律的"不经登记，不发生物权的效力"，都以立法的形式肯定非因法律行为而致的物权变动不具有公示主义之意义，并以不同形式规定，欲使物权取得、变动有对抗第三人的公示意义，须经过登记环节。确实，物权变动公示主义除具有发生物权变动的效力外，重要的是使物权变动有对抗第三人的效力。只不过中外在限制因法律文书而致的物权变动的公示效力方面采取的方法略有差异，或者说具有程度上的不同。域外相关制度虽承认因法律文书获得物权，但为限制其公示意义，直接采取禁止处分的方法；我国《物权法》采取的限制方法是认可因法律文书取得物权的物权人的处分行为，只是限制其效力范围，规定不能产生对抗第三人的物权公示效力。

此种理解第一符合《物权法》的立法目的。按照该法第一条的规定，《物权法》的目的是维护国家基本经济制度，维护社会主义市场经济秩序，明确物的归属，发挥物的效用，保护权利人的物权。如果说因法律行为而致的物权变动，于动产交付或者不动产登记时发生权利的转移，明确权利的归属，而对于非因法律行为而致的物权变动，则须另外规定权利变更或生效的时间，唯有此，才能一体地贯彻《物权法》的立法政策，实现其立法目的。

第二，这样的理解也与民事司法中的判决效力制度有对应关系，或者说可得到判决效力理论、制度的支持。只有在借鉴域外的既判力制度、争点效理论的基础上，才能更好地把握预决事实的范围，准确适用预决事实的预决效力。因法律文书而致的物权变动，直接关涉案件的诉讼标的，并直接体现在判决主文中，因之，法律文书的此种效力应属于既判力的范畴。依据通说，既判力的主观范围仅限于诉讼当事人，案外第三人不受拘束，其仍然可以对原诉当事人持有的权利或者负有的义务为争执和诉讼。于案件诉讼标的涉及第三人合法权益的情况下，第三人或者另外提出新诉以实现权利救济，或者提出第三人撤销之诉而获得程序保障。学者称此种原则为既判力的相对性原则，正是基于此种既判力的相对性，域外以及我国《物权法》规定，法律文书致物权变动仅有使当事人获得物权或者发生物权变更的效力，而没有对抗第三人的效力。

二、致物权变动的法律文书范围——以其形式为标准

应当注意，离开制度设计目标及其理论基础的关于致物权变动之法律文书范围的研究，不仅对该制度本身具有明显的外在性，而且也缺乏实实在在的说服力。确实，于《物权法》借助法律文书追求当事人之间物权变动之效果，而不追求对抗第三人之公示效果的背景下，以仲裁裁决、法院调解书的不公开性、秘密性将之排除于《物权法》规定的法律文书之外，具有非常大的逻辑上的跳跃性；于认可法律文书所致的物权变动效力属于确定判决的既判力之前提下，以仲裁裁决的民间性排除其物权变动效力，似乎也有一定的勉强。

作为可以致物权变动效力的"既判力之主要功能一方面在于维持当事人间法的安定性，此具有包含当事人就权利存在与否于法院判断之信赖；另一方面则系不允许纷争再燃而具有公益性"。同时，确定裁判之所以对当事人有不得再为争执、对法院有不得再为判断的拘束效力，肇因于诉讼当事人在前诉程序中，就争议的诉讼标的或案件事实已经充分发表了意见，或者享有充分发表意见的机会。诉讼程序的此种程序保障既是赋予确定裁

判以既判力的基础，也是划定既判力范围的基本依据。当然，可致物权变动的法律文书不仅具有既判力，还有在当事人之间形成新的法律关系的形成效力。不过，不能以形成效力的对世性作为确定致物权变动的法律文书的范围。并非所有形成判决具有的形成效力都具有对世性，只有部分形成判决具有广泛的形成效力，且此种广泛的对世效不是源于形成判决本身，而是源于诉讼标的自身的特点。换句话说，不仅此类案件的形成判决有对世效，其他的确认判决也有对世效，其对世效不是源自诉讼形式，而是源自争议法律关系自身的公益性、身份性等特征。

据此，可以认为法院的判决书、调解书以及仲裁机构的仲裁裁决书一般属于可致物权变动的法律文书，原因在于这些法律文书产生的程序中，诉讼当事人均对争议的法律关系或者案件事实进行了充分的争执，或者至少法律已赋予充分的程序机会和程序保障。不能以域外制度之"法院判决"的形式表现而排除法院判决以外的其他法律文书，理由在于法律出于不同的政策赋予某些特定的法律文书具有和法院确定判决书一样的法律效力，按域外"法院判决"的规定可适用于其他具有和法院判决效力一样法律效力的法律文书。

必须注意，并非所有判决均属于致物权变动的判决，行政判决和刑事判决并非针对当事人的民事实体法律关系，判决形成过程中，当事人没有就民事实体权利义务发表意见的机会，此时直接剥夺其财产权有违正当程序要求。基于此，理论上认为没收财产刑缺乏正当性。也是基于此学者建议，将刑事诉讼法规定的没收犯罪嫌疑人财产的特别程序限制于特定财产，即犯罪嫌疑人违法所得，此种特别没收或者收缴是以不认可其财产权为前提的。

当然，法院的判决尚可分为诉讼判决和非讼判决，传统非讼判决之通常缺乏充分程序保障，其程序也无对立的双方当事人。此时赋予非讼判决与诉讼判决一样的拘束力，显无法理上的正当性。即是说一般情况下，应将非讼判决排除于《物权法》所定的法律文书之外。不过非讼事件与非诉讼事件的划分并非固定的，随着社会的复杂化，为谋求纠纷的迅速解决，而将某些本属于诉讼纷争的事件划归为非讼事件。同时，与诉讼事件、非讼划分的相对性一致，出现了邱联恭先生所谓的诉讼法理和非诉讼法理交错适用的情况。简单地说，即是在某些非讼案件的审理过程中，可对当事人间实体权利争执以诉讼的方法为审判，并因之赋予其与确定判决一样的效力。此时，将此种以诉讼法理审理所得的非讼判决直接排除于《物权法》所定的法律文书之外，显然过于草率。

一般说来，裁定和决定是就程序事项所做的判断，不涉及当事人间的实体权利义务，不具有确定判决所具有的既判力，因此一般不应属于《物权法》所规定的法律文书的范围。不过，有些裁定不仅涉及程序事项，还涉及实体问题，如我国《民事诉讼法》所规定的担保物权实现程序以及人民调解书的确认程序，在这些程序中，法院是以裁定处理当事人的实体问题，拒绝承认此种裁定的既判力，并许可当事人有一事不再理原则的例外，显然背离既判力制度的立法目标，也违反诚实信用原则。

八、关于"第三种形成权"独立性问题的一点疑问

周洪江

在《导致物权变动之法院类型》一文第九十四页，房老师提出："从法律关系角度分析，共有物分割包括两层关系：一为是否分割共有物的法律关系。这层法律关系仅依共有人单方的意思表示即可发生，即只要共有人提出分割共有物的请求，其他共有人就应当参与分割共有物，共有人之间即形成依一定方法分割共有物的法律关系。就此而言，共有物分割请求权具有单纯形成权的性质。"对于这一观点，我是特别认同房老师的观点。

房老师在分析共有物分割权利性质的第二个层面问题时提出：以何种方法分割共有物的关系。在第一层法律关系的基础上，若共有人之间不能达成协议，则共有人有权诉请法院裁判以某种方法分割共有物，以消灭共

有关系。房老师进一步得出结论：就此而言，共有物分割请求权又具有形成诉权的性质。综上两个方面，当共有人诉请法院分割共有物时，其行使的即为"第三种形成权"，该"第三种形成权"区别与单纯形成权与形成诉权，第三种形成权的性质为形成之诉，获得的判决即为形成判决，而不是给付判决。

　　对于此观点，我存在疑问，原因在于：当共有人向法院提出分割共有物之诉之后，法院如何分割该共有物，类似于在几个共有物的共有者之间划定彼此关于共有物边界、彼此共有份额的界限问题。这种法院权力的行使完全不受制于当事人，是类似于一种法院行使的不受制于当事人的"司法行政权"、性质上是一种独立于当事人诉讼请求之外的权力。总体而言，只要当事人向法院提出分割共有物的诉讼请求，当事人的诉讼行为即告完成，为了达到多分割目的而积极举证行为只是为了影响法官的心证。因此，分割共有物诉讼属于形成诉权，并不是一种真正独立意义上的"第三种形成权"。

附：紫荆民事诉讼青年沙龙筹办办法（试行）

一、沙龙宗旨

紫荆民事诉讼青年沙龙是由中国民事诉讼法学研究会主办，以平等和实质讨论为特色，以规范研究为导向的青年学术交流平台。

二、组织形式

沙龙设立顾问小组，负责重大事务的讨论和决定。顾问小组的成员包括：张卫平、李浩、张晋红、肖建国、傅郁林、熊跃敏、唐力。

沙龙的具体事务由联络小组负责执行和运作。联络小组成员包括：蒲一苇、刘哲玮、任重。

沙龙由报告人、评议人、参会人和特邀嘉宾组成。

评议人、参会人和特邀嘉宾由联络小组联络和确定，综合考虑研究领域、研究成果及其与报告主题的相关性。

评议人为4~6名，并须提交书面评议意见。

其他参会人为自由评议人。

三、准备程序

沙龙暂定每年举办2次，每次研讨1个主题。

沙龙的研讨主题及报告人由顾问小组确定。

报告申请人于前一届沙龙结束后的15日内向联络小组提交选题，并附简要说明。

报告申请人的年龄原则上不超过45周岁（以申请截止日为准）。

报告人须于沙龙举行日期前45日向联络小组提交书面报告，并由联络小组转发给评议人和其他参会人员。

评议人须在沙龙举行日期前 15 日向联络小组提交书面评议，并由联络小组反馈给报告人。

四、研讨规则

沙龙一般设立两个研讨单元。第一单元的内容主要包括报告人报告、评议人评议和报告人回应三个环节；第二单元为自由研讨阶段，自由研讨采取即问即答的方式进行。

即问即答环节每次发言不超过 5 分钟。评议人或其他参加人每次发言后，报告人可选择即时回应。

为便于集中讨论，评议及问答应针对报告主题。论文格式、用词以及脚注规范不作为评议内容。

评议人应亲自出席会议。评议人未出席会议，书面评议作废。

五、其他事项

本试行办法自 2015 年 12 月 1 日起施行。

本筹办办法的解释权属于联络小组。

六、联系方式

Email: qinghuarenzhong@126.com

地址：北京市海淀区清华园 1 号清华大学法学院 任重（收）